D1937234

aufbau

AUFBAU VERLAGSGRUPPE

Oscar A. H. Schmitz, um 1908

Oscar A. H. Schmitz

Ein Dandy auf Reisen

Tagebücher

Band 2
1907–1912

Herausgegeben von
Wolfgang Martynkewicz

Aufbau-Verlag

Mit 20 Abbildungen

ISBN 978-3-351-03098-8

Aufbau-Verlag ist eine Marke der Aufbau Verlagsgruppe GmbH

1. Auflage 2007
© Aufbau Verlagsgruppe GmbH, Berlin 2007
Einbandgestaltung Andreas Heilmann, Hamburg
Druck und Binden Kösel, Krugzell
Printed in Germany

www.aufbau-verlag.de

Tagebuch

1. Januar 1907–10. November 1912

Frankfurt a/M. 1. Januar 1907.

Um 12 aufgestanden. Dann zu Tilly zu Tisch. ½ 4 kommt Mary Brach und zieht wie einen Schleimfaden Julius Spier hinter sich. Warum haben Frauen so wenig Takt in der Auswahl ihres Cortège? Sie sucht den Ton der Nacht künstlich fortzusetzen und enttäuscht mich dadurch etwas. Um 5 Uhr gehe ich nach Hause. Korrespondenz. Erster Brief des Jahres: Die frankfurter Zeitung druckt »Geld und Luxus in Frankreich«. Ussin hat Mittelohrkatarrh, was Tilly sehr in Anspruch nimmt. Abends zum Tee kommen Oppenheim und von Halle zu Tilly. Von Halle spricht scheinbar sehr klug, in Wirklichkeit nur Parenthesen. Zwischen ihm und mir kommt es zu keiner Atmosphäre. Er will allein der Geistreiche sein. Er braucht immer Publikum und kann selbst nie zuhören. Wir reden aneinander vorbei, aber es liegt an ihm, denn ich höre ihm ganz gern zu. Er nennt sich selbst unkünstlerisch, ohne aber wie der Banause antikünstlerisch zu sein. Um ½ 12 gehen die Herren; ich noch eine Abschieds-halbe Stunde mit Ludwig und Tilly, teils an Ussins Bettchen.

München, 2. Januar.

Um 1 von Frankfurt abgefahren mit ¾ Std. Verspätung. Um 10 in München. Richard an der Bahn. Ich wohne provisorisch in der kleinen Pension hinter dem Café Noris. Wir gehen der späten Stunde wegen allein ins Café Leopold. Gespräch über seinen gesellschaftlichen Verkehr. Agnes muß ihre Krankenstubenweltanschauung aufgeben, wenn sie auf Menschen reflektiert. Er hat sie aus Opposition gegen meine Vermögensverwaltung zur Erbin seines halben Vermögens eingesetzt, d. h. wider unser Familienprinzip gehandelt, und von der Substanz hergegeben, die dann nach Agnes' Tod an ihre Familie fällt, anstatt ihr meinetwegen die ganzen Zinsen zu überlassen, die Substanz aber nach A.'s Tod wieder an die Familie fallen zu lassen. Später kommt Büttner ins Café, erzählt, daß ihn seine Familie in Norddeutschland verheiraten will, daß er aber seine Münchener Marie vorzieht.

3. Januar.

Vormittags Besuch bei Agnes und Otto. Schnell in der Brauerei gegessen. Nachmittags Umzug in die neue Wohnung. Streit mit dem Spediteur, der ungerechtfertigte Nachforderungen macht, und als er sie nicht erhält, alle Preise der Rechnung steigert. Ziemlich verzweifelt angesichts der bevorstehenden Auspackerei. Richard hilft. Abends bei ihm zu Tisch. Wir geraten über alte Briefe, die ich ihm 1899 und 1900 schrieb.

4. Januar.

Den ganzen Tag mit Richard in meiner Wohnung geräumt, die sehr zu meiner Zufriedenheit ausfällt. Dort finde ich einen Haufen Briefe: Baronin; Käti, deren Vater gestorben ist. Gretel. Gegen Abend präsentiert sich eine »Zugeherin«, die einen ganz guten Eindruck macht. Ich esse im vegetarischen Restaurant; dann im Parkhotel mit dem Marquis und zwei Amerikanern zusammen.

Der Baronin schreibe ich p. A. Universität Wien, da sie die häusliche Kontrolle ihrer Briefe nicht liebt. Mein letzter Brief kam in den Weihnachtsferien an, sie muß also extra danach gegangen sein. Liebt sie mich? Von der Ehe hält sie Nichts. Will sie ein leidenschaftliches Erlebnis? Ich möchte ihr jedenfalls nur dann dazu verhelfen, wenn sie es ernstlich will. Nicht überrumpeln. Aber sie scheint jetzt soweit zu sein.

5. Januar.

Wieder den ganzen Tag in der Wohnung geräumt. Vormittag mit Richard. In der Brauerei zu Mittag gegessen. Nachmittags Tapezierer. Briefe von Irene und Gretel. Mein Anwalt protestiert dagegen, den Prozeß in der nun gewählten Form zu führen. (Moralischer Esel!) Um ½6 zog ich dann aus der Pension in die neue Wohnung ein, mit Sack und Pack. Nachdem der Tapezierer fort ist, wird auf einmal Alles menschlich. Abendessen in der Pension Fürmann. Das Wiesel mit seinem Bruder gerade von Marburg zurück. Sie ist hübscher als je, aber etwas erschöpft. Ich begleite sie noch ein Stück nach Hause. Rundgang durch Cafés, finde im Parkhotel den Marquis. Auf dem Heimweg langes, sachverständiges Gespräch mit ihm über »Herrenkleidung«. Endlich wieder in meinem Bett, seit fast zwei Jahren. Gut geschlafen. Seit Neujahr beunruhigte mich wieder ein Wenig mein Leiden, vielleicht, weil ich in Frankfurt ohne Gummischuhe im Tauwetter herumlief und in der Sylvesternacht allerlei durcheinander trank. Jede Nacht Prießnitzumschläge seitdem. Heute scheint Alles gut, ebenso die gleichzeitig etwas gehemmte Verdauung. Schreibe eben am Sonntagmorgen zum ersten Mal wieder an meinem Schreibtisch.

6. Januar.

Sonntag. Sehr vergnügt in der neuen Wohnung aufgestanden. Geräumt. Korrespondenz. Der neue schwarze Jackettanzug mit Litze von Fries aus Frankfurt gekommen. Gegen 5 durch den englischen Garten bei Regen und Schnee zur Schewitsch, die wegen Influenza nicht empfangen kann. Dann etwas deprimiert im Café Prinzregent »Zukunft« gelesen. Vegetarisch gegessen. Dann zu Richard, wo Lisa Sensburg ist. Sie ist nicht mehr so herb jungfräulich wie früher, aber auch nicht mehr so schroff. Sie geht etwas in die Breite und erreicht damit bald die Grenze des Erlaubten. Noch immer rührend schöner Kopf, aber schlecht frisiert und eine gewurstelte Kleidung. Reformkleid und Riesenschuhe. Ich nehme mir vor, ihr zu gefallen, nachdem ich ihr bisher sehr antipathisch gewesen zu sein glaube. Franzl wird angeklagt, dem »Häuschen« gegenüber sich nicht nobel benommen zu haben. Ich ärgere mich über dieses Schwabinger Geschwätz, nehme ihn in Schutz und zerbreche dabei eine Siegellackstange, die in eine Ecke springt. Besonders Richard und Agnes bauen ihre Meinungen über Menschen stets nur auf Vermutungen. Ich begleite dann Lisa nach Haus. Plötzlich fragt sie, ob ich nicht zu müde bin, noch eine Stunde spazieren zu gehen. Das ist Schwabinger Ton und soll natürlich keine Avance sein; aber ihre Antipathie überwunden zu haben, bilde ich mir nun doch ein. Schwabinger Landstraße. Glatteis. Gespräch über Agnes, mit der sie sich versteht, »wie mit noch keiner Frau«, obwohl sie ihr alles erotische Fühlen abspricht. Sie nennt sich selbst eine tragische, ringende Natur; ein Aufruhrwesen, das Alles blutig ernst nimmt, ist sie gewiß. Sie will mir nun offenbar gefallen. Fragt, ob ihre Anschuldigung Franzls nicht einen sehr schlechten Eindruck auf mich gemacht hätte. Gegen 2 vor ihrer Tür. Ich schlage ein Wiedersehen vor. Sie geht darauf ein. Ich weiß noch nicht, in welcher Form ich es anbieten soll. Sie meint, irgendwo essen und dann in die Odeonbar. Auch Schwabinger Freiheit. Sie will Dienstag Abend bei mir klingeln. Dann soll sie lieber gleich heraufkommen, sage ich, und meine Wohnung ansehen. Ja. Dieses große, mit sich selbst nicht fertigwerdende Wesen hat etwas rührend Kindliches. Sie will die Aufrichtigkeit und verachtet vorläufig noch Chik, Bal Paré, französisches Wesen, oder betrachtet es als ihr fremd. Ich muß sie eigentlich vor mir warnen.

7. Januar.

Mit der Räumerei fertiggeworden. Gegen Abend Dampfbad im Luisenbad. Vegetarisches Restaurant. Richard hat viel beim Packen geholfen. Abends bei Debschitz. Er ist München auch ganz entwachsen. Modern, sachlich. Gehört eigentlich jetzt nach Berlin. Hätte fast die Stelle Bruno Pauls bekommen. Er wird wohl Karriere machen. Um 2 Uhr im Bett. Täglich Korrekturen von Dr. Wedekind.

8. Januar.

Den ganzen Mittag Korrekturen gelesen. Einkäufe im Warenhaus Oberpollinger. Welch ein Abstand gegen Wertheim! Alle Waren, die ich brauche, sind grade ausgegangen. Schmutzige Hände der Verkäuferinnen. Um 7 kommt Lisa zu mir. Wir sitzen uns ein Bischen steif gegenüber. Dann im Café Hoftheater Abendessen. Ich sage ihr auf den Kopf zu, daß sie gegen mich eine große Antipathie hatte. Sie giebt das mit Erstaunen zu. Sie hatte gemeint, ich mache mich über sie lustig, und Andere hätten ihr so Schlechtes über mich gesagt, ich sei ein sehr unangenehmer Mensch, eitel, streitsüchtig usw. Schließlich habe sie gerade das gereizt, mich näher kennen zu lernen. Ich konstatiere, wie gleichgültig mich diese Ansichten lassen, wieviel mehr ich mir jetzt selbst gehöre als noch vor einem halben Jahre. Ich sage ihr, ich hätte mir am Sonntagabend vorgenommen, ihrer Antipathie, die ich wohl bemerkt habe, zu begegnen. Sie selbst nennt sich egoistisch und rücksichtslos, was mir wohltut. Wie hasse ich seit Louisa das Gegenteil. Lisa könnte hinreißend schön sein, wollte sie sich ein Bischen besser anziehen. Odeonbar. Ich mache keinen Hehl aus meinen entgegengesetzten Meinungen, aber ohne Polemik. Sie für Reformkleid, ich für Korsett, sie für das Gauklerfest, ich für den Bal Paré. Suche sie nicht zu überzeugen, sondern stelle nur lächelnd und verstehend Unterschiede fest, glaube sie gerade dadurch von der Berechtigung meines Standpunktes zu überzeugen, indem ich sie nicht zu einzelnen Sätzen zu bekehren suche. Heimweg zu Fuß. Sie macht ziemlich energische Versuche, mich zu überreden, das Gauklerfest am 10. Januar zu besuchen. Ich verspreche es ihr schließlich für den 16. Zweimal will ich doch nicht gehen. Das Milieu und die primitive Maskiererei widern mich an, und ich will auch nicht soviel Geld ausgeben für solche Dinge, denn es ist augenblicklich etwas knapp mit mir. Die Verpflichtungen gegen Louisa drücken außerordentlich. Irgendetwas treibt mich aber, mich mit dieser Lisa noch zu befassen, vielleicht eine Nacht leidenschaftlich mit ihr tanzen, trinken und küssen und dann fertig. An eine ernstliche Liaison mit ihr denke ich nicht, und eine leichte kann man ihr nicht zumuten.

9. Januar.

Korrekturen. Zum ersten Mal wieder seit Paris Gymnastik. Um ½6 bei Bruckmann Karten abgegeben. Dann Rechtsanwalt Rudelsberger, der die Affäre der Scheidung nun glatt übernimmt. Abends Vortrag in der orientalischen Gesellschaft: »Die Deutschen im Orient«. Bekomme wieder Lust für Kairo und Damaskus. Im Parkhotel treffe ich den Dr. Hauck. Er will mein Buch bei den Neusten und der Frankfurter Zeitung nach den Aushängebogen kritisieren. Im Bett Broschüre über Relaxation gelesen.

10. Januar.

Endlich wieder zu arbeiten angefangen. Don Juanito, 1. Szene. Gegen Abend kommt Haffgreen, der einige Tage in München zu tun hat. Verabredungen für den Abend. Besuch bei Dr. Müller. Ich treffe sie beim Schneidern eines Kostüms für das Gauklerfest am Abend. Ihr häßliches, aber drolliges Baby ist dabei, später kommt er. Zeigt mir die Kritik eines gewissen Julius Bab über »Montmartre« in der Schaubühne. Hat der Mann Recht mit seinem Tadel? Anfangs glaube ich es. Später aber scheint er mir ungerecht zu sein und persönlich Ressentiment zu fühlen. Ich verfehle Bayros in seiner Wohnung. Esse einsam. Dann Parkhotel. Niemand. Karlsplatz. Dann unglaublich müde. Relaxation in den Straßen. Bayros im Parkhotel. Haffgreen läßt mich sitzen. Gespräch mit Bayros über Duell. Er ziemlich absolut gesellschaftlich; totmüde. Wie Influenza. Erkältung, der Dämon und die gestern begonnene Gymnastik wirken ermüdend zusammen. Falle tot ins Bett. Heute früh noch ganz verschlafen. Werde weiter schlafen.

11. Januar.

Fast den ganzen Tag geschlafen. Relaxation. Nachmittags kommt Haffgreen einen Augenblick. Abends hole ich Frau Dr. Müller und Frl. von Knieriem ab zu einem kleinen Ball des Neuen Vereins, wo auch Louisa sein soll. Anfangs höchst öde Stimmung. Louisa hat abgesagt, weil sie gehört hat, ich sei da. Allgemeine Stimmung gegen mich. Besonders von Seiten einer mit Louisa befreundeten Frau Schreiöck. Ich beschließe, diese Stimmung zu besiegen und mache dieser Frau Schreiöck den Hof und treffe mich sofort mit ihr bei einem Thema, über das ich mit Louisa viel Streit hatte: diese liederliche, öffentliche Knutscherei im Münchener Karneval. Ohne Louisa zu erwähnen, konstatiere ich mit Frau Schreiöck eine ganz seltene Übereinstimmung in verschiedenen Fragen. Jedenfalls bin ich für sie jetzt nicht mehr das indifferenzierte Monstrum. Übrigens ist sie ein gräßliches, unwahres und sicher auch bösartiges Geschöpf. Sonst nette Unterhaltungen mit Frau Müller und Frau Falckenberg, und schließlich ermutigt man mich, einige berliner Demimondegeschichten zu erzählen. Die jungen Mädchen, die sich hierher verirrt haben, hören zu wie Luchse. Ich fahre Frau Dr. Müller gegen 3 Uhr nach Haus. Aber: Ich gehöre nicht mehr in diese Milieus. Frau Dr. Müller erzählt, daß am Abend vorher auf dem Gauklerfest Louisa mit Wolfskehl in den Ecken lag, knutschend und küssend, und dabei weiß ich, daß sie ihn direkt unappetitlich empfindet. Aber überhaupt beachtet zu werden, schmeichelt ihr so sehr, daß sie zu Nichts nein sagen kann, besonders wenn ein so bedeutender Mensch wie Wolfskehl sich zu ihr herabläßt.

Späterer Nachtrag. Das Bändchen, in welchem die Aufzeichnungen der nächsten drei Monate standen, habe ich im Sommer 1908 auf einem Spaziergang in den Hügeln bei Orotawa auf den kanarischen Inseln verloren. Es enthält im Wesentlichen den Fortgang meiner Beziehungen zu Lisa, die sich mir sehr bald auf Schwabinger Art gegeben hat, mehr als manche Ehefrau ihrem Manne und doch nicht ganz. Es folgten darauf qualvolle Wochen, die für mich die letzte, endgültige Abrechnung bedeuteten mit dem ganzen Schwabinger Milieu, der sogenannten künstlerischen Weltauffassung und Allem, was damit zusammenhing. Sonderbar daß diese Nachkur überhaupt nötig war, und daß ich selbst nach der Ehe mit Louisa noch nicht ganz geheilt war. Ich hatte anfangs Lisa vollkommen in der Hand, sie fühlte in mir im

Gegensatz zu den sogenannten Schwabinger Männern endlich einen wirklichen Mann, und das imponierte ihr. Dummerweise ließ ich mich veranlassen, mit ihr auf eines dieser Schwabinger Feste zu gehen. Dort fiel ich aus der Rolle, indem ich mich der allgemeinen Stimmung nicht ganz entzog und wie es die ganze Umgebung tat, zärtlich wurde. Damit war der Bann, den ich über sie ausübte, gebrochen, Enttäuschung folgte und eine lange Reihe höchst unerquicklicher Wochen. Ich hätte kühl bleiben müssen, bis das Gefühl in ihr vollkommen reif war, und dann wäre sie mir von selbst in die Arme gesunken. Wir wurden uns über diesen Fehler Beide vollkommen klar, da sie ja auch ein kluger, sich Rechenschaft gebender Mensch gewesen ist. Die Situation wendete sich noch einmal zu meinen Gunsten dadurch, daß ich meines Vortrags im »Verein für Kunst« wegen noch einmal auf zwei, drei Wochen nach Berlin mußte, von wo aus ich sie durch Briefe nicht allzusehr verwöhnte. Daraufhin wurden ihre Briefe wieder wärmer. Ich hatte in Berlin hübsche Tage teils mit Gretel, die reizend war, und kam dadurch innerlich gewappnet gegen Lisa nach München zurück. Nach einer kleinen Tanzerei in dem Häuschen bei Fürmann kam sie nachts mit mir nach Haus und blieb bei mir bis zum andern Mittag. Dieses war das einzige Mal, daß sie sich mir in der vorhin angeführten Weise gegeben hat. Die Halbheit, die darin lag, auch körperlich, führte zu neuen Verstimmungen, ich war teils angewidert und doch wieder durch ihre herrliche Gestalt und ihre teils rührenden Charaktereigenschaften angezogen. Aber ich war wohl auch durch die Kämpfe der letzten Jahre zu sehr herunter, um sie, die schon sehr auf die schiefe Ebene geraten war, wieder aufrichten zu können. Über Ostern ging ich nach Zwickledt. Noch heute erinnert sich Alfred dieser Zeit als eines Tiefstandes, wie ich ihn selten durchgemacht habe. Es war verabredet worden, daß Lisa nach Salzburg kommen sollte, Alles war vorbereitet worden, ich hatte ihr für die nötige Garderobe gesorgt, denn die ihre war in unmöglichem Zustand, hatte ihr das Reisegeld geschickt, und da sagte sie im letzten Augenblick ab. Überhaupt versuchte sie es oft, mich zu quälen, unnötigerweise. Sie wollte ihr wundervolles Klavierspiel, das sie vollkommen vernachlässigt hatte, wieder pflegen und kam jeden Tag nachmittags um 4 Uhr zu mir, um zu spielen, während ich ausging. So gingen Wochen auf Wochen in der fürchterlichsten Weise hin. Die Aufzeichnungen beginnen wieder mitten in der Krise.

München, 10. April 1907.

Café Habsburg, 2 Uhr nachts. Ich ging um ½ 5 zu Luise Bücking, um nach Franzl zu fragen und erfuhr, daß er mit Roché, der jetzt hier zu Besuch ist, Tila Reylaender und Lisa nach dem Georgenschwaige gegangen ist. (Sie hatte versprochen mich zu einem Ausflug abzuholen und war ohne Absage nicht gekommen.) Nun war mein neuer Muth wieder dahin. Ich versuchte, nicht zu mir selbst zu kommen und machte zahllose Besuche, traf aber Niemand zuhause außer Agnes, wo das Frl. von Kügelgen halb irrsinnig von einem Medikament, das sie genommen hatte, auf der Chaiselongue lag. Unerfreuliche Stimmung. Ich ging bald wieder weg. Alles ist bei dem herrlichen Wetter fort, nur ich bin der Betrogene. Um ½ 8 bei Meyrink. Ich bringe Frau Meyrink schwarze Lilien. Sie merken meine Depression. Erst allgemeines Gespräch über Liebe und ihr Leid. Schließlich, da ich sie teilnahmsvoll finde, erzähle ich ihr meinen Fall. Natürlich ohne Nennung detaillierter Dinge. Sie wollen meine Rechtfertigung Lisas kaum zugeben und sehen hinter ihr einfach eine nichtsnutzige Person. Um dahinterzukommen, ob sie aus tieferen Gründen oder aus Zerfahrenheit oder blos aus sogenannter Mistviecherei handelt, empfiehlt mir Meyrink, für einige Tage zu verschwinden. Ich setze das sofort ins Werk. Er leiht mir seinen Koffer, damit ich zuhaus scheinbar ohne Effekten verschwunden bin. Dann fahre ich in der Nacht nach Hause, um meine Sachen zu holen. Sonderbare Stimmung, während ich in der dunkeln Wohnung herumwirtschafte, ohne Licht zu machen, damit von der Straße Niemand sieht, daß ich zuhause gewesen bin. Sofort bin ich wie umgewandelt. Meine Aktivität ist plötzlich beschäftigt, ich finde Alles erträglich, und frage mich plötzlich: liebe ich sie denn noch überhaupt? Fahre dann Hôtel Reichshof. Bin eben noch eine Stunde in den Straßen gebummelt, da ich doch fürchte, nicht schlafen zu können.

Hotel Reichshof, 1 Uhr nachmittags.

Um 10 kam auf meinen Brief hin Franzl. Lisa war gestern ärgerlich, nervös, aufgeregt gekommen. »Nehmt mich irgendwohin mit«, hat sie gesagt. Ballspiel auf der Wiese. Von Roché ist Nichts zu befürchten, er inkliniert eher zu Tila. Lisa hat Franzl neulich Geständnisse gemacht. Ich quälte sie, nagelte sie immer im Gespräch fest, dränge zu sehr in sie und veranlasse sie dadurch, Dinge zuzugeben, die sie eigentlich nicht zugeben wollte. Und das vertrüge nun eine Frau nicht, sagt der weise Franzl. Franzl warnt, die Sache zu ernst zu nehmen, hält Nichts von Lisa, außer daß sie körperlich reizvoll ist. In meinem Sinne tauge sie nichts. Die Schwabingischste aller Schwabingerinnen. Sie sei alle diese Aufregung nicht wert. Sich ganz geben dürfe man nur einem ganz unschuldigen Wesen. Sie habe sich schon viel zu viel mit Männern herumgetrieben und an ihnen aufgeregt, wenn auch nichts Tatsächliches geschehen sei. Das Alles mag möglich sein, aber wenn sie sich mir ganz geben würde, dann wollte ich das Alles wieder gut machen. Diese Tage werden endlich die Entscheidung bringen. Ist sie wirklich einfach die zerfahrene, verdorbene Schwabingerin, dann farewell, und ich werde mich zu trösten suchen.

Nachts 12 Uhr, Café Reichshof.

Im vegetarischen Restaurant zu Mittag gegessen. Im Café Habsburg mein letztes Tagebuch gelesen. Plötzlich überkommt mich der Dämon. Ich suche die Stunden auszufüllen und irre in Gegenden der Stadt herum, in welchen ich kaum Bekannte sehe. Besorge Vielerlei, was schon lange hätte besorgt werden müssen. Beim Schneider, im Kaufhaus Oberpollinger, beim Rechtsanwalt. Dann im Hotel. Weiter in den Tagebüchern gelesen. Abends bin ich im Schauspielhaus, wo ein Stück gegeben wird, in das gewiß meine Bekannten nicht gehen: »der Prinzgemahl«. Sehr lustig und für mich zerstreuend. Sonderbarer Zustand in dieser mir so bekannten Stadt, wie ein Fremder im Hotel zu leben. Und dann immer die Besorgnis, gesehen zu werden. Ich beschließe, noch drei Tage zu warten und dann Lisa zu schreiben, ich hätte mich wieder gefunden, dafür aber sie verloren, und ihr meine Freundschaft anzubieten. Nachts schleiche ich mich auf Umwegen nach meiner Wohnung, um zu sehen, ob ein Brief von Lisa da ist. Finde einen. Öffne ihn über Dampf, um ihn dann unerbrochen wieder in den Kasten zu werfen. Sie bittet mich, ich möge sie einige Tage ganz in Ruhe lassen, dann würde vielleicht Alles gut werden. Sie weiß aber noch nicht, daß ich verschwunden bin, ihr Brief soll nur eine Entschuldigung dafür sein, daß sie mich vorgestern Nachmittag bei unsrer Verabredung, aufs Land zu fahren, hat sitzen lassen. Aber durch Franzl wird sie nun erfahren, daß ich verschwunden bin. Sehr enttäuscht, von Franzl keinen Brief zu finden, wie er versprochen hatte.

Heute Morgen glaubte ich, nun ganz über der Sache zu stehen, aber es ist nicht so, ich liebe sie wie vorher.

11. April, 11 ¼ Uhr.

Verhältnismäßig gut geschlafen, aber sofort beim Erwachen von ½ 10 an tiefste Traurigkeit. Um 11 telefoniert Franzl. Hat einen Brief in den Kasten geworfen, der auf rätselhafte Art abhanden gekommen ist. Er war gestern mit Lisa zusammen. Sie weiß nun, daß ich nicht nach Hause kam, war nervös, aber nicht allzu besorgt darüber. Suchte sich zu zerstreuen, etwas krampfhaft. Immerhin, die Kugel ist im Rollen. Wenn ihr was an mir liegt, erkundigt sie sich heute, ob ich zurückgekommen bin.

Nachmittags am Sendlingertorplatz. Herold vom Gänsbühl. Am Gänsbühl das alte schmutzige Loch wie vor 2 Jahren. Abends wieder ins Theater. »Die Siebzehnjährigen« von Dreyer. Nicht schlecht, Viel für Don Juanito profitiert. Dann in der Dunkelheit in meine Wohnung. Kein Brief. Bis gegen 2 Uhr im Café Wittelsbach, wo einst mit Lolissa schöne Stunden erlebt. Dort eine niedliche, schlanke, blonde Kellnerin, die mit mir zu kokettieren anfängt. Das zerstreut mich ein Bischen. Sie sagt, sie könne jemand furchtbar lieb haben, finde aber Keinen, der ihr imponiert. Ganz vergnügt auf dem Heimweg. Die kleinen Mädchen sind doch der beste Trost für die großen Schmerzen.

12. April, abends 10 Uhr Café Wittelsbach.

Vormittags gelesen: Kassner, Moral der Musik. Nach Tisch Café, die kleine Wally wieder niedlich und entgegenkommend. Um 3 kommt Franz zu mir ins Hotel. Hat um 12 Lisa nervös und ärgerlich bei Fürmann getroffen. Sie machte einige verzweifelte Witze. Dann mit ihm und Roché im Sonnenlicht nach der Bavaria gegangen. Wir reden aneinander vorbei. Abends ½8 telefoniert mich Franzl an, traf Lisa, jetzt sehr nervös und besorgt, mit Richard auf der Leopoldstraße. Sie haben auf der Polizei nach mir gefragt und wollen in der Zeitung annoncieren. Ich habe aber inzwischen schon den geplanten Brief an Lisa geschrieben, in dem ich ihr Freundschaft anbiete. Das ist immer noch ein anständiger Rückzug, und vielleicht erwacht doch ihre Liebe von Neuem. Abends Meyrink verfehlt. Ich bin heute ruhiger und wieder sehr mit dem Effekt meines Mittels in Anspruch genommen. Aber ich habe mir doch vorgenommen, keine Frauen in Liebesangelegenheiten mehr als nötig zu quälen. Ich weiß jetzt selbst, wie es tut.

13. April.

Um 12 Uhr nachts in meiner Wohnung. Lisas Brief ist aus dem Kasten weggenommen. Früh zum Schneider gefahren, der mir gerade einen Anzug zu schicken hat. Er soll es in dem Meyrink'schen Koffer tun, der auf diese Weise unauffällig in meine Wohnung kommt und wieder geht. Dann nach Hause. Später zu Richard, der bereits die Polizei von meiner Rückkehr verständigt hat. Über Lisas eigentliches Empfinden Nichts heraus zu bekommen, sie sei nur sehr aufgeregt gewesen. Auf der Straße Gräfin Reventlow und Rolf, die auch schon von meinem Verschwinden wissen. Zuhause bin ich ganz ruhig an meine gewöhnliche Beschäftigung gegangen.

Abends mit Martin Meyer in die Blumensäle, dann Odeonbar. Sehr behaglich. Ihm gegenüber erinnere ich mich immer so leicht, was und wie ich eigentlich bin. Blicke nun mit großer Ruhe auf das Lisa-Erlebnis. Die Variété-Stimmung verursacht wieder leichte Sehnsuchtswellen nach Käti, Irene oder dergleichen, das, was doch immer wiederkommt.

Sonntag, 14. April.

Ich wachte heute Sonntag doch wieder mit viel Sehnsucht nach Lisa auf. Käme sie doch!

2 Uhr: Eiskalter Brief von Lisa. Sie redet mich per Sie an. Wenn ich ihr gleichgültig bin, dann muß sie doch froh sein, daß ich nun zur Vernunft gekommen bin, und müßte vergnügt mein Freundschaftsanerbieten annehmen. Statt dessen ein absichtlich glacialer Brief??? Im Grund bin ich aber garnicht zur Vernunft gekommen. Ich sehne mich wahnsinnig nach ihr und bin ganz vereinsamt. Kann nicht länger zuhause bleiben. 3 Uhr Café Lutz. Dort Franzl mit Lang und Luise Bücking. Dann kommt Lisa und die Reylaender im Augenblick, wo die Andern gehen. Sie hat einen neuen Mantel an. Ist das eine Absage gegen das noch bei mir hängende, ihr nicht gefallende Kostüm, das ich ihr gekauft habe? Wir geben uns kurz die Hand, dann geht sie, ohne sich zu setzen, mit den Andern weg. Mir ist, als würde ich durchstochen. Dann kommt Martin Meyer mit einem Dr. Bertels an meinen Tisch. Ein ganz netter Mensch. Mitinhaber von Pipers Verlag, mit dem ich über Verlagsgeschäfte rede. Will Etwas von mir haben. Um 5 zu Gutmanns zum Jour. Richard und Agnes in hübschem, neuem Kleid. Dann Louisa und Mutter. Begrüßung. Gott, ist sie häßlich geworden! Ferner Muschner und Frau. Wenigstens geht doch die Zeit herum. Ich werde mit Einigen zu Tisch dabehalten. Gespräch über München, Malerinnen, Frauen usw. Ich rede wieder Vieles, was ich nicht sagen sollte, und so, wie ich es nie schreiben würde. Verrenne mich. Gehe diesem Künstlerpublikum gegenüber viel zu weit, zu sehr aus mir heraus. Habe einen Ekel vor mir selber, vor Allem. Bringe Frl. von Kügelgen nach Hause, die morgen

in eine Art Irrenanstalt kommt. Gehe nach Haus, vereinsamt, gequält und mit einem Ekel vor Allem. Schlafe schlecht ein.

15. April.

Vormittags kam Richard. Er weiß doch Alles halb infolge meines Verschwindens. Seine Erklärung für ihr Verhalten heißt: Jugend, Jungfräulichkeit. Im Übrigen glaubt er sie stark interessiert für mich. Meine Anfrage, ob sie unsere Verabredung für den 16. April, meinen Geburtstag, aufrecht halten will, unbeantwortet??? Ich warte wieder den ganzen Tag, Nachmittags zu Ceconi, Abends Oratorium Saul. Lisa im Chor. Sieht reizend aus. Ich treffe eine schlanke Engländerin aus der berliner Gesellschaft, und sie entpuppt sich als die Frau des Dirigenten Hess. Dort auch Landshoff. Ich will nachher mit ihnen zusammen sein, aber sie sind mit Frau Wolfskehl und Stern verabredet. Ich solle nur mitkommen. Habe aber dann keine Lust. Dieses eklige Schwabing. Gehe ins Parkhotel, treffe Bayros, von Maassen und einen Dritten. Dann mit Bayros zurück. Allgemeines Gespräch über Liebe, Frauen usw. So Wenig mir diese Menschen geben können: wenigstens haben sie Nichts mit Schwabing zu tun.

16. April.

Mein Geburtstag. Warten und Staunen, dies sei die Devise des kommenden Lebensjahres. Ich bin bisher zuviel auf die Dinge losgegangen. Mit diesen Gedanken mittags zu Richard zu Tisch gegangen. Dort Lisa. Sie ziemlich verlegen. Bei Tisch recht angeregte Unterhaltung. Später treffe ich sie allein im Palmenerker. »Warum haben Sie mir denn Nichts auf meinen Brief geantwortet?« »Ich wollte es Ihnen hier sagen.« »Nun?« »Ich komme.« Ich glückselig. Dann in die Stadt. Zuhaus läßt sie mich über eine halbe Stunde warten. Ich verfluche sie gerade in dem Augenblick, als sie kommt. Wir soupieren in den Vier Jahreszeiten. In der Sektstimmung sage ich ihr, ich hätte mich gewundert, daß mein Freundschaftsbrief in ihr nicht geradezu Jubel hervorgerufen habe, nun aber sei ja Alles gut, wie es sei. Sie sagt, sie sei so nervös gewesen etc. Wir gehen ein wenig die Maximilianstraße entlang, die naß und kühl ist, aber Sternenhimmel. Dann noch ein Whisky-soda in der Bar der Jahreszeiten. Sie von dem Champagner offenbar sehr müde. Ich sage ihr, auch darüber brauche sie sich keine Gedanken zu machen, daß sie mich mit ihrer Nervosität gequält hat. Das, was sie in mir gelockert und gelöst habe, sei nicht wieder verschüttet. Die Erbitterung, die ich fürchtete, sei nun garnicht mehr da. Freilich laufe ich mit einer großen Sehnsucht herum nach dem einen, geliebten Wesen, aber diese Sehnsucht sei vielleicht noch besser als die frühere Vereisung infolge der Enttäuschung mit Louisa. Und warum soll ich es nicht doch noch finden? Dann, nachdem ich dies mehr gedacht als gesagt habe, packe ich sie wieder bei ihren Schwächen. Sie dürfe nicht verkommen, müsse arbeiten. Sie in der Bohème verkommen sehen, das hielte ich nicht aus. Später im Wagen sagt sie, sie habe sich heute sehr über mich gefreut, ich sei sehr lieb zu ihr gewesen, usw. Sie sei wohl überhaupt zum Lieben nicht fähig etc. Ich gebe ihr das ruhig zu. Kurz: ich habe sie nun wieder ganz in der Hand, darf nur bei aller Teilnahme und Liebenswürdigkeit, mit der ich sie an mich binde, nicht eher einen Funken Liebe zeigen, als bis sie selbst anfängt. Wie weit ich hier aufrichtig handle, wie weit nur diplomatisch vermag ich selbst nicht ganz zu unterscheiden. Aber ich glaube: wenn ihre Liebe sich meldet, wird meine noch oder wieder da sein.

Vormittags kam mir der Gedanke, nach Wien zu ziehen, wo ich das schöne, süddeutsche Stadtbild Münchens mit der großzügigen Art Berlins zusammen zu finden hoffe. Ich passe nicht mehr nach München. Es ist mir zu eng.

17. April.

Aphorismen für Bie. Dr. Meyer besucht mich. Nachmittags Ceconi, später Dampfbad, im Hofbad. Kaufe Essen ein, zuhause Lisa, die nun leider für 8 verabredet ist. Statt es leicht zu nehmen, verlange ich den Freundschaftsdienst, sie solle doch absagen. Das war eine große Dummheit. Es folgte eine sehr unangenehme Szene. Sie hält es für eine Laune von mir, da ich ja gestern Nichts davon gesagt hätte, daß ich mit ihr sein wolle. Es war taktisch ganz verkehrt, aber sie offenbart doch wieder soviel Sprödigkeit, und vielleicht auch Mangel an Güte, daß es mich nachdenklich macht. Wir gehen. Sie sehr verstimmt. Ich sage, es tue mir leid, daß sie nun so verstimmt sei. Sie wild: »Das ist nicht wahr, es tut Ihnen nicht leid.« Allerdings ist auch viel Ärger in mir, denn ich weiß, wo sie hingeht. Sie wird wieder mit einer Gesellschaft von Bohémiens bis morgen früh um 4, 5 Uhr in den Weinstuben herumliegen. Aber ich war zu unbeherrscht. Ich hatte dummerweise gesagt, daß solche Ungefälligkeiten sie mir entfremden. Ich verlangte ja von ihr nichts Anderes, als manchmal gerade dann um mich zu sein, wenn ich sie brauche. Jetzt aber, wo ich ihre tiefe Verstimmung sehe, merkte ich, hier liege Etwas unausgesprochen. Ich wolle daher nicht urteilen und die Frage offen lassen. Ob das so wäre? »Ja, vielleicht.« »Wollen Sie vielleicht dort Jemand treffen, für den Sie sich interessieren? Sagen Sie es doch offen, denn dann würde ich ja Alles verstehen.« »Ja, das ist's.« »Sind Sie in Jemand verliebt? Das hätten Sie eben gleich sagen sollen, dann ist ja Alles klar.« »Nein, verliebt bin ich garnicht, aber ich will Jemand treffen.« Ich tue nun, als sei mir Alles klar, und als sei ich mit dieser Lösung ganz zufrieden. Denn in der Tat, die Sache mit dem Andern scheint mir nicht sehr ernst. Wir gehen dann auseinander, sie noch verstimmt. Ich denke mir, Alles bei ihr liegt daran, daß sie Angst hat, sich von mir unterkriegen zu lassen. Bin aber dann doch sehr unzufrieden mit mir, weil ich ganz untaktisch gehandelt habe. Beschließe, morgen einfach nicht davon zu reden und sehr nett gegen sie zu sein. Treffe abends Edgar Steiger und trinke ein Glas Bier mit ihm im Café Hoftheater. Langweilig. Dann allein durch ein paar Lokale und dann heim. Wenn ich nur über diese einsamen Abende hinauskäme!

18. April.

Vormittags. Es kamen Richard, die Gräfin mit Rolf. Sie ist auch geladen gegen Schwabing. Bringt mir eine angenehme Atmosphäre ins Haus. Als Richard geht, sprechen wir über die Möglichkeit, aus ihren Liebesgeschichten wenigstens das nötige Geld herauszuschlagen. Sie hat es immer dumm gemacht, bald hier, bald dort was gehabt, nur einmal einen »amant attitré«, und das war zu meinem größten Erstaunen Dülberg, der sie aber heiraten wollte. Sie hat ihr Leben vollkommen verzettelt, sich von einem Arm in den Andern geworfen, und nun ist sie arm und altert. Ich gebe ihr ein paar Ratschläge, aber München ist für alles das ungeeignet.

Um 4 kommt Lisa. Ich sage ihr, es hätte mir gestern all das sehr leid getan, aber ich hätte ja nicht geahnt, daß sie dort Jemand treffen wollte. Mir wäre ihr Weggehen nur wie eine Laune erschienen. Nun aber gäbe ich zu, wenn ihr Herz sie nach einem andern Ort zieht, daß Liebesdinge vor der Freundschaft gingen. Dann ging ich in die Stadt mit der Absicht, ein kleines Abenteuer zu finden. Zwar Nichts gefunden, aber die Stimmung sehr genossen. Verschleierter Sonnenuntergang am Stachus. Abends mit Lisa. Spaghetti gekocht. Ich lese ihr Einiges aus dem Schwabinger Beobachter vor. Um 11 mit ihr noch in die Brauerei. Ich spreche von meiner Einsamkeit, aber sie begreift nicht. Ich sehe lauter Gruppen um mich, Familienkreise, Vereine, meinetwegen Stammtische usw., nur ich bin ganz ohne das und kann darum niemals von solcher Basis aus zum Genuß der Einsamkeit, besonders in der Natur kommen, da ich stets von Einsamkeit übersättigt bin. Sie versteht Nichts davon. Zu spröde, vielleicht auch blos zu jung. Ich sage es ihr. Wir entfremden uns langsam und schmerzlos. Ich sagte ihr auch: Meine Liebe bedarf der Heizung durch Gegenliebe, sonst stirbt sie. Jetzt, wo ich darauf nicht mehr hoffe, werde ich gesund.

19. April.

Vormittags kommt der Aufsatz von Hofmannsthal über mein Buch in der »Zeit«. Ich beendige die Aphorismen für Bie. 4 Uhr Lisa, die zum Klavierspielen jetzt wieder jeden Nachmittag kommt. Ich gehe in die Stadt und suche wieder nach Abenteuern, wieder ohne Erfolg. Treffe Gutmann in der Maximilianstraße. Im Gespräch mit ihm wird mir der Gedanke, nach Wien zu gehen, immer lebendiger, denn er schwärmt ja für diese Stadt. Ich kündige meine Wohnung am Ersten und gehe dann im Herbst zuerst ohne Möbeln hin. Im vegetarischen Restaurant Verabredung mit Lisa, dann gehen wir ins Volkstheater, wo Dülbergs »Korallenkettlin« gegeben wird. Tout Munich. Hentschels, Schuler, Klages, Bruckmanns, Obrists, Debschitz, Richard usw. Matter Erfolg. Auch ich wenig gepackt, selbst nicht vom ersten Akt. Ganz undramatisch angelegt. Nachher sehe ich zu meinem Erstaunen Kätchen, die aus Nürnberg herübergekommen ist. Sie hatte mich nicht benachrichtigt, da sie mich im Venusberg vermutete. Mit Kätchen, Frl. Bartel, die seinerzeit im »Weißen Elephant« die Regine spielte, Lisa, Dr. Meyer und Nasse zum Bankett in die »Jahreszeiten«. Lisa sagte erst, sie würde vielleicht von jemand erwartet, wüßte noch nicht ob sie mit kann. Ich rate ihr sehr mit diesem anderen zu gehen, darauf stellt sie sich brav bei mir ein. Dadurch, daß ich Kätchen in der Nähe weiß, fühle ich mich wieder vollkommen sicher und immer freier von Lisa. Es kommt zu einer ganz netten Stimmung. Ich mache dem Kätchen sehr den Hof, rede mit Frl. Bartel mancherlei, aber nebeneinander vorbei, unerfreulich. Unter diesen phlegmatischen Menschen geht meine Lebhaftigkeit ohne Gegenströmung stets weiter als ich möchte. Dann kam Dülberg an unseren Tisch, duzt sich mit der Bartel. Um drei fahren wir alle nach Haus. Etwas unzufrieden mit mir und den anderen. Nichts paßte recht zusammen und ich wieder garnicht ins Ganze.

20. April.

Am Morgen kam die Gräfin Reventlow. Sie ist wirklich rührend, brachte mir pünktlich von dem neulich geliehenen Geld zurück. Dann arbeitete ich an dem Aufsatz »Liebe und Entgelt«. Gegen 4 besucht mich Roché. Dann Lisa zum Üben. Sie will, daß wir französisch sprechen, um die Sprache zu lernen. In ihrer Kindlichkeit kann sie doch wunderschön sein. Abends im Vegetarischen Restaurant treffe ich sie wieder. Wir gehen zusammen ins Gärtner Theater, wohin ich auch Richard und Agnes eingeladen habe und Dr. Meyer. Dort »Orpheus in der Unterwelt«. Sehr hübsch. Dann zusammen ins Künstlerhaus. Lisa verstimmt. Mir gleichgültig.

21. April Sonntag.

»Liebe und Entgelt« fertig. Um 1 in Kätchens Pension. Sie hat sich häßlich frisiert. Wir fahren im Sonnenschein nach Starnberg. Dann zu Schiff nach Possenhofen, zu Fuß Tutzing, dort im Freien Kaffee. Alles in Blau getaucht, Abends bei Eckel Souper. Champagner. Sie will erst nicht mit mir nach Haus kommen, sei garnicht mehr verliebt. Ich merke, sie will sich nur nicht als bequeme Occasion wegwerfen. Ich sage ihr, daß sie sehr viel in meinem Leben bedeute und daß sie stets auf mich zählen könne und lasse durchblicken, daß ich auch jetzt in der Lage bin, mehr für sie zu tun, als früher (was auch für sie günstig ist, da ihr Hugo ihr jetzt nur noch 200 M im Monat giebt). Sie wird durch alles das gut gestimmt, nicht weil sie geldgierig wäre, aber weil sie das Gefühl haben will, nicht so nebenher ausgenutzt zu werden. Dann zu mir nach Hause. Thee am Ofen. Dann zu Bett. Ich fand sie niemals verliebter, war aber selbst nicht so berauscht wie die letzten Male in Bamberg. Dann lege ich ihr einfach stillschweigend etwas ins Portemonnaie, bringe sie gegen zwei Uhr nach Hause. Lisa wird mir nun immer ferner. Heute habe ich zum ersten Male garkeine Lust den Abend mit ihr zu verbringen, obwohl ich nichts sonst vor habe.

22. April.

Um 4 Uhr Lisa. Scheußlich angezogen. Weinrote Wollbluse mit schwarzem Rock. Dann in der Stadt mehrere Mädchen bei feinem Regen angesprochen, aber nichts gescheites. Um 8 im Vegetarischen Restaurant mit Martin Meyer. Dann mit ihm im Café Wittelsbach. Die kleine Wally krank, statt dessen ein süßes junges Geschöpf namens Luise. Um 11 mit Martin Meyer Café Leopold um Dülberg zu treffen dort Suchocki, Reylaender und Lisa. Ich kann sie nicht leiden wenn sie in Wirtshäusern sitzt. Ich nehme Dülberg an einen anderen Tisch, sage er müsse von hier fort, wenn er sich weiter entwickeln wolle und zeige ihm alles Unheil was München und besonders Schwabing über uns bringt. Bei allem Genie sei auch das Korallenkettlin das Werk eines Schwabingers. Zwischen Kunst-Historikern und Reformweibern entstanden. Dann erzählt er mir, daß er mit Frl. Bartel verlobt sei, sie im Herbst heiraten und dann mit ihr nach Berlin ziehen wolle. Nun, das kann gut sein für ihn und sie. Wir gehen an den Tisch zurück, ganz muntere Stimmung. Lisa ist rührend wie ein Kind. Wie sie die Tila liebt und mit ihrer Pelzboa streichelt und kitzelt. Nur welche Direktionslosigkeit in ihren Liebesbedürfnissen! Mir ist sie jetzt ganz gleichgültig. Ich begleite sie freundlich nach Hause.

Alles geht von Schwabing fort, was etwas taugt. Dülberg, Debschitz, Hessel. Jetzt können Leute wie Fuchsens hier aufkommen.

23. April.

Mittagessen bei Dr. Müller. Dort Altmann und Dülberg. Nach Tisch eingehende Gespräche mit der reizenden kleinen Frau Müller, die sich für mich zu interessieren scheint. Um ½ 6 zu Hause Lisa, die offenbar über etwas schmollt und sofort geht. Ich halte sie nicht zurück. Gleich darauf kommt Kätchen zum Adieusagen. Sie errät alles mit Lisa und hält mir nun eine große Predigt, warum ich nun wieder auf eine Schwabingerin, solch ein störrisches junges Kalb hineinfalle und mir z. B. ein Mädchen wie die Bartel entgehen ließ. Sie hat ganz recht. Sie begleitet mich bis an Rochés Haus. Dort einige Worte mit Dr. Preisach. Mit Roché nach der »Grube«. Beim Giesinger Weinbauern gemütlich gegessen und Maibowle getrunken, was für Roché neu ist. Dann in die Tearooms an der Sonnenstr. Kleine Kokotten. Zu Fuß Schwabing. Roché rät mir, Teile aus meinem Buch in amerikanischen und englischen Blättern zu bringen.

24. April.

Vormittags der Dämon. Nachmittag mit Frau Dr. Müller im Kunstverein. Trübner und Toulouse-Lautrec. Bei Brackel. Sehnsucht nach Paris. Lisa im Vegetarischen Restaurant zufällig. Sehr liebenswürdig. Zusammen ins Konzert von Hess, in den »Jahreszeiten«, dann mit ihr Café Luitpold. Noch immer habe ich mich nicht genug in Gewalt gegenüber ihr. Zufällig komme ich im Gespräch darauf, ihr die Rohheit vorzuwerfen, mit der sie seinerzeit gegen mich verfuhr, was ich aber als verliebter Tor stets entschuldigte. Gleichzeitig werfe ich ihr ihre Zerfahrenheit vor, daß sie sich mir nur aus Trotz entzogen hat, weil sie Angst hatte, ihr bischen »Persönlichkeit« ginge drauf, was das wohl geschadet hätte, wenn dabei ihr ganzes Leben in Ordnung gekommen wäre. Sie ist natürlich furchtbar deprimiert, kann kaum sprechen. Ich führe sie nach Hause und ärgere mich, auf dieses Thema wieder gekommen zu sein, das ich doch innerlich bereits überwunden habe.

25. April.

»Psychologie der Curtisane« geschrieben. Abends ½ 9 bei Dr. Popp. Ein stumpfer Kunsthistoriker, den nur die alte Kunst interessiert und der nun seine Ruhe haben will. Dort Kurt Aram, trüber Individualist und Innerlichkeitsmensch.

26. April.

Um 4 kommt Lisa. Wir reden unbefangen und vergnügt. Um 5 bei Frau Meyrink, der ich den Verlauf der Angelegenheit erzähle. Eine merkwürdige Frau, sie sagt unter dem Scheine größter Liebenswürdigkeit und Teilnahme, Dinge, die man perfid nennen könnte. Spricht etwas zu viel von ihrem eigenen Liebesglück und daß es mir pekuniär so gut gehe. Abends Diner bei Obrists. Dort auch Debschitz und ein mir unbekannter Major mit Frau. Amüsantes Gespräch über Frauenfrage und das Geheimnis der Frau, das die anderen leugnen. Später Gespräch über Individualismus, den Obrist nun doch etwas abgeschworen zu haben scheint. Endlich wieder einmal Gesellschaft.

27. April.

Wieder am Don Juanito 1. Akt. Nachmittag beim Mathäser; den Herold gesucht, ist ausgezogen. Abends im Vortrag von Maximilian Harden. Wie ich mich ihm doch in der geistigen Struktur bisweilen ähnlich fühle! Dann mit Gutmann zu Richard. Großer Empfang. Frau Frenzdorf überfällt mich wegen meines Artikels in den Münchener Neuesten Nachrichten über »Mode«. Debschitz auch da. Sonst schreckliche Münchener Mittelmäßigkeit. Aber ich nehme mich zusammen. Lisa; sie verschwindet um 12, um wieder auf das Fürmannfest zu strömen. Um 3 Uhr zu Hause. Die kleine Wimmer gefiel mir sehr.

28. April. Sonntag.

Vormittags in Schnee und Regen in der Stadt; Peterskeller, Fell. Act. Schluß; zufrieden nach Hause. Zanoni gelesen. Dann nach Dachau gefahren, jour bei Hirschfeld. Sie sehr reizend. Hedwig ähnlich, auch in den ungraziösen Bewegungen und unschönen Händen, aber glühend lebendig. Sonst Dachauer Künstler, aber harmlos, diskret. Der Wiener Schriftsteller Carl Rößler weissagt mir aus der Hand: Zweirassenhand, ein Urahne war grausam, vielleicht Metzger oder ein harter Kaufmann. Erst im zweiten Teile des Lebens Realisation. Meine Unruhe wird dann verschwinden. Mystik, Wassergefahr, heiteres Alter wie Stendhal. Frauenaffären noch lange nicht zu Ende. Widerstandskraft, keine Perversität, aber Neurasthenie und Ängstlichkeit. Greisenhafte Stellen in der sonst jugendlichen Hand. Viel Wille, aber er kommt aus dem Hirn. Alles dieses frappiert mich sehr. Ich versäume den Zug und muß über Nacht bleiben. Am anderen Morgen um 10 durch beschneite Landschaft zurück. Auf dem Heimweg in der Hohenzollernstraße eine tatsächliche Schönheit angesprochen, sie reist aber dieser Tage weg.

29. April.

Don Juanito. Um 4 Lisa. Ich erfahre, daß Louisa krank ist und möglicherweise auf einem Auge blind wird. Gegen Abend suche ich ein bischen nach Abenteuern. Ich finde ein Mädchen, die mir sagt, daß irgendwo am Karlsplatz getanzt wird. Ich gehe hin, treffe dort eine schlanke Flachsblondine, überrede sie, von ihrer üblen Freundin mit mir wegzugehen. Wir gehen in ein Weinrestaurant. Sie möchte meine Wirtschafterin werden. Küsse usw. Ihr Blond sehr reizvoll, aber schon nach ein paar Küssen bin ich sie müde. Sie hat ganz niedliche Gedichte gemacht. Bringe sie um ½ 2 heim. Sie heißt Luise.

1. Mai.

Abends nach der Aufführung des König Lear bei Gusmaroli, dort Habicht. Er sagt Dülberg sei noch in der Pubertät und befürchtet Wolfskehls baldigen inneren Bankrott.

2. Mai.

Um 5 dem Rendezvous dieser Luise aus dem Weg gegangen. Ich habe wieder eine bessere Zeit. Ich kann allein sein.

3. Mai.

Jeden Vormittag arbeite ich an Don Juanito. Morgens besucht mich Richard. Wir sprechen über Lisas Verlotterung und Undankbarkeit und die schnöde Selbstverständlichkeit, mit der sie ohne Gegenleistung, womit ich nicht etwa das sexuelle meine, mich in Anspruch nimmt. Ebenso aber verhält sie sich gegen ihre Mutter, nimmt Richards ausgedehnte Gastfreundschaft an und meine Hülfe. Geht überall hin und fühlt nirgends die Verpflichtung, anderen etwas zu bieten. Sitzt z.B. stundenlang ohne ein Wort zu reden in einer Gesellschaft wohin man sie eingeladen hat. Sie ist nicht zu retten. Nachmittag kommt sie, ganz nett. Sie übt immer noch bei mir Klavier, während ich Nachmittags ausgehe. Sie erzählt, daß Louisa ein Fest giebt und beinahe wegen Schulden gepfändet wurde. Außerdem erfahre ich von ihr, kürzlich habe Agnes dem Richard vorgeworfen, er habe sie während ihrer Krankheit so schlecht gepflegt. Diese Gemeinheit! Wär ich nur dabei gewesen! Richard hat ihretwegen seine Tätigkeit aufgegeben und ist Krankenpfleger geworden. Habe inzwischen eine mysteriöse Korrespondenz mit einer Unbekannten, deren Annonce in der Zeitung mich interessierte. Aber sie verlangt, daß ich mein Incognito lüfte. Das kann ich natürlich nicht eher tun, als bis ich sie sehe. Abends in der Stadt herumgebummelt. Mathäser, Liptauer, dann Rosenheimer Straße. Dort aus purer Langeweile ⊙.

4. Mai.

Um 5. am Bayrischen Hof die Unbekannte. Klein, hart, gewandt, Österreicherin mit berlinischer Aussprache, weil dies bei der Bühne besser sei. Hofgarten, Eis, humorlos. Abends beim Baron Simolin, an den mich Alfred empfohlen hat zum Souper. Dort Dr. Blei und eine süße kleine Frau, die vielleicht 6 Wochen verheiratet ist, mit ihrem Mann. Blei rein litterarisch, redet über die Liebe und vertritt die bereits banal gewordene alte Ansicht, der Mann sei ein Trottel gegenüber der Frau. Um ½ 2 in der Bar. Dort v. Guteneck, erzählt von Ägypten, wo er als Soldat war. Ferner

Rößler. Am anderen Tisch die Münchner Litteratur mit Hirschfeld. Um 4 fahre ich durch die Morgendämmerung mit Guteneck nach Schwabing.

Sonntag 5. Mai.

5 Uhr durch den sonnigen Englischen Garten. Der erste Frühlings- ja Sommertag. In den Wirthäusern alles im Freien. Beim Chinesischen Turm der Dämon; zu Gutmann. Erfahre von ihr, daß Louisa mich noch liebe. Sie habe die ganze Nacht geweint, als sie mich nach Dülbergs Aufführung zwischen Lisa und Kätchen sah. Gerade Kätchen. Warum erzählt sie das? Immerhin, ich fange an Mitleid mit ihr zu haben. Lisa kommt auch. Sehr hübsch, wir sprechen aber kaum zusammen. Um ½ 8 Beerkonzert in den Jahreszeiten. Violin-Sonate herrlich, gesättigt von Musik. Dann mit der kleinen Bollak zu Gusmaroli. Sie studiert jus, ist aber »eigentlich« gegen das Frauenstudium. Ziemlich verbummelt. Bringe sie dann zur Pension Ludwig. Ganz niedlich, einmal eine Jüdin, die mir sexuell nicht ganz unmöglich wäre. Herrliche Sommertage.

6. Mai.

Um 4 Uhr, wie immer Lisa. Ich werfe ihr milde vor, daß sie weitererzählt hat von dem was ich über Louisa mit ihr gesprochen habe. Frau Gutmann hat mir gesagt, daß alle diese Dinge in München bekannt sind und ich habe zu niemandem als Lisa davon gesprochen. Sie stellt es etwas unsicher in Abrede. Dann gehe ich aus. Abends bei Heck den dicken Hopf abgeholt. Mit ihm und einem Holländer zum Raschid Bey, der trübsinnig bei einer mit Zeitungspapier verschleierten Lampe sitzt, ein paar junge Idioten um sich. Die alten occultistisch-mystischen Gespräche. Die Idioten provocant rationalistisch. Dann mit Hopf und dem Holländer ins Café Leopold. Wir sitzen im Freien unter dem Zelt. Das Geschwätz über mich in Schwabing wird so, daß ich fast Grund hätte, größenwahnsinnig zu werden. Lisa erzählt: als ich neulich bei Gutmanns wegging, wurde den ganzen Abend nur von mir gesprochen. Wie widerwärtig provinzial und klein ist das Alles!

7. Mai.

Vormittags Hentschel bei mir. Sehr nett, erzählt von Mexico, wo er sich ankaufen will. Ich arbeite am 3. Akt. Nachmittags Dampfbad. Dann wie jetzt sehr oft, in den Straßen herumgeabenteuert und den Mädchen nachgesehen. Aber nichts gescheites gefunden. Am Abend in dem Vereinslokal des neuen Vereins, wo nur ganz junge Leute, dort Hopf und ein Wiener namens Bacher, der mich wieder sehr in meiner Absicht bestärkt, nach Wien zu gehen. Café Stefanie.

8. Mai.

Nachmittags mit Richard in der sommerlichen Stadt. Dann mit Roché. Droschke zum Weinbauer in Sendling. Mäßig im Freien gegessen. Dann durch Thalkirchen zu Fuß zurück. Lese bei ihm sein Manuskript »Don Juan et Ophélie«. Schwach, dann nach Hause. Roché fängt an mir immer sympathischer zu werden.

9. Mai Himmelfahrtstag.

Um 5 mit Richard und Agnes im Hofgarten. Sie sieht sehr hübsch und jung aus. Abends um 8 Kothe-Conzert, deutsche Volkslieder. Dann müde mit der kleinen Bollak in die neue Börse zum Abendessen.

10. Mai.

Um 5 nach Bruck gefahren, wo alles in zartestem Grün. Bei Müllers. Mit Dr. Müller Spaziergang durch die sanfte Landschaft, die gelegentlich an die Puszta erinnert. Besuch bei Falckenbergs, die beim Fischen sind. Er erzählt, daß Fuchs sich in der Vorstandssitzung im neuen Verein, ohne jedoch Anklang zu finden, durch Rosenthal beklagt habe, über die Ausgelassenheit »eines Herrn« nach der Dülberg-Vorstellung und die zweifelhaften Damen, die er mitgebracht habe, seine Verhältnisse. Dann bei Müllers gemütlich im Garten gesessen. Später kommen Falckenbergs, reizende Menschen alle vier. Ich fahre um 12 zurück.

11. Mai.

Um 5 Uhr Nachmittags in die Stadt. Dann schnell Schauspielhaus. Ein Eisenbahn-Drama. Bei Gusmaroli Spaghetti. In der Trambahn blondes Mädchen angesprochen. Hübsch, aber langweilig. Zufällig Fuchsens in derselben Tram. Dann in der Brauerei Heller getroffen.

Sonntag 12. Mai.

Um 5 Richard und Agnes geholt. Zusammen nach Sollen zu Landshoffs gefahren. Dort Wolfkehls. Sehr animiert. Er und ich machen die ganze Unterhaltung und sind wohl beide heimlich froh uns wieder zu sehen. Maja süß und reizend. Um 11 zu Fuß Aufbruch. Von Neuhofen mit der Trambahn. Ich mit Maja, die mir erzählt, daß Lisa so nervös, aufgeregt und mager sei und plötzlich so solide zu leben beginne. Ich lasse sie grüßen.

13. Mai.

Sonnenbad. Abends mit der Gräfin im Milchhäusl. Dann treffen wir Hentschel im Leopold und erneuen Dreibundzeiten. Am anderen Tisch Lisa mit der Reylaender. Ich habe mit der Gräfin von Lisa gesprochen, ebenso von der Franzlgeschichte, in der sie ihm Unrecht getan zu haben zugiebt. Zu Gunsten des Suchocki. Wir sind doch gute alte Freunde, die Gräfin und ich. Hentschel will durchaus, ich soll in Mexico eine deutsche Zeitung gründen.

Mein Leben ist momentan arm und steril, kein Erlebnis, keine Frau, nichts. Also arbeiten und abwarten, was die Zeit bringt. Inzwischen lebe ich hygienischer als sonst.

14. Mai.

Zweites Sonnenbad. Abends im Schauspielhaus ein Stück des Rechtsanwalts Bernstein. Von unsäglich niedrigem Niveau. Dort Gutmanns. Mit ihnen Café Viktoria im Garten. Sie erzählen, daß Louisa zur Bühne geht und Rollen wie Salomé und Hedda Gabler als ihr Fach betrachtet. Die Eltern seien aber dagegen.

15. Mai.

Drittes Sonnenbad. Wenig Sonne. Baedeker für Bosnien dort studiert. Abends Schauspielhaus. Wenn irgend etwas Vernünftiges gegeben wird, gehe ich Abends hin, um über die einsamen Abende hinaus zu kommen. Dann in der Odeon Bar allein.

16. Mai.

Im Residenztheater Hedda Gabler. Vor Park Hotel Rushtiea blond, Schürze. Trambahn, aber scheinbar nicht zusammengehörig. Zu Haus: Samos. Fast stumm. Blonde Art. Dann schnell fort.

17. Mai.

Abends bei Richard. Dort Dr. Stern. Anfangs nett, dann durch die Debatten über Kunst wieder recht unerquicklich.

18. Mai.

Abends im Schauspielhaus in einer Première. Dort Scholz, Reßner und Halbe. Nachher mit ihnen im Café Hoftheater. Sehr angeregt. Mit Halbe um 2 nach Haus. Doch eine gewisse Lebendigkeit in diesem Kreis.

19. Mai.

Pfingsten. Regen. Richard holt mich zum Essen. Abends nach Dachau zu Hirschfelds. Ich erzähle ihm von meinem Stück. Dort Rößler mit Frau. Ich bleibe über Nacht in einem Wirtshaus. Um 6 durch Lärm geweckt. Fahre bei Regen nach München, um 7 Café Habsburg Thee, dann nach Hause.

20. Mai.

Abends bei Richard Lisa. Sie ist sehr befangen, aber versucht Liebenswürdigkeit. Was hat sie nur? Regen, Kälte und geheizt.

21. Mai.

5. Sonnenbad. Es passiert nichts. Aber das Stück geht gut weiter und auch die Blasenindisposition infolge eines Kräuterthees, Prießnitzumschlägen und Sonnenbädern gebessert.

22. Mai.

6. Sonnenbad. Ich glaube den Kontakt mit der Außenwelt langsam wiederzufinden. Heute wimmelte es in den abendlichen Frühlingsstraßen nach einem Gewitterregen von hübschen Mädchen. Bei van Hees reizende Verkäuferin. In der Tram treffe ich Dungerns ehemalige Geliebte. Auf dem Weg zum Lustspielhaus treffe ich Gusti, die nun selbst ein Geschäft aufgemacht hat. Ich sitze bei ihr in der Dämmerung. Sie spielt Zither und hat nichts gegen Zärtlichkeiten einzuwenden.

Seit 2 Tagen irre ich nachts in den Frühlingstraßen, äußere Schleißheimerstr. usw., beobachte Vieles, teilweise mit Opernglas.

23. Mai.

7. Sonnenbad. Das Vollkommenste bis jetzt. Das Leben wird wieder dichter um mich. Ich treffe in einem fort sympathische Menschen, man kommt zu mir. Im Hofgarten in der Dämmerung Frau Landshoff, abends mit Scholz Parkhotel. Spät im Stefanie Hentschel, Klages. Mit Hentschel bis 2 Uhr. Scholz sagt, ein reinlicher Mensch wechselt seine Weltanschauung mindestens einmal im Leben.

24. Mai.

8. Sonnenbad. Abends mit Scholz in »Gyges und sein Ring«. Scholz sagt: Es giebt drei Contradictiones in adjecto: Der Heimatskünstler ist kein Künstler, das Musikdrama ist kein Drama, der Unteroffizier ist kein Offizier.

25. Mai.

9. Sonnenbad. In Bruck bei Falckenberg. Dort Müllers, später die Greiners. In der Dämmerung im Garten an der schnell vorbeifließenden Amper. Greiner begleitet mich an die Bahn und schlägt mir für seine Sammlung ein Buch über Ägypten vor zu schreiben.

26. Mai.

10. Sonnenbad. Letzter jour fixe bei Gutmanns. Abends mit Scholz in der neuen Börse.

27. Mai.

In der Dramatischen Gesellschaft »Scherz, Ironie und tiefere Bedeutung« von Grabbe. Dann mit Dülberg und Schloß zusammen im Café Hoftheater. Dülberg bringt mich heim, kommt etwas détrompé von seiner Braut zurück. Im Theater die kleine Reich. Sehr niedlich. Verabredung.

28. Mai.

Vormittags Hoftheater. Hauptprobe von Scholz' »Meroë«. Sehr gepackt. 5 Uhr im Hofgarten die kleine Reich getroffen. Abends mit ihr nach Nymphenburg. Nachdenkliche Stimmung im dämmerigen Schloßgarten. Die katholischen Pensionärinnen ziehen an uns vorbei. Die kleine Reich erzählt, daß sie noch keine ernstlichen Beziehungen zu Männern hatte und heiraten will. Dabei zittert sie von Temperament und Sinnlichkeit. Sie sagt, sie hätte zuviel Angst nach einem Verhältnis sitzen gelassen zu werden, obwohl sie sich's eigentlich ja auch wieder nicht vorstellen könne. Völliger Mangel an Selbstvertrauen und Entschlossenheit, und so läßt sie ihre Jugend hingehen, denn eine gute Partie wird sie doch schwerlich machen. Dabei ist sie selbst sehr anspruchsvoll. Giebt zu, ein Bischen in mich verliebt zu sein, aber unter diesen Umständen, mit diesem Lebensprogramm vor ihr mag ich es nicht ausnutzen.

29. Mai.

11. Sonnenbad. Premiere von Meroë, mit der kleinen Reich. Mittlerer Erfolg. Dann tout le monde im Café Hoftheater und Odeonbar. Gustav Valentin aus Berlin will für mein Stück Einiges tun. Dieser Mann behauptet, das Beste, was ich je geschrieben hätte, seien die Gedichte gewesen in den Blättern f. d. Kunst. Um 3 Uhr nachts zuhaus.

30. Mai.

Luftbad. Mit Scholz, dem Maler Feigl und Dr. Kraft Parkhotel. Die zwei Letzten an die Bahn gebracht.

31. Mai.

12. Sonnenbad. Bei Georg Müller wegen »Ägypten«. In der Stadt der Dämon in vielerlei Gestalt. Abends niedliches, kleines Fräulein auf der Neuhauserstraße angesprochen. Café Domhof auf

dem Balkon. Alles an ihr nett, nur die entsetzliche Sprache, halb russisch affektiert, halb bayrischer Dialekt. Alles so verrückt wie ihr Name: Alla Kappel. Sehr müde um 12 zuhaus.

1. Juni.

Entzückendes Briefchen von Irene. Pariser Erinnerungen vom letzten Jahre auffrischend. Der 2. Akt fertig. Schlechtes Wetter, Kälte. Auf der Leopoldstraße die kleine blonde Wally vom Café Wittelsbach. Ich soll ihr wegen eines Rendez-vous schreiben. Im Volkstheater »die relegierten Studenten« von Benedix. Doch zu trivial. Im Parkhôtel der Marquis. Später von Maassen, mit dem ich in eine Bar gehe. Schlecht gelaunte Barmaid. Dann im Simplicissimus, Tisch mit Franzosen. Sehr amüsant. Ein Pole fängt einen Krakehl mit mir an, aber die Besitzerin Kathi Kobus befördert ihn hinaus. Eine rätselhafte, magere Dame, die schwedischen Punsch trinkt und behauptet, sie sei verheiratet, kommt an unseren Tisch. Nach 4 Uhr bei völliger Helle heim.

Sonntag, 2. Juni.

Reiseplan für Bosnien ausgearbeitet. Nachmittags Landshoffs verfehlt. Abends bei Richard zu Tisch. Frau Frenzdorf.

3. Juni.

3. Akt begonnen. Abends bei Debschitz. Er geht vielleicht mit nach Bosnien.

4. Juni.

Abends in dem russischen Teehaus. Neben mir ein mageres, koprolales Geschöpf von unsäglich gemeinem Ausdruck.

5. Juni.

13. Sonnenbad. Debschitz besucht mich abends. Rücksprache wegen Bosnien und Dalmatien.

6. Juni.

Nachmittags zwei Kokotten einen Besuch gemacht. Wanda und Lilly, die ich neulich zufällig getroffen habe. Wir schwatzen noch zwei Stunden lang, während ich bei ihnen auf dem Bett sitze. Phantasielose Cochonnerie. Die Eine, Französin aus Nancy, mit einer langen Nase. Sie lebt von einem koprophagen Rittmeister. Abends Residenztheater, 2 Stücke von Thoma. Dann mit Dülberg Parkhôtel gegessen. Naßkaltes Wetter.

7. Juni.

Abends schlechte Aufführung des Prinzen von Homburg. Das Stück ist mir auch nicht sympathisch. Im Café Wittelsbach die nette Freundin der Wally. Sie erzählt, daß sie jeden Morgen ein Schwimmbad nimmt, und wie sie als Kind in der Isar herumgepatscht sei.

8. Juni.

Die Herkomerkonkurrenz. Mit Richard und der Baronin Wolzogen hinausgefahren. Dort Gutmann. Auf der Terrasse in Pullach miserabel zu Abend gegessen. Dann noch eine Stunde bei Richard, an Agnes' Bett. Sie erwartet vielleicht ein Baby.

Sonntag, 9. Juni.

3. Akt im Entwurf fertig. 14. Sonnenbad. Mit Richard in der Schrannenhalle. Dort Schönheitskonkurrenz der Autos von der Herkomerkonkurrenz. Abends im Residenz-Theater »die Journalisten«. Dort schlanke Brünette, qui me fait les yeux. Folge ihr

und ihrem Herrn, sie gehen ins Café Börse und essen dort. Ich setze mich an einen Tisch in ihrem Rücken. Dann begleitet er sie Luisenstr. 73, ich immer hinterher. Von ihr, aber nicht von ihm bemerkt.

10. Juni.

15. Sonnenbad. Nachmittags Brief abgegeben Luisenstr. 73. Sie heißt Gundermann und studiert, wie die Wirtin sagt, bei Stavenhagen Klavier. Abends Residenztheater. Langweilig. Parkhôtel Marquis und Köffler. Fühle mich in dieser Gesellschaft recht wohl.

11. Juni.

Kein Brief von F. Gundermann, und wie hat sie im Theater kokettiert! Um es weiter zu verfolgen, ist mir die Sache nicht wertvoll genug. Abends Schauspielhaus. Dann im Café Wittelsbach. Eine Kellnerin, die mir recht gut gefällt, erzählt mir ihre Geschichte, daß sie Angst hat vor tragischen Verwicklungen und dergl. Warum treffe ich nur immer auf Mädchen, die es zu ernst nehmen, und vor denen ich mich dann zurückziehe, um sie nicht unglücklich zu machen? Sollte ich hier bei dieser kleinen Resi zugreifen, weil sie sich für mich interessiert, gräßlich. In 4 Wochen wäre ich sie müde, und dann hätten wir wieder den Fall Irene, die übrigens jetzt sehr lieb schreibt.

12. Juni.

16. Sonnenbad. Um 6 Uhr abends kommt Hedwig. Mit Richard, Otto und Mieze an der Bahn.

13. Juni.

Bei Richard gegessen, dann mit Hedwig zu Debschitz. Sie erzählt, daß Tilly von Ludwig fort will. Bei Debschitz Frl. Nachtigal und

Leute aus der Schule. Alfred soll die Reise mitmachen. Dann mit Hedwig Café Leopold, wo die Brüder Feiks.

14. Juni.

Zum Café zu Feiks. Dort Hedwig. Abends bei Dr. Ludwig zum Tee. Baronin Wolzogen, Hedwig und die Brüder Feiks. Angeregte Unterhaltung.

15. Juni.

Zum Kaffee bei Richard, dort Wolfskehl. Abends im Schauspielhaus, dann mit Parin bei Gusmaroli gegessen. Er erzählt von seinen Weibergeschichten.

Sonntag, 16. Juni.

Hedwig zum ersten Frühstück bei mir. Um 6 mit ihr zu Landshoffs. Dort Völkerling, Frl. Laumen. Angeregte Unterhaltung.

17. Juni.

Otto abends am Theater. Ich gab ihm ein Billet für Wilhelm Tell. Hole ihn um 10 wieder ab, dann mit Mutti ins Leopold, die wahrscheinlich einen beginnenden Lungenkatarrh hat.

18. Juni.

17. Sonnenbad. Dort Hauck. 5 Uhr bei Jawlensky und der Baronin Werefkin. Dort Hedwig, die gemalt wurde. Er Ultraimpressionist, aber sehr gut. Sie spricht französisch. Sehr häßlich. Nennt sich selbst einen Clown. Lebt in der Phantasie, wie sie sagt, in der Régence. »Quand je suis seule«, sagt sie, » je rentre dans mon siècle.« In der heutigen Zeit gäbe es nur Eines, was interessant sei, die Gemeinheit. Abends mit Hedwig bei Agnes. Dann mit Schloß und Wilhelm Michel im Café Leopold.

Sonntag, 19. Juni.

Wilhelm Michel bei mir. Abends im Hoftheater Graf von Charolais gesehen. Schlecht. Café Wittelsbach Resi.

20. Juni.

18. Sonnenbad. 5 Uhr Tee bei Obrist. Abends Hoftheater, Flachsmann als Erzieher. Miserabel. Im Parkhotel Bayros mit einem Gutsbesitzer aus Schlesien, der 31 Jahre alt ist und erklärt, er lebe hier in München, weil er im Leben Nichts mehr leisten wolle, und das ginge hier am Besten. In Norddeutschland, wo Jeder was tut, sei das zu peinlich.

21. Juni.

Das Stück fertig. Um 6 im Hofgarten. Hentschel mit einem Herrn Lewin, Geograph aus Berlin. Wir essen im Parkhotel. Dann mit Lewin allein Café Wittelsbach-Passage. Er war zweimal im nördlichen Eismeer. Erzählt von Schneesturm im Juli und Sonnenschein um Mitternacht. In der Kälte fühle er sich wohl wie in der Hitze.

Ich bin kalt und habe zuviel Flüssigkeit, darum suche ich Hitze und Trockenheit, um aus dem Vollen zu schöpfen, mich soweit zu bringen, daß ich Hitze verschwenden kann, selber nach Kälte verlange. Daher meine Lust am Schwimmen und kalten Wasser. Aber nur, wenn ich sehr viel Hitze in mir habe. Im Hochsommer, im Süden oder nach dem Schwitzbad. Dieser Lewin ist umgekehrt, er ist so heiß, daß er die Kälte liebt, um sich wärmebedürftig zu machen. Es giebt Kalte, die sich wärmen wollen, Erde, und Kalte, die kalt bleiben wollen, Wasser, Heiße, die sich kühlen wollen, Feuer, Heiße, die heiß bleiben wollen, Tropenmenschen, wie Lolissa. Darum vertragen viele Italiener das nördliche Klima so gut.

22. Juni.

Um 6 mit Lewin, seinem Freund Pontoppidan und Hentschel in der neuen Börse gegessen. Dann bei Regen, der die ganze Nacht anhielt, auf das Sonnenwendfest nach Gaislgasteig gefahren, wo ich vor 4 Jahren Kätchen kennen lernte. Dort sehe ich wieder die Dame aus der Luisenstr. Friedel Gundermann, der ich neulich nach der Journalisten-Aufführung nachgegangen bin. Ich engagiere sie zum Tanz. Sie fängt selbst von meinem Brief an, dessen Anonymität sie chockiert hat. Zuerst ein Hin und Her zwischen einem Herrn Cohn, der sie hierher begleitet hat, und mir, bis ich den Herrn Cohn auffordere, an unseren Tisch zu kommen. Viel ist so natürlich nicht zu erreichen, aber immerhin Rendez-vous für diese Woche. Sie hat mich auf dem Isis und dem Gauklerfest mit einer sehr schönen Dame gesehen (Lisa) und fand die Situation, in der wir waren, entzückend. Dieselbe Situation, durch die ich mir damals Lisa verscherzt habe. Ist das nicht Schicksal? Ferner war derselbe Mensch da, dessen Braut mir nach jenem Gauklerfest am Bahnhof fast ohnmächtig plötzlich in meinen Wagen geschoben wurde, und der sich nun dafür bedankte, daß ich sie nach Haus gebracht habe. Ich fürchte, diese Ohnmacht war ein Rausch. Um 12 geht Friedel Gundermann mit Cohn weg. Das »Polsterchen« poussiert mich, will mich aber nicht besuchen, obwohl das sicher, wie sie sagt, kolossal reizend würde. Hentschel hat ein liebenswürdiges Blondinchen, aber nebst Mutter bei sich. Dann lerne ich eine Studentin der Nationalökonomie kennen, Anna Louisa Schmidt, eine reizende, kluge Person, wohl Jüdin. Ferner Gräfin, Lisa, Maja, der kleine Hoerschelmann. Alles das kehrt um 3 zusammen zurück. Kaffee in einem engen Aufkochgeschäft in der Neuhauserstr. Gräfin und Maja kleiden sich um zwischen einer Tür und dem Rolladen, den Hentschel von der Straße aus im kritischen Moment hochzieht. Dann Alles zum Donisl, wo bei Musik Strizzis Bier und Weißwürste verzehren. Um 7 Uhr früh zuhause. Ich fühle mich wieder ganz magnetisiert und in großem Kontakt mit der Welt. Besonders mit den Frauen, die ich wieder fest in der Hand fühle, wie im letzten Winter in Berlin. Nun weiter!

Sonntag, 23. Juni.

Bis 3 geschlafen. Um 5 kommt Debschitz mit Vorschlägen, zusammen für illustrierte Blätter Berichte und Photographien von unsrer Bosnischen Reise zu machen. Abends im Parkhotel, dann Odeonbar, mit Scholz, Maassen, Lichtenberger.

Montag, 24. Juni.

St. Johannistag. Abends bei der Gräfin zu Spaghetti. Sie hat einen Masochisten aufgegabelt, der als Spucknapf benutzt sein will.

25. Juni.

Ich arbeite meine alten Reiseaufsätze über Griechenland und die Türkei um, um sie neu zu versenden. Um 6 Nationalbibliothek über Bosnien gelesen. Abends Volkstheater, das Vierte Gebot. Dann mit Greiner und Falckenberg am Bahnhof. Dort auch Rößler. Café Wittelsbach. Die kleine Resi wird ziemlich warm.

26. Juni.

5 Uhr Tee bei der Baronin Werefkin. Sie spricht von rechts französisch, eine italienische Malerin von links italienisch auf mich ein. Sehr anstrengend. Um ½ 8 an der Ecke der Schelling- und Arcisstr. auf die liebe Friedel Gundermann gewartet. Wir fahren nach dem Bavaria-Keller, dann in die Maxim-Bar. Ich verliebe mich ein Bischen in diese Mischung von süßer Melancholie und spielerischer Grausamkeit, Letztere besonders gegen Herrn Cohn angewendet. Leider reist sie bald ab. Kommt aber wohl Herbst nach Wien.

27. Juni.

19. Sonnenbad. 5 Uhrtee bei Gutmann. Abends im Residenztheater. Björnson, Paul Lange und Tora Parsberg. Sehr erregend.

Café Wittelsbach, um auf morgen, wo sie Ausgang hat, etwas mit Resi zu verabreden. Kann mich aber nicht dazu entschließen, als ich sie wiedersehe. Sie reizt mich nicht mehr genug. Bin doch wirklich verliebt in Friedel. Sende ihr heute morgen Rosen mit Visitenkarte, mit dem Text »Guten Morgen«.

28. Juni.

Bei Ceconi. Dort Wolfskehl getroffen, der gegen Harden donnert wegen der Eulenburgaffäre. 20. Sonnenbad. Bibliothek. Um 10 bei Regen in die Odeonbar. Dort Dülberg.

29. Juni.

Peter und Paul. 4 Uhr Friedel getroffen. Mit der Tram nach Neuhofen. Souper in einem Wirtsgarten. Zu Fuß an der Isar entlang über die Großhesseloher Brücke, dann oben bis zur Fähre. In Pullach zu Abend gegessen. Dann Arm in Arm durch den Wald bis Großhesselohe. Von Glühwürmchen begleitet, aber ich erlaube mir nicht die geringste Freiheit, um nichts zu früh zu verderben. Regenguß. Bahnfahrt. Zu Fuß nach Haus. Sie ist süß in ihrer lieblichen Melancholie. Ich habe sie verstehen lassen, daß ich sie gern habe und ich glaube auch schon zu wissen, daß es auf Gegenseitigkeit beruht. In der Dämmerung auf der Bank gegenüber Pullach, wo ich einst mit Helene Klages saß. Als sie Lisa und mich auf dem Gauklerfest zusammen sah, sagte sie zu ihrem Begleiter: »wie müssen die beiden sich lieb haben, besonders sie ihn!« Und das war damals gerade der Anfang vom Ende, weil ich Lisa wohl doch mehr liebte, als sie mich.

30. Juni.

Sonntag. Um 4 wollte Friedel zu mir kommen und mir etwas auf dem Klavier vorspielen. Als ich gerade den Teetisch gedeckt hatte (chinesisch) kommt ein Dienstmann. Absage wegen plötzlichen auswärtigen Besuchs. Ich komme den ganzen Tag nicht aus der

Traurigkeit heraus, obgleich ich alle Gedanken an Friedel gewissermaßen zu ihr zurücksende und zur Zerstreuung um 6 Uhr nach Dachau fuhr. Erst bei Rößlers, dann bei Hirschfelds. Ungemütliches Warten auf Essen bis 9 Uhr. Dann sehr langweilig. Mit Holm um ½ 11 zurückgefahren. Wie bin ich doch in das kleine Ding verliebt! Aber heute, Montag, wird sie kommen!

1. Juli.

Vormittag Staatsbibliothek. (Bosnien). Um 4 Uhr Friedel in der Hohenzollernstraße. Zu mir zum Tee. Sie spielt sehr hübsch Klavier. Sonst nichts Ernstliches vorgefallen. Ich bin immer noch vorsichtig, um sie nicht zu erschrecken. Ich spiele ihr alte spanische und italienische Lieder vor. Abends hole ich Dülberg. Abschiedssouper für Lili Marberg. Zwischen Dülberg und Baron Falkenhausen, auch Dr. Peters, der Afrikaner, war da. Lili Marberg fordert mich auf, sie in Wien zu besuchen. Um 1 gehe ich mit Dülberg in die Odeonbar.

2. Juli.

Um 4 Friedel im tearoom am Promenadeplatz. Sie ist ein bischen müde. Ich bringe ihr den »Lothar«. Um 6 bei Richard, dort Rößler. Lese »Don Juanito« vor. Er hält es für sehr aussichtsvoll. Tadelt nur Kleinigkeiten. Ich bringe ihn dann zur Bahn. Zu Hause Brief von Käti, die nach München gezogen ist.

3. Juli.

Morgens schnell einen Moment bei Käti, die in Geldverlegenheit. Ich gebe ihr einen Check. Sie kämmt gerade ihr wunderschönes Haar. Sonst aber ziemlich ungnädig. Um 12.30 Uhr fahre ich nach Nürnberg. Dort Verabredung mit Friedel, die nun leider nach Hause zurück muß. In N. an der Bahn holt sie mich ab. Wir gehen ins Hotel. Zwei Zimmer nebeneinander, ziemlich abgelegen.

Wir fahren um die Stadt, sehen die Kaiserburg und die Folterkammer, die eiserne Jungfrau. Ich etwas gedrückt. Dann im Hotel sage ich ihr, daß ich sie sehr lieb habe. Ehe sie sich küssen läßt, will sie gefragt sein, ob sie mich auch lieb hat, dann sagt sie: ja. Abendessen im Casinorestaurant. Modern Style. Zigeunermusik. Im Hôtel große Weigerung, mich nachts zu sich zu lassen. Ich sehr enttäuscht. Sie weint. Schließlich wird es mir auch etwas riskiert, da sie, wie sie mir sagt, noch nie mit einem Mann zu tun gehabt hat. Wenn ich ernstlich bei ihr ausharren kann, würde ich davor nicht zurückschrecken, und es ist mir lieb, daß wir uns im Herbst in Wien wiedersehen, und ich denke bis dahin können wir unsere Gefühle erproben. Das glückseligste Lächeln, das ich jemals gesehen habe, geht ihr übers Gesicht, als ich ihr dies sagte. Aber sie solle mich doch, bat ich, wenn sie zu Bett liegt, zu sich lassen. Ich schwöre, ihr nichts Böses zu tun. Ich entkleide mich in meinem Zimmer, dann zu ihr in der Dunkelheit. Und es folgte eine der entzückendsten Nächte meines Lebens, obwohl ich mein Versprechen in dem wesentlichsten Punkt gehalten habe. Dabei konstatiere ich, daß das Hymen fehlt. Sie erzählt eine ziemlich unwahrscheinliche Geschichte von einer ärztlichen Operation. Daraufhin erkläre ich ihr, wie töricht dann weitere Zurückhaltung sei, da man ja vorsichtig sein könne. Sie wird unruhig, aber ich beruhige sie, daß ich heute wenigstens mein Versprechen halten werde. Um 2 Uhr ging ich in mein Zimmer.

4. Juli.

Morgens will sie abreisen. Sie könne nicht mehr geben, als sie gegeben hat, wir kennten uns zu wenig. Ich spüre immer mehr, wie gern ich sie habe und verspreche, nicht in sie zu dringen, falls sie noch bleibt. Frühstück auf der Veranda. Dann verträumtes Bummeln durch die Stadt. Verschleierter Sonnenschein. Morgenschwüle. Lorenz- Frauen- und Sebalduskirche. Trödelmarkt. Hans Sachs-Haus. Mittagessen im Hôtel. Nachmittags hinaus nach Dutzendteich. Wir lagern im Wald und da mache ich ihr nun ganz klar, daß sie nicht das Mindeste zu fürchten hat, wenn sie sich mir ganz gibt. Die ganze Frage drehe sich doch eigentlich nur darum, ob sie mir glaubt, daß ich vorsichtig sein werde. Sie verspricht nichts, hofft aber Mut zu haben. Ich zeigte ihr, wie halb nur alles ist, wieviel fester sie mich an sich ketten könne, wieviel echter und tapferer eine ganze Hingebung sei, und daß ihr doch gar nichts geschehe, nachdem der Eingriff durch den Arzt bereits vorgenommen sei. Dann sprechen wir nicht mehr davon. Aussichtsturm mit Blick in die fränkische Ebene. Zu Fuß durch die Abendsonne auf der Chaussée nach Mögelsdorf. Bahn nach Nürnberg. Hotel. Mit Wagen zum Stadtpark. Abendessen auf der überfüllten Terrasse. Konzert. Im Hôtel hat sie plötzlich Muth. Ich komme wie gestern zu ihr. Nun letzte Erfüllung. Schon das zweite Mal fühle ich sie ganz dabei: Ein süßes Körperchen. Um 2 Uhr in mein Zimmer.

5. Juli.

Beim Frühstück auf der Hôtelterrasse berede ich sie noch einen Tag zuzugeben. Um 12 Uhr fahren wir nach Bamberg. Hotel Bamberger Hof, wo ich im Winter wohnte, als ich Käti besuchte. Monsieur und Madame. Großes Zimmer. Mittagessen, Mittagschlaf bis 4 Uhr. Dann Dom und Residenzhof. Ein dumpfes Gewitter geht schnell vorbei. Klarer Abend. Wagen. Theresienhain. Ich nehme schnell ein Schwimmbad, treffe Friedel dann im Park. Durch die Altstadt, Karmeliterkloster zur Altenburg, wo einst mit Käti. Sanfter Abendschein auf den Alléen. Oben Bärenzwinger. Bei Aussicht auf die Stadt und das dunkelnde Tal Abendessen. Dann in der Dunkelheit heim. Wir rücken die Betten nebeneinander. Die Nacht so toll, wie sich überhaupt ausdenken läßt. 6 9. Um 12 Frühstück. Ich bringe sie an die Bahn. 1 Uhr 7 fährt sie ab. Ich gehe einsam und traurig zum Hôtel zurück, esse allein am selben Platz, wo vorher und gestern mit ihr. Dann Café, wo ich diese Blätter schreibe. Wann werden wieder so glückliche Tage kommen! In September will sie in Wien sein. 5 Uhr Abfahrt nach München. Ankunft 9 Uhr. An der Bahn Obrist und Lampe, der seine Frau abholt auf der Durchreise zum Engadin. Wagen nach

Haus. Dann traurig ins Café Leopold, dort bis 12 Uhr. Swoboda gelesen, und an Friedel geschrieben.

Sonntag, 7. Juli.

Traurig. Vormittags Richard, Ausflug verabredet für Nachmittag. Hole ihn um 4 im Wagen ab. Zu Gutmanns und mit ihnen ins Isartal. Zu Fuß Großhesselohe und Pullach, wo neulich mit Friedel. Abendessen auf der Terrasse. Um 10 München.

8. Juli.

Abends zum Tee bei Feiks. Dort ein netter bayerischer Offizier v. Kühlmann, der sich als Bruder meines Leipziger Studiengenossen entpuppt.

9. Juli.

Ceconi. Bibliothek. Abends bei Richard zum Essen.

10. Juli.

Endlich Brief von Friedel mit Photographie. Abends Volkstheater. Kreuzelschreiber. Lächerlich. Dort Gutmanns. Mit ihnen zu Gusmaroli.

11. Juli.

Vormittags Gräfin. Dann kommt Richard, der mich beleidigt verläßt, weil ich ihm nicht ohne weiteres Vorschuß geben will. Bibliothek. Abends mit Gräfin, der ihr Masochist doch auf die Nerven geht. Abends zusammen vegetarisch gegessen, dann zu einer Vorstellung bei Welsch. Fürchterliche Luft, alberne Vorstellung. Café. 2 Uhr zu Haus.

12. Juli.

2 Uhr nach Bruck, Kaffee bei Müllers. Um ½ 7 bei Falckenbergs Vorlesung von Don Juanito. Akt 1. Abendessen bei Müllers, dann bei Falckenbergs Akt 2 und 3. Ich bin erstaunt über die Schärfe, mit der Greiner die Fehler des Stückes aufzeigt. Ich werde noch einige Wochen daran arbeiten müssen.

13. Juli.

Vor einigen Tagen, abends, am Maximiliansplatz in der Dämmerung Lori Karwat begegnet. Sie spricht mich an, mit ihrem hochaufgeschossenen 15jährigen Bengel. Seit 6 Jahren nicht gesehen. Sie ist alt geworden, aber im Temperament scheinbar wie früher. Samstag Abend bei ihr. Wieder in einer düsteren Wohnung, wie immer. Die alte Wanda lebt auch noch. Sie hat eine Flasche schlechten billigen Sekt. Überlädt mich mit Schmeicheleien. Schwatzt unaufhörlich, dabei immer noch bon enfant. Sie meint, man könne einen fünfzehnjährigen Jungen nicht zu Bett schicken und so sitzt der Kleine langweilig dabei, sodaß die Unterhaltung nicht recht in Gang kommen kann. Die letzte Stunde sprechen wir französisch. Nina war einmal bei ihr und sagte ihr, sie suche ein reiches Verhältnis.

Sonntag, 14. Juli.

Die beiden Feiks besuchen mich. Abends zu Landshoff.

15. Juli.

Bin seit gestern wieder am Don Juanito. Treffe Abends in den Straßen die wunderschöne, seit kurzem verheiratete Marise Müller-Mathis auf der Durchreise nach Wörrishofen, mit ihrer Berliner Freundin, dem Kleemännchen. Abends im Theater. Gespenster. Gräßlich.

16. Juli.

Bei Debschitz zum Abendessen. Seine Mutter auf der Durchreise da. Wir besprechen die Reisevorbereitungen.

17. Juli.

Brief von Friedel. Gleich beantwortet. Nachmittags mit Richard Geschäfte geordnet. Abends herumgeirrt. In der Trambahn auf der Frauenhoferstraße lächelt mich plötzlich jemand an: Lolissa. Seit über drei Jahren nicht gesehen. Sie hat den Vezzo geheiratet. Gibt mir ihre Adresse, eine unmögliche Schwester bei ihr. Beim Abschied seltsamer Händedruck (am Stachus). Ich gehe in das für uns traditionelle Café Wittelsbach und schreibe ihr sofort um Rendez-vous. Später im Luitpold Schuler, der von der Erloschenheit Münchens spricht. Dann Hentschel.

18. Juli.

21. Sonnenbad. Nachmittags Käti. Hübsch in weißem Kostüm. Erzählt von ihrer verregneten Karerseetour mit ihrem Hugo. Hat eine fausse couche gehabt. Jetzt etwas Metritis. Keuschheit nötig. Wir essen zusammen im Künstlerhaus.

19. Juli.

22. Sonnenbad. Nachmittags Käti. Indisponiert. War nicht beim Arzt. Mit ihr gegessen, dann zu Lolissa. Gemütliche kleinbürgerliche Wohnung. Sommerdämmerung. Sie schreibt gerade Briefe. Er ist auf Reisen. Erst weigert sie sich, aber bald liegen wir im Bett. Der alte süße Geruch. Aber wie immer für mich zu ätherisch. Erst ihre Künste bringen mich in Feuer. Etwas müde tauschen wir dann am Tisch Erinnerungen. Ich bringe sie ins Gärtnertheater, wo sie ihre Schwester abholt. Wenn man bedenkt, daß sie erst seit 3 Wochen verheiratet ist!

20. Juli.

23. Sonnenbad. Nachmittags Käti. Abends bei Richard gegessen. Agnes hatte die Nacht vorher fausse couche (?) und jagt infolgedessen Richard mit ihrer Klingel im ganzen Haus herum. Um 10 im Café Leopold Maja, mit einer Engländerin und einem Schweden von Montparnasse, die Grüße von Franzl bringen.

21. Juli.

24. Sonnenbad. Debschitz kommt. Gespräch über Frauen. Er meint, ich verzettle mich mit den kleinen Mädchen und werde dadurch zu großen Erlebnissen immer unfähiger. Aber auch er weiß nicht zu sagen, wie ich ohne die kleinen Mädchen über meine Einsamkeit hinauskommen soll. Nachmittag Umarbeitung des Stückes fertig. Abends nach Dachau zu Hirschfeld. Mit dem Schweizer Schriftsteller Willy Lang zurück und in ein tearoom. Angeregtes Gespräch über Technik des Dramas und über Paris.

22. Juli.

Brief von Friedel, der mich – ich weiß nicht warum – verstimmt. Sie meint, ich nehme sie nur als süßes, kleines Mädel. Wenn sies sich einbildet wird es bald so sein. 25. Sonnenbad. Um ½ 6 kam die Meerbach zu mir. Langweilig. Abends im Kabaret, wo sie auftritt. Merkwürdig befangen. Häßlich und doch rührend. Sie kommt dann zum Erstaunen der Leipziger Spießer am Nebentisch an meinen Tisch. Entzückend die kleine Dora Stratton. Dann mit der Meerbach im Café Luitpold, wo Hardekopf und Herzog, ein kleiner Berliner Literat.

23. Juli.

Auf der Tram will mich ein Idiot am Abspringen hindern und klemmt mir den rechten Daumen ein. Schmerzen. 26. Sonnenbad. Zum Tee kommt Maja. Sehr lieb. Wir verstehen uns eigentlich, besonders betreffs »Liebe und Entgelt«. Um 7 begegnet uns Käti in der Hohenzollernstraße. Sieht häßlich aus. Ich esse mit Maja zusammen. Auf dem Heimweg erzähle ich ihr von Lisa. Um 9 bei Obrist auf der Veranda. Maja und Obrist mußten mir von Zeit zu Zeit den Finger verbinden.

24. Juli.

Glaspalast. Jämmerlich. Habe nun wieder auf ein Jahr das Recht, auf deutsche Malerei zu schimpfen. Diskutabel nur die »Scholle«. Aber doch auch wie roh! Reiseeinkäufe. Flußbad in der Dämmerung an der Isar. Dann in der Odeonbar. Blei und einen baltischen Baron v. Guenther getroffen. Um 3 nach Haus.

25. Juli.

Räumen. Sezession. Viel Tüchtiges, aber nicht aufregend. Weisgerber interessiert mich in all seiner Roheit. Einkäufe. Isarbad. Abendessen bei Gutmann.

26. Juli.

Mittag Ceconi. Besorgungen. Korrektur des Schreibmaschinenabzugs meines Stücks. Um 5 Käti, die das Stück fertig liest und entzückt davon ist. In der Abenddämmerung schnell einen Augenblick mit ihr ins Schlafzimmer. Schenkte ihr einen Haufen farbige Stoffe, Kissen usw., die sie im Handkoffer mitnimmt. Um 8 zum Essen bei Debschitz.

27. Juli.

Gepackt. 6 Uhr mit Rößler und Richard Stefanie. ½ 8 Käti. Ich furchtbar nervös und erschöpft von dem vielen Herumlaufen. Sie läßt sich natürlich gleich davon anstecken. Bei Kurz gegessen. Im Wagen nach Haus. Schlafzimmer. Aber keine rechte Stimmung. Sie geht kühl fort. Man hat nichts von ihr, wenn man sie gerade braucht. Sie nimmt nur.

28. Juli. Sonntag.

Räumerei. Um 5 bei der Gräfin im Krankenhaus, wo es infolge der überflüssigen Anwesenheit Suchockis drückend langweilig war. Dann zu Landshoff. Dort Stern und Völkerling. Um 12 Uhr München zurück.

29. Juli.

Geräumt und gepackt. Abends nach Bruck. Im Wirtsgarten von Hartmann, Müller mit einer entzückenden Schwägerin. Dann Falckenberg, Greiner und Schloß. Ich beneide diese Seßhaften mit ihren netten Frauen. Aber ist ihre Behaglichkeit nicht auf Kosten der geistigen Weiterentwicklung?

30. Juli.

Um ½ 9 morgens kamen die Packer. Viel Schweiß und Ärger über den Spediteur, der für keinen Schaden garantiert. Gegen Abend Besorgungen. Zum Essen bei Richard. Wir saßen an Agnes' Bett. Jetzt wohne ich Hotel Wolff bis morgen früh.

Zwickledt, d. 31. Juli 1907.

Um 9 Abfahrt München. Unterwegs den Bericht über den Prozeß Hau aus den Zeitungen gelesen. 1 Uhr Passau. Mit Alfred nach Wernstein, dort Otto. In Zwickledt Mittagessen. Mutti noch sehr leidend. Nach Tisch mit Alfred Spaziergang. In einem Wirthaus mit Aussicht auf ferne Bergketten. Ich bin trotz der guten, jetzt doch unbesorgten Zukunft nicht so ganz glücklich. Er malt mir aus, wie schön eigentlich mein Leben sei. Aber ich kann es doch nicht finden. Um 8 zum Essen zurück. Früh zu Bett. Hedwig viel Kopfweh. Aber wie immer zu flegmatisch, um etwas richtiges für sich zu tun.

Linz, 1. August.

Mittags mit Alfred und Hedwig nach Passau. Essen im Ratskeller. Viel Ärger. Sommerpaletot und Rucksack wurden bei der Hinauffahrt nach Zwickledt beschädigt. Um 2 kommt Debschitz an. Um 3 Abfahrt auf dem Schiff. Sonne, grüne hügelige Ufer, Schlösser auf Bergen. Mühlen. Gute Reisestimmung. 7 Uhr hier angekommen. Wir fahren in der Dämmerung per Wagen auf die Franz Josefwarte. Unten im Tal liegt Linz. Ich denke viel an Bamberg und Friedel. Zu Fuß in die Stadt. Ins Variété. Pester Orpheum. Judenwitze usw. Nachts in der engen aber sauberen, weißen Schiffskabine ganz gut geschlafen. Jetzt im Speisesaal. Gegenüber schreibt ein niedlich kokettierendes Mädel in sein Tagebuch.

Wien, 2. August.

Das kleine Mädchen war eine Slavonin. Mit Mutter, ihre Reize bald erschöpft. Lese nachmittags auf dem Dampfer das neue Stück von Wedekind »Musik« aus dem »Morgen«. Wie schwach ist es. Wir ziehen uns in der Garderobe um und sind um ½ 6 abends in Wien. Ich allein zu Fuß Prater, Leopoldstadt, Graben, Kärntnerstraße, Ring. Viele nette Mädchen. Um ½ 8 Löwenbräu. Dort Debschitz. Nach Tisch bummeln wir im Volksgarten und über den Ring. Ich spreche viele Mädchen an, um das Genre zu erproben. Dann zu Fuß zum Dampfer zurück. Gute Kabine.

Budapest. 3. August.

Behaglichkeit auf Deck. Nachmittags eine etwas demimondän aussehende geschiedene Zahnärztin aus Temesvar. Einigen Ärger mit den Kellnern. Sehr schöne Einfahrt in Pest, dessen Laternen durch die Dämmerung leuchten. Hotel Jägerhorn. Ärger mit Gepäckträgern. Bei Tisch furchtbar nervös. Debschitz schweigt dazu. Dann in einigen Demimondecaféhäusern auf der öden Andrassystraße. Der Kellner bringt uns zwei sehr wüste Personen in ein Hinterzimmer. Das soll nun das vielgerühmte Pester Amusement sein. Dann ich allein nach dem Ponnystall. Primitiv, schmutzig. Aber junges hübsches Material. Maison Frieda, pompös, Jugendstil, anmutige Art der in seidenen Hemden und Höschen herumhüpfenden Mädchen. Viel Anmut, wenn auch kein einwandfreier Körper. Dann viele andere mehr oder weniger gute Häuser. Zuletzt Wagen zum Ponnystall zurück. Eine Rumänin namens Etelka. Tadellose kleine Büste. Müde aber sehr liebenswürdig. Um ½ 3 allein nach Haus. Debschitz hat diese Tour nicht mitgemacht. Viele Mädchen auf der Straße angesprochen. Überall auffallende Liebenswürdigkeit.

4. August.

Briefe, auch von Friedel. In einem Café am Quai gelesen. Im Kaiserbad angenehmes türkisches Dampfbad genommen. Mit Debschitz im Blumenstöckl gegessen. Szekler Gulasch wie vor 13 Jahren. Café. Wir sprechen ruhig über meine Nervosität auf dem Schiff, die aus dem dortigen Niealleinsein und keinen Raum für sich haben resultierte. Er ist sehr nett. Stellt sich zu meiner Nervosität objektiv, wie ich zu seinem Asthma. Man muß das beim andern mit in Kauf nehmen. Nachmittags – es ist Sonntag, auf den Schwabenberg. Dämmerige Aussicht. Dann zu Fuß im Dunkeln nach Auwinkel, unten liegt Pest zwischen Lichtern. Nach dem Abendessen mit zwei jungen Pestern mit der Trambahn zurück. Nach Ös Budava. Dort großer Jahrmarkt, aber wenig Interessantes. 2 Uhr zu Bett.

5. August.

Nachts brachen die Offiziere auf, die das ganze Hotel füllten. Daher schlecht und wenig geschlafen. Außerdem Wanzen. Morgens nervös. Auf der Ofener Burg in glühender Hitze zur Kirche und Bastei. Allein Schwimmbad, dann zum Mittagessen auf der Margaretheninsel. Dort Debschitz. Wir versäumen das Schiff zur Rückkehr, kriegen keinen Wagen. Sehr nervös. Zu Haus eine

Stunde geschlafen. Mit Debschitz auf die Ofener Feste. Oben herrliche Aussicht. Wir sitzen eine Stunde im Gemäuer und blikken auf die dunkelnde Stadt, wo schnell alle Lichter aufglimmen. Vor uns spielen Kinder. Zum ersten Mal auf dieser Reise wirklich genossen. Abendessen oben im Restaurant mit Aussicht. Dann Café an der Donau.

Caposvar, 6. August.

Vormittag in Pest noch ein Donaubad. Nachmittags Fahrt nach Caposvar, durch reiches Weideland, grüne Dörfer, alte Ziehbrunnen, weißgekleidete Bauern in Nationaltracht. Heiße aber bewegte Luft. Ich fühle mich den ganzen Tag wohl und reisefroh. Hier hübsches Landstädtchen, gute Unterkunft. Die traditionelle ungarische Hotelhure erscheint sofort in meinem Zimmer, setzt sich aufs Fensterbrett und pfeift die Lustige Wittwe, während ich mich wasche. Als ich aber nicht auf sie reagiere, wiederholt sie dasselbe bei Debschitz. Abends mit Debschitz Gang durch das dunkle Städtchen. Aus dunkeln Häusern hört man Violinen und Cymbal. Ich glaube, die Landungarn sind famose Leute, die mit ihrem fruchtbaren Boden, ihren schönen Weibern, ihrer Musik eine glückliche ländliche Kultur haben. Zu einer Intellektualkultur sind sie jedoch unfähig, darum ihre Großstadt so unangenehm, vulgär und ungeistig. Umgekehrt wie bei uns, wo die Kultur oben ist.

Agram, 7. August.

Um 11 in der Sonnenglut nach Agram gefahren. Nachmittags Wagenfahrt durch die abendlichen Hügel um die Stadt zwischen Reben. Bauern und Bäuerinnen in weißer reichgestickter Tracht. Aber die südslavischen Typen lange nicht so mannigfaltig wie in Ungarn, jedoch liebenswürdig, charmant. In der Abenddämmerung Bad in der reißenden Save. Spätnachts führt mich ein betrunkener Dienstmann durch dunkle Gegenden zu den »roten Lampen«. Im besten braune große Ungarin aus Sabatka. Im Hotel muß ich einer brüllenden Studentengesellschaft wegen noch um 2 Uhr das Zimmer wechseln, um schlafen zu können.

Banja Luka, 8. August.

Vormittags schnell noch ein Savebad in Agram, dort ein Mädchen von vollendeter Schönheit im Wasser mit enganliegendem Schwimmanzug, der alles, aber auch alles sehen ließ. Um ½ 3 in furchtbarer Hitze Bahn nach Banja Luka. In Doberlin die ersten türkischen und bosniakischen Typen auf der Bahn. Um ½ 11 in Banja Luka. Nachtessen im Wirtsgarten. Wir bummeln durch die ausgestorbene Stadt. Eine entzückende kleine Moschee gegen den Sternenhimmel. Auf dem Markt will uns ein junger Türke zu den grünen Laternen führen. Ein miserables Bauwerk, mit miserablen Weibern darin. Wir tranken eine rote Gozrosa und gingen dann heim.

Jajce, 9. August.

Wir fuhren per Landauer um 12 Uhr ab. Mit uns zusammen zwei Türken. Ein gelehrter Effendi, der zart und doktrinär aussieht, mit gepflegten Händen und ein kräftiger Bauer, von dem er sich so sehr unterscheidet, daß er ohne sich etwas zu vergeben, auf gleich und gleich mit ihm verkehren kann. Heitere Mittelgebirgslandschaft. In einem türkischen Dorf Kaffee. In Bočac Rast. Die Landschaft an der Vrbas großartig. Karte an Friedel. Der Wirt sagt, auf die Frage, wo der Briefkasten sei, ich solle ihm die Karte geben, er sei selbst der Briefkasten. Ich frage, wann er geöffnet werde. Darauf bekommt er einen Lachkrampf und fängt beim Abschied wieder davon an. Diese Worte würde er sein ganzes Leben lang nicht vergessen. Der Bauer steigt aus. Wir können nun die Beine ausstrecken und haben eine genußreiche, kühle Fahrt. Die Einfahrt in Jajce wie ein Märchen. Erleuchtete Buden mit türkischen Handwerkern. Caféhäuser, mit Barbierläden verbunden, voll abendlichen Lebens. Das ordentliche Hotel ganz voll Einquartierung. Wir können froh sein, daß wir noch ein Zimmer über der Küche bekommen. Nach Tisch gegenüber dem Café auf der Bank mit ca. 12 Türken. Wir bekommen ausgezeichneten tsai und bewundern die malerische Architektur ringsum. Das Zusammenschlafen mit Debschitz macht mich zuerst recht nervös. Dann aber schlafe ich so gut wie noch nicht auf dieser Reise und stehe nach 8 auf.

10. August.

Wir beschließen, noch den Tag hierzubleiben. Bummeln durch das Dorf. Debschitz photographiert Kinder. Dann zu den Plivafällen. Die Hitze stets durch bewegte Luft erträglich. Eiskaltes Bad in der reißenden Pliva. Debschitz badet zum ersten Mal mit. Nachmittags 4 Uhr Wagenfahrt nach Jezero, mohammedanisches Dorf. Debschitz photographiert türkische Gruppen, während zwei Haremsfrauen unverschleiert, neugierig zu mir herunterkokettieren. Abends wieder in dem türkischen Café. Ziemlich nervös.

11. August.
Sarajevo. Sonntag.

Vor der Kirche unbeschreiblich buntes Gewühl der bosniakischen Bauern mit reichgeschmückten Frauen. Mühselige und Beladene im Verhältnis zu den Mohammedanern, obwohl es ganz dieselbe südslavische Rasse ist. Nirgends sieht man mehr wie das Christentum Sklaven, der Mohammedanismus Herren macht. Um 12 in großer Hitze Bahnfahrt nach Sarajevo. Ankunft abends 8 Uhr. Wir gehen zu Fuß in die zunächst reizlose Stadt. Große Enttäuschung. Alles nüchtern europäisch. Es gibt kein Gartenlokal, wo man essen kann. Wir essen auf der Gasse, bummeln ein wenig umher, Eis im Caféhaus.

12. August.

Zum ersten Mal wieder in schwarzem Anzug. Besuch mit Debschitz beim Ortsvorsteher Baron Mollinary, der uns in seinem Büreau äußerst liebenswürdig empfängt. Nach Tisch beim Hautarzt wegen eines Hitzausschlags an den Fingern. Unbedenklich. Um ½ 3 holt uns Mollinary ab. Wir besuchen in schwüler Temperatur die Ateliers des bosnischen Kunstgewerbes. Metall, Teppiche, Bèzes, wo ich für Friedel Blusenstoff kaufe. Debschitz macht mit Dr. Nani, der den Metallarbeiten vorsteht, Geschäftspläne. Der Baron, ein überaus höflicher, aber mit dem Leben fertiger Mann, von etwa 50 Jahren, der hier seit der Occupation, also 30 Jahre lang tätig ist und davon genug hat. Dann mit ihm zum Club. Endlich kam Regen. Wir fahren ins Hotel und trinken Café auf der Straße, die unerwartete Kühle genießend. In der Abenddämmerung bummle ich allein durch die türkischen Viertel, märchenhafte Gruppen um einen Brunnen und am Fluß. Abends mit Debschitz in einem Gartenlokal, wo wir Nani treffen, der uns noch in ein türkisches Café am Fluß führt.

13. August.

Große Moschee und der unbeschreiblich bunte Bazar. Debschitz macht Aufnahmen. Dann allein ins türkische Bad. Dämmerige stimmungsvolle Steinräume. Ein alter Türke massiert mich, wie es kein europäischer gelernter Masseur könnte, sondern wie jemand, der sich selbst bisweilen massieren läßt und daher genau weiß, wie man es empfindet. Zum Essen, dann mit Debschitz Café Bandbashi, wo die Probe eines slavischen Sommertheaters stattfindet. Alles sehr dürftig. Eine Stunde Schlaf zu Hause. Dann auf dem Castell. Aussicht, die an Brussa und Granada gemahnt. Zuletzt allein zu Fuß hoch über die Stadt, dann durch alte Türkenviertel hinunter. Mit Debschitz Aperitif vor dem Hotel. Beim Abendessen wieder Nani. Ich fahre um 9 zu den roten Lampen. Meist Soldatenhäuser mit vielen Bosniaken, aber in einigen echte kroatische Tänze und Musik. Im besten eine kindisch gute, dumme Serbin, das richtige hirnlose Bordellfleisch, die aber ihre Aufgabe sehr gut versteht, mir nur etwas zu heftig zärtlich wird. Sehr müde nach Hause. Im Hotel eine reiche Spaniolenfamilie neben mir. Wie Frankfurter Juden, sprechen ein Gemisch von spanisch und italienisch.

14. August.

Allein im Bazar. Markttag. In dämmerigen Hanen, wo die Bevölkerung ihre Pferde einstellt und rastet. Rembrandtstimmungen in den Höfen mit Holzgalerien. Wenn man bedenkt, daß früher noch Europa so malerisch war! Ich bummle zwischen den Buden sehr glücklich, träume von Damaskus fürs nächste Jahr. Dann in die Sheriatschule, die mir Gedanken für ein eigenes Haus in solchem Stile gibt. Ein Mohammedaner führt mich mittags nach der Bank vor der Schule. Dort herrliche Aussicht auf die Berge. Ein Muezzin singt von der nahen Moschee. Nachmittags allein nach Ilidža, weil Debschitz Angst hat vor »monde« und zu faul ist, seinen schwarzen Rock anzuziehen. Bosnaquelle dürftig. Schwimmanstalt mäßig. Ich bummle abends in die bergumgrenzte Ebene. Am Fluß das Lager des Manövers. Zelte. Soldaten kochen ihr Abendessen. Pferde im Fluß. Abendliche Lieder. Ich denke viel an Friedel, die mir hierher noch nicht geschrieben hat. Dann treffe ich Nani. Wir essen auf der gefüllten Terrasse. Dann Tanz. Hübsche Damen. Die österreichischen Offiziere tanzen so vollendet, daß ich beschließe, in Wien, ehe ich in Gesellschaft tanze, noch einmal zu einem Tanzlehrer zu gehen. Dann am Tisch der Sektionschef. Rings ungarisch, serbisch, polnisch, italienisch gesprochen. Um 10 mit Nani und einem polnischen Gerichtsrat nach Sarajevo zurück. Café.

15. August.

Schwimmbad mit Sonnenbad. In der Miljacka. Briefe. Prachtvoller Abend ganz allein. Der jüdische Friedhof auf den Bergen. Unheimliche Pferdesilhouetten gegen den Abendhimmel. Einsames Hochtal. Sehr ermüdet hinunter über schlechtes Pflaster.

Debschitz bei Hoff zum Essen. Heulende Derwische éceurant. Sehr müde.

16. August.

Goražde. Mittags mit dem Güterzug, Separatcoupé 3. Klasse, nach Goražde gefahren. Telephonisch bestellte Jause unterwegs in einem Bahnbüreau. Um 5 in Ustiprača. Keine Post. Telephonisch Wagen aus Goražde bestellt, der unser Gepäck holt, während wir zu Fuß die schöne Straße in ca. 3 Stunden nach Goražde gehen. Unterwegs Han mit Aussicht in das Tal. Café. Debschitz erzählt seine italienische Reise mit 30 Mark monatlich. In Goražde ordentliches Wirtshaus. Nachts Gewitter.

17. August.

Plevlje. Im österreichischen Lager. Gestern morgens mit Wagen nach Čajniče, feiner Regen. In Čajniče ein miserables Wirtshaus. Schlechtes Mittagessen. Relaipferde. Entsetzlicher Eindruck durch die Beamten und Offiziere, die hier leben müssen. Durch schönen Wald stiegen wir dann weiter. Um 4 Uhr bei Regen türkische Grenze. Höchst schikanöse Zolluntersuchung. Tee und Slibowitz im Wirtshaus, was meinem sehr aufgeregten Darm wohltut. Bald beginnt völlig öde Karstlandschaft, teils aber mit weiten Blicken über Täler auf die montenegrinischen Berge. Überall verbrannte Wälder, um die Scholle für Graswuchs ergiebiger zu machen. Höchst ärmliche Bauernhäuser. Einzelne Männer mit Flinten, sonst nichts. Pferdeschädel in den Feldern aufgestellt, die angeblich gegen Gewitterschaden schützen. Um 5 auf einer Militärstation Pferdefüttern und dann in immer öderes einsames Karstgebiet. Nach 9 Uhr abends in Plevlje im österreichischen Lager. Vorabend von Kaisers Geburtstag. Raketen, Illumination. Alle Fremdenzimmer belegt, auch in den zwei Privathäusern, die Zimmer vermieten. Hin und Her von und zum Casino. Schließlich bekommen wir in einem momentan unbewohnten Hause ein Zimmer. Um 10 Abendessen im Offizierskasino mit den ganz gemütlichen aber ein bischen öden Offizieren. Zu Haus sehr müde. Aber meine gute Laune einen Augenblick beeinträchtigt durch den Anblick der schmutzigen Betttücher. Aber guter Schlaf in Kleidern; Nachts Zahnweh, aber gegen Morgen viel besser.

Sonntag, 18. August.

Frühstück in der Kantine. Besuch beim österreichischen Konsul Graf Louis Draskovich. Ein junger, sehr liebenswürdiger Offizier, der einzige, der hier wirklich Interessen hat, ethnographische Ausflüge macht; zeigt uns Photographien. Heute ist hier nicht viel zu machen, da das große Diner zu Kaisers Geburtstag den Tag aller Leute in Anspruch nimmt, selbst den türkischen Pascha. Kälte. Trüber Sonntagshimmel. Gegen 1 kam der Hauptmann, bei dem wir wohnen und lud uns im Namen des Regiments ein, an dem Festdiner teilzunehmen. Offenbar hatte man sich erst überzeugen wollen, was wir für Leute sind. Wir versammelten uns mit den Offizieren auf der Plattform des Casinos, wo bald die türkischen Würdenträger in Uniform erscheinen, darunter zwei Paschas. Wir sitzen an einer Leutnanttafel, rechts und links vom präsidierenden Hauptmann, der sich als Hesse aus Kassel erweist. Wir werden den General und dem Oberst vorgestellt. Nach Tisch zieht sich alles in den Hauptsaal zusammen, wir gegenüber dem General und dem Oberst, der schon völlig betrunken ist. Toaste. Ein Oberst läßt uns hochleben. Ich danke in einigen Worten und sage dann auf französisch einige Liebenswürdigkeiten auch zu den Türken, die zwischen uns sitzen und wie große Kinder begönnert werden, die man bei guter Laune halten will. Um 5 in der Reitschule. Unter freiem Himmel Aufführung von Lumpacivagabundus durch die Mannschaft eines polnischen Regiments. Nach dem ersten Akt zwingt mich mein heftiges Zahnweh, das vorher vom Champagner eingeschläfert war, mich zurückzuziehen. Als es schlimmer wird suche ich zwei Stunden mit einer Ordonnanz nach dem Regimentsarzt. Es sind drei da, aber keiner ist Zahnarzt, sie können nur ziehen. Einer erklärt sich schließlich für morgen bereit, die

Plombe herauszuholen. Verstimmter Abend. Abendessen im Casino mit dem Regimentsgeistlichen und einem polnischen Offizier, der sich einen Idealisten nennt und für »Rosenmontag« von Hartleben schwärmt. Um 10 nach Haus mit Debschitz, der inzwischen zwei ganz richtige Zwockel kennen gelernt hat, die ihm Brüderschaft anboten, Bruderherz sagten und dergleichen. Sonst aber alles grenzenlos liebenswürdig, ja teils vornehm und gewandt.

19. August.

Ich schlief die ganze Nacht nicht infolge von Zahnweh. Um 7 Uhr früh zum Regimentsarzt Elias, der dann gegen 8 alle Instrumente im Spital beisammen hat und dreiviertel Stunden bohrt, aber mit gutem Erfolg. Jetzt alles ganz gut und vorzüglicher Laune. Wir geben Karten beim General und Oberst ab, um 11 Uhr bei Graf Draskovich, der uns um ½ 12 zur Audienz zum Suleiman Pascha führt. Im Hof hinter Gittern die Gefangenen wie in Athen. Der Pascha in Uniform beginnt die Unterhaltung mit »Comment vous portez-vous?« Sehr liebenswürdiger alter Herr à la française. Nichtige Gespräche beim Kaffee. Bummel über den Markt. Mittagessen im Casino. 2 Stunden Schlaf. Um 3 holt uns Draskovich ab. Wir gingen zum griechischen Kloster, dort Holzgalerie, zu einem Müller der Gusla spielt und ein Heldenlied dazu singt, in ein türkisches Haus, wo uns ein Zwerg empfängt. Der Stolz des Bewohners, daß seit 400 Jahren keine Nacht war, ohne daß sich ein Gast unter diesem Dache befand. Dann zum Appell in die türkische Kaserne. Kläglich. Stets angeregte Unterhaltung mit Draskovich, den wir um ½ 8 verlassen. Abendessen im Casino, dann Proviantierung für morgen in der Delikatessenhandlung der Kathi.

Ustibar, 20. August.

Um 7 stehen unsere Pferde vorm Haus. Herbstmorgen kühl. Nebel im Tal. Wir reiten erst zur Kantine, frühstücken dort. Debschitz hat Halsweh und ärgert sich über die Pferde, während mir die Sache großen Spaß macht. Wir reiten durch kahlen Karst. In einem türkischen Café erste Rast mit unseren drei Mohammedanern. Dann durch alpine Schluchten, am schönsten Sutjeskaschlucht. Gegen 5 im österreichischen Lager, wo die Mannschaft und die Offiziere für den Straßenbau campiren. Freundliche Aufnahme im Zelt und Bewirtung dort. Als ich unseren Proviant von den Pferden holen will, tritt Debschitzens Pferd mir in den Bauch. Ich falle zuerst und habe starke Darmschmerzen, die sich bald verziehen. Zufällig kommt gerade heut der Regimentsarzt, der einen Bluterguß in das Scrotum konstatiert. Nicht gefährlich, aber sehr fatal für die Weiterreise. Ich lege eine Binde um und humple bis Ustibar, 1 Stunde, wo wir zu übernachten beschließen, statt in Rudo. Der Hauptmann reitet mit und bringt uns in der Finanzkaserne leidlich unter. Mannschaftsbetten. Ich mache gleich kalte Umschläge. Zum Essen humple ich hinüber, wo eine Ungarin Theres, nette Person, eine Kantine hält. Der Oberingenieur vom Straßenbau läßt ein wirklich ausgezeichnetes Grammophon von seinem Sohn holen. Wir hören die Sembrich, Caruso usw. als seien sie da. Um 10 ins Bett, die ganze Nacht Umschläge.

Sarajevo, 21. August.

Heute früh die ganze Geschichte blau angelaufen, aber Allgemeinbefinden gut. Frühstück in der Kantine. 1 Stunde zu Fuß zur Bahn mit dem Militärarzt. Fahrt nach Sarajevo. Unterwegs schlägt plötzlich das Wetter um. Nach starker Hitze ausgesprochene Kälte. Dasselbe Zimmer im Hotel d'Europe. Ich lasse gleich den Arzt holen, der ungefähr bestätigt, was der Militärarzt sagte. Suspensorium. Zunächst keine stärkere Bewegung erlaubt. Abends mit Debschitz im Café. Zeitungen.

22. August.

Bedeutend besser. Zahnarzt. Mit Debschitz bei Mollinary, der heute ganz anders aus sich herausgeht und uns die lebendige fast patriarchalische Art auseinandersetzt, wie er mit der Bevölkerung verkehrt. Eine Auffassung des Beamtentums, die in der deutschen Monarchie nicht denkbar wäre. Nach Tisch Zahnarzt. Korrespondenz. ½ 6 mit Debschitz nach Ilidža. Sehr herbstlich kühl und trüb. Nach dem Abendessen in der Bahn Nani. Mit ihm ins Caféhaus. Das Suspensorium geniert mich furchtbar.

Mostar, 23. August.

Um 10 nach Mostar gefahren. Zuerst dolomitische Alpennatur, dann Mostar in reiner südlicher Landschaft. Kahle Karstberge gegen blauen Himmel, in der Sonne glühende weiße Steinhäuser, im Gegensatz zu den Holzbauten in Sarajevo. Wir fahren gegen Abend zur zerklüfteten Bunaquelle. Nach Tisch über mein Leiden sehr verstimmt, aber dann sehr gut geschlafen. Inzwischen habe ich beschlossen im Oktober nach Genf zu gehen, wo Friedel lebt, um sie dort zu treffen und vielleicht erst im Frühjahr nach Wien.

Ragusa, 24. August.

Vormittag in der Stadt Mostar. Alte Türkenbrücke. Humoristischer Guslasänger. Nachmittags Bahn nach Ragusa. Entzückt das Mittelmeer wiederzusehen. Hotel Imperial, ziemlich elegant. Nach Tisch in die Stadt, wie eine Kolonie Venedigs.

Sonntag, 25. August.

Vor Tisch sonniges Seebad. Mit Debschitz dort reizende dunkle Österreicherin in gestreiftem Tricot kennen gelernt, mit ihrem Herrn, der offenbar nicht ihr Mann ist. Dann zum Essen Hôtel de ville. Dann wieder, in der Dampfbarkasse auf dem Weg nach Cannosa, die beiden getroffen. Dort sonntäglicher Bauerntanz. Debschitz geht allein zu Fuß zurück. Ich muß fahren. Das Suspensorium unerträglich. Unterwegs Gespräch mit dem Paar auf der Dampfbarkasse, das sie ermutigt, während er nur höflich aber nicht aufmunternd antwortet. Allein im Hotel Gravosa, miserabel gegessen. Dann in Ragusa noch ins Café, wo wieder das Paar. Ich grüße sie. Er setzt sich so, daß sie nicht mit mir kokettieren kann. ½ 11 zu Bett. Debschitz kommt gerade müde an.

26. August.

Zweites Seebad. Verschlimmerung meines Zustandes. Liege den ganzen Nachmittag auf dem Sofa, mache Umschläge. Souper im Hotel, dann mit Debschitz gegenüber im Café. Sehr verstimmt.

27. August.

Drittes Seebad. Nachmittag kühle Umschlüge gemacht. Gelangweilt. Abends allein im Hotel gegessen. Café. Im ganzen etwas besser.

28. August.

Stets ungenügende Nachtruhe wegen der Mosquitos. Aber mein Zustand hat sich heute sehr gebessert. Reizender Brief von Friedel. Schreibe ihr, es sei eine ferne Möglichkeit, daß ich nach Genf komme. Will erst hören, wie sie darauf reagiert. Viertes Seebad. Nachmittags Umschläge. Dann dalmatinische Spitzen für Friedel gekauft. Eine Stunde im sonnenroten Stadtpark, allein im Hotel soupirt. Debschitz von einem Tagesausflug zurück. Ich sitze hier neben der Natur, die mir auf der ganzen Erde die liebste ist und kann sie nicht genießen wegen meines Zustandes. Debschitzens Rauhbeinigkeit stört mich von Tag zu Tag mehr.

29. August.

Morgens im Seebad mit dem Wiener Mädchen ein sehr amüsantes Gespräch gehabt. Dann zusammen zu Tisch mit ihrem Herrn im Hotel de Ville. Es geht mir viel besser. Nachmittags mit Debschitz in einer Barke nach Lacrama. Abends kam der Wiener mit seinem Mädel zu uns ins Hotel zu Tisch. Er sehr übel gelaunt, weil sie ihn offenbar gezwungen hat zu kommen. Dann mit Debschitz und den beiden im Café. Sehr lustig. Debschitz wieder ein ganz anderer Mensch. Ich bin erstaunt, wie nett er eigentlich ist. Wie wohl doch ihm, wie manchen anderen Leuten, der gesellschaftliche Zwang tut. Nachts plötzlich Magenverstimmung und Diarrhöe. Etwas besser geschlafen.

30. August.

Sechstes Seebad. Korrektur von Don Juanito. Mittags im Hotel de Ville Abschied von den Wienern. Nachmittags gepackt. Sehr müde von der schlechten Nacht. Apéritif im Café. Abends mit Debschitz im Hotel soupiert. Dort drei Französinnen aus St. Jean de Luz, die die Hatterleys aus Guéthary kannten.

Cetinje. 31. August.

Um 9 per Schiff nach Cattaro gefahren. Mit einem württembergischen Ehepaar aus dem Hôtel. Wagen zusammen nach Cetinje. Sciroccostimmung über der Bucht. Im Wagen mit Debschitz kleiner Disput, weil ich seine Kletterei im Süden für deplaciert & schädlich halte. 6 Uhr nach Njeguši. Plötzlich Klimawechsel. Kühl und angenehm. Einfaches äußerst wohlschmeckendes Essen auf der Veranda des sogenannten Grand Hotel. Vorzügliche Stimmung. Dann weiter in phantastischer Dunkelheit zwischen wilden Felsblöcken nach Cetinje. Ankunft 9 Uhr abends. Durch die breiten dunklen Straßen, ordentliches Hotel. In einem Laden montenegrinische Erzeugnisse. Mit Debschitz bis gegen 12 vorm Haus gesessen.

1. September.

Vormittags Kirchgang des Hofes. Später die zwei Töchter des Fürsten und die Frau Prinz Peters, eine Mecklenburg-Strelitz. Dann Ausfahrt des sehr respectabel aussehenden Fürsten in Nationalkostüm im Automobil. Militärmusik vor der türkischen Gesandtschaft, wo alle Minister wegen des Thronbesteigungsfestes des Sultans Besuch machen. Besuch beim österreichischen Minister Baron Kuhn, um Renseignements für die albanesische Tour zu bekommen. Nach Tisch geschlafen. Um fünf Uhr Militärkonzert. Sehr öde. In einem Garten der Hof. Die Prinzessinnen spielen mit Ministern Tennis. Der Fürst sitzt auf einem Apfelschimmel und schaut zu. Im Hintergrund europäische Theetische. Drei Franzosen aus unserem Hotel werden von ihrem Minister vorgestellt. Dann mit Debschitz in die Gefängnisse. Fidele Gesellschaft von Gefangenen in einem kleinen Hof. Daneben auch Frauen, die angeblich aus Eifersucht, aus Selbstverteidigung und dergleichen Männer ermordet haben. Sie sind hübsch, in Nationalkostüm. Table d'hôte im Hotel.

Skutari 2. September.

Früh am Tag per Wagen nach Rijeka. Prachtvolle Aussicht auf den Skutari-See. Rijeka Dampfschiff zwischen Feldern von Seerosen, Reihern und Kranichen nach Virpasar. Umgestiegen nach Skutari. In Gesellschaft des venezianischen Kapitäns auf Deck. Der kleine Diener ein Montenegriner weigert sich von mir Chokolade anzunehmen: »non mi piace«. Ausbarkung in einem Boot ohne Bänke mit einem Haufen Eingeborner. Eine Stunde Bootfahrt; in Skutari in der Dämmerung, verfallene wüste Stadt à la Kubin. Türkischer Zoll. Wagen durch die Dämmerung der Stadt. Verfallene Häuser, Buden mit Lichtern im Grund, Hotel d'Europe. Süd-Italienisch. Ich in bester Stimmung, Debschitz verstimmt. Nach Tisch noch lange mit einem österreichischen Vize-Konsul, der uns über Albanien erzählt.

3. September.

Türkische Post. Die Marken werden in versiegeltem Kassenschrank aufbewahrt. Besuch beim Konsul Krahl, der uns einen Cavassen mit in den Bazar giebt: Das orientalischste Gewühl, das ich bis jetzt gesehen habe, Suks wie in Tunis. Um halb zwölf Mittagessen. Der Konsul kommt, macht uns mit einem gerade aus Albanien kommenden ungarischen Rittmeister Baits bekannt, mit dem wir zum Schiff fahren. Drei Stunden Barke. Dreimaliger Zoll und Untersuchung, und dann auf die Bojana, ein fürchterliches Warenschiff. Speisesaal und Betten in einem Raum. Ich anfangs desperat, Debschitz noch mehr, weil das ganze Schiff mit Heu geladen ist, was für sein Asthma sehr übel ist. Dann aber fügen wir uns in die Situation. Auf dem Deck angeregte italienische und französische Unterhaltung. Ein junger albanesischer Kaufmann, der ungarische Rittmeister. Debschitz etwas unwohl. Gegen 7 bei der Ausfahrt ins freie Meer kommt das Schiff auf den Sand. Eine Stunde Aufenthalt, um uns mit Ankertauen wieder in Bewegung zu bringen. Abendessen auf Deck, mit dem Kapitän. Der Maschinist, ein tüchtiger Guitarrespieler, spielt italienische Lieder. Ich singe die Tonkinoise. Wir haben tatsächlich in Lebensgefahr geschwebt, und ein wahres Glück ist es, daß wir so schnell losgekommen sind. Wir trinken nun schweren dalmatinischen Wein in einer frenetischen Lustigkeit, die sich aller bemächtigt, Debschitz steigt er offenbar etwas zu sehr zu Kopf. Er wird formlos lustig in unangenehmem Sinne deutsch. Nach Tisch kreischt er ein Soldatenlied, ohne Gefühl dafür, daß die Komik davon hier nicht wirken kann und klopft dem Rittmeister auf die Schulter. Ich, der Maschinist und der albanesische Kaufmann diskutieren noch bis Mitternacht über alle möglichen Fragen, besonders natürlich die Frauen. Dann suche ich mir auf dem Heu ein Lager, die See wird sehr unruhig. Scharfer Scirocco. Ich schlafe nicht, fühle mich aber doch wohl, zu meinem eigenen Staunen. Um vier in Ragusa. Auch Debschitz hatte eine gute Nacht. Sciroccostimmung in der Morgendämmerung. Dogana. Hotel Imperial. Sehr angenehmes Zimmer. Mit dem Ausflug sehr zufrieden.

4. September.

Bis elf geschlafen. Siebentes Seebad. Zum ersten Mal erlaubt mir mein Zustand wieder richtig zu schwimmen. Aufgeregte See Scirocco. Nachmittags lieber Brief von Friedel. Ich gleich beantwortet. Den Nachmittag vertrödelt. Um sieben Souper mit Debschitz. Im Café. Wie ich doch hier das Bummeln und Tage vertrödeln lerne! Und es ist gut so.

5. September

Achtes Seebad. Viel Wind, aber klar. Nachmittags allein, Spaziergang von drei Stunden über das Fort Imperial. Zum Abschied noch ein paar Augen voll blauen Südens genommen. Allein im Hotel gegessen. Im Café Debschitz getroffen.

6. September

Spalato. Neuntes Seebad. Nachmittags bei starker Tramontana Abfahrt mit dem Wurmbrand nach Spalato. Mit Debschitz bis halb zwei Uhr nachts auf der Kommando-Brücke. Sternenhimmel. In Spalato schlechtes Hotel.

7. September

Diocletianspalast. Zehntes Seebad. Den Professor aus Jajce wiedergetroffen. Um fünf mit Debschitz und dem Professor nach Salona gefahren. In der Bahn die französischen Damen. Schöne Abendwanderung durch die Ruinen. Großer Pferde- und Viehmarkt. Auf staubiger Landstraße nach Salona. Im Hôtel in Spalato gegessen. Dann im Café der Professor. Mitternacht kommt Debschitz zu mir und verkündet, daß er morgen voraus reisen will. Wiedersehen Donnerstag in Venedig.

Sonntag 8. September

Elftes Seebad. Nachmittags drei- bis vierstündiger einsamer Spaziergang. Monte Marjan. Friedhof. Todmüde um neun ins Bett.

9. September

Mein Leiden beunruhigt mich etwas. Zwölftes Seebad. Um drei Schiff nach Traù. Alte Kirche dann zu Fuß in zwei Stunden nach Cambio. Segelbarke mit zwei Ruderern über die dämmerige Bucht nach Pula. Einsame Mole. Zu Fuß nach Spalato zurück. Gegen zehn zu Bett. Schöner Tag.

10. September.

Pula. An Bord der Thetis. Um halb elf in Spalato bei glattem Meer abgefahren, abscheuliche Tischgesellschaft, aber Mittagessen auf Deck. Von halb drei bis halb fünf Sebzenico. Abends von halb neun bis halb elf in Zadar. Seit gestern Dämonstimmung. Sehr gut geschlafen

11. September.

Halb zehn in Pula. Die Altertümer besichtigt. Elf Uhr Weiterfahrt. Greuliches Mittagessen. Angefangen Frères Caramassov zu lesen. Um sechs schöne Einfahrt in Triest. Abends bis zehn Uhr der Dämon. Altstadt, die roten Lampen.

12. September

Früh am Tag nach Venedig. Vollgedrängter Zug. Steige in die erste Klasse um. Dann wieder in die zweite. Drei Uhr Venedig. Stiller Sommernachmittag auf dem Kanal. Im Hotel Debschitz. Café auf dem Markusplatz. Lidobad. Abends lade ich Debschitz zu einem Abschiedsessen ein im Capello Nero. Miserabeler italienischer Champagner. Markusplatz. Dann allein. Lasse mich von einem Jungen zu den roten Lampen führen.

13. September.

Nach Mailand gefahren. Hotel du Nord, umgezogen. Dal Verme. Gegen sieben Uhr plötzlicher Überfall von zwei Kerlen. Ich sehe, daß sie mich in ein dunkles Boskett locken wollen, gehe nicht weiter. Raubversuch, aber glücklicherweise Brieftasche in der hinteren Tasche. Ich rufe laut: »Ajuto Ajuto.« Sie lassen mich los. Einer versetzt mir einen ungefährlichen Schlag ins Gesicht. Jemand hilft mir meinen Kneifer suchen, der nicht einmal gebrochen ist. Eine ganze Gesellschaft umringt mich. Viele laufen den Kerlen nach. Gehe zu Cova essen. Abends San Pietro in Orto und in der ersten Seitengasse rechts Via San Paolo. Aber alles französisch. Unglaubliches Argotgeschwätz der Mädchen, die sich nicht verstanden glauben. Dann echt mailändischer Typ auf der Straße. Dunkles Zimmer, zufrieden, da das erste Mal seit dem Unfall mit dem Pferd. Dann Nummer 2 via Spadari, roter Salon, nur zwei Mädchen und alles verschlafen. Ein junger Mensch, von dem ich Auskunft betreffend solcher Dinge verlangte, entpuppte sich als stellenloser österreichischer Kellner und als ich ihn nach seinen dürftigen Auskünften fragte: »Also sonst wissen Sie nichts?« sagte er: »Doch, aber Sie dürfen nicht beleidigt sein.« Ich beruhigte ihn. Dann fragte er ganz ungeniert: »Sind Sie vielleicht homosexuell?« Es ist doch charakteristisch für unsere Zeit, daß dieses medizinische Wort so populär geworden ist.

14. September.

Um ½ 11 von Mailand ab. Am Lago maggiore Gewitter und die bekannte Trübheit, wie einst als ich mit Nina hier war. Diesseits des Simplon etwas Sonne. In der Bahn nach Zermatt ein etwas kränklicher feiner Deutscher. Wir sprachen erst französisch, bis wir uns als Landsleute erkannten. Oben trüb, Matterhorn verschleiert. Table d'hôte, dann Musik im Hotel Seiler. Zeitungen.

Sonntag, 15. September.

Trüb, kalt. Zum ersten Mal seit München wieder ein warmes Bad. Bisher nur kalte und Seebäder. Bisher hatte ich mein Haar nach aufwärts zurückgekämmt, jetzt kam mir plötzlich die Idee, es einmal mit einem Scheitel zu versuchen, den ich dann beibehielt. Nach Tisch auf die Staffelalp. Oben 10 Minuten lang das Matterhorn sichtbar. Tee angesichts der Aussicht. Zu Fuß auf Umwegen zurück. Viel Einfälle zum sentimentalen Roman. Abends Zeitungen. Ich fühle mich sehr sehr wohl.

16. September.

Vormittag in den Gorges Gomer. Der alte Witz. Wie alle Gorges und Klamme. Nach Tisch zum Schwarzseehotel. Teils prachtvolle Blicke. 2600 m hoch. 1000 m Höhendifferenz. Zurück ins Hôtel. Zeitungen in einem Bierlokal.

17. September.

Herrliches Wetter. Bahn auf den Gornergrat. Sonne. Monte Rosa. Matterhorn. Zu Fuß zurück an dem Findelngletscher. Die großartigsten Gebirgsaussichten, die ich kenne. In Zermatt um 4 Karte von Friedel mit Rendez-vous für Donnerstag.

18. September.

Zu Fuß mittags bei prachtvollem Wetter bis San Nicolas gegangen. Bahn bis Sion. Dort langweiliger Abend.

19. September.

Abfahrt 9 Uhr. Unterwegs wird es trüb. In Lausanne Friedels Ankunft unbestimmt. Konfuser Bahnhof, wo jeder herumlaufen kann, wo er will. Ich finde sie nicht, ohne doch sicher zu sein, ob sie nicht am Ende doch da ist. Hetzerei mit Gepäck. Komme um mein Mittagessen. Um 4 Genf. Sie ist an der Bahn. Wartesaal.

Muß heute noch üben, da morgen die Anfangs- gewissermaßen Prüfungsstunden im Konservatorium sind. Begreiflich. Daß sie aber am Samstag *vielleicht* zu einem Ausflug verabredet ist, ärgert mich. Sie geht dann nach Haus. Ich ziehe mich im Hotel um, kaufe Blumen. Spaziergang. Genf eine der schönsten Städte. Weiträumig. Treffe Friedel um 7 Uhr. Essen im Café du Nord, wo vor 3 Jahren mit Louisa. Dann Spaziergang am See. Ich etwas verstimmt, sogar kleine Szene. Aber es kommt heraus, daß der Ausflug, den sie vielleicht vor hat, von ihrem Lehrer Stavenhagen arrangiert ist, wo sie sich wirklich schwer ausschließen kann, da sie täglich mit der Gesellschaft zusammen ist und jeder weiß, daß sie hier niemand kennt. Auf dem Heimweg wieder bessere Laune.

20. September.

Wache mit großer Enttäuschung auf. Ist's wieder nichts? Tut sie nur, als läge ihr an allem nichts? Will sie sich nicht zu tief verstricken? Alles etwas rätselhaft. Ich natürlich wieder viel zu wenig diplomatisch. Wieder einmal ein melancholischer Tag. Suche nach einem Zimmer. Mittags in dem greulichen vegetarischen Restaurant. Café. Letzte Korrekturen des Stückes. Korrespondenz. Um 8 mit Friedel Mondscheinspaziergang. Alles wird besser. Ich habe sie doch lieb. Dummerweise verplappere ich mich und spreche von meiner zweiten Frau, sodaß sie erfährt, daß ich auch eine erste hatte. Ich muß davon erzählen. Sie sehr chockiert. Langes Schwanken, ob wir morgen den Ausflug machen sollen. Schließlich ja.

21. September.

Um 10 Friedel an der Post. Mit Eisenbahn nach Lausanne. Spaziergang. Hôtel Mittagessen. Venus vestita. Dann in ein Tearoom. Dort Stavenhagen mit seiner ganzen Schülerinnenschar. Großer Schrecken Friedels. Wir erfinden allerlei Lügen. Spaziergang auf das Signal, durch traumhaft duftige Dämmerlandschaft.

Wald. Oben Souper. Zu Fuß hinunter. In der Stadt eine Jahrmarktsvorstellung. Italienische Pantomime mit Gespenstern und Humor. Zu Hause wieder die alte Zärtlichkeit. Aber um 3 Uhr früh bin ich müde und will schlafen. Darüber ist sie nun wieder sehr unglücklich, aber in der Frühe zärtliche Versöhnung. Sie möchte nun die ganze Zeit im Bett bleiben, aber dann stehen wir doch endlich auf. Ob diese weibliche Inkonsequenz wirklich manchen Männern so angenehm ist? Gestern noch tat sie, als ob ich ihr ziemlich gleichgiltig wäre und heute will sie mich nicht loslassen. In amore verstehen wir uns vortrefflich, aber weiter? Ihre Sinnlichkeit erinnert sehr an Nina. Dieselbe Mischung von Primitivität und Raffinement.

22. September.

Vormittag in dunstiger Landschaft zu Fuß nach Lutry. Am See mit Steinchen geworfen. Mittagessen. Dann in der Tram zurück. Nachmittag im Bett. Nachdem sie die ersten Tage stets bestrebt war, ihre Liebe als nicht allzu groß hinzustellen und mich dadurch auch zur Vernunft brachte, und die Sache als das zu nehmen lehrte, was sie ist, ist sie jetzt wieder verliebt und traurig, daß ich es nicht mehr so ernst nehme. Solange ich eine Frau nicht besitze, habe ich keine Macht über sie. Besitze ich sie, bin ich der Herr. Instinctiv fühlen das die Frauen vorher. Darum zögern sie so lange, nicht aus Angst, man würde sie dann verlassen. Wir ziehen uns gegen Abend um und gehen ins Theater. Sarah Bernhard als Cameliendame. Die höchste Vollkommenheit an Schauspielkunst. Ich nehme alle früheren Urteile zurück. Abends nocheinmal große Zärtlichkeit. Sie sagt, sie sei ganz toll, aber durchaus nicht so schrecklich in mich verliebt. Das reizt mich natürlich und ich mache die böse Bemerkung: »Jetzt brauchst Du, um toll zu sein, noch ein bischen Verliebtheit. In 3 Jahren geht es auch ohne das.« Das macht sie sehr traurig. Beim Aufwachen noch eine Umarmung. Das ist die neunte in 42 Stunden. Sie darauf indisponiert. Wir bleiben bis Mittag im Zimmer.

23. September.

Nach Tisch Kaffee im Garten. Tram nach Ouchy. Dann Fahrt nach Genf. Abends nach Tisch treffe ich Friedel wieder, die immer in ihrer Pension ißt, und sich nicht gern mit mir in Restaurants zeigt. Langes Gespräch am See. Sie ist sehr traurig. Sagt, daß sie im Begriff sei, sich unsinnig in mich zu verlieben, aber sie wolle es nicht; sie sei ganz liebeskrank. Warum? Ich errate folgendes und sie gibt es zu. Sie hat mich, wie sie selbst sagt, als Gegenstand benutzen wollen, geeignet für ihre Zwecke, mich ausdrücken wie eine Citrone und dann überdrüssig auf die Seite werfen wollen. Und das ist ihr nun nicht gelungen. Denn ich lasse nichts bis zum Überdruß kommen. Ich kann das nicht und höre rechtzeitig auf. Das aber reizt sie halb zum Zorn, halb macht es sie verliebt. Sie ist eine Mischung von Haß, Widerspruch und Zärtlichkeit. Sie hat bis jetzt immer nur schwache, jungenhafte Männer gekannt und bei mir stößt sie nun zum ersten Mal an eine Wand, über die sie nicht klettern kann. Während ich noch vor ein paar Tagen nervös und verstimmt neben ihr herging, habe ich nun durch ihren Besitz mein Gleichgewicht und meinen Lebensmut für einige Zeit wiedergewonnen. Als ich vor drei Tagen nach ihr hungerte und Liebe brauchte, hatte sie nichts als Ironie. Wieviel frivole Menschenverachtung ist in so einem kleinen Geschöpfchen, das mit Menschen spielt, sie wegwirft, sie für sich leiden läßt, sie als Spiel behandelt. Wieviel harmloser ist doch da der Egoismus des Mannes, der die Leiden, die er zweifellos in anderen auch erweckt, als ungewollte Nebenerscheinung doch möglichst zu vermeiden sucht. Ich habe gewiß viele Frauen leiden machen, aber ich habe mich nie daran geweidet, im Gegenteil, es hat mir selbst oft alles verdorben. Aber sie ist doch sehr interessant.

24. September.

Vormittags mein Zimmer in der rue Versonnex No. 3 bezogen. Korrekturen meines Stückes im Café de la Couronne. Briefe. Türkisches Bad. Abends Friedel. Bin den ganzen Abend etwas matt und unbehaglich, da mir das türkische Bad nicht besonders bekommen. Sie ist sehr lieb, ist wieder vernünftig geworden. Erzählt im Café einiges über die Erotik ihres früheren Bräutigams, eines Russen, der recht ekelhaft gewesen sein muß. Sie ist doch innerlich auch durch ihn recht mitgenommen worden, durch die raffinierte Art seiner (halben!) Liebkosungen, an die sie jetzt noch mit Schauern denkt, obwohl sie ihn haßt und verachtet.

25. September.

Mit argem Schnupfen aufgewacht. Den ganzen Tag in der Bibliothek, in Lavisse und Rambaud über den türkisch-russischen Krieg gelesen. Abends mit Friedel im Theater Le Bercail von Bernstein. Mäßig.

26. September.

Vormittags Artikel über Bosnien angefangen. Nachmittags Bibliothek. Abends Friedel bei mir. Ich habe scheußlichen Schnupfen. Wir liegen auf dem Bett. Halbe Zärtlichkeit. Sie sagt, erst seit Lausanne liebe sie mich, vorher sei es ihr nur ein angenehmes Spiel gewesen. Als sie mich zuerst mit Lisa sah, habe sie sich sogar gefragt, wieso ein so schönes Mädchen sich einen so wenig hübschen Liebhaber aussuchen könne.

27. September.

Artikel. Bibliothek. Abends Friedel, die um ½ 10 zu ihren Freunden ins Café muß. Misère der Genfer Restaurants. Schnupfen etwas besser.

28. September.

Artikel. Bibliothek. Abends Friedel bei mir. Erotik. Was ist sie doch für ein kleines liebes Mädel! Gegen 12 Uhr konnte ich sie kaum fortkriegen, ich war wirklich etwas müde. Sie ist nicht satt zu kriegen und für anderes hat sie nicht viel Interesse. Ich bringe sie heim. Etwas verstimmter Abschied.

29. September.

Sonntag. 4 Uhr mit Friedel hübscher Spaziergang in die nahe Umgebung. Zum Abendessen zurück. Café du Nord. Terrasse. Um 10 nach Hause gebracht. Stets kleine Verstimmungen, die dann am andern Tag vorbei sind.

30. September.

Mittags besucht mich Friedel und bringt einen Busch gelbe Blumen. Was für ein liebes kleines Geschöpf sie ist! Abends treffe ich sie wieder. Sie interessiert sich für einen Armenier. Diese fatale Neigung deutscher Frauen für den rastacouère. Dann zu mir eine Stunde nach Haus. Zärtlichkeit.

1. Oktober.

Abends mit Friedel am See entlang.

2. Oktober.

Artikel über Bosnien fertig. An Berliner Tageblatt geschickt. Abends Friedel bei mir. Mißstimmungen. Dann doch zu Bett. Auf dem Vorplatz störende Stimmen. Sie auf einmal ganz gefühllos. Überhaupt, es will nicht immer stimmen. Ungemütlichkeit unserer Rendez-vous infolge des ungeeigneten Zimmers, genau wie mit Irene in Paris. Dann noch netter kleiner Spaziergang mit ihr. Ihre häßlichen Seiten verschwinden immer mehr hinter ihrer Lieblichkeit. Wie doch solche Dinge von den äußeren Umständen abhängen! Dadurch, daß sie zu mir kommt und erst ziemlich spät, wird das Erotische immer zu einer großen Affäre. Zuerst ist sie nicht in Stimmung, dann gehen wir spazieren oder drücken uns irgendwie in einem Café herum und wenn es dann ½ 11 ist und man schlafen gehen sollte, dann taut sie auf einmal auf. Kommt dann oft noch mit mir hinauf und dann wird es unendlich spät und Verstimmungen sind die Folge, zumal, da sie meine Leistungsfähigkeit aufs äußerste anspannt. Erst bei der zweiten oder dritten Umarmung beginnt bei ihr die Befriedigung, ohne sich immer zu vollenden.

3. Oktober.

Immer dasselbe. Wir gehen abends spazieren, und wissen dann nicht wohin. Mein Zimmer ungemütlich, außer man liegt im Bett und das will ich heute nicht schon wieder tun.

4. Oktober.

Abends mit Friedel Kursaal. Langweilige Variétévorstellung. Petits chevaux. Bei Tag seit einiger Zeit nach der Bibliothek der Dämon.

5. Oktober.

5 Uhr mit Friedel Einkäufe gemacht. Tea-room in der Carraterie. Dann brachte ich sie ins Paderewski-Konzert.

6. Oktober.

Um 10 mit Friedel. Wir fahren per Tram nach Veyrier. Es ist Sonntag. Zu Fuß auf den Mont Salève. Wenig Aussicht. Schlechtes Mittagessen in einem sonnigen Garten. Kalt. Den ganzen Nachmittag oben im Gras gelegen. Friedel lieb und hübsch in neuer Frisur. Gegen Abend ein Stück vom Mont Blanc sichtbar. Wir essen in Monnetier zu Abend, steigen dann mit Lampions den abschüssigen Weg nach Veyrier hinunter. Tram nach Genf. Dann bei mir. Bringe sie endlich zweimal zum Endresultat, ein drittes Mal aber mißlingts und darum dann doch wieder verstimmt mit ihr nach Hause.

7. Oktober.

Um 6 bei Friedel. Sie spielt mir in ihrem dämmerigen Zimmerchen vor. Nach Tisch mit ihr ins Casinotheater. Zwei Grand Guignolstücke. In einem wird eine amerikanische Konserve gegessen, die sich als der Arm eines der Anwesenden herausstellt, der ihn einmal in Chicago verloren hat. Mit Friedel in eine Nacht-Bar, wo ganz niedliche Kokotten sind.

8. Oktober.

Gepackt. Nachmittags Tee bei Friedel. Etwas schwül. Nach Tisch sie bei mir. Manche Verstimmungen. Wieder drei Umarmungen. Aber ich merke, ich muß mich jetzt schonen.

9. Oktober.

Um 10 Friedel bei mir, bringt mich an die Bahn. Fahrt nach Freiburg. Abends dort im Caféhaus gesessen und Zeitungen gelesen.

10. Oktober.

Um 2 Uhr in Frankfurt a. M. Tilly verreist. Um 5 treffe ich Muth. Die Geschäfte mäßig. Mit ihm in einem Café. Dann auf der Frankfurter Zeitung. Honorarfragen mit Geck erledigt. Um 7 Professor Primer im Pfau. Er ist reizend. Ich begleite ihn nach Hause. Im Café Kaiserkeller zu Abend gegessen. Dann kommt Ernst Hochstetter, Dessoff und die andern von der Gesellschaft für ästhetische Kultur. Anfangs langweilig. Dann intensive Debatte über Mutter- und Kinderrecht, wobei Hochstetter die These verficht, im Interesse der Rasse müsse die bloße Möglichkeit der Vaterschaft für Alimente genügen. Nur auf das Recht des Kindes komme es an. 1 Uhr zu Bett, im Hotel Schwan.

11. Oktober.

Vormittags im Hôtel ein wenig für meinen Vortrag geprobt. Um ½ 1 mit Dreyfus im Kunstverein. Mit ihm bei Böhm gegessen. Um 3 Schild und Reinach Café Hauptwache. Sonnenschein. Um 5 mit Dessoff in der Loge, um die Akustik des Saales zu prüfen. Dann umgekleidet. Hôtel gegessen. 8 Uhr Vortrag vor 400 Leuten: Lothar, Mode, Gläserner Gott. Etwas zu viel, aber ganz guter Erfolg. Dann kleine Gesellschaft im Kaiserkeller. Ich werde zwischen die Damen gesetzt: eine hübsche holsteinische Blondine mit wundervollem Duft, Frau Schlosser. Die kleine Bracht ist da. Austern, Mosel. Dann noch ins Café Bauer. Werde ziemlich hofiert. Amüsante Gespräche mit den Frauen. Um 3 zu Bett.

12. Oktober.

Um 12 von Frankfurt abgefahren. Um 7 Uhr Nürnberg. Im selben Hôtel gewohnt, wie mit Friedel, von der sehr lieber Brief noch in Frankfurt. Nach Tisch Stadtmauer. Vezzo. Dann zu einer Münchener Komikergesellschaft in einem Keller. Um 1 zu Bett.

Sonntag, 13. Oktober.

Um 12 von Nürnberg weg. Um 3 Passau. Alfred an der Bahn. Mein Stück entzückt ihn. In Wernstein Mutti. Wir gingen zusammen hinauf. Tee nach dem Abendessen im Schlafzimmer, weil Hedwig ihrer Schmerzen wegen zu Bett liegt. Um 1 gehe auch ich zu Bett.

Zwickledt, 14. Oktober.

Nachmittags mit Alfred und Hedwig in Passau, meinen Pelz geholt, auf der Post. Dann im Café. Abends wieder wie gestern im Schlafzimmer Tee getrunken. Hedwig hat starke Schmerzen. Bin etwas nervös und müde.

Wien, 15. Oktober.

Nachmittags mit Alfred zu Fuß nach Schärding gegangen. Schnellzug nach Wien. Dort um ½ 10. Hotel Tegethoff. Föhnluft. Herumgebummelt. Leopoldstadt, Café. ½ 1 nach Haus. Vis-à-vis weibliche Auskleideszene.

16. Oktober.

Ein schrecklicher Tag. Zimmer gesucht. Vormittags in Wieden. Vegetarisch gegessen. Nachmittags 9., 8., 7. und 6. Bezirk. Eine Straße schrecklicher als die andere. Düster und Lärm wegen des altmodischen Pflasters. Nirgends frei. Schließlich zwei Möglichkeiten, aber nichts Bestimmtes. Totmüde im Hôtel. Leopoldstadt gegessen. Ein wenig ziellos herumgelaufen. Café. Spät zu Bett.

17. Oktober.

In Wieden Zimmer gesucht. Nachmittags endlich Marokkanergasse 9 das Rechte gefunden. Freier Blick. Nette wienerische Wirtin. Abends vegetarisch gegessen. Ein Ekel mit langen Haaren liest im Speiseraum über Blattern. Früh nach Hause.

18. Oktober.

Bei Habig Cylinder, Handschuhe und Kravatten gekauft. Besuche. Schaukal getroffen. Mit ihm gegessen bei Meißl und Schadn. Er erzählt, Hofmannsthals Frau sei unmöglich. Ich begleite ihn zu seinem Ministerium. Nachmittags bei Fred, der mir meine Enttäuschung über Wiens Geselligkeit prophezeit. Er erzählt von Indien. Dann kommt Fedor v. Zobeltitz. Ich empfehle mich. Abends vegetarisch gegessen. Dann gebummelt. Viele Mädchen angesprochen. Zu Fuß Praterstern über Stubenring nach Haus.

19. Oktober.

½ 4 bei Friedmann-Frey, an den mir Roché eine Empfehlung gegeben hat. Liebenswürdiger häßlicher Jude. Typus Reinach – Dr. Prager, aber intellektuell und mondän. Wir plaudern eine Stunde. Dann bei Hauptmann Hofrichter, treffe die liebenswürdige, sehr österreichische, hochgebildete Frau, die in Montparnasse heimisch ist. Abends in Wieden gebummelt.

Sonntag, 20. Oktober.

Morgens bei der Toilette überrascht mich Fischhof, ein Freund Gutmanns. Gegenbesuch. Schöner Mann, konventionell, sehr liebenswürdig. Nachmittag 5 Uhrtee bei Frau Friedländer-Werther. Fabelhaft konservierte internationale Jüdin. Sie lebt hauptsächlich in Rom. Milieu des Fürsten Primoli. Schreibt Bücher, maßlos eitel. Die Herren alle belanglos. Nach Haus zum Umziehen. Um 8 Uhr treffe ich im Café Lebmann Dr. Friedmann und seinen Freund Dr. Neumann, einen zuvorkommenden Juden mit kleiner, zarter, wenig bedeutender Frau. Wir soupieren zusammen im Erzherzog Karl. Dann Eröffnungsvorstellung des Cabaret Fledermaus. Ausstattung entzückend, ohne den professoralen Ton des deutschen Kunstgewerbes. Leistungen mäßig. Die Reste der Elf Scharfrichter. Dort treffe ich Hanns Heinz Ewers und seine Frau. Peter Altenberg kennen gelernt, mit ihm über Joghurt gesprochen. Fühle mich etwas zu eingeschachtelt in die Clique Friedmann-Neumann, die mich mit Beschlag belegt, einlädt usw. Überhaupt die Juden! Man entgeht ihnen nicht. Um 3 Uhr nachts nach Haus.

21. Oktober.

Vormittags Professor Umlauft in der Urania besucht. Vortrag von mir dort in Aussicht. Mittags bei Fischhof im Atelier. Vollendete Kitschmalerei, aber er selbst wirklich nett. Wir gehen essen im Deutschen Haus. Dort seine Braut, eine alternde Jüdin und die Witwe eines Bulgaren, eine Frankfurter Jüdin. Gespräch über die Halberotik der deutschen Mädchen. Nach Tisch Besuch bei der Lili Marberg. Liebes Geschöpf. Hübsche Wohnung. Will mein Stück haben. Abends ½ 9 im Grand Hotel. Souper mit Fischhof und Braut, Professor Umlauft, einer reizenden Fürstin Engalitscheff, geborene Wienerin, Witwe. Schlicht, Kind, wohl über 30.

22. Oktober.

Dampfbad. Mittagessen bei Hopfner. Dort Friedmann mit seiner Maîtresse. Elfriede von Mossé, genannt Effi. Niedliche Dalmatinerin. Er begleitet mich, erzählt, daß er nur die Hälfte ihres Aufwands bestreitet, ein anderer den Rest. Um 4 Uhr bei ihm. Dann mit ihrem Coupé in den Prater gefahren. Das Coupé hat sie von dem anderen. Tee in einem der Caféhäuser, dann im Coupé zurück. Er steigt am Stern aus, ich bringe sie in das Cabaret Nachtlicht, wo sie Probe hat. Sie hat ihre Noten vergessen und ich muß ihr schnell neue kaufen, bringe sie ihr dann zur Probe, aber sehe sie nicht mehr. Abends allein umhergebummelt. Um 10 zu Haus.

23. Oktober.

Deutsches Haus Mittag gegessen. Professor Umlauft. Dann allein nach Schönbrunn gefahren. Aussicht von der Gloriette. Abends Burgtheater: »Weh dem, der lügt«, mit Kainz und der Hohenfels. Wenn dies Stück heute geschrieben würde, würde es zwar nicht durchfallen, aber nach wenigen Aufführungen verschwinden. Zu Hause Blasenindisposition.

24. Oktober.

Stephansdom besichtigt und Turm bestiegen. Nach Tisch die Burg besichtigt und Ceremonialappartements. Um 7 ¼ zu Friedmann, der zu Bett liegt, dann zu Dr. Neumann zum Souper. Dort Dr. Habermann und Frau. Feine Juden.

25. Oktober.

Gemäldegalerie im Hofmuseum. Wenig Stimmung. Um 3 kam Hauptmann Hofrichter zu mir. Spaziergang nach Tivoli bei Schönbrunn. Jause. Er erzählt viel von seinen Reisen, rät mir dringend von Turkestan und Rußland ab. Abends essen wir im Schottenprälaten. Ich dann allein nach Hause. Unterwegs zufällige Begegnung, Krainerin. Gefällig aber uninteressant.

26. Oktober.

Endlich kam mein Koffer. Geräumt. Ein bischen an den Roman gegangen. Abends ½9 zu Hofrichter in seinen Tennisklub, wo eine unnennbar öde Gesellschaft beisammen saß. Beim Heimgehen Blasenindisposition. Ob die Prießnitzumschläge vielleicht verweichlichen? Unterlassen, nur kühle Waschungen gemacht.

27. Oktober, Sonntag.

Um 12 Friedmann abgeholt. Nach Grinzing gefahren. Ländlich gut gespeist. In zarten Nebeln auf den Kahlenberg gegangen. Tee. Bahn zurück. Um 7 Café Central mit Ewers und Frau und Friedell. Dann in der Fledermaus gegessen und bis 1 Uhr über Reisen und anderes geplauscht.

28. Oktober.

Aufsatz über Harden geschrieben in der Eulenburgsache. Nachmittags herumgerannt und telephoniert, um ihn anzubringen. Neue Freie Presse. Abends im Löwenbräu mit Ewers und Frau. Friedell. Ein höchst witziger Mensch. Wir treiben Besetzungskunst d.h. setzen jeden in sein Jahrhundert, Ewers in die Freiheitskriege, Altenberg in den Hellenismus und erfinden dementsprechend Biographien. Dann in der Bar der Fledermaus Wärnsdorfer. Zuletzt noch in das Nachtlicht. 3 Uhr zu Bett.

29. Oktober.

Vormittags bis 12 auf Nachricht von der Neuen Freien Presse gewartet. Telephonärger. Redaktion gegangen. Manuskript zurück. Dann auf die »Zeit«. Nachmittags nach Rodaun gefahren zu Hofmannsthal. Wohnt entzückend. Außen einfaches Landhaus, innen wie ein Barockschlößchen mit steinernem Treppenaufgang. Er durchaus Typus des feinen Großstadtjuden. Sehr gesprächig und liebenswürdig. Spricht viel von meinem Buch über Frankreich und zeigt mir sein Excerpt daraus. Er ist sehr unterhaltend. Wir verstehen uns über Deutschland, Gesellschaft, Moral. Er verspricht viel, mich in Wien einzuführen usw., mir Beziehungen zu schaffen und mich nächstens bei sich zu sehen. Wird er alles das halten? Bringt mich dann an die Bahn. Abends Raimundtheater: Die Nibelungen. Schwache Aufführung. Bin müde. Wenig Eindruck. Aber auch ohne diesen subjektiven Moment scheint mir das Stück von anachronistischen Rohheiten zu wimmeln und nicht stark dramatisch zu sein. Um ½ 12 Nachts auf die Redaktion der Zeit. Mein Aufsatz noch nicht gesetzt. Muß bis ½ 1 auf Dr. Canner warten, dem ich Harden zu sehr lobe. Aber anders tue ichs nicht; obwohl ich in dem Eulenburgfall durchaus gegen ihn bin, kann ich ihn deshalb nicht überhaupt heruntermachen. Ging um ½ 2 Uhr früh fort und habe wenigstens erreicht, in Canner das Gefühl zu hinterlassen, er habe an mir etwas gut zu machen.

30. Oktober.

Um 2 Ewers und Frau im Hotel Wandel abgeholt. Nach Schönbrunn gefahren. Tiergarten, eine Panterpaarung, ganz still. Am Schluß leckte das Männchen dem Weibchen ganz kurz die Stirn, dann alles fertig. Kaffee im Tivoli. Café Central. Dann im Löwenbräu gegessen, mit Peter Altenberg, seinen zwei neuesten Mädchen, einer häßlichen Hamburgerin namens Helga und einer hübschen Wienerin, namens Gudula. 16 Jahre, aus der Hefe des Volks, gemein aber reizvoll; sie ist sehr lieb zu ihm, während sie mir gleichzeitig die Knie drückt. Dann ins Nachtlicht, Café Europe, wo Ewers von Monte Carlo erzählt. Die Croupiers dürfen keine Taschen haben. Trinkgelder wirft man ihnen von hinten in den Kragen.

31. Oktober.

Mit dem Roman begonnen. Einleitung. Gegen Abend bei Prof. Umlauft wegen meines Vortrags in der Urania. Abends mit Friedmann bei Dreher gegessen. Café.

1. November.

Roman. Nachmittags zu Fred, der mir über die Art, Aufsätze zu verwerten, einen instruktiven Vortrag hält. ½ 8 Urania, Vortrag über »Wiener Stätten des Elends« gehört. Dann in die Fledermaus. Erst allein, später Ewers und Frau und das Fräulein mit den langen Nägeln.

2. November.

Roman. 2 Uhr Lunch bei Frau Friedländer. Spricht von Nichts, als ihren vornehmen Bekannten. Harden habe angedeutet, in einem Artikel, sie sei Rampollas Geliebte gewesen usw. Darauf ist sie stolz. Dann zeigt sie mir auf ihrem Zimmer Photographien aus Rom, ihrer Wohnung usw. Um 4 im Café Lebmann mit Hofrichter. Wir gehen am Quai spazieren. Er schimpft auf Altenberg und nennt ihn eine Fischotter. Nach dem Essen gehe ich ins Löwenbräu, wo der unangenehme Oskar Friedmann und sein Halbbruder, der interessante Friedell. Ich ärgere mich über den Ersteren und besetze ihn als tartessischen Sklaven, Garkoch in Rom, dann Attelanenspieler und an einem Stück Pfau erstickend. Mit Friedell in die Fledermaus. Wir beschließen, mit Ewers »Seelenwanderungen deutscher Dichter« herauszugeben. Noch eine halbe Stunde mit Peter Altenberg im Café Europe.

Sonntag, 3. November.

Jeden Vormittag am Roman gearbeitet. Um 5 Uhr Tee bei Frau Friedländer-Werther. Es wird über Harden geschimpft. Ein ältliches Frl. Schmitzhausen hüpft vor Freude, wenn Erotika behandelt wird. ¾ 7 Ewers und Frau und das Fräulein mit den langen Nägeln im Café Central abgeholt, sie hatten eine Loge fürs Burgtheater. Heinrich der Vierte. Sonnenthal schrecklich. Auch Kainz verschmäht nicht immer Kulissenreißerei. Stallmeister als Falstaff köstlich einfach. Im Cabaret zu Nacht gegessen.

4. November.

Dampfbad. Mit Buchhändler Heller wegen eines Vortrags gesprochen. Bei Umlauft wegen Vortrag. Abends im Löwenbräu Ewers, dann Friedmann-Frei.

5. November.

Zum Abendessen bei Hofrichter. Er hat Fieber, liegt auf der Chaiselongue, daher keine rechte Unterhaltung im Gang. Dann mit ihr allein. Unglücklicherweise kommen wir auf die Frauenfrage, und sie erweist sich als eine durch ihre glückliche Ehe etwas bornierte Frau. Auf dem Heimweg gut gewachsenes, kleines Persönchen, sehr liebenswürdig, sehr befriedigend. Erzählt ihre Verführungsgeschichte in Brünn. Wie sie »verrissen« worden ist von Einem mit blonden Locken, namens Meyer, dann von einem Hotelier, dann kam sie in Wien in ein öffentliches Haus. Ob sie diesen blonden Meyer lieb gehabt, frage ich sie. »Aber nein, i' war halt besoffen.«

6. November.

Hofbibliothek. Friedjung »Vorherrschaft in Deutschland« zu lesen begonnen. Zu Haus Bedürfnis, mein wieder sehr geregeltes Leben einmal zu unterbrechen. Ging wieder zu der kleinen

Helene von gestern, treffe sie in ihrem Kämmerlein im Bett liegend. Abends im intimen Theater. »Interieur« von Maeterlinck. »Fräulein Julie« von Strindberg. Starke Eindrücke, besonders die Schauspielerin Else Sarto.

7. November.

Vormittags Bibliothek. Nachmittags zuhause am Roman. Abends mit dem Journalisten Geyer im Intimen Theater. Wilde, »eine Florentinische Nacht«. Turgenieff »Gnadenbrot«. Wieder die Sarto. Geyer führt mich in die Garderobe und stellt mich ihr vor. Sie kommt halbnackt heraus, d. h. ihr dünnseidenes Gewand direkt auf dem Körper und nur halb geschlossen. Sie entzückt mich immer mehr. Kommt dann in unsre Loge. Will eventuell die »Rächerin« spielen, von der der Direktor Fischer auch zu reden beginnt. Cabaret bis 12.

8. November.

11 Uhr mit Geyer in der Generalprobe des Deutschen Volkstheaters. Felix Salten »Am andern Ufer«. Sehr hübsch und anregend. Mit der Marberg in der Trambahn. Nachmittags Bibliothek. In der Dämmerung plötzlich eine wahnsinnige Sehnsucht nach Friedel, der ich schreibe. Dazwischen schwebt mir immer das Bild der Sarto vor. ½9 Abends Rilke-Vorlesung bei Heller. Die Art des Vorlesens unerträglich hysterisch. À la Wüllner. Aber er ist doch ein großer Dichter. Pariser Gedichte und Iwan der Schreckliche. Kurz mit Hofmannsthal gesprochen. Dann mit Dr. Neumann und Frau im Restaurant Kaiserin Elisabeth soupiert. Dann Cabaret. Mit Ewers und Frau, Geyer, Lina Loos usw. in Casa Piccola. Dort der Schauspieler Emil Lind aus München.

9. November.

Nach langer Kälte wieder schwül. 5 Uhr Besuch bei der Fürstin Engalitscheff. Doch recht konventionelles Wesen. Abends mit den beiden Ewers und der Bruckner, so heißt das Fräulein mit den langen Nägeln, die eine Loge im Burgtheater hat, in Fiesko. Gibt es ein unwahreres Machwerk als dieses Stück? Und das ist die geistige Nahrung unsrer Jugend. Die Bruckner fusselt. Reizt mich aber nicht. Cabaret. Dort Else Sarto mit einem Jüngling. Sie enttäuscht mich etwas. Ewers, Geyer, die Bruckner, Koppel und ich gehen in den Z-Keller und trinken Heurigen. Etwas benebelt im Regen heim.

Sonntag, 10. November.

½ 1 aufgestanden. Bis ½ 6 gearbeitet, dann Poehlmann, Englische Grammatik. Vorbereitung für die Vorträge in dieser Woche. Um 6 Café Central Altenberg, Ewers. Löwenbräu, Fledermaus. Friedell köstlich. Parodiert die populären Naturwissenschaftler: »Casanova im Wassertopf«. Gestern übrigens erfand ich den Titel zu unserer neu zu gründenden Zeitschrift: Chamäleon.

11. November.

Immer dasselbe: Roman, Bibliothek, Café Central, Theater, Fledermaus. Dort allgemeine Langweiligkeit.

12. November.

½ 5 zum Tee beim Baron Felix Oppenheimer. Liebenswürdiger österreichischer Aristokrat. Will die österreichische Rundschau heben und mich dringend dabei haben. Dann Mariahilferstr., die Mädels angeschaut. Nichts.

13. November.

Um 7 in die Universitätsbibliothek, um die Baronin Possanner abzuholen. Erst erkenne ich sie kaum wieder. Sie ist noch in Halbtrauer, kommt mir größer vor, sieht sehr gesund aus, und das Harte des Mundes, was mich früher ein Wenig störte, hat sich eher noch verstärkt. Ich begleite sie nach Hause. Wenn ihre Schwester Mila von Italien zurück sei, solle ich an sie schreiben, ich möchte einen Besuch machen. An sie zu schreiben, das wäre verdächtig.

14. November.

Abends im Hôtel Imperial allein soupiert, dann mein Vortrag über Frankreich in der Urania. Volles Haus, guter Beifall. Dann Frau Friedländer, Schaukal. Die Baronin im Regen nach Haus begleitet. Nachts immer im Cabaret, um ½ 4 zu Bett.

15. November.

Den ganzen Nachmittag gearbeitet. Gegen Abend besucht mich der Baron Oppenheimer. Abends mit Koppel und seiner Frau und den beiden Ewers im Deutschen Haus gegessen.

16. November.

Mein zweiter Vortrag in der Urania. Es ging noch besser als Donnerstag. Guter Erfolg. Eine Frau Dodo Kraus mit blonder Schwester kommt am Schluß zu mir mit Grüßen von Fred und fordert mich auf, sie zu besuchen. In der Fledermaus die kleine Frau Hyan, ganz niedlich, da sie zum ersten Mal gut angezogen ist. Frau Ewers doch eine interessante Person. Wieder erst um 4 zu Bett.

Sonntag, 17. November.

6 Uhr zum Tee bei Frau Friedländer. Ich war doch etwas entsetzt über diese Wiener Gesellschaft. Eine Frau Löwenthal, die ein Kutscherdeutsch spricht, sagt: »Mein Bub spricht a rechts Hausmeisterdeutsch. I glaab, Hochdeitsch kann der überhaupt net. Aber er spricht a wunderbares Französisch.« Die Damen bewundern ihre Toiletten und erzählen sich, daß dies 6 Meter Spitzen sind,

daß dieser Pelz echter Zobel ist usw. Das ist parvenuhafter als Berlin. Und dabei die Herrn größtenteils Offiziere, und auch ihre Frauen dabei. Abends mit Ewers und Koppel im Deutschen Haus. Die kleine Bruckner kommt mir nun doch etwas zu nahe mit ihren Händedrücken und ihrem Fusseln. Die beiden Ewers ans Hotel begleitet, die morgen abreisen.

18. November.

5 Uhr tee bei einer Frau Löwenthal. Dieser Salon erinnert an Pester Bordelle. Rundliche, jüdische Weiber, bulgarische Attachés mit Juden von allen Sorten. Eine Frau Generalinspektor Vilma Schwager, früher Burgtheater-schauspielerin, jetzt Dichterin, belegt mich mit Beschlag. Sie hat ein Gedicht zur Enthüllung des Kaiserin-Elisabethdenkmals gemacht und dafür ein Dankschreiben vom Kaiser erhalten, das in allen Zeitungen steht und nun ausposaunt wird. Ferner ist sie als Zeugin in einen Prozeß verwickelt, weil ein Hochstapler entlarvt wurde, der sich als polnischer General mit einer Kokotte, die er für eine Fürstin ausgab, in ihren Salon geschmuggelt hatte. Zum Abendessen bei Schaukal. Gemütlich. Nette Frau und ganz entzückende Schwägerin. Wohltuend diese anständige Atmosphäre. Um ½ 1 gehen wir mit dem Schwager Habig und seiner Frau zu Maxim. Gemütliche Loge. Champagner. Ich werde sehr lustig und fürchte, ein Bischen viel geredet zu haben. Um ¾ 4 Aufbruch. Ich gehe noch in die Fledermaus, wo ich Alle beim Sekt finde. Ich bestelle auch, und dann Alle etwas angeheitert ins Café Europe. Ein Rudel dänischer und englischer Mädchen aus dem Casino de Paris ist dort. Etwas ärmlich, aber sehr niedlich. Ewers und ich zwischen ihnen. Gegen 6 Uhr früh mit Friedell, einem wiener Flitscherl namens Fini und einer alten Blumenverkäuferin namens Karolin' in die Gollaschhütten. Dort Suppe gegessen. Dann im Morgengrauen nach Haus, um 8 Uhr.

19. November.

Bis 3 geschlafen. Sitze in der Bibliothek neben der Baronin.

20. November.

1 Uhr Frühstück bei Baron Oppenheimer. Angenehme Frau. Dort der Baron Andrian, der die Feinheit eines Japaners hat. Momentan ist er Legationssekretär in Bukarest. Um 4 Uhr fahre ich nach Hietzing, wo augenblicklich Kassner ist. Sofort in zweistündiges, angeregtes Gespräch verwickelt, über Musik. Gefällt mir ausgezeichnet. Abends bei Meißl und Schadn mit Fred gespeist. Immer spät nach Hause nach dem Cabaret.

21. November.

Abends mit der Baronin heimlich im Lustspieltheater, ein jammervolles, skandinavisches Stück. Schlecht gespielt. Nur Jarno vorzüglich. Dann mit ihr in einem verschwiegenen »Beisel« der Innenstadt, wo sie nur mit Zittern und Zagen hineingeht. Dann zu Fuß nach ihrer Wohnung. Ich gehe dann heim und gelange bis auf die äußere Gürtelstraße, wo mir ein Frauenzimmer letzter Sorte schließlich den Weg zeigt.

22. November.

5 Uhr Tee bei Frau Kraus. Die Schwester auf der Treppe. Gemütliche, elegante Wohnung. Die Frau wirklich lieb und nett, die Schwester eine üppige, blonde Odaliske mit hellem Flaum. Für mich nicht ungefährlich. Sie korrespondiert mit Greve. Abends im Löwenbräu Roda Roda mit Frau.

23. November.

Dieses sinnlose Nachtbummeln durch Cafés und Cabarets! Nur wegen der furchtbaren Einsamkeitsgefühle, die mich oft überfallen. Die Gesellschaft in der Fledermaus gefällt mir eigentlich garnicht, aber doch gehe ich aus Einsamkeit immer wieder hin. Dort Frau Koppel, eine hübsche, ziemlich leere, aber auf »Tiefe« eingestellte Blondine. Wieder bis nach 4 zusammengesessen.

Sonntag, 24. November.

2 Uhr aufgestanden. Um 5 Uhr zum Tee bei dieser Frau Vilma Schwager. In ihrer Wohnung ist sie hübsch, aber sie renommiert unerträglich mit ihren adligen Bekannten. Erklärt die Friedländer für eine große Hochstaplerin. Will mich beim chinesischen Gesandten einführen. Im Cabaret langes Gespräch mit der doch hübschen Frau Koppel, die meint, sie könnte heute vor Katzenjammer garnicht logisch denken. Und da ist sie gerade viel netter und klüger als gestern mit ihrer Scheinlogik.

25. November.

7 Uhr Essen mit Friedmann bei Dreher. Dann Ronacher. Dort ein Baron Kolitz vom Eisenbahnministerium. Dann zusammen Café Schwarzenberg.

26. November.

5 Uhr beim Zuckerbäcker Demel, um Frau Kraus und ihre Schwester zu treffen. Erst einen Moment mit Frau Löwenthal, die auf Frau Schwager schimpft und von ihr dasselbe sagt, wie diese von ihr, nämlich in der »richtigen« Gesellschaft sei sie unmöglich. Dabei habe ich sie doch in ihrem eignen Haus getroffen. Man könnte eine Komödie schreiben, »die richtige Gesellschaft«. Dann mit Frau Kraus und Schwester im Hinterzimmer. Wirklich viel gemütlichere und persönlichere Frauen, als was ich sonst hier kenne. Nur litterarisch zu infiziert. Ella als Schriftstellerin fürchterlich, aber als Weib sehr, sehr reizvoll für einen weitgehenden Flirt. Sie fordert mich nachher noch zu einem Spaziergang über den Ring auf. Dann fahre ich zu Friedell nach Währing, der mich zu Tisch dabehält bei seiner alten Tante. Dort Polgar. Sie entwerfen den kom. Einacter »Goethe«. Milieu genau wie einst bei Großmama. Später zusammen im Cabaret.

27. November.

5 Uhr bei Auernheimer, um ihn um eine Besprechung meiner Bücher zu bitten. Treffe zufällig dort auch Ludwig Bauer. Hübsche, sehr wienerische Frau aus Budapest. Abends im Cabaret erfahre ich von der kleinen Hyan, daß sich einige Leute darüber aufgeregt haben, warum ich einen Passepartout habe und Andere nicht. Ich beauftrage später Koppel, das zu sondieren. Lange Unterhaltung mit der wirklich hübschen Frau Koppel, die sehr goldig zwei ziemlich flache Märchen erzählt.

28. November.

Blutgasse. Etwas ländliche, schlanke, derbe, helle Blondine. Ein Bischen verschlafen.

29. November.

Nachmittags bei Wymetal Besprechung wegen eines Vortrags im Ansorgeverein. Dann Saal ausgesucht. Darauf ins Café Museum, wo wir einen Dr. Stefan treffen, mit dem Alles ausgemacht wird. Abends im Bürgertheater: Gretchen. Sehr lustig und flott gespielt. Abends im Kabarett lange allein, dann Frau Koppel.

30. November.

Tee bei Weiss. Längere Zeit mit Ella in ihrem kleinen Zimmer allein. Wir sprechen sehr vorsichtig über ihre Manuskripte, von denen Eines wirklich nicht ganz übel. Die Mutter stets im Nebenzimmer. Ella lehnt sich sehr dicht an mich. Blonder Flaum auf den Armen. Ich bin entschlossen, absolute Passivität zu wahren, was dieser Frau gegenüber das Reizvollste ist. Hole mir bei Friedmann »die Bekenntnisse der Dirne Josefa Muzzenbacher« und lese das Buch im Café. Aber seit ich weiß, daß es die Erfindung eines Mannes ist, hat es lange nicht mehr den Reiz wie neulich.

Sonntag, 1. Dezember.

Abends im Café. Geyer getroffen, mit ihm zum Concordialball. Widerliche Judenclique, zuletzt aber Koppels. Mit der immer liebenswürdigeren und koketteren kleinen Frau bei Tisch. Dann mit Beiden und Oscar Strauss im Café. 4 Uhr zuhause.

2. Dezember.

Viele schlechte Nachrichten. Um 2 an der Südbahn. Mit Frau Kraus und Schwester bei großer Kälte in Laxenburg. Öder Park. Dann gemütliche Teestunde im Restaurant. Sie erwarteten offenbar Küsse und Flirt, aber ich habe keine Lust. Rückfahrt. Abends zu Tisch bei Neumann. Dort Friedmann. Ferner Zweig. Er ist nett, aber geschwätzig. Zusammen im Café.

3. Dezember.

Abends 8 Uhr bei der Schauspielerin Olga Bauer, die mit mir im Ansorgeverein »die Rächerin« lesen soll. Ganz sympathisch, aber doch dürftiges Geschöpf. ½ 10 im Klub bei Dr. Schönbrunn. Beratung wegen eines Vortrags in der Kosmosgesellschaft und sonstiger litterarischer Dinge.

4. Dezember.

Um ½ 6 traf ich Frau Kraus und Schwester an der Universität. Wir gingen zu einer französischen Chiromantin in der Währinger Gasse, Mme. Spero. Resumé meines Charakters und Schicksals: Mehr Sentiment als Leidenschaft, mehr Erotik als Sinnlichkeit, starke Intuition, starke Instinkte, Intellekt, Sensibilität. Wenig Mars und wenig praktischer Sinn. Ein Zuviel an berechnendem Intellekt. Merkur, Jupiter, Venus die Hauptplaneten. Eine furchtbare Frauenkatastrophe hinter mir, eine noch Schlimmere vor mir, die meinen Verstand angreifen wird. Dann lebensgefährliche Krankheit. Von 40 Jahren ab Erfolg, Geld, aber schwankende Gesundheit. Neigung zu Nervenleiden. Beine, Arme und Augen in

Gefahr. Feuer- und Wassergefahr. Keine Heftigkeit, kein Despotismus, außer dem, den jeder seiner Superiorität bewußte Mann hat. Mit Klugheit und Verständnis müsse mit mir gut auszukommen sein. Etwas Saturn, der Ernst, aber auch viele schlechte Laune verursacht. Ich gehe ziemlich deprimiert nach Hause, da Vieles so gut stimmt. Abends im Cabaret Frau Koppel.

5. Dezember.

Um 5 Uhr zum Tee bei Frau Kraus. Viele hübsche Jüdinnen. Schönbrunn erzählt von Indien. Dann bei Koppels, in einer fürchterlichen, geschmacklosen Mietswohnung mit lebensgroßen Familienportraits der Vermieter. Aber doch gemütlich. Dann, während er im Cabaret ist, mit ihr im Rathauskeller. Sie lesen und erzählen mir aus einem Roman aus ihrer Schauspielerinnenzeit, den sie schreibt. Recht amüsant und munter geschrieben. Ich bringe sie um ½ 2 ins Cabaret und sitze noch eine Zeit mit Friedell.

6. Dezember.

Nachmittags bei Servaes wegen eines Artikels. Wohltuender und liebenswürdiger Rheinländer nach all dem Wien. ½ 6 zu Zweig zum Tee. Später Essen im Deutschen Haus. Vortrag von Freud bei Heller. Die Damen Kraus. Dann noch mit Zweig im Café d'Europe. Er führt mich bei Regen in die Spittelberggasse, wo Dirnen hinter den Fenstern in engen Stuben hocken.

7. Dezember.

Erster Abschnitt des Romans fertig. Abends Rezitation der Frau Schwager. Gräulich. Dort die ganze Clique: Löwenthal, Friedländer usw. Nachher unten im Keller Souper. Ich entfliehe und hole Frau Koppel zum Abendessen ab. Sie ist wirklich lieb.

Sonntag, 8. Dezember.

½ 6 bei Frau Friedländer, dort Gutmann, der erzählt, daß der Schauspieler Basil in München Louisa eine große Zukunft als Heroine voraussagt. Bei Dr. Schönbrunn abends zu Tisch. Lauter Juden, aber entschieden geistige Atmosphäre. Ein Musiker van Jung macht verblüffende Experimente im Gedankenlesen, auch mit mir. Um 3 Uhr bei strömendem Regen nach Haus.

9. Dezember.

Mittagessen bei Fischhof mit Gutmann und einer alten Dame. Ziemlich langweilige Leute. Einen Moment bei Friedmann. Abends bei Mme. Spero; sie stellt mein Horoskop Resumé: viel Streit und Gefahr, aber fester Wille und moralischer Sinn, die wahrscheinlich triumphieren werden. Viel Unglück durch die Bosheit der Frauen. Um 9 Uhr Probe bei der Olga Bauer. Wenn sie sich ihr Schillerpathos abgewöhnt, wird es gehen. Dann mit Gutmann im Café Museum.

10. Dezember.

Abends Vorlesung im Verein Kosmos über Frankreich. Überfüllter Saal. Applaus. Dann mit vielen netten Leuten, meistens Juden, darunter Schönbrunns, Kraus usw. zum Essen und dann in's Café Korb.

11. Dezember.

Dampfbad im Römerbad. Abends Première von Gutmann. Der Graf von Massa-Malaspina. Ganz nett. Besonders nach den schlechten Einaktern vorher. Dann mit Fischhof und allen Andern bei Hartmann soupiert, und dann zusammen in der »Hölle«. Miserable Geschmacklosigkeit. Gutmann schimpft maßlos auf Wien. Dann mit dem alten Umlauft heim.

12. Dezember.

In der Bibliothek mit Friedjung fertig geworden. Einen Moment mit der Baronin. Einen Ring für Friedel zu Weihnachten gekauft. Abends bei Koppel. Sie offenbar in steter sinnlicher Erregung; freut sich sichtlich über mein Kommen. Dann gehen wir allein ins Café Museum in die kleine Ecke. Ich erzähle ihr Märchen, bringe sie um 12 ins Cabaret.

13. Dezember.

Um 3 Uhr holt mich Ella Weiss in der Equipage ihrer Schwester ab. Wir fahren zu dem Maler Engelhart. Prachtvolles Atelier. Unvergleichliche Wohnung im Grünen. Frau und 5 Kinder. Alles Glück, aber er kann leider Nichts als Künstler. Dann holen wir Frau Kraus, fahren zu Dritt zu Demel. Ich dann zu Freud, der mir eine psycho-analytische Kur vorschlägt, was mir sehr einleuchtet. Abends mit Dr. Zweig im Hotel Bristol sehr gut gegessen. Dann eine Tour durch verschiedene interessante Häuser. Bäckergasse 22. Großer Saal. Sehr behaglich. Erst verschwindet er mit Einer, ich mache Musik im Salon, errege mich dabei und gehe mit einer kleinen, üppigen Person namens Fritzi, die mir sagt, ich wäre so »arrogant« und das gefiele ihr so gut an einem Mann. Riesenhimmelbett. Sie tut richtig verliebt. Dann in den Saal zurück, wo sie mich zwingt, wieder Klavier zu spielen. Sie läßt mich keine Sekunde in Ruh. Auch Zweigs Dame sitzt ihm, scheinbar in ihn verliebt, auf dem Schoß. Und das Amüsanteste: Diese Mädchen scheinen im Augenblick wirklich für ein paar Minuten so zu empfinden. Das reinste Familienleben. Café Europe bis 3 Uhr.

14. Dezember.

Bei dem von Freud empfohlenen Dr. Steiner wegen meines Leidens, der eine ganz andere Diagnose stellt. Meint, es handele sich um Prostatorrhöe, macht eine Sondierung. Dann zu Olga Bauer, Probe. Sie ist talentlos, nur gutwillig. Abends bei Koppels. Sie balgt sich mit ihm, offenbar in starker, sinnlicher Erregung. Dann geht sie mit mir ins Café.

Sonntag, 15. Dezember.

Um 7 bei Familie Weiss. Drei Zimmer voll Menschen. Zuerst belegt mich wieder die unangenehme Disputiererin Frau Edelheim, dann mit Dodo Kraus und Schwester, sehr nett. Kaltes Abendessen. Dann längeres Gespräch mit van Jung, der Zionist ist. Dann kleiner Kreis im dunkeln Zimmer der Ella. Sie steht neben mir, allerlei spiritistischer Ulk, wobei es zwischen Ella Weiss und mir zu heimlichen Küssen kommt. Wir gehen dann einen Tisch holen. Im dunkeln Zimmer fällt sie mir plötzlich um den Hals. Sie ist ein Bischen sehr aktiv. Dann zurück. Tischrücken. Der Tisch sagt: »Café City, van Jung, fidele Gesellschaft.« Plötzlich kommt im Dunkeln Frau Schönbrunn zu mir, drückt sich an mich und nimmt meine Hand. Auf der andern Seite Ella. Dann Aufbruch. Alle zusammen Café Kaiserhof.

16. Dezember.

Dr. Steiner. Sonde. Spricht von möglicher Nierenerkrankung, was ich ihm nicht glaube. Abends ½ 9 mit Fred bei Meißl und Schadn.

17. Dezember.

4 Uhr Dr. Steiner. Instillation. Besorgungen. Streit mit dem Fiaker, den ein Schutzmann zu meinen Gunsten entscheidet. Zuhaus finde ich von unbekannter Hand ein Orchideenbouquet. (Ella Weiss?) Frack. Abends mein Vortrag über Don Juan & Casanova. Halbgefüllter Saal, aber die besten Leute. Kassner, Auernheimer, Wassermann usw. Guter Erfolg. Ich flechte eine fingierte Geschichte ein, wie Casanova, der angeblich, als er zu einem Ball gehen will, Blumen erhielt. Er will sie anstecken, aber sie sind doch zu auffallend. Dreimal versucht er's, legt sie wieder ab, fragt

seinen Diener um Rat. Die Spenderin meiner Orchideen wird es wohl verstanden haben. Nach dem Vortrag umringt von Damen. Dann mit Kassner, Max Mell, Dr. Kaufmann, Wassermann und seiner niedlichen Frau bei Hopfner Gespräch über Astrologie. Ich dann sehr müde, um 12 ins Bett. Abschied von Ella Weiss fast zärtlich. Händedrücke.

18. Dezember.

Zum Mittagessen bei Wassermann. Behagliches Heim in Grinzing. Häßliche Kinder. 4 Uhr bei Dr. Steiner. Er fürchtet doch eine Nierenaffektion. Zu Haus Brief von Ella Weiss mit einer Flasche ihres Veilchenparfums, das sie mir so nahe bringt, wie nicht einmal ihre Küsse es taten. Ich ging sehr niedergeschlagen essen und weiß selbst nicht warum. Dann zu Koppels. Sie sind nicht zu Haus. Erwarte sie eine Stunde. Spiele bei ihnen Klavier, fühle mich sehr vereinsamt. Im Cabaret Kraus'. Lasse Frau Kraus meine Traurigkeit merken, sie soll es der Ella sagen. Dann mit Frau Koppel zu Dreher. Sie heitert mich auf. Ich erzähle ihr mancherlei. Der Abschied von Ella macht mich traurig, aber auf dem Heimweg waren meine Gedanken wieder ganz bei Friedel, die ich nun in diesen Tagen wiedersehen werde.

19. Dezember.

10 Uhr Westbahnhof abgefahren. Um ½ 5 in Wernstein. Alfred an der Bahn. Bei Glatteis hinauf. Hedwig relativ gesund. Erzähle von Wien, abends während sie im Bett liegt. Ich lese ihnen aus meinem Roman. 1 Uhr zu Bett.

20. Dezember.

Vormittags. Alfreds neue Arbeiten angesehen. Wieder Farben, nicht gerade mich begeisternd. Nachmittags langer schöner Spaziergang mit beiden.

21. Dezember.

Mittags nach München gefahren. Richard an der Bahn. Besorgungen. Abendessen bei ihm. Agnes ganz nett. Dann Otto abgeholt an der Bahn, der hübsch und erwachsen geworden ist. Hotel Wolff.

22. Dezember.

Vormittags mit Richard bei Schenker, in meinen Sachen nach Papieren gesucht. Besorgungen, um 1 Uhr Bahn nach Zürich. 9 Uhr Ankunft. Limathof. Caféhaus. Dort Brief an Ella Weiss.

23. Dezember.

9 Uhr Zürich abgereist. Dreimal umsteigen. Verspätung. Angst, Friedel zu verfehlen. Endlich um 6 Uhr auf dem dunkeln Bahnhof in Fondo Toce. Sie sieht reizend aus. Schwarzes Pelzjacket. Wir fahren im Wagen nach Pallanza. Hotel Metropol. Großes Zimmer. Im Speisesaal außer uns noch ein Paar. Dann Spaziergang am See. Tee im Salon. Um 10 im Bett. Schöne Nacht. Ich habe ihr vielleicht ein bischen zu viel gesagt, wie lieb ich sie habe.

24. Dezember.

Wir sind spät aufgestanden. Sonne. Zur Madonna della Campagna. Nach Tisch Boot zur Isola Bella und Isola Madre. In der Dämmerung zurück. Zum Gärtner. Einen kleinen Christbaum gekauft, in einem Bazar Lichter und Schmuck. Hotelzimmer Bescherung. Ich gebe ihr einen Ring. Saphir mit Diamanten & das Veilchenparfum, das mir Ella Weiss geschenkt hat. Sie gab mir ihre Photographie. Diese Übertragung des Parfums hat für mich etwas ungemein Reizvolles. Zu Tisch Champagner getrunken und dann gleich zu Bett. Nach 1 schlafen wir ein. Wir kommen nicht immer zusammen; aber wenn es geschieht die leidenschaftlichste

Ausschöpfung der Situation. Dazwischen immer wieder Enttäuschungen, wenn ihre ins Sinnlose gesteigerte Erregung einmal nicht zum Ziele kommt. Wir wachen um 10 Uhr auf bei hellem Sonnenschein.

25. Dezember.

Vormittag im Sonnenschein am See gesessen. Nach Tisch zu Fuß auf den Monte Rosso in 2¼ Stunden. Die Landschaft wird immer duftiger. Oben in einer Art Räuberhütte ein Café Latte. Dann über Cavendone zurück. Wildes Bergdorf. Dann in der Dunkelheit über steinigen Pfad. Zu Hause umgezogen. Pranzo di Natale im Hôtel. Klavier gespielt. Friedel hat Schnupfen, nimmt ein heißes Bad und ich packe sie dann ein. Bei dieser Gelegenheit sah ich sie zum ersten Mal ganz nackt und sehe wie reizend ihr Körperchen ist, das sie aus einer törichten Verschämtheit immer zu verbergen gesucht hat.

26. Dezember.

Wir bleiben den ganzen Vormittag im Bett. Den Tag mit dem Lunch begonnen. Dann bei Nebel und leisem Regen zu Fuß über Intra hinaus. Dort Tee. Friedel ist beleidigt, wenn ich einmal ein bischen Ruhe haben will, ohne immer zu küssen u. dergleichen. Sie ist sehr schwierig. Bald beklagt sie sich bei mir über Kälte, kommt aber die Leidenschaft über mich, dann ziert sie sich in einer mir oft albern erscheinenden mädchenhaften Weise. Dann aber oft wieder wundervolle Viertelstunden. Wenn ich ruhig bin und aufstehen will, lockt sie mich wieder an sich. Bin ich dann wieder in Stimmung, zögert sie so lange, bis bei mir die Stimmung unter Umständen wieder nachläßt. Ihre Sinnlichkeit ist zu undiszipliniert. Dabei bringt sie mich zu Leistungen, deren ich mich selbst kaum mehr fähig gehalten habe.

27. Dezember.

Regen. Nachmittags Spaziergang nach Suna. Café in einem Dorfwirtshaus. Am Kamin alte, weintrinkende Männer. Zu Haus diktiere ich Friedel den Anfang des Schlafhändlers, der mir in Zwickledt eingefallen war. Abends lese ich ihr ein bischen aus meinem neuen Roman. Später wieder einige Verstimmungen aus den angeführten Ursachen. Ich werde sehr nervös. Aber dann lenken wir beide wieder ein. Sie ist doch ein gutes verträgliches Wesen. Heute morgen pompejanische Figuren.

28. Dezember.

Vormittags »Schlafhändler« fertigdictiert. Sehr zufrieden. Nachmittags Regenspaziergang mit Friedel, über die Madonna di Campagna hinauf. Kaffee am Kamin in einem Wirtshaus. Zu Hause zusammen in den »Opalen« gelesen. Abends Klavier. Zu Bett. Nach einer ziemlich wilden Nacht schlafe ich gegen Morgen ein. Aber kurz darauf weckt sie mich, weil sie nicht schlafen kann. Ich darüber sehr ungehalten. Ich wünsche zwar den Abschied nicht herbei, es ist aber doch gut, daß er morgen kommt. Solch ein kleines Wesen saugt einen geradezu aus. Es ist mit ihr außer dem Bett zu wenig anzufangen. Guter Charakter, aber doch zu dünnes Seelchen und dürftiges Köpfchen. Sonst sehr lieb.

29. Dezember.

Nachmittags bei sich etwas aufklärendem Wetter Dampfer nach Intra. Zu Fuß durch Dörfer. Bocciaspieler im Wirtshaus. Dann zu Fuß nach Pallanza zurück. Friedel sehr verstimmt, hat Angst, in Genf unangenehme Briefe zu finden. In Wahrheit ist es wohl nur sexuelle Überreizung. Abends früh zu Bett. Letzte Umarmung.

30. Dezember.

Bei hellem Sonnenschein und rings beschneiten Bergen Abfahrt um 10 auf dem Schiff. Friedel, die 5 Minuten später nach der andern Richtung fährt am Ufer verschwindend in ihrem dunkelblauen Hut. In Luino an der Bahn ein letzter italienischer Risotto. Dann Eisenbahn bis Basel. Winternacht. Brücken. Caféhaus.

Frankfurt a. M. 31. Dezember.

Um 10 Uhr in Basel abgefahren. 4,30 Frankfurt. Tilly mit dem lieben frechen Ussin Frankfurt am Bahnhof. Später Ludwig. Ich wohne bei Frau Eurich. Zum Tee zu Tilly. Später fahren wir nach Hotel Carlton, wo wir unter dem Anschein eines ersten Restaurants ein sehr mäßiges Souper verzehren. Champagner. Ich tanze mit Tilly zwei Walzer. Um 3 in die Bar des Frankfurter Hofs, dann zu Fuß nach Haus.

Frankfurt a. M., 1. Januar 1908.

Nachmittags mit Tilly und Ludwig zu Fuß durch schneidenden Nordostwind, über beschneite Felder nach Eschersheim. Mit der Bahn zurück. Conditorei Bütschli. Einen Moment bei Spiers Familie. Rosi verheiratet. Sehr enttäuscht von ihm, infolge ganz intimer Dinge. Die ganze Familie weiß es und macht ihre geschmackvollen Späße darüber. Wir sprechen abends davon, ob ich nicht vielleicht Frau Eurich später als Wirtschafterin zu mir nach Berlin oder Wien nehmen soll. Abends gehe ich noch allein ins Café Bauer. Treffe dort einen Münchener Musiker, den ich von dem Karneval her kannte und der aus Hessen stammt. Er hieß dort »das Schinnoos«. Er weiß von meiner Scheidung allerlei Münchner Gerüchte. Ich gebe ihm darauf eine Schilderung des objektiven Sachverhalts und begleite ihn an die Bahn. Er fährt nach München. Ich bitte ihn, in München die Leute, die falsch berichtet sind, aufzuklären.

2. Januar.

Gespräch mit Tilly, die nun wirklich von Ludwig fort will. Nach Italien zu gehen habe ich ihr hoffentlich ausgeredet und ihr für Berlin einige Lust gemacht. Vielleicht später gemeinsame Haushaltung mit ihr und Frau Eurich. Abends zum Souper bei Henry Erlanger, den ich seit Quinta nicht gesehen habe. Er erinnert sich meiner als eines dumpfen Knaben, dem er am allerwenigsten das zugetraut hätte, was ich heute mache: Scharfe Psychologie.

3. Januar.

Nachmittags Dampfbad. Abends Kaiserkeller mit Spiers und Schlossers. 12 Uhr nach Haus.

4. Januar.

In eisiger Kälte von 10 Uhr bis 8 Uhr Fahrt nach Berlin. Königin Augustastr. kleines Zimmer. Zu Fuß zur Sezession. Walden wegen des Vortrags herbeitelephoniert. Dann spät nach Hause.

Berlin, 5. Januar.

Vormittags kommen Franzl und Roché. Nachmittags Besuche. Ich treffe Fräulein von Brocken anstatt Dora Hitz. Ferner Dr. Kraft als Patient. Jour bei Wolfthorn. Ein amüsantes Fräulein Treuge. Abends Café Sezession Holitscher.

6. Januar.

Viele Bekannte wiedergesehen. Abends mit Dr. Meyer gegessen. Dann im Café Josty am Zoologischen Garten, wohin auf Meyers Verabredung Dr. Stern kam, der als er mich sah, sich ostentativ an einen andern Tisch setzte. Martin Meyer vermittelt gegen meinen Willen. Aber erfolglos. Später die Gräfin Reventlow, die ihn holt. Er beginnt mit einem Überfall auf mich und will wissen, ob ich gewußt hätte, daß er kommt und sucht das als eine Taktlosigkeit hinzustellen, daß ich davon weiter kein Aufhebens machte, sondern ruhig kam. Während der weiteren Unterhaltung macht er fortgesetzt halblaute sozusagen »dreckige« Bemerkungen, geht aber bald. Martin Meyer und Gräfin stehen auf meiner Seite und wir wundern uns zusammen, wie ich für solche Unannehmlichkeiten prädestiniert bin. Später im Auto die Gräfin heimgebracht. Wegen des Glatteises konnte dann das Auto nicht weiter. Meyer und ich gehen zu Fuß weiter. Auf der Charlottenburger Brücke fällt er, kann kaum aufstehen. Ich hole Wagen, Sanitätsstation, Steglitzerstraße. Knöchelbruch. Verband. Um ½ 4 nach Hause. Nachtwächter und Kutscher helfen ihn hinaufbringen. Seine Wirtin geweckt. Wir bringen ihn zu Bett. Sterns Rachepfeil, so sieht es aus, hat daneben getroffen. Den armen Martin Meyer anstatt mich.

8. Januar.

Abends Jour bei Dohmes. Frau Begas-Parmentier, Stern, die reizende Käthe Liebermann.

9. Januar.

Vormittags besucht mich Dr. Landsberger und schlägt mir vor, Chefredakteur des »Morgen« zu werden. Den ganzen Tag Korrespondenz. Abends um 10 Uhr Dr. Müller und Frau auf der Straße getroffen, die auf der Durchreise hier sind. Abends Souper im Haus Trarbach mit ihnen. Dann in die Arcadia. Bar riche, wo er eine alte Jugendliebe findet, während ich mit ihr »Verhältnis« spiele. Sie ist leider nicht mehr so reizend wie früher. Zusammen Café Kaiserkeller. Um ½ 5 Uhr früh zu Haus. Erst um ½ 8 eingeschlafen.

10. Januar.

Vormittags besucht mich Lampe. Lädt mich zum Frühstück um 2 Uhr ein. Um 5 zu Haus. Vortrag vorbereitet. Erst bei Frederich Austern und Chablis. Um 8 mein Vortrag über »Don Juan und Casanova«, »der Schlafhändler« im Salon Cassirer. Publikum kalt, aber wie versichert wurde, sehr interessiert. Dann mit Lampe, Dr. Kraft, Käti und Walden Café Fürstenhof und Café Sezession.

11. Januar.

3 Uhr die Gräfin Reventlow im Kunstgewerbemuseum abgeholt. Mit ihr gegessen. Wir laufen natürlich Stern in die Arme, der sich um diese Zeit mit ihr verabreden wollte, was sie abgesagt hat. Ins Café Josty. Dort wieder Stern. Abends im Lessingtheater »Die gelbe Nachtigall« von Bahr. So gut habe ich deutsche Schauspieler nie spielen sehen. Bassermann, Triesch, Reicher. Ich treffe Rößler. Gehe mit ihm ins Café Sezession. Dort Edel, später Ewers, sein Mädel, eine kleine Schauspielerin.

12. Januar.

Abends Luftschifferball im Zoologischen Garten. Anfangs dort einsam herumgeirrt. Dann wieder auf Dr. Stern gestoßen. Dann Dr. Wedekind und Frau getroffen. Dann mit Dr. Springer und Fr. Eckmann, Oppler-Legband und Muthesius zusammen. Stern sucht Frau Oppler an sich zu ziehen und büßt dann seine Ungezogenheit von neulich, indem er natürlich nicht an unseren Tisch kommen kann. Frau Eckmann sehr nett. Gegen 4 Uhr früh entdeckt mich Gretel. Sie ist schlank geworden. Wir gehen zusammen noch ins Café. Ich bringe sie wie einst im Auto nach Schöneberg und bleibe eine Stunde oben. Sektrausch. Dann mit der ersten Morgentram nach Hause. Um ½ 9 ins Bett.

Sonntag, 13. Januar.

Bis 3 geschlafen. 5 Uhrtee hei Frau Frank. Dort die hübsche Thea Schleusner, die sehr nervenleidend ist. Spiro begleitet mich bis zu Greve, den ich allein und krank finde. Die Frau ist in einer Anstalt und wird offenbar verrückt, weil der Hund Mumma seit ¾ Jahren verloren ist. Wie viele Schicksalsschläge diese Frau ertragen hat. Den Verlust ihres Hundes aber erträgt sie nicht. Sie soll Gebärmutterkrebs haben. Selten habe ich so die Empfindung des Unglücks gehabt und zwar eines Unglücks, dem nicht zu helfen ist, das man fliehen muß, während mich sonst das Unglück zum helfen bereit findet. Vom Leben angeekelt ging ich um 10 Uhr ins Café. Zu Hause nach dem Wiener Rezept des Dr. Steiner zum ersten Mal Spülung gemacht. Sehr unangenehm.

14. Januar.

Eine Stenografistin genommen, um mir das Diktieren von Artikeln anzugewöhnen, wie es mir Fred in Wien empfohlen hat. Abends Souper bei Dohme. Tischdame Frau Geheimrat von Großheim. Reizlos, erzählt aber ganz nett von Amerika.

15. Januar.

Abendessen in Friedenau bei Thea Schleusner in ihrem dunkeln trostlos einsamen Atelier, wo sie nervenkrank auf der Chaiselongue liegt.

16. Januar.

An dem Roman diktiert. Zum Tee bei Dora Hitz. Dort Herr und Frau Schokken. Sie ist die ehemalige so hübsche Sofie Meyer, heute nur noch rührend durch das, was sie einmal war. Lustige Unterhaltung. Abends Kammermusik bei dem Bankdirektor Stern. Abendessen im Stehen. Gespräch mit einer der Violinistinnen, Fräulein Drews. Klug, keck und doch weiblich sehr beschränkt.

17. Januar.

Abends im Berliner Theater. Blaubart von Offenbach. Entzückend, aber reizlos gespielt. Frau Eckmann, die mitkommen wollte, pose un lapin. Zu Haus Entschuldigungskarte Influenza.

18. Januar.

Unglückstag. Schlecht gelaunt am Roman gearbeitet. Ärger mit Geschäften. Abends kein Billet mehr zur Première Rößlers. Mißmutig zu Grete, die mir zu liebe auf einen Ball verzichtet. Anfangs etwas schlaff, aber dann außerordentlich stimuliert, als ich entdecke, daß sie für die Fragen des Dämon sehr viel Sinn hat. Sie zieht sich sehr chic an. Dann fahren wir in das abscheuliche Restaurant Rheingold und essen mittelmäßig. Dann schleppt sie mich noch nach dem Lindenbuffet, wo sie recht gut bekannt ist. Inzwischen war sie allein in Monte Carlo und hat 2000 Mark verspielt. Zu Hause finde ich eine Ablehnung des »Don Juanito« vom Hebbeltheater durch Julius Bab, die im Ton persönlich gehässig ist.

Sonntag, 19. Januar.

Um ½ 2 Frühstück bei Frau Begas-Parmentier. Lampe. Mit ihm zum Tee nach Haus. Abends zum Souper bei Sanitätsrat Klein. Tischdame die hübsche, zarte Frau Dr. Eyssler. Hauptsächlich gesprochen mit der klugen und schönen Frau Major von François. Habe mich sogar fast verliebt.

20. Januar.

Abends mit Dülberg bei Huth gegessen. Später erfahre ich von Ewers im Café Sezession, daß Landsberg noch sehr an die Sanierung des Morgens durch mich denkt, nur wegen eines Trauerfalls verreisen mußte, daß mein Stück heute an Hermann Bahr gegeben wurde, kurz das Leben pulsiert weiter. Zuletzt kamen

Schaumberger und Rößler, der mit seinem »Wolkenkratzer« einen Sensationserfolg hat. Mit Dülberg spät fort.

21. Januar.

Abends bei Dohmes. Dort Meier-Graefe und Frau. Er gefällt mir wieder ausgezeichnet. Seit 1907 in Paris habe ich ihn nicht gesehen.

22. Januar.

8 Uhr abends bei Frau Eckmann in der Pension, die Endell gebaut hat, am Steinplatz. Sie ist leidend und hübsch. Zeigt Bilder aus Chile. Liegt in Scheidung mit einem wahnsinnigen Mann. Mit dem »Morgen« eine neue Schwierigkeit. Landsberger und Hofmannsthal haben eine Differenz bekommen. Zusammen mit Ewers sein kleines Mädel, die Grete Berger, nach Haus begleitet.

23. Januar.

Mit Herzunbehagen aufgewacht. Abends im Salon Cassirer Vortrag von Ewers. Dort Paul Wiegler getroffen, verlangt von mir monatliche Aufsätze fürs »Tageblatt«.

24. Januar.

Viel Unruhe, ob sich das Morgenprojekt realisiert. Landsberger entsetzlich unzuverlässig und unpünktlich. Abends um 8 Uhr habe ich Lampe zu Kannenberg eingeladen. Sehr gemütlich. Ausgezeichnetes Essen. Bummel auf der Friedrichstraße. Dann zusammen in die Jugendsäle. Mit zwei Mädels Sekt, die ganz naiv und ohne eigentliches Raffinement uns fortgesetzt zu »wurzen« versuchen. Verstimmter Abschied.

25. Januar.

Nachmittags auf der Straße Frank Wedekind getroffen, der Berlin müde ist. Abends mit Ewers und seiner Gesellschaft in einem schlechten Kientopp in der Friedrichstraße. Der Conférencier sagte von einer weißen Frau, die ein Indianer in die Hände bekommt: »Sie hatte aber für ihn keinen Zweck und darum band er sie an einen Baum und schoß mit Pfeilen nach ihr.«

27. Januar.

Abends besuchte mich Paul Hermann aus Paris. Mit ihm in den Weihenstephan essen gegangen, dann ins Café. Er wird alt, d.h. schimpft auf das Neue und renommiert mit vornehmen und berühmten Bekanntschaften.

28. Januar.

Souper bei Dohmes. Frau v. König (Mme. Tardif) als Tischdame. Dort Susi von Zimmermann. Frau Fulda, die mich ganz geschickt bei Werner Sombart introduziert, der für die Morgensache von Wichtigkeit ist. Er ist doch mehr, als ich glaubte, der deutsche Gelehrte, Pedant und gefräßig. Frau Fulda, er und ich unterhalten uns lange Zeit. Kommen auch auf Ehe und dergleichen, worin er durchaus christianisch denkt, dann aber das versöhnende Wort findet, daß es ja praktisch doch nie zu direkten Entscheiden kommt, daß nicht einer dem andern geopfert wird, sondern unentschiedene erträgliche Kompromisse und Auswege gefunden werden.

29. Januar.

Um 2 bei Lampe, dem ich »Überschätzung der Musik« vorlese. Zufrieden. Dagegen gefällt ihm Don Juanito nicht. Abends zu Gretel nach Schöneberg. Ich bringe kaltes Abendessen mit. Es entwickelt sich eine halbverschämte, reizvolle Szene à la Katharina II., während wir in dem dämmerigen Schlafzimmer liegen. Sie ist doch ungemein reizvoll und berauschend.

30. Januar.

Nach langen Verhandlungen heute Schlußkonferenz mit Verleger Wedekind der die Übernahme meiner Werke von Juncker nun endgiltig zugesagt hat. Abends um 9 Uhr Verabredung mit Greves bei Frederich. Sie sieht interessant verfallen aus. Abends Ewers getroffen. Immer Verhandlungen wegen des Morgen.

1. Februar.

Vormittags »Berliner Tageblatt«. Besprechung mit Theodor Wolff über meine Artikel. Er ist doch viel trivialer jüdisch, als ich ihn mir dachte. Ewers telephoniert mir, daß der Verleger Vogtl, der jetzt beim Morgen ist, Lust hat zu einer Fusion mit Dr. Wedekind. Abends vorzüglicher Vortrag von Ewers über die Negerfrage.

2. Februar.

Um 12 von Ewers telephonisch nach Charlottenburg gerufen. Im Café Sezession Besprechung zwischen ihm, Vogtl und mir. Vogtl sympathisch trotz seinem Buckel. Scharf, sachlich. Ich bin etwas unvorsichtig in meinen Äußerungen und gehe darum unzufrieden heim. Um 4 Uhr treffe ich Dr. Wedekind im Café Austria, dem die Sache einer Fusion auch einleuchtet. Abends Souper bei der Begas. Erst geärgert, weil ich am kleinen Tisch mit Musikern sitze, die mich nicht interessieren. Später aber Meier-Graefe, Rathenau, Endell, Dora Hitz. Gespräch über Harden, die alle, obwohl seine Freunde, die Moltkesache eine Entgleisung nennen. Bruckmanns aus München sind da. Sie ist netter als je. Fräulein von Bunsen. Um Mitternacht mit Bruckmanns zu Fuß bis über die Potsdamer Brücke. Kam traurig, ich weiß nicht warum, nach Hause.

3. Februar.

Um 12 Uhr bei Wedekind. Vogtl, später Ewers. Vogtl glänzender reeller Geschäftsmann, aber ich werde mit ihm einen harten Kampf in Bezug auf Qualität und Niveau haben. Er und Wedekind scheinen sich übrigens zu gefallen. Wedekind hält mich dann zu Tisch da. Es ist Sonntag. Seine Frau entzückend. Ich tolle ein wenig mit den netten Kindern herum. Um 5 kommt zum Kaffee ein Haufen Leute. Ich ging weg zur Wolfthorn. Nehme dann abends von dort die lustige kleine Treuge mit, hole Dülberg und Martin Meyer ab und wir essen alle zusammen bei Lantsch. Mit Dülberg allein ins Café. Möchte ihn als künstlerischen Beirat für Buchausstattung beim »Morgen« haben.

5. Februar.

Abends beim Empfang bei Frau Dohme. Lechter wiedergesehen. Die Hand gegeben und einige Worte gesprochen.

6. Februar.

Um 7 Uhr Grete am Neuen Schauspielhaus. Sie hat sich häßlich angezogen. Wir gehen zusammen in »Wolkenkratzer« von Rößler. Endlich einmal ein deutscher Schwank mit Niveau. Grete nach Hause gefahren. Sehr nett.

7. Februar.

Erkältet. Abends im Café Savoy Hermann Bahr kennen gelernt. Dann öde zusammengesessen mit Ewers, Handl, von Levetzow und ihren Frauen. Langweiliger Kientopp in der Chausséestraße. Riesengesellschaft im Café Sezession. Öde. Auf der Kurfürstenstraße redet mich ein Mädchen mit den Worten an: »Noli me tangere« und gebraucht andere unverstandene Citate. Ich gehe noch mit ihr ins Café Splendid. Erst nennt sie sich selbst eine gemeine Dirne, ich solle mir keine Illusionen machen. Sie ist offenbar hysterisch und will sich interessant machen. Dann erzählt sie, daß sie nur mit solchen geht, die ihr gefallen. So will es auch ihre Mutter, die stets fragt: Else, hast du dir auch heute keinen Zwang angetan? Abends mit Lampe gegessen und Kaisercafé. Etwas Schüttelfrost. Fürchte Influenza.

9. Februar.

Ich diktiere immer weiter an meinem Roman. Dann bei Wertheim einen Pierrotanzug gekauft, um ½ 10 bei Lampe gespeist und dann zusammen auf den Bösen Bubenball in der Philharmonie. Es ist sehr öde. Dann die kleine Reich sehr süß. Viel Sekt, und so ging's ganz gut. Dann mit Dr. Springer und zuletzt mit Lampe und einem fremden Musiker und zwei Mädels und der Reich ins Café Roland. Um 8 zuhaus.

Sonntag, 10. Februar.

Schnupfen. Schlechte Träume. Nachmittags aufgestanden. 3 Uhr bei Frau Begas. Öde Atelierausstellung ihrer eigenen Werke. Um ½ 7 Café Savoy Bahr und die Andern. Bei Frederich mit Dülberg gegessen, früh zu Bett.

11. Februar.

Nachmittags mit Lampe im Tiergarten spazieren gegangen. Abends 8 Uhr in den Kammerspielen mit Thea Schleusner. »Liebelei« von Schnitzler, doch etwas Unwahres in dem Stück. Der Fritz in seiner Selbstbelügung müßte vom Verfasser antipathischer gewollt sein.

12. Februar.

Abends bei Dohmes Käthe Liebermann und ihre Kousine Ring, die Tochter von Schmoller. Alles nicht mein Fall. Aber doch in ihrer sicheren Gescheitheit anziehender als die Münchnerinnen, die sich in einer Gesellschaft versunken vor ein Bild stellen und ausrufen: »Das könnte ich immer nur so anschauen!«

13. Februar.

Um ½ 2 abends zum Knödelessen von Wedekind geladen. Das ganze Deutsche Theater ist da, großenteils im Bauernkostüm, bei Dete. Mir werden Rock und Weste umgedreht. Meine Tischdame Frau Frisch. Ernste, kluge Russin. Später Lucie Höflich. Reinhardt für mein Stück interessiert. Ferner Wegener, Moissi, Paul Waßmann und die Heims. Amüsantes Gespräch über Frauenemanzipation. Sehr lustig bis nach 7 Uhr getanzt.

14. Februar.

Bis ½ 4 geschlafen. Abends um ½ 9 treffe ich die kleine Marga vom Bösen Bubenball in sehr eleganter Toilette. Mit ihr bei Lantsch gegessen. Sie ist sehr verkatert und schweigsam. Dülberg zufällig am Tisch gegenüber. Um 11 mit dem Mädchen im Cabaret Roland. Garnicht übel. Um 2 nach Haus.

15. Februar.

Influenzaartiger Schnupfen. Um 3 holt mich Lampe zum Spaziergang durch den sonnigen Tiergarten. Um 5 heißes Bad und Packung. Abends langweiliges Konzert im Lyceumklub.

16. Februar.

Lichtbad mit Packung. Abends trotz üblen Befindens in der Pension Steinplatz zum Ball. Langweilige Tischdame. Ich halte es nicht mehr aus und gehe früh nach Hause.

Sonntag, 17. Februar.

Widerwärtiger Schwächezustand mit Nervosität. Nachmittags zum Tee bei Julie Wolfthorn taue ich langsam auf. Abends mit Dülberg gegessen. Nachts kaum geschlafen.

18. Februar.

Sehr angegriffen. »Dumme Gans« diktiert. Abends um 8 mit Frau Eckmann in den Kammerspielen. »Erdgeist« mit der Eysoldt. Das Stärkste, was irgend ein Moderner auf die Bühne gebracht. Kopfweh.

19. Februar.

Zustand besser. »Genialität der Frau« diktiert. Lichtbad. 9 Uhr Empfang bei Dohmes. Dort Ernst Hardt und Frau. Sehr liebenswürdig. Lampe und Frau, die etwas Rührendes bekommt. Zu viele Menschen.

20. Februar.

Stärkeres Kopfweh. Bei Vogtl, der mich sehr enttäuscht empfängt, da Wedekind abgeschrieben hat. Blonde, etwas derbe Frau, aber angenehm.

21. Februar.

Besserung meines Zustands. Martin Meyer feiert seine Genesung mit Dülberg und mir mit Champagner bei Frederich, wo wir bis um 3 Uhr früh sitzen.

22. Februar.

Englische Ausstellung. Gainsborough, Reynolds und Lawrence. Aber ein solches Gedränge und eine solche Luft, daß ich wieder Kopfweh bekam. Abends der Dämon. Tour: Schöneberger Ufer, Molkenmarkt, Schloß, Molkenmarkt. Dann auf der Potsdamerstraße ein grotesk häßliches Mädchen getroffen, die mir offen erzählt, sie amüsiere sich sehr gerne einmal mit einem jungen Mann. Erst vergebliches Suchen nach einem Absteigequartier. Sie fragt drei herumziehende Dirnen. Schließlich Hôtel Hohenzollern in der Genthinerstr. Sie behauptet, sie habe bis jetzt nur mit 2 andern Männern in näheren Beziehungen gestanden und will kein Geld nehmen. Aber ich lege ihr dann doch etwas auf den Nachtisch und gehe um 1 Uhr weg.

22. Februar.

Vormittags bei Dr. Wedekind, der nun auf einmal, sowie er Vogtl sitzen hat lassen, behauptet, er habe die Übernahme meiner Sachen von Juncker nicht versprochen und will zurücktreten. Ich mache ihm aber den Standpunkt klar, die Sache bleibt unentschieden. Abends im Café Sezession die ganze Bohèmegesellschaft, darunter Käti, die ich nach Hause bringe. Dies Stück Vergangenheit und München tut mir hier in all diesem Wirrwarr recht wohl.

Sonntag, 23. Februar.

Um 5 Uhr zum Tee bei Thea Schleusner. Sehr gemütlich, in ihrem Atelier. Eine angenehme Deutsch-Russin, Frl. Gürgens. Später eine verwirrend schöne Frau Dr. Heimann mit ihrem 23jährigen Mann, der Referendar ist. Um ½ 8 hole ich Käti ab. Sie hat eine gemütliche Wohnung. Zärtlich, aber leider indisponiert. Wir essen recht gut bei Würst, dann Café Splendid. Sie hat mit ihrem Hugo gebrochen.

24. Februar.

Bin Berlin müde. Denke viel an Genf, vielleicht schon für April.

25. Februar.

Um 5 Uhr kam Ludwig am Anhalter Bahnhof an, um sich in Berlin ein Wenig zu zerstreuen. Tilly in Zwickledt. Er tut als sei Alles nur vorübergehend. Wohnt bei Frederich. Um 7 bin ich zum Diner bei Dohmes. Tischdame ein hübsches, baltisches Mädchen:

Frl. Ruetz. Später Kerr, der mir Komplimente über den gläsernen Gott macht. Benno Geiger und Borgese. Ernst Hardt, dem Don Juanito nicht gefällt. Ich möchte fort von Berlin und wieder fantastische Sachen schreiben, wie »Schlafhändler«.

26. Februar.

Abends mit Ludwig im Wintergarten. Sehr hübsch. Dann im englischen Buffet, Unionbar. Hübsche Holländerin, die sich aber mehr für Ludwig interessiert. Nachts wieder diese Wiener Spülung, die sehr unangenehm ist.

27. Februar.

Abends mit Ludwig im Residenztheater, dann bei Adlon soupiert. Zuletzt mit ihm in das Café Boulevard, an der Potsdamerstraße, wo eine entzückende Atmosphäre kleiner Dirnen ist, die mich wieder ganz ungemein anzieht in ihrer behaglichen Harmlosigkeit.

Während des Abends wird der mich schon seit mehreren Tagen plagende Entschluß reif, den Roman aufzugeben. Ich verrenne mich, will Etwas machen was ich nicht kann, während ich doch im Essay, in fantastischen Novellen und eventuell auch in Einaktern nach einstimmigem Urteil in Deutschland Unübertroffenes leisten kann. Franzl hat Recht, mir liegt das Aphoristische, das ich allerdings bis zum Einakter, zur Novelle oder zum Essay vergrößern kann. Nicht Roman oder Drama. Ein Stein vom Herzen. Das Romanmaterial eventuell zu kleinen amüsanten Geschichten verwendbar. Der Titel bleibt: Der Holzweg.

28. Februar.

Fühle mich allein. Dora Hitz kann mich abends nicht brauchen, da Dienstbotenrevolution. Käti hat abtelegraphiert, Grete hat Besuch von ihrem Freund. Que faire? Verfehle die kleine Elly aus dem Café Boulevard auch. Sie ist nicht zuhause. Die Wirtin giebt mir, während ich warte, sadistische Bücher. Dann Café Boulevard. Leer. Wieder an Ellys Haus vorbei, Licht. Ich treffe sie an. Sie ist sehr lieb. Ihre Grazie und ihre Kunst erklärt sie durch ihre russische Abstammung. Wir plaudern bis 12 Uhr. Ich bringe sie bis zur Potsdamerstr. zurück.

29. Februar.

Abends um 10 Ludwig an den Kammerspielen abgeholt und mit ihm ins Café Bauer. Rate ihm, diplomatisch gegen Tilly zu sein, Nichts von sich zu schreiben und ihr zum Rätsel zu machen, wie er eigentlich in der Sache steht.

Sonntag, 1. März.

Vortrag von Carl Hauptmann im Hotel Adlon. Sieht aus wie ein Schneider. Um 2 Uhr zum Essen bei Borgese und Geiger in ihrer Pension am Kurfürstendamm. Etwas langweilig. ½ 8 zum Abendessen bei Meier-Graefe. Später König, Curt Herrmann. Wir machen den Reiseplan für ihre spanische Reise.

2. März.

Mit den Verlegern scheint es doch noch zu gehen. Ich habe Juncker auf 1350 M heruntergebracht. Abends Vibrationsmassage. Mit Ludwig Abends gegessen bei Dete. Café Boulevard, Elly u.a.

3. März.

Ich setze die Vibrationsmassage fort, wegen der Verdauung. Es ist Fastnachtsdienstag. Abends im Pierrotkostüm zu Dohmes. Nach Mitternacht mit ihr und Ernst Hardt und Frau auf den Sezessionsball gefahren. Zuerst am Tisch Liebermann, Hofmannsthal. Mit Frau Hofmannsthal getanzt. Ganz nett. Später tolle

Tanzlust. Auch Marise Mathis und die kleine Kleemann da. Eine sehr litterarische Jüdin, Frau Epstein. Will mich absolut kennen lernen. Thea Schleusner und die niedliche Gürgens. Zuletzt im ersten Stock Tisch mit Edel und Poppenberg. Die kleine Gürgens im Nebenzimmer geküßt und schließlich um ½ 8 früh durch die hellen, beschneiten Straßen nach Haus gebracht. Sehr zufrieden heim. Aschermittwoch.

4. März.

Gegen Abend im Café Savoy, wo auch Blei aus München. Ich fühle in diesem Kreis wieder eine merkliche Mißstimmung mir gegenüber, wie in Wien. Weiß der Teufel, warum. Ich passe nun einmal nicht in die Bohème. Abends mit Ludwig im Lessingtheater. Neu einstudiert: Lebendige Stunden von Schnitzler. Sehr hübsch. Dann mit S. Fischer und Frau, Brahm und Landshoffs im Fischerschen Automobil zu Uhl. Souper. Hübsche Stimmung. Spät treffe ich im Café Boulevard noch Ludwig mit allen den Mädels.

5. März.

Um 2 mit Ludwig bei Frederich gegessen, ihn dann an die Bahn gebracht. Dann zu Hause in ein großes Südzimmer umgezogen. Um ½ 7 bei Hofmannsthal im Hôtel. Er warnt mich vor Landsberger. Um ½ 9 bei Frau Epstein zum Tee, die in ihrem Interieur bedeutend angenehmer ist, als auf dem Ball. Ähnlichkeit mit Tilly. Ihr Judentum echt. Sage ihr, daß ich der Jüdin gegenüber mich entwaffnet fühle und sie darum nicht kenne. Verbleibe absolut passiv. Sie gesteht zu, ein absolut freies Liebesleben zu führen. Nimmt Nichts tragisch, aber Alles im Augenblick sehr intensiv. Um 12 gehe ich zurück durch den Tiergarten. Café Boulevard. Elly. Nehme sie mit zu mir in das neue Zimmer. Sehr zufrieden.

6. März.

Dr. Wedekind schwenkt zum zweiten Mal ab, nachdem die Annahme meiner Bücher von Juncker zu 1350 M so gut wie sicher war. Infamie. Ewers getroffen, der heute nach Argentinien abreist. Öder, deprimierter Tag. Auch ich bin Berlin müde. Abends allein Friedrich Wilhelmstädtisches Theater, Hasemanns Töchter. Wohltuendes Nervenstreicheln in dieser Altmodischkeit. Nachher bei Dete Greiner und Moissi getroffen, die sich sehr für mein Stück einsetzen. Einen Augenblick kam Reinhardt an den Tisch. Dann Felix Hollaender, der das Stück für litterarisch konventionell, aber bühnenroutiniert hält. Um ½ 3 mit Greiner heim. Um 6 bei Vogtl, der nun mit Landsberger im Reinen ist, sodaß ich nun wieder mit diesem unterhandeln kann. Um 8 bei Dora Hitz zum Essen. Ein liebenswürdiges Frl. Hildebrandt, die selbstständig in der Welt herumreist. Malt. Österreicherin. Ein Bischen an die Baronin Possanner erinnernd. Ich begleite sie nach Hause und verabrede ein Zusammentreffen. Dann Café Austria, wo mir der kleine Schwarz aus München seine Erfahrungen mit Masseusen erzählt.

Sonntag, 8. März.

5 Uhr bei Frau Eckmann. Dort ihre Schwester Lily Braun. Ganz sympathisch, aber die Scheuklappen der in einer »Bewegung« stehenden Menschen. Dann bei Thea Schleusner. Mit ihr und Spiro im ungarischen Restaurant gegessen und dann Alle zusammen zu Theas Freundin, einer Mme. Beloil, eine hübsche, von ihrem Mann getrennte Französin. Ziemlich öde. Auch Frl. Gürgens war da, ferner ein russisches Wunderkind und zwei französische Jünglinge.

9. März.

12 Uhr bei Wedekind, ihm gründlich den Standpunkt klar gemacht über die Schiefheit seines Handelns, was er nur mit einem leichten Murren hingenommen hat. Dann auf der Vossischen

Zeitung bei Prof. Klaar, der sich bei näherer Bekanntschaft als ganz angenehmer älterer Herr erweist. Nimmt meinen Aufsatz über Montenegro. Zuhaus zwei Stunden geschlafen. Abends Vibrationsmassage. Abends um 8 E. Th. A. Hoffmannfeier, wo ich öffentlich Einiges aus »Kreisleriana« vorlese. Oben auf dem Balkon, von mir mit Freibillets beschenkt, Frau Epstein, Marise Müller-Mathis und Bertel Hildebrandt. Gegenüber Spiro mit der Gürgens. Dann mit Poppenberg, Hans von Müller und dessen gräßlicher Frau zu Lutter und Wegner. Kellerlokal. Kerzenlicht. Neben mir die eine Sängerin des Abends. Gertrud Meisner. Entzückendes Mädchen und damenhaft, die verblüffende Ähnlichkeit in ihren Ansichten mit mir über Frauen, Gesellschaft, Künstlertum usw. äußert. Hier könnte ich mich, glaube ich, gründlich verlieben. Wir trinken ziemlich viel Burgunder. Eine Frau Dr. Meyer erscheint und entpuppt sich als die kleine Kitty aus unsrer Iglser Patscherkoflgesellschaft 1903, die noch ebenso aufregend hübsch ist. Lärm und Betrunkenheit in dem niedrigen Raum. Später mit Poppenberg, Osborn und Müller, dessen Frau partout geknutscht werden will, und ihre Strumpfbänder verliert, zusammen in die »Hütte«. Karte an Alfred. Dann Café Boulevard, alle zusammen, wo Frau von Müller mit einer Kokotte zu krakehlen anfängt, dann ihren netten, stillen Mann beschimpft. Poppenberg und ich bleiben bis nach 5 mit der sogenannten Judenemmi und ihrer Freundin. Ein Verrückter krakehlt an allen Tischen herum.

10. März.

Um 8 Uhr von Frau Dohme zu Max' Geburtstag eingeladen. Zusammen im Walzertraum im Theater des Westens. Orchesterloge. Der zweite Akt wirklich hinreißend. Dora Hitz, Baum und Dr. Valerian von Loga. Im Hotel Bristol gemütlich zusammen soupiert. Dann allein zu Fuß nach dem Café Boulevard. Dort Ellen, die in Ludwig verliebt ist und von einer Luftschiffahrt erzählt. Zuhause im Bett Buddenbrooks, erster Band, mit großem Vergnügen fertiggelesen.

11. März.

Habe mich bei Wertheim photographieren lassen. Bei Frl. Hildebrandt zum Tee. Sie gefällt mir sehr gut und ist sehr klug. Zum Schluß erzählt sie, daß sie verlobt ist und schon im nächsten Monat heiraten will, was mich mit solchem Bedauern erfüllt, daß ich nachher nicht einmal mehr ins Café Boulevard gehe.

12. März.

Van Gogh-Ausstellung bei Cassirer. Abends bei Curt Herrmann zum Souper. Aber das Souper ist gestern gewesen, und ich bin infolge eines Schreibfehlers auf der Einladung heute gekommen. Niemand zu Haus. Ärgerlich. Im Frack nach Haus. Gehe nun mit Martin Meyer essen, dann Café Boulevard. Früh nach Haus, da Blasenbeschwerden. Ponds Extrakt seit gestern statt der Wiener Geschichten angewendet. Tut gute Dienste.

13. März.

»Kultur und Protestantismus« vorbereitet. Abends bei Sterns gemütliches Souper. Meier-Graefe, Dora Hitz. Zuletzt am Billard. Frau Stern will mich verheiraten. Gespräch über Judentum, wobei auf einmal der mir lange mit diesem Haus fehlende nähere Kontakt entsteht. Café Boulevard. Ellen. Ich sage mich auf morgen bei ihr an, bin aber inzwischen von Frau Dohme eingeladen worden.

14. März.

Souper bei Dohmes. Tischdame Frau Herrmann. Tschudi, Liebermann, Leistikow, Bürgermeister Reicke, Geheimrat Arnhold, Dora Hitz, Endell, Lampe.

Sonntag, 15. März.

Den ganzen Tag Ekel an Berlin und seiner geist- und herzlosen Geselligkeit, wo Alles zusammenläuft, ohne Etwas miteinander zu tun zu haben. 4 Uhr bei Dora Hitz. Später kommt Koepping. ½ 6 zu Julie Wolfthorn. Dort Lily Braun, die den Kindern in Wickersdorf Vorträge über die Frauenbewegung gehalten hat. Otto aber hätte sich nicht dafür interessiert. Das freut mich. Abends bei Frau Epstein. Sie reizt mich doch zu wenig. Ein Bischen langweilig, aber der Sonntag ist herum.

16. März.

Abends mit Frl. Hildebrandt in »Lysistrata«, dann mit Dr. Vogtl und Frau in der Weinstube bei Tucher gegessen. Landsberger scheint die Morgen-Sache nun doch mit mir machen zu wollen. Ich erkundige mich genau über die Einzelheiten wie man solch einen Vertrag macht. Einen Moment Café Boulevard. Dort Ellen.

17. März.

Abends bei Kannenberg mit Dr. Landsberger gegessen. Wir einigen uns auf Handschlag, daß ich am 1. April in ein festes Mitarbeiterverhältnis zum »Morgen« treten soll. 2 Artikel monatlich à 125 M. Wenigstens ist nun das dabei herausgekommen. Die ganze Nacht nicht geschlafen, Buddenbrooks gelesen.

18. März.

Zum letzten Male Vibrationsmassage. Erfolg sehr gering. Um ½ 8 im Deutschen Theater mit Frl. Gürgens, Die Räuber. Wie mich doch Schiller gleichgültig läßt. Sie ist ganz klug und kann mitunter recht hübsch aussehen.

19. März.

Vertrag von Landsberger. Natürlich hat er doch nur die Hälfte eingehalten: einmal monatlich ein Artikel. Ist mir aber ganz recht, da mir nun die Freiheit bleibt, überall sonst mitzuarbeiten.

20. März.

Um ½ 6 Uhr bei Ellen. Gemütliches, unordentliches, dämmeriges Zimmer. Überall hängen Blusen, Frisiermäntel und dergleichen über den Stühlen. Parfüm. Sie läßt mich als Typus kühl, ist aber so nett, hat einen so schönen Körper und ist eine so große Künstlerin, daß ich doch, ohne sie persönlich stark zu begehren, eine angenehme Stunde verbringe. Ich glaube, so ist die Erotik des Durchschnittsmenschen: Angenehm, ohne Tollheit. Ich war übrigens ziemlich unvorsichtig. 6 9. Sie will mich nicht fortlassen, so daß ich zu Wagen ziemlich spät zu Poppenberg komme, der wirklich sehr angenehm ist und gemütlich wohnt. Viel mit ihm über Erotik gesprochen. Im ungarischen Restaurant ein halbes Abendessen. Sie kochen dort nichts rechtes mehr, weil sie pleite sind und übermorgen zumachen. Dann im Café Mandl Fortsetzung des Abendessens. Zuletzt zusammen im Café Splendid in einer gemütlichen Ecke bis ½ 2. Im Bett versucht Stilpe von Bierbaum zu lesen, aber unmögliches Niveau.

21. März.

Abends mit Klein, dem Mann der Julie Wolfthorn im Hebbeltheater. Maria Magdalena, ein peinigendes Stück. Schlecht gespielt. Bei Frederich gegessen, dann zusammen Café Boulevard, wo wir mit Ellen und ihrer häßlichen aber klugen Freundin bis 3 psychologisch wühlende Cochonnerien reden.

21. [?] März.

Um 5 Uhr im Café Mandl, wo an Spiros Tisch die kleine Cabaretsängerin Claire Waldoff mit ihrer niedlichen Geliebten in zärtlicher Umschlingung. Urkomisch. Aber sympathisches Geschöpf. Um 8 Uhr bei Müller-Mathis, dort die niedliche kleine Kleemann.

Sonntag, 22. März.

Abends mit Martin Meyer bei Frederich Abschiedessen. Er reist die Nacht nach Wiesbaden. Dann zu Ellen, die wirklich sehr nett ist.

23. März.

Vormittag mit Dr. Marx ständiges Mitarbeiterverhältnis beim »Tag« ausgemacht. Abends Konzert der Frau Landshoff. Ganz gut. Lieder des 18. Jahrhunderts. Dann mit einem Haufen Juden, darunter S. Fischer und Frau im Restaurant Trocadero. Neben mir eine ältliche aber interessante Italienerin. Zusammen ins Café Austria mit ihr und Holitscher. Wir machen französische Ulkverse, z.B.

La vie est sale, quand on est mâle,
la vie est belle pour la femelle.

24. März.

Themen zu neuen Aufsätzen zusammengestellt. Um 4 Uhr im Zoologischen Garten. Frühling. Ein Pumapärchen und Seelöwen. Kunowskis getroffen. Abends mit Kraft bei Frederich. Dann in einem schlechten Kientopp. Zuletzt allein Café Boulevard Ellen. Langweilig.

25. März.

Abends mit Dora Hitz und dem banal liebenswürdigen etwas gefräßigen Professor Stein ins Lessingtheater. »Der Teufel« von

Molnár. Amüsant. Dann zusammen bei Lantsch gegessen. Bei Tisch sagt Dora Hitz, daß ich im Grunde doch trotz allem ein einfacher schlichter Mensch sei, der aber den Stil seiner Einfachheit noch nicht gefunden hat. Man möchte mir dabei helfen. Später allein im Café Boulevard. Ellen und Emmy getroffen. Sie beginnen mich ein bischen zu langweilen.

Es sind jetzt wunderbare sonnige Frühlingstage, besonders die Stadtgänge in der Abenddämmerung schön. Sehnsucht nach dem Süden zu gehen. Spanien.

26. März.

Abends nach dem Theater wieder Ellen im Café Boulevard getroffen, die mich zwingt mit ihr nach Haus zu gehen, als »rein menschliche Angelegenheit«, wie sie sagt, und sie verweigert am Schluß tatsächlich Geld anzunehmen. Zeigt mir vielmehr ihr Bankguthaben von 2000 M. Ich werde ihr statt dessen Theaterbillets schicken.

27. März.

Abends mit Borgese in seiner Pension gegessen. Dann zusammen zu Fischers italienischer Freundin, Frau Peyretti, die evtl. mein Buch in's Italienische übersetzen wird, dessen Erscheinen bei Bocca ziemlich gesichert ist. Sie verabscheut die deutsche Plumpheit der Männer.

28. März.

Morgens Generalprobe in den Kammerspielen. Hofmannsthal »Tor und der Tod«. Verliert durch die Aufführung. Wird langweilig. Später mit Hofmannsthal ausgemacht, in seinem Prozeß mit Landsberger zu vermitteln.

Sonntag, 29. März.

Mittags Besuch von Hentschel. Nachmittags Spazierfahrt durch den herrlichen Frühling. Zu Kranzler. Dort Falckenberg mit Dr. Krähe. Wir essen zusammen im Haus Trarbach. Dann fahre ich allein zu Dora Hitz.

30. März.

Um 5 ein Damentee bei Begas-Parmentier mit Gesang. Dort eine sehr nette Nichte. Dann bei Meier-Graefes. Über Fuchs gesprochen, der von Heilmann und Littmann für seine Artikel bezahlt sein soll. Abends im Lessingtheater Borkman von Ibsen: Die Lehmann enttäuscht mich durch ihre Formlosigkeit und gräßliche Stimme. Dann mit Falckenberg, Dr. Krähe und Hagemann aus Mannheim soupirt.

31. März.

Gepackt. Abends im Residenztheater mit Dohmes, Professor Koepping und Dora Hitz, deren Geburtstag gefeiert wird. Dann im Kaiserhof alle zusammen soupirt. Angenehme Stimmung. Später mit Ellen aus dem Café nach Hause. Ziemlich toll. Um 3 Uhr zu Haus.

1. April.

Friedmann-Frey aus Wien ist da. Im Fürstenhof abgeholt. Bei Kempinski Mittag gegessen. Um 7 bei Barnowski. Sehr für D. Juanito interessiert. Dann mit Borgese gegessen, und in einer Bar, wo er von D'Annunzio erzählt, mit dem er befreundet ist. Um 11 noch Friedmann-Frey bei Dete getroffen. Mit ihm in der Friedrichstadt.

2. April.

Abends reizende Gesellschaft bei Curt Herrmann. Professor Sänger und Frau. Die hübschste einheitlichste Gesellschaft des ganzen Winters. Mit Lampe nach Haus.

3. April.

Zufällig bringt mich eine falsche Trambahn im Regen an das Schöneberger Ufer. Dämon. Riesenhaft, scheint mir aber gefährlich. Das gibt einen Knick für den ganzen Tag. Souper bei Dora Hitz, die mir jetzt sehr befreundet ist und eine nette Frau für mich sucht. In der Dämmerung wieder der Dämon. Abends im Sommernachtstraum. Das entzückendste, was ich von Reinhardt gesehen habe. Mit Friedmann-Frey.

4. April.

Gepackt. Abends bei Barnowski, der zwei Umänderungen, resp. Zufügungen im ersten Akt verlangt.

Sonntag, 5. April.

Abfahrt nach Saalfeld. Mittagessen. Zu Fuß bei schönem Wetter nach Wickersdorf hinauf. Otto und sein niedlicher kluger Freund Otto Braun kommen mir entgegen auf der Landstraße und erzählen lebhaft und vergnügt von ihrem Leben. Abendessen an der gemeinsamen Tafel. Primitiv. Abends im Lesezimmer. Kalt und Regen.

6. April.

Vormittags dem Unterricht des Deutschen beigewohnt, dann der Biologie bei einem dünnen Fräulein Doktor. Gegen Abend 2 Stunden mit Geheeb, der mich trotz seines Apostelläußeren durch seine echte Güte gewinnt. Aber er ist ein Schwächling. Sein Gegner Dr. Wyneken, der Bruckner über Beethoven, Spitteler über Goethe stellt und das den Buben nachweist. Otto soll an richtigen Tobsuchtsanfällen leiden. Aber da scheint Geheeb der rechte Mann, ihn richtig zu behandeln.

7. April.

Zu Fuß nach Saalfeld hinunter. Dort mit einem jungen Produkte der Wynekenschen Erziehung zu Mittag gegessen: der dumm deutsche Verstandesmensch. Nach München gefahren. Richard an der Bahn. Abends mit Agnes, die so albern und dumm ist wie immer.

München, 9. April.

Im Café Lutz tout le monde. Stern kommt, setzt sich an einen andern Tisch. Beim Schneider, beim Zahnarzt etc. Zentralbad. Abends bei Obrist. Mit ihm allein gegessen. Er ist zufrieden und angenehm. Dann sie. Fast hübsch geworden. Kommt aus der Turnstunde.

10. April.

Mit Dülberg vegetarisch gegessen. Café Lutz. Stern wie gestern. Abends mit Debschitz im vegetarischen Restaurant.

11. April.

Zum Tee bei Frau von Schewitsch, die sehr von Louisa abgekommen ist. Abends mit der Gräfin im Ratskeller. Dann Marco Polo. Sie ist jetzt so weit, daß sie, pour faire des michés abends in Tea-rooms geht. Erzählt, daß Lisa so herunter sei, ihre Mutter schwer krank, und sie bald vis à vis de rien stehe. Wenn Friedel nicht wäre, ich glaube, ich könnte wieder mit Lisa anfangen. Bringe die Gräfin nach Haus. Sie ist gerade wieder in ein altes Häuschen auf der Schwabinger Landstraße eingezogen, wo sie sich allein etwas fürchtet.

12. April.

Kaltes Abendessen eingekauft und damit zur Gräfin, wo auch Lisa und ein junger Mensch namens Felix. Große Lustigkeit. Um 9 zu Willy Rath. Sie rührend wie früher. Sie hassen Louisa instinktiv. Um 11 Lisa im Café Leopold getroffen. Ihr vorgeschlagen, sie soll stenographieren und Schreibmaschine lernen, um Sekretärin irgendwo zu werden. Sie tut sehr vernünftig und ich male mir aus, sie evtl. mit nach Berlin zu nehmen, fern von Schwabing.

13. April.

Sonntag. Mittags bei Richard. Endlich Sonne. Nachmittags bei Landshoff in Solln. In der Bahn Lisa. Dort die ganze Gesellschaft in der Halle. Später alle zu Fuß nach Neuhofen.

13. Mai [?]

Bei Richard gepackt. Habe ein verstopftes Ohr. Ohrenarzt, der mir zwei Propfen herausbefördert. Abends mit Richard und Agnes in die Première von Falckenberg »Dr. Eisenbart«. Typus des gutgemachten ordentlichen Stückes, in dem der Autor nichts zu sagen hat. München. Verheiratet. In der Pause bei Frau Wanda in der Loge. Dort kommt Hagemann, der Intendant aus Mannheim, der nun bestimmt den Don Juanito im Herbst dort aufführen will. Dilemma mit Barnowskischen Plänen. Dann alle zusammen in das alte Scharfrichterlokal, wo ein großes kaltes Abendessen in Münchener Primitivität. Neben mir Heinrich Mann und seine Braut. Er meint, ich müßte mich auf die Politik werfen. Wir brauchten anständige Intellekte in der Politik. Das sei das Kommende. Mit Hagemann Näheres vereinbart. Mit der schmiegsamen Frau Greiner getanzt. Mit Dülberg gegen 3 Uhr zu Fuß nach Haus. Dies der letzte Abend meiner Wintersaison.

Zürich. 14. April.

Vormittags gepackt. Bei Richard gegessen. Mit ihm zur Bahn. Abends in Zürich. Limmathof. Abends im Café Briefe geschrieben an Ella Weiss, Baronin Possanner, Irene, Frau Koppel, Frau Epstein, Fräulein Hildebrandt.

Vevey, 15. April.

Mittags von Zürich nach Vevey. Um 5 Uhr Friedel abgeholt, die aus Genf herüber kam. Gleich ein Fremdheitsgefühl, obwohl sie sehr gut aussieht. Schönes Wetter. Wir wohnen in der Pension Comte, wo einst mit Louisa. Enges Zimmer. Kleiner Spaziergang am See. Abendessen an der Table d'hôte wo noch derselbe Deutsch-Engländer präsidiert, wie vor 3 Jahren. Abends im Mondschein am See. Ich glaube, ich bin Friedel müde. Ihre mangelnde Geistigkeit und fehlende Lebhaftigkeit, was mich bisher nicht allzusehr genierte, obwohl ich sie doch sah, machen sich sehr fühlbar. Nach 10 zu Bett. Ganz hübsch. Gut geschlafen.

16. April.

Lang geschlafen. Nach Tisch zusammen nach Chillon gefahren. Das Schloß besichtigt. Funiculaire nach Glion. Oben Tee. Dann zu Fuß durch die Gorges de Chaudron nach Hause. Trotz meiner Müdigkeit plötzlich starke Erregung, und obwohl es schon zum Diner geläutet hat, schnell venus vestita. Oben einen Moment sehr nervös. Blasenindisposition. Dann einen Lindenblütentee getrunken und gelesen, während Friedel zu Bett geht.

17. April.

Der Tag beginnt mit Ärger. Beim Frühstück halb scherzhafte Aussprache. Sie meint ich liebe sie nicht mehr. Ich werfe ihr ihre Indolenz vor. Sie pickt wieder an den Nägeln herum. Die Sache geht ihrem Ende entgegen.

Ringsum die Engländer in Schaukelstühlen. Pensionsmenschen ohne Leidenschaft, die scheinbar in Ollendorfsätzen konversieren.

Nach Tisch zusammen nach Blonay gefahren. Dann zu Fuß bergan, aber bald des heraufziehenden trüben Wetters wegen umgekehrt. Tee in einem Chalet. Zu Fuß zurück. Meine Blase belästigt mich. Wir verstehen uns nicht mehr. Ich lese ihr ein wenig aus Grimms Märchen vor, während sie im Bett liegt.

18. April.

Früh im Bett Blasenbeschwerden, was mich hindert, zu Friedel zu gehen. Verstimmung.

19. April

Da ich nicht weiß, was ich mit ihr anfangen soll, diktiere ich ihr ein bischen. Nachmittags bei schlechtem Wetter Besorgungen in der Stadt. Dann in ein Tea-room. Eine Stunde Bootfahrt auf dem See. Abends Grimms Märchen vorgelesen.

19. [?] April, Ostersonntag.

Eiskalt. Es schneit. Vormittags diktiert. Nach Tisch Spaziergang. Aussprache, daß sie so garnicht aus sich herausgeht, sich für nichts recht interessiert. Sie wird aber sehr lieb und nett.

20. April.

Diktiert. Nachmittags zu Fuß nach Montreux bei Schnee. Tearoom. Abends Zärtlichkeiten.

21. April.

Nachmittags bei Schnee nach Montreux. Mich treibt es fort von hier. Ich will sobald als möglich nach Spanien. Abends vorm schlafen reizt sie mich in ihrer gewohnten spielerischen Art und als ich sie umarmen will, sagt sie phlegmatisch: Ach nein. Dann verlangt sie, ich solle mich erst ausziehen und schließlich nach allen diesen Umständen und Reden hin und her ist mir vor Ärger die Lust vergangen. Ich springe auf und lasse sie meine Wut fühlen. Das ist so charakteristisch für sie. Mit allem nur spielen. Warum erregt sie mich erst, wenn sie selbst kein Bedürfnis nach einer Umarmung hat? Deutsche Temperamentlosigkeit.

22. April.

Die gestrige Szene wirkt nach. Wir sind zwar freundlich miteinander, aber sprechen nur wenig. Endlich schönes Wetter. Wir pakken. Morgenspaziergang. Um 2 nach Genf gefahren. Sie in ihre Pension, ich im Hotel dasselbe Zimmer wie im Herbst. Gehe in Reisebüreau wegen spanischer Reise. Treffe Friedel um ½ 8 Restaurant du Lac. Dann zusammen ins Casinotheater. Sehr lustiger Schwank. Sie entrüstet sich ein wenig über das, was sie Gemeinheit nennt, es gefällt ihr aber doch. Mir gefällt es auch, nur nenne ich es nicht Gemeinheit. Dann zusammen in eine Bar, wo mehrere ganz niedliche Kokotten. Musik. Auf dem Heimweg bunte Laternen in manchen Gassen. Abenteuerlich geheimnisvolle Reisestimmung.

23. April.

Den ganzen Tag Besorgungen. In Friedels Pension gegessen. Lauter Damen. Einige ganz nett. Eine alte nicht mehr zu reparierende Repetieruhr von Großpapa umgetauscht gegen eine neue. Bibliothek wegen Katharina II. Abends Pension. Tee bei Friedel, die immer langweiliger wird. Um 10 weg. Der Dämon, bei den bunten Lampen. Letzten Ranges.

24. April.

Nachmittags Bibliothek. Abends bei Friedel. Sie ist nicht unschuldig und nicht erfahren, nur etwas verdorben und dabei spießbürgerlich. Vielleicht ein deutscher Typus. Aber ein gutes

Tierchen, dem ich nicht weh tun möchte. Später Spaziergang Alleen außer der Stadt. Ein Kerl geht mir pfeifend nach. Ich: »Pardon Monsieur, est-ce que nous aurions par hasard le même chemin?« Das wirkt. »Oh je me promène seulement.« »Eh bien, Monsieur, promenez-vous!« Er geht seiner Wege. Den ganzen Tag Regen und Kälte.

25. April.

Regen. Ich besuche einen Freund des Dr. Kraft, Herrn Schmaus. Nachmittag Bibliothek. Dann Umzug in Friedels Pension. Abends bei ihr. Sie wird auch kühler.

26. April.

Sonntag. Herrlicher Tag. Mit Friedel in Ferney. Voltaires Schloß. Unterwegs kaufe ich ihr eine kleine Poterie. Sie macht sich im Laden die Hände staubig und putzt sie sich dann, als ob es ein Witz wäre, an meinem Rock ab. Solche Dinge sind doch endgiltiger als man glaubt. Auf dem Heimweg sprechen wir kaum. Abends mit einem Herrn Mens zusammen, dem Übersetzer Jensens. Dann zu Madame Adèle und in eine Bar. Er macht mir große Lust für Kopenhagen.

27. April.

Mit Friedel in den Kinematographen. Sie ist zu öde.

28. April.

Abends mit Mens in der Bar. Eine betrunkene lustige Französin. Flanelle in zwei Häusern.

29. April.

Ich repetiere spanische Grammatik. Nachmittags diktiere ich Friedel einen Aufsatz über Katharina. Dann zusammen in ein

Tee-room. Befürchtungen von Schwangerschaft, auf Grund verschiedener Anzeichen.

30. April.

Spanisch getrieben. Friedel diktiert. Abends zu Madame Adèle. Schlanke blonde Aachenerin, die etwas an Irene erinnert und sehr liebenswürdig ist.

1. Mai.

Um 1 Uhr Ludwig an der Bahn geholt, der einige Tage hier bleiben will. Abends mit Friedel im Casinotheater. Sehr lustig. Spät noch Ludwig im Café getroffen.

2. Mai.

Mit Ludwig Café du Nord auf dem Balkon zu Mittag gegessen. Im Café Couronne mit Mens und dem Baron Levetzow, mit dem er befreundet ist. Nachmittags der Dämon. Ich muß mir jemand durch eine falsche Verabredung vom Hals schaffen. Um 10 treffe ich Mens und Levetzow wieder im Café du Nord. Levetzow hat eine unangenehme Berliner Frau bei sich. Wir gehen in zwei beuglants. Dann ohne die Frau in mehrere kleine Häuser, wo die Nervosität des Nachmittags nachwirkt und ich mich in einer halben Erregung in ein ekelhaftes blondes Abenteuer einlasse. Treffe dann deprimiert die andern in der Bar. Um ½ 3 zu Haus.

3. Mai.

Gepackt. Nachmittags mit Friedel Spaziergang am See. Der erste heiße Sommertag. Abends mit ihr vor dem Café du Nord. Immer noch Befürchtungen wegen Schwangerschaft.

4. Mai.

Um 1 Uhr reisefertig. Der Omnibus da. Tränenausbruch Friedels, die noch immer nicht weiß, wie ihr Zustand ist. Ich lasse deshalb das Gepäck wieder herunternehmen und fahre an die Bahn, um Levetzow zu sagen, daß ich nicht mitfahren kann. Um 5 mit Friedel zum Tee, die mich noch lieber hat, als ich glaubte, was natürlich auch auf meine Gefühle zurückwirkt. Um 7 Uhr Herrn Schmaus in seiner Brasserie gesucht, um ihn zu fragen, wie man eine solche Sache hier in Genf in Ordnung bringt. Genf ist ja dafür eine berühmte Stadt. Er ist der rechte Mann dazu. Abends mit Friedel im Café.

5. Mai.

Eben um ½ 10 kommt sie, um mir zu sagen, daß alles in Ordnung ist. Also reise ich heute. Noch ein Spaziergang mit ihr. Auf dem Bahnhof Spektakel wegen des Gepäcks. Um 5 Uhr eine Stunde in dem sonnigen Lyon. Der Dämon. Um ½ 1 Uhr nachts in Marseille. Müde und verstimmt im Hôtel de Genève. Cannebière Café.

6. Mai.

Auf dem spanischen Dampfer Aragon. In Marseille vormittags bei verschiedenen Schiffsgesellschaften. Dann bei einer Negerin. Langweilig. Mittags bei Basso. Levetzow und Frau mit dessen früherer Wirtin, einer Arlesierin im Nationalkostüm. Austern usw. Café. Auf dem Pont trambordeur prachtvolle Aussicht. Unruhiges Meer. Um 5 mit Levetzow Café und Spaziergang. Dann ans Schiff. Traurige Dämmerung im Hafen. Um 8 Abfahrt. Etwas unruhig. Allein in der 1. Klasse. Nach Tisch auf dem Deck. Um 9 ins Bett. Bis 9 geschlafen.

Barcelona, 7. Mai.

Tagsüber auf dem Dampfer spanische Grammatik getrieben. Um 7 Uhr abends Barcelona. Die Douanebeamten sind nicht mehr da und wir dürfen unser Gepäck nicht vor morgen in die Stadt bringen. Ein Offizier erlaubt mir aber, wenigstens das Nötige für die Nacht mitzunehmen. In der Trambahn nach dem Hotel Falcon. Spaziergang auf der belebten Rambla. Prachtvoller südlicher Ankunftsabend. In der Maison dorée ganz gut gespeist. Dann im Variété de la gran Peña. Gute spanische und mäßige französische Tänzerinnen. Argonesischer Tanz. In vielen Gassen Mädchen in hellen Blusen an den Ecken. Hübsch, ländlich primitiv, wie in Neapel.

8. Mai.

Vormittags Pensionen angesehen. Paseo de Gracia. Catalanischer Volkstanz auf der Straße. Einige Flöten- und Violinspieler machen Musik, und einige zufällig Vorübergehende aus allen Ständen fassen sich an den Händen und tanzen Reigen. Sehr schön. Um 8 Uhr abends bei einer Engländerin Miss Bendir Pension genommen. Abend im Alcazar. Weniger gut als Peña. Mit einer französischen Kokotte un petit verre.

9. Mai.

Vormittags Barcelonetta. Im Falcon ganz gut gespeist. Um 6 Uhr eingezogen auf dem Paseo de Gracia 110. Vieles fehlt. Abendessen mit der Engländerin und einem jungen Mann. Abends Spaziergang über die Ronda und Paseo Colon. In eine letztklassige Gasse geraten. Dort ein Tanzlokal, wo brav und solid getanzt wird. Spät mit Trambahn heim.

Sonntag, 10 Mai.

Nachmittags Stiergefecht. Ein mexikanischer Millionär als Torero. Der Bürgermeister (Präsident) wird von der Menge puerco geschimpft, weil er aus Irrtum das Signal zum töten zu früh gibt, ehe der Stier genug Blut verloren hat und ungefährlich geworden ist.

11. Mai.

Mahlzeiten stets mit der Engländerin und dem jungen Mann in der Pension, er recht nett. Sie ein unangenehmer Charakter. Spinster. Mein Englisch geht wieder einigermaßen. Den ganzen Tag Leibschmerzen. Fürchte etwas Blinddarmreizung, da es schon am Abend vorher begann. Um 5 Besuch bei Joan Manén. Empfehlung durch Frau Löwenbrück. Ganz erschöpft nach Hause. Während des Essens wird mir besser. Abends Kinematograph.

12. Mai.

Abends 9 in der Oper. La Bohème. Ganz nett.

13. Mai.

Wieder an das Stück gegangen. Nachmittags Cathedrale mit dem Claustro unter grauem spanischem Himmel. Starker Eindruck, auch der umliegenden Gassen. Abends um 9 Manén abgeholt. Er schwärmt von Catalonien, will Nichts von Spanien wissen. Wir treffen einen Freund von ihm, und sie geben mir einige interessante Adressen. Schlechte Nacht. Die Darmbeschwerden trotz Calomel noch immer nicht behoben. Dazu auch Blasenbeschwerden, die sonst hier total verschwunden waren, wie seit Jahren nicht.

14. Mai.

Die Änderungen für das Stück beendet. In dem von Manén empfohlenen Haus. Pepita. Schwarz, typisch spanisch. Sofort probiert sie, ob ich zu den Dingen bereit bin, welche hier nur die Fremden tun, und ist dann sehr glücklich. Sie wird nuancenlos wild, dann aber sofort wieder ganz kühl, ohne jene dankbare Zärtlichkeit, die man bei uns findet. Abends am Parallelo in einem Volksvariété.

15. Mai.

Nachmittags auf Santa Maria del Mar. Der Dämon. Reiseplan geändert. Statt Valencia und Oran gehe ich nach Algier. Abends wieder solch ein Urinsturz wie gestern mit leichten Blasenbeschwerden. Blos ins Café gegangen. Frankfurter Zeitung.

16. Mai.

Den ganzen Nachmittag und Abend der Dämon. Besonders in dem Vorort Grazia.

17. Mai.

Sonntag Nachmittag auf den Tibidado gefahren. Prachtvolle italienische Mittelmeerlandschaft. Zu Fuß hinunter. Abends wie gewöhnlich im Café.

18. Mai.

Vormittags wieder Blasenbeschwerden. Ein altes Fräulein zum Diktieren gefunden. Eine gestrandete Deutsche.

19. Mai.

Im Café miserabel geluncht, dann Eisenbahn nach Monistrol. Zahnradbahn auf den Montserrat. Zimmer im Kloster. Spaziergang am Abend nach Degotal und Sta. Cecilia. Prachtvoller Blick in die Ebene. Unterwegs die ganze Planetengeschichte entworfen. In der Fonda ziemlich trübselig zu Abend gespeist. Vorher noch in der Kirche Messe im Dunkeln, aber kerzenheller Altar. Der Hof wie von einem Großstadtmiethaus, mit dürftigen Balkons an allen Fensterlöchern. Nach Tisch ein Bischen herumgebummelt. Ziemlich kühl. Früh zu Bett.

20. Mai.

Vormittags auf die Spitze St. Jeronimo gegangen, zweimal in glühender Hitze irrgegangen, sodaß ich 4 Stunden statt 2 brauchte. Aussicht in der Ferne beschränkt, aber schon in der Nähe mit den merkwürdigen Bergformen und der öden Ebene wundervoll. Oben kleine Wirtschaft. Sehr freundliche Leute. Eier, Tomatensalat, Kaffee, was mich schnell von meiner enormen Erschöpfung heilt. In einer Stunde hinunter. Fahrt zurück. Abends in der Maison dorée gut gespeist. Dann im Café Zeitungen nachgeholt.

21. Mai.

Wieder Blasenbeschwerden. Abends Teatro Soriano. Variété fürs Volk. Der beste Platz kostet 40 centimes, aber so ausgezeichnet, wie ich kaum jemals ein Variété sah.

22. Mai.

Die »Planeten« begonnen. Nachmittags in demselben Haus wie neulich. Während ich auf Pepita warte, unterhält mich ein Mädchen aus Valencia. Ich ziehe sie vor und verschwinde mit ihr. Erst eine halbe Stunde spanische Konversation, mit den üblichen Komplimenten: »Usted me gusta mucho.« »Tambien Usted a me es muy simpatico.« Sie ist sehr mager und durch dieselben Künste wie Pepita stark in Vibration zu bringen. Abends wie häufig jetzt in einem schlechten Kinematograph.

23. Mai.

Nachmittags auf den Colonturm. Es ist wieder ganz kalt geworden.

Sonntag, 24. Mai.

Nachmittags bei San Pablo umhergeirrt. Vom Dämon getrieben. Parallelo. Schließlich Calle Ospedal, eine ziemlich korpulente Frau namens Nieves. Zufrieden nach Haus.

25. Mai.

Vormittags immer an den »Planeten«, abends immer im Café und Kinematograph. Nachmittags in Montjuïc, über steinige Wege zum Friedhof. Kleines Wirtshaus, Käse und Wein. Reizender Moment. Das Mädchen holt den Sereno, d. h. den Nachtwächter, der mich noch nach Sonnenuntergang durch den Friedhof führt. In der Tram zurück. Abends Café.

26. Mai.

Nachmittags nach Barcelonetta. Unglaubliche, sonnige Buntheit am Hafen. Fischer mit blauen und roten Fischen. Netzestrickerinnen. Zahllose gereffte Segel. Abends mit dem jungen Engländer der Pension in die Gran Peña. Er sagt mir, daß er noch jungfräulich ist und will viele Aufklärungen haben. In der Peña 4 deutsche Tänzerinnen. Nach all dem gepfefferten, spanischen Gemüse wie ein Stückchen sauber gebratenes Fleisch wirkend. Ein Bischen steif und zu ernst. Eigentlich nicht hierher gehörig, wie die »Gipsgruppe« in Paris. Und dann rührend. Ich lese zuhaus Edgar Poe und Balzac, »la Fille aux Yeux d'Or«.

27. Mai.

Kann für die Überfahrt nach Mallorca keine Kabine allein haben, warte also 24 Stunden. Noch einmal zu Pepita wie neulich.

28. Mai.

Himmelfahrtstag. Um 6 Uhr bei Sonnenuntergang Abfahrt auf dem sehr hübschen Schiff Miramare. Ganz gut gegessen, mit einem französischen Kaufmann bis 11 Uhr geplaudert. Kabine allein. Spätere Randbemerkung: Als ich diese Aufzeichnungen wieder durchlas, war ich ganz erstaunt über das viele Unangenehme, das mir dort in Barcelona begegnet ist, denn in der Erinnerung war es mir eine Zeit sehr reichen und angenehmen Lebens geworden.

29. Mai.

Früh 5 Uhr Ankunft in Palma. Bis 8 geschlafen auf dem Dampfer. Dann ins Grand Hotel. Schweizer Geschäftsführer. Miete mich für mindestens 8 Tage ein. Auf der Post Nichts von dem vielen Erwarteten. Nur die miserabeln Bücher eines Mannes namens Grünstein, der mich in der letzten Zeit mit Briefen belagerte. Ich lese darin bis zum Mittagessen. Schlechtes Zeug. Nachmittags Besuch beim deutschen Konsul Alfred Müller. Sehr nett. Kaufmann. Offenbar froh, wenn Jemand aus Europa kommt. Wir fahren zusammen nach Porto Pi, wohin er zu einer Beerdigung muß, und wo ich mir die Seebäder ansehe. Um 7 mit ihm in den Klub. Circolo Mallorquin. Wir sitzen bis 9. Abendessen im Hotel.

30. Mai.

Weiter an den »Planeten« gearbeitet. Schwerer, luftloser Sciroccotag. Nachmittags sehr unvollkommenes Seebad in der miserabeln Anstalt in Porto Pi. Dann eine angenehme Stunde in den Felsen am Meer. Nach dem Essen mit dem Konsul im Kinema, dann mit ihm im Café. Vorübergehende Blasenindisposition am Abend. Sehr nervös.

31. Mai.

2. Seebad. Es ist Sonntag. Nachmittags ½ 4 holt mich der Konsul zum Stiergefecht. Eine Novillada. Nichts könnende Toreros mit zu jungen, nicht angreifenden Stieren, eine rohe Metzgerei.

Aber wundervolle Farben. Bedeckter Himmel. Hie und da die Sonne. Um 6 führt mich der Konsul durch die interessanten Gassen mit den bunten Laternen. Nach dem Abendessen mit dem Konsul wieder im Café, wo sich ein junger Deutscher einfach zu uns setzt, weil er den Konsul als Deutschen erkennt. Später erzählt mir der Konsul eine lange Liebesgeschichte, die er hier hatte, und die sich daran zerschlug, daß er Protestant ist. Sie starb später am Typhus.

1. Juni.

Bei den bunten Laternen hintereinander 2 ganz nette Abenteuer. Antonia, Franziska. 3. Seebad. Abends mit dem Konsul auf dem Borne und im Café.

2. Juni.

Um 5 aufgestanden. Mit dem Hotelbesitzer nach Valdemossa gefahren, das Kloster, wo Georges Sand und Chopin lebten. Dann nach dem Schloß Miramare des Erzherzogs Salvator. Rivieralandschaft. Bedeckter Himmel. Dann zu Fuß in circa 3 Stunden nach Soller. Nach dem Essen im Wagen zurück. Abends wieder mit dem Konsul zusammen. Im Variété deutsche Trapezkünstlerinnen. Wir sitzen ihnen dann im Café gegenüber. Ohne Erfolg. Gehe ihnen dann nach, um ihre Wohnung zu finden. Alle Spanier sind hinter diesen blonden Mädchen her.

3. Juni.

Um 5 mit den Konsul bei einer spanischen Familie namens de Assunción, die ein prachtvolles Haus vermieten wollen. Dann Glas und Anderes für die von Alfred verlangten Käfer besorgt. Abends auf dem Borne. Im Café mit dem Konsul wieder die deutschen Mädchen, die schon etwas zugänglicher sind, oft lächeln und grüßen.

4. Juni.

4. Seebad mit einem Sonnenbad. Um ½ 5 bei der Wittwe Assunción. Die Wohnung eignet sich vielleicht für Meier-Graefe. Dann wieder zu den Laternen. Nettes Abenteuer. Schließlich gefällt mir in einem Haus die Besitzerin selbst. Weigert sich aber, schließlich Rendez-vous auf Mitternacht, wenn der Mann fort ist. Dann die Kathedrale besichtigt. Spaziergang auf den Wällen. Abends mit dem Konsul Spaziergang auf dem Borne und im Café. Dann zu jener Frau zurück. Finde sie in ungeheurer Erregung. Der Marito ist fort. Er würde sie totschlagen, wenn er wüßte, was sie tut. Auch sie kennt die Künste der Fremden noch nicht und behauptet nachher, sie habe geglaubt, verrückt zu werden.

5. Juni.

Habe zum Diktieren einen deutschen Oberkellner. Außer Stellung. Nachmittags prachtvoller Spaziergang auf das alte aragonesische Königsschloß Bellver. Abends mit dem Konsul auf dem Borne, dann im Café.

6. Juni.

Regenwetter. Nachmittags den Konsul ans Schiff gebracht der nach Barcelona reisen muß. Ich abends allein. In einem Volkskinematographen. Sehr gut. Dann auf einem Platz plötzliche Begegnung: der Dämon. Um Mitternacht wieder zu jener Frau. Wieder sehr befriedigt.

7. Juni.

Sonntag. Pfingsten. Nachmittags mit der Tram nach Porto Pi, in hartem, klarem Licht nach Cas Català und zurück. Unterwegs dürftige Pfingstprozession. Im Hotel ein Herr Vitzthum, der sich später als ein Graf Vitzthum herausstellt, Reisender für Baedeker. Netter, kluger Berliner. Zusammen ins Café. Giebt mir wichtige Auskünfte über Algier.

8. Juni.

Im Klub nach Litteratur über Mallorca gesucht. Vergeblich. Schöner Abendspaziergang auf der Stadtmauer. Italienische Dirne. Nach dem Essen unter den Bäumen hinter der Kathedrale der Dämon. Später mit Vitzthum im Café.

9. Juni.

Um 7 Uhr mit Vitzthum nach Manacor gefahren. Wagen nach den Grotten von Drach. Dort Mittagessen, dann in den nicht übermäßig interessanten Grotten. Per Bahn zurück. Vitzthum erzählt viel von Centralafrika, wo er 12 Jahre gelebt hat.

10. Juni.

Nachmittags Spaziergang nach Bendinat. Südlicher Park in Spätnachmittagsbeleuchtung. Der Gärtner zeigt mir das Schloß. Schöne Räume mit dürftiger Einrichtung. Auf dem Weg Entschluß, im Herbst nach Berlin zu ziehen. Mittags 5. Seebad und 2. Sonnenbad. Entrüstung einer Frau, die mit einer Andern und 2 Männern dicht herankommt und mich haranguiert. Später, als sie erfahren, wer ich bin, und daß mir der Besitzer Don Gabriel die Erlaubnis gegeben hat, entschuldigen sie sich auf das Liebenswürdigste und fragen mich, ob ich mit ihnen essen will.

11. Juni.

Um 5 Uhr nachmittags auf dem Dampfer Miramare Abfahrt in prachtvoller Abendbeleuchtung. Die spanische Gesellschaft, die ich mit Vitzthum neulich in den Grotten getroffen habe. Wir befreunden uns. Reizende Leute. Valencianer. Einer der mexikanische Konsul, der Andere Anwalt. 2 Brüder mit ihren Frauen. Die Eine, die in einem Estato interessante ist, verschwindet bald; die Andere reizend. Wir essen zusammen. Ich bin dann noch bis ½ 12 mit dem Konsul, und wir sprechen über spanische und andere Frauen. Ich habe den Eindruck einer unglaublich gutmütigen, harmlosen Art zu leben, fern von allem modernen Fortschritt und Ehrgeiz, aber mit beispielloser Grazie. Ich fange an, Spanien liebzugewinnen.

Algier, 12. Juni.

Auf dem Dampfer gut geschlafen, um ½ 10 an Land. Wohnung im Hôtel Oriental. Einziger Gast. Prachtvoller Garten. Schweizer Besitzerin. Beim Fischmarkt mittelmäßig gegessen. Nachmittags ins arabische Viertel. In einige blau getünchte Häuser gegangen. »Weiber in Hurenschmuck« liegen am Boden. Ich begnüge mich mit Schauen. Alles letzten Ranges. Überall fabelhafte Buntheit. Dann nach Haus und ausgepackt. Gut diniert. Dann 2 Stunden in der Stadt gebummelt, ein maurisches Bad genommen. Arabische Massage. Der Dämon. Noch ins Café und dann müde nach Hause.

13. Juni.

Ich habe zum Diktieren das Faktotum des deutschen Konsuls, der nachmittags zu mir kommt. Spaziergang nach Mustafa Supérieur. Abends in die Stadt. Café.

Sonntag, 14. Juni.

Um 6,20 Uhr morgens abgefahren. In der Bahn noch in einem Coupé 1. Klasse allein geschlafen. Um ½ 11 in Tizi-Ouzou. Im Hotel gegessen und dann mit der Diligence nach Fort National. Ein kabylischer Kutscher, der mir gleich erklärt, was für famose Kerle die Kabylen sind, während die Araber nichts taugen. Dann ein anderer Kabyle in Turban und Burnus, rothaarig wie ein Gallier. Ein Dritter, europäisch gekleidet, Produkt irgend einer levantinischen Bettelunzucht, niedrige Stirn, ererbte Angstfurchen. Tiefliegende, mißtrauische Augen, eine verstümmelte Nase, wie ein Witz eines karikierenden Bildhauers. Olivengrüner Teint und starkknochig. Dabei ein Spritzer jüdischer oder levantinischer

Intelligenz. Schwarze Krallen. Behauptet, er sei Employé d'Administration, heißt Assi und will mir maurische Häuser zeigen, Kupplerinnen verschaffen und dergleichen. Auf einer Halte bezahlt er mir den Kaffee und verpflichtet mich damit zu weiteren Beziehungen. Die Landschaft wird großartig, die wilde Djurdjurukette des Atlas. Feigen. Kabylische Dörfer auf Hügeln. Die Männer alle in Lumpen aus Sackleinwand. Das ist hier aus dem arabischen Burnus geworden. Frauen braun, schön, unverschleiert. Auf der Stirn tätowiert, in bunten Lumpen. Assi nennt die Araber »joueurs« und »sauvages«. Wir sprechen von Politik, besonders von Marocco. Große Sympathie der Leute für Moulay Hafiz. Um ½ 6 auf dem Fort. Militärisch, öd, rectangulaire. Erträgliches Hotel mit freundlichem Wirt. Oben auf der Citadelle Sonnenuntergang. Dann allein in ein Kabylendorf, wo die Häuser nicht höher sind, als die Menschen. Die Männer in Sacklumpen, die Frauen teilweise Schönheiten. Ein Haufen wie italienische Jungen, reizende Ragazzi, die nicht betteln und erst dann zudringlich werden, als ich ihnen von selbst Sous gegeben habe. Gutes Diner im Hotel. Dann in der Soldatenkneipe, wo sich die Zouaven im Sonntagsrausch produzieren. Assi kommt, ich lade ihn zum Kaffe ein.

Ich fühle mich nun, schon seit den letzten Tagen in Palma gesundheitlich so wohl, wie ich mich garnicht entsinnen kann, mich je gefühlt zu haben. Und damit ist Nervosität, Verstimmung, Melancholie, Alles verschwunden. Dies Alles nur Folgen meiner in den letzten Jahren stets fühlbaren Blasenindisposition. Wenn es nur im Herbst in der deutschen Feuchte nicht wieder losgeht!

15. Juni.

In der Nacht Wanzen. 8 ¼ Aufbruch mit 2 Maultieren, einem alten Kabylen und seinem 14jährigen Sohn. Scirocco. Zu dem Kabylendorf Taourirt-Amokran. Bei den Topfmachern, den Burnuswebern, in leeren Häusern. Antike Ölkrüge mit plastischen Ornamenten geschmückt. Hohe, ofenähnliche Gefäße, um Feigen und Korn aufzubewahren. Ein Loch zum Schlafen, darunter Höhle fürs Vieh. Überall spinnende Frauen mit der Kunkel. Betende Marabouts mit Rosenkränzen. Ein jammervolles, leeres Gemäuer mit Turm: die Moschee. Später in einem Dorf vom Stamme der Beni Jenni. Beim Bijoutier kaufe ich 2 Agraffen, wie sie die Frauen auf der Stirn tragen, wenn sie einen Sohn haben. Langes Handeln von 18 Frcs. auf 9. Ritt ins Tal. Rosa Oleander in der grauen Sciroccoluft. Diese Stunde der Höhepunkt des passiven Träumens und Naturgenießens, während die Glieder müde, der Geist eingeschläfert ist, und das Maultier regelmäßig trottet. Die Führer singen. In Michelet übernachtet. Kurze, unangenehme Auseinandersetzung mit dem Treiber. Großes Zimmer. Die Wirtin eine schmutzige Schweizerin aus Lugano. Todmüde. Scirocco.

16. Juni.

In der Nacht von ½ 10 bis 5 Uhr morgens geschlafen. Wie seit meiner Kindheit nicht. Sehr frisch aufgewacht. Regen und Nebel. Wir reiten durch dichten, kalten Nebel, aber vor dem Col de Tirourda wird es auf eine halbe Stunde klar, und ich sehe die ungeheure, kahle Berglandschaft. Oben kleines Frühstück. Jenseits des Col wieder eine Viertelstunde dichter Nebel. Milchweiß im Tal, oben sich lösend. Die Bergspitzen ragen darüber hinaus. Dann plötzlich Sonne. Blick in das öde Tal und jenseits in liebliches, blaues Bergland. Es wird heiß. Der Abstieg durch Geröll sehr beschwerlich. Um 12 in Tazmalt, miserables Restaurant. Heftiger Wind durch Eucalyptusbäume. Allein in der ersten Klasse, ich schlafe zwei Stunden fest, dann ebenso lange Lektüre in dem spanischen Roman Sangre y Arena. Um ½ 8 in Algier. Esse in der Brasserie Felix. Kus-Kus. Ausgezeichnet. Viele französische Kokotten. Kaufe mir eine Pfeife. Müde und zufrieden durch die Straßen. Um ½ 10 ins Hotel Oriental zurück.

17. Juni, Mittwoch.

Ein miserabler Tag voll Ärger und Nervosität. Fast den ganzen Vormittag auf der Post verloren mit allerlei Chikanen. Dann schnell 6. Seebad. Nachmittag Assi nicht im Café, der mir hier doch manches zeigen wollte. Der Chasseur des Cafés führt mich in ein Haus von eingeborenen Frauen, mit falschem orientalischem Prunk, auf Fremdenausbeutung berechnet. Ich gehe in feeta re… Abends in dem dürftigen Kursaal.

18. Juni.

Spaziergang zum Jardin d'Essay, wo prachtvolles tropisches Baummaterial talentlos verwendet ist. Auf langem schönem Umweg zurück. Abends matt im Café. Ein Fremdenführer versichert mir, daß das Haus wo ich gestern war, das erste derart in Algier ist. Führt mich nochmals hin. Ich wähle eine hübsche aber langweilige fünfzehnjährige Kabylin. Klein, zart, braun, rasirt.

19. Juni.

Den Anfang der italienischen Übersetzung meines Buches über Frankreich durchgesehen. Gut. Nachmittags in der Bibliothek. Dann in Moscheen, wo die Leute lesend und studierend herumliegen. Auf großem Umweg über die Kasbah zurück. Abends um ½ 10 maurisches Bad. Versuch des jungen Arabers von neulich. Unbequem. Es kommen zwei andere, die er überwacht. Eifersucht? Um ½ 12 unbefriedigt nach Haus.

20. Juni.

»Planeten« wieder vorgenommen, vieles scheint mir gelungen. Ich lasse mich auf einem Spaziergang von einem Araberjungen führen. Erst Abderrhamanmoschee. Viele kleine Gemächer im Garten am Bergabhang. Arabisches Haus, wo im Patio eine Hochzeit vorbereitet wird. Kus-Kus. Verschleierte Frauen. Auf dem Dach Blick über zahlreiche Häuser mit Frauen. Dann im marokkanischen Café. In offener heller, blauer Gasse Reihen von dunkelbraunen Tschibukrauchern. Die Treppen hinauf. Wir trinken sehr gewürzten Tee. Dann in ein arabisches Bordell. Dumpf und dürftig. Nur die sich hinter einem Gazevorhang entkleidende patronne übt etwas Reiz aus. Dann allein außerhalb der Befestigungen gegen Sonnenuntergang nach Haus. Abends um 9 im deutschen Verein. Im einzelnen ganz nette aber subalterne Leute. Als Gesamtheit fürchterlich. Geschrei, Leberwurst und Chorgesang. Besonders als Mittelpunkt fühlt sich ein rüder blonder, hemdärmeliger Maler aus Montabauer.

Sonntag, 21. Juni.

Bei den Laternen. Arabisch. Kaffee, während nebenan in einem Gelaß mehrere Araber sich mit einer Frau vergnügen. Das Mädchen liebenswürdig und nuancenlos. Hübscher Körper. Dann Spaziergang über El Bikr nach der Colonne Voirol.

22. Juni.

»Planeten« nun im ersten Entwurf fertig. Nachmittags prachtvoller Spaziergang über die Corniche. Rue porte nueve. Dort eine braune junge Maureskin. Intra mamillas. Wundervoller Körper, sonst dumm. In der Geldsache taktvoll. Dann in der Bibliothek. Auf der Galerie im Patio im Freien Cervantes »Beschreibung von Algier« gelesen.

23. Juni.

Nachmittags kommt immer von 2–4 der Konsulatssekretär zum Diktat. Dann wieder Bibliothek. Abends Brief von Barnowsky. Immer noch Umarbeitungen notwendig. Etwas erkältet.

25. Juni.

Im 4. Akt des Stückes den Zwischenvorhang beseitigt. Nachmittags um 3 zu Fuß über Bouzaréah, El Biar. Abends in dem ganz wilden Viertel. Spanisch, französisch, arabisch. Ziemlich wüst.

26. Juni.

Konsul Müller aus Palma auf 8 Stunden hier. Ich lade ihn zum Mittagessen ein, führe ihn durch die maurische Stadt. Moscheen usw. Um 5 nachmittags reist er wieder ab.

Sonntag, 27. Juni.

Um 10 Uhr Eisenbahn nach Blida. Dort das Araberviertel gesehen, in der Mittagsglut. Buntgekleidete Huren vor weißen niedrigen Häusern. Um 2 Uhr nachmittag Ritt durch öde Flußbetten mit blühenden Oleander nach den Gorges de la Chiffa. Nicht bedeutend. Von den Affen nichts zu sehen. Zug zurück. Speisewagen. Um 10 in Algier. In einer französischen Maison. Mäßig.

29. Juni.

Auch den 3. Akt des Stückes konzentriert.

30. Juni.

Nachmittags nach dem Diktat Seebad. Abends maurisches Bad. Nachmittags immer wieder in der entzückenden Bibliothek Literatur über Algier gelesen. Abends nach Tisch kommt das Zimmermädchen Lucie in mein Zimmer und bringt mir meine Thermosflasche, die sie zerbrochen hat. Sie bleibt dann im Zimmer. Längeres Gespräch. Jammert, sie würde alt etc., worauf ich ihr natürlich sagen muß: »Mais je ne vous trouve pas vieille du tout.«

2. Juli.

8. Seebad. Lucie setzt ihre Koketterien fort, läßt z. B. ihre Zimmertür neben mir offen stehen, während sie sich auszieht.

3. Juli.

Nachmittags Spaziergang nach Birmandreis und Birkhaden. Zurück durch die Vallée de la Femme sauvage.

4. Juli.

Gepackt, Besorgungen. 9. Seebad. Vorher bei einer niedlichen Kabylin. Abends im deutschen Klub. Klavier gespielt und dadurch sehr in Stimmung gekommen. Italienische und Tiroler Lieder.

Sonntag, 5. Juli.

7 Uhr früh Abfahrt auf dem Lloyddampfer Bülow. Chinesische Diener, japanische Ammen. Deutsche Militärmusik. Zum ersten Frühstück neben dem schönsten Mädchen des Schiffes, Algérienne in dritter Generation. Etwas spanischer Typus. Sehr intelligent. Bis zum zweiten Frühstück geschlafen. Nachmittags mit einem jungen deutschen Exporteur aus Safi (in Marokko) promeniert. Abends Frack. Nach dem Diner mit der jungen Schönheit, die Juliette Narbonne heißt. Sie ist mit ihrer Schwester und einer englischen Freundin. Sehr angenehmes Trio. Sie singt ein wenig Gluck. Unfertige aber sympathische Stimme. Ein Ausnahmegeschöpf, das von ihrer Umgebung für etwas »folle« gehalten wird. Bis 11 im Wind auf Deck. Gespräch über Astrologie und die Planeten.

6. Juli.

Vormittag mit den drei Mädchen zusammen. Graphologie. Um ½ 1 in Gibraltar. Dort trauriger Abschied. Nach dem Lunch durch die englische Provinzstadt, dann zu Fuß um den Felsen bis zur Affengrotte: Kasernen, Befestigungen, kleine behagliche Landhäuser, Tennisplätze, Criquet, Missionsgesellschaften, christliche Asyle und andere Einrichtungen, wo die zum totschießen hier versammelten Soldaten überredet werden, daß sie nicht etwa da totschießen, wo sie nicht sollen. Durch die Alameda der Stadt. 10. Seebad. Fahrt nach Catalan Bay. Nach dem Essen mit einem Deutsch-Amerikaner nach dem spanischen Städtchen Linea gefahren, wo eine Feria ist. Mit ganz geringen Mitteln, bunt umhüllten elektrischen Lampen u. ähnlichem eine fabelhafte Beleuchtungswirkung. In einem kleinen Café Flamencotänze. Zwei Töchter des Hauses, niedliche Valencianerinnen an unserm Tisch. Dann führt uns ein Individuum durch mehrere miserable Häuser.

7. Juli.

Zerschlagen aufgewacht. Um 11 Dampfer der Blaudlinie, bei ziemlich bewegtem Meer nach Tanger gefahren. Der Deutsch-Amerikaner, der russische Gesandtschaftssekretär und der junge Mann aus Safi mit mir. Um 3 Uhr Ankunft. Finde viel Post. Um 5 Uhr zu unserem Gesandten Dr. Rosen, an den ich von Fräulein v. Bunsen empfohlen bin. Tee im Park. Er ist sehr klug. Ursprünglich Orientalist. Dann langer Spaziergang in der Abendsonne. Auf dem Marchand eine Mahalla mit Zelten, wie die Kasbah. Zwei Gefängnisse, wo in hohem Gewölbe die Verbrecher zusammenhocken. Sehr malerisch. Stadtaussicht. Durch eine spanische Dirnengasse. Apéritif mit dem Amerikaner auf dem belebten Socco. Abends mit einem Führer in ein arabisches Tanzlokal. Viele Schwarze und Mulatten. Die Rasse verschwindet hier aber ganz, spielt hier keine Rolle, Alles verschwindet unter dem Glauben. Die Tänzerin will zuerst nicht tanzen und läßt sich lange bitten. Sie ist eine Araberin, die ein jetzt verarmter Jude seinerzeit aus Fez entführt hat, die dort als seine Geliebte fast getötet worden wäre. Dann zu einer alten Jüdin, wo eine Junge Bauchtanz tanzt (miserabel) und zwar nackt. Der Amerikaner bleibt einen Augenblick mit ihr. Dann in ein andalusisches Tanzlokal. Sehr gut. Tango. Malaguenas usw. Gegen Mitternacht noch ein wenig an den Strand. Nachts furchtbarer Lärm in den Straßen. Ich habe einen Hitzeausschlag, der aber gegen Morgen besser wurde.

8. Juli.

11. Seebad. Nachmittags auf einem Maultier nach dem Cap Spartel. Kahle aber schöne Hügellandschaft. Netter junger Führer. Erzählt Details über die arabische Beschneidung und das Rasieren. Zurück durch die Abendsonne. Abends jüdisches Variété und einige andere Lokale.

9. Juli.

Markt. 12. Seebad. Um 5 zum Gesandten. Hübsche Teeplauderstunde. Dann Spaziergang außer den Toren. Durch ein Dorf, das in einem Irrgarten von Cacteen und Aloes verborgen ist. Dann an der Mauer entlang über dem Meer. Abends im Hotel mit den deutschen jungen Leuten. Ein unbehagliches Kaufmannshotel. Und dabei gibt es andere mit Gärten und Aussicht aufs Meer. Ich habe es schlecht getroffen.

10. Juli.

13. Seebad. Nachmittags Ritt nach Suani. Unterwegs Störche. Abends kleines Abenteuer. Dann im Hôtel Continental Zeitungen gelesen.

11. Juli.

Gepackt. Beim Bankier Moses Nahum im Privathaus, da des Samstags wegen das Geschäft zu ist. Reiche geschmackvolle Eleganz. Maurisch, aber eher wie man in Europa maurische Einrichtungen macht. Er führt mich zu einem christlichen Bankier und empfiehlt mich ihm, da er, an den ich einen Kreditbrief habe, am Samstag keine Auszahlungen macht. Um 2 auf das englische Schiff, mit dem Hamburger Kaufmann und dem Badenser aus Safi. Kabine allein. Trotz ruhigem Meer bewegt sich das Schiff stark. Nicht ganz behaglich. Beim Diner unter einer schottischen öden Gesellschaft. Gut geschlafen.

Casablanca 12. Juli.

Als ich erwache liegen wir vor Casablanca. Vormittags ein wenig an meinem Stück gearbeitet. Nach dem Lunch bei ziemlich bewegter See an Land gefahren. Mit dem Badenser. Dort alles in gelbem Staub. Die Lastträger in ihren sackleinenen Lappen, die Säcke, die Kamele, die Esel, die Lämmer, alles ist gelb. Die Stadt bodenlos schmutzig. Ins französische Lager. Baracken. Pferde, Kantinen. Ein Gärtchen wird vor einer Baracke angelegt. Zwei französische Dirnen. Dann durch die Magazine: Kamele und Säcke. Bei sehr schlechter See zurück. Aber ich habe mich daran gewöhnt. Abends langweilig. Eine Engländerin singt. Um 10 zu Bett.

13. Juli.

Noch immer vor Casablanca. Etwas an den »Planeten« gearbeitet. Mit einem holländischen Juden namens Spier und einem amerikanischen Konsularinspektor etwas angefreundet.

14. Juli.

Vor Mazagan. Mit der ganzen englischen Gesellschaft hinübergerudert. Dann allein mit dem Holländer. Französische Schule der Alliance française. Maurische Schule und jüdische Schule. Ein Stückchen faules Fleisch und eine Kopfwunde eines Knaben als Fliegenableiter. Dann nach Azemmour geritten. Durch vollkommene Öde. Kamele treiben hie und da Wassermühlen. Die Stadt schön weiß im Grünen. Marabouts. Zwei schlafende Wächter mit

Flinten am Tor. Kein Europäer. In der Muella in einem jüdischen Hause Rast. Schöne verblühende Besitzerin in zerschlissenem goldgesticktem Kleid. Französischer Unteroffizier. Café. Alte Juden. Hübsche Mädchen. Dann zum Fluß. Jenseits die Zelte des französischen Lagers. Zurückgeritten. Scharfer Trab. Große Schlacht mit den Führern wegen der Bezahlung im Boot. Gerade zum Diner recht an Bord gekommen. Abends mit einem deutschen Matrosen, der englischer Steuermann werden will unterhalten. Er ist aus Magdeburg. Netter Kerl. Sehr unruhige See. Aber keine Spur von Übelkeit. Die Führer erscheinen noch einmal und verlangen ein Zeugnis. Ich schreibe ihnen auf deutsch in ihr Zeugnisbuch, daß sie Schurken sind und warne alle Landsleute vor ihnen. Sie verstehen es nicht und bedanken sich sehr höflich.

15. Juli.

Vor Safi aufgewacht. Es werden von Einheimischen Chamäleons angeboten. Wir können nicht ans Land, weil die Flut zu stark ist. Den ganzen Tag vor Safi gelegen. An den »Planeten« gearbeitet. Abends mit dem jungen deutschen Steuermann auf dem Brükkendeck, der Weibergeschichten aus der ganzen Welt erzählt, vom weißen Meer bis zum Cap Horn. Absolute Amoralität, die im Seemannsberufe steckt, dem einzigen Stand, wo die Sexualität als Tatsache offen ins Auge gefaßt wird wie Essen und Trinken.

16. Juli.

Vor Mogador. Ans Land gerudert. Auf der deutschen Post gibt man mir einen 18jährigen Juden mit, der gut französisch kann. Er führt mich herum. Zeigt mir Moscheen, ein Verbrecherasyl, wohin die Schuldner flüchten, und wo sie nicht gefaßt werden dürfen. Man läßt sie dort aushungern. Führt mich in einige jüdische Bordelle. Eine Mahalla von ca. 2500 Leuten mit ihren Zelten vor dem Stadttor im Sand. Sehe mir verschiedene jüdische Häuser an.

Seebad. Mittagessen im französischen Restaurant. Dann zum italienischen Konsul Lumbroso, wo ich den Holländer und einen englischen Juden vom Schiff treffen soll. Familienmittagessen. Lumbroso Jude aus Livorno. Die Frau Jüdin aus Mogador. Zahllose Kinder, die alle Sprachen sprechen. Dann führt uns der Konsul herum. Kühler Wind. Blutrot gekleidete Soldaten vor den weißen Häusern. Juden im Kaftan und schwarzen Mützen. Um 5 auf das Schiff. Rechtzeitig zum Tee. Noch etwas an den »Planeten« gearbeitet.

17. Juli.

Auf hoher See. Seekrank. Das erste Frühstück sofort wieder von mir gegeben. Den ganzen Tag unbehaglich, dennoch die »Planeten« korrigiert. Ein Buch über Marokko gelesen. Mich etwas mit dem amerikanischen Konsul angefreundet. Abends wieder der deutsche Steuermann.

18. Juli.

Nach dem ersten Frühstück in Santa Cruz de Tenerife angekommen. Alle Hôtels abgelaufen und dann im Hotel Battenberg Zimmer genommen. Lunch noch einmal an Bord. Abschied vom Steuermann. Mit dem Hôtelier ins Hotel. Langes Warten auf das Gepäck. Schwierigkeiten bei der Zimmerwahl. Schließlich Eckzimmer nach Norden. Eigentlich zu teuer, aber das einzige, das kühl ist. Ich versöhne das anfangs über die viele Mühe knurrende Zimmermädchen schnell durch eine Peseta. Sie stellt sich als Deutsch-Schweizerin heraus. Ganz nett. Mäßiges Seebad im Hafen. Zu Haus entdecke ich, daß der amerikanische Konsul oder vielmehr Konsularinspektor mein Zimmernachbar ist. Wir speisen zusammen. Auf dem Schiff hat man seinen Scherz ernst genommen, er hätte in Mogador eine Sklavin gekauft, und ein alter englischer Philanthrop wollte ihn bereits bei der amerikanischen Botschaft in London deshalb anzeigen. Abends allein in die ganz stille aber sympathische Stadt. Café Belge.

Sonntag, 19. Juli.

Ich habe mit dem Amerikaner einen kleinen Tisch bei den Mahlzeiten allein. Um ½ 5 mit ihm, dem französischen Wirt und einem Magdeburger Gymnasialprofessor beim Stiergefecht. Mäßige Novillada. Dann mit dem Konsul ein wenig auf die Hügel hinauf. Er war früher ein eifriger New thinker. Erzählt sehr witzig, hat auch offenbar ziemlich viel gelebt, hält sich aber heute mit 37 Jahren für alt. Nach Tisch mit dem Professor in die Stadt. Café Belge. Bei einem Konzert in einem Park »le beau monde«. Dann im Parque recreativo. Eine Zarzuela. Nachts furchtbarer Sturm. Der Amerikaner kommt noch eine halbe Stunde im Pyjama zu mir, fürchtet, das Haus könne einstürzen. Die ganze Nacht Sturm, der aus Westindien kommt.

20. Juli.

Vormittags nach einem Sekretär gesucht, und in dem Institut franco-espagnol einen gefunden. 15. Seebad. Nachmittags Spaziergang in die vulkanischen Berge. Prachtvolle Wildheit. Von Pflanzen nur eine Art Cactus. Abgründe. Durch einen Baranco zurück. Abends mit dem Amerikaner in die Stadt, Sommertheater. Wie gestern. Café. Gespräch über Businessleute und vornehme Leute. Er denkt sehr unamerikanisch, hält es für plebejisch, merken zu lassen, daß man keine Zeit hat, lieber solle man heimlich die ganze Nacht arbeiten.

21. Juli.

Um 10 der Sekretär. Deutsch-Böhme. Es geht recht schlecht. Aber besser als nichts. Nachmittags nach Laguna gefahren. Zu Fuß durch die Ebene nach der Casa de Agua, wo der Lorbeerwald gerade beginnt, als es Zeit ist umzukehren. Auf dem Heimweg einen Wagen gefunden. Abends mit dem Professor im Café. Dann allein in den armen Vierteln am Meer umhergeirrt. In ein ganz kleines Haus mit zwei schneeweißbekleideten Nymphen geraten. Ziemlich erschöpft nach Hause. Menschen schlafen am Boden vor ihren Türen.

22. Juli.

Vormittags diktiere ich wieder. Nachmittags mit der Post nach San Andrés. Sehr schön. Seltsame Felsüberschneidungen am Meer. Abgeschiedenes Dorf. Mädchen tragen Gefäße auf dem Kopf. Zu Fuß zurück. 16. Seebad. Abends mit dem Professor im Café. Deutsche Zeitungen. Wieder in das Haus von gestern Abend gegangen. Eine magere Brünette Angela. Müd nach Haus.

23. Juli.

Nachmittags in den Bergen auf der Wasserleitung gegangen. Die Menschen wohnen hier in Felshöhlen mit Betten und Einrichtung. Hier und da ist durch Mauerwerk nachgeholfen. 17. Seebad. Der Professor abgereist. Der Amerikaner auf einem Ausflug. Abends in die Stadt. Konzert auf der Plaza. Die deutsche Flotte ist da. Mit einem blonden spanischen Mädchen den landesüblichen Augenflirt begonnen und dann in einiger Entfernung hinter ihr, während sie mit ihrer Familie nach Hause geht. Sie wohnt in meiner Nähe. Erscheint einen Moment hinter dem Fenster, aber schließt sofort, als ich mich nähere.

24. Juli.

Zweite Bearbeitung der »Planeten« begonnen. Nachmittags gepackt. Besorgungen. Abends mit dem Amerikaner. Er sagt, man müsse die Spanier als Afrikaner verstehen und gleichzeitig als noch im Mittelalter lebende Menschen. Er ist ein äußerst interessanter Mensch.

25. Juli.

Um 5 Tram nach Tacoronte. Allein im Hotel mit einer alten Engländerin, die aber ganz gebildet ist und recht guter Herkunft scheint. Nach Tisch Tee mit ihr.

Sonntag, 26. Juli.

An den »Planeten« gearbeitet. Nachmittags 4 Stunden in den Bergen umhergelaufen, ohne den Wald von Agua Garcia zu finden. Dabei ein altes Tagebuchbändchen verloren. Schöne ländliche Brunnenszenen mit Tieren. Palmen im Sonnenuntergang. Bei Tisch ein sehr lebhafter etwas komischer Engländer aus Wales, der mehrmals um die Welt gereist ist. Mit ihm zum Santiagofest hinunter ins Dorf. Helle Kirchen mit Prozession. Illuminierter Platz mit hübschen Bäuerinnen im Gedräng. Eine ungeheure nächtliche Lebendigkeit.

27. Juli.

Mit dem Engländer geluncht, der seine Lebensgeschichte erzählt. Durch die Ehe mit einer reichen jetzt toten Frau sei er reich geworden und stets auf Reisen. Nachmittags zu Fuß auf einen kleinen Berg mit ehemaligem Krater, worin jetzt ein Maisfeld, wie ein absichtlich angelegtes Amphitheater. Abends vier Seeoffiziere von der deutschen Flotte. Nette aber ziemlich nichtssagende Leute. Ich friere und leide an mangelnder Sonne. Der Himmel immer bedeckt. In Berlin starben an diesem Tag Leute am Hitzschlag.

28. Juli.

Nachmittags teils zu Fuß teils in einem zufällig gefundenen Wagen nach Puerto Orotava. Der Pic ganz bewölkt. Bananenpflanzungen. 18. Seebad im Freien. Dann mit jungen Ingenieuroffizieren von der Flotte im Kinematographen und Café.

29. Juli.

Nachmittags durch verschiedene Gärten. Sitio de la Paz, wo Humboldt lebte. Der Verwalter führt mich selbst herum. Ich sehe zum ersten Mal Kaffeebäume mit Früchten. Botanischer Garten. Dann in Villa Orotava im Garten der Marquesa della

Quinta. Zurück ein Stück mit Vorüberkommenden gefahren. 19. Seebad. Abends allein am Strand.

30. Juli.

20. Seebad. Nachmittag auf etwas schwindeligen Pfaden an der Küste entlang und dann hinauf nach Villa Orotava. Zum ersten Mal der Pic ganz wolkenlos. Sonnenuntergang auf der Alameda über dem Tal. Im Hotel ein junger Hamburger mit einem Spanier am Tisch. Treffe ihn abends wieder auf der Alameda. Ich bin etwas reisemüde.

31. Juli.

An den Planeten gearbeitet. Um 2 Uhr Wagen nach Icod los Vinos. Rivieralandschaft aber mit tropischer Vegetation. Niemals ganz blauer Himmel. In Icod spanische Fonda. Mehr als einfach aber brave Leute. Spaziergang in der verschlafenen Märchenstadt. Bei Tisch einige Pensionäre, darunter ein fetter Capitan an der Tête. Früh zu Bett.

1. August.

Früh einige Stunden klar. Den Pic gut gesehen. Diligence nach Villa Orotava zurück. Bei Realejo ausgestiegen und zu Fuß bis Villa Orotava. Im selben Hotel. Mittagsschlaf. An den Planeten gearbeitet. Abends ein wenig vergeblich geabenteuert.

Sonntag, d. 2. August.

Um 9 weggeritten auf der Stute Amarilla. Auf den Gebirgskamm der Cumbres, Paso de Gil. Oben Blick auf die zwei Meere und den ganzen Pic. Hinunter nach Güimar. Dort 5 Uhr angekommen. Das englische Hotel geschlossen, also in die spanische Fonda. Als Zimmer erhalte ich das große Wohnzimmer des Hauses, in das ich aber vorläufig nicht hineinkann, weil Besuch darin ist. Um 4 Uhr früh soll die Post nach Santa Cruz zurückgehen. Ich entschließe mich auf einem Karren mit Kartoffelsäcken gleich zu fahren und komme frierend nachts um 3 Uhr am Zollhaus von Santa Cruz an. Wundervolle Tropennacht. Der Kutscher trägt mir noch fast eine halbe Stunde den Handkoffer bis ins Hotel. Den Besitzer geweckt. Sternenhimmel.

3. August.

Mit Übelsein aufgewacht. Den Amerikaner wiedergetroffen. Er erzählt sehr interessant von spanischer Art und nennt mir einen spanischen Fluch: Vuelva en el coño de tu requeté putísima madre! Den ganzen Tag an den »Planeten« gearbeitet. Um 6 Uhr 21. Seebad. Dann in einem Haus mit einem ungemein lasciven Wesen das Tomasa de la Concepción heißt. Abends mit dem Amerikaner und dem hiesigen amerikanischen Konsul gespeist. Dann noch zusammen auf die Plaza.

4. August.

22. Seebad. Nach dem Diner abends mit dem Amerikaner an Bord des Gando von der Elder Dempster Linie und nachts nach Las Palmas gefahren. Bis Mitternacht zusammen auf Deck in höchst interessantem Gespräch über Leben, Kunst, usage du monde, Disziplin der Persönlichkeit, dann über Marc Aurel, Machiavell, Talleyrand, Metternich und Chesterfield gesprochen. Hier die Wurzeln meiner späteren Bücher: »Brevier f. Weltleute« & »Kunst der Politik«. Zusammen in einer schönen großen Kabine. Um 7 in Las Palmas aufgestanden.

5. August.

Hotel Metropol. Scirocco. Erstes Frühstück mit dem Amerikaner, der mir immer mehr als ein ganz ungewöhnlich bedeutender Mensch erscheint. Dann beim Spaziergang im Garten entwickelt er eine fabelhafte Beherrschung der weltlichen Philosophie des Bushido für Europäer, wenn man so will. Die Art, wie man Beziehungen und Empfehlungen ausnutzen soll, kennt er auch vortrefflich. Diese Begegnung gehört nicht nur dieser praktischen Ratschläge wegen zu den wertvollsten für mich, denn im Grund betrachtet er alles nur als ein Symbol und als Mittel zur Entwicklung der Persönlichkeit. 23. Seebad. Sehr gut. Mittagessen mit einem Herrn vom Schiff, einem Georgier, der interessant von Turkestan und Erzerum erzählt. Bis 4 geschlafen. Dann unlustig an die »Planeten« gegangen. Ungemütlicher Gang in die häßliche Stadt. Dann Abendessen mit dem Amerikaner, dann bis gegen 10 Uhr in der Hall des Hotels. Seine Kunstanschauungen sind allerdings ganz veraltet und konventionell. Die Kunst, meint er, soll das Schöne zeigen, den Menschen erheben. Die alte Leier.

6. August.

Mit dem Amerikaner gefrühstückt. Er heißt Mister Gottschalk. Dann über persönliche Dinge, wie Bestechung, Enthüllungen von Übelständen, über die Haltung des Journalisten gesprochen. »Il ne faut pas éclabousser les gens«, indem man sich zum »apôtre de l'honnêteté« macht. An den »Planeten« gearbeitet. 24. Seebad. Nachmittags in der abscheulichen Stadt. Abends von dem Amerikaner verabschiedet, was mich geradezu deprimiert, sosehr, daß ich darüber staune. Er setzt heute Nacht seine Reise um Afrika fort, wo er überall die Länder zu studieren hat, ob sich dort neue amerikanische konsularische Vertretungen schaffen lassen und wie. Er hat damit die höchste Stufe der konsularischen Laufbahn in Amerika erreicht, nachdem er Jahre hindurch in allen möglichen Staaten Südamerikas Generalkonsul war. Dort hat er das spanische Leben so gut kennengelernt mit allen seinen Intimitäten. Er besitzt Widmungen von Stierfechtern, die ihre Weisheit in Büchern niedergelegt haben. Abends ging ich allein etwas deprimiert in die Stadt. In einem Haus eine reizende, außerordentlich spanische Person mit tadellosem schlankem Körper und entzückender Büste. Sehr befriedigt von ihr weggegangen. Dann zum Konzert auf der Alameda.

7. August.

Um 11 Uhr mit Engländern hinauf nach Monte gefahren. Nach dem Lunch spricht mich ein etwas derb hübsches Mädchen, die ich schon längere Zeit in dem Hotel Métropol beobachtet habe, plötzlich an. Sie schwärme für Deutschland. Weiß meinen Namen, offenbar aus dem Fremdenbuch. Ihre Cousine kommt dazu. Warum ich mich im Wagen nicht zu ihnen gesetzt hätte? Sie hätten mir extra einen Platz frei gelassen. Wir gehen ein bischen zusammen durch die Felder, aber mir liegt nicht genug daran, um mit ihnen heute noch zurückzufahren. Es reizt mich viel mehr, allein hier zu bleiben. Nach dem Tee mache ich mich frei und mache allein den prachtvollen Ausflug nach der Caldera und dem Höhlendorfe Atalaya. Überall ehemalige, jetzt begrünte Krater, der Höhepunkt an Schönheit auf den beiden Inseln. Schönes Hôtel. Mondscheinterrasse.

8. August.

Mit der Diligence nach dem Hafen zurückgefahren. Den ganzen Tag auf den Wörmanndampfer »König« gewartet. 25. Seebad. Mich den ganzen Tag am Hafen herumgetrieben. Um 7 Uhr abends endlich auf das Schiff. Lauter deutsch-afrikanische Herren. Mit einigen von ihnen und einigen Franzosen abends an Bord, wo Kohlen geladen werden und entsetzlicher Schmutz entsteht.

Sonntag, den 9. August.

Große Aufregung bis endlich mein Koffer aus dem Hôtel Battenberg kommt; während der Dampfer vor Santa Cruz liegt. Um 11 fahren wir weiter. Der Franzose will in Südamerika ein Phalanstère errichten. Eine komische portugiesische Familie von kleinen

Leuten auf dem Dampfer. Nach dem Diner spiele ich etwas Klavier. Alles singt deutsche Studentenlieder. Ganz nett. Dann große Whiskykneiperei mit viel deutschem Geschrei. »Deutschland gehört die Welt«, behauptet einer. Ein Schweizer, Schwitzerland genannt, der noch vorige Woche Schwarzwasserfieber hatte, total betrunken.

10. August.

Um 11 Uhr Ankunft in Madeira. Widerwärtige Zollbeamte. Hotel Bellavista. Nett, englisch. Nach dem Lunch in die Stadt. Besuch des jüdischen Friedhofs, wegen des Grabs von Onkel Ferdinand, aber Thor geschlossen. Abends Mondschein am Strand.

11. August.

26. Seebad. Vormittag gelingt endlich der Friedhofbesuch. Zurück in die Stadt. Nach dem Lunch, nachmittags mit der Bahn nach Monte. Grüne Feuchte. Bedeckter Himmel, wie deutscher Badeort, doch südliche Flora zwischen nordischen Kiefern. Prachtvoller Gang durch den kleinen Curral, Blicke auf das besonnte Funchal. Mit Rollschlitten zurückgesaust. Abends in einem Haus eine entzückende Portugiesin. Lydia. Wundervolle Büste. Alles hart. Leider kann ich kaum ein Wort mit ihr sprechen, trotzdem möchte sie gern einen Ausflug mit mir machen. Das wäre aber wohl doch ein Bischen langweilig.

12. August.

Um 7 Uhr nach dem Gran Curral geritten. Großartiger als der kleine, aber ohne die reiche Vegetation und die Blicke auf die Stadt. Ein idiotischer Führer, der das Pferd stets von hinten scheu macht. Ich lasse ihn schließlich vorangehen, und Alles geht gut. Heimweg über das miserable Pflaster zuletzt sehr unangenehm. Nach Tisch geschlafen, später ermüdender Gang nach der Westseite der Stadt, Braya formosa. Auf einem Lastwagen mit Ochsen teils im Galopp zurück. Abends wieder bei Lydia. Sehr zufrieden.

12. [?] August.

Vormittags gepackt, 5 Uhr nachmittags an Bord des Hamburg-Südamerikanischen Dampfers »Cap Roca«. Abfahrt 7 Uhr, gute große Kabine allein. Nette Gesellschaft. Teils Brasilianer, teils Deutsche aus Brasilien.

13. August.

See nicht ganz ruhig. Vormittags etwas geschlafen. Nach Tisch der Arzt und ein Cölner Herr bei mir in der Kabine, die so groß ist, daß man darin zusammen sitzen kann. Dann besuchen wir den Arzt in der Seinen. Zum Diner Frack. Großes Abschiedsfest der aus Brasilien Kommenden im geschmückten Speisesaal. Mit dem Kapitän etwas angefreundet. Abends Kneiperei. Ein Oberleutnant von Auer, der Arzt, der Cölner und ein Brasilianer. Bis Mitternacht.

14. August.

Um 4 Uhr nachmittags in Lissabon. Feiertag. Alle zusammen an Land gegangen. Zur Avenida, wo Feria ist. Dann Alle im Hotel de Francfort gegessen. Um 10 Uhr abends aufs Schiff zurück. Eine schwarze Bonne ist dort, die mich schon ein paar Mal angesprochen hat, aber jetzt im letzten Augenblick Angst hat. Schlank und hübsch.

16. August.

Sonntag. Vormittags habe ich mir auf dem Dampfer die Telefunkenstation erklären lassen, aber natürlich Nichts verstanden. Um 2 Uhr in Leixoes. Elektrische Bahn nach Oporto. Sonntäglich ausgestorben. Rundgang durch die Stadt. Abends im Park. Sonntäglich geputztes Bauernmädchen mit Schatz, aber entzückend schön. Er geht weg, ich spreche mit ihr, so gut es geht, spanisch. Sie führt mich in ein Haus. Ein Riesensaal mit Riesenbett und Riesenspiegeln, worauf sie sehr stolz ist. Sie ist wie ein Bild von Renoir: jung, rosig, sehr zärtlich. Sehr zufrieden zurück. Abends im Café deutsche Zeitungen.

17. August.

Rundgang. Auf einen Turm gestiegen, prachtvoller Rundblick auf den Hafen. Volk, Ochsen mit Riesenhörnern und schön gearbeiteten Jochen. Eine lärmende eheliche Scene am Hafen. Oben am Duro entlanggegangen. Nachmittags auf die große Brücke, Dom, Kreuzgang, herbstlich klar und kühl. Über die Eisenbahnbrücke zurück.

18. August.

Früh mit der Bahn nach Coimbra gefahren. Nach dem Lunch in dem kühlen, dunkeln Salon mit einigen Studenten, darunter ein Neger, Kaffee getrunken. Nachmittags Rundgang, Kloster, Kathedrale, botanischer Garten. Herrlich. Schwierigkeiten beim Einlaß in die Quinta das Lagrimas. Zurück in die Wohnung des Besitzers, dessen hübsche Frau mir eine Erlaubniskarte schreibt. Zum Ärger des Wärters muß er mich nun doch hineinlassen. Abends im Hôtel gelesen, Régnier, vacances d'un jeune homme sage.

19. August.

Um 9 Uhr nach Luso mit der Bahn. Zu Fuß durch immergrünen Wald nach Buçaco. Dort Lunch in dem großen Hotel. Dann hinaus zur Cruz alta. Zu Fuß nach Luso zurück. Wagen nach Pampilhosa. Zug nach Leiria. In Alfarella leidliches Abendessen. Um ½ 11 in Leiria, leidliches Hotel.

20. August.

Wagenfahrt nach Batalha. Die herrlichen Klosterbauten, Kreuzgänge. Nachmittags auf das verfallene Kastell. Um 6 nach Lissabon. Regen, Ankunft Mitternacht. Hotel Francfort. Sehr lärmend, kaum geschlafen.

21. August.

Auf dem Konsulat einen Haufen Briefe gefunden, aber immer noch Nichts vom Kleinen Theater. Wohnung gesucht. Mittagessen im Hotel. Brief von Irene. Sie ist noch sehr schwach, der Arzt verlangt Sommerfrische, aber sie hat kein Geld. Ich weise ihr telegraphisch 200 M an und später noch einmal 100. Schreibe ihr sehr verliebt auf ihre mir gesandte gute Photographie. Zollamt. Meinen Koffer ohne Schwierigkeit bekommen. Der Dämon, der mich, als ich mit Louisa in Lissabon war, hier sehr beunruhigte, scheint mehr zurückzutreten. Ich ziehe in die Casa Barros, wo ich ein sehr angenehmes, großes Zimmer habe. Abends in einem Caféhaus deutsche Blätter.

22. August.

Korrespondenz. Besorgungen.

23. August.

Sonntag. Nachmittags ein portugiesisches Stiergefecht. Schöne Pferde, und die Kämpfer im Kostüm des 18. Jahrhunderts. Aber doch langweilig, weil die Hauptsache fehlt. Wie Kaffee ohne Coffein. Am Nettesten die 6 braven Ochsen, die den jungen Siegfried wieder holen, als wären sie um ihn besorgt. Dann ein Gefecht à l'española von 10jährigen Knaben. Aber auch ohne Blut. Die Pferde tragen Lederschürzen. Die Schwerter sind von Holz.

24. August.

Habe einen akademisch gebildeten Mann als Sekretär. Diktiert: »der spanische Charakter«. Nachmittags Rundgang durch die westliche Stadt. In einer Gasse überfällt mich ein Haufe gewöhnlicher, aber wie es schien, gutartiger Dirnen und umringt mich mit Geschrei. Abends im Berliner Tageblatt den Artikel über Katharina gefunden.

25. August.

Wieder an meinem Stück herumkorrigiert. Nachmittags nach Cascaes gefahren. Zu Fuß an die Küste. Sonne und Wind. Mit einem alten Hamburger Ehepaar zurück. Abends in einem jämmerlichen Variété. Diese Dinge sind hier überhaupt abscheulich. Dann in das Dirnenviertel geraten.

26. August.

Nachmittags wundervoller Gang durch das östliche Lissabon. Castello de São Jorge. Umsonst nach Mädchen gesucht. Der Portier nennt mir eine gute Straße, die ich abends besuche, aber jämmerlich.

27. August.

Nachmittags nach Algés gefahren. Eiskaltes Seebad (27). Abends in einem Variété Etoile, beuglant. Vergeblich nach einer Frau gesucht. Mit Einer in eine Ospedaria gegangen, aber gleich wieder hinaus. Unmöglich.

28. August.

Wieder an den »Planeten«. Nachmittags in Alcântara. Dort in einem Haus. Scheußlich. Eine bezahlt, ohne sie zu berühren. Mit der Anderen zu einem unerfreulichen Ende gekommen. Auf der Avenida der Dämon. Stundenlang in der Stadt umher.

29. August.

Abends im deutschen Klub. Einige ganz nette Herren, die mir nun die richtigen Adressen geben, aber es ist zu spät.

Sonntag, 30. August.

Vormittags das 2. Konzept der »Planeten« fertig. Nachmittags an Bord des Dampfers »Kronprinz« Kabine gesichert. Gepackt. Abends Café.

31. August.

Um ½ 11 auf den Dampfer der Deutsch-Ostafrika-Linie. Vormittags italienische Korrekturen meines Buchs. Sitze zum Lunch bei wenig angenehmer portugiesischer Familie. Dann mit einem jungen Badenser, der nach Ostafrika geht. Beim Diner angenehmer Platz neben diesem jungen Deutschen. Abends mit einem französischen Historiker, dann mit einigen deutschen Industriellen beim Bier. Politik. Ich konstatiere bei Allen eine politische Unzufriedenheit.

1. September.

Die italienischen Korrekturen beendigt. Nach dem Lunch in Tanger an Land. Post, Café. 28. Seebad. Dann mit dem alten badischen Herrn, der sehr nett und gebildet ist, zurück zum Schiff. Nachher erfuhr ich, daß er Excellenz ist und Präsident des Verwaltungsgerichtes in Karlsruhe. Einer der Deutschen meint, er müßte den Eingeborenen grob kommen, hat aber damit einen unerwünschten Effekt. Auf dem Schiff ein Dr. Rosenhaupt aus Frankfurt, der bei meinem Vortrag im Verein für ästhetische Kultur war. Wundervolle Sonnenuntergangsstimmung beim Felsen von Gibraltar. Abends mit dem badischen Herrn viel über Politik gesprochen. Cousine Bette von Balzac gelesen.

2. September.

Wieder viel an den »Planeten« gearbeitet. Abends entpuppt sich der gegen Beamtenverknöcherung sprechende Badenser als Mitglied der ersten badischen Kammer. Es ist ein Ball am Schiff, aber wenig hübsche Damen.

3. September.

Wieder an den »Planeten« gearbeitet. Bei Tisch und abends immer mehr mit dem Präsidenten Lewald aus Karlsruhe angefreundet, der mir vorschlug, im nächsten Sommer zusammen Schottland und Skandinavien zu besuchen.

4. September.

Früh in Marseille. Um 1 bei Basso mit dem Präsidenten und seinem Neffen gegessen. Kaffee auf der Cannebière. Allein mit dem Neffen auf Notre Dame de la Garde. Aussicht. Dann 29. Seebad. Um 6 mit den Andern Aperitif. Dann Wagen zu einem Restaurant de la Corniche. Diner teuer und nicht gerade ganz erstklassig. Ärger und Verstimmung, besonders des alten Präsidenten, und ich fühle mich unbehaglich, da ich die ganze Tour arrangiert hatte. Dann zusammen auf die Cannebière. Zu uns setzt sich eine hannoveranische Cocotte, die aus Afrika kommt. Dann Abschied von dem Präsidenten, der seiner Verstimmung nicht ganz Herr wird und sie an Kellnern und Trambahnschaffnern ausläßt. Daß ein Mann von dieser Intelligenz, Lebenserfahrung und sozialen Bildung nicht mehr Beherrschung in kleinen Dingen gelernt hat.

5. September.

Vormittags nach Nizza gefahren. Ausgestorben. Heiterer, blauer Sommertag. 30. Seebad. In einer Brasserie diniert, dann mit einer Cocotte nach Hause. Ihr Geld gegeben, ohne sie zu berühren, da sie eine sehr unangenehme Art entwickelte.

6. September.

Abfahrt um 11 Uhr nach Ventimiglia. Dort 31. Seebad und Mittagessen, während der Zug hielt. Nachmittags nach Genua. Dort in dem Theaterrestaurant Spaghetti. Abends umhergeirrt.

7. September.

Riesenkorrespondenz. Nachmittags in einem ganz ausgezeichneten Haus. Eine entzückende und unsagbar liebenswürdige Trevisanerin. Gina. Von klassischen Formen. Später 32. Seebad. Ich genieße Italien wieder sehr. Abends Ermete Novelli gesehen. Vorzüglich in einem schlechten französischen Schwank.

8. September.

Dampfbad. Feiertag. Gegen Abend nach Sta. Margherita gefahren. Zu Frau Dr. Durante. Nach dem Essen mit ihr Mondscheinpromenade. Ihr Mann, gesteht sie mir, verkommt immer mehr. Hat jetzt seine Tante ins Haus genommen. Sie macht außerordentlich gute Geschäfte. Dann auf der Terrasse mit einem alten Italiener, namens Orvieta. Spanisch-italienische Unterhaltung. Frau Durante serviert einen köstlichen, piemonteser Weisswein. Mit dem Italienischen geht es wieder gut.

9. September.

33. Seebad und erstes Sonnenbad auf dem alten Felsen, wie vor 5 Jahren. Nachmittags kam plötzlich der Landrichter Schmidt aus Frankfurt a/M., der auf dem Dampfer Kronprinz war. Wir machen einen Gang durch die Berge nach Portofino. Abends mit ihm in einem Café Chantant. Er ist ganz nett, doch ziemlich unbedeutend.

10. September.

Italienische Korrekturen, 34. Seebad. Nachmittags mit dem Landrichter, der mir etwas langweilig wird, zum Tee nach Rapallo. Schlechtes Wetter. Dann zu einem deutschen Schulschiff gerudert. Entsetzliches Kasernendasein. Absence féminine. Abends mit dem Landrichter und Frau Durante ins Theater. Ein Einakter, sehr lustig. Dann im Café sehr vergnügt.

11. September.

Nachmittags kleiner Spaziergang durch graue Olivenlandschaft. Abends mit dem Richter, der sich doch recht borniert erweist.

12. September.

Nachmittags nach Genua. Bei Gina. Abends angeregte Disputation mit dem Richter und Frau Durante über philosophische Fragen. Nachmittags war ich mit ihnen auf Portofino Culm, früher meinem Lieblingsausflug, wo jetzt ein abscheuliches, modernes Hotel mit einem niederträchtig unverschämten Wirt steht.

13. September.

Abends große Champagnerkneiperei mit dem Magdeburger Geschwisterpaar, das in dem Hotel lebt, dem Landrichter, Frau Durante und ihrem Sekretär.

14. September.

Italienische Korrekturen.

15. September.

Korrekturen. Nachmittags nach Pietra Santa. Wagen von dort nach Forte dei Marmi. Unterwegs den Stock mit blauer Kugel verloren. Um 6 bei Prof. Harries angekommen, wohin mich Dora

Hitz eingeladen hat. Sie empfängt mich dort. Ich wohne in der tenuta. Öder Abend. Frau Harries sehr fein. Tochter von Werner von Siemens. Kommt nicht zur Geltung vor der parvenuhaften Renommage ihres Mannes.

16. September.

Mit Dora Hitz am Strand promeniert. Grau, schwül. Nachmittags mit den beiden Damen und einem bornierten Malersmann namens Kytan eine Bootfahrt. Dann zu Fuß durch schöne Landschaft. Weite Pappeln. Mit Kytan zu Fuß zurück. Abends etwas angeregteres politisches Gespräch.

17. September.

Vormittags Besuch bei Dr. Fasola, der hier lebt. Zwei reizende Töchterchen. Um 12 Abfahrt. In Massa Mittagessen. Abends nach Sta. Margherita zurück. 34. Seebad. Mit Frau Durante und dem Geschwisterpaar Mittler im Café.

18. September.

Brief von Friedel, der meine Abreise heute nötig macht, wenn ich sie treffen will. 35. Seebad und 2. Sonnenbad auf dem Felsen. Nachmittags gepackt. Mit Frau Durante Tee. Erzählt mir, wie fürchterlich ihre Nächte sind, die sie einsam verbringt. Am Morgen habe sie in einem dünnen Peignoir und offenem Haar am Fenster gestanden, und ich hätte nicht einmal hinaufgeschaut, sondern 2 Engländerinnen zugesehen, die im Schwimmbad waren. Zug nach Genua. Abends dort Theater. Dumme italienische Automobilposse. Gina war leider nicht frei.

19. September.

Um 11 nach Turin gefahren. Paletot im Zug gelassen. 2 Damen haben ihn mit in ihr Hotel genommen, dort wiedererhalten. Bei

Bocca im Bureau. Nach dem Essen im Theater, la Trilogia di Dorina,von Rovetta. Ganz gut.

Sonntag, 20. September.

Nachmittags nach Valperga Canavese gefahren, bei Peyrettis zu Gast. Schönes, altertümliches Landhaus. Fremdenzimmer etwas Rococo mit rotseidenem Betthimmel. Viel gemütlicher, gastlicher als bei Harries. Spaziergang mit dem Ehepaar in den Weinbergen. Gute italienische Küche. Herbststimmung.

21. September.

Mit Frau Peyretti die italienische Übersetzung durchgearbeitet. Ebenso nachmittags. Abends Spaziergang mit Beiden auf der Landstraße.

22. September.

Wieder den ganzen Tag mit ihr gearbeitet. In der Dämmerung allein kleiner Spaziergang. Nach dem Essen mit ihm und ihr auf der Landstraße.

23. September.

Wie gestern. Amüsante Gespräche zwischen der Arbeit.

24. September.

Wie gestern, aber kein Spaziergang, da keine Zeit, und abends Frau Peyretti müde ist. Regen. Telegrammwechsel mit Friedel.

25. September.

Den ganzen Tag übersetzt und fertig geworden. Abends wegen des starken Regens nicht gereist.

26. September.

Vormittags nach Turin gefahren. Keine Briefe, weiß nicht, ob ich nach Berlin muß oder nicht. Telegramm an Strasser. Dampfbad. Abends im Theater Le Roi von Flers und Caillavet gesehen. Glänzende Satyre auf den Sozialismus.

Sonntag, 27. September.

Lange geschlafen. Wieder keine Post. Muß warten, bis Antwort aus München da ist. Nachmittags langer Spaziergang. Zufällig in ein anatomisches Museum geraten, wo sich Liebespaare zusammen die widerlichsten Dinge ansehen. Brief von Friedel. Expreßantwort wegen etwaigen Zusammentreffens. Dann in einem Haus Mafalda. Üppig, gutmütiges Kind. Abendessen in dem vortrefflichen Restaurant Molinari, wo ich zufällig Bocca treffe. Zusammen ins Eden-Variété. Er schwärmt für Deutschland.

28. September.

Auf das Zusammentreffen mit Friedel verzichtet, da sie mich außerhalb Genf nicht treffen kann oder will, ich aber für eine Wiederholung der Genfer Hindernisse danke. Es ist unmöglich mit ihr vorher die Art unserer intimen Zusammenkünfte zu arrangieren, da sie in ihrer Kindischkeit, dann meint, ich wolle sie nur »deshalb« besuchen. Noch immer keine Briefe. Etwas gearbeitet. Nachmittags zufällig Borgese begegnet. Spaziergang zum Po.

29. September.

Endlich Brief, der schon seit Samstag da liegt, ohne daß man ihn mir gab. Muß wegen meines Stückes nach Berlin. Nachmittags nach Mailand gefahren. Im Olympiatheater Grasso und seine sicilianische Truppe gesehen. »Feudalismo«. Ungeheure Wirkung. Ganz Natur. Das Gegenteil zu Sarah Bernhardt, die ganz Kunst. In milden Fällen beißen sich die Sicilianer in den Nacken, in schweren in die Gurgel. Grasso so erregt, daß er den Darsteller des Übeltäters ohrfeigt, dann ihn küßt. Einer Hauptdarstellerin faßte er ins Haar und zog sie vor die Rampe, um den Applaus auf sie zu lenken. Angebotene Blumen zerreißt er und wirft sie unter das Publikum.

30. September.

Spät aufgestanden. Bei Salvini in der Passage mäßig gegessen. Nachmittags herumgeirrt. Abends wieder Grasso, La Morte Civile. Wieder vorzüglich. Einen Moment im Eden, und dann San Pietro in Orto.

1. Oktober.

Nach Zürich gefahren. In der Bahn an den »Planeten« korrigiert. Abend im Variété.

2. Oktober.

Nach München gefahren. Pension Fernsemer. Abends bei Obrist.

3. Oktober.

Ceconi. Nachmittags im Hofgarten Nasse und Worringer. Stern schleicht grollend umher. Dungern will eine neue Zeitschrift mit mir gründen. Gräfin, Lisa und Franzl. Ihr Ton mir nicht mehr ganz möglich. Um 5 mit Wolfskehl, Ceconi und Dungern im Stefanie, dann mit Wolfskehl allein. Er ist großartiger als je. Spricht gescheit von Spiritismus. Abends mit Dungern. Die Nacht kaum geschlafen.

Sonntag, 4. Oktober.

Nachmittags zu Maria Deveaux. Automobil aus der Stadt. Im Wald gesessen. Weitgehende Gespräche. Sie erzählt, daß ihre Pariser Ehe total zerstört ist, und daß sie seit Monaten auf Reisen ist. Ihr Mann froh, wenn sie nicht zurückkehre. Aber sie habe nichts gefunden, weshalb sie ein neues Leben anzufangen sich entschließen könnte. Ich überrede sie, nach Berlin zu kommen, ja nicht in München zu verbummeln. Abends mit ihr und Franzl Odeonbar und Regina-Bar. Sie reizt mich ungemein. Kommt fast zum Heiraten in Betracht. Aber ……

5. Oktober.

Vormittags dem Franzl die »Planeten« gelesen. Gut. Mit ihm und Gräfin vegetarisch gegessen. Dann nach Bruck. Bei Greiner Kaffee. Bei Falckenberg Abendessen. Zurück. In München im Café Stefanie mit Gräfin, Franzl und Lisa. Damit bin ich nun eigentlich auch fertig.

6. Oktober.

Abends in der Reginabar mit Maria Deveaux. Etwas matt.

7. Oktober.

Nachmittag Maria zu Schober begleitet, wo sie sich ein Schneiderkleid ausgesucht hat. Abends bei Debschitz.

8. Oktober.

Abends bei Maria, die leidend auf der Chaiselongue liegt und recht hysterisch wirkt.

9. Oktober.

Nachmittag etwas Kopfweh und müde infolge des ungewohnten Frühschoppens. Zu Haus eine Stunde geschlafen. Abends im Künstlertheater mit Maria Deveaux. »Die deutschen Kleinstädter«. Ganz wacker, aber nichts besonderes. Dort die kleine Jehly, jetzt Frau Gulbransson gesehen. Sehr hübsch geworden. Mit Maria nach Haus. Lange Gespräche. Als Frau ist sie nicht mehr als eine Kokotte, als Mensch klug, gut und tüchtig. Sie möchte wissen, ob sie, wenn sie kein Geld hätte, als Kokotte Glück haben würde.

10. Oktober.

Auf den Neuesten Nachrichten Artikel korrigiert. Abends bei Dr. Müller zum Essen. Dort Falckenberg.

Sonntag, 11. Oktober.

Nachmittags zu Landshoff. Er krank im Bett. Dr. Istel. Der Konzertagent Gutmann, mit dem ich eine Vortragstournee ausmache.

12. Oktober.

Nachmittags nach Nürnberg gefahren. Abends bei den Stadtmauern in den Gassen. Häuser angeschaut. Jämmerlich.

13. Oktober.

Gegen 11 Abfahrt. 7 Uhr Berlin. Hotel Prinz Albrecht. Abendessen bei Bartolini mit Hanns Heinz Ewers, der über die neuen Umwälzungen im »Morgen« erzählt. Um 11 Café Boulevard. Elly, später Ellen. Mit ihr nach Hause. Sehr ermüdend. Um ½ 3 zu Haus.

14. Oktober.

Vormittags Zimmer gesucht. Pension Herzberg gegessen, mit Frau Frank und Mutter. Wieder Königin Augustastr.

Berlin, 21. Oktober.

Geschäfte, Konferenzen, Besuche, Verleger, Redaktionen, Theater. Im Mittelpunkt des Interesses das Stück, dessen Aufführung am Kleinen Theater nun auch so gut wie gesichert ist. Noch einige Änderungen nötig. Mit dem »Morgen« relativ günstigen Vergleich geschlossen. Aber ich brauche ihn kaum mehr für Veröffentlichungen, da mich S. Fischer mit einigen umfangreichen Artikeln für die nächste Zeit festlegen will: »Arbeit, Bildung, Genuß in ihrem heutigen Verhältnis«. Ferner interessiert mich Dungerns Zeitschriftengründung. Konservativ. Suche Marquard & Co. zu gewinnen. Evtl. später Fusion mit Wedekind.

Habe das Bedürfnis zur Konzentration, die sprunghaft journalistische Tätigkeit des letzten Jahres auf S. Fischer und das Berliner Tageblatt zu beschränken, sobald das Stück das nötige Geld einbringt, und nach den Änderungen daran die Arbeit für Fischer, die bis Weihnachten alle Zeit nehmen wird, vorzunehmen, dann aber an die Novellen zu gehen und ein Stück zu schreiben »Trilogie der Ehe«. Im Frühjahr England.

Irene wieder getroffen. Sie ist noch nicht erholt genug, um diesen Winter wieder zur Bühne zu gehen. Ich habe sie daher als Sekretärin engagiert. Nun will sie für das Geld, das sie von mir bekommt, tanzen lernen für Kabaret und Variété. Ich werde ihr auch sonst ein bischen aushelfen können. Sie ist noch immer so süß und blond wie früher, aber ich hoffe, ich werde Distanz halten. Wenn ich mich wieder intimer mit ihr einließe, würde es auf die Dauer doch nicht gehen und Tränen geben, wie in Paris. In diesem Augenblick sitzt mir Irene gegenüber, schreibt die Planetengeschichte. Mehrmals bei Ellen gewesen. Ihr Körper das Schönste, amazonenhafteste was ich kenne.

Es hat bereits gefroren. Ich leide sehr unter der Kälte, obwohl es noch trocken und sonnig ist.

Irene unterbricht mich und fragt mich auf einmal: »Glaubst Du eigentlich an Gott?« Sie hat Kraft und Stoff gelesen und findet es schade. Ich auch.

Viel über New thought nachgedacht. Kann wohl sagen, daß mir an einem einsamen Abend richtig klar geworden ist, was der Grundsatz heißt: Gedanken sind Mächte.

29. Oktober.

Gestern mit Frau Epstein in »Hedda Gabler«. Duse. Kammerspiele. Dann im Kaiserhof soupirt. Sie erzählt von einem den Talmud auslegenden Großvater, der gesagt hat: »Ein böses Weib ist ärger als der Tod, heißts in der Bibel, also ist ein erträgliches Weib immer noch so arg wie der Tod und ein gutes Weib wie eine arge Kränk'.«

Es sind wieder sonnige warme Tage gekommen. Der Trubel um mich wird allmählich ruhiger. Die Umarbeitung des Stückes fertig. Komme abends immer wieder spät nach Haus. Berlin gefällt mir wieder. Denke doch nun ernstlich für nächsten Herbst hier ein festes pied à terre zu nehmen.

Anerbietungen von Dr. Marx, die mich wohl bald von Mosse, der mit dem Honorar geizen will, abtrünnig machen werden. Aber Entscheidung lieber erst nach der Aufführung meines Stükkes.

Dülberg wieder hier.

4. November.

Eine Geschichte mit einem kleinen Mädchen namens Hansi. In der Pension Höflich, wo Maassen wohnt und allerlei interessante Damen in Peignoir herumhuschen. Sie schmiegte sich ein wenig an mich, ich verabredete mich mit ihr. War einen Abend mit ihr bei Lantsch und in dem langweiligen Eispalast. Zu Haus benahm sie sich sehr geschickt. Ließ sich von mir ausziehen und zu Bett legen und ich saß noch eine Zeit lang angezogen am Bettrand, bis sie schließlich nach mir rief. Von unglaublicher Sinnlichkeit, dabei etwas zu geschwätzig. Mittwoch mit ihr im Hebbeltheater. »Der Liebhaber« von Shaw. Sie wirkte dort ein wenig deplaciert. Souper bei Lantsch. Sie gedrückt. Geldverlegenheit. 50 M tun Wunder. Dann zu Haus Wiederholung von neulich. Ein klein wenig abgekühlt, aber doch noch nicht ganz. Sie ist amüsant und lasterhaft. Macht mir Geständnisse über ihre einsamen Stunden. Ist auch ein wenig lesbisch und möchte gerne noch eine Freundin bei unseren Zusammenkünften dabei haben etc.

10. November.

Am 5. mein Vortrag bei Cassirer. Ich lese die Planetengeschichte. Kaum Vorverkauf, aber abends doch ziemlich gut besetzt und Erfolg. Presse gut, teils sehr gut, außer im Tageblatt, wo die leise Böswilligkeit irgend eines Redaktionsmitglieds in der Kritik sich fühlbar macht. Nach dem Vortrag mit Frau Epstein Kaiserhof. Den Abend darauf wieder mit ihr zusammen. In der Komischen Oper: Das greuliche Stück von Debussy »Pelléas und Mélisande«. Sie ist sehr charmant. Ich weiß nicht was mich hindert zuzugreifen? Ihr Intellektualismus? Oder ihr Judentum? Nun hat sie mich wieder auf Donnerstag eingeladen.

Im übrigen gestern wieder mit Hansi. Ach sie ist dumm, naschhaft, ein bischen taktlos, unordentlich und mit total ruinirten Nerven. Aber zu Hause sehr reizvoll.

30. November.

Vorgestern ist L. E. meine Geliebte geworden und zwar eine Geliebte, wie ich noch nie eine hatte. Zum ersten Mal eine Frau, die ganz genau weiß, was sie von mir will, ohne jede Sentimentalität und ohne den sonst notwendigen oft allerdings reizvollen cant. Ich brauche nicht einen Augenblick Angst zu haben, sie könnte es tiefer nehmen, als gut ist. Im Gegenteil, sie scheint eher zu befürchten, daß ich es tue. Aber es ist keine Gefahr. Ich komme mir ihr gegenüber ein bischen vor, wie die blonde Frau sonst mir gegenüber. Sie weiß ganz genau, wer und was ich bin. Ein weibliches Gegenstück zum Franzl, allerdings nur in dieser Beziehung, und liebt mich gerade darum. Ich bin also auf meiner Höhe bei ihr. Ferner ist mir neu, daß sie Jüdin ist und das ist etwas ganz anderes als was ich bis jetzt kenne. Niemals das rührende Täubchen, das man schützend in die Arme schließt und auch nie das frivol sinnliche Luderchen, auf das man sich wie verrückt stürzt. Ich hätte sie niemals aus unwiderstehlichem Begehren genommen. Sie hatte es darauf abgesehen, schon im vorigen Winter, mich zu besitzen. Anfangs war sie gar nicht mein Fall. Dann verstanden wir uns geistig vorzüglich, an mehreren Abenden, die wir im Kaiserhof verbrachten. Dann merkte ich, daß ich sie recht gern habe und wir eigentlich recht gute Freunde sind, und eines Tages, als ich mich schon sehr gefreut hatte, den nächsten Nachmittag und Abend mit ihr zu sein, bekomme ich plötzlich eine Absage. Ich ärgere mich, telephoniere sofort an Hansi, die ich ein bischen vernachlässigt hatte seitdem, um mit ihr den Abend zusammen zu sein. Dann werde ich merklich unruhig, komme mir fast verliebt vor, telephoniere an L., der ich auf den Kopf zusage, daß ihre Ausrede für morgen, es kämen durchreisende Verwandte nach Berlin, eine Erfindung ist. Ich höre sie in das Telephon laut lachen. Ich soll doch gleich einen Augenblick zu ihr zum Tee kommen. »Nein.« »Wie unliebenswürdig Sie sind.« »Ich komme.« Ich treffe sie auf einem Diwan, der zum ersten Mal in ihrem Salon steht und sage ihr schließlich, nachdem ich ihrer Disposition schon seit einigen Tagen durch leise Versuche ganz sicher war, daß ich durch ihre Absage erst gemerkt habe, wie gern ich sie habe. Sie gibt zu, daß die Verwandten eine Erfindung sind, daß ihr das Ganze einfach nicht gepaßt hat. Küsse auf dem Diwan. Mittendrin stört uns der Maler Struck. Er will sie zu Edels Vortrag über den jüdischen Witz abholen. Ich telephoniere Hansi wieder ab, ich hätte Besuch von durchreisenden Verwandten, an L.'s Telephon, ohne daß sie ahnt, an wen ich telephoniere, obwohl sie im Zimmer ist. Dann essen wir mit Struck zu Abend. Vortrag in der Philharmonie von Edel. Dann mit ihr im Kaiserhof allein. In der Droschke Zärtlichkeiten. Das war am Mittwoch. Samstag bei ihr zu Tisch. Dann Diwan. Ob sie mich heute in ihrem Schlafzimmer empfangen wolle? Ja, sobald Amalie zu Bett ist. Beim Ausziehen im rotdämmerigen gelben Schlafzimmer einen Moment eine ganz leichte Repulsion gegen das Jüdische in der Erotik. Sie ist aber im Bett so liebenswürdig und erfahren, daß das schwindet. Ganz kurzes Lampenfieber. Dann zwei Umarmungen mit einer Selbstverständlichkeit, in der sich große Dame und Kokotte ähnlich sind. Trotz allem fühle ich mich nicht so auf der Höhe, wie manchem blonden Mädel gegenüber. Angenehmer Heimweg um 2 Uhr. Noch angenehmer der Lendemain. Abends um 7 wieder bei ihr. Sehr gemütlich. Amalie hat, weil Sonntag ist,

Ausgang. L. schlägt mir Karten. Wir gehen dann zu Würst essen und dann wieder zu ihr nach Hause. Dieses Mal verstehen wir uns auch in der Liebe vorzüglich. Ihre Erotik trotzdem eigentlich kühl. Mehr Freude daran, daß es den Mann freut. Aber entzückt, daß sie zu dieser Freude Anlaß gibt. Ich empfinde das als wesentlich für die jüdische Frau. Alles verstehen, selbst nicht ganz engagiert. Bei gutem Charakter zu allem bereit, bei bösem dagegen hoch gefährlich. Jedenfalls nicht verführbar, wenn sie nicht selber will. Aber auch ohne jede Prüderie, wenn sie will. Sie gibt sich zu den erotischen Dingen her, wie eine freundliche Krankenschwester zu den Handreichungen die sie macht. Dadurch natürlich individuell nicht annähernd so reizvoll, wie manches süße kleine Frauenzimmerchen. Ich denke an sie, wie an etwas sehr Gutes, Behagliches, auch mit Dankbarkeit, aber ohne jede schwüle Verliebtheit. Dafür aber verwöhnt mich ihr geistiges Verständnis derart, daß mir andere Menschen ganz unglaublich dumm vorkommen, z. B. die Künstlerfreunde der Dora Hitz, mit denen sie mich unbegreiflicherweise immer wieder zusammenbringt. Für Hansi bin ich nach Frankfurt gereist.

3. Dezember.

Ich bin nun doch in L. verliebt. Gestern mit ihr im Reichstag. Dann im Tea-room des Kaufhauses des Westens. Bei dem Abschied von ihr traurig unruhig, sodaß ich mich für heute, ehe ich zu Dohmes zum Souper gehe, zum Tee bei ihr angemeldet habe.

7. Dezember.

Samstag und Sonntag mit L. Samstag zusammen zu dem abscheulichen Journalistenball. Notte veneziana. Vorher bei ihr gegessen. Diwan. Sonntag erst zum Frühstück bei Dora Hitz. Sehr gelungene Gesellschaft. Dohmes, Meier-Graefes, Endell, aufgeregte politische Debatte. Dann zu L. Schlafzimmer. Seit ich weiß, daß sie vertragen kann, daß man sie gern hat, ohne das zu mißbrauchen, bin ich sicher und nicht mehr ängstlich. Aus der Krise heraus und freue mich ihres Besitzes. Jüdisch an ihr ist, daß sie klug genug ist, daß man sie durch Vernunft gelegentlich überzeugen kann, während die arische Frau im Grund nur durch das Gefühl, manche sogar nur sexuell zu überzeugen ist. Hätte das Weib nicht seine sexuelle Schwäche, so könnte der Mann gegen ihre Illogik und Charakterinferiorität überhaupt nicht aufkommen. Hier aber bändigt er sie. Die Jüdin hat diese sexuelle Schwäche viel weniger und gibt sich daher nicht, weil sie verführt ist, sondern weil sie es für angebracht hält, sich zu geben. Warum sie es für angebracht hält, hängt von ihrer Individualität ab, die eine wegen des Gewinnes, die andere aus bewußtem Vergnügen. L. tut es, um dadurch bedeutende Männer an sich zu fesseln. Arische Frauen wollen den Mann wegen der Erotik. Sie will die Erotik wegen des Mannes. Im Westen, wo die Juden meist gut situiert sind, kommen bei Mädchen nur selten illegitime Entgleisungen vor. Im Osten, wo die Juden Hefe sind, ist die Prostitution für sie das Gegebene und so tun sie es. In beiden Fällen handeln sie aus Überlegung. Wer eine soziale Stellung zu verlieren hat, wäre wahnsinnig, sich für Geld zu prostituieren. Wer keine soziale Stellung zu verlieren hat, handelt im praktischen Sinne zweckvoll, wenn er sich prostituiert. So entsteht aus derselben Sexualveranlagung die niedrigste Gewinnsucht, die die Sexualität zum Geschäft macht und die höchste Geistigkeit, die die Sexualität in ihren Dienst stellt.

Frankfurt a. M., 28. Dezember.

Seit dem 23. hier. Die letzten Berliner Wochen recht angenehm. Das Verhältnis mit L. bald auf ein sehr angenehmes Maaß temperiert, ohne Sentimentalität, nur sehr komfortabel. Sonntag Nachmittag, wenn Amalie Ausgang hat, unsere Schäferstunden. Lyda bewährte sich als große Künstlerin, besonders das letzte Mal, wo sie »nach der Frauen Weise« war und das gewöhnliche ausgeschlossen blieb. Von Dohmescher Seite freundschaftliche Warnungen. Man glaubt, ich wolle heiraten. Öfters Kartenschlagen bei L. Sie sagt mir nur Glück und Reichtum, sich aber den Tod. Sie ist ziemlich krank. Herz und Nieren angegriffen. Im letzten Augenblick vor der Abreise kommt plötzlich Maria Deveaux aus Paris. Ich habe einen inneren Widerwillen dagegen, finde sie aber im Bett liegend sehr reizvoll, als sie mich etwas leidend empfängt. Sie hat sich in Paris von amant und mari gelöst, hat außer Toiletten ca. 600 M monatlich und will nun ihre Situation als schöne Frau möglichst ausbeuten. Nach L.'s Kartenorakel scheint sie die Ursache des mir in Wien für dieses Jahr von Madame Spero geweissagten Überfalles zu sein, dem ich durch die Reise nach Frankfurt glücklich entginge. Meine Beziehungen mit Maria haben wirklich etwas Schicksalhaftes, erst durch das Mathis'sche Heiratsprojekt, dann in Paris während meiner Scheidung, dann in München und jetzt, stets ein beinahe und dann rätselhafterweise aneinander vorbei.

Hier die alte Spier'sche Misère. Er Optimist, sie nur bei ihm, weil sie nichts besseres weiß. Er ist aber auch unerträglich, z.B. mit seiner Weigerung, getrennte Schlafzimmer einzuführen. Ich denke manchmal an künftige Haushaltungsgemeinschaft mit Tilly, Ussin und vielleicht einmal Otto in Berlin. Tilly hübscher als je. In Wickersdorf großer Krach. Völliger Bankrott des modernen Erziehungssystems infolge der bekannten Unzulänglichkeit deutscher Menschen. Otto muß weg. Denke ihn nach München aufs Gymnasium zu tun. Die offizielle Erziehungsdummheit immer noch besser als die individuelle, da jene wenigstens die lehrreiche allgemeine Unvollkommenheit des Lebens repräsentiert

Schloß Zwickledt, 10. Januar 1909.

Die Frankfurter Zeit war ein Tiefstand. Gesundheitlich etwas erschöpft. Viel Müdigkeit. Zerfahrene Nerven. Viel tastendes Dämonisches. Zweimal O. Ludwig unerträglich. Ich war nicht sehr nett gegen ihn. Tilly goldig. Mache ihr Lust auf Berlin. Der Verkehr, den sie haben, recht mäßig. Provinz. An Fortunio gearbeitet und Tilly etwas diktiert.

Vorgestern Abend in Nürnberg. Der Dämon. O. Erzählt ihre interessante Lebensgeschichte. Von einem Wirtssohn verführt usw. Gestern 3 Uhr Passau. Dort Alfred und Hedwig, die sehr gut aussieht. Plötzlich günstiger Umschwung meiner Frankfurter Stimmung. Alfred hat einen ganz famosen Roman geschrieben »Im Traumreich«, aus dem er vorliest. Fühle mich hier sehr wohl.

Abends las ich in einem Verlagskatalog, wo distanzlose Schriftsteller aufgefordert sind, über sich zu berichten und die Motive, aus denen sie arbeiten. Ich würde von mir so cynisch wie möglich antworten: Taktlosigkeit, sich selbst Dichter zu nennen. »Warum dichten Sie?« eine Frage wie »warum sind Sie so schön?« Die drei Motive, aus denen ich arbeite: Geistiger Stoffwechsel, also Gesundheitsrücksichten. Zweitens, um gelesen zu werden, also aus Eitelkeit. Drittens, um die Mittel für ein unabhängiges äußeres Leben zu gewinnen, also aus Gewinnsucht.

Mannheim, 21. Januar.

Vieles ist geschehen. In Zwickledt die letzten Tage ganz mit Alfreds unglaublich gutem Roman beschäftigt, den ich von a bis z stilistisch von dem reichlichen Unkraut gereinigt habe. Natürlich hatten er und Hedwig zuerst das alte übliche Mißtrauen gegen mich, ich würde ihn nach meinem Sinne vergewaltigen. Zum ersten Mal Gelegenheit beiden zu beweisen, wie wenig ich so etwas will, daß es mir nur darauf ankam, seine Individualität freizulegen, die teilweise durch allerlei Unkraut in dem Buche umwachsen war. Hedwig reiste mit nach München, wo wir die sehr schlimme Arbeit teils in der Bahn, teils im Hotel beendeten und uns dadurch recht nahe kamen. Ich glaube Hedwig hat in diesen Tagen mehr von meiner wahren Natur erkannt, als je in diesen 30 Jahren. Das Morphium hat sie sich inzwischen noch nicht abgewöhnt. Ich wußte es schon von Tilly und mußte ernstlich mit ihr sprechen, fand sie vernünftig und völlig im Klaren. Beide versprachen mir, daß sie spätestens im Sommer, womöglich schon im Frühjahr nach Beendigung der Plackereien mit dem Roman in eine Entziehungsanstalt geht.

In München am ersten Abend, 14. Januar, die große Abrechnung mit Richard, die einmal kommen mußte und zum Bruch führte. Ich bin in der letzten Zeit meiner so viel sicherer geworden, und habe erfahren daß meine antipathischen Äußerlichkeiten nur von untüchtigen, nämlich Münchner und Künstlermenschen ernstlich übel genommen werden, und daß ich in folge meiner Überschätzung dieser eigenen Mängel viel zu viele Zugeständnisse, besonders an Richard gemacht habe, der mir alle meine Mühe und Arbeit um ihn nur mit Undank, Verleumdung und Beleidigung lohnt. Er hat mich wieder durch seine unglaublichen Ungezogenheiten gereizt. Natürlich ging es wieder aus von der Vermögensverwaltungangelegenheit. Und ich bin einmal gehörig aus mir herausgegangen, allerdings brutal gegen das Gastrecht verstoßend, wenn man die Szene im einzelnen betrachtet, aber als endliche Notwendigkeit nach ca. 25 Jahren Verkennung. Gottseidank war Hedwig dabei, die beide Teile versteht und es unmöglich macht, daß er und die ihn aufhetzende Agnes die Sache noch verdrehen. Ich suchte ihm nachher dennoch Brücken zu bauen, aber er verlangt Entschuldigung. Am nächsten Tag ließ ich ihm durch Hedwig sagen, entweder er erkennt an, was ich für ihn durch die Verwaltung getan, oder aber ich übergebe die Sache einem Fremden, damit er durch die Tatsachen erfährt, wie sich eine brüderliche Vermögensverwaltung von einer rein formellen durch einen Juristen unterscheidet. Auch danach beharrten beide auf ihrem dummen Eigensinn. Natürlich will ich ja nicht das Äußerste. Ich versuche es noch mit einem letzten Brief von Berlin aus. Einen Abend mit Wolfskehl in München. Wie »verquatscht« er doch bei all seiner wundervollen Begabung ist. Diesmal fand ich ihn nur klein, offenbar auch beleidigt, daß ich seinen Artikel im »Morgen« nicht klar genug fand. Er redet sich noch immer in pathetische Entrüstungen hinein. Sonntag bei Landshoffs, wo er auch war, Bernus usw. Welche geistige Öde in diesem selbstgefälligen ganz provinzialen München!

Am 18. in Mannheim. Jetzt schon drei Proben des Don Juanito hinter mir. Recht zufrieden. Komme mit den Schauspielern vorzüglich aus und gerade am besten mit dem gefährlichsten, dem Komiker (Dragomir) einem alten Routinier, der sich schwer etwas sagen läßt. Sie fühlen meine praktischen Gesichtspunkte gegenüber den falschen ganz abstrakten Theorien des reformierenden Intendanten. Reizender Abend bei Altmann, mit Frau Ullerich, die die Lady Burton spielt. Heute mit Fräulein Hummel (Helene) gegessen und spazieren gefahren. Liebes Mädel. Allgemein unbeliebt. Freilich kein eigentliches Theaterblut (Mondmensch), aber spielt ganz gut.

Am ersten Abend hier in der 19. Querstraße. Toll. Otti. Unerwartete Stimmung. Nachdem ich schon angezogen, zwingt sie mich noch einmal zum ausziehen und dann noch drei Umarmungen. Ich nahm diese Venusgunst als gutes Omen für morgen.

Berlin, 5. Februar 1909.

Die Aufführung ist glänzend verlaufen. Einige Tage später Berlin. Zuerst matt und erschöpft. Neuer Druck des Stückes für die Bühnen. Bekannte wiedergesehen. Aber keine Lust, die einmal schöngewesenen Beziehungen mit L. wieder zu erneuern, aber unsere Freundschaft bleibt bestehen. Zweimal bei Ellen gewesen, die mir wieder gut gefällt. Wieder mit englischen Studien angefangen. In der Arbeit noch nicht recht im Gang.

26. Februar 1909.

Ich arbeite die Novellen (»Das andere Ich«) zu Ende. Schreibe keinen einzigen Artikel. Ziemlich viel Geselligkeit. In Amoribus Ellen und eine kleine Helene abwechselnd. Warte im übrigen auf Entscheid der Berliner Bühnen in betreff meines Stückes. Bereite mich auf England vor (Macaulay). Flirte ein bischen in der Pension Herzberg. Nichts Gutes und nichts Schlechtes in diesen Wochen.

L. war in Rußland, ihr Großvater gestorben. Sehr deprimiert zurückgekommen. Gestern Abend bei ihr. Vor ihrer Abreise war sie mir ganz fremd geworden. Unmöglich wieder zu beginnen. Gestern waren wir uns wieder näher, aber nicht zwingend.

Mein Aufsatz über politische Begabung hatte starke Resonanz. Zuschriften. Ein Professor in Rostock greift mich an wegen des Sozialismus, der darin zum Ausdruck käme. Der Reichskanzler (Bülow) dagegen läßt sein Interesse ausdrücken. Ich komme immer mehr in die Politik. Vage Pläne. Programm: Etwas wie eine Partei der gentlemen mit starker sozialer Verantwortung. Kulturwert von Besitz und Konventionen betonen (Traditionen). Eigentum und Geist zusammenbringen. Defensive gegen die Sozialdemokratie bei ausgedehnter sozialer Gesetzgebung. Aufgeben des liberalen wie des kirchlichen cant, aber monarchisch, parlamentaristisch.

10. März 1909.

Alle Angelegenheiten noch in der Schwebe. Montag auf dem Maréesbankett mit Direktor Robert vom Hebbeltheater gesprochen, der das Stück halb gelesen hat. Durch Frau Dohme Empfehlung an Hamann vom Auswärtigen Amt, der mich heute empfangen hat und mir Empfehlungen an den Botschafter in London in sichere Aussicht stellt.

Samstag mit Helene Katz, die mich bei Wolfthorn interessierte, auf den Kammerspielball. Sie beging die Unvorsichtigkeit, ihre reizende Freundin Adele Friedländer mitzubringen, für die ich sofort ein bei mir ungewöhnliches Interesse empfand. Überraschend liebenswürdiges Gesicht und geistreiche ironische Überlegenheit in ihren Antworten frappierten mich sofort. Sehr reizende Szenen auf dem Ball. Helene erklärte sich unumwunden für eifersüchtig. Dazwischen spielte eine Geschichte mit einer unangenehmen Person, die mir vorher ein anonymes Gedicht zugesandt, mit der Bitte um Rendez-vous auf dem Ball, das ich natürlich nicht einhielt. Mit Adele eine halbe Stunde in einer dunklen Loge. Ich befürchtete Demiviergetum. Eine schwüle Stunde und dann Degout. Aber das kleine Mädel hielt trotz allem was geschah eine so entzückende Distanz, daß es eine liebenswürdige, etwas zärtliche

Annäherung wurde, ohne eigentliche Sinnlichkeit. Früh um 7 zu fünft durch den verschneiten Tiergarten. Bei Sonnenaufgang. Ein junger Student namens Wolfgang Goetz war dabei. In einer Konditorei in der Lützowstraße Frühstück mit lustigen Improvisationen. Um 9 zu Haus. Nicht zu Bett, sondern den ganzen Sonntag gesellig besetzt. Adele geht mir sehr im Kopf herum. Wenn nicht meine zwei früheren Eheirrungen wären, wüßte ich gewiß, sie wäre die rechte Frau für mich. Grundgescheit und dabei ein süßes Mädel.

Gestern Abend mit ihr in der Komischen Oper. Um 7 zu ihr. Tee mit der Mutter. Kluge, kranke, alte Dame. Dann »Fledermaus« und bei Dete soupirt. Sie fesselt mich noch mehr. Von ihrer Heiterkeit auf dem Feste ging nichts verloren, nur hinzu kam ihr verständnisvoller Ernst für alle Fragen, die mich interessieren. Aber ich will skeptisch bleiben, jedenfalls nicht übereilen.

Sonntag, 28. März.

Mitten in meine Neigung zu Adele fiel eine Nacht mit Dr. Springer und seiner Felicitas. Moulin rouge, Bar Riche, Toni Grünfeld, von wo ich mit einer amüsanten Blondine nach Hause ging. Das Ganze so prickelnd lebendig, daß ich fühlte, wie wenig ich doch für die Ehe geeignet bin, wenigstens noch nicht. Wie schwer ich doch auf diese Buntheit der sinnlichen Welt verzichten kann! In der nächsten Woche einen Abend mit Max Springer zu einem Diner im Club von Berlin. Dann Lindenbuffet, wo mir eine Hannoveranerin gefiel. Später allein mit ihr und Max, dann zu ihr nach Hause. Sehr amüsant. Sie will, daß ich ihr vormache, wie man es mit einer kleinen Demivierge aus guter Familie anfängt, die man zu allem außer dem letzten bringen will. Das führt zu sehr pikanten und erregenden Szenen. Dabei etwas Sektrausch.

Inzwischen wird mir Adele gleichgiltiger und auf einem Ball im E. T. A. Hoffmannstil, interessierte ich mich wieder viel mehr für Helene, die viel leidenschaftlicher ist. Amüsantes Dreieck. La joie de se laisser vivre in dieser letzten Woche.

Mitten in diese Freuden plötzlich die Nachricht, daß Hedwig in der Morphiumentziehungsanstalt in Baden-Baden wieder ihre alten Leberschmerzen mit Schüttelfrösten bekommen hat, nachdem das Morphium stark herabgesetzt war. Sehr beunruhigende und böse Ahnungen. Etwas beruhigter, seit ich Tilly dort weiß. In den letzten 14 Tagen mitten in dem Trubel viele Aufsätze diktiert. Vorher das »Szenarium von Idealismus«, das mir Dr. Friedmann, wie er sagt, »vom Halm« abkaufen möchte. Alles dies läßt mich darüber hinwegkommen, daß das erste Stück noch an keinem weiteren Theater angebracht ist.

Ich fühle mich fest auf mich selbst gestellt, ins Leben passend, Herr meiner früheren Zerrissenheit.

31. März.

Durch Tilly von Hedwig schlimme Nachrichten, jedoch keine momentane Gefahr. Was helfen Entziehungskuren, wenn sie beim nächsten Anfall wieder zur Spritze greift! Tilly selbst schreibt ganz gebrochen von ihrem Leben mit Ludwig. Sie fühlt sich alt und morsch. Richard besteht auf seinem jammervollen Eigensinn. Es bleibt mir nun nichts übrig, als ernst mit ihm zu machen, ihm nur seine Zinsen auszuzahlen und für nichts anderes ein Ohr zu haben. Ich fühle, daß ich mich auf eine einsame Zukunft gefaßt machen muß, dabei bin ich von lockeren freundlichen Beziehungen mehr als je umgeben. Gestern Abend Abschied von Adele und Helene. Am Abend vorher Abschied in der Pension. Frau Dr. Zander, Frau de la Haye und Tönchen. Dann zwei Stunden bei Ellen, die nun heiraten wird. Heute zum Lunch bei Lyda und abends bei Dohmes. Morgen Abreise. Sonntag bei Arnswaldts. Überall reizende, warme Atmosphäre. Das soll wohl mein Schicksal werden: Ohne engere Bande in mannigfaltiger Verknüpfung mit Vielen zu leben.

6. April.

An Bord des Dampfers Kronprinzessin Cäcilie, zwischen Bremerhaven und Southampton: Am 1. in Berlin abgefahren, 2 ½ Tage Hamburg, 1 ½ Tage Bremen. Gefroren. Ein Wenig einsam. Wenig zur Besinnung gekommen. In Hamburg Theaterbesprechungen wegen des Stückes. In Bremen bei den bunten Lampen gewesen, nirgends solche Ordnung gesehen. Militärisch, hygienisch, verständig, bureaukratisch, aber reiz- und talentlos. Emmi hieß sie. Die Auswandererhallen des Lloyd gesehen. Hier herrliches Wetter und glatte See.

Brighton, 13. April.

Über Ostern fast eine Woche hiergewesen. Wenig Interessantes, daher viel gearbeitet. Erster Akt: Hyster. Mann Idealismus. Nach Tisch in der Lounge des Metropole Café, mit einem guten Buch: Wallace Human Nature in Politics. Dann ein Wenig spazieren gegangen. Anfangs herrliche, sonnige Tage bei ganz ruhigem Meer. Jetzt das übliche Kanalwetter. Abends zweimal im Theater. Erst allmählich verstehe ich die gesprochene Sprache. 2 Komödien von Somerset Maugham. Manchmal Abends im Hotel, wo ich nur mit ganz Wenigen spreche. Aber was ich hier wollte, habe ich gehabt: Arbeit und Ruhe nach dem Berliner Trubel.

London, 1. Juni.

Die ersten Wochen hier nur Besuche und Sehenswürdigkeiten, dann mehr Ruhe. Vormittags Arbeit, Artikel und »Idealismus« diktiert, den ich diesen Monat an Friedmann geschickt habe. Nach dem Lunch im Café Dr. Levy und ein deutscher, wenig anziehender Kreis. Dann Arbeit im Britischen Museum. Booth, Life and Labour in London. Dicey, Law and public opinion in England. Resultat: Plan zu einem Buch über Disraeli, in dem die alten Strömungen münden, und die Neuen entspringen. Er giebt dem Torysmus neues Leben durch Demokratie, sowie der Benthamismus das Whigtum verjüngt. Nach ihm nähert sich Liberalismus immer mehr dem Socialismus, die Konservativen immer mehr dem Imperialismus, der auch in ihm schon war. Er so der Mittelpunkt. Dabei eine ganze Psychologie des demokratischen Konservativismus. Judentum betont. Verbindung von Litteratur und Politik. Alles dies liegt mir sehr.

Abends viel Theater und Gesellschaft. Am Meisten habe ich von Monds, die gleichzeitig nette Leute sind und mir offiziell auch Vieles nützen. Verbindungen mit den Ministern usw. Asquith, Burns, der sehr sympathisch ist, aber dessen Theorien infantiler Liberalismus sind. Sonst werde ich hier nicht recht warm. Angelsachsentum liegt mir nicht. Ebensowenig das Klima, aber ich sehe und lerne viel, das tröstet mich, auch die Sprache, die ich mit meiner Sekretärin jetzt an Tagen, wo ich nicht diktiere, eifrig betreibe. Im Hotel Mrs. Grein, die Mutter des Kritikers, und ein junger rumänischer Offizier Douglas Capitanesco, die mir nicht unangenehm sind.

Ein kleines blondes Mädel namens Kitty besuche ich von Zeit zu Zeit. Sehr niedlich. Manchmal bilde ich mir ein, ich wäre immer wieder in Adele F. in Berlin verliebt. Wir korrespondieren.

1. August.

An Bord des Hamburg-Amerikadampfers Amerika. Morgen bin ich wieder in Deutschland. Es ist höchste Zeit. Meine Nerven sind erschöpft. Ich bin wieder reizbar und verstimmt wie früher, nur mit dem Unterschied, daß der Grund nicht in einer inneren, sondern einer äußeren Unbefriedigung liegt, die mit dem Verlassen Englands verschwinden wird.

Die einzige Zuflucht im letzten Monat waren Monds, bei denen ich dreimal auf ihrem Landsitz in Comb Bank war. Ich habe die beiden alten Leute geradezu liebgewonnen, und mit dem Sohn Robert wenigstens Fühlung gefunden. Die Atmosphäre von völlig unenglischer Geistigkeit, verbunden mit dem völlig englischen großen Stil des Lebens, ist das Einwandfreiste, was ich bisher in gesellschaftlicher Hinsicht erlebt habe. Es ist möglich, daß ihr

Aufenthaltsort in der nächsten Zeit auch meine Route etwas bestimmen wird. Wenn es meine Stücke erlauben, plane ich für den Winter ein Wenig Rom. Frühjahr jedenfalls wieder England wegen des Buches. Dann hoffentlich Syrien und Ägypten.

Mit meinem alten Schulfreund Klahre aus Frankfurt ein Paar ganz nette Abende, ebenso mit Dr. Ernest Meyer, der mich in eine verräucherte, deutsche Artistenklause führte, wo ich wieder einmal, wie überhaupt in England, meine Zugehörigkeit zu Deutschland stark empfinde. (Neben dem Mittelmeermenschen.)

Einen Sonntag am River. Diese Buntheit kann Einen mit England versöhnen, wenn nur die Frauen ein Bischen weniger albern oder ordinär wären. Eins von Beidem scheint in England unvermeidlich.

Auch die kleine Kitty nicht mehr getroffen. Mehrmals verfehlt. Dagegen einmal dort eine robuste Engländerin gefunden, deren Rohheit mich auf fast 14 Tage quasi seelisch vergiftet hat. Gestern London verlassen. Am Vorabend von Bank Holyday, wo man das Land noch einmal in seiner ganzen Glorie in den von middle class crowd überfüllten Zügen genießen kann. Mein Koffer geriet in einen falschen Zug. In Plymouth Aufregung, Hin- und Herrennen. Telegramme. Schon bin ich am Tender zur Überfahrt, als der Koffer im letzten Moment noch kommt. Aber neues Désastre. Auch das Schiff ist bis Cherbourg voll von Weekenders, sodaß ich mit 2 übrigens leidlichen Herren die Kabine teilen muß. Es geht besser, als ich dachte. Meine Erschöpfung garantiert mir einige Stunden festen Schlaf. Für heute Nacht habe ich nun eine große Kabine allein. Das Schiff sehr schön. Neu ist mir das Ritz-Carlton Restaurant an Bord. Ich wundere mich, wie wenig ich über England zu schreiben habe, trotzdem es mir hier nicht an Zeit fehlt. Ich habe dort gelernt, nicht gelebt, es sei denn, daß ich nie so sehr mein Deutschtum neben meinem Judentum gefühlt habe, und meine vollkommene Fremdheit gegenüber Allem, was Norden ist, Menschen sowohl, wie Klima.

Zwickledt, 26. August, 1909.

Kaum kam ich wieder nach Berlin, als wieder Alles gut ging. Prozeß mit der Neuen Revue schnell beigelegt: Magerer Vergleich. Einen Abend mit Ellen. Abendessen am Viktoria-Luisenplatz. Am nächsten Tag Nachmittag und Abend mit Adele. Bei Lansch gegessen. Nach Potsdam begleitet. Recht lieb. Am folgenden Tag auf eine Reihe sonnige Tage nach Potsdam. Nachmittags mit ihr Sonnen- und Seebad im Wannsee. Samstag kam Helene. Seebad zu Dritt. Wie viel temperamentvoller sie ist als Adele. Wir verliebten uns ein Bischen ineinander. Sie bleibt über Nacht bei Adele. Unsre Hoffnung scheitert, sie würde in mein Hotel gehen können. Die alte Mutter Adeles, die das (allerdings begreiflicher Weise) verhindert auf die Dauer schrecklich. 2 schöne Abende bei Stern. Am ersten noch nicht ganz an deutschen Lärm und Unmanier, repräsentiert durch Oscar Fried, gewöhnt. Am zweiten mit Sterns allein im Auto über Land. Lange Nachtsitzungen mit Adele im Garten. Sehr lieb, aber zu brav bürgerlich und trocken für mich. Nach Berlin zurück. Reizender Nachmittag mit Helene im Zoo, unterbrochen durch ihre Bohèmefreunde. Abends ihre Eltern dabei. Wir korrespondieren jetzt. Sie scheint zu Allem bereit, aber soll man mit einem Mädchen aus guter Familie, die das »Glück« will, so Etwas tun?

Am letzten Abend mit der Kokotte Helene vom letzten Winter befriedigender Abend. Nachmittags in Sonnenhitze unter der Eisenbahnbrücke am Schöneberger Ufer der Dämon. Dann nach Bad Liebenstein gefahren, zu Dr. Friedmann und Frau. Idealismus fertig. Ihm an seinem Roman geholfen. Ausflüge mit ihnen. Ewiges Gequängel seiner alten »Mischpoche«. Sommertheater.

Dann zu Otto nach Wickersdorf. Er ist so reif und verständig, daß ich nun um ihn ohne Sorge bin. Wyneken produziert sich trotz seines Kantianertums als Mensch besser als ich dachte.

In Nürnberg.

In Zwickledt Hedwig besser gefunden, als gefürchtet. Vorgestern Anfall. Gestern brachte ich sie bis Passau auf dem Weg nach Baden-Baden.

Mit Alfred die unaufhörlichen mystischen Gespräche.

Sonntag, 5. September.

2 gute Wochen gehabt. Gute Nachrichten von Hedwig aus Baden. Einem halbverkommenen Schreiber an den Vormittagen 7 Artikel diktiert, während Alfred an seinen Poe-Illustrationen arbeitete. Prentice Mulford gelesen, dessen Philosophie und Religion mich sehr interessierten und eine dauernde Sicherung erscheint. Es ist gewiß eigentlich kein philosophisches Buch, sondern nur der Baedeker durch die Philosophie und darum zwar weniger tief, aber vielleicht nützlicher als philosophische Werke selbst. Rein praktisch amerikanisch. Nachmittags Gänge mit Alfred durch die schöne Landschaft. Einkehr in Dorfwirtshäusern. Viele Gespräche über Mystik, die hier wieder immer lebendiger für mich wird und sich auch dank Mulford in Einklang bringt mit meinem weltlichen Leben. Manchmal begreife ich alle Geschehnisse bis aufs Kleinste in mystischen Zusammenhängen, z.B. der verkommene Schreiber und sein Freund, die Beide kümmerliche litterarische Ambitionen haben und uns zeitweise ganz überraschend über den Weg laufen, die Affen unseres eigenen Schicksals.

Baden-Baden, Sonntag, 19. September.

10 Tage München hinter mir. Nicht so auf der Höhe wie vorher in Zwickledt.

»Idealismus« von Mannheim abgelehnt. Möglichkeit in Berlin. Viele durchreisende Bekannte getroffen. Dülberg, Familie Mathis, Stefan Zweig. Eines Abends bei Obrist, zweimal mit Dr. Schupp, der recht interessant ist. Über Sonntag bei Falckenberg in Bruck und bei Frau Dr. Müller und deren Schwägerin übernachtet. Die Anwesenheit des Dienstmädchens in derselben Etage verhinderte, daß die »Hetz« beim Zubettgehen so weit ging, als sie harmloserweise ruhig hätte gehen können.

Mit Wolfskehl einen Abend. Ich fand ihn auf der Höhe.

Alles in Allem: Der Dämon scheint sich mit Mulford nicht zu vertragen. Während dieser Zeit ist die telepathische Aura schlecht, und man merkt es nach wenigen Tagen an dem Gange aller Angelegenheiten.

Hier habe ich Hedwig relativ gut in der Entziehungsanstalt gefunden, aber es scheint doch mit der Krankheit noch ziemlich bedenklich zu stehen.

Berlin, 29. September, 1909.

In Baden-Baden in fortgesetzter Morphium- und Krankheitsatmosphäre. Hedwig hatte beständig Schmerzen. Dennoch nachmittags einige hübsche Spaziergänge mit ihr. Aber die Kur scheint gut von Statten zu gehen.

Die ungünstige Wirkung dieser Umgebung fühlte ich erst in den 2 Tagen in Frankfurt durch Mattigkeit und Nervosität. Tilly hat sich zu großer Ruhe durchgekämpft. Sie begreift, daß diese Ehe immer noch besser für sie ist, als sogenannte »Freiheit«. Solange sie Niemand anders liebt, hält sie aus. Ludwig unerträglich in seiner kleinlichen, nervösen Manier. Samstag Nachmittag zusammen auf der elektrischen Ausstellung Fla. Mäßig. Ein Türke weissagt mir baldigen Tod aus der Hand. Obwohl ich ihn auf einem Linienmißverständnis ertappe, deprimiert es mich sehr. Am folgenden Tag giebt es mir Anlaß zum Klarwerden, und ich entdecke, daß dank Mulford der Tod für mich das Erschreckende verloren hat. Seit vorgestern Abend hier, Abends Zusammentreffen mit einer kleinen Westpreußin, blond, die sich dann im Hotel als Jüdin entpuppte. Ganz nett. Gestern Konferenz mit Halm wegen »Idealismus«. Nachmittags bei Lenchen. Sehr hübsch, in Trauer. Der Vater ist vor Kurzem gestorben.

Späterer Nachtrag: In der folgenden Zeit habe ich keine Aufzeichnungen gemacht, da es mir überflüssig schien, die vielen kleinen Erlebnisse niederzuschreiben, während große nicht kamen. Ich geriet in Berlin in eine unglückliche Wohnung, die zwar äußerlich hübsch war, aber wohnte Wand an Wand mit sehr zweifelhaften Existenzen. Großer Skandal mit dem Wirt, was in mir den Plan reifte, mir endlich in Berlin eine eigene Wohnung zu nehmen, auch wenn ich sie für einen großen Teil des Jahres leer stehen lassen würde. Dennoch blieb ich bis Weihnachten, meine Nachbarn (im Haus nebenan) waren Mathis', mit denen ich dadurch oft zusammenkam. Bis Weihnachten arbeitete ich fast täglich in der königlichen Bibliothek und sammelte Material für mein neues Buch (Disraeli). Gleichzeitig las ich die Korrekturen meiner Novellen (das andere Ich), die dann nach Neujahr erschienen. Über Weihnachten in Zwickledt, wo ich Alfred immer näher trat, und sich meine mystischen Neigungen wieder immer mehr accentuierten. Rückkehr über München. Dann nahm ich mir endgültig eine eigene Wohnung in Charlottenburg und setzte meine Studien für das neue Buch (Disraeli) fort, allerdings jetzt vorwiegend zuhause. Viel Arbeit, einige Geselligkeit, aber wenig Erlebnisse. Ich begnügte mich fast ausschließlich mit Ellen und blieb bis in den Frühling in Berlin, das ich auf diese Art zum ersten Mal grün werden sah. Zu Pfingsten fuhr ich wieder über Hamburg nach England und beendigte dort meine Bibliotheksarbeiten im Britischen Museum und hatte wieder viel Verkehr mit Frau Mond, deren Mann inzwischen gestorben war. Auch mit Oskar Levy wieder fast täglich im Café zusammen. Wiederum in London nicht recht heimisch geworden. Am 15. Juli besuchte ich High Wycombe und Hughenden Manor, wo sich das Grab Disraelis befindet.

Edinburgh, 16. Juli, 1910.

Heute 10,20 Uhr ab London. 8 Uhr Edinburgh. Im Coupé die Frau eines deutschen Kapitäns, die ihren Mann nur einmal im Jahr 4 Wochen lang sieht, bald in holländischen, bald in englischen Häfen, und ihm jetzt nach Glasgow entgegenreist. Seit 10 Jahren leben sie so. Sie hat sich in ihrer Verlassenheit mit allerlei verrückten, modernen Ideen infiziert. Nennt sich Monistin, Socialistin, Frauenrechtlerin usw. und freut sich schon seit Jahren nicht mehr auf dieses Wiedersehen mit ihrem Mann, das sie nur noch als eine lästige Pflicht betrachtet. Er hat von dieser Sonderentwicklung keine Ahnung. Zwischendurch einmal hatte sie eine sentimentale Geschichte, natürlich mit einem Künstler, Bildhauer. Sonst seien keine Versuchungen an sie herangetreten. Sie macht einige etwas ungeschickte Avancen anläßlich der vielen

Tunnels, über die sich, wie sie sagt, Hochzeitsreisende gewiß freuen würden.

Edinburgh kalt, großartig, starr. Bevölkerung auffallend häßlich. Zwielicht bis ½ 10. Von unsäglicher Traurigkeit, wie ich sie in früheren nervöseren Jahren wohl schwer ertragen hätte.

Callandar, 18. Juli.

Sonntag in Edinburgh, dessen Lage und Altertümlichkeit mich sehr entzückt haben. Hier ist es viel deutscher als in England, die Bauart der Häuser besonders, aber die Menschen gräßlich. Fast Alle sind häßlich. Abends bis Glasgow gefahren. Heute von dort in das Hochland nach Balloch. Dampfer über Loch Lomond, coach nach Trossachs und Loch Katrine. Wieder Dampfer und wieder coach hierher. Alles sehr nett, aber ohne jeden Vergleich mit deutschem Mittelgebirge, aus dem lange nicht das Wesen gemacht wird, als aus dem schottischen Hochland. Unterwegs ein Kasseler Austauschgymnasiast mit seiner Pflegemutter, einer liebenswürdigen jungen Frau, Suffragette und charmant. Nicht ernst zu nehmen. Hier ist nicht, wie in England die Volksmusik erstorben, vielmehr singen abends die Leute mehrstimmig, wie auf dem Land in Deutschland und spielen Dudelsack.

Oban, 19. Juli.

Heute bis jetzt die besten Eindrücke dieser Reise, vielleicht auch dadurch, weil ganz unabhängig von Steamers und coaches. Ich sandte früh mein Gepäck voraus nach Strattyra und ging durch schöne Schluchten und an einem See entlang zu Fuß dorthin in 3 Stunden. Nach dem Lunch Fahrt hier her. Nach dem Tee auf einen Hügel, wo sich ein wundervoller Blick über die Inselwelt ausbreitet, sodaß ich beschloß, morgen eine Fahrt nach der Fingalhöhle zu unternehmen, zumal sich das Wetter immer mehr aufklärt. Schöne Wanderung abends am Meer entlang und dann durchs Land zurück. Ich drückte mich vor dem unausstehlichen langen, schlechten, schwer verdaulichen und teuren Dinner, an dem ich gestern fast bis Mitternacht zu verdauen hatte und aß à la carte ein chop mit Tomatensalat.

Killarney, 24. [?] Juli.

Am Mittwoch Morgen mußte ich des schlechten Wetters wegen bei stark fallendem Barometer weitere schottische Pläne aufgeben und benutzte den grauen, aber windstillen Tag dazu, über Glasgow, wo ich Post empfing, direkt durch nach Stranraer und von da in den Abendstunden mit dem Dampfer hinüber nach Irland zu fahren. Die Ankunft erinnerte an Alfreds Beschreibung der Eisenbahnfahrt nach Perle. Ein altmodischer Bahnhof in Larne, schlecht erleuchtet, einige Bewohner der Stadt, die die Fremden sehen wollen, stehen herum, fein rieselnder Regen, und nun durch das schwarze unbekannte Land, von dessen Volk und Art ich so viel Widerspruchsvolles wußte. Gegen 11 in Belfast. Noch ein Gang durch die verregnete Stadt, die mehr französisch als englisch wirkt, aber wie in England keine Restaurants und Cafés. In einem dürftigen Volkscafé kann ich noch einen Bovril haben. Ein paar Dirnen schleichen umher, freundlich, kleinstädtisch.

20. Juli.

Am Vormittag nach Dublin gefahren, dessen Dürftigkeit mich enttäuscht. Aber auch hier der stark unenglische Zug sympathisch. Sonne und Wind, der mich fast betäubt, sodaß ich gegen 4 eine Stunde nach Hause gehen muß, um zu schlafen. Ich gehe durch die Straßen, wo teils erschreckende, zerlumpte Armut. Ich sah mehrere Arretierungen. Gegen Abend im Phoenixpark. Nach dem dinner begegnete ich einem netten Mädchen, Lilly, das sich eine verheiratete Frau nennt. Der Mann sei verreist am Sonntag. Am Montag will sie mich wiedersehen. Sie führt mich in das Nebenzimmer einer Bar. Wir trinken Portwein. Ihre unenglische

Lebhaftigkeit und ihre »baisers savants« fallen mir auf. Um 11 Uhr wird das Lokal geschlossen.

21. Juli.

Fahrt nach Killarney. Gegen Abend schöner Spaziergang nach dem Longh Leane. Teils Sonne, teils Regenschauer. Verblüffend grüne Vegetation. Abends nach dem Essen in einem Konzert- und Tanzlokal, davor promenieren die Dorfschönen, die sehr zugänglich sind und mich durch ihre gewandten Repliken erstaunen. Sehr reizvoll ohne eigentlich hübsch zu sein.

22. Juli.

Motorfahrt durch den schönsten Teil Irlands und vielleicht der britischen Inseln überhaupt. Kenmare, Glengarriff, Bantry. Kein Regen. Zeitweise Sonne. Das bei weitem Schönste auf dieser Reise ist hier der Hochgebirgscharakter, obwohl am Meerufer: vegetationslose Felsen und einsame Seen und dann wieder üppige grüne Schluchten und das alles in gar keiner Höhe. Abends in Cork. 10 Uhr. Erstaunliche Belebtheit der Stadt, die bald durch starken Regen verschwindet. Dann ähnlich wie Belfast. Ich finde wieder in einer Volksbar, wo Matrosen mit Mädchen sitzen, ein Sandwich und wieder in einer anderen einen Bovril.

Sonntag, 24. Juli.

Regen. Nach dem Lunch nach Killarney zurück.

Liverpool, 27. Juli.

Montag Fahrt nach Dublin. Abends erst das Mädchen von Donnerstag vergeblich erwartet. Dann nach einigem Bummeln in der Stadt ihr zufällig begegnet. Sie hatte offenbar etwas getrunken, schien sehr verändert und viel weniger anziehend. Sie veranlaßte mich, auf einem Wagen, einer Art Karren, wie sie in Dublin als

Droschke dienen, nach einem Restaurant zu fahren. Wir kamen in eine sehr bedenkliche Gasse. Ich stieg ab, schickte zunächst den Kutscher fort, und ging weiter mit ihr zu Fuß. Die Gegend wurde belebter und wir gingen in eine primitive Kneipe, die gerade geschlossen werden sollte. Zwei Schutzleute an der Tür. Das Wesen mißfiel mir immer mehr. Sie war heute schmutzig im Gegensatz zu neulich, sodaß ich noch ehe die Schutzleute sich entfernt hatten, aufbrach, nachdem ich statt der verlangten 4 shilling für Getränke 2 auf den Tisch geworfen hatte. Ich befand mich in der wildesten Gegend von Dublin. Aus allen Gassen kamen Dirnen letzten Ranges hervor. Alte Weiber saßen auf Steinen zwischen halbabgerissenen Häusern. Plötzlich steht ein bildhübsches, siebzehnjähriges, dunkelhaariges Mädchen mit Kopftuch vor mir. Ob ich etwas mit ihr trinken will? Sie führt mich in eine Kammer, wo ein Junge auf einem Bett schläft. Auf einem andern Bett nötigt sie mich zum sitzen. Eine Alte bringt Stout. Der Raum füllt sich mit allerlei Gesindel. Ich mahne zum Aufbruch. Wir gehen. Eine Freundin von ihr, diese vollkommen in Lumpen, folgt uns. Sie ziehen mich in eine Gasse und während sie allerlei erotische Anreizungen versuchen, fühle ich die Hand der Hübschen in meiner Tasche. Ich gebe jeder 2 Shilling und will gehen. Nun lassen sie mich nicht los. Ich müßte mehr geben. »Erst hier heraus«, sage ich. Sie folgen mir zur nächsten Ecke, wo gerade ein Schutzmann vorbeikommt und laufen davon, als sie ihn sehen. Ich erkenne die Straße wieder und gehe nach Hause. Unterwegs begegnen die zwei mir nocheinmal und versuchen ihre Geldforderungen von neuem. Da dies umsonst ist, werfen sie mir den Hut vom Kopf und laufen davon.

Dienstag, 26. Juli.

Fahrt nach Holyhead. Ruhige See, dennoch leichtes Übelbefinden. Um 7 in Chester. Dann über die Stadtmauern und durch die alten Gassen. Recht hübsch, aber wie dürftig gegen Nürnberg, St. Malo oder Carcassonne.

Mittwoch, 27. Juli.

Früh die hübsche Chesterkathedrale besucht. Dann nach Liverpool. Gegen Abend Fahrt durch die Docks und teils zu Fuß zurück. Abends Brief von Helene Katz aus dem Wallis. Gleich beantwortet in einem Zustand von momentaner rauschhafter Verliebtheit.

Winnington Park, 28. Juli.

Donnerstag bei Regenwetter früh nach Manchester gefahren, dann durch die banale Stadt. In einem alten Wirtshaus Old Swan ganz gut geluncht. Dann mit der Elektrischen nach der trostlosen Arbeiterstadt Oldham. Das Eisenwerk von Asa Lee besichtigt. Gesehen, wie aus dem Erz die Maschinenteile gegossen werden, die Maschine (cotton-mill) entsteht, und aus der rohen Baumwolle Watte und der Baumwollfaden wird. Gegen 6 in Winnington Park als Gast des Direktors Tangy, einer der Leiter der Brunner-Mondwerke. Netter lustiger Mensch, eingefleischter Junggeselle und stark Alkoholiker. Zum sehr lustigen Dinner zwei seiner Freunde. Dann hinüber nach Winnington Hall, wo seit gestern Frau Mond und Robert Mond mit den zwei Mädchen sind. Die Arbeiter haben hier den Achtstundentag. Drei Schichten. Die Werke gehen die ganze Nacht weiter. Spielplätze, Clubhäuser für Arbeiter, wo man in der behaglichen Stimmung die deutsche Hand des verstorbenen Dr. Mond merkt. Alle Welt ist hier zufrieden. Es ist garnicht wie eine Arbeiterkolonie, sondern erinnert ein wenig an Harrow.

Freitag, den 29. Juli.

Vormittag in Lostoch, der Fabrik Mr. Tangys, der mich herumführt und mir das Solvay'sche Sodaverfahren zeigt, wie aus der in der Erde gefundenen Sole der Soda gewonnen wird. Zum Lunch bei Frau Mond. Ein ganz intimer Kreis mit den Kindern, den Gouvernanten und dem Sekretär. Dann alle zusammen durch das Werk in Winnington. Der glückliche Status zum Teil dadurch möglich, daß die Sodafabrikation nach dem Solvayschen Verfahren, das Dr. Mond vervollkommnet hat, einen Trust bildet und fast konkurrenzlos ist.

Samstag, den 30. Juli.

Schauderhafte Fahrt nach Plymouth. Fast 3 Stunden Verspätung. Der Schnellzug wurde unterwegs einfach in einen Bummelzug verwandelt und hielt entgegen dem Fahrplan auf allen Stationen. Auf meine Frage, wie das möglich sei, heißt es, hier sei keine Konkurrenz, da beide Linien derselben Gesellschaft gehören. Die Bahn ist also ebenso wenig verantwortlich für Einhalten eines Fahrplans, als ein Schneider für rechtzeitige Lieferung eines Rocks.

Sonntag, 31. Juli.

Plymouth. Am Freitag Abend bei Monds. Dann noch lange Gespräche mit Tangy, der nun seine borniert englische Seite zeigt: hält den Krieg für unausbleiblich, weil Deutschland für sich und seine Macht kolonisiere und sich ausbreite, während England es »für die Zivilisation« tue. »The burden of the white man.« Er glaubt das offenbar selber. Teilweise war die Unterhaltung aber recht interessant, und als ich am andern Morgen betonte: »What is the use of all this for the world?« gab er zu erkennen, daß er im Grunde nur money-making als fruchtbare Tätigkeit ansehe. Alle anderen verteilten nur das money, das andere machen. Er glaubt ferner, daß die verelendeten Arbeiter in Lancashire in ihren Löchern »better men« seien, als die in den Mondwerken so gut protegierten. Diese seien ruhige zufriedene Schafe, jene »denken«. Dieser Mann nennt sich dabei konservativ. Das ist wohl nur in England möglich.

2. August.

An Bord des Hapagdampfers Cleveland. Sonntag Nachmittag. Bei vortrefflichem Wetter in Plymouth abgefahren. Jetzt in Sicht von Cuxhaven. Ganz angenehme Bekanntschaft gemacht mit jungem Sekretär des deutschen Konsulats in London A. C. Krienen.

Hannover, 4. August.

In der Bahn nach Hamburg entschloß ich mich mit Herrn Krienen noch den Abend in Hamburg zu verbringen. Wir aßen im Dammthorpavillon, gingen dann in mehrere Lokale in St. Pauli und dann in ein Haus in der Schützenstraße. Dort ziemlich talentvoll zusammengestelltes Ensemble. Meiner nahm sich eine stattliche Blondine mit Namen Lotte an und ich kehrte sehr zufrieden ins Hotel zurück. Eine herrliche Gestalt. Mittwoch Nachmittag nach Hannover gefahren. Spaziergang durch die Stadt. Schwimmbad in der Leine. Am folgenden Tage nach Pyrmont zu Altmanns, wo ich einen ganz schönen Tag verbrachte. Dann nach Berlin, dann wieder Zwickledt, wo es nicht annähernd so lebendig war, als im vorigen Herbst, als ich mit Alfred allein die Gegend durchstreifte, aber doch sehr hübsch. Im Herbst nach Berlin zurück, wo mich die inzwischen verheiratete und geschiedene Ella W. aus Wien besuchte, um endlich den alten fälligen Wechsel einzulösen. Sie war sehr aufgeblüht und elegant. Mischung von kleinem Mädchen, das endlich zu dem großen Abenteuer kommt, Blaustrumpf, der litterar. Verbindungen sucht und Jüdin. Wie bei L. E. ist es nicht ihr eigentliches Wesen, was mich anzieht, sondern ihre Künste und ihre Klugheit und echte Kameradschaftlichkeit. Wir verbrachten 2 sehr schöne Tage in Potsdam. Sie kehrte zur rechten Zeit nach Wien zurück, als die Situation gerade erschöpft und die Hefe noch nicht sehr merklich geworden war.

Ostersonntag, 16. April 1911.

An Bord des »Prinzen Heinrich« (Nordd. Lloyd). Der Winter in Berlin ging hin erst mit dem Diktat, dann der Drucklegung des neuen Buchs (Disraeli). Die Aufsätze (Brevier für Weltleute) erschienen im Dezember. Im Januar schon vierte Auflage. Um Weihnachten Reise nach Zwickledt, dann vierzehn sonnige Tage in Salzburg über der Korrektur des Manuskriptes (Disraeli) gesessen; viele interessante ans Mystische grenzende Kleinstadtstimmungen auf meinen einsamen Gängen. Eine reizvolle Mädchenbekanntschaft jenseits des Flusses. Ich versenkte mich in alle die vielen kleinen Interessen dieser Stadt durch Lecture der verschiedenen Blätter, die ich las. Dann über Frankfurt nach Berlin zurück. Sehr zufrieden mit den Resultaten dieses Winters am 9. April (Zoolog. Garten) abgereist, nachdem das Buch erschienen war. Montag Abend in Lyon. Eiskälte. Dienstag Fahrt nach Marseille. Ärger im Hôtel de Genêve, wo der interprète meine Kofferschlüssel verschlampte, so daß ich nachts nicht an mein Gepäck konnte. Dadurch schlaflose Nacht, die mir aber die Lösung der Handlung für meinen Roman brachte: Schließlich soll Cornelius doch Amelie heiraten. Mittwoch 10 Uhr Abfahrt von Marseille auf dem »Prinz Heinrich« (Norddeutscher Lloyd). Gute Fahrt bis Biserta, ebenso bis Syrakus. Im Hafen vor der Stadt Gewitter. Dann sehr unruhige See. Nach dem dinner seekrank. Aber gute Nacht und am nächsten Tag war die Seekrankheit bis zum Lunch überwunden, obwohl das Meer schlimmer als bevor. Zum ersten Mal, daß ich so gegen die Seekrankheit gefeit war. Heute nachdem Kreta hinter uns ist, ist die See etwas ruhiger.

Zufällig gestern Abend im Gespräch dem Kapitän gegenüber erwähnt, daß heute mein Geburtstag. Zum Lunch war mein Stuhl und Platz bekränzt und mit Fahnen dekoriert und eine Torte für mich gebacken worden.

Eine junge Dame aus Düsseldorf, Fräulein Heye, gratulierte mir als erste auf der Treppe. Ich sah jetzt erst, wie niedlich sie eigentlich ist. Bisher hatte sie ein entstellendes Kopftuch getragen. Ich will diesen ersten Gruß als gutes Vorzeichen für das neue Jahr nehmen.

Alexandrien, Dienstag 18. April.

Sonntag Abend bekamen wir hohe See, trotzdem nicht seekrank. Montag um 10 lagen wir vor Alexandrien, konnten aber wegen Dünung nicht einfahren. Schließlich wagte es der Kapitän doch. 1 Uhr Ankunft. Es ist Ostermontag. Nachmittag nur spazieren gegangen, in Erwartung von Nachrichten von Lindemann, Baumwollexporteur, an den ich durch Frau v. Hartmann empfohlen war. Abends in sehr mäßigem arabischem Variété mit verschleierten dicken Frauen. Heute um ½ 12 holte mich jemand von der Firma Lindemann ab und ließ mir die Baumwollpresse zeigen.

Im Zug zwischen Alexandrien und Kairo:

In Tanta, wo Messe war, ausgestiegen und einen Zug übersprungen. Buden, hauptsächlich zum gesellschaftlichen Empfang von den wohlhabenden arabischen Familien hier aufgestellt, wie eine spanische Feria. In manchen prunkhafte rot und goldene Plüschsessel à la Louis XV. In anderen viele Männer am Boden, die im Chor im Koran lesen. Andere tanzen wie die Derwische. In der Ecke liegen die Weiber wie »colis en souffrance«, die auf den Abholer warten. Dazwischen Kaffeeschenken, die auf und ab gehen. Circus kümmerlich. Trapezkünstler. Junge Frauen, Christinnen, in seidenen bunten Hosen wie bei uns. Während die eine gerade nicht am Trapez zu tun hat, sitzt sie an der Rampe und beruhigt ihr kreischendes Kind. Dazwischen auf dem Platz lagernde Kamele und Esel. Ganze Haushalte breiten sich aus, einige Zelte scheinen Lupanare. Abgeteilte Zeltkammern, über deren Wänden verschleierte Frauen winken. Um 5 Weiterfahrt. Fellachendörfer an der Strecke. Ganz primitiv aus Schlamm geformt. Interessante Übergänge zum rectangulären Bau, sogar hie und da teils Fenster und Läden. Darüber ist wieder ein ganz rohes Obergeschoß. Hübsche Moscheekuppeln, ganz schlicht, dann Palmen und der erste gelbe ägyptische Sonnenuntergang, den ich sehe.

Kairo, 19. April.

Heute Morgen Excellenz v. Mohl, den Doyen de la caisse de la dette publique auf seinem Bureau aufgesucht. Er erzählt mir, daß Lord Cromer in seinem Buch die Verhältnisse doch etwas rosig färbt. Vor allem muß Ägypten seine ganzen Überschüsse noch immer in den Sudan stecken, dessen Budget sich noch keineswegs bilanziert. Die Eingeborenen hassen die Engländer, obwohl sie ihnen so viel verdanken. Dies der Fluch aller englischen Kolonisation im Gegensatz zur französischen: die englische Hypokrisie. Nachmittags mit Herrn v. Mohl in Heliopolis zum Tee, um das neue großartige Hôtel zu sehen, das in genauer Anlehnung an beste alte arabische Kunst gebaut ist. Er erzählt, was der Kronprinz und die Kronprinzessin hier für einen guten Eindruck gemacht haben. Er habe mit den englischen Offizieren gekneipt und sie seien zusammen in ein Demimondelokal geraten. Man fürchtete darauf, der Kaiser würde das sehr übel nehmen. Ein hiesiges Blatt aber behauptete, der Kaiser habe von Korfu telegraphiert: si j'étais lui, je ferais autant, je suis les d'entendre toujours Lohengrin.

21. April.

Nachmittags zum Tee bei Professor Borchardt in Gezireh. Er und sie schimpfen gründlich auf die englische Verwaltung. Die Bestechung und Kriminalität sei dieselbe wie früher, auch unter Engländern. Dem widerspricht Mohl am nächsten Tag. Sie sei eine große Ausnahme. Immerhin früher Bestechung System, heute ein Nebeneffekt, wie ja auch in vielen europäischen Ländern, ja in allen, außer den germanischen. Der Fehler der Engländer sei, so sagen alle, daß sie keine Volksschulen machen, dadurch die Halbbildung so sehr begünstigen. Dagegen haben sie hier eine lächerliche Universität, die nur eine Dilettantenhochschule ist, ohne die nötige Vorbildung der Elementarschule.

Abends im Jardin de Paris, wo der Kronprinz gewesen ist. Ich sah dasselbe Stück, wo 12 Damen en chemise auf die Bühne kommen, und zwar sehr hübsche.

Gestern Vormittag mit Mohl nach Heluan gefahren. Er ist wirklich äußerst nett.

Mittags mit dem ebenfalls sehr sympathischen Direktor Stricker von der Orientbank in seinem Club gefrühstückt. Nachmittags auf dem Fischmarkt. Eine gazellenartig hübsche Araberin von ganz vollkommenem braunem Körper, une pièce de roi, doch in fürchterlicher Umgebung. Wenn man das in reinlichen Räumen haben könnte! Bei uns in solchen Häusern umgekehrt, Eleganz im Äußeren, aber meist verbrauchte Frauen, dazwischen Nègres arabisés. Charmant.

26. April.

An Bord des Nildampfers Sudan. Zwischen Assuan und Wadi Halfa: Samstag Nachmittag mit Mohl in der geographischen Gesellschaft, wo ein junger Deutscher in miserablem Französisch einen mäßigen Vortrag über Sodom und Gomorrha hielt, deren Stätte er am Toten Meer entdeckt haben will. Die französische Einleitung durch den italienischen Präsidenten Abbate Panke und einige Interpellationen von einem eingeborenen Advokaten mit baumwollenem Regenschirm wirkten wie eine französische Posse. Dann mit Mohl nach seiner reizenden Villa in Gezireh gefahren. Er ist wirklich außerordentlich nett.

Am Sonntag griechische Ostern. Um 8.30 Uhr früh Kairo verlassen. Allein im Coupé, aber kein Speisewagen. Furchtbarer Staub. Stündlich steigende Hitze, aber gut ausgehalten. Angeregt durch die interessante Landschaft: Fellachendörfer aus Schlamm, bestenfalls ungebrannten Ziegeln, nur selten gebrannte. Dazwischen Kuppeln von Moscheen und darüber Palmen. In den Nilkanälen baden rotbraune Männer ohne Scheu vor den in der Nähe kauernden Weibern. Hie und da noch Felder mit reifem Weizen, häufiger aber schon abgeerntet, hie und da auch Ernte. Drescher auf schlittenartigem Fahrstuhl, auf dem einer oder zwei sitzen, von Ochsen im Kreis über das ausgebreitete Getreide gezogen. Dazwischen zahlreiche Kamele mit Lasten und Esel als Reittiere. Um 8.30 abends in Deschna, wo ich auf den Rat Mohls die Bewässerungsanlagen der deutschen Gesellschaft Upper Egypt Irrigation Co. ansehen will. Einige junge Beamte holten mich ab und führten mich durch das dunkle Dorf. Inzwischen war als Vorbote des nahenden Chamsin eine backofenartige Schwüle eingetreten. Das Haus liegt angenehm am Nil, wird aber leider sehr schlecht geführt, von einem ehemaligen sächsischen Spezereihändler und seiner Frau, die von Schmutz starrt und der Bequemlichkeit halber ihr Haar abgeschnitten hat, aber dafür sogenannte »höhere Interessen« hat, den ganzen Tag liest. Sie hat ihre eigentliche Mission ganz und gar mißverstanden, die darin bestünde, den opfer- und entsagungsfreudigen jungen Leuten in Afrika ein europäisches Heim zu bieten. Der Abend in dem schwülen, vom Standpunkt der Ventilisierung und Kühlung ganz falsch, d.h. überhaupt nicht behandelten Raume ungemütlich. Nach einem kühlen Bad legte ich mich zu Bett und schlief gut. Morgens früh sah der Schmutz noch schlimmer aus. Vor 8 Uhr brach ich mit dem vortrefflichen Herrn James Klüppel auf. Wir ritten auf galoppierenden Eseln ca. 40 km in angenehmem Gespräch, mußten mit den Tieren in einer Eingeborenenfähre über den Nil setzen, wobei unter ungeheurem Geschrei und Getöse von Vieh und Menschen ein Esel ins Wasser fiel. Dann sehr interessanter Ritt durch palmenreiche braune Fellachendörfer, zwischen Zuckerplantagen hindurch. Drei Wasserstationen, wo mit dampfgetriebenen Pumpen das Grundwasser herausgeschafft wird, das viel reicher ist als der Nil und ganz rein. Es bestehen 15 Anlagen in der Gegend, die ringsum Kanäle ins Land führen, ohne die man um diese Zeit der Niltrockenheit zu absoluter Dürre verdammt wäre. Sollte dies Unternehmen sich über ganz Egypten ausdehnen, dann würde das Land, dessen Schicksal bisher der Nil bestimmt hat, durch Kulturarbeit von diesem immer unabhängiger werden, ja es könnten Wüsten der Kultur gewonnen werden. Allerdings nicht in allzugroßer Entfernung von dem Nil selber, um dessen Grundwasser es sich hier handelt. Überall tranken wir reichlich von dem klaren nicht zu kalten Wasser, ein besonderer Genuß, nachdem man sich hier zu Lande sonst auf teures Mineralwasser angewiesen sieht, weil man das filtrierte Nilwasser verschmäht. Auf dem Heimweg führte mich Herr Klüppel in ein kleines Haus eines deutschen Inspektors, dessen hübsche blonde Frau es reizend versteht, hier in der Hitze ein kühles behagliches Heim zu schaffen. Es wurde mir schwer, aus den kühlen Räumen, wo ich kalten Tee und Kaffee getrunken hatte, wieder in die Hitze zu gehen. Wieder setzten wir über den Nil und ritten heim. Unterwegs warf mich der Esel ab, während ich Klüppel gerade von den spanischen Frauen erzählte. Anläßlich des reizenden Heims, das ich gesehen, klagte mir Klüppel sein Leid. Er sei glücklich, wieder einmal mit einem Menschen von draußen zusammen gewesen zu sein. Er will sich im Herbst in Deutschland verheiraten und dann ein eigenes Häuschen hier beziehen, das er mir von weitem zeigt.

Zurückgekehrt fühlte ich mich sehr erschöpft. Dazu kam die drückende Chamsinstimmung. Ich konnte an dem schmutzigen Tisch kaum etwas genießen. Dann brachten mich die Herren an die Bahn. Sehr herzlicher Abschied. Ich fuhr in wahnsinniger Hitze nach Luxor, wo ich im Hotel den Rest des Nachmittags in der Badewanne verbrachte. Ich lag dann ein wenig im Zimmer herum und vertrödelte die Zeit. Nach dem dinner vor dem Haus interessante Konversation mit einem Jungtürken, der inspector of finances in egyptischem Dienst ist. Er erzählte viel von der orientalischen Frauenfrage, was manche Mütter ihren Söhnen für scheußliche Frauen aussuchen, die der Unglückliche erst nach der Hochzeit sieht. Sonderbare Hochzeitsbräuche bei den Fellachen. Der Bräutigam defloriert die Braut mit dem Finger, um den er Baumwolle gewickelt hat. Das mit Blut durchtränkte Stück wirft er dann vor die Tür, wo es von der Hochzeitsgesellschaft mit Lärm ergriffen wird. Im Sudan werden die Mädchen früh als Kinder vernäht, in der Brautnacht aufgerissen, was manchmal so schwer ist, daß ein Rasiermesser nötig ist. Man denke sich diese Operation mit der Sorgfalt eines sinnlich erregten Sudannegers ausgeführt.

Gestern früh mit der Bahn nach Assuan gefahren. Die erste Klasse und der Speisewagen trefflich gegen Hitze und Staub geschützt, durch doppelte Wände und blaue Fenster. In Assuan kam mir die Temperatur angenehm vor, da sich der Chamsin gelegt hatte und klarer Himmel war. Per Bahn durch steinige Wüste nach Shellal. Dort auf dem gut eingerichteten Nildampfer. Kurz nach Sonnenuntergang um Phylae herumgefahren. Starker Eindruck. Gut gegessen, dann halbentkleidet auf Deck Presbers Roman »Die bunte Kuh« angefangen. Taugt nichts. Lange keine Ruhe gefunden, da draußen heftiger Wind, in der Kabine aber die Holzwände noch heiß waren. Ich bin der einzige Gast in der ersten Kajüte.

Gegen 6 aufgestanden. Herrliche Morgenfrische bei 28 Grad Celsius. Ich speise, kaum angezogen, auf Deck, von zwei Schwarzen gut bedient. Eben entdecke ich, daß der Koch des Schiffes ein Deutscher ist.

Es beginnt wieder heiß zu werden. Auf 45 Grad wie gestern dürfte zu rechnen sein, aber die Trockenheit macht es erträglich.

Während die dichte Bevölkerung des Niltals in Egypten auffiel, sind hier in Nubien die Ufer fast menschenleer. Wenig Bebauung. Arme kleine, halbverfallene Dörfer, schöne Bergformen, teils sehr schroff.

29. April.

Noch an Bord des Dampfers Sudan: Am Mittwoch auf dem Schiff sehr heiß. Leichte Magenverstimmung. Die Blase schon die ganze Zeit nicht gut. Bei der Hitze fast gar keine Harnabsonderung. Dazu der starke Eselritt vom Montag. Ziemlich einförmiger Tag. Um 9 Uhr zu Bett und sehr gut geschlafen.

Donnerstag um 6 Uhr aufgestanden. Um 10 in Wadi Halfa angekommen. Das Städtchen mäßig interessant. Noch sehr abgespannt. Abends interessanter Spaziergang am Nil. Zurück durch die friedlichen Negerdörfer, wo die Leute vor ihren Türen sitzen. Abends besuchte mich der caterer der Sudandampfers, Herr Lion, ein ganz interessanter Mann, ein Wiener, der viel herumgekommen ist, und 1883 beim Bombardement von Alexandrien auf dem Inflexible als Obersteward war. Freitag früh auf einem Segelboot mit 4 Eingeborenen nach Abusir, dem Felsen über dem 2. Katarakt gefahren. Sehr genußreich. Ich lag in einem Rohrsessel, während das Boot durch die Wellen trieb und die Leute ihre Lieder zum Tambourin sangen. In dieser »Angewandtheit« fiel mir doch der relative rhythmische Reiz dieses monotonen arabischen Gesanges auf. Der Blick vom Felsen über das schwarze Geröll des Kataraktes sehr großartig. »Der Bauch der Steine«, sagen die Araber. Nach Süden tief in die Wüste geschaut. Bei der Rückkehr teilte ich meinen Lunch mit den Leuten, was sie aber nicht hinderte, mich dann zu überfordern. Gegen 5 Uhr nachmittags in die Stadt. In das Dirnenviertel geraten. Bei einer wiederum an ihrem Körper durchaus sauberen braunen Eingeborenen in ihrer dürftigen Hütte. Sie schien betreten, als ich ihr sagte, sie sei schön, »kuwais«. Das Lob gilt hier im Orient als böses Omen. Abends wieder auf dem Schiff, mit dem alten Lion geschwatzt und seinem Sohn, der eine englische Mutter hat und ganz Engländer ist, kein Deutsch kann. Liebenswürdig und flach wie ein junger Engländer. Um 10 kam der Zug von Khartum an, der einige Passagiere brachte. Viel Leben plötzlich.

Heute Vormittag fast kühl. Frühstück mit dem syrischen Arzt aus Wadi Halfa und dessen hübscher Frau. Sie sind syrische Christen. Ich habe ihn vorgestern schon in Wadi Halfa kennengelernt, als er mir dort das Hospital zeigte. Wir sitzen nun bei Tisch zusammen. Er bringt Frau und Kind nach Luxor, von wo diese zum Sommeraufenthalt nach Beirut zu Verwandten gehen.

Um 9 Uhr landeten wir in Abu Simbel. Auf meine Bitte hielt das Schiff. Sehr starker Eindruck der zwei Felsentempel, besonders der Ramseskolosse und im Adyton der in die Rückwand gemauerten Gottheit mit dem König. Noch in keinem Tempel des Altertums hatte ich so den Begriff, daß der Gott wirklich hier ist und wohnt. Bei den griechischen Tempeln genießt man die Kunst, hier fühlt man noch die Götter selbst. Man versteht kaum, daß die Griechen an ihre Götter wirklich glaubten, so sehr sind sie Objekt der Kunst und der Schönheit und vermenschlicht. Hier aber fühlt man noch die Dämonen.

Assuan, 2. Mai.

Sonntag hier gegen Mittag angekommen. Wetter klar und frische Winde. Zustand, sowohl Blase als Verdauung gebessert, ebenso meine Erkältung. Nachmittags Spaziergang zu dem Lager der Bischarin, eines Wüstenstammes, der hier lagert. Montag früh mit dem Ehepaar Koberle, Bekannte vom »Prinzen Heinrich« aus Straßburg, nach Phylae. Tempel und Staudamm. Nachmittag sehr schöner Wüstenspaziergang allein. Gelber Sonnenuntergang von einem Hügel mit Blick auf Assuan. Abends das Ehepaar bei mir im Hôtel. Heute früh auf das andere Ufer gesegelt und die Felsengräber gesehen und mitten in der lybischen Wüstenlandschaft das verfallene koptische Kloster St. Simeon besucht. Der erste Tag des von mir auf dieser Reise besonders gesuchten sonnigen südländischen Wohlgefühls. Ich stehe früh auf, komme von den Ausflügen zwischen 11 und 12 zurück, schlafe bis zum Lunch, lese und schreibe nachher auf meinem Zimmer und mache dann einen Schlendergang bis zum Eintritt der Dunkelheit. Abends sehr früh müde.

Luxor, 6. Mai.

Am letzten Nachmittag in Assuan in das interessante Viertel gegangen. Die Eingeborenen dort unter dem möglichen Niveau, dagegen eine Griechin, Maria, selbst Besitzerin eines Hauses, das stolz Maison d'or heißt und auf der Laterne die Aufschrift auf griechisch trägt. Sehr gastlich. Ich hatte mir absichtlich nur wenig Geld eingesteckt und sonst alle Taschen leer, da ich die Absicht gehabt habe, in ein arabisches Haus zu gehen und versprach dieser Maria daher, ihr am Abend noch etwas mehr Geld zu bringen, als ich ihr jetzt geben konnte. Sie sprach italienisch wie eine Italienerin. Als ich um 9 Uhr abends wiederkam, großes Erstaunen im ganzen Haus, daß ich mein Wort gehalten habe. Sehr liebevolle Aufnahme durch Maria, die mich auf das Dach führte, wo sie bequeme Möbel stehen hatte. Es drang ein berauschender Duft aus blühenden Bäumen herauf, dazu ein ganz klarer Sternenhimmel, man sah das Kreuz des Südens und Zodiacallicht am

Horizont. Dazu wehte eine angenehme Nordwestbrise. Sie selbst tat ein übriges, um mich ganz zu berauschen, wie ich es lange nicht erlebt. Modo pompejano. Ich ging dann sehr müde und zufrieden durch die dunkeln arabischen Gassen, wo schon alles schlief, ins Hotel.

Am folgenden Tag Fahrt nach Luxor. Erste Nacht in einem Hôtel zweiten Ranges, wo mir doch der Unterschied mit den bisherigen Hotels auffiel und die Notwendigkeit in diesem Klima nicht unter ein bestimmtes Niveau zu gehen. Die Leute sehr freundlich und nett, aber das ganze Haus nicht so soigniert, wie es hier die sehr belasteten Lebensgeister verlangen. Nicht genug Schutz gegen Lärm, Hitze, Fliegen wie im Luxorhotel, in das ich am nächsten Tage, trotzdem dort ein widerlicher Kerl Manager ist, zurückkehrte, nachdem ich am Vormittag früh eine nicht sehr befriedigende Reittour nach Theben gemacht hatte. Die dunkeln Königsgräber in Theben gewiß interessant, aber sie sagen mir nicht viel. Der Sethostempel auch nichts besonderes. Dagegen furchtbare Hitze zwischen den kahlen Felsen.

Durch Mohl habe ich eine Empfehlung an den deutschen Konsularagenten Moharem Toudros, der sein Bureau mit einem orientalischen Salon in einem kleinen Häuschen am Nil hat. Dort zum Tee eingeladen. Blick vor Sonnenuntergang unvergleichlich, über den stillen Nil und den wie Messing leuchtenden Himmel hinter den Hügeln von Theben. Toudros schenkte mir einige Altertümer und zeigte mir eine großartige Collection von *Fälschungen* von Fellachenhand.

Gestern früh um ½ 7 Uhr wieder nach Theben geritten und dieses Mal sehr befriedigt zurückgekehrt. Der Terrassentempel von Deir el Bari, das Rameseum und noch mehr Medinet Habu, der Tempel Ramses III. geben doch eine sehr starke Vorstellung der kolossalen altegyptischen Kultur.

Nachmittags mit meinem Eseljungen Jussuff Ismael über den Nil gerudert und dort gegen Sonnenuntergang ein herrliches Schwimmbad angesichts der Tempelruine von Luxor. Abends hatte ich Mr. Toudros zum Essen ins Hotel geladen, er ist Kopte, ein alter Herr, spricht gut deutsch, ist aber über rein konventionelle

Äußerungen nicht hinauszubringen. Die Kopten scheinen nicht viel anders als die Mohammedaner zu sein, ebenso dumpf. Die Frauen ebenso verschleiert und scheu. Nur erwerben sie Eigentum, wovon die Mohammedaner der Koran abhält, wie mir Jussuff erklärte, der all sein Geld gleich ausgibt, damit Allah ihm wieder neues geben kann.

Heute früh in dem interessanten Tempel von Luxor.

Luxor, 7. Mai.

Nachmittags das Beste, was ich bis jetzt gesehen: Karnak, Tempel in Abendbeleuchtung. Die ungeheure Säulenhalle mit dem Blick vom Pylon auf die Landschaft so unvergeßlich, wie Pompeji. Dort traf ich einen Deutschen aus Deutsch-Ostafrika, mit dem ich nach Luxor zurückgaloppierte. Abends in die Pension, wo ich neulich wohnte. Traf dort den Deutschen wieder, sowie einen ungarischen Herrn. Der Ungar hatte einige eingeborene Freunde mit denen wir das interessante Quartier besuchten. Dort ließen wir uns von drei hübschen Araberinnen eine Fantasia vormachen. In einem kümmerlichen Raum, um dessen Wände Diwane und ein Himmelbett standen. Alle drei nackt und rehbraun, wie zwei junge Gazellen, mit vollendeten Brüsten, aber meinem Geschmack nach zu mager, fünfzehnjährig. Die dritte zwanzigjährig, aber schon zu fett. Bauchtanz und ähnliches, was den drei einen ganz unbändigen Spaß zu machen schien. Anfangs genierten sie sich ein wenig ganz nackt unter den vielen Männern, aber dann genossen sie die Situation mit großer Koketterie. Vor der Tür machte ein Junge eine eintönige Musik, hereinkommen durfte er nicht, sie hätten sich vor ihm geschämt. Dann noch unter den Arkaden der Pension gesessen. Wieder eine himmlische Südnacht, wie neulich in Assuan. Ich fühle mich nun körperlich recht wohl und genieße wieder den südlichen Sommer und seine Glut.

Gestern gegen Abend kam ein junger Araber, Hotelangestellter, in mein Zimmer und begann plötzlich ein Gespräch über Ehe und die Frauen, was schließlich zu einem homosexuellen Antrag seinerseits führte. Heute versuchte er dasselbe. Im Gegensatz zu andern Ländern heißt das aber nicht, daß die Leute sich anbieten, sondern sie wollen den Fremden gebrauchen. Offenbar hängt dieser Begriff von erlaubter Aktivität und schmählicher Passivität mit dem Koran zusammen. Darum darf auch der arabische Mann fremde Frauen nehmen, die arabische Frau aber nie einen fremden Mann. Denn nur Passivität betrachten sie als Hingabe.

Gegen Abend noch einmal mit dem Herren aus Deutsch-Ostafrika zum Sonnenuntergang nach Karnak geritten.

Gestern mit dem Herrn Schulze aus Deutsch-Ostafrika nach Kena gefahren, fürchterliches griechisches Hôtel; nach dem Tempel von Denderah geritten, der durch seine vollständige Erhaltung einen sehr guten Schluß meiner Tempelbesichtigungen bildete. Unterwegs erzählte Schulze sehr interessant von Afrika. Nach einem jämmerlichen Lunch fuhr er nach Luxor zurück, ich wieder nach Deschna, wo ich Herrn Betzler, den Einen der deutschen Herren, gerade beim Tee fand. Schöner Sonnenuntergang, von der Terrasse aus. Der Nil abends immer unendlich reizvoll. Spiegelglattes Wasser. Etwas Feuchtigkeit in der Luft. Dann die Segelschiffe traumhaft körperlos. Mit Herrn Betzler sehr erfrischendes Nilbad vom Motorboot aus.

Dann wieder mäßiges, vor Allem unsauberes Abendessen, dann an die Bahn geritten. Um 9 in Oasis Junction, von wo mich ein junger Engländer im Auto auf den Schienen nach dem Resthouse in Qara brachte. Heute früh 8 Uhr hierhergefahren. Um ½ 4 angekommen. Ein Herr, der wie ein Deutscher aussieht, aber ein Jude aus Palästina ist, holt mich ab und führt mich in das komfortable Rest-House, vor dem ich jetzt bei Sonnenuntergang dies schreibe.

8. Mai.

Mit Mr. Simon, dem Juden aus Palästina, die Strafkolonie besucht. Nachmittags die wunderbare Oasenstadt Khargeh.

Auf den langen Bahnfahrten den miserabeln Roman: The Man of Property von Galsworthy zu Ende gelesen.

Medinet el Fayum, 13. Mai.

Von Qara nach dem Abendessen abgefahren. Angenehme Nachtfahrt. Erst im Speisewagen, dann in einem Damencoupé 1. Klasse allein. Um 5 in Wasta. Frühstück am Bahnhof. Um 8 hier angekommen. Mäßiges Hôtel, aber die Leute geben sich Mühe (Albanesen). Bin reisemüde und verzichte daher auf den Mörissee, der schwierig zu erreichen ist. Vormittags in die Stadt. Ganz malerisch, aber wie viele orientalische Städte. Nachmittags bei trübem Himmel anstrengender Ritt durch Dörfer nach der Pyramide von Hawara. Oben Aussicht wie auf eine europäische Ebene. Mit der Bahn zurück. Abends bei Vollmond durch die stimmungsvolle, verworrene Stadt. Caféhäuser, Gesänge, Zänkereien in der Dunkelheit. Heute früh mit Erbrechen und Durchfall aufgewacht. Dann dennoch, weil ich mich auf Citronen und Yoghurt-Tabletten sehr bald wieder wohler fühlte, nach Crocodilopolis gegangen, das statt 10 Minuten über ½ Std. weit ist. Sonne und Staub. Sehr erschöpft zurückgekommen. Jetzt geruht und wieder viel Citrone. Besser.

Kairo, 14. Mai.

Gestern Nachmittag hier wieder angekommen. Genieße sehr, wieder in Komfort und einer gewissen Regelmäßigkeit zu leben. Die Darmkrise ist schnell vorübergegangen.

Kairo, 22. Mai.

Seit einer Woche hier. Lebe regelmäßig und fühle mich wohl. Habe einen jungen Österreicher als Sekretär angestellt, dem ich bis jetzt jeden Vormittag einen Aufsatz diktiert habe. Nach der Siesta mache ich wundervolle Gänge durch die Stadt. Habe bis jetzt die herrlichen Moscheen gesehen mit ihrem interessanten Leben, besonders die Universität El Azar. Einmal abends bei Prof. Borchardt zum Diner, einem rechthaberischen, typisch deutschen Gelehrten, einmal bei dem Baron Pfyffer und seiner levantinischen Frau in ihrem schönen Haus in Gezireh zum Tee, und mehrere angenehme Abende mit dem Augenarzt Dr. Meyerhof verbracht. Leider ist die Angelegenheit »femina« hier schwer lösbar: die üblichen, einen miché suchenden Pariser Kokotten, dann die gefährlichen, weil nicht kontrollierten internationalen Häuser und die zwar ärztlich kontrollierten, aber schmutzigen Häuser am Fischmarkt.

Ramleh bei Alexandria, 2. Juni, 1911.

Seit vorgestern hier. Die letzte Woche in Kairo noch sehr hübsch. Vormittag eine ganze Menge Artikel diktiert. Nachmittags Ausflüge. Mokattam, Pyramiden usw. Eines Vormittags Ritt nach Sakkara; abends viel mit dem vortrefflichen Dr. Meyerhof zusammen. Noch einmal abends bei Borchardt mit Meyerhof. B. ein rechthaberischer, pedantischer, phantasieloser, deutscher Gelehrter. Hier mit dem netten, aber wenig anregenden Ehepaar Dr. Prüfer zusammen. Er ist Orientalist und dem deutschen Konsulat attachiert. Ich habe ein hübsches, luftiges Zimmer auf dem Dach. Blick auf das Meer. Sternenhimmel, aber schlechte Verpflegung, die nach heftigem Protest etwas besser geworden ist. Gestern nach Alexandrien bain turc, sehr schön. Mittags erstes Seebad.

7. Juni.

Die Stadt Alex. interessant. Museum: entzückende alexandrinische Kleinkunst. Wenn ich mir einmal eine Sammlung anlegen würde, wäre dies das Motiv: Hellenistische Kleinkunst. Wie heimisch und beseligend wirkt nach dem alten Ägypten griechische Kunst.

Eine kleine Italienerin kennengelernt, Annina, aus Neapel heimlich durchgebrannt; Angst vor ihren 8 Brüdern, die sie töten würden, wenn sie von ihrem lockeren Leben wüßten. Nun hat sie sich hier ein Haus gemietet und wartet auf die clients. Sehr lieb und hübsch. Nur ihre Mutter weiß, daß sie hier ist.

Gestern wieder türkisches Bad. Habe mich epilieren lassen, was ein ungemeines Wohlgefühl auf der Haut hinterläßt, das noch heute dauert.

Im Ganzen hier 5 Seebäder genommen.

11. Juni.

An Bord des österreichischen Dampfers Elektra. Heute um 3 Uhr Alexandria verlassen. Die letzten Tage in Ramleh noch ganz hübsch. Vormittags gearbeitet. Nachmittags schöne Ausflüge, besonders längs dem Mahmudijekanal, abends mit Dr. Prüfer und Frau im Hôtel und einem ganz interessanten dänischen Globetrotter Herrn Ohlsen.

Das Schiff klein, aber sauber. Ganz gemütliche wiener Gesellschaft, einfache Leute. Die hübsche Frau des Schiffsarztes, eine amüsante Wienerin.

12. Juni.

Heute früh in Port Said aufgewacht. Den Tag in der ganz netten Stadt verbracht. Eine große Straußenfeder für Friedel gekauft und ihr in einer Blechbüchse zugesandt. Seit einiger Zeit korrespondiere ich wieder mit ihr. Dann in dem Araberviertel ein kleines mäßiges Abenteuer zum Abschied von Ägypten. Herrliches 6. Seebad. Guter lunch in der Stadt. Dann im Café an Eulenberg geschrieben als Antwort auf seine Kunstbroschüre. Herrliches Wetter, bewegte Luft. Wundervoller Reisetag.

Jerusalem, 16. Juni.

Dienstag früh in Jaffa gelandet. Ärztliche Untersuchung auf dem Schiff wegen der Pest in Ägypten. Vormittags 7. Seebad mit einigen Schwierigkeiten wegen mangelnden Auskleideorts. Nachmittags durch die pittoreske Stadt gebummelt. Plötzlich an einer Ecke überraschender Blick in die herrliche grüne Landschaft, Orangenpflanzungen und Wein. Im Hintergrunde die blauen Berge von Judäa. Prachtvoller Gang mitten durch. Abends durch die friedliche deutsche Kolonie in das hübsche Hotel du Parc zurück. Zimmer nach einem wundervollen südlichen Garten.

Mittwoch Vormittag in der grünen, freundlichen Templerkolonie Sarona. Im Wirtshaus einen guten Landwein getrunken, während mir der schwäbische Wirtssohn, der im Land geboren ist, einige Aufklärungen über die Kolonie giebt. Dann in die jüdische Siedelung Telawif, wo ich in dem hebräischen Gymnasium einer französischen Stunde beiwohnte. Nachmittags nach Jerusalem gefahren, in köstlicher Abendbeleuchtung und frischer Luft angekommen.

Donnerstag Vormittag in der jüdischen Kunstschule Bezalel, mit Empfehlung von Struck an den Leiter Goldmann. Feiner, künstlerischer Mensch. Nachmittags interessanter Spaziergang. Arabisches Caféhaus mit Blick auf den Teich der Bathseba. Dann durch das armenische Viertel. Im Garten des armenischen Klosters kletterte ich auf die Stadtmauer, wurde von Schwindel erfaßt und kam nur schwer wieder herunter. Dann durch das abendliche Judenviertel zurück.

Freitag Vormittag in der Grabeskirche. Starker Eindruck von den russischen Pilgern in der engen Grabkapelle. Dann zu der überaus häßlichen Erlöserkirche. Nur der alte Kreuzgang schön, den eine alte, brave Schwäbin mit ihrem Mann in frischem Grün erhält. Durch den Bazar zurück. Nachmittags zur Klagemauer. Einer der stärksten Eindrücke meines Lebens. Die Tränen waren mir nah. Dann herrlicher Gang über dem Kidronthal um die Tempelmauer herum. Zurück durch das Stephanstor und die eindrucksvolle Via dolorosa mit den lateinischen Inschriften an den Leidensstationen. Am Jaffator Herrn Goldberg mit Frau & einem Lehrer der Schule getroffen. Gemeinsamer Gang an der Stadtmauer. Blick auf die Montefiorische Judenkolonie gegenüber, wo die Schabbeslampen erglühen.

Abends mit den 2 Direktoren der Deutschen Palästinabank und anderen deutschen Herren auf der Kegelbahn. Heute, Sonntag Vormittag, las ich in den Evangelien die Leidensgeschichte.

19. Juni.

Samstag Nachmittag begann eine schlechte Periode. Widerwärtiger Wind und Staub. Ausbleibende Korrespondenz, und die Vorhandene schlecht. Otto hat eine Blinddarmoperation durchzumachen. Hedwig will sich nicht mit dem Freiburger Arzt in

Verbindung setzen. Sonntag noch widerwärtigerer Wind. Nachmittags jedoch hübscher Spaziergang in die Tempelkolonie. Besuch bei ihrem Präsidenten Röhrer. Im Aussätzigen-Hospital, und durch die jüdische Montefiore-Kolonie zurück. Zum Abendessen habe ich Herrn und Frau Goldberg eingeladen. Absage im letzten Moment wegen Erkrankung.

Heute Morgen Spaziergang nach der wenig interessanten Zionsvorstadt.

Ich leide hier wieder unter dem Mangel an Frauen, die hier, wie es scheint, durchaus unzugänglich sind. Dazu kommt die einseitige, sinnlose Fleischkost im Hotel und die unzuverlässige Postverbindung. Dennoch nachmittags herrliche Gänge, die mich über Alles hinwegsetzen. Heute nach Gethsemane und Ölberg. Blick auf das tote Meer herrlich. Hoffentlich ist damit die schlechte Periode abgeschlossen.

Jericho, 22. Juni.

Dienstag Nachmittag mit dem Konsulatskawassen und einem türkischen Soldaten auf dem Tempelplatz, die prächtige Omarmoschee und das Übrige gesehen. Nachmittags schöner Gang durch das Kidron- und das Hinnomthal, dann in das Räubernest Siloah verirrt. Mittwoch Vormittag Dampfbad in der Naturheilanstalt der Adventisten. Nachmittags Ritt nach dem prächtig gelegenen Bethlehem und zurückgaloppiert. Heute um ½ 9 per Wagen hierher. Gluthitze, unerfreuliches, orientalisches Hôtel.

Jerusalem, 24. Juni.

Donnerstag Nachmittag per Wagen zum toten Meer. Bad in dem warmen, sehr bewegten Wasser. Dann zum Jordan gefahren. Noch ein Bad, durch abendlich rote Landschaft zurück. Im Hotel wahnsinnig heiß, weil garkein Schutz gegen Hitze, keine Läden. Auf der relativ kühlen Veranda ein erträgliches Abendessen. Dann ein Wenig in der Bibel gelesen, wie jetzt die ganze Zeit täglich.

Freitag um 4 aufgestanden. Frühstück auf der Veranda angesichts der transjordanischen Berge, hinter denen die Sonne aufstieg. Dann nach Jerusalem zurück. Dort noch immer keine Post und bis heute noch keine Nachricht, wann Schiffe kommen und gehen, da Quarantäne ist. Verstimmter Nachmittag. Zeitungen gelesen. Abends kamen Goldberg und Frau zu mir als Gäste zu Tisch.

30. Juni, im Zug zwischen Haifa und Damaskus.

Die letzten Tage in Jerusalem matt, während die erste Woche mit zu dem Schönsten dieser Reise gehörte. Noch ein paar Mal mit Goldbergs zusammen. Montag nach Jaffa zurück, Dienstag Wagentour nach der blühenden jüdischen Weinkolonie Richon el Zion. Am letzten Abend im Hotel den Buchhändler L. Meyer mit seiner reizenden Frau getroffen. Sie sind Zionisten und Freunde von Struck. Zwischendurch eine Stunde auf der deutschen Kegelbahn, wo mir Grauenhaftes über die Zustände des Landes erzählt wurde.

Von Jaffa am Mittwoch per Dampfer nach Haifa. Schöner Nachmittagsspaziergang nach dem Eliaskloster auf dem Karmel. Abends lud ich den Arzt Dr. Auerbach, Zionist und Freund Strucks, zum Essen ein. Angenehmer Abend, Auerbach ist hier ganz heimisch geworden. Vor Tisch 8. Seebad. Donnerstag früh Bahn nach Samach. Auf einer fürchterlichen Schaluppe voll stinkender, grindiger, triefäugiger Eingeborener über den See Genezareth nach Tiberias gefahren. Leidliches deutsches Hotel. Aber große Hitze. Nach der Siesta hübscher Gang am Seeufer. Bad in der warmen Schwefelquelle, sehr schmutzig und schlecht gehalten, und dann gleich im Badetuch in den See gegangen. Sehr erfrischt zurück. Durch die abendliche Judenstadt, und dann schöner Blick über den See von den Ruinen des Kreuzfahrerkastells.

Heute früh von Tiberias ab. Besseres Schiff. Und nun in der Bahn nach Damaskus.

Damaskus, 4. Juli.

Freitag Abend mit nur 1 ½ Stunden Verspätung, was hier wenig ist, angekommen. Angenehmes, geräumiges Hotel. Riesenzimmer. Vormittags durch die Bazare. Nachmittags türkisches Bad. Alles das interessant, orientalisch, aber nichts Neues für mich. Deutsche, lustige Tafelrunde im Hotel. Sonntag Vormittag wieder in die Bazare und das Viertel Meidan. Nachmittags mit den Herren aus dem Hotel herrliche Wagenfahrt in die grüne, wasserreiche Umgebung, zuletzt in einen Cafégarten, wo die christliche Bevölkerung mit hübschen Frauen Sonntag feierte. Abends Alle zusammen in das mindere Café chantant »Fleurs de Damas«, wo die Mädchen der Damenkapelle uns Gesellschaft leisteten. Montag vormittags Omajadenmoschee. Nichts gegen Kairo und Jerusalem. Nachmittags schöner Spaziergang um die Stadttore. Abends sehr lustig. Im Hotel Alle zusammen. Ich habe ca. 2 Stunden Klavier gespielt. Im Ganzen etwas reisemüde, freue mich auf Beirut, wo ich wieder arbeiten will und wieder einiges Feminine zu finden hoffe.

Ain Sofar, 6. Juli.

Vorgestern Nachmittag in Damaskus den Berg vor der Stadt bestiegen mit prachtvoller Aussicht in den Antilibanon und auf die zwischen Grün liegende Stadt. Gestern Vormittag nach Balbek gefahren. Wohltuend die große, antike Architektur nach dem vielen orientalischen Krimskrams. Abends mit der Familie der Hotelbesitzerin und dem andern Gast, einem deutschen Maler, an der Orontesquelle im Kühlen gegessen. Als wir nach Hause kamen, war das armenische Dienstmädchen verschwunden und hatte Einiges gestohlen. Wir fanden sie mit ihrem Bündel im Haus eines alten Armeniers. Große Szene und Geschrei. Heute Morgen nach Ain Sofar gefahren. Herrliche Libanon-Aussicht, schöner Nachmittag Spaziergang. Abends mit 2 vornehmen Ägyptern bei Tisch, den ganzen Abend in der Halle geplaudert mit ihnen.

Beirut, 9. Juli.

Freitag Mittag hier angekommen. Abends von der Tafelrunde in Damaskus den Herrn Bürger aus Kairo wiedergefunden. Mit ihm eine Tour durch das Viertel am Kanonenplatz. In mehreren Häusern. In einem Geringeren eine nette Araberin, in einem guten eine reizende Griechin namens Paolina. Außerdem ist hier der Maler Rittmeyer aus Balbek und ein Herr Livadič aus Damaskus, den seine Fabrik hier plötzlich im Stich gelassen hat, sodaß er völlig mittellos ist. Ich habe ihn gleich als Sekretär engagiert und helfe damit dem armen Kerl über die nächsten Tage hinaus. Gestern und vorgestern Abend 2 Seebäder, 9 und 10.

15. Juli.

Ich habe fast jeden Vormittag dem Herrn Livadič einen Aufsatz diktiert. Nachmittags einige Spaziergänge in die schöne, etwas an Florenz erinnernde Umgebung. Sonst meistens im Hotel, wo eine ganz nette deutsche Tischgesellschaft ist, meist hier lebende Kaufleute. Noch 3 Seebäder genommen, 11–13, meist mit dem Direktor der Palästinabank Arendt, der der Angenehmste von der Gesellschaft ist. Ein paar Tage fühlte ich mich unwohl, im Ganzen nicht sehr auf dem Damm und etwas reisemüde. Da aber dieser Winkel ziemlich aus der Welt liegt, will ich die Tour nach Cypern noch machen, weil man nicht weiß, ob man wieder hierher kommt. Netter Brief von Friedel.

17. Juli.

Samstag Abend mit Dir. Arendt nach Brumana im Wagen gefahren. Um ½ 11 oben. Sonntag etwas gearbeitet, nachmittags prachtvoller Spaziergang auf der Höhe des Libanon. Abends bei Arendts Freunden, einer Familie Ney aus Beirut eingeladen, die dort ein Landhaus haben, wo auch mehrere Herren der Tischgesellschaft aus dem Hotel waren. Heute früh mit Arendt zurück.

20. Juli.

Diese Woche Seebäder. 14–17. Heute meine Artikel abgeschickt. Gestern und vorgestern nochmals Kanonenplatz.

Famagusta, Sonntag, 23. Juli.

Freitag von Beirut abgefahren. Vorher besuchte mich noch Laßwitz aus Konstantinopel, um Näheres für Konstantinopel zu beraten, wohin ich nun doch noch gehen will. Auf einem guten italienischen Dampfer. Bei Tisch entzückende Wienerin Frau des Dir. Neustadtl der Deutsch-Asiatischen Bank in Mersina, die von einem Familienbesuch in Alexandria zu ihrem Manne zurückgekehrt. Wir saßen bis 11 allein auf Deck und – ich habe mich in sie so verliebt, daß mir am andern Morgen der Abschied direkt schwer war. Ich habe das bestimmte Gefühl, daß ich dieser Frau einmal wiederbegegnen werde. Morgens früh in Cypern angekommen, in Larnaca gelandet und über Nicosia gleich nach Famagusta gefahren. In der Bahn die Bekanntschaft eines sehr netten Engländers gemacht von der Regierung, mit dem ich hier im Hotel einen angenehmen Abend verbrachte. Heute Morgen 18. Seebad an dem sandigen Strand, das Beste auf dieser Reise.

Troodos, 27. Juli.

Sonntag Nachmittag mit Mr. Bevan Fahrt nach Salamis, per Wagen. Unterwegs interessante Gespräche. Politik, Frauenfrage und die Einrichtung des deutschen »Verhältnisses«. Er findet dieses »arrangement« sehr vernünftig, wie er sagt. Abends, wie am Tag vorher, auf seiner Terrasse. Montag per Bahn nach Nicosia. Unterwegs recht unwohl. Prostatabeschwerden, aber in Nicosia bald besser. In Nicosia nachmittags die Stadt besucht, gegen Abend im englischen Klub, wohin mich Mr. Bevan empfohlen hatte. Abends langer Spaziergang durch die Gassen. Im Café einen jungen Italiener gefunden, mit dem ich neulich im Auto von Larnaca kam. Er führt mich in das interessante Viertel, wo er auf meine Kosten sich amüsieren will. »Une femme à nous deux«, sagt er. Ich verzichte und wähle die etwas reife sous-maîtresse. Darob große Eifersuchtsszene der 2 jüngeren Insassinnen des Hauses, sodaß ich mit der Älteren aufbreche und in ein andres Haus gehen muß. Dort treffen wir die Inhaberin im Hof mit ihrem Mann auf einer Matratze schlafend. Sie räumt uns schnell ein Zimmer ein. Auch sie ist übrigens vom »Métier«. Die Andere glücklich und dankbar, aber langweilig. Durch die Sommernacht heim. Am Dienstag im Wagen hier heraufgefahren. 2400 mtr. hoch in dünnem Kiefernwald. Ich bewohne ein großes, aber ganz komfortabel eingerichtetes Zelt auf einem Felsvorsprung. Vom Bett aus sehe ich auf Kieferkronen, wo Geier sitzen und jenseits die Berge. Mittwoch früh ziemlich elend. Etwas Diarrhöe. Ich empfing den Besuch des chief justice, Sir Charles Tyser, den Mr. Bevan auf mich aufmerksam gemacht hatte. Gemeinsamer Spaziergang. Unterwegs macht er mich mit allen möglichen Leuten bekannt. Darunter die hübsche Frau des stellvertretenden high commissioner Mrs. Orr im Herrensattel auf einem Ponny. Nachmittags machte ich allein einen kleinen Spaziergang auf einen aussichtsreichen Hügel. Ich lese Mach, Analyse der Empfindungen. Teils mit Widerspruch, teils mit Vergnügen. Abends sehr kalt.

Heute Morgen, wie gestern, ein Sonnenbad im Zelt. Fühle mich wieder ziemlich gut. Vormittags Briefe. Gegenbesuch bei Sir Charles. Einladung zum Empfang bei Mrs. Orr, aber auf einen Termin, wo ich schon nicht mehr hier sein werde. Nachmittags prachtvoller Spaziergang auf den höchsten Punkt der Insel, wo fast Rundsicht.

Sonntag, 30. Juli.

Jeden Vormittag Sonnenbad in meinem Zelt. Lektüre des mich durch seine materialistische Flachheit tief enttäuschenden Mach. Nachmittags schöne Spaziergänge. Freitag Abend zum Essen bei Sir Charles. Nett, aber langweilig. Samstag Abend bei Mr. Bovril, der eine sehr angenehme Frau hat. Ausgezeichnet unterhalten.

Troodos, 30. Juli 1911

Heute Tee bei Sir Charles. Fühle mich nicht besonders wohl. Höhenklima oder allgemeine Reiseermüdung.

1. August, an Bord des Österreichischen
Lloyddampfers Elektra, vor Tripolis.

Seit Montag fühle ich doch, daß mir der Aufenthalt in Troodos wohlgetan hat. Besonders Blase befriedigend. Nachmittags nach dem österreichischen Asbestwerke Amianthos. Unterwegs führte mich ein griechischer Junge. Versuch neugriechischer Konversation mit ihm. Er schlug eine sonderbare Art von Sport vor. Dämon. Dienstag um 9 mit Wagen hinunter nach Limassól. In Parapedi lunch bei dem einzigen Deutschen der Insel, Herrn Pfennig, der mich mit seiner niedlichen kleinen Frau in seinem hübschen Hause empfing. Abends auf dem Dampfer mit dem wiener Schiffsarzt geplaudert. Jetzt vor Tripolis. In den letzten Tagen Mach zu Ende gelesen. Unsäglich oberflächlich. Gerade die enorme Veränderlichkeit des Ichs während eines Lebens, die doch das Identitätsgefühl nicht angreift, ist ein Beweis für, nicht gegen die psychische Substanz jenseits reiner Chemie und Physik.

Sonntag, 6. August.
An Bord des Dampfers Sénégal, Messageries Maritimes.

Ich bin am Mittwoch via Tripolis in Beirut angekommen, habe noch Einiges dort diktiert, war nochmals auf dem Kanonenplatz (Marikka), wo ich den Ungarn aus Luxor traf; zusammen in einem Variété (bei Jeanne), wo 2 russische Jüdinnen bei uns saßen, für deren Jungfernschaft ein Agent bei ihrem Vater in Wien eine Garantiesumme deponiert hat. Noch 3 Seebäder, 19–21.

Berlin 9. November 1911.

Diese durch 15 Jahre gehenden Aufzeichnungen waren in Bücher, Hefte und auf lose Blätter geschrieben. Darunter befanden sich Notizen über alle möglichen Gebiete, die mich interessierten. Das ganze war in solchem Durcheinander, daß das Tagebuch seinen eigentlichen Zweck, von mir gerne gelesen zu werden, völlig verfehlte. Ich benutzte daher die vortreffliche Einrichtung meines Anfang dieses Jahres erworbenen Dictaphons, in das ich mühelos und mit verhältnismäßig geringem Zeitaufwand die gesamten Aufzeichnungen dictierte. (Ende Sept. bis Mitte Nov.) Geändert habe ich so gut wie nichts, nur habe ich in der ersten Hälfte manche der kunstphilosophischen weitläufigen Speculationen, die sich nun als leeres Begriffsstroh erwiesen, weggelassen oder gekürzt (so hatte ich z. B. über die gesamten Kunstschätze des Louvre, mit namentlicher Aufzählung aller Werke die mich besonders anzogen oder abstießen, ziemlich wertlose Kommentare geschrieben). In der zweiten Hälfte dagegen habe ich Gedanken und besonders Reiseeindrücke, die ich später ausgearbeitet und veröffentlicht habe, in dieser Abschrift unterdrückt. Als ich bei der Aufzeichnung vom 6. August 1911 angekommen war, widerstrebte es mir das folgende weiterzudiktieren; denn hier begann das durch die ganzen 15 Jahre ersehnte größte, stärkste Erlebnis meines Daseins. Von ihm aus datiere ich ein neues Leben. Die Aufzeichnungen vom 6. August ab bilden den Beginn eines neuen Tagebuchs, an dem ich noch schreibe.

An Bord des Dampfers »Sénégal« (Messageries Maritimes)
Sonntag, den 6. August 1911.

Gestern in Beirut auf den Dampfer gestiegen, wo ich Dr. X und seine Frau aus Berlin wiederfand, die ich neulich durch Laßwitz in Beirut kennen gelernt habe. Er hat inzwischen 3 Wochen an Rückfallfieber im Spital gelegen. Sie ist eine mich ganz besonders entzückende Frau.

Noch an Bord, 9. August.

Ich habe mich immer mehr in Frau Dr. X. verliebt, die von Anfang an schon eine geradezu elementare Anziehungskraft auf mich ausübte. Heute liebe ich sie mit einem so ungebrochenen Gefühl, wie ich es nie gekannt habe und mir kaum zugetraut hätte. Wie Krusten sind eine Menge Gedanken und Wertungen, die ich für wesentlich hielt, von mir abgefallen. Die ganze letzte weltliche Periode erscheint als eine Episode, die hinter mir liegt. Ein neuer Weg öffnet sich, die Unruhe und Unzufriedenheit der letzten Monate löst sich. Wir saßen jeden Abend allein im Mondschein auf dem Verdeck, während er frühzeitig in die Kabine ging. Vorgestern lag der Dampfer in Samos. Der erste Tag reiner südlicher Mittelmeersonne auf dieser Reise. Bis dahin war es nicht die angenehme trockene, sondern eine schwüle feuchte Hitze. Auch sie empfand es so, wie sie sagte. Wir gingen allein hinaus an die Felsen und badeten im Meer, dann lagen wir in der Sonne. Nur die Tatsache, daß ich sie schon wirklich lieb hatte, gab mir die nötige Beherrschung, sie nicht, wie sie da vor mir lag, einfach zu nehmen. In diesem Augenblick war sie mir völlig ausgeliefert in der Einsamkeit. Am Abend auf Deck ließ ich sie verstehen, wie viel mir diese Stunde war und gestern Abend habe ich ihr meine Liebe erklärt, was sie günstig, aber zurückhaltend aufgenommen hat. Einmal hat sie jedoch selbst meine Hand gefaßt und gefragt: »Also soll ich Dich wirklich lieb haben?« Aber geküßt haben wir uns nicht, denn alles soll sich erst nach der Rückkehr in Berlin entscheiden, wo sie jetzt gleich hinfahren, während ich erst im nächsten Monat da sein werde. Sie ist die klare, ruhige problemlose Natur, die ich noch nie in einer Frau gefunden habe, sie wird dem Mann nicht in seine Angelegenheiten hineinreden, vielmehr ihn durch ihr beglückendes Dasein in ihren Bann schlagen. Hätte ich sie glücklich gewußt, wäre es mir nie eingefallen, ihr meine Liebe zu entdecken, erst als ich fühlte, daß ihre Ehe innerlich vollkommen leer ja fast zerrüttet ist, wagte ich mich mit der Sprache heraus. Niemals hätte ich ihr Glück gestört, wenn es vorhanden gewesen wäre. Mit ihr kann ich die Natur empfinden, während die Natur mich allein oft nur zu Gedanken anregte. Sie ist für mich das Mittel zwischen mir und meiner Sehnsucht nach dem Ursprünglichen, zu dem ich allein nie kommen kann, und damit vielleicht die Lösung aller meiner Probleme.

Heute Morgen 10 Minuten mit ihr allein. Sie giebt zu, auch noch nie so verstanden worden zu sein, wie jetzt. Ihre Haut ist kühl, und wie ich sie gestern zwischen den Wellen sah, hatte sie etwas von einem glückseligen Wasserwesen. Ich dagegen bin heiß und unruhig. Obwohl ich sie manchmal auch wie ein Kind empfinde, bin ich ihr gegenüber auch bisweilen wie ein still bewundernder Knabe, wenn ich ihre echte Natur fühle. Bei ihr kann ich glaube ich alles, alles vergessen.

Konstantinopel, den 14. August.

Wir sind Mittwoch Nachmittag hier angekommen. Dr. Laßwitz und Frau mit deren Cicisbeo Maxud Bey, ein Armenier und Secretär des Großveziers am Schiff. Anfangs war ich sehr niedergeschlagen, daß die Leute mich nicht zum Essen einluden, nachdem ich nun 5 Tage lang Anni ganz für mich gehabt hatte. Ich geriet in ein kümmerliches Hotel, in demselben Haus, wo ich auch vor 7 Jahren gewohnt habe. Ich ging dann allein bei Janni essen, wie vor 7 Jahren um dann nach Verabredung zu Laßwitzens hinauf zu kommen. Dann gingen wir alle zusammen in die Petits Champs, wo noch andere dazu kamen. Ich fühlte namenlose Eifersucht, bloß weil Anni nun auch für andere Menschen wieder da zu sein begann. Ich fühlte mich selbst sehr unsympathisch, abends zu Haus aber nahm ich eine starke innere Konzentration vor und richtete meinen Willen bewußt darauf, daß ich mich nicht in solche Stimmungen versenken darf, die mir alles noch garnicht ganz erworbene wieder verscherzen könnten. Am anderen Morgen etwas heiterer und dann völlig umgewandelt, als ich bei der Begrüßung Anni's bei Laßwitzens einen leisen Druck ihrer Hand spürte. Wir fuhren nun alle im Boot zusammen nach Stambul und gingen in den Bazar, aßen bei Tokatlian. Ich saß eine Viertelstunde allein mit Anni im Wagen und überzeugte mich, daß ich durch meine Stimmungen noch nichts verdorben hatte, und erklärte ihr, daß meine gelegentlichen Depressionen nur aus der Ungewißheit kommen, ferner daß ich sonst ziemlich eifersuchtslos bin und daß mich gelegentlich ein kleines Zeichen von ihr jeden Augenblick umwandeln kann. An solchen Zeichen hat sie es denn auch in den letzten 3 Tagen nicht fehlen lassen und alles ging gut. Ich bin meistens oben bei Laßwitz gewesen.

Montag gegen Abend ein Spaziergang mit Anni und Laßwitz in Pera nach anderen Hotels, wo ich vergeblich ein besseres Unterkommen suchte. Das Haus Laßwitz ist eine Hölle, er wahnsinnig taktlos, sie entsetzlich zänkisch. Beide haben stets Recht und Unrecht gegeneinander. Diese Stimmung verdarb uns oft die Atmosphäre und wirkte ansteckend. Abends einmal Diner bei Laßwitz, wo auch einige Leute eingeladen waren. Dieser Abend war sehr nett, bis die Anderen weggingen und das intime Krakelen und Schreien wieder losging. Maxud stets dabei, ein unsäglich farbloses Nichts, das mir noch mehr auf die Nerven geht als der polternde Laßwitz. Dr. X. ist stets die gekränkte Leberwurst. Sein Verhältnis zu Anni sehr ähnlich wie Ludwig und Tilly. Mittwoch konnte er den geplanten Ausflug nicht mitmachen und blieb mit Laßwitz zu Haus. So brachen wir zu vieren auf. Maxud und Frau Laßwitz, Anni und ich. Es war gewiß einer der schönsten Tage meines Lebens. Maxud und Frau Laßwitz wollten auch allein sein und so hatte ich Anni ganz für mich. Der Tag war wohl der entscheidende. Wir fuhren mit dem Dampfer nach Skutari, gingen durch den Friedhof, ruhten dort, aßen dann am Meer in Moda zu Mittag, saßen zum Kaffee zwei Stunden, hoch über dem Strand auf einer kleinen Terrasse, segelten dann eine Stunde und kamen eine halbe Stunde zu spät nach Fenneraki, wo uns die beleidigten Ehemänner empört empfingen. Auch hier saßen wir noch eine Stunde und fuhren dann nach Stambul mit der Bahn. Abends nach Tisch wieder bei Laßwitz.

Samstag früh hatte Dr. X. wieder Fieber. Ich hatte Anni eine Stunde allein in ihrem buntseidenen Kimono, während er mit Laßwitz zum Arzt ging. Gegen 11 ging ich mit Maxud, dem Secretär bei Hakki Pascha, auf die Hohe Pforte, wo ich die allgemeine Faulenzerei der Beamten sah und die Unordnung und

Schäbigkeit der Büros. Dann gingen wir allein in den Basistan, wo ich für Anni ein kleines japanisches silbernes Täschchen zum Andenken kaufte. Maxud ging mir wahnsinnig auf die Nerven, besonders bei Tokatlian, wohin ich ihn mit zum Essen nahm. Dann nochmals auf die Pforte zum Kaffee, der aber nicht kam, Nachmittag zu Laßwitz. Dr. X. lag im Bett, er hatte Chinin bekommen, um an dessen Wirkung zu erkennen, ob er Malaria hat. Das Fieber ging im Laufe des Tages herab. Gegen Abend Spaziergang nach Stambul mit Anni und dem anderen Paar. Abends spielten wir bei Laßwitz Karten, Maxud fürchterlich aufregend durch seine nervöse Lebhaftigkeit, sodaß ich selbst einmal vor Erregung auf den Tisch schlug.

Sonntag Morgen war Dr. X. fieberfrei. Wir fuhren alle zum Aperitif in den Taxim-Garten. Der Nachmittag verging mit Pakken. Anni sehr lieb, ging von Zeit zu Zeit mal auf 2 Minuten mit mir in's Nebenzimmer und griff nach meiner Hand. Um 7 brachten wir das Ehepaar X. an die Bahn. Sehr trauriger Abschied. Sie fuhren um 7.15 mit dem Orient-Expreß ab, wir gingen nach Stambul zurück, wo mich Laßwitzens wieder nicht aufforderten, am Abend noch etwas hinauf zu kommen, wie bis jetzt jeden Tag. So saß ich allein bei Tokatlian in Pera, dann Spaziergang bis zum Taxim-Garten und zurück. Nicht traurig, wie ich befürchtet hatte, sondern im ganzen zufrieden mit dem Verlauf der Dinge.

An Bord des norddeutschen Lloyd-Dampfers »Skutari«
19. August, vor Klazomenä.

Montag war ich wie toll. Die Erregung der letzten Tage machte sich nun doch geltend. Abends mit Laßwitz ausgegangen, der mich in ein »Pension Française« genanntes Haus führte, das mir einen Begriff von dem Nachtleben Peras gab. Dann gingen wir in die Petits Champs, wo wir den Korrespondenten für Scherl, Nebel, trafen. Wir konstatierten, daß wir uns aus der Münchener Studentenzeit kannten, wo wir zusammen eine tolle Karnevalsnacht erlebt hatten. Nebel lud mich gleich zum Essen ein, zu

Laßwitzens Ärger, der das »übertrieben« fand. Es war wohl auch eine Lektion für seine mangelnde Gastfreundschaft. Am nächsten Nachmittag lernte ich eine interessante Rumänin mit milchweißer Haut kennen, in der Pension Française. Heute Abend hatte ich Laßwitzens, Maxud und Nebel zu Tokatlian eingeladen. Es war nicht sehr gemütlich, da Frau Laßwitz stets ihre Antipathie gegen Nebel zum Ausdruck brachte. Dann war ich allein mit Nebel und zwei Herren in einem Tanzlokal »Parisiana«, wo ein richtiger »trottin« aus Paris von der butte in abgerissener Kleidung, aber entzückender Montmartrelebhaftigkeit war. Am Mittwoch fuhr ich Nachmittags mit Nebel durch Stambul, war begeistert von der Hagia Sophia, dann Achmedie, Bajasid-Moschee und Sulimanije. In einem fort wurden Choleraleichen durch die Straßen getragen. Abends zu Nebel, der ein echtes türkisches Haus mit Terrassengarten und Blick auf den Bosporus bewohnt. Reizender Abend, kleines Herrendiner in der Laube.

Mittwoch früh an Bord. Kleines Schiff, wenig interessante Gesellschaft; seit gestern liegen wir in Quarantäne vor Klazomenä, ich denke dauernd an Anni, obwohl mich die letzten Tage in Konstantinopel wieder in inneres Gleichgewicht gebracht haben.

20. August.

Wir kamen gestern Mittag endlich in Smyrna an. Nachmittag mit zwei Reisegenossen, Herrn Kreusel, Direktor der Deutschen Orient-Bank in Pera und Herrn Dr. Frica, Gymnasiallehrer aus Essen – beide uninteressant – ans Land. Bazar. Karawanenbrücke, Seebad (das dreiundzwanzigste auf dieser Reise), Diner auf dem Schiff, Abends wieder in die Stadt, wo wir auch den Schiffsarzt trafen, merkwürdigerweise derselbe, mit dem ich im Frühjahr auf dem »Prinz Heinrich« war. Wir machten eine ganz interessante Tour durch verschiedene smyrniotische Nachtsehenswürdigkeiten, ich lernte eine besonders nette kleine Griechin kennen, um ½ 1 wieder an Bord zurück.

24. August.

Am 21. Nachmittags vor dem Piraeus. Wegen unserer Herkunft aus Cholerahäfen durften wir nicht ans Land. Ich sah nach sieben Jahren wieder die Akropolis in der Ferne in der Nachmittagsröte liegen. Mehrere Passagiere kamen an Bord, darunter mein Münchener Bekannter, der Archäologe Herbert Koch mit einem wenig erfreulichen Schweizer Maler namens Müller. Gestern in Catania. Es gelang mir, mich von der Herde zu trennen und allein in der Stadt zu bummeln. Herrlich Ätna-Aussicht von der Villa Bellini, dann in Ognina das vierundzwanzigste Seebad. Um 7 an Bord zurück.

25. August.

Gestern Abend in Neapel an Land gegangen. Erst Villa Nazionale, dann Wagen am Meer zurück, dann in Giardini di Torino vorzüglich zu Abend gegessen, dann allein pepinstert mit interessanten Begegnungen. Schließlich Villa, wo sich plötzlich vier junge Leute zu mir auf eine Bank setzten, sie nennen sich Artisti di Operetta und unterhalten mich zwei Stunden vortrefflich. Dann ging ich allein durch die ausgestorbenen Hafenviertel, wo vereinzelte Gruppen vor Gasthäusern sitzen und um 2 Uhr auf den Dampfer zurück, wo man mich schon ungeduldig erwartet hatte, da das Schiff früher als geplant war, zur Abfahrt fertig war.

Mailand, 28. August.

Der letzte Tag auf dem Dampfer angenehm kühl. Samstag früh Genua. Sehr viel Post. Ein entzückender Brief von Anni aus Berlin, gegen Abend das 25. Seebad. Den ganzen Nachmittag und Abend Pepinster-Gänge. Dunkle Schreinerwerkstatt. Sonntag Nachmittag nach Mailand gefahren. Bei Cova gegessen. Später noch ein merkwürdiges, wie ein Kind wirkendes 16jähriges Wesen kennen gelernt.

Zwickledt, 31. August.

Durch die grüne Schweiz gereist, voll Sehnsucht nach Anni, Abends in Pfäffikon, dann mit Arlberg- und Gisela-Bahn nach Salzburg. Gestern hier angekommen.

11. September.

Ich habe mit Alfred wieder eine interessante Periode gehabt, die allerdings seit vorgestern abgelaufen ist – ein mystischer Wirbel –; er fand in der Samkya-Philosophie die Erfüllung alles seines bisherigen Denkens, mir gestalteten sich die Figuren meines Romans plötzlich zu einer plastischen Rundung, wie ich es bei keinem früheren Werk erlebt habe; teils auch angeregt durch die Lektüre von Gontscharows Oblomow. Dabei dem Pronold einige Orient-Aufsätze diktiert, auch den Bericht über Madeira und die Novelle: »Triumph der Aufklärung«, wo ich bereits die neu gewonnene Plastik anwendete. Dazwischen fortgesetzt seltsame Ereignisse, die um ein Haar an großem Unheil vorbeiführten: Hedwig geriet in einen Wespenschwarm, wurde aber doch nur von 3 gestochen. Wir verdarben uns durch Pilze, waren aber schon nach einem halben Tag wieder gesund. Während ich in Passau gerade die Eingebung vom »Triumph etc.« hatte und zu A. davon sprach, lief mir ein Kind zwischen die Beine und geriet unter das dicke Rad eines Kohlenwagens, wurde aber noch ohne Verletzungen herausgezogen. Am selben Abend, während wir nach Zw. zurück wollten, verfolgte uns von Passau aus ein schwarzer Hund, der auf scharfen Anruf scheu zurückwich. Am nächsten Tag glaubte A. ich hätte auf eine Schlange getreten, als ich einen kleinen Schrei ausstieß, weil mich ein scharfes Gewächs durch den Strumpf gestochen hatte. Eine halbe Stunde später lag wirklich eine kupferfarbene Kreuzotter auf dem Weg. A. hat in diesen sieben Jahren keine gesehen. Am Freitag, am Tag von Mariä Geburt, löste sich der Wirbel in ein drolliges Erlebnis:

Ein betrunkener Bauer hatte sich verirrt und kam in der Nacht an unser Tor, wir brachten ihn im Mondschein bis zur Landstraße und wunderten uns über seine koboldhafte Art. Er war etwa

60 Jahre alt und machte uns sehr auffallende Komplimente: »Ja so Buam kennten ma scho' gefall'n.«

Am Abend in Passau mit dem netten Dr. Carossa zusammen.

Zwischen H. und A. recht unerfreuliche Spannung. Sie muß unbedingt wieder nach Baden-Baden.

Dauernd der Schatten der Kriegsgefahr wegen Marokko.

Reizende Briefe von Anni.

Berlin, Sonntag 12. November.

Von Zw. fuhr ich Mitte September nach München, blieb aber dieses mal nur wenige Tage, da es mich nach Berlin zu Anni trieb. Wichtig war mein Besuch bei Dr. Campagnolles, der mir wegen meines Leidens eine nicht lästige, aber genaue Kur vorschrieb, vor allem Sport als Notwendigkeit für die Heilung verordnete, um das Blut zu erneuern. Mit 45 Jahren müsse das Übel fort sein, da dann die Vitalität nicht mehr so siegreich mit ihm fertig würde, wie jetzt. Sonst sehr verständnisvoller Mensch und ganz 1. Ranges: er versteht alles, auch den Dämon. Am 16. September fuhr ich nach Jena, trüber Tag. Traf dort Otto, der sich befriedigend entwickelt. Sonntag den 18. hier. Blumen von Anni und der Baronin Arnswaldt in meiner Wohnung. Abends bei dieser. Erst am Dienstag konnte Anni kommen. Ich holte sie an der Untergrundbahn ab, wir machten zuerst einen Spaziergang in dem sonnigen Charlottenburger Schloßpark und fuhren dann zu mir zum Thee. Dann lange, für unsere platonischen Beziehungen viel zu lange Küsse, aber ich hatte ihr versprochen, sie nicht zu drängen und so wollte ich sie nicht gleich bei ihrem ersten Besuch überfallen. Donnerstag, den 22. aber verstand sie sofort, daß ein weiteres Hinausschieben eine häßliche Schwüle in unser Verhältnis bringen würde und ohne Ziererei gab sie sich. Alles erhoffte erfüllte sich, sie ist ganz und gar das, wonach ich immer mit allen Fasern gestrebt habe. Nun folgten erst die glücklichsten Wochen des ersten Besitzes auf beiden Seiten, unterbrochen von einigen nüchternen Momenten. Manchmal war sie mir doch nicht mehr, als eine sehr angenehme Geliebte, neben der mein ganzes früheres

Leben seine alte Geltung wiedergewann. Es gefiel mir doch plötzlich besser, nicht das Wagnis einer Ehe auf mich zu nehmen, was ich zunächst eigentlich vorgehabt hatte. Ihre eigene Ehe schien mir wieder erträglicher und vor allem fürchtete ich sie in meine engeren und unsichereren Verhältnisse zu versetzen. Eine Verstimmung kam zwischen uns in dem Tanzklub, in den ich auf ihre Empfehlung eintrat, um die neuen amerikanischen Tänze zu lernen. Dort ist die Gesellschaft sehr minderwertig, Juden ohne Erziehung, und meiner bemächtigte sich meine alte schroffe ablehnende Verstimmung, zumal ich sie dort in harmloser Vergnügtheit mit diesen Bengeln tanzen sah, die sie mehr anfaßten als nötig. »Ist das die Frau, die ich so liebe?« fragte ich mich in einem Gefühl von Fremdheit und merkwürdig, sie empfand mir gegenüber dasselbe, als sie mich so hart und abweisend sah. Um sie nicht zu verlieren, nahm ich mich das nächste Mal mehr zusammen und dank ihrem Einfluß komme ich über die Härten meiner Natur hinweg, die sie haßt; heute will mir scheinen, ich sei wirklich darüber hinausgekommen. Jene Zeit der Abkühlung und Entfremdung hörte bald auf und von Tag zu Tag wuchs meine Liebe zu ihr, ja sie fing eigentlich erst an. Bis dahin war sie doch wohl nur das erfreulichste Erlebnis meines Lebens gewesen, aber sie stand immer noch in der Reihe meiner Erlebnisse. Inzwischen ist sie das einzige Erlebnis geworden, das überhaupt zählt, endlich wird all' das lebendig, was in mir ist. Zunächst entdeckte ich in ihr das Verständnis für Alfred und meine mystischen Stimmungen und das führte zunächst bei mir zu einigen mehr klaren intellektuellen Formulierungen dieser tiefen Dinge und dann zu der Geschichte vom Popanz. Nie habe ich so etwas fertig gebracht und gar in Berlin. Diese Zeit war aber sehr beunruhigt durch die Angst, sie zu verlieren.

Seit etwa 10 Tagen bin ich mir ganz klar geworden, daß es sich für mich jetzt um höchste Entfaltung oder völligen Bankerott handelt. Ich bin entschlossen, sie zu jedem Preis als meine Frau zu gewinnen und dieser plötzliche Ernst der Situation erschreckt sie nun auf einmal. Jetzt kommen plötzlich ihre mir sehr begreiflichen Bedenken. Wie sich von ihrem Manne lösen? Wird unsere Liebe dauern, nicht doch wie meine früheren Erlebnisse werden?

Am vorigen Sonntag erklärte sie, sie sei fest entschlossen, mich nie zu heiraten, das gäbe für uns beide ein Unglück und darum zweifelt sie jetzt, ob sie daraufhin das Verhältnis länger verantworten könne. Dabei gab sie wieder zu, mich zu lieben, aber vieles in mir sei ihr noch fremd. Dann aber folgte eine Stunde der tiefsten Zärtlichkeit, sie sagt, sie schwanke in einem fort, denn sie habe mich doch lieb. An diesem Abend, Sonntag, 5. November, ging ich tief beunruhigt abends in's Deutsche Theater (Turandot), wo ich Frau Dohme mit Max und der Baronin A. traf. Dann mit dieser allein zum Essen nach Hause. Stimmungen, Gelegenheit und ihre Freundschaft brachten es mit sich, daß ich ihr alles anvertraut habe. Ich hatte das lange geplant, um im Fall einer Katastrophe eine Stütze zu haben. Ihr Rat ist der, nicht eher zu handeln, als bis es von beiden Seiten als elementare Notwendigkeit empfunden wird und A. ja nicht zu drängen. Das ist ja auch Anni's und meine Auffassung.

Anni kommt durchschnittlich zweimal die Woche von ¾ 5 bis ½ 8 zu mir. Am Mittwoch las ich ihr aus meinem Tagebuch die Abschnitte über Nina vor, damit sie erfährt, wie ausgeschlossen es ist, daß solche Konflikte mit ihr möglich sind. Sie hat sehr aufmerksam zugehört und unser gegenseitiges Verständnis ist einen Schritt weiter gekommen. In der vorigen Woche las ich ihr die neue Novelle (Pepinster), die ich ohne sie nie gemacht hätte und die ihr gefiel. So sind unsere Beziehungen aus der sinnlichen zuerst in eine nüchterne und jetzt in eine sehr geistige Epoche getreten. Aber nun ist es Zeit, daß ich sie wieder einmal mit aller Leidenschaft besitze, denn das ist das Herrliche, daß wir uns auf allen Seiten des Lebens verstehen. Seit letztem Mittwoch bin ich ruhiger geworden, da ich merke, wie sie sich von der Tiefe und Kraft meiner Liebe überzeugt, denn sie gehört zu den Frauen ersten Ranges, die nur dadurch, nicht wie fast alle anderen Frauen, durch schlechte Behandlung in ihrer Liebe stimuliert werden. Sie wird ihre Macht gewiß nie mißbrauchen, vielmehr fühle ich, wie ihre Liebe wächst, je mehr sie die meine fühlt und begreift. Am Mittwoch Abend war ich daher in dem Tanzklub sehr heiter und gewann auch die Sympathie einer guten Freundin von ihr (Frau Frank), die ebenfalls unglücklich verheiratet ist. Wir gingen zu Fünf noch in ein Café, wo ich in einem Streit der zwei Frauen gegen die zwei Männer der Unparteiische war und über meine neuerworbene Milde selbst sehr erstaunt war, da es sich um einen Punkt handelte, in dem ich auch keinen Spaß verstehe. Ich meinte, um die Frauen von der uns Männern bekannten Widerwärtigkeit öffentlicher Ballfeste zu überzeugen, sollte man sie die Frauen ruhig einmal sehen lassen. Die beiden männlichen Psychologen meinten jedoch, die Frauen müßten das ihren Männern so glauben.

Am nächsten Tag telefonierte mich Anni aus der Stadt an, ohne besonderen Grund, und das hat mich für 48 Stunden glücklich und heiter gemacht.

Gestern traf ich sie um 5 Uhr in Rummelsburg, wo sie eine halbe Stunde auf der Hochzeit eines früheren Dienstmädchens war. Wir gingen dann in der Vorstadtgegend einen langen Bahndamm entlang im Dunkeln und genossen die Stimmung sehr, dann waren wir in einer kleinen Conditorei am Alexanderplatz. Ich dränge sie nicht länger, sondern warte die Dinge ab, genieße die Gegenwart und werde dabei glücklicher und besser. Abends bei Frau Hauschner Diner, ich wunderte mich, wie liebenswürdig ich gegen diese mir fast alle antipathischen literarischen Menschen zu sein imstande war.

Es kam mir darauf an, X's mit der Baronin A. bekannt zu machen, um A. [Anni] zu zeigen, daß ich in einer mir congenialen Gesellschaft doch anders bin, als bei diesen Wirtshauszusammenkünften mit distanzlosen Leuten. Reizender Abend bei der Baronin, dann ein Thee bei mir an einem Sonntag, der glänzend gelang: X's, die Baronin, das Kätzchen, Goetz und Grabowsky. Wir waren bis ½ 10 bei mir und gingen dann noch, um etwas zu essen, hinüber in's Café, wo wir allein den hinteren Raum hatten. Bei dieser Gelegenheit mußte Grabowsky wohl dahinter gekommen sein, daß Anni die Frau ist, von der ich ihm erzählt hatte, da von unserem Kennenlernen in Beirut die Rede war. Das war mir anfangs sehr unangenehm, aber er ist ein anständiger diskreter Mensch, der mir anvertraut hat, daß er in einer ganz ähnlichen Lage schon seit zwei Jahren ist. Nun ist es ganz gut, daß er es weiß, auch er kann unter Umständen eine willkommene Hilfe leisten, wenn es sich einmal um's Äußerste handelt. Auch sein juristischer Rat war mir wertvoll.

Einen ganz entzückenden Gesellschaftsabend verbrachte ich bei X's, wo sich Anni als äußerst geschickte Gastgeberin erwies. Also auch diese gesellschaftlichen Forderungen, die ich nun einmal an eine Frau stelle, erfüllt sie. Sie freute sich sehr, als ich ihr am nächsten Tag telefonierte, wie stolz ich auf ihren Abend gewesen bin.

Ihre beste Freundin Grete, die in einem ähnlichen Verhältnis lebt, habe ich nur einmal getroffen, als wir zusammen in eine Weinstube gingen. Ich hatte einen meiner unsympathischen Abende und blieb ihr fremd. Leider lernte ich auch an diesem Abend A.'s prächtigen alten Vater kennen, der mich also auch nicht von der besten Seite sah.

Im übrigen habe ich in diesen Wochen auf Campagnolles Rat viel Tennis gespielt, ohne viel Freude, aber mit guter Wirkung auf die Gesundheit.

Sonntag, 18. November.

Die ganze Woche an dem Roman gearbeitet, der mir viel Spaß macht. Nachmittag »Idiot« gelesen. Dienstag bei Frau Minna Mamroth, die letztes Frühjahr meine letzte Möglichkeit vor Anni's Bekanntschaft schien. Sie war mir damals schließlich doch auf die Nerven gegangen, daß ich mich zurückzog, da sie mir für eine Spielerei wiederum zu gut schien. Nun wohnt sie vorübergehend hier in der Nähe, sie empfing mich in ihrem weißen Pensionszimmerchen. Ich fand sie wieder rührend nett und lieb und sogar das satanische Gefühl, daß, falls die Dinge mit Anni scheitern sollten, doch für mich immer noch gesorgt sei. Auch die große Übereinstimmung in unseren Ansichten zog mich an. Sie sprach, ehe sie eine Zeile von mir gelesen hatte, als kenne sie das »Brevier f. W.« auswendig.

Am Mittwoch kam Anni um 4 Uhr und blieb bis ½ 9. Zuerst die leidenschaftlichste Stunde, die wir bisher erlebt. Dann las ich ihr aus dem Tagebuch über Louisa. Abends trafen wir uns dann wieder im Tanzklub, wo auch Frau Frank und Grete Dorrnbach ohne ihre Männer waren. Ich dann mit Grete und Anni allein in einem Café. Ich habe mir mit Grete viel Mühe gegeben und ihr auch, wie ich später hörte, einen besseren Eindruck gemacht, aber es ist ein Zwang, ich kann nichts mit ihr anfangen. Sie scheint doch eine nüchterne Seele zu sein, mit einem gewissen Verstand und praktischen Sinn, aber ohne eigentlichen Zug und wohl auch ohne echte Natur. Sie ist unelegant und schwerfällig, nirgends ein Angriffspunkt für mich. Dann habe ich sehr glücklich Anni nach Hause gebracht. Darauf folgten ein paar ruhige Tage.

Donnerstag bei Struck. Thee. Dort traf ich meinen Freund Oskar Levy, der aus London kam, mit ihm in's Hotel Bristol. Gespräche über Frauen, ganz einig mit ihm darüber, auf was es bei der Gefährtin ankommt. Er bestärkte mich (ohne es zu wissen) darin, die Ehe mit Anni trotz der nicht glänzenden materiellen Fundierung zu wagen

Freitag Diner bei Frau Hansemann. Der Minister von Hentig zieht mich auf die Seite und spricht über meine politischen Arbeiten (Disraeli) und neue Parteimöglichkeiten.

Samstag sehr traurig, weil Anni nicht kam. Abends bei Dora Hitz zum Essen. Ich war auf der Höhe und fühlte mich sehr in meinem Element. Ich fühle selbst, daß ich liebenswürdiger und herzlicher werde, das hängt mit dem Glück zusammen, das mir Anni gibt. Dann war ich auf dem Ball in der Pension Steinplatz. Von Frau Mamroth eingeladen. Dort auch Anni und Mann, ferner Frau Dr. Frank. Frau Mamroth maßlos eifersüchtig und unbeherrscht, offenbar in der Absicht, Anni eifersüchtig zu machen, sie erreichte aber das Gegenteil. Anni kennt keine Eifersucht und ließ mich an jenem Abend mehr als je ihre Gefühle merken. Ja gegen Morgen, als wir beieinander saßen, spielte sie sogar mit den Gedanken jetzt zusammen auf und davon gehen. »Das betrachtest Du wohl als einen Fortschritt in meinen Gefühlen«? fragte sie dann. »Darf ich das nicht?« »Ja.« – Um 4 zu Haus. Eben hat sie mich mit ihrer vergnügten Stimme angerufen.

Sonntag, 25. November.

Vorigen Sonntag zu Mittagessen bei Dohmes, dort von Loga. Man neckte mich in einer den Geschmack verletzenden Art wegen meiner Freundschaft mit der Baronin A. Abends bei dieser. Ein matter Abend. Die ganze Woche mit Eifer an meinem Roman. Montag Abend mit Frau Epstein und ihrem Freund Heppner in der Tanzstunde der Marignac.

Dienstag Nachmittag Anni bei mir. Venus Vestita. Dann las ich ihr aus dem Roman, der sie sehr packt, was mir eine ungeheure Ermutigung ist. Dieser Roman soll ihr zeigen, was ich an ihrer Seite schaffen kann und sie selber wird der Preis sein.

Mittwoch Bußtag. Nachmittag Besuch bei Curt Herrmann, dort Dohmes. Abends mäßige Aufführung der »Schöpfung«.

Donnerstag Abend Konzertbillet für die Singakademie von Grete Dorrnbach bekommen. Anni sollte hinkommen – und kam nicht. Verzweifeltes Warten im Korridor. Dann in die Tanzstunde, wo ihr Mann ohne sie war. Sie hätte Kopfweh und sei zu Haus. Ich telefonierte sofort an, leide Qualen in der Telefonzelle, während draußen die Kapelle Rigoletto spielt und nicht enden will. Das Dienstmädchen gibt die Auskunft, die gnädige Frau liege schon zu Bett. Nun galt es sich zu beherrschen. Ich wußte, daß irgend etwas vorging. Schon am vorigen Tag telefonierte Anni, sie sei mit ihrem Manne verzankt und sehr erregt und nervös. Dieser hatte zum Tanzklub eine Frau Löwenstein, geschiedene Engländerin, mitgebracht, der er schon auf dem Ball am Samstag den Hof gemacht hatte. Wir drei gingen dann mit Frau Frank in das gewohnte hübsche Café Kurfürstendamm, wo ich, während diese lebhaft auf mich einsprach, das Gespräch der zwei anderen belauschte, in der Hoffnung, daß er mit ihr eine nähere Beziehung habe, welche die Loslösung Anni's aus ihrer Ehe erleichtern würde. Sie sprachen so still und ernst wie zwei, die sich seit langem gesucht haben und drückten sich zwischendurch manchmal recht freundschaftlich die Hand. Er gab ihr ein Billet für einen Vortrag, den er Dienstag halten wird, wo Anni nicht hingeht. Er scheint mir zwar keine leichten Abenteuer zu haben, aber eine ernste Verbindung mit einer anderen Frau zu suchen. Gäbe es der Himmel, daß er sie findet und auf die Art Anni auf anständige Weise von ihm loskommt. Ich arrangierte es so, daß er sie allein nach Hause brachte und begleitete selbst Frau Frank durch die kalte trockene Nacht. Ihre kluge Güte läßt sie als gelegentliche Bundesgenossin sehr in Frage kommen. Sie leidet unter ihrem brutal eifersüchtigen Mann. Komisches Quartett: Der mit seiner Frau verzankte Mann, der Anschluß bei einer Anderen sucht, der unter dieser Verzanktheit heute besonders leidende Liebhaber gegenüber, eine Bundesgenossin suchend – und die, um welche sich alles dreht, schläft daheim.

Freitag Morgen kam zu aller Traurigkeit auch noch die »unsichtbare Partei« zurück, ein Artikel für den roten Tag, wovon ich mir soviel erwartet hatte und den Marx schon zu nehmen versprochen hatte. Um ½ 11 rief Anni an, Grund ihres Wegbleibens unklar: war verärgert, nervös. Ich bin ja bereit, sie in diesem Zustand zu schonen und ihr keine Vorwürfe zu machen, da sagt sie mir, daß sie auch am Samstag nicht kommen will und erst nach meinen verzweifelten Äußerungen verspricht sie zu kommen auf eine halbe Stunde. Zufällig erfuhr ich in diesem Gespräch, daß sie um 12 Uhr Grete erwartet, um ihren Rat und Trost in dem Streit mit dem Gatten zu haben. Ich fuhr schnell zu A., warte aber vor dem Haus und gehe in der Kälte eine Stunde vor dem Haus auf und ab, um Grete abzufangen. Es gelingt, ich spreche 5 Minuten mit ihr, sage ihr, was mit Anni los ist und sie möge nicht zwischen uns treten, obwohl ich ihr, wie ich wohl wüßte, nicht sympathisch bin. Das bestreitet sie aber ganz und gar und verspricht mir, zu helfen. Ich schicke dann Anni kurz darauf mit einem offiziellen Kärtchen und dem Ausdruck des Bedauerns, sie gestern in der Tanzstunde vermißt zu haben, Blumen hinauf. Um 4 rief mich dann Anni mit ganz vergnügter Stimme an, um zu danken. Sie würde also morgen kommen. Unterbrochenes Gespräch, da gerade der Mann dazwischen kam. Nun konnte ich wieder arbeiten und ging Abends getrost aus.

Samstag kam sie also und sprach klar und aufrichtig. Der Zank rührt daher, daß ihrem Mann aufgefallen war, daß sie in einem fort unterwegs sei. Sie könne also nicht mehr als einmal die

Woche von jetzt ab zu mir kommen als Regel. Ich muß das anerkennen. Gleichzeitig aber erklärt sie, daß sie mich nie wird heiraten können. Wir paßten, so sehr wir uns liebten, doch nicht genug zusammen und ihre Natur brauche eine Freiheit, die sie bei mir doch nicht finden würde. Ich fühle sofort, daß dies etwas anderes ist als der Freiheitsdrang emancipierter Frauen, nämlich die Krisis einer natürlichen Frau, die ihr Mann modeln und einzwängen will und die der Liebhaber auch recht oft bei sich sehen will, an der also rechts und links gezerrt wird und die nicht aus und ein weiß. Ich erklärte ihr daher sofort, so lange sie mich lieb hat, soll sie mir geben, was sie mir geben kann, ich würde sie mit dem Heiraten nicht drängen. Wieder sprach sie von ihrer Angst, ich vertiefte mich zu sehr in meine Liebe, sie könne die Verantwortung nicht tragen. Ich versicherte ihr, sie habe mir nie etwas vorgetäuscht, die ganze Verantwortung läge auf mir. Ihre Pflicht sei nicht, sich zurückzuziehen und mich dadurch durch die Halbheit des Gegebenen zur Verzweiflung zu treiben, sondern mir das, was sie geben kann, unverkürzt zu geben. Hätte ich dies ganz gehabt, so empfinge ich so viel, daß ich späteren Verlust zwar mit Trauer, aber doch auch mit Freude über das Gewesene tragen könne. Ich versprach ihr, die Gedanken an Heirat zunächst ganz zu verbannen. Darauf atmete sie auf, ihr sei ein Stein vom Herzen und umarmte mich so herzlich und fast gerührt, daß ich merkte, die Ruhe, mit der ich diese Notwendigkeit auf mich nehme, hat mich ihrem Herzen einen Schritt näher gebracht. Dann begleitete ich sie nach Halensee. Unterwegs gab sie mir zu, die Trennung von ihrem Mann, falls sie ihm dadurch nicht das Leben vernichte, d. h. falls er eine andere Frau kenne, sei stets, auch ehe ich sie kennen lernte, ihre Hoffnung gewesen; also ihre Freiheit, in der wir uns dann ungestört sehen können, darf ich erhoffen und erstreben. Natürlich weiß ich wohl, daß dies denn nur ein Übergang zur Ehe wäre, aber davon rede ich jetzt nicht.

Abends eine öde Gesellschaft bei Levy-Rathenau. Daheim von 1–2 Uhr nachts an Anni geschrieben, um sie noch einmal vollkommen zu beruhigen. Diesen Brief brachte ich heute zu Grete, die ihn ihr geben wird. Grete nun sehr angefreundet, sie gefällt mir jetzt sogar; wie anders doch eine Frau daheim wirkt. Ich habe sie immer nur in Restaurants gesehen. Sie hat verständige Güte und praktische Vernunft. Wir sind in allem einig. Sie meint, Anni habe durch mich auch schon sehr gewonnen, früher sei sie ein bischen oberflächlich gewesen, aus Mangel an Inhalt. Anni sagt selbst, vor zwei Jahren wäre sie in einer solchen Verzweiflung über ihr leeres Dasein gewesen, daß wir schneller zusammen gekommen wären, wenn wir uns damals kennen gelernt hätten. Aber ob das zum Heil gewesen wäre? Ich war damals vielleicht noch zu unreif für sie.

Sonntag, 3. Dezember.

Montag Abend zum Essen bei Mathis. Einiges (Stellen in Münchner Mundart) aus dem Roman vorgelesen. Die ganze Woche daran gearbeitet, und zu dem neuen Teil übergegangen, zu dem ich noch kein Konzept habe. Es geht aber gut weiter.

Dienstag, glückseliger Nachmittag und Abend mit Anni. Alles ist wieder gut. Ich las ihr weiter vor. Brachte sie um ½ 10 Uhr weg. Sie hatte ein Rendezvous mit Grete am Wittenbergplatz, mit der sie ihren Mann treffen soll, der von seinem Vortrag kam. Frau Löwenstein war nicht da gewesen. Ich traf später noch bei Tucher Meydenbauer und seinen Freund, den Regierungsrat Lindenau von der Zensur.

Mittwoch zum Thee mit Helene Katz bei Anni. Sie war nicht wohl, nervöser Hautausschlag. Abends alle zusammen im Tanzklub, aber Anni und Grete gingen früh weg. Ich war dann noch eine zeitlang allein da, sprach viel mit einem jungen Mädchen, ein genre, das zur Vernunftehe mit Sympathie geeignet wäre, falls Anni mich nicht besseres kennen gelehrt.

Durch die Perspektive, Anni nun solange nicht zu sehen, überkam mich Donnerstag und Freitag tiefe Melancholie; abends langweiliges Diner bei der Baronin Worms, Freitag mit Frau Epstein bei der Marignac. Samstag Vormittag rief Anni telefonisch an; gleich gut gestimmt und gearbeitet. Heute Vormittag Brief, daß die »Unsichtbare Partei« nach einer längeren Korrespondenz mit Marx nun doch kommt. Juncker bestätigt, daß er nun endlich meine Bücher für M 1000.-- hergiebt.

Ich bin nun fest entschlossen, Anni nicht mehr los zulassen und vor keiner Konsequenz zurück zu scheuen, schlimmstenfalls – aber ich hoffe, die Verhältnisse werden einen glatteren Weg zeigen – in vorsichtiger Weise dem Gatten alles zu sagen und ihn zu überzeugen, daß er sie freigeben muß, denn auch er liebt sie nicht. Wenn auch das nicht hilft, werde ich mit dem Risiko auf Leben und Tod, ihm sagen, daß ich sie schon besitze. Dann giebt er sie frei. Aber ich fühle bestimmt, es wird ohne diese Gewaltmittel gehen, die ich natürlich Anni, um sie zu schonen, nicht andeute. Ich glaube, sie wird Ende des Winters so sicher sein, daß sie den Mut findet, von ihm ihre Freiheit zu verlangen; und falls er sie nach ruhigem Beraten mit Grete und der Baronin A. wirklich nicht freiwillig geben sollte, so wird sie einfach fortgehen. Aber wir hoffen, er wird sich selber in jemand verlieben. Daß er und Anni nicht zusammen passen, weiß er auch, hängt nur aus Gewohnheit an ihr und weil sie ihm als Hausfrau und Gehülfin nützlich ist.

Sonntag, 10. Dezember.

Eine gute Woche. Sonntag reizender Nachmittag und Abend mit Anni und Gatte bei Helene Katz. Am Schluß haben wir sogar getanzt. Montag hübscher Abend bei Frau Begas. Dienstag Abend war Anni mit ihrer Mutter im Rosenkavalier. Ich nahm mir einen Platz und dann soupierten wir zu Dritt bei Lutter & Wegner. Anni richtete es zu meiner Freude selber so ein, daß wir erst die Mutter nach Halensee brachten und dann allein im Auto nach ihrer Wohnung fuhren. Große Zärtlichkeit. Nie habe ich sie so hingegeben gesehen. Ähnlich neulich auf dem Ball in der Pension. Sie kommt offenbar immer erst nachts in die richtige verliebte Stimmung und dann hilft es uns nichts.

Mittwoch war sie nachmittag bei mir, aber leider seit gestern indisponiert. Ich las ihr vor; der Roman packt sie immer mehr. Dann, während ich mich umzog, Venus imperfecta; sehr glücklich.

Abends von Max Springer zum Diner eingeladen im Club von Berlin, von dort mit dem Direktor der Deutschen Orient Bank Alexander Ansichstkarte an jene Frau Neustadel nach Mersina geschickt, mit der ich im Sommer die Fahrt von Beirut nach Larnaca gemacht habe. Er erzählte, was sie für einen gräßlichen Mann hat. Dann mit Max in's Palais de danse. Überwältigend schöner Anblick beim Eintritt. Alte Bekannte (Lona) von vor 3 Jahren, die mir von ihrem amerikanischen Attaché erzählt. Zum ersten Mal fühle ich den Rausch des Lebens nicht im Gegensatz zu Liebe und Ehe, vielmehr habe ich den glühenden Wunsch, ihn mit Anni zu teilen. Nachts konnte ich nicht schlafen und schrieb ihr einen tollen Brief. Nicht nur geistig und seelisch giebt sie mir Einheit, auch meine tollsten sinnlichen Wünsche münden bei ihr. Was ich in der großartigsten Natur fühle oder bei einer Beethovenschen Symphonie oder bei einem Bacchanal, es führt mich zum selben Ziel: sie umso leidenschaftlicher zu umarmen.

Donnerstag Empfang bei Dohme. Die Armut des reichen Berlin W.

Freitag kam Anni 1 ½ Stunden, aber nur zum Vorlesen. Sie war von meinem Brief beglückt, ich fühle, wie sie immer mehr mein wird. Sie möchte mit mir einmal recht tollen, wir planen, im Winter zusammen 8 Tage zu reisen. Abends bei der Marignac.

Samstag mit Helene Katz im Grunewald bei der Rennbahn gegessen. Sonne. Über Anni gesprochen und ihr gesagt, was sie schon ahnte. Bundesgenossin. Abends bei Frau Mamroth, die traurig ist über die Leere ihres Daseins. Wir sprechen ganz ruhig über unsere Beziehungen im letzten Winter: wir sind zu ähnlich, suchen beide Ruhe in der Liebe, aus der eigenen Bewegtheit herauszukommen, und darum passen wir nicht zusammen, so gute Freunde wir auch sein können. Dabei gefiel sie mir körperlich wieder sehr gut und ich hätte gewiß wieder angefangen, wüßte ich nicht jetzt durch Anni, was wirkliche Ergänzung ist. Habe ihr Mulford und Konzentrationsübungen empfohlen, worauf sie sehr einging.

Sonntag, 17. Dezember.

Letzten Sonntag-Nachmittag Thee bei Werkmeisters. Dann in die Meistersinger, wo Frau Dohme und die Baronin. Mit dieser nachher zu Flaischlens, wo Anni mit Mann auch war. Spät nach Haus. Es ist immer etwas qualvolles für mich, mit ihr in Gesellschaft zu sein. Sie hat die zwar nicht hoch genug zu schätzende Eigenschaft, ihre Empfindungen verhüllen zu können; aber so gut das ist: sie mir in Gesellschaft so fremd zu sehen, ist oft furchtbar, besonders wenn dann der Abschied kommt und sie mit ihrem Mann nach Haus geht.

Dienstag Abend war sie bei mir. Erst Roman. Wieder Venus imperfecta, wegen ihrer Indisposition, aber wie entzückend sie wieder war.

Abends mit Max Springer und seiner Felix im Apollotheater. Harry Walden. Dann bei Juhnke soupiert, Palais de danse und Pavillon Mascotte. Dort war wieder diese Lona bei uns. Pikante Gespräche. Felix mit Max sehr unzufrieden, jammerte mir vor. Er ist wirklich der phantasieloseste Philister, den man sich denken kann. Alle 14 Tage mit ihr dies sexualis, was ihr nicht paßt. Spät nach Hause.

Mittwoch Helene Katz zum Tanzklub geholt. Nachher mit Anni und Gatten, sowie Frau Mamroth in's Romanische Café. Anni kam mir ganz fremd vor, sie war in einem hellen Kleid, das ihr nicht stand.

Donnerstag Anni auf der Straße begegnet, mit ihr 10 Minuten gegangen. Glücklich. Abends Diner bei Dohme. Öde, müde. Früh nach Hause. Freitag Vormittag mit dem Roman so weit gekommen, als ich bis Weihnachten geplant habe. Nachmittags im Hotel Reichstag beim Grafen Stolberg-Wernigerode. Abends müde zu Hause. Einen Moment hinüber zu Schlesinger. Samstag Nachmittag Anni bei mir, wieder Venus perfectissima. Sie versteht alles, und das gestattet mir, keine Sinnlichkeit mehr außer ihrer Sphäre zu haben, sondern alle meine Regungen in ihrer Sphäre zu verwurzeln. Keine Doppeltheit mehr, kein Dämon. Ich glaube, ich besitze sie nun ganz. Alles weitere ist eine Frage von Wochen oder höchstens von Monaten.

Sonntag, 17. Dezember.

Abends Diner beim Minister von Hentig. Luxuriöse Kurfürstendammwohnung mit kümmerlicher Einrichtung ohne Geschmack. Sehr anständige Menschen, besonders die solid erzogenen Töchter, von denen eine hübsch. Schlechtes Essen. Alles typisch für gediegene Nichtjuden, die in die Kurfürstendamm-Atmosphäre hineinwachsen. Feuchtkalte Winternacht. Auf dem Heimweg Dämonisches, leicht.

Montag, 18. Dezember.

Um 5 Uhr bei Fräulein von Bunsen, die von China und Japan erzählt in ihrer neuen, noch nicht fertigen Wohnung. Abends bei Fred. Seine Geliebte, die Schauspielerin Ritscher dabei. Jüdin, etwas Fetzen, garnicht mein Fall und doch beneide ich ihn, daß er die, welche er liebt, so frei sehen kann und so oft er will.

Dienstag, 19. Dezember.

Der glücklichste Tag meines Lebens, aber vielleicht das letzte Mal. Anni bei mir von 5 – ½ 11. Weihnachtsbescherung. Ich gab ihr den Miniaturenschatz, einen kleinen Kopenhagener Porzellanelefanten (symbolisch) und »Feuerbachs Briefe an seine Mutter«. Ein paar Kerzen brannten in Tannenzweigen. Sie gab mir eine schwarze Brieftasche, ihr Bild und das Reisekißchen, das ich schon in Konstantinopel haben wollte, das sie mir aber damals noch verweigerte. Bis 7 Uhr las ich ihr auf Wunsch vor und sie war wie überwältigt, stand auf und küßte mich. »Das ist ja kolossal, so etwas habe ich doch nicht erwartet, jetzt glaube ich ganz an den großen Erfolg.« Nie ist sie so spontan aus sich herausgegangen. Dann aßen wir glücklich zu Abend und tranken Cliquot. Ununterbrochener Rausch, Gegenseitigkeit, wie noch niemals. Um ½ 11 brachte ich sie heim. Wir sprachen von dem nächstjährigen Weihnachtsfest, wie das wohl sein würde. Ich sagte: »Dann bist Du ganz mein« und sie widersprach nicht.

Frankfurt a/M, 21. Dezember.

Ich sah sie Abends nach einem kleinen Diner bei Curt Herrmann im Tanzklub. Noch alles gut. Sie erzählt: »Gestern kam Er erst nach zwei nach Hause, wenn man das vorher gewußt hätte!« Dann waren wir alle zusammen in dem alten Café am Kurfürstendamm. Sie wieder wie immer in Gesellschaft marmon. Ich schätze diese Fähigkeit, besäße sie nur dazu die Gewandtheit, mir dazwischen einmal einen Blick zuzuwerfen. Da sie das nicht tut, leide ich oft unsäglich und das läßt mich manchmal die Vorsicht vergessen. So flüsterte ich ihr, als ich ihr den Mantel reichte, zu, sie möchte morgen telefonieren. Sie tat es auch am Donnerstag Morgen und ich ahnte nichts von dem inzwischen Geschehenen. Abends bei Helene Katz im Atelier, Freitag sollte Anni zum letzten Mal vor meiner Abreise kommen, mich früh aus dem Bett holen und dann sollte ich ihr das Manuscript zu Ende lesen. Sie kam nach 10. »Was machst Du denn für ein ernstes Gesicht?« fragte ich gleich an der Tür. »Ich komme zum letzten Mal.« »Also ist es aus?« »Wenigstens in der Art, wie es war.« Ihr Mann hatte am Mittwoch Abend Verdacht geschöpft, eine Scene gemacht und dann von ihr törichterweise das Ehrenwort abverlangt, daß sie mit mir nichts habe. Natürlich mußte sie es geben, aber nun sind die Gewissensbisse so groß, daß sie die intimen Beziehungen aufgeben will. Dann würde sie wieder ein gutes Gewissen haben und so könnte sie es dann durchsetzen, daß ich sie nachmittags bei ihr bisweilen besuche. Ich glaubte erst an eine Übergangskrise, die durchgemacht werden müsse, zwang mich zur Ruhe und sprach in diesem Sinn, es sei ja ganz unmöglich, daß alles aus sei und sie könne jetzt nicht wieder zurück. Aber sie widersprach, sie sei fest dazu entschlossen, so lieb habe sie mich doch nicht, daß sie ihrem Manne dies antun könne. Die Verantwortung wolle sie nicht auf sich nehmen, ihn unglücklich zu machen. Ich versuchte das alles nicht zu tragisch zu nehmen, las ihr sogar auf ihren Wunsch noch weiter vor, aber schließlich ging es nicht mehr, und ich brach vollkommen zusammen. Sie schloß mich in die Arme und ging dann nach vielen Hin und Her weg, ließ mir aber den Hoffnungsschimmer, daß doch bei ihr alles noch nicht definitiv sei, daß wir nach meiner Rückkehr noch einmal darüber sprechen wollten. Um ½ 4 flüchtete ich mich aus meinem unerträglichen Zustand zu Helene Katz, die zufällig, während Anni bei mir war, telefoniert und an meiner Stimme gemerkt hatte, daß etwas passiert sein müsse. Auch sie hält für unmöglich, daß es aus sei und daß Anni ihr altes leeres Leben wieder aufnehmen könne. Wir sprachen über die Art, wie ich ihr nun schreiben sollte, aber Helene ist eine ganz andere Natur wie Anni; dann zu Haus tieftraurig. Abends bei Frederich mit Dr. Grabowsky, der den Fall für eine der geradezu unvermeidlichen Durchgangsstationen in einer Beziehung mit einer verheirateten Frau hält. Er beruhigte mich momentan, aber nachts war ich in Verzweiflung und schlief kaum eine Stunde. Hätte ich einen Revolver gehabt, so wäre es sicher das Ende gewesen.

Samstag sollte ich um 12 zu Grete gehen, um mit ihr darüber zu sprechen, eine Aussicht, die mich tröstete. Indessen kam ein Brief, ich möchte nicht kommen, Anni wolle nicht, daß jetzt darüber gesprochen werde, und sie habe ihr versprochen, mich nicht zu sehen. Anni brauche eine zeitlang Ruhe, um nachzudenken, was für sie das richtige sei. Ich konnte nicht anders, als darin nach der zuerst definitiven Absage, von jetzt an doch etwas Hoffnung zu sehen. Um 2 Uhr Anhalter Bahnhof mit der Baronin A., mit der ich zusammen nach Frankfurt fuhr. Sie traut Anni nicht die Entschlußkraft zu, sich jemals zu der letzten Konsequenz zu entscheiden, falls nicht von außen ein drängendes Ereignis kommt, aber auf dieses Ereignis rechne ich eben. Ich habe wieder Vertrauen. Zeitweise während der Fahrt tieftraurig, dann auch Mitleid mit dem armen Annikindchen, das gewiß auch jetzt leidet. Ich faßte den Entschluß, sie erst ein paar Tage ganz in Ruhe zu lassen, dann nur von Zeit zu Zeit ein paar warme Zeilen, die sie meiner unerschütterten Gefühle versichern. Erst wenn sie ruhiger geworden ist, schreibe ich wieder ausführlicher.

Frankfurt a/Main. 21. Dezember.

Mit 1 ½ Stunden Verspätung kamen wir hier an. Um ½ 11. Tilly und Ludwig an der Bahn. Hotel Schwan. Großes grünes Doppelzimmer, möge ich hier glückliche Briefe empfangen. Dann noch mit den Beiden in die Bar des Frankfurter Hofs. Gespräche über den augenblicklichen Jammer in Zw. Hedwig's Energielosigkeit und halbe Verbauerung. Nachts verhältnismäßig gut geschlafen und mit der beruhigenden Idee erwacht, auf alle Fälle Annis Bedingungen anzunehmen, sie eine zeitlang nur in ihrer Wohnung zu sehen, dann wird der Mann so eifersüchtig werden, daß er durch törichtes Benehmen sie in meine Arme treibt und die letzte Entscheidung selber herbeiführt.

Mittwoch, 3. Januar 1912.

Die Weihnachtsbescherung für mich sehr traurig. Frau Eurichs und Ludwigs Familie da. Am Sonntag, den 24. fand ich, als ich abends ins Hotel kam, Telegramm: »Trotz allem Schweren, das ich nicht ändern kann, viele viele liebe Weihnachtsgrüße. Brief folgt.« Erst war ich glücklich, dann glaubte ich darin doch nur eine letzte gütige Beruhigung vor Weihnachten zu sehen, nachher käme dann der definitive Abschiedsbrief. Die Feiertage sehr traurig. Montag Nachmittag im strömenden Regen mit Tilly und Ludwig auf der Gerbermühle. Abends mit der Baronin, ihrem Schwiegersohn und der Mademoiselle im Frankfurter Hof gegessen. Dienstag Nachmittag mit Tilly und Ludwig in Isenburg. Schon am 1. Feiertag hatte ich an Anni einiges Beruhigende geschrieben und ihr meine Dankbarkeit und dauernde Liebe ausgedrückt. Als keine Antwort kam, faßte ich das eher günstig auf, sie war also doch noch nicht definitiv entschlossen. Mittwoch die Baronin zum Thee bei Tilly. Abends war ich im Komödienhaus und traf dann im Café Bauer an dem alten Tisch Herrn von Halle, Oswald und so weiter. Donnerstag Abend waren wir bei Frau Altheim zum Essen. Sie gefiel mir wieder, in ihr ist etwas von dem natürlichen Charme, den Anni hat.

Freitags Vormittag bei der Baronin, die abreiste und mich beruhigte. Dann großer Brief an Anni, der ich, um sie zu beruhigen, die Annahme aller der Bedingungen zusagte, die sie zu machen gezwungen sei. Nichts sei verloren, aber auch nichts mehr, was ihr Gewissen beschweren könne, solle ihr zugemutet werden. Ich muß ihre folgerichtige Natur immer mehr ehren. Ihre Triebsicherheit, die Ergänzung für meine Geistigkeit. Abends bin ich meist an dem Stammtisch im Café Bauer und komme so müde nach Hause, daß ich einschlafen kann.

Am Sonntag, den 31. mit Tilly auf dem Friedhof. Sie hatte meine Verstimmung damit gedeutet, daß sie glaubte, es gefiele mir hier nicht und so habe ich ihr denn alles gesagt. Aus meiner unverwüstlichen Zuversicht schließt sie auf guten Ausgang. Zu Hause sehr lieber Brief von Anni, auf die mein Brief sehr gewirkt hatte. Alles Äußere unverändert, aber nun weiß ich wieder, daß sie mich liebt. Abends mit Tilly und Ludwig im Theater, dann habe ich sie zum Souper in den Frankfurter Hof geladen, um die Sylvesternacht zu feiern. Der Sekt machte uns bald sehr lustig und mich in einem solchen Grad, wie ich mich lange nicht entsinnen kann. Viel mit Frau Sichel getanzt, dann ins Trocadero, wo ihr geschiedener Mann, den sie angeblich noch liebt, erschien. Dann mit ihr allein bis gegen 5 Uhr im Café Bristol. Droschke nach Haus. Ich noch immer völlig im Rausch. Küsse. Dann durch die feuchte Nacht über die Bockenheimer Landstraße in die Altstadt, wo in den engen Gassen halbbetrunken vulgivaga.

Neujahr bis Mittag geschlafen. Der Dämon wach. Nachmittag gesucht. Dann wieder wie in der Nacht. Dann geschlafen bis 7. Abends mit Tilly und Ludwig im Theater und dann im Frankfurter Hof. Sehr müde heim. Dienstag noch der Dämon. Gegen 5 beim Opernplatz. Abends wieder in der Altstadt. Lärm in der Gasse und auf der engen Stiege.

Heute alles gut, Klarheit, Reinheit. Langer Brief an Anni. Mittags waren Richard und Agnes auf der Durchreise hier. Wir versuchten eine Versöhnung, die daran scheiterte, daß nachdem alles gut schien, sie sich weigerten, eine Karte nach Z. mit zu unterschreiben. Erst geärgert, aber nun ganz frei, auch der Dämon verschwunden. Reine Atmosphäre.

Charlottenburg, 6. Februar 1912.

Erst am Freitag Abend bin ich hier angekommen. Die Frankfurter Wochen ein dauerndes Hangen und Bangen. Dazwischen kamen Briefe von Anni voll verhaltener Zärtlichkeit, die mich manchmal fast glücklich machten, meist beruhigten. Ein paarmal machte sie Andeutungen, wie schön es wohl jetzt in dem Schnee auf dem Land sein würde, aber wenn sie hinginge, sei sie so ganz allein. Ich mußte das doch als Wink auffassen, daß unsere nun seit langem geplante Januartour doch möglich würde. Kaum aber machte ich den vorsichtigen Vorschlag, da kam wieder eine Krise (während des Unwohlseins), dann wurde der Mann krank und sie beschloß nach seiner Genesung nach Oberhof zu fahren. Dann ein glücklicher Brief von ihr, sie sei wieder ganz vernünftig, alles sei wieder gut und alles bliebe beim alten. Dann kam eine Woche nichts und schließlich eine Ansichtskarte aus Oberhof ohne irgend ein Eingehen auf meine letzten Briefe, nur mit der Beschreibung, wie schön es dort sei. Wieder glaubte ich an einen Wink zu kommen und schrieb. Ihr Absagetelegramm, sie sei dort zu sehr unter den Augen von gemeinsamen Bekannten, überraschte mich nicht so sehr, wohl aber der darauffolgende Brief, den ich mir besonders zärtlich gedacht und der indessen der allerkälteste bis jetzt gewesen war. Dennoch zum Schluß die Bitte, ihr doch nach Oberhof zu schreiben und als Unterschrift: Elefäntchen. Darauf reiste ich nach Berlin. Die Fahrt durch das verschneite Gebirg, wo sie in zwei Stunden Entfernung in einem Hotel jetzt vielleicht tanzte, war furchtbar, noch schlimmer nachts die Ankunft in der leeren Wohnung, wo alles an sie erinnerte, der Handspiegel im Nachttisch und noch der Sektpfropfen von unserem letzten Abend, den ich im Badezimmer fand.

Ihr Verhalten könnte wie raffinierteste Grausamkeit scheinen, wenn man sie nicht kennt, dieses kalte Zurückziehen und dann wieder ausgesprochene Zärtlichkeit, aber ich glaube, es ist bei ihr nur reine Hilflosigkeit.

Samstag Nachmittag war ich bei Kätzchen, das sehr lieb war und alles optimistisch auffaßte und vor allem ein großes Zeichen für ihre Neigung darin sieht, daß sie nach dem Schluß vor Weihnachten überhaupt so viel und so lieb geschrieben hat. Ich ging von ihr tief beruhigt nach Haus, zumal ich am Sonntag früh einen Brief erhoffte. Ich hatte Anni noch von Frankfurt aus einen sehr traurigen, leicht vorwurfsvollen Brief geschrieben und gleich einen anderen folgen lassen voll Reue, ihr die so schönen Tage in Oberhof, die sie so sehr zur Erholung braucht, gestört zu haben.

Abends holte mich Reibnitz ab, wir aßen zusammen und gingen dann zu Dr. Grabowsky.

Sonntag früh kein Brief von A. und Absage von Grete, die ich um ½ 11 hatte besuchen sollen. Zum Mittagessen bei Katz. Sehr trauriger Nachmittag mit Helene in dem kleinen dämmerigen Zimmer. Um mich auf andere Gedanken zu bringen, Besuch bei Stern. Abends zum Essen bei der Baronin A. Dort auch er. Noch nicht ganz erholt und auch offenbar im Inneren traurig. Wir sprachen über die Laßwitz'sche Ehe, die er sehr verurteilt. Um ihn etwas auf den Zahn zu fühlen, sagte ich: »Der Frau ist es offenbar nicht leicht, ihn zu verlassen, da sie fühlt, daß er an ihr hängt.« Er: »Was heißt denn das, entweder oder. Eine Frau kann doch so etwas durchsetzen, wenn sie einen Anderen liebt.« Ich hatte den Eindruck, daß der Mann im Ernstfall vernünftig und anständig handeln und daß er Anni freigeben wird, wenn wir ihn überzeugen, daß wir uns lieben.

In den letzten Tagen stiegen Zweifel in mir auf, ob Anni überhaupt starker Gefühle und mutigen Handelns fähig ist, ob ich sie nicht doch überschätzt habe.

Montag um ½ 11 bei Grete, die unendlich verständig und klug ist und alles damit erklärt, daß Anni oberflächlich, vergnügungssüchtig etc. sei und daß alles gut wäre, wenn ich die Sache nicht so ernst genommen hätte. Ich hatte einen Brief bei mir an Anni, den ich aber weil er mir zu stark und kategorisch schien, bisher nicht abgesandt hatte, da es erst galt, sie zu schonen und zu streicheln. Darin zeigte ich, als wie berechtigt ich ihr Schwanken als Übergangsstadium verstand, wie ganz anders das aber alles aussehe, wenn sie wirklich Schluß machte. Wenn sie wirklich Aufrichtigkeit wolle und das Doppelleben verabscheue, dann könne sie wohl zu ihrem Manne zurückgehen, ihm alles gestehen und seine Verzeihung erflehen. Dann sei mit ihm vielleicht eine gute Kameradschaft möglich. Aber einfach auf Grund einer Lüge zurückzugehen zu ihm, nachdem man einmal ein bischen unartig war und nun brav sein wolle, das sei genau das Gegenteil von Aufrichtigkeit. Die Ehe mit ihrem Mann sei nicht mehr, was sie im August war, sie sei zerbrochen, nur noch ein Phantom; nicht einer guten bewährten Ehe, sondern nur einer Lüge wolle sie unser Glück opfern. Ferner war sie es, die mich in ihren Briefen beschworen hatte im Herbst, ob ich sie denn auch wirklich mit einer ganz großen, allen Schicksalsschlägen gewachsenen Liebe liebte. Es wäre zu furchtbar, wenn ich ihr nur eine Liebe auf Wochen und Monate zu geben hätte und wenn sie nur als kleines Wintervergnügen betrachtet würde. So weh würde ich ihr doch gewiß nicht tun. Alles dies hat sie damals geschrieben. Wollte, durfte sie nun so mit mir verfahren, wie sie mich beschwor, daß ich es nicht mit ihr tun sollte? So appellierte ich an ihre Aufrichtigkeit und Treue. Sie hatte in mir den Künstler erwecken wollen, auch das war gelungen. Konnte sie mich jetzt im Stich lassen? Grete meinte, diesen Brief solle ich ihr nur schicken. Das sei eine Probe. Käme Anni darauf zu mir, dann wolle sie alles zurücknehmen, was sie von ihrer Oberflächlichkeit gesagt habe. Vermutlich aber würde sie die Probe nicht bestehen. Dann aber gelänge es gewiß, wenn ich alles Ernste, Tragische aufgebe, mit ihr wieder ein reizendes Verhältnis zu führen. Nun, ich kenne mich: Wenn ich den Beweis habe, daß Anni nicht das tiefe Wesen ist, für das ich sie hielt, dann ist meine große Liebe auch bald tot; daß ich aber das liebe Elefäntchen doch noch lieb haben und mich an ihm freuen kann, dazu bin ich noch elastisch genug. Wer weiß: sobald sie mich leicht und weniger ernst sieht, erwachen auf einmal in ihr die tieferen Gefühle. Jedenfalls wenn sie sich nicht durchringt, dann will ich sie garnicht zur Frau, sie würde mir durch Vergnügenssucht und Oberflächlichkeit mein Leben zerstören; ringt sie sich aber durch, dann mit ihr über alle Abgründe des Lebens.

Ich bin nun ganz gefaßt. Der Brief muß heute in ihre Hände gekommen sein, jetzt ist alles auf's Äußerste gespannt.

An Frankfurt denke ich gern. Tilly war unendlich lieb und schwesterlich. Wir sind uns sehr nahe getreten, zumal auch in ihrer Ehe chronische Krisen bestehen, aber sie ist jetzt klug und klar und sagt, ich habe sie in der Klärung sehr gefördert. Viel Freude hatte ich an dem lieben frechen Ussin. Ich sah alle Freunde wieder, Geib und Frau, die idealste Ehe, die ich kenne. Das Heimatliche tat mir unendlich wohl, mit Menschen, für die man nicht voraussetzungslos ist. Viel mit Reinach und dem Landrichter Schmidt zusammen. Ich gab einen netten Thee im Friedenszimmer des Hotel Schwan. Wir machten schöne Taunustouren. Sehr gefiel mir wieder Frau Altheim. Abends im Café Bauer am sogenannten Tisch der Geistreichen. Es wurde mir doppelt schwer, in das kalte, unnatürliche, gezwungene Berlin zurückzukehren und ich spielte mit dem Gedanken, einmal meinen Wohnsitz nach Frankfurt zu verlegen, d.h. zweimal im Jahr etwa 3 Monate dort zu sein.

Hier seit einigen Tagen die stärkste Kälte seit vielen Wintern, dazu Sonne. Was werde ich auf die folgenden Seiten zu schreiben haben?

16. Februar.

Ich habe den Brief an Anni gleich am Montag abgeschickt und erhielt eine ausweichende Antwort, etwas gekränkt über die Störung des Sportvergnügens in Oberhof. Ich erkannte nun immer mehr, daß sie als ein oberflächliches kleines Frauchen genommen werden muß und schrieb nun gleich einen zweiten Brief, in dem ich mitteilte, daß ich nun vernünftig sei, auf jeden Versuch verzichte, sie aus ihrer Bahn zu reißen, aber die Hoffnung aussprach, daß nun alles zwischen uns gut werden könne. Obwohl sie diesen, in sehr ruhigem liebem Ton gehaltenen Brief am Donnerstag haben mußte, obwohl sie ferner am Freitag Abend nach Berlin zurückkam, hat sie erst am Sonntag bei mir angerufen, sich für den Brief bedankt, der sie sehr beruhigt habe u.s.w.

Von Grete erfuhr ich inzwischen noch eine Reihe anderer Anni's Natur erklärende Einzelheiten, so z.B. daß jene erste Katastrophe, als sie mich im Konzert allein ließ, sich ganz anders abgespielt hatte. Sie hat mich gewissermaßen als Detektiv gegenüber ihrem Mann benutzt, während sie mich glauben ließ, ich förderte unsere gemeinsame Sache. Als ich den Mann in seinen Beziehungen mit jener Dame aus der Pension Steinplatz beobachtete und ihr genau berichtete, hat sie meine Mitteilungen benutzt, um ihm geärgerte Szenen zu machen. Dann hat sie bis um 4 Uhr an seinem Bett gesessen und ihm geschworen, auch sie wolle ihm keinen Grund zur Eifersucht mehr geben, wenn er diese Geschichte lasse. 1–2 Tage darauf war sie dann bei mir und suchte auch eine Aussprache mit dem Resultat, wir könnten uns jetzt nur noch einmal statt zweimal die Woche sehen. Also um ihren Mann zweimal die Woche zu betrügen, hatte sie ihn doch wieder zu gern, aber einmal das ging. Außerdem hat sie noch die kleine Frau Frank kompromittiert, indem sie behauptete, von ihr die Details über sein Verhalten im Café Kurfürstendamm zu haben. Diese Doppelzüngigkeit und Treulosigkeit gegen Mann und Liebhaber zugleich hat mich nun völlig darüber aufgeklärt, wieviel diese Frau wert ist und was man von ihr erwarten darf.

Am Dienstag war ich um ½ 5 bei ihr, ich war ziemlich ruhig, fühlte aber, wie schade es sei, wenn sie mir ganz verloren gehen würde. Noch immer übt sie einen fabelhaften Reiz auf mich. Sie sagte auch zu, wieder zu mir zu kommen, da das Zusammentreffen bei ihr so unbequem ist. Warum nicht? sagte sie mir auf meine Frage. Donnerstag Vormittag auf ihrem Atelier, wo sie mich photographierte. Dann eingehendes Gespräch mit dem Bestreben, das alte Verhältnis auf neuer Grundlage wieder zu beginnen. Sie schwankt, hat Angst, es könne wieder werden wie es war und glaubt offenbar meine neue Vernünftigkeit noch nicht ganz, hat auch Angst, es könnte herauskommen, läßt aber die Frage offen.

Aber ich bin wirklich ganz geheilt. Das Erlebnis mit ihr hat mich in meinem Gefühlsleben auf den rechten Weg gebracht. Ich war zu kühl, 18. Jahrhundert geworden, und hatte vergessen, daß die Liebe doch allein die Basis höchsten Glückes sein kann. Ich hoffe wieder auf die eine, für mich richtige, die die dauernde Gefährtin sein könnte. Wenn auch Anni diese eine nicht ist, mein

Idealbild von ihr hat mich doch auf den rechten Weg gebracht, darum kann ich ihr nicht böse sein. Sie ist ein gutes, armes, kleines Frauchen, das selbst nicht weiß, wo es hin will und das man schonend behandeln und lieb haben soll, ohne es allzu ernst zu nehmen.

Heute wieder an dem Roman mit neuer Lust fortgefahren.

22. Februar.

Montag Abend bei Anni zum Essen, um Photographien auszusuchen für das Buch (Fahrten ins Blaue). Dabei lange angenehme Unterhaltung. Anni ziemlich kokett, ich merkte, daß ich sie wieder gewonnen hatte. Dienstag Vormittag rief sie auch wieder an und sagte sich auf Mittwoch bei mir an »zum Vorlesen«.

Dienstag, 20. Februar.

Sezessionsball. Es war, als sollte ich vor Anni's Besuch noch ganz geheilt werden. Ich traf dort eine süße schlanke Blondine im hellblauen Pagenkostüm, die mich durch ihre kluge offene Art geradezu bezauberte. Sie kannte mich durch einen meiner Vorträge. Leider lebt sie in einer sehr schiefen Situation, zusammen mit einem unbedeutenden Musiker, mit dem sie so gut wie verheiratet ist. Die Ehe erfolgt in dem Augenblick, wo seine Mutter ihren Widerstand aufgegeben hat oder stirbt. Er spielte auf dem Ball selbst die Rolle des gefälligen Gatten, der auf jeden Fall lächerlich ist, ob er nun freundlich oder erbittert dabei steht, wenn jemand mit seiner Frau 4 Stunden angelegentlich in einer Ecke plaudert. Ich habe mich in das Mädchen wirklich ein bischen verliebt und ihr offenbar auch gefallen. Verabredung auf Sonntag Abend, natürlich ohne Wissen ihres Freundes.

Mittwoch Vormittag geschlafen. Um ½ 5 kam Anni. Zärtlich, lieb wie früher. Ich las erst vor. Ihre in Oberhof geholte Erkältung verhinderte weiteres. Aber Zusage, daß auf der Basis einer amitié amoureuse alles wieder gut werden würde ohne Bindung für beide Teile. Schließlich Venus incompleta, wie schon früher bisweilen. Nun sind wir wieder ganz einig und alles ist gut. Abends im Schutzverband. Heimkehr mit Beradt, der Erika kennt und mir einiges von ihr erzählt. Ich bin doch in sie ein bischen verliebt, wenn auch ganz ungefährlich und nicht annähernd so, wie vor einigen Monaten in Anni.

Als ich durch die feuchtnebelige Nacht nach Hause ging, denke ich darüber nach, wie mein Leben durch Anni doch nun sehr in sentimentales Fahrwasser geraten ist, wodurch auch eine gewisse Starrheit gelöst wurde.

27. Februar.

Es ist klar, Anni hat den liebenswürdigen tändelnden, jeden Ernst mißverstehenden und fürchtenden Charakter einer besseren Kokotte, und ohne ihre glückliche äußere Lage wäre sie es auch wohl geworden. Neulich erzählte ich ihr von einem Börsengewinn, den ich zufällig gemacht hatte. »Ach, davon schenke mir was« sagte sie sofort. Ich lächelte. »Ja, ganz im Ernst, ich habe momentan überhaupt so wenig Geld.« Sie lachte natürlich dazu wie ein kleines Mädchen. Ich ging auch lachend darauf ein und sagte: »Die besseren Kokotten zahlt man immer erst nachher.« Ich werde mich natürlich hüten, ihr je Geld zu geben, aber ich bin überzeugt, daß das Verhältnis, wie es jetzt ist, ganz wesentlich für sie an Reiz gewinnen würde, wenn ich ihr bei jedem Besuch ein oder zwei Hundertmarkscheine geben würde. Irgend einen Grund, es zu refüsieren, fände sie wohl nicht.

Was sie ferner charakterisiert, ist noch – obwohl ihr Vater Geheimer Rat ist – das enge Milieu, aus dem sie stammt. In diesen jetzt so schnell heraufkommenden Rassen ist noch diese, ein bischen ordinäre Vergnügungssucht, für die das Vergnügen Selbstzweck, nicht Zerstreuung ist, auf die man im Augenblick leicht verzichtet, wo sich etwas ernstes präsentiert. Der Ball selbst ist ihr wichtiger, als der Geliebte, den sie dort trifft. Die Baronin A. hingegen erzählt mir aus ihrer zweiten Ehe: Sie war als Undine kostümiert, im Begriff, mit ihrem Manne zum Maskenball zu gehen; da war er von ihr so bezaubert, daß er vorschlug, den Abend mit ihr zu Haus zu verbringen. So war sie für ihn Undine und glückselig. Diese Frau hat das Herz am rechten Fleck. Anni hat auch Herz, aber nicht immer am rechten Fleck. Die kleinliche Vergnügungssucht hätte ihr diese Sachlichkeit der Baronin A. nicht erlaubt und »schon aus Prinzip« hätte sie darauf bestanden, auf das Fest zu gehen, damit er sich nicht zu viel einbildet. Was liegt dagegen unsereinem, dessen Eltern und Großeltern sich schon hinreichend amüsiert haben, an einem einzelnen Fest? Es ist doch nur ein Vorgang des Lebens, nicht das Leben selbst.

Mit Erika am Sonntag Abend gespeist. Doch nicht ganz so hübsch. Sie ist auch nicht ganz so klug als sie schien; es scheint etwas wie ein Abgrund zwischen uns zu sein. Sie ist doch auch mehr schwaches Frauchen, als ich erst dachte, aber lieb. Wir haben uns sozusagen auf amitié amoureuse geeinigt, das verpflichtet nicht und läßt die Möglichkeit hübscher Stunden.

Gestern Abend erzählt mir Edel in seiner schnodderig psychologisierenwollenden Art, daß sich Lyda Epstein vorige Woche erschossen hat, aber sich noch im Krankenhaus befindet, da sie nicht sterben kann. Ich war erschüttert. Dies ist der vierte Fall unter mir nahestehenden Frauen innerhalb 3 Jahren. Lisa, Maria Deveaux, Röschen. Das »sich ausleben« gelingt den armen Frauen nun einmal nicht.

29. Februar.

Dienstag war Kostümball der Kunstgewerbeschüler im Zoo. Anfangs war es mir garnicht recht, daß auch Erika und möglicherweise Anni hinkommen würden. Ich wollte endlich einmal eine etwas festere Beziehung für die nächsten Monate suchen. Ging wieder sehr gut gestimmt hin, erst allein im Restaurant soupiert und eine halbe Flasche Sekt getrunken. Dort kam mir eine entzückende kleine Pfälzerin entgegen, die ein Gespräch mit mir begann. Später mit ihr Sekt. Nur nebenbei begrüße ich Erika, die mir im Augenblick garnicht gefällt. Ein Mal auf der rechten Brust stört mich ungemein. Während ich die kleine Pfälzerin Minni eine zeitlang allein herum abenteuern lasse, sitze ich bei Werkmeisters auf der Ballustrade. Da entdecke ich im Gewühl Anni, später Sekt mit ihr. Sie verspricht im Frühjahr, wenn ihr Mann reist, ein paar Tage mit mir zu reisen. Ich erzähle ihr von der kleinen Minni, die wir wiederfinden und dann zu Dritt Sekt. Sehr animiert. Auch Anni's Schwester Kätie kommt dazu, später ihr Mann und Grete Peiser. Es kommt zu einer sehr lustigen Gesellschaft. Ich bin etwas angeheitert. Sehr gut, daß Anni mich in dieser Verfassung sieht, die wohl überzeugend war, daß ich von meiner tragischen Liebe zu ihr geheilt bin. Der Mann will gehen und sie muß mich in dieser Situation zurücklassen. Später muß auch die kleine Minni mit ihren Freunden gehen, ist aber noch ein bischen schwankend, aber ich halte sie nicht zurück, da ich jetzt auf Erika rechne, der ich öfter im Saal zugewinkt habe und die bald bös, bald traurig schien. Minni ist Violinspielerin, lebt hier in einer Pension. Verabredung zu schreiben. Dann begegne ich im Saal Erika, die auf mich zustürmt. Sie müsse mir etwas sagen. Dann oben mit ihr an meinem Tisch. Jetzt gefällt sie mir wieder. Sie sagt zu mir: »Oh, Du bist raffiniert; mich die ganze Nacht allein zu lassen und mich eifersüchtig zu machen!« Dann küssen wir uns wahnsinnig und ich vergesse halb die Unmöglichkeit dieser Situation. Sie erzählt, sie habe aus Wut einen ganz jungen Menschen verliebt gemacht und dann gequält. Donnerstag käme sie zu mir, sie ist sinnlich vollkommen überwältigt. Während sie mich zum letzten Mal küßt, kommt ihr Freund und sagt: »Pardon«, sie bricht in verlegenes Lachen aus. Ich warte der Dinge, die da kommen sollen, aber nichts kommt. Der Morgen dringt in den Saal, ich gehe durch den Tiergarten an die Untergrundbahn-Station. Um ½ 8 zu Haus.

Es bleibt dabei: man muß eine Frau gegen die andere ausspielen, wenn man nicht die Beute der Frauen sein will. Alte Geschichte.

1. März.

Gestern Abend 9 Uhr kam Erika. Verliebt und unglaublich leidenschaftlich. Ihr sinnlicher Mund, die graublauen Augen, das üppige blonde Haar schön, aber wie wenig begehrenswert scheint mir doch diese erhitzte ungesunde Art, die mich gierig umklammert. Nein, da ist die kühlere Anni doch mehr mein Typus. Dennoch Venus quadruplex, wie nie bei Anni, die mir doch so viel besser gefällt in ihrem freundlichen Gewährenlassen. Unangenehmes Gefühl, Erika könnte mehr in mein Leben eindringen wollen, als mir lieb ist, aber sie schwört, daß sie mich nicht eigentlich liebt und versteht, daß unser Leben nicht zusammen paßt. Hat bisher nur weibische Künstlermänner gekannt und erlebt nun zum ersten Mal den Mann. Um 1 bringe ich sie im Auto heim.

Sonntag, 3. März.

Gestern um 4 Anni bei mir, alles wieder gut. Venus duplex perfectissima.

Heute Mittag mit der kleiner Minni im Restaurant an der Rennbahn im Grunewald gegessen. Sie ist allerliebst, aber doch zu klein für mich. Sie hat die rechten Ideen von der Ehe: zusammen auf dem Land leben, Stadt und Reise als Erholung. Sicher ein herrlicher Charakter und eine reine ungebrochene Natur, aber als weiblicher Typus ist sie für mich zu zerbrechlich, ein Kind. Nun habe ich alles, was ich suche, aber leider auf drei Frauen verteilt: Anni gefällt mir nach wie vor als Frau am besten, Erika schreibt mir die glühendsten Liebesbriefe (hätte ich im Januar einen solchen von Anni bekommen!), Minni will von der Ehe das, was ich von Anni erhoffte. Mein Leben ist sehr ergötzlich, aber ist es denn das, was ich will?

7. März.

Sonntag telefonierte Erika sehr aufgeregt. Sie kam ganz aufgelöst gegen Abend zu mir und erklärte mir, sie würde wahnsinnig. Er ahne alles. Szenen zu Haus. Venus vestita, dann zur Baronin A. Durch Brief machte Erika in den nächsten Tagen sonderbare Andeutungen, nur noch 3 Tage gehörten uns, dann könnten wir uns lange nicht mehr sehen. Darauf widerrief sie dies alles. Sie hatte befürchtet, in anderen Umständen zu sein und war entschlossen, wie früher schon zweimal, dagegen etwas zu tun. Nun ist aber alles gut.

Gestern Abend Tanzklub, die kleine Minni hingebracht, die glückselig war. Anni verstimmt. Irgend etwas ist wieder los, sie hatte mir auch am Nachmittag abgesagt. Dann waren wir alle zusammen in der Queen-Bar. Es scheint nichts ernstes zu sein, wohl nur Launen. Wie häßlich und verblüht sieht sie in solchen Augenblicken aus. Selber verstimmt nach Haus. Auch heute noch dies nefastus. Allerlei unangenehmer Kleinkram. Gestern das erste Romankonzept beendigt.

9. März.

Gestern zum Mittagessen mit Erika bei Raueiser. Den ganzen Nachmittag zu Hause. Sie war indisponiert. Venus incompleta, aber ganz besonders toll. Obwohl sie doch nicht mein Typus ist, eher das Gegenteil, stachelt sie mich doch mehr auf, als es Anni jemals gelang.

Immer mehr werde ich mir über Anni klar. Ihr Reiz ist ihre kühle, ihre in sich abgeschlossene, ganz auf sich selber gestellte Katzenart. Sie läßt sich gern streicheln, das ist alles. Dabei ist sie doch im Grunde leer und temperamentlos und auch ein bischen Gans. Aber dann wieder diese frische runde Körperlichkeit, die mich so stark anzieht. In der Sinnlichkeit mit Erika dagegen etwas fast spirituelles, unkörperliches, geistreiches.

Gestern war Debschitz hier. Er wollte aus meinem Roman hören. Gefällt ihm sehr. Er befürchtet Mißverständnisse in München, hält ihn aber für unpersönlich und ernst und darum veröffentlichenswert.

14. März.

Gestern sagten sich Anni und Erika beide an. Da ich Anni länger nicht gesehen hatte, telefonierte ich Erika ab. Nur vorgelesen, da sie indisponiert war. Ein Brief von Erika, sie fühle eine Antipathie in sich gegen mich aufsteigen seit Sonntag, offenbar infolge meiner Absage auch für Samstag Nachmittag. Sie fürchte, es werde daraus Haß; hoffentlich aber ginge es vorüber. Das soll ich nun ernst nehmen. Ich antwortete zunächst nicht, weil es mir das Mittel schien, die angebliche Antipathie zu überwinden, sie im Unklaren zu lassen über die Wirkung ihres Briefes und siehe, heute rief sie an. Eben zärtliches Gespräch am Telefon. Immerhin hat mich ihre Antipathie-Erklärung etwas gereizt. Ich gebe Samstag den Ball bei Miss Louis auf und widme die Nacht Erika. Wie komisch sind die Frauen; und doch: ich halte es für ganz möglich, daß Erika und ich sich eines Tages hassen, da uns nur eine wahnsinnige Sinnlichkeit zusammenführt, dabei von meiner Seite eine fast spirituelle Sinnlichkeit, die sich erst an ihr entzündet hat, da sie mich zunächst körperlich garnicht besonders anzog. Trotzdem zerfleische ich sie fast, wenn mich ihre süßen Lippen in Extase bringen. Wie ganz anders reizen mich Annis volle weiße Glieder und doch wie viel kühler sind unsere Umarmungen. Erika ist tausendmal interessanter als Anni mit ihrer bürgerlichen Seele und doch beglückt mich Anni mehr.

21. März.

Samstag Nacht nach einer Gesellschaft bei Dohmes, um ½ 12 Erika im Regen am Wittenbergplatz getroffen. Zusammen in der Nollendorf-Bar, die gegenseitige flüchtige Antipathie vollkommen geschwunden. Champagner. Wir taumeln geradezu um 2 Uhr im Auto nach Haus. Ich bringe sie in blauer Dämmerung um 7 bis Bahnhof Charlottenburg.

Sonntag Nachmittag kam Ludwig an. Abends Diner bei H., wo ich ihn mitnehme. Anni entzückender als je, benimmt sich aber so unvorsichtig, daß Ludwig auf dem Heimweg sagt: »Wenn ich es nicht wüßte, ich hätte es heute Abend gemerkt.« Sie ist eigentlich immer on the wrong side. Sie hatte mich einst durch ihre marmorne Haltung in Gesellschaft leiden machen. Jetzt ist sie geradezu disziplinlos.

Gestern ihr Geburtstag. Ich schenkte ihr die Sansara-Mappe und die Monographie von Esswein. Abends im Tanzklub. Dann im Restaurant Trarbach. Auch Ludwig kam. Sie ist wirklich ganz und gar unerzogen, aber es geht mich jetzt nichts mehr an. Ich begehre sie nach wie vor und es reizt mich einmal, eine Stunde zu erleben, wo sie verliebter sein wird als ich, vor allem sie aus ihrer allzubequemen Haltung herauszureißen. Manchmal kommt sie mir wie ein ganz nüchterner gleichgültiger Mensch vor. Auch ihr Verhalten gegen den Mann mißfällt mir sogar, der augenblicklich sehr unter Rheuma leidet. Sie ist auch unoffen gegen Grete, die mich heute um Auskunft über die ihr immer unverständlichere Art Annis bittet. Sie hat doch nie den Mut zu sich selbst, weil dieses Selbst eben doch in einer großen Leere schwebt. Sie will nur den Kitzel der Oberhaut. Immer würde es mich noch reizen, außer der sinnlichen Anziehungskraft, die sie nach wie vor für mich hat, zu erfahren, ob sie in all ihrer oberflächlichen Sinnlichkeit, die nichts geben, sondern nur empfangen will, doch noch ein wenig in der Tiefe aufzurütteln ist.

Sonntag, 24. März.

Freitag ½ 9 Uhr war Erika bei mir. Wild wie immer, aber zum ersten Mal fühlte ich Übersättigung, sodaß mir schon, als ich nach Hause zurückfuhr, der Gedanke angenehm war, daß wir uns nun eine ganze Woche nicht sehen können. Inzwischen hat sie zweimal angerufen und wünscht noch früher eine Zusammenkunft. Das ist mir garnicht recht. Ich habe nicht das mindeste gegen sie, bin aber im Augenblick von diesen beiden Frauen übersättigt. Vermutlich wird auch Anni noch an einem Tag der Woche anrufen.

Freitag Nachmittag traf ich Grete, gegen die Anni seit einiger Zeit sehr spinös ist. Rätselhaft. Wir werden uns klar, daß Anni ein Mensch ist, der die Gefühle anderer, sei es Freundschaft oder

Liebe, nicht zu schätzen weiß. Sie gibt eine alte Beziehung für ein Butterbrot weg, ist aber stets Feuer und Flamme für neue Menschen. Mag in ihr vorgehen, was will, die Art, wie sie ihren Mann, Grete und mich behandelt, hat oft etwas schnödes.

27. März.

Anni ist ganz Publikum. Sie will sich etwas vorspielen lassen, auch in der Liebe. Dabei kommt sie garnicht auf den Gedanken, daß man selbst etwas geben kann.

Gestern rief Erika an, zur Abwechselung haßt sie mich wieder einmal. Offenbar, weil ich am Montag nicht für sie zu haben war. Ich mußte aber einmal für mich sein, sonst wäre es zum richtigen Überdruß gekommen. Dreiviertel-Stunde am Telefon. Sie ist empört, daß ich ihre dauernden Verstimmungen nicht ernst nehme, will Schluß machen, dann zärtliche Versöhnung. Alles am Telefon. Sie erklärt plötzlich, sie hasse sich selbst. Am vorigen Sonntag, nachdem ich ihr gesagt, ich habe jetzt keine Zeit, sie zu empfangen, sei sie meinem Vorgänger begegnet und habe aus Wut mich mit ihm betrogen. Ich betrachte das als Kinderei, tröste sie sogar und verspreche ihr für Freitag einen schönen Abend. Sie erklärt während des Gesprächs, den ganzen Telefontrichter vollgeweint zu haben. So ein Kind!

Heute Anni bei mir zum Thee. Sie war etwas angegriffen vom Zahnarzt, aber will sichtlich gefallen. – Abends allein im Wintergarten, die Tänzerin Wiesenthal mit all ihrer Einbildung und Nichtskönnen. Später im Café des Westens erzählt mir Landsberg, daß Lyda Epstein nun doch nach mehreren Operationen gestorben ist. Ich ging sehr deprimiert nach Hause.

Sonntag, 31. März.

Freitag Abend mit Erika im Café Kurfürstendamm. Sie ist wirklich sehr verständnisvoll und interessant in der Unterhaltung. Es tut mir wohl, ihr einmal an drittem Ort gegenüber zu sitzen, ohne sinnliche Erregung. Beim Weggehen schlug sie vor, durch eine dunkle Straße zu gehen, damit wir uns zum Abschied küssen können, daraus wurde über eine Stunde wahnsinniger Erregung ohne Ziel, ging infolgedessen verstimmt nach Hause nach 2 Uhr.

Samstag mit ihr im Taubenkasino soupiert. Der Sekt brachte mich wieder in die alte Stimmung. Mit ihr zu Hause bis 4 Uhr. Sie ging früh im Regen fort und litt nicht, daß ich sie nach Hause bringe. Nein ich bin sie nicht überdrüssig, nur möchte ich sie ein bischen weniger haben.

Heute früh plötzlich Absage von Daneel, wo ich zum Essen geladen war. Der ganze leere Sonntag vor mir. Pepinster. Abends S.W. österreichisch. Rückwärtiger, kleiner, düsterer Raum, zufrieden, dann doch traurig sonntäglich nach Haus. Ich muß ein wenig fort von Berlin.

3. April.

Gestern gemütlicher Abend mit Erika, Café Kurfürstendamm. Sie erklärt, mich jetzt erst richtig zu lieben, mich nicht mehr heimlich als Feind zu betrachten, nachdem sie mich einmal unvollkommen gesehen. Sie haßte zu vollkommene Menschen. Ich bin nämlich Samstag in einem Augenblick mangelnder Selbstbeherrschung mit einem Schaffner der Stadtbahn in Streit gekommen, der meine Zuschlagszahlung zu einem Billet nicht annehmen wollte, sondern mich zwang, den Umweg durch ein Büro zu machen, und dort ein Zuschlagbillet zu nehmen. Diese besonders in Gegenwart einer Dame widerwärtige Scene, deren ich mich schämte, hat mich ihr gerade nahe gebracht. Andere Menschen pflegen gerade in solchen Augenblicken von mir entsetzt zu sein. Ich fühle nun Erika gegenüber auch eine besondere Zärtlichkeit. Dann sprach sie von ihren Geldverhältnissen. Ihr Vermögen läßt sie vollkommen draufgehen, zwar ohne Verschwendung, nur aus Gleichgültigkeit. Sie ist sicher ein niedergehender Typus und das erfüllt mich mit Sorge und Trauer um sie. Sehr zärtlicher Abschied. Sie fühlte sich nicht wohl und kam nicht mit mir nach Hause.

4. April Charsamstag, 3 Uhr früh.

Eben Anni an's Auto gebracht. Um 6 kam sie in grande toilette. Ich las ihr erst den Schluß des Romans, dann zusammen zu Dressel. Souper in einem gemütlichen Extrazimmer. Champagner. Sehr animiert. Sie gesteht, daß sie in Oberhof, während ich auf ihre Briefe wartete, 4 Tage lang rauschhaft in einen jungen Baron Königswarter verliebt war und daß er jede Nacht bei ihr war. Ein 21jähriger junger Mensch. Dies sei ganz ihr Typ. Nur so jungen Leuten gegenüber fühle sie sich sexuell ganz sicher. Nach ein paar Nächten sei aber alles aus gewesen, irgendwelche Gefühlsbeziehungen zu ihm habe sie nicht. Ich war nicht im mindesten eifersüchtig, sondern nur im höchsten Maß erstaunt über dieses selbständige Erlebnis, über dem sie doch eigentlich selber stand. Sie erklärt, sie habe mich damals aus ihrer dummen Unerfahrenheit heraus so gequält, aber nun habe sie sehr viel dadurch gelernt. Wir fahren nach Hause. Ich kann mich nicht enthalten, ihr natürlich ohne Namennennung meine Geschichte mit Erika nun auch zu versetzen und das nimmt sie ebenso eifersuchtslos auf, wie ich ihre Angelegenheit mit dem jungen Baron und nun ist wieder alles zwischen uns im Geleis. Ich trage ihr nichts mehr nach und gestehe mir, daß ich sie eigentlich noch lieb habe und bin sicher, daß ich alle ihre menus plaisirs überleben werde, die ihre etwas spät erwachte Frauennatur noch nötig haben wird, um sans regrets alt zu werden.

Dieser Winter war reich und schön, aber ich brauche Ruhe und Erholung. Ich freue mich auf Z., wo ich übermorgen sein werde.

Zwickledt, Sonntag, 21. April.

Ich war 14 Tage hier, nur unterbrochen vorigen Samstag durch einen Ausflug nach Nürnberg, wo Dülberg, Cardenio Première hatte. Trotz meiner Befürchtung alles gut abgelaufen. Meyrink, Huch, Falckenberg und viele andere dort.

Ein so starker mystischer Wirbel wie im letzten Herbst war diesmal nicht. Zunächst war das Wetter schuld: erst Regen, dann zwar trocken, aber starke Winde, die alles stören. Außerdem befand ich mich das letzte Mal in ungeheurer Spannung wegen Anni, dieses Mal aber stark gesättigt von Erika. Diese hat nun durch ihre hinreißenden Briefe den endgültigen Sieg davongetragen über die kühle, etwas plump seelenlose Anni, die mir einen ganz nichtssagenden Brief zum Geburtstag schrieb. Ich beantwortete ihn garnicht. Wegen Erika dagegen werde ich nun meinen Münchener Aufenthalt abkürzen, um noch diese Woche wieder bei ihr zu sein. Sicher bin ich nie gleichzeitig so geliebt und verstanden worden wie von ihr. Sie hat mich mit ihrer Liebe zwar angesteckt, aber sie ist eigentlich doch nicht mein Typus und darum traue ich meinen Gefühlen so wenig. Mitten in meinen Aufenthalt fiel der gräßliche Untergang der Titanic, der besonders Alfred tief erregte (Hedwig ist in Baden-Baden) und uns wieder an die Gebrechlichkeit alles Irdischen erinnerte. Ein bischen hat er mich mit seiner Schwarzseherei angesteckt. Ich habe angefangen, mich mit Alfreds Lieblingsphilosophen Bahnsen zu beschäftigen. Die »Realdialectik« sehr annehmbar, aber ich ziehe daraus nicht die Schlußfolgerungen der Pessimisten. Abends las ich Alfred aus dem Roman, den er für ein Meisterwerk hält. Viele Anregungen durch ihn, Kürzungen sowie Verstärkungen.

3 Typen werden mir für späteren Roman immer klarer: Erstens Untergangsmensch, alles tendiert in den Abgrund, bisweilen unheimlich schleichend, bisweilen im Wirbel. Erika ausgesprochen ein solcher Untergangsmensch, alles rationell ethische ist ihr fremd, sie kennt nur die Gesetze der Leidenschaft und solange sie von Leidenschaft unberührt ist, folgt sie dem Gesetz der Trägheit. Zweitens: Typus Bahnsen. Halb Schulmeister, halb Lichtgott, stürmt durch Wälder und Felder, blondes Haar über hoher Stirn, dabei ein bischen komisch lehrerhaft aussehend, den Schlapphut in der Hand, grobe Zugstiefel, aus denen eine häßlich graubraune Socke ragt, aber hoher Gedankenflug, ausgehend von einer kleinlichen Misère, die er mit starkem Geist überwindet. Drittens großer jupiterhafter Herr, schwer, wird immer fetter. Vielleicht Excellenz, Genießer, egoistisch, aber gutartig, innerlich etwas feig. Auf der Anatomie seziert. Ein Anatomiediener stiehlt

nachts die ungeheuren Fettmassen und verkauft sie an eine Talgfabrik.

Viertens. Frau Felix Dahn. Das alternde verstiegene Gretchen, milchig weiß, aufgeschwemmt, wasserblaue Augen. Sie sitzt im Wohnzimmer, spielt Harfe, während ein junger Student hereinkommt, um den Professor zu sprechen, hört sie nicht auf, sondern singt zur Harfenbegleitung: Sie suchen wohl den Felix Dahn, der ist im Zimmer nebenan.

Fünftens. Titanic Katastrophe. Im Marconi-Raum überfällt ein schleichender, schwarzbärtiger Ire einen Telegrafisten, um ihm mit Gewalt den Rettungsgürtel abzuschnallen. Die gerettete schwangere Frau, Frau Astor, wird ihren Knaben Titan nennen. Dreißig Diamantenhändler aus Antwerpen sämtlich gerettet. Sie stehen vor einer zwitschernden Vogelschar beisammen und rufen carat, carat, carat. (Traum)

Alle diese Gestalten Möglichkeiten für einen künftigen Roman.

Berlin, Sonntag, 28. April.

Seit Mittwoch Abend hier. Erika am Anhalter Bahnhof. Ich war gleich ein bischen enttäuscht. Mit ihr nach Hause gefahren. Zuerst grundlos traurig, post festum ging diese Stimmung vorbei, aber ich wußte, daß nun der Höhepunkt überschritten ist. Es bleibt: ein ganz niedliches Verhältnis bis zu meiner Abreise nach Norwegen, die ich für Juni plane. Donnerstag Abend hatten wir wieder Verabredung, ich sagte aber ab. Hatte keine Lust und wurde zu einem kleinen Essen bei Dohmes geladen. Loga, Dora Hitz.

Freitag Abend mit Erika im Café Kurfürstendamm. Kühl. Anni habe ich meine Ankunft noch nicht gemeldet, werde es aber nun tun.

Schöne Frühlingstage. Gestern Abend Pepinster. Gute Stimmung in der kühlen, leicht windigen Abendluft, mußte aber zurück, da ich am Stettiner Bahnhof bemerkte, daß ich mein Geld zu Hause gelassen hatte.

29. April.

Gestern Nachmittag mit Erika bei der Baumblüte in Werder. Dauernd angeregte Unterhaltung. In Potsdam gegessen. Abends zwei leidenschaftliche Stunden bei mir, so schön wie am Anfang. Heute früh Karte von Anni, die sich über mein Schweigen wundert.

Sonntag, 19. Mai.

Die trennenden Elemente zwischen Erika und mir treten immer mehr hervor. Wir hatten einige unerfreuliche Abende. Verstimmungen, Tränen. Das Norddeutsche in ihr und das moderne Menschentum stören mich. Oft tut sie mir leid, dann habe ich sie wieder lieb. Aber aufgeatmet habe ich, daß ich mir den geplanten Pfingstausflug vom Halse geschafft habe. Diese Nervenüberreiztheit und dieses ewig Unsinnige, dieses va banque Spiel mit allem ohne Grund ertrage ich nicht. Ich möchte ihr aber ein gewaltsames Ende unserer Beziehungen ersparen und denke daher die Sache bis zu meiner Abreise hinziehen zu können, zumal ich sie oft wieder sehr gern habe.

Gestern mit Anni, die ich wochenlang nicht gesehen. Nur einmal seit meiner Rückkehr in der Sprechstunde. Vormittag in der Kunstausstellung am Lehrter Bahnhof, wo ein geradezu jämmerliches Porträt von ihr zu sehen ist. Sie wollte nun endlich wissen, warum ich ihr auf ihren dummen Brief nach Z. nicht geantwortet habe. Ich suchte ihr zu erklären, der Ton sei falsch gewesen und nun kam heraus, daß sie sich wieder einmal zu diesem Ton gezwungen habe, damit ich nicht wieder wie damals daraus zu weitgehende Schlüsse ziehe. Nie das Herz am rechten Fleck: entweder sie meint ihre Gefühle übertreiben zu müssen, um vor sich selber zu rechtfertigen, daß sie ihnen nachgegeben hat, oder sie meint sie verkleiden zu müssen, damit sich der Andere ja nichts einbildet. Nun aber hat sie mich doch wieder überrascht durch ihre harmlose Kindlichkeit, mit der sie das begriff. Sie ist offenbar nun gewillt, es besser zu machen, und sie meint, sie mache nun, nach Dreißig, jetzt erst die Erfahrungen, die sie eigentlich nach Zwanzig hätte machen müssen.

Abends Pepinster-Gang. S. W. nichts, aber mir fiel unterwegs ein: ich will die Frau bewundern, ohne dies ist mir die Abhängigkeit von ihr unerträglich, in die man sich ja durch jede Frauengeschichte begiebt. Drum bin ich so leicht der Selbsttäuschung ausgesetzt, wenn mir eine Frau gefällt. Ich suche dann geradezu nach bewundernswertem. Nach Wochen aber erkenne ich schon meinen Irrtum und empfinde: Dürftigkeit. Das ertrage ich dann nicht. Gemüt und Herzenseigenschaften allein kann ich nicht bewundern, wenn sie Charakter, Geist, Anmut, Lebenssicherheit vollkommen ersetzen sollen. Freilich kann ich auf die Dauer keine Frau ertragen, die mehrere dieser bewundernswerten Eigenschaften besitzt, ohne Herz.

Sonntag, 2. Juni.

Am Pfingstsonntag in Potsdam. Mit H. im Motorboot auf der Havel. Anni ist sehr lieb. Abends nach Oranienburg gefahren, wo mit Erika übernachtet, die nun doch den Pfingstausflug durchgesetzt hat. Montag zusammen mit ihr im Wald Venus vestita. Abends in Berlin zurück, bei Lutter & Wegner. Ich fand sie wieder so lieb, daß ich sie noch die Nacht dabehielt und den nächsten Tag mit ihr zu Mittag aß. Vorher holten wir Bettzeug in ihrer Wohnung. Der Freund verreist.

11. Juni.

Anni war noch einmal zum Thee da. Gute Freundschaft. Dagegen mit Erika noch viele schöne Sonntagsausflüge. Wannsee. Sie ist doch ein lieber rührender Mensch und hat mich aufrichtig lieb. Am 7. hielt ich in Jena einen Vortrag »Was können wir politisch von England lernen?« Studenten-Auditorium. Die meisten über meine Ansichten sehr überrascht. Sie hielten von ½9 bis ½12 sehr interessirt aus, aber nur spärliche Debatte. Ich selbst hatte das Gefühl für das Frappierende meiner Ansichten ganz verloren. Während meiner Abwesenheit war mein Umzug nach Schöneberg. Alles ist ziemlich glatt erledigt worden. Ich fühle mich in der neuen Wohnung sehr wohl. Seit Großmamas Tod endlich wieder einmal in anständigen Räumen. Sonntag den ganzen Nachmittag mit Erika zu Haus, Abends mit ihr bei der Rennbahn gegessen.

Fühle mich seit mehreren Wochen, seit der Rückkehr von Z. etwas matt. Auch mein Leiden quält mich etwas.

Berlin, 12. Juli 1912.

Nun wohne ich seit 4 Wochen in Schöneberg. Zum ersten Mal ist es mir gelungen, in einer Wohnung meine Atmosphäre zu empfinden. Es mag daher kommen, daß ich bisher immer nur kleine piedàterres hatte, in denen meine Möbel gedrückt und tot waren. Jetzt sind sie seit Großmamas Tod wieder in ihnen entsprechenden Räumen und sie werden wieder lebendig. Auch die Verwandtschaft der Schwarzschild'schen und der Arnswaldtschen Atmosphäre macht sich fühlbar. Ich fühle mich hier sehr wohl. Erika gestern Abend da. Momente eines geradezu mystischen Lebendigwerden der Atmosphäre, die auch sie fühlte wie etwas unbestimmt Mittelalterliches. Ich wollte heute nach Kopenhagen fahren, muß aber eines schlimmen Fingers wegen auf Rat Schleichs die Reise verschieben. Merkwürdig: in der früheren abgelegenen Wohnung fühlte ich mich von der Großstadt erdrückt, hier bin ich auf einer weltfernen Insel des Nachts, obwohl nicht 5 Minuten entfernt eine Straße mit Bars und Tanzlokalen.

Skandinavien. Im Hardanger Fjord. Auf dem Dampfer
Vöringen. Sonntag, 30. Juni 1912.

Ich habe am 18. Berlin verlassen. Abends in Rostock. Am 19. mit der Fähre nach Dänemark, abends Kopenhagen. Im Tivoli viele Mädchen, aber die übliche, wie mir scheint allgemein germanische Verwurstelung der Gefühlsangelegenheiten. Die Mädchen von Familie schauen einen an (»es ist ja nichts dabei«); die, welche Abenteuer suchen, sind so steif und schwer, daß man kaum wagt, ihnen zu nahen, als hätten sie ein böses Gewissen. Am 20. fuhr ich nach Gothenburg. Öder kalter Abend wie vor zwei Jahren in Edinburgh. Am 22. morgens starke Blasenbeschwerden. Nach Anwendung der Spülung plötzlich ein ganz unbegreiflicher Krampf, von dem ich heute noch nicht ganz erholt bin. Auf der ganzen Reise störte mich diese Geschichte. Am 22. nach Christiania, alle Hotels überfüllt, doch am nächsten Tag schönes, freilich sehr teures Zimmer gefunden. Gegen Abend Dampfbad. Der Masseur zeigt seine Homosexualität mit einer Offenheit, wie ich sie bisher noch nicht gesehen.

Sonntag, den 23., der erste und bisher der einzige vollkommene Reisetag. Vormittags am Roman gearbeitet und dann jeden Vormittag, bis ich Christiana verließ, und zwar mit großem Vergnügen. Sonntag Nachmittag herrlicher Ausflug nach dem Holmenkollen. Die Aussicht vom Voxenkollen napoletanisch schön. Oben sehr gut gegessen und in der hellen Nachtdämmerung zurück. Montags wieder trüb, trotzdem stimmungsvoller Spaziergang auf der Halbinsel Bygdö. Volksmuseum mit den alten norwegischen Bauernhäusern, die mir großen Eindruck machten. Viel Belästigung durch das Blasenleiden.

Auffallend viele hübsche Mädchen, aber die Grenze von Familie und Straße ist für meinen Geschmack zu verwischt, das »Unzweideutige« aber taugt wenig. Am letzten Abend ein ganz nettes Mädchen kennen gelernt. Mit ihr und Freundin in ein Lokal, wo sie in der Meinung, mich gründlich zu »wurzen« »Swine-Koteletter« essen wollten und auch bekamen. Aber schließlich scheiterte alles an der Ortsfrage. Es gibt keine Hotels zu diesem Zweck und eine Wohnung hat sie nicht: die bekannte germanische Sexualverwirrung. Man will nichts klar zugeben und darum fehlen dann im entscheidenden Augenblick die Möglichkeiten. Im strömenden Regen mit ihr herumgezogen, ohne einen Unterschlupf zu finden.

Donnerstag mit der Bergenbahn nach Hoenefos. Trüber Abend in mäßigem Hotel. Schöner Wasserfall.

Freitag bei besserem Wetter mit der Bergenbahn bis Voss. Unterwegs durch einen Schweden die Bekanntschaft eines offenbar zur Anknüpfung bereiten Mädchens gemacht, der ich in der 3. Klasse Gesellschaft leiste. Sie ist als Interpretin angestellt auf dem Bahnhof Myrdall, spricht gut Deutsch. Sie ist bereit, mit mir nächste Woche die Sogne-Fjord-Tour zu machen, es ist aber noch nicht bestimmt, ob ich zurückfahren werde. Abends in Voss, das an Schliersee erinnert, Spaziergang in der Dämmerung mit einem schriftstellernden Ehepaar aus Christiania, nettes Geplauder. Samstag Morgen schöner Gang nach einem Aussichtspunkt am gegenüberliegenden Seeufer. Nachmittags schöne Fahrt bei trübem Himmel auf der Stolkjärre nach Lide am Hardanger-Fjord. Der Dampfer hat mehrere Stunden Verspätung. Regen. Die berühmte Fahrt durch den Fjord daher Nachts und verregnet, mit einem Berliner Ehepaar. Unterwegs noch eine Stunde Aufenthalt, da Kühe verladen werden. Um ½ 2 Uhr nachts in Odde.

Hier lag heute alles im Nebel, daher Vormittags gearbeitet, nach Tisch etwas aufgeklärt, aber auch jetzt auf der Fahrt wieder alles im Nebel. Man sieht nichts von den Bergformen.

Im Sogne-Fjord. Dampfer Mira. 5. Juli.

Sonntag Abend in Norheims-Sund. Der Regen hörte auf und am nächsten Morgen schöner, etwas schwüler Fjord-Spaziergang nach Ostessoi, wo ich wieder den Dampfer nahm. Abends herrliche Einfahrt in Bergen. Dort Abends Deutsche Zeitung. Dienstag prachtvoller Nachmittagspaziergang auf den Blaamand zwischen 4–500 Meter hoch. Blick über Stadt, Fjorde, Berge, auf's offene Meer. Auf halber Höhe Abendessen. Dort zum ersten Mal in Norwegen der »Tag«. Sehr müde unten.

Mittwoch Nachmittag gearbeitet, gegen Abend per Bahn nach Voss zurück. Wie ein Abend in der Schweiz, noch langer Spaziergang. Heute früh Auto nach Stahlheim. Stolkjärre nach Gudvangen. Dort auf die »Mira«. Kleines, etwas enges, aber ordentliches Schiff. Sehr minderwertiges Publikum, aber Kabine allein.

Gleichzeitig mit der Wendung des Wetters & dauernd ruhigem Barometerstand, hat sich mein Leiden zum Guten gewendet. Die letzte unangenehme Viertelstunde Montag beim Mittagessen auf dem Dampfer. Erikas Mittel scheint zu helfen. Von ihr lieber Brief in Bergen. Ich denke gern und oft an sie.

Norwegen jetzt sehr schön, aber es erregt mich doch nicht wie Süden und Orient.

Auf dem Molde-Fjord. Batterfjordsöeres
9. Juli.

Auf der »Mira« stets gutes Wetter. Freitag von Oie nach Hellesylt hinüber über Land gefahren. Von dort nach dem Mittagessen über den Geyranyer-Fjord. Wasserfälle, die in der Luft zerstäuben, ohne bis ins Meer zu kommen. Um 3 Uhr in Maroc. Wagen nach der Djupvøas-Brücke, dies alles herrlich, doch das ewige Zusammensein mit Touristen lähmt mich.

Samstag früh in Näs, dann per Wagen bis Horgheim. Um 4 in Molde, wo ich zwei Ruhetage hielt. Sofort nach Ankunft akuter Anfall meines Blasenleidens, das sich völlig geändert hat. Normalzustand besser, sehr viel besser als früher. Dazwischen aber überraschend akute Anfälle, die sich auch in der Niere fühlbar machen, und mich auf einige Stunden fast lahm legen, was früher nie vorkam.

Trister Abend in Molde. Über Nacht wieder alles gut. Zwei Vormittage gearbeitet, zwei Gräfinnen, Kuttalinsky und Seilern von der »Mira« im Hotel getroffen und etwas näher kennen gelernt. Die erste bewundert Marie von Bunsen sehr; gemeinsame Ansichtskarte. Sonntag Nachmittag Spaziergang. Unterwegs ein ganz nettes Ehepaar von der »Mira« getroffen, Chefredakteur Elben vom schwäbischen Merkur. Peer Gynt gelesen. Tiefe Gedanken, aber entsetzt von der fürchterlichen Übersetzung im Fischerschen Verlag. Heute gegen Abend Auto hierher. Sitze soeben auf dem kleinen Schiff im Hafen. Trübe Mitternachtsdämmerung. Das Wetter wird wieder schlecht. Beim Abendessen eine improvisierte norwegische Stunde durch die Tochter im Hotel. Ich merkte, daß ich eigentlich garnicht Norwegisch, sondern Dänisch gelernt habe.

An Bord des Sigurd Jarl zwischen Drontheim und Lofoten.
12. Juli.

Am 10. trübe kalte Fahrt nach Drontheim. Dort Ankunft bei Abendsonne. Seitdem Wetter wieder gut. Wie traurig diese Abende, die nicht enden wollen. Kalt, aber ganz klarer Himmel. Im Tivoli ganz nettes Varieté. Um 11 in einer Promenade zahlreiche Mädchen, die sich ziemlich ausgelassen benehmen, sich ansprechen lassen und so weiter und dann scheitert doch wieder alles. Sie wollen Rendezvous für morgen. Zuhaus Besuch unmöglich, die alte Leier, wie in Christiania.

In der Nacht wieder Druck in der linken Seite, wie in Molde, doch viel stärker. Am anderen Tag zum Arzt. Sehr verständige Diagnose. Die akuten Anfälle bei sonst viel besserem Zustand lassen ebenso wie der mikroskopische Befund darauf schließen, daß die Cystites mehr oder weniger geheilt, aber eine Nierenbeckenentzündung eingetreten ist. Kein Fieber und kein Eiweiß. Also bei einiger Vorsicht (Diät) gefahrlos. Sehr beruhigt. Gestern und besonders heute wieder alles gut, aber ich rechne nun mit gelegentlichen Anfällen, die mit Pelsitinthee behandelt werden müssen und hoffe, diese neue akute Krankheit schneller los zu werden, als die alte chronische. Fast ist es mir lieber so.

Besichtigung des Domes in Drontheim. Nachmittags Fahrt zum Fjeldsäter, dann zu Fuß auf den Graakallen. Herrlicher Fjordblick.

Donnerstag Vormittag Einkäufe bei Brun: Herrliche Daunendecke, Rentierfelle, Seehundschuhe und ein Paar Samojeden-Stiefel für Gebirg im Winter. Dann Billet und sonstige Vorbereitungen für die Nordfahrt. Nachmittags zu Hause gearbeitet. Heute um 9 an Bord dieses Dampfers. Herrliche Deckkabine, schönes Wetter. Da die schönsten Teile der Fahrt erst in der Nacht kommen, habe ich den größten Teil des Tages auf Vorrat geschlafen. In Drontheim deprimierende Nachrichten aus Zwickledt. Das Morphium ist bei H. fort, dafür hat sie Nervenschmerzen bei schlaflosen Nächten. Alfred hat nach 2 Tagen Reißaus genommen.

An Bord des Haakon Adalstein zwischen Svolvär und Tromsö.
18. Juli.

Sehr schöne Tage in Svolvär. Dort begann Regen. Abends im Hotel der philosophische Schriftsteller Gutkind aus Berlin mit einer sehr netten Frau, welche »die andere Seite« las. Daraufhin sprach ich sie bei Tisch an. Er ist Bergsonianer. Nach Tisch Gang mit ihnen durch die trübe vegetationslose Kubin'sche Landschaft. Dann 5 hübsche Tage. Vormittag gearbeitet, Nachmittag in der Landschaft umher, Abends mit Gutkinds. Gestern charterten wir ein kleines Dampfboot, zusammen mit einem netten Ehepaar aus Stettin. Abfahrt Nachmittag ½ 5 nach Trolle-Fjord, dann Diggermulen. Zu Fuß auf den Diggermulen-Kollen, oben um Mitternacht. Schöne, aber mich nicht überwältigende Aussicht, unten ringsum alles hell. Unten noch Thee. Mit dem Boot durch die Nachtdämmerung zurück. Fast seekrank, sehr kalt. Überhaupt fortgesetzt scheußliche Kälte. Die Anfälle haben sich nicht wiederholt und auch das Blasenleiden scheint verschwunden. Ich bin noch nicht ganz sicher, ob mir die gestrige Exkursion gut bekommen ist. Ich denke dauernd an den Süden. Diesem Land wird nie meine Sehnsucht gehören, so angenehm und schön hier vieles ist.

Tromsö, 23. Juli.

Ich kam hier am Freitag an. Schönes Wetter, eisige Kälte. Nachmittags herrlicher Gang durch dünnen Birkenwald, mit smaragdgrünem Gras und einer unglaublichen Fülle von Butterblumen im Romsdal. Ringsum schneebedeckte, wenn auch nur 1000 Meter hohe Berge. Lappenlager; war in einigen Zelten. Sehr gutmütiges, unaufdringliches, blondes Volk, das nur durch sein Zeltleben an die verdorbenen Bischarin bei Assuan erinnert. Abends ins Hotel zurück.

Die Lyngen-Fjord-Tour gab ich auf. Ich hatte genug vom Nordland. Es sagt mir nicht genug, um noch einmal alle diese Umstände, diese ewig verspäteten, überfüllten Dampfer auf mich zu nehmen. An den Vormittagen habe ich hier meist gearbeitet,

Nachmittags schöne Spaziergänge in der sehr schönen Umgebung. Es ist so kalt, daß ich Vormittag heizen lasse.

Von Spitzbergen sind 100 streikende Kohlenarbeiter hierher gekommen, die nun in dieser stillen Stadt in der Nacht herumziehen und Skandal machen. 40 hat man schon verhaftet. Einer wußte sich Alkohol zu verschaffen und bekam wahre Tobsuchtsanfälle. Den Schutzmann, der ihn verhaftete, schrie er an: Satanas, Satanas. Er ist Finnländer.

Gestern ziemlich anstrengende Bergbesteigung in der Nacht, um die Mitternachtssonne zu sehen, aber es ist trotz gutem Wetter nicht gelungen. Der Horizont ist immer zu dunstig, als daß diese bleiche Nordlichtsonne durchdringen könnte. Heute gehts wieder südwärts. Gottlob!

Stockholm. 28. Juli.

Ohne Bedauern verließ ich am 23. das eisige Tromsö. Schöne Fahrt. Nachts um 2 in Lödingen – Eine Stunde Warten auf den Dampfer nach Narwik. Während dieser Zeit schöner Sonnenaufgang. Früh in Narwik. Reizendes Hotel. Nachmittag 6 Uhr in den Lappland-Expreß, in zwei Nächten und einem Tag durchgefahren. Nachts Schlafwagen 1. Klasse, sehr gut geschlafen.

Tags meist vorm Speisewagen im Freien gesessen. Anna Karenina als sehr anregender Begleiter. Oft schöne Wald- und Flußlandschaften, aber nichts, was mich zum Verweilen einlud. Der Tag sehr warm und hier endlich die ersehnte Sommerhitze. Das Blasenleiden wohl nun beseitigt. Zwischendurch am Donnerstag Abend vorübergehende Trübungen von denen ich nicht weiß, ob sie aus dem Nierenbecken oder von der Hitze kommen. Analysen werden hier in der Apotheke nicht gemacht.

Hier sehr nettes, fast südliches helles Hotel. Gute Korrespondenz.

Samstag im Türkischen Bade, die Massage wird hier von Frauen vorgenommen, das ist tausendmal angenehmer als von diesen Bengeln in den Dampfbädern von Berlin, aber hie und da doch wohl etwas beunruhigend, obwohl die Masseusen nicht mehr in erster Jugendblüte stehen.

Abends zwei Kokotten kennen gelernt, eine Finnländerin, spricht deutsch, das ist hier eine Seltenheit. Ging mit ihr in den Opernkeller, wage aber noch immer keinen Alkohol zu nehmen. Daher das ganze etwas lahm. Sie ist ganz nett, ein auch innerlich ziemlich lebhafter Mensch, spricht von der Natur, von dem Freiluft-Museum in Skansen mit wirklichem Interesse, dann sogar von Religion. Sie will zur griechischen Kirche übertreten, sobald ihre protestantischen Eltern tot sind. Protestantismus, sagt sie, sei keine Religion. Verabredung auf den nächsten Abend. Sie heißt Olga.

Samstag zur letzten Korrektur meines Romans geschritten. Nachmittag Korrespondenz. Abends bei Olga. Nette kühle Wohnung mit weitem Blick. Die Andere von gestern aus Malmö ein pompöses Riesenweib, läuft im Hemd herum, phlegmatisch widerlich. Ein Dachshund und Grammophon stören ebenfalls, dann aber ganz nett. Die lange Depression, die ich auf der ganzen Reise nie so recht los wurde, schwand nun endlich. Ich leide unter langer Enthaltsamkeit nicht gerade direkt, wenigstens läßt sich das durch Tätigkeit, Bewegung und Eindrücke zerstreuen, aber durch dauernde leise Niedergedrücktheit, die das Leben immer grau erscheinen läßt. Auch heute fühle ich noch die günstige Wirkung von gestern. Die Unkenntnis der Sprache erschwert mir sehr, weibliche Bekanntschaften zu machen und gerade hier zu Lande gehen diese Dinge nicht so einfach wie im Süden. Auch bei den Geeignetsten dauert es einige Zeit, was ja auch wiederum zu ihren Gunsten spricht.

Heute Vormittag wieder gearbeitet. Von Anni, der ich mitteilen mußte, daß ich ihr den Roman doch nicht widmen kann, eine Karte: »ich wüßte nicht, was mir gleichgültiger wäre«. Das ist ungefähr das ganshafteste, was sie tun konnte. Ich schrieb darunter »Aber Anni!« und schickte die Karte zurück.

Stockholm, 7. August.

Heute will ich Stockholm verlassen, es war eine ganz angenehme Zeit. Anfangs ein paar schöne Sommertage, dann regnerischer, aber doch erträglich. Vormittags immer gearbeitet, von Anna Karenina viel gelernt. Blase u. s. w. recht zufriedenstellend, doch hin und wieder noch leichte Trübungen. Skansen, sehr hübsch, ein desinfizierter Pateratraum. Sehr schöne Nachmittage in Saltsjöbaden, täglich im Schwimmbad. Hier wird ganz ohne Badekostüm gebadet. Noch einmal an der Örtlichkeit scheiterndes Abenteuer mit einem ganz netten Mädchen, das ich in einem Tanzsalon kennen lernte. Dann aber fand ich doch das Richtige: eine blonde, gesunde Schwedin namens Esther. Eigene Wohnung. Ich besuchte sie am Samstag und gestern Abend. Sie sprach schwedisch, ich norwegisch und das ging ziemlich gut. Bin indessen jetzt etwas stadtmüde.

Mölle, Sonntag, den 11. August

Am Dienstag habe ich Stockholm zu Schiff verlassen. Schöne Fahrt am Abend durch den Mälar-See. Nette Unterhaltung mit einem jungen Mädchen, einem Kontorfräulein, das nach Visby zur Sommerfrische geht. Sehr kleines Schiff, nachts etwas unruhige See. Nahe an Seekrankheit. In Visby schönes Wetter. Gang durch die zerfallenen Kirchen und auf den Galgenberg, alles ganz hübsch, aber wie alles hier, nicht überwältigend. Donnerstag Mittagsschlaf auf dem Dampfer, der mich abends weiter führte. Las Niels Lyhne, doch nicht annähernd von dem Rang, wie Anna Karenina. Auf dem Dampfer eine reizende Studentin aus Uppsala. Viel weniger emancipiert, als solche Damen bei uns sind. Sprach sehr gut Deutsch. Bis 1 Uhr mit ihr auf Deck. In Kalmar vormittags das Schloß besichtigt. Zu Mittag im Hotel wieder die Studentin mit ihrem Bruder. Nachmittags Bahn nach Helsingborg. Histoire de Charles douze begonnen, große Schriftstellerei. Alles Notwendige und nichts Unnützes gesagt, also nie langweilig. Um 10 Uhr bei strömendem Regen in Helsingborg.

Donnerstag Vormittag auf den Kärnan, Nachmittag nach Mölle gefahren. Meine Post bis heute nicht gekommen. Primitiver Ort, schlechte Hotels. Mit Mühe ein erträgliches Zimmer gefunden. Abends im Hotel Tanz. Viel mit einer Lehrerin aus Falun gesprochen. Auch garnicht emancipiert. Herr von Hoerschelmann aus München tauchte auf.

Gestern wieder gearbeitet. Schlechter Strand. Alles badet pêlemêle zwischen den Felsen. Wind. Gegen Abend schöner Waldspaziergang. Ein junges kleines Reh gefunden, das ich für krank hielt, meldete es dem Waldhüter, der mir lachend erklärte, daß die jungen Rehe hier nicht weglaufen, sondern schreien, die Beine anziehen und liegen bleiben, wenn ein Mensch kommt.

Mölle, 14. August.

Hoerschelmann wieder getroffen; er galt mir immer für langweilig und steril. Neulich habe ich ihn in Berlin sogar etwas schroff behandelt, um in einem Café allein sitzen zu können. Nun empfand ich das Zusammentreffen als wesentlich, ja als schicksalsgewollt. Zunächst ist er als Philosoph (Bergson) interessant. Er hat ferner eine psycho-analytische Kur durchgemacht, die ihn offenbar ganz verändert hat. Unsere Gespräche auf Nachtgängen berührten das Tiefste, wobei mir manchmal Schauer über den Rücken liefen und der Gedanke an eine ähnliche Kur beschäftigte mich sehr. Ich will mit Schleich und Campagnolles darüber reden. Wir sprachen viel von Traumdeutung, ich las ihm die Träume aus d. Roman vor. Er hat eine ungewöhnliche gute und tiefe psychologische Beobachtung: Richard erkennt er als hoffnungslos bestrebt, alles möglichst tüchtig zu machen, aber durch Kindheitseindruck gehemmt (stecke ich dahinter? Sein maßloser Haß vielleicht pervertierte Liebe?) Hoerschelmann hat Louisa in Berlin gesehen, sie ist ganz fidel, obwohl sie in ganz zerfaserten Verhältnissen lebt. Stern innerlich ganz fertig: erfindet sich eine Tuberkulose, um seine Arbeitsunfähigkeit vor sich zu entschuldigen.

Sehr lebendige Stunden mit Hoerschelmann, anknüpfend an die mit Gutkind in Svolvär.

1 Oscar A. H. Schmitz auf seiner großen Mittelmeerreise, 1908. »Nach dem Diner abends mit dem Amerikaner an Bord des Gando von der Elder Dempster Linie und nachts nach Las Palmas gefahren. Bis Mitternacht zusammen auf Deck in höchst interessantem Gespräch über Leben, Kunst, usage du monde, Disziplin der Persönlichkeit, dann über Marc Aurel, Machiavell. Talleyrand, Metternich und Chesterfield gesprochen.«

2 Markt in Sarajevo.
»Allein im Bazar. Markttag. In dämmerigen Hanen, wo die Bevölkerung ihre Pferde einstellt und rastet. Rembrandtstimmungen in den Höfen mit Holzgalerien. Wenn man bedenkt, daß früher noch Europa so malerisch war!«

3 Bosnische Bauern.
»Höchst ärmliche Bauernhäuser. Einzelne Männer mit Flinten, sonst nichts.«

4 Oscar A. H. Schmitz mit Freundin, um 1925.
Der Lago Maggiore, vor allem die Städte Pallanza und Intra, gehörten zu den Lieblingsreisezielen von Oscar A. H. Schmitz.

5 Oscar A. H. Schmitz neben den »Tetrarchi« vor dem Tesoro der Markuskirche in Venedig, um 1913.
Venedig war oft Zwischenstation der Reisen. 1907, auf der Rückfahrt von der gemeinsamen Balkanreise, besuchte Oscar A. H. Schmitz mit Wilhelm Debschitz die Stadt.

6 Straße in Tunis.
»In der Ferne nehmen sich diese Städte sehr gut aus … Das Antlitz, das sich hinter dieser freundlichen Maske birgt, ist freilich ganz anders.«

7 OSCAR A. H. SCHMITZ auf seiner Reise durch Algerien, 1908.
»8 ¼ Aufbruch mit 2 Maultieren, einem alten Kabylen und seinem 14jährigen Sohn. Scirocco. Zu dem Kabylendorf Taorirt-Amokran … Ritt ins Tal. Rosa Oleander in der grauen Sciroccoluft. Diese Stunde der Höhepunkt des passiven Träumens und Naturgenießens, während die Glieder müde, der Geist eingeschläfert ist, und das Maultier regelmäßig trottet. Die Führer singen … Todmüde. Scirocco.«

8 Marokkanisches Dorf.
»Um 5 zum Gesandten. Hübsche Teeplauderstunde. Dann Spaziergang außer den Toren. Durch ein Dorf, das in einem Irrgarten von Cacteen und Aloes verborgen ist. Dann an der Mauer entlang über dem Meer.«

9 Vor Shepheards Hotel, Kairo.
»Gestern Nachmittag hier wieder angekommen. Genieße sehr, wieder in Komfort und einer gewissen Regelmäßigkeit zu leben.«

10 Tempel von Deir el Bari.
»Gestern früh um ½ 7 Uhr wieder nach Theben geritten und dieses Mal sehr befriedigt zurückgekehrt. Der Terrassentempel von Deir el Bari … [gibt] doch eine sehr starke Vorstellung der kolossalen altegyptischen Kultur.«

11 Beduinenstamm der Bischarin, Assuan.
»Nachmittags Spaziergang zu dem Lager der Bischarin, eines Wüstenstammes, der hier lagert.«

12 Omarmoschee in Jerusalem.
»Dienstag Nachmittag mit dem Konsulatskawassen und einem türkischen Soldaten auf dem Tempelplatz, die prächtige Omarmoschee und das Übrige gesehen.«

13 Klagemauer in Jerusalem.
»Nachmittags zur Klagemauer. Einer der stärksten Eindrücke meines Lebens. Die Tränen waren mir nah. Dann herrlicher Gang über dem Kidronthal um die Tempelmauer herum.«

14 Istanbul (Konstantinopel).
»Der Zugang zum Meer ist in Konstantinopel gesperrt. Am Bosporus-Ufer reiht sich Spelunke an Spelunke, es wetteifert in der Phantasie des Seemanns mit den Hafenfreuden von Port-Said oder Hongkong.«

15 Oscar A. H. Schmitz auf der Schiffsreise zwischen Marmara-Meer und Bosporus.
»Trotz ruhigem Meer bewegt sich das Schiff stark. Nicht ganz behaglich.«

16 Oscar A. H. Schmitz, um 1912.
»Nun wohne ich seit 4 Wochen in Schöneberg. Zum ersten Mal ist es mir gelungen, in einer Wohnung meine Atmosphäre zu empfinden. Es mag daher kommen, daß ich bisher immer nur kleine piedàterres hatte, in denen meine Möbel gedrückt und tot waren. Jetzt sind sie seit Großmamas Tod wieder in ihnen entsprechenden Räumen und sie werden wieder lebendig.«

Nachmittags schöne Waldspaziergänge; diese einfach Natur sagt mir mehr als Norwegen. Vormittags gearbeitet.

Kopenhagen, 29. August 1912.

Von Mölle fuhr ich über Helsingborg nach Marienlyst, wo ich 12 Tage blieb. Großes halbleeres Hotel, auf Eleganz zugeschnitten, aber im Grund doch schlecht. Täglich schlechtes Wetter, aber ich habe meinen Roman fertig bekommen und mit einer Freude gearbeitet, wie an noch keinem Werk. Gegen Abend immer ca. 2stündiger Spaziergang in der zwar ebenen, aber welligen Landschaft mit schönen Laubwäldern. Abends am Kamin die wunderschöne, liebenswürdige Prinzessin Potenziani und zwei amerikanische Freundinnen von ihr, »best boston set«, anfangs noch der liebenswürdige Comte St. Hilaire, Gatte der Sängerin Edith de Lys, zugleich ihr Manager und von nichts anderem redend. Nahm mich eines Nachts mit in sein Zimmer, wo er mir von ihren Erfolgen und Kritiken erzählte, Bilder zeigte und von einem amüsanten Streitfall mit dem etwas eigenbrödlerischen Kapellmeister de Haan in Darmstadt berichtete.

So war die Zeit dort ganz nett, bis auf Erikas Mitteilung einer fausse couche, die sie absichtlich herbeigeführt hat. Effekt auf mich: Größtes Mitleid. Anerbieten gleich zurückzukommen, wenn nötig. Aber schon nach 24 Stunden die Erkenntnis, daß dieses Mitleid mein bereits ziemlich starkes Sehnen nach ihr erheblich abgeschwächt hatte. Nun geht es ihr wieder ganz gut. So sehr ich ihren Schritt mißbillige, so ist es doch höchst anständig von ihr, ihn mir erst mitzuteilen, nachdem er geschehen war. Eine andere Frau hätte in erster Linie den Mann in eine solche Geschichte mit hineingezerrt.

Deutsches Publikum in M. Lyst schlecht.

Gestern hier angekommen, nachdem in Klampenborg die Primitivität des Hotels längeren Aufenthalt unmöglich machte. Am Tage etwas herumgeirrt, Dampfbad, sehr müde. Umzug in ein anderes Hotel wegen Lärm. Abends in der Zentral-Bar eine sehr hübsche Person zwischen zwei höchst minderwertigen dänisch-deutschen Herren beobachtet, mit denen sie mehrere Sprachen mit ausgezeichnetem Akzent sprach. Ich winkte ihr auf die Seite und verabredete etwas mit ihr, traf sie dann draußen. In ihrer resp. einer Freundin Wohnung. Halbjüdin, aber Dänin, in lecto perfectissima modo pompejano. Suchte aber zu »wurzen«. Führt mich dann noch in ein mäßiges Tanzlokal Figaro in eine Loge. Anhaltend schlechtes Wetter, verstimmt, ohne rechten Grund.

Saßnitz, 4. September 1912.

In Kopenhagen viel Interessantes in der Glyptothek und der Gemäldegalerie. Schon in Stockholm begann ich wieder starkes Interesse für bildende Kunst zu fühlen, die fast 6 Jahre sehr bei mir in den Hintergrund getreten war. Zwei Abende in der Oper, ein ausgezeichnetes dänisches Ballet, wie wir es in Berlin nicht haben, nach einem Andersenschen Märchen, und einmal »Madame Butterfly«, das mich langweilte. Abends hie und da ein wenig mit dem wenig angenehmen Dr. Schumann zusammen, einem bummelnden Juristen, der mich aus London kannte und schon in Marienlyst auf einmal vor mir stand. Ich konnte mich seiner kaum erinnern.

Vorgestern Abend bis Trelleborg. Gestern Vormittag endlich wieder ein Sonnentag, der erste seit Visby. Auf der Fähre hierher. Nachmittags Motorboot nach Stubbenkammer. Die Kreideküste wirklich sehr schön, ganz herrlich der Buchenwald – in ganz Skandinavien nicht derart – durch den ich zurückging. Ich verirrte mich in der Dunkelheit. Man hörte das Schreien der Hirsche und schleichende Schritte des Wildes im Laub. Schließlich wußte ich nicht mehr aus noch ein, mit Hilfe von angezündeten Fidibussen aus Papier konnte man einige Wegweiser entziffern, von denen aber keiner nach Saßnitz wies. Ich konnte daraus nur schließen, nach welcher Richtung ich nicht zu gehen hatte. Schließlich Lichter, Hotel Waldhalle, von wo mich der Wirt auf den rechten Weg wies. Nach 9 zu Haus. Sehr befriedigt, durch die Bewegung und

Transpiration fühlte ich mich körperlich sehr wohl. Unterwegs fühlte ich fast nichts von jener nächtlichen Waldunheimlichkeit, die ich früher so sehr fürchtete. Konnte ohne Angst, wenn auch mit Schauern, an etwaige übernatürliche Begegnungen denken und hatte das Gefühl, viel mehr im Einklang zu sein mit mystischen Mächten als früher. Sah darin einer Bestätigung meiner jetzigen Bahn.

Zwickledt, 6. Oktober 1912.

Ich war einen Monat in Berlin, habe meinen Haushalt eingerichtet (Schutzmann Richter & dessen Frau als Wirtschafterin aufgenommen), die Korrekturen des Romans erledigt und noch bei der Vorbereitung unserer Zeitschrift »Das neue Deutschland« mitgeholfen und meine Aufsätze über Skandinavien erledigt.

Mit Erika anfangs eine gewisse Entfremdung, ihre auf der starken Blutarmut beruhende Nervosität, doch nicht Hysterie, machte sie anfangs schwer behandelbar, dann aber seit einem Ausflug an den herbstlichen Wannsee am letzten Sonntag zeigt sie wieder ihre zärtliche Liebenswürdigkeit.

Frau Mamroth kam durch Berlin. Einen Abend bei mir, anfangs zärtliche Empfindungen, aber ihr ewiges Schwatzen zerstörte alles. Zärtlichkeit, dann aber genau so wie früher.

Ein hübsches Abenteuer mit einer femme entretenue und deren Freundin. Behagliches Souper in einem kleinen Weinlokal. Sektrausch zu Dritt.

Im übrigen immer größere Applanierung aller Widersprüche. Gesundheit zufriedenstellend.

Hier in Zwickledt alles relativ gut. Auch Alfred gesundheitlich gut. Hedwig scheint von Morphium nicht ganz frei, aber solange sie es geheim halten kann, kann es nicht zu schlimm sein, dagegen höre ich hier, daß Tilly wieder ein schlimme Irrung hinter sich hat. Zuletzt in Berlin der Charakterologe Kotthaus, er sagte mir sehr Wichtiges: Halb nur Intellektualmensch, halb Muskelmensch, der zu lange vernachlässigt worden ist, empfiehlt Atemübungen. Überkultivierte Nerven, denen der instinktive impetus der Natur nicht immer assimiliert ist, daher viele Schroffheiten. Kein eigentlicher Erwerbssinn, Geldbedürfnis nur aus Bedürfnis nach Unabhängigkeit. Künstlerische Begabungen mit wissenschaftlicher Grundlage. Konkretes Beobachten mit stark psychologischer Grundlage. Viel Talent, mit einem Funken Genie, als Produkt von Rassenmischung.

Hier durch Freuds »Imago« eine Grundlage der Dämonie gefunden. Psychische Abneigung gegen Mutter bei gemüthafter Liebe. Dies ist das Schema vieler Frauenbeziehungen. Daraus folgt immer Mitleid und oft Ärger. Physische Neigung zu Papa. Durch Verdrängung einer Distanz bedürftig, daher auf die dunkele Welt übergeschlagen, ebenso vielleicht physische Beziehungen zu der Schwarzschildwelt. Durch die körperliche Abneigung von Mutter vielleicht die (besonders frühere) Hemmung der Gemütsentfaltung überhaupt.

24. Oktober.

Ich war über eine Woche in München. Zwei dämonische Erlebnisse. Herold; beide mustergültig, aber doch ohne Freude. Ein sehr reicher Abend mit Klages, auch Alfred in München. Wolfskehl und Richard grollen weiter in boshafter Art, suchen mich um jeden Preis zu verkleinern. Alles begierig auf das Erscheinen des Romans. Sonntag mit Debschitz und den reizenden Kindern in Schleißheim.

Es geht viel vor, aber ich bin ruhig im Verhältnis zu früher, fast teilnahmlos. Auch die Wiener Premiere regt mich nicht auf.

Im Café Lutz setzt sich Dr. Stern an meinen Tisch. Wieder eine Versöhnung und Schließen eines Abgrunds, aus dem Dämpfe des Unmuts gestiegen waren. Richard offenbar nur von Wolfskehl verhetzt.

Kerr greift Grabowsky und mich in geradezu lausiger Weise an wegen des »Neuen Deutschlands«. In Berlin regt man sich darüber auf, die Baronin A. fühlt sich getroffen. Ich lächle.

Beim Arzt Bestätigung, daß das Blasenleiden wirklich geheilt ist. Muß mich dagegen über kurz oder lang zu leichter Operation entschließen, da Neigung zu Leistenbruch.

Hier seit gestern mit Hedwig allein. Sie ist in vielem an den Verstimmungen mit A. schuld. Ich habe ihr sehr ins Gewissen geredet, ihre Härte aufzugeben. Sie scheint mich zu verstehen, obwohl wir nicht weiter davon sprachen. Heute Nachmittag bringt sie mich nach Schärding, von wo ich nach Wien fahre.

Wien, 5. November.

Wegen zu schlechter Besetzung das Stück (Don Juanito) zurückgezogen, bei der ersten Probe nach dem zweiten Akt, in aller Güte, da der Regisseur ein Einsehen hatte. Dann Verhandlungen mit Burg. Nun ist dort eine halbe, bei der neuen Wiener Bühne ¾ Aussicht.

Diese Geschäfte verdarben mir ein wenig den Wiener Aufenthalt. Sonst angenehme Abende mit Baron Oppenheimer bei Hartmann, bei Schaukal in Grinzing zum Abendessen. Es wäre dort so nett, wenn er nur nicht an so maßloser Selbstüberschätzung litte. Das Wichtigste die Bekanntschaft mit Fritz Herzmanovsky und seiner interessanten Frau Carmen. Starke mystische Ströme umgaben uns. Ich fühle mich unter dem Schutz einer starken Macht.

Gestern Abend unter dem Einfluß einer neuen Romanidee für später: junger Frankfurter Patriziersohn in österreichischem Staatsdienst vor 1866, was ihn in unlösliche Konflikte bringt, sucht Tod bei Gravelotte, wo er Preußens Sache im Sterben verloren glaubt. Die sterbende alte Zeit. Dagegen Bismarck und Preußen. Milieu: Alt-Frankfurt, Homburger Spielzeit, Altwien, Paris unter Napoléon.

Dresden, 10. November. 1912

Zwei Tage in Prag, sehr schön. Mit Max Brod und einigen jüngeren Leuten. Eine sehr interessante Nacht durch die tschechischen Frauenhäuser. Zuletzt bei dem berühmten Gogo in der Gemsengasse. Diese in Berlin so ganz fehlende fast antike Stimmung:

Zwischen den umher liegenden Frauen, mit denen der Eine oder der Andere bisweilen verschwindet, ein Anderer scherzt, führen die Männer psychologische Gespräche in der leichten Tristitia post. Schon in der nächsten Nacht aber gingen mir diese gescheiten jüdischen Jüngelchen von 23–25 Jahren auf die Nerven, die mich fragten, ob es nach dem 25. Jahr noch eine Entwicklung gäbe.

Hier gestern Abend bei Weidner. Verheiratet mit der rechten Frau zum Heiraten. Die Hälfte des Jahres mit ihr auf weiten Reisen. Sehr netter Empfang und doch fremd, nicht wie ein herzliches Wiedersehen nach 12 Jahren.

Ich werde eben sehr stark angegriffen; auch Lessing in der Schaubühne und dann die Aktion. Ich betrachte das als gutes Zeichen. Früher ärgerte ich keinen, Kritiker hoben mich in den Himmel, oder, wem meine Bücher nichts sagten, der schwieg. Heute dagegen reibt man sich an mir, man versucht meine »nichtswürdige Weltlichkeit« zu beweisen, dagegen sagte Herzmanovsky in Wien: Wie interessant gerade das »Brevier f. W.«! Man sieht, wieviel Störendes Sie sich in dem Kampf um diese Weltlichkeit von der Seele geschafft haben. In der Tat, ich mußte mir wie Julien Sorel in »Rouge et Noir« diesen Panzer schmieden, sonst wäre ich an meinen Konflikten zusammengebrochen, heute kann ich ihn wieder in die Rüstkammer stellen.

Von der Sahara bis zu den Lofoten

Ausgewählte Reiseessays

Der Baedeker oder Technik des Reisens

Leute, die einen unabhängigen Geist zeigen wollen, pflegen auf den guten Baedeker zu schimpfen. Haben sie es vielleicht nötig, sich durch einen Stern oder gar durch zwei darauf hinweisen zu lassen, welche Bilder gut, welche Bauten sehenswert, welche Gebirgsaussichten unvergleichlich sind? Nein, sie wollen ihrer eigenen Individualität folgen, die wird sie schon richtig bedienen.

Andere bescheidenere Menschen stellen sich in den Zeiten des regsten Verkehrs mitten auf die Piazza della Signoria oder Trafalgar Square, entfalten einen riesenhaften Stadtplan, während der Verkehr der Weltstadt um sie brandet oder das südliche Volksleben, von ihnen ungesehen, seine Reize zeigt. Sie entdecken plötzlich am Abend vor der Abreise, daß sie einen Baedekerschen Stern außer acht gelassen haben, und ihr Gewissen quält sie wie das eines Schülers, der sein Pensum nicht gelernt hat.

Man kann behaupten, daß beide Menschen die Technik des Reisens nicht besitzen.

Wozu, wird mancher fragen, ist zum Reisen überhaupt eine Technik nötig? Die meisten Leute müssen mit Zeit, Geld und Kräften sparsam sein. Nun befinden sie sich plötzlich in der Lage, über ein kleines Kapital von Zeit, Geld und Kräften zu verfügen, und deshalb hängt alles davon ab, ob sie die Kunst der Ökonomie besitzen. Technik des Reisens ist also nichts anderes als Ökonomie mit Geld, Zeit und Kräften.

Ich denke hier nicht an Menschen, die in einseitiger Absicht reisen, z. B. solche, die ein paar Wochen lang »ausspannen« wollen und aufs Geratewohl in einem Land herumreisen, gleichgültig, was sie sehen. Sie mögen sorglos mit Zeit und Geld umgehen. Ebenso sehe ich ab von Gelehrten, die in einer beschränkten Zeit eine bestimmte Anzahl von Dingen unbedingt sehen müssen, auch auf die Gefahr hin, ihre Kräfte etwas zu überspannen. Ich stelle mir vielmehr einen Reisenden vor, welcher in einer bestimmten Zeit ein bestimmtes Land kennenlernen will, der nicht die Manie der Vollständigkeit hat, aber auch nichts Wesentliches auslassen will. Für ihn ist es wichtig, daß er von seiner Reise »etwas hat«, daß er sich nicht durch ihm langweilige Dinge erschöpft und bis zum Schlusse der Reise genießt.

Gerade Menschen der letzten Art pochen oft auf ihre Individualität und lehnen jeden gedruckten oder lebendigen Führer ab, um sich ganz dem Zufall zu überlassen. Nun ist nichts wahrer, als daß ein auf zufälligem Spaziergang erstiegener Berggipfel oder eine beim Umherschlendern gefundene abliegende Kirche uns erheblich mehr erfreuen, ja, uns sogar mehr von dem Wesen eines Landes mitteilen kann als die Sehenswürdigkeiten mit Baedekerschen Sternchen. Wer sich aber rein auf diese Zufälle verläßt, macht den großen Fehler, welchen so viele »individuelle« Menschen heute in ihrer ganzen Lebensführung begehen: sie mißachten Überlieferung, Gewohnheit und Konventionen. Sie verdammen sich freiwillig zu einem gewissen »Outsidertum« und verlieren schließlich alle Fühlung mit dem Wirklichen. Wer die nun einmal aufgestellten Wegweiser geflissentlich mißachtet, kann wohl von Zeit zu Zeit einmal in ein besonders liebliches Wiesental geraten, meistenteils aber wird er sich verlaufen. Gerade dieses Unvorhergesehene sollte man dem Zufall überlassen. Wer aus dem Zufall ein System macht, eine Reise (oder auch das Leben) auf das Prinzip aufbaut, an den Wegweisern vorbeizulaufen, ist ein Narr, meinetwegen ein individualistischer.

Eine möglichst gute Vorbereitung für eine Reise ist also Hauptbedingung, zumal wir die Erfahrung machen können, daß unsere Interessen mit unseren Kenntnissen steigen. Die meisten Dinge, die uns langweilig sind, sind es bloß, weil wir nichts davon verstehen. Die Vorbereitung auf eine Reise soll in uns gewissermaßen die Gefächer zimmern, in die wir die Eindrücke aufnehmen werden, oder wenn wir das Andrängen der Eindrücke mit einem Strom vergleichen wollen, wir müssen Gefäße mitbringen, um aus der Flut schöpfen zu können. Ich habe fast ganz Europa und einen Teil von Afrika und Kleinasien bereist und habe es immer für ein Unglück gehalten, wenn für ein Land noch kein

Baedeker existierte. Welchem Bildungs- und Wissensgrade ein Reisender auch angehören mag, er soll zum Baedeker greifen. Indem ich das anerkenne, enthülle ich mich vor den Augen vieler als Pedant und Philister, aber ich freue mich dennoch, eine alte Dankesschuld an den Urheber der roten Bände abtragen zu können, über den es Sitte ist sich lustig zu machen. Wer sogenannte Kulturinteressen hat, findet im Baedeker die ersten notwendigen Literatur- und Quellenangaben, die wissenschaftlich absolut zuverlässig sind. Ich gebe zu, daß die kunsthistorischen Aufsätze aus bewährten Federn dem dilettantischen, rein verstandesmäßigen Kunstinteresse unserer Zeit zu weit entgegenkommen und damit die Manteltaschen der nicht von dieser Kunstwut Angesteckten mehr als nötig beschweren. Ich würde vorziehen, statt dessen in jedem Bande einen ganz kurzen alphabetischen Diktionär zu finden, der auf die dem Reisenden täglich auftauchenden Fragen über die Hauptereignisse und -personen des Landes bündige Auskunft gibt. Darin dürfte aber die Kunst keinen weiteren Raum einnehmen als andere Gebiete, besonders Geschichte und Politik; es wäre wichtiger, in diesem Diktionär eine Angabe zu finden über einen im Mittelpunkt des modernen Lebens stehenden Mann als über halbvergessene Lehrer und Schüler großer Meister der Kunst.

Was nun die praktischen Angaben im Baedeker betrifft, so sind sie fast ganz zuverlässig. Man muß bloß das einfache System seiner Sternchen und Beiworte begriffen haben, um schon in der Bahn das Hotel herauszufinden, welches einem passen wird. Besonders charakteristisch ist es, wenn bei dem Namen einer Stadt das erstgenannte Hotel weder ein Beiwort noch ein Sternchen hat, dem zweiten etwa das Wort »Gelobt« beigefügt ist, über dem dritten aber ein Sternchen strahlt. Das soll wohl heißen: Das erste Hotel ist anspruchsvoll und schlecht, das zweite ist wahrscheinlich ein Konkurrenzunternehmen, das notgedrungen ein bißchen besser sein muß, um sich halten zu können. Das dritte ist ein altes, gutes, aber nicht anspruchsvolles Haus. In dieser Beziehung folge ich Baedeker so absolut, daß ich lieber in ein Haus zweiten Ranges mit Stern als in eines ersten Ranges ohne Stern gehe, denn die Sterne werden, wie ich höre, nur auf Grund eines »Consensus omnium« verliehen, der sich aus den zahlreichen, an den Verlag gelangenden Zuschriften ergibt.

Individueller wird man bei der Auswahl der Sehenswürdigkeiten verfahren. Der Guide Joanne oder die Führer von Brown und Murray geben die Beschreibung der Sehenswürdigkeiten, ohne sie irgendwie nach dem Rang zu klassifizieren. Individualisten ziehen das vor, weil sie sich weniger in ihrem Selbstbestimmungsrecht beeinflußt fühlen. Ich habe es sehr ermüdend und zeitraubend gefunden. Wenn ich eine Anzahl von Moscheen oder antiken Tempeln gesehen habe und ich lese nun, daß in irgendeiner nur mit Anstrengung oder großen Kosten zu erreichenden Einöde noch ein solches Denkmal steht, so gibt es nur eine Frage bei der Entscheidung, ob man die Tour machen soll: Welchen Rang nimmt der Bau in der Schätzung der Kenner ein? Es ist daher vollkommen berechtigt, dem Tempel von Paestum zwei Sterne zu geben und einem anderen gar keinen. Wer überhaupt noch keinen gesehen hat und auch so bald keine andere Gelegenheit dazu hat, wird gern auch zu den ungestirnten Tempeln pilgern und vielleicht einen stärkeren Eindruck haben als ein anderer vor der Akropolis. Baedekers Vorzug ist, daß er nach konventionellen Maßstaben urteilt. Wer heute in den Louvre oder den Prado geht, will an ganz bestimmten Bildern nicht vorbeilaufen und wird, besonders wenn seine Zeit drängt, für jeden Wegweiser dankbar sein. Individuellen Entdeckungen kann ja außerdem jeder so viel Raum geben, wie er mag. Dafür kann es naturgemäß keinen anderen Führer geben als die eigene Laune, aber selbst einer individuellen Minorität kommt Baedeker so weit entgegen, daß er in eng gedruckten Absätzen auf vieles aufmerksam macht, woran der konventionelle Durchschnittsreisende vorübergehen, was aber den Liebhaber von Seltenheiten erfreuen mag.

Zweifellos gehört es zu den unangenehmsten Dingen auf Reisen, wenn man überall sofort als Fremder erkannt und behandelt wird. Daran soll auch häufig der Baedeker schuld sein. Er ist es nur da, wo er falsch benutzt wird. Dank dem Baedeker sind wir vielmehr in der Lage, an jedem Bahnhof so anzukommen, als wären wir hier bekannt. Wir lesen im Baedeker, daß wir in Budapest bei der Ankunft »Hordar« rufen müssen. Das heißt Gepäckträger. Wir sagen dem Mann den Namen des im Baedeker gefundenen Hotels, kennen die Taxe, die er zu beanspruchen hat, und nichts kann den Mann hindern, uns für echte Magyaren zu halten, wenigstens liegt ihm der Gegenbeweis ob, daß wir es nicht sind. Wir haben die Zeit in der Bahn dazu benutzt, zu erforschen, ob wir, falls uns das Hotel nicht gefällt, in einem uns vielleicht mehr verlockenden Restaurant speisen können. Wir unterliegen daher nicht den Suggestionen des Hotelbesitzers, Geschäftsführers oder Oberkellners. Wir wissen die Namen der besten Zeitungen, in denen wir die Theateranzeigen finden, wir haben den Stadtplan im Kopf, so daß wir nicht öfter einen Kutscher brauchen als zu Hause. Wir wissen die Sehenswürdigkeiten, die wir auf alle Fälle sehen wollen, und können daher, dank Baedeker, viel Zeit zum »individuellen« Bummeln gewinnen. Wir wissen, ob wir auf einem Spaziergang ein erträgliches Restaurant finden werden oder ob wir an einem Sommerabend ein Flußbad nehmen können. Wir sind nicht auf das gönnerhafte Gutachten des Oberkellners angewiesen, um zu erfahren, ob wir an dem oder jenem Ort Frack oder Straßenanzug tragen sollen. Kurzum, durch die richtige Benutzung des Baedekers, den wir hübsch in der Tasche behalten, fallen wir sowenig als irgend möglich als Fremde auf.

Aus: Brevier für Weltleute, S. 227–234

Marokkanische Landschaften

Noch immer sind die Säulen des Herkules eine Kulturgrenze. Die behaglich-liebenswürdige Mittelmeerwelt, das französisch-italienische Sprachgebiet endigen hier, die Ozeankultur mit ihren Welthorizonten beginnt, die beiden Sprachen des neuen Erdteils, Englisch und Spanisch, ringen um die Herrschaft, etwas wie ein Duft Amerikas scheint mit den nie ganz aussetzenden Passatwinden herüberzuwehen. Wir begegnen nicht mehr dem Künstler und Gelehrten, deren Träume oder Forschungen die Schönheit einer vergangenen Welt suchen, sondern den Vertretern der Gegenwart, dem Kaufmann, dem Kolonisator, dem Diplomaten. Der grauweiße Felsen von Gibraltar ist das Wahrzeichen dieser anderen Welt. »Wie kommen eigentlich die Engländer dazu, die Südspitze von Spanien zu besitzen?« fragte ein naives deutsches Fräulein auf dem englischen Dampfer nach Mogador. »Weil Gibraltar der Schlüssel des Mittelmeeres ist«, antwortete ihr ein hagerer Herr aus Sheffield. Darauf erzählte ich dem Fräulein die Geschichte von dem Mann, der bei der Table d'hôte alle Spargelköpfe für sich abschnitt und auf die Frage, wie er dazu komme, harmlos fragte: »Wissen Sie denn nicht, daß die Köpfe das Beste sind?«

Um diesen Felsen am Ende Europas legt sich eine schmale Zone englischen Lebens in all seiner Brutalität und eingestreuten Anmut: Befestigungen, Kasernen, unterirdische Galerien mit Wandlöchern, in denen Kanonen stehen, und dazwischen nette, hellfarbige Landhäuser in Gärtchen und knapp ausgesparte Tennisplätze. In der öden Juliglut eines gelben Kasernenhofes, aber vom Ozeanwind bestrichen, spielen Khakisoldaten Kricket. Auf einigen Baracken stehen Worte geschrieben wie: Sailors Christian Home; vor einer Eisentür ist aus Holz ein vag gotischer Giebelvorbau improvisiert, und darüber droht das finstere Wort: church. Hier werden offenbar die zum Totschießen um den Felsen versammelten Soldaten überredet, nicht etwa da totzuschießen, wo sie nicht sollen. In einem finsteren Ziegelbau mit zahllosen Kasernenfenstern ist in jedem Stockwerk eine kleine schattige Loggia eingefügt. Auf jeder ist ein freundlicher Teetisch gedeckt, Familien halten behaglich ihren komfortablen »afternoon-tea« ab, wie ihn die Engländer überall, wo sie hinkommen, und wäre es in Wartesälen, unter Zelten oder auf dem Kamel, improvisieren. Unten im Hofe liegen die Rowdies der britischen Soldateska umher.

Eine lange Provinzstraße mit hübschen Läden, wo Misses und Señoras »shopping« gehen, zieht sich vom Felsen in das kahle andalusische Land hinein. Erst kommt ein Überschwemmungsgebiet, dann eine neutrale Zone und schließlich das spanische Städtchen Linea, wo gerade Kirmes (feria) ist. Bis tief in die Nacht bleiben heute die Festungstore offen, um die wiederaufzunehmen, welche, trunken von Spaniens Freuden, von Manzanillawein und malagenischen Tänzen, nachts wieder in das britische Felsengefängnis zurückkehren. Zäher, gelber Dunst verfinstert den Mond und heftet sich an den Felsen, in dessen Löchern noch Affen hausen sollen. Gesehen hat sie wohl in letzter Zeit niemand, aber es liegt im Interesse der Soldaten, den Glauben an sie nicht aussterben zu lassen, denn wenn irgendwo etwas in Unordnung ist, kann man es so hübsch auf die Affen schieben, die nachts angeblich kommen, sich an den Kanonen oder Gewehren zu schaffen machen und dadurch dem armen Tommy Disziplinarstrafen zuziehen.

Nur zwanzig Kilometer entfernt von Gibraltar, diesem detachierten Fort europäischer Politik, jenseits der Meerenge, liegt der letzte Vorposten von Mohammeds Welt, die jetzt friedlich von demselben Zivilisationsgeist durchdrungen werden soll, der ein Gibraltar geschaffen hat. In diesem Winkel scheinen alle Widersprüche des Lebens aufeinanderzustoßen. Tanger hat teilweise seinen orientalischen Charakter bewahrt wie kaum eine andere der vom Meer aus leicht zugänglichen Islamstädte Afrikas und Vorderasiens. Auf dem großen Socco lagern noch bisweilen Karawanen mit Kamelen, Stämme aus dem Inneren in spitzen Zelten, Vermieter von Reittieren mit purpurroten Sätteln. Weißbärtige Kaufleute lesen, an ihre Warenballen gelehnt, Tausendundeine Nacht oder den Koran, unbekümmert um das Geschrei des Marktes; man sieht die tätowierten Rifbauern, die Mellahjuden in schwarzen Kaftanen und die Vornehmen, die mit gepflegten Bärten und blütenweißen Gewändern auf hohen Sätteln über dem Gewimmel zu schweben scheinen.

Der kleine Socco dagegen ist der Bereich der Europäer, die das Land dem Handel erschließen. Dieser enge, viereckige Platz mit seinem holprigen Boden, den europäischen Postbureaus und den dürftigen Kaffeehäusern war der Herd, von dem jener kaum begreifliche, durch Jahre über Europa verbreitete Marokkoklatsch ausging, der lange Zeit die Berichte unserer Blätter gefärbt hat. Hier sitzen Interessenten und Konkurrenten verschiedener Nationen verärgert dicht beieinander und hetzen sich gegenseitig auf. Diese Menschen, die meist nur wenig über den engen Horizont ihrer Geschäftsinteressen hinausblicken, bilden die Reibungsflächen der Nationen. Hier entstanden fabelhafte Gerüchte und gegenseitige tödliche Anschuldigungen, die, wäre ein Funken Wahrheit darin, wie Bomben auf die öffentliche Meinung Europas hätten wirken müssen. Aber warum wirkten sie nicht? Weil als einziger Beweis angeführt wird, daß die oder die Tatsachen der ganze Socco weiß. Wenn nun auch diese (nicht immer mit Unrecht) unzufriedenen Kannegießer als einzelne null und nichtig sind, so haben sie doch, um die hetzerischen europäischen Lokalzeitungen geschart, jene giftige unfruchtbare Atmosphäre des Mißtrauens gebraut, welche die Marokkopolitik ausgezeichnet hat.

Die reizende Umgebung von Tanger war in der nächsten Nähe der Stadt niemals gefährdet. Man kann unbesorgt allein aus der Stadt hinausreiten, an dem prachtvollen sandigen Strand entlang, durch die sonderbaren Dörfer, deren niedere Häuser unter hohen Kaktushecken, wie in Irrgärten versteckt, liegen, auf deren höheren Dächern unzählige Störche nisten. Man kann zwischen den Landhäusern reicher Mauren umherschlendern und den eintönigen Liedern lauschen, die aus den Harems tönen. Die Leute sind nicht gerade liebenswürdig gegen den Fremden, aber sie tun ihm nichts.

In ungefähr fünfzehn Stunden brachte uns das ziemlich bequeme englische Schiff »Arzila« nach Casablanca. Diese marokkanischen Küstenstädte gleichen sich so sehr, daß man sie in der Erinnerung kaum auseinanderhalten kann. Hafenanlagen gibt es nicht. Das Schiff ankert einige Kilometer von der Stadt; Reisende und Waren werden auf Leichterbooten unter gellendem Geschrei der mulattischen Eingeborenen bei meist starkem Wellengang ans Land gebracht. Häufig ist die Brandung so wild, daß selbst diese Boote nicht landen können. Die Reisenden müssen sich auf die braunen Rücken der Ruderer schwingen und werden so in die Stadt getragen.

In der Ferne nehmen sich diese Städte sehr gut aus. Über die geschwärzten Quadermauern und die mittelalterlichen Tore aus portugiesischer Zeit ragen die weißen orientalischen Dächer und die Minarette der Moscheen. Auf den Konsulatshäusern flattern die bunten Fahnen in die blaue windige Luft wie über weißen Ausstellungspavillons. Das Antlitz, das sich hinter dieser freundlichen Maske birgt, ist freilich ganz anders. Zunächst wird man zwischen Fässern und Ballen herumgestoßen, fast nackte, braune Eingeborene tragen im Gänsemarsch wie auf ägyptischen Malereien ungeheure Lasten zu den Warenhäusern. Man wird durch ein halbdunkles Zollhaus gedrängt, und endlich betritt man die eigentliche Stadt: unter dem unerbittlich blauen Himmel eine graugelbe staubige Welt; gelbe Baracken, graue Lämmerherden, staubige Säcke, dazwischen das Klagegeschrei der Esel und der majestätische Gang der zahlreichen Kamele, in deren Gesichtern höchste Dummheit und tiefste Philosophie eine menschlich berührende Mischung eingegangen sind. Dicht hinter den Toren von Casablanca erstreckte sich in weiter Ausdehnung das französische Lager in der Sonnenglut: Baracken, Pferde, Kantinen und Soldaten, dazwischen ein paar Dirnen siebzehnten Ranges. Vor einer Tür wird gerade ein Gärtchen angelegt. Es sieht nicht gerade so aus, als ob die Leute hier bald fortwollten. (1908)

Am anderen Morgen erwachen wir vor Mazagan. Dasselbe Schauspiel wie in Casablanca. Man zeigt uns eine maurische, eine jüdische und eine französische Schule. Die maurische ist in einem dunklen engen Lagerraum; auf schmutzigem Stroh kriecht etwas menschliche Brut um einen nicht sehr beruhigend aussehenden Lehrer, der auf große Tafeln arabische Buchstaben zeichnet. Die jüdische Schule ist wenigstens in einem hellen größeren Raum, aber man hat die betrübende Gewohnheit, die Fliegen durch ein Stückchen faules Fleisch am Boden zu beschäftigen, soweit sie nicht die offene Kopfwunde eines der Kinder bevorzugen. Die von der Alliance Française eingerichteten Klassen erinnern an unsere Dorfschulen, sie sind ordentlich und meist von Kindern der besseren Juden besucht. Wenn man nun noch das spanische Kloster mit seinen freundlich-einfältigen Mönchen erwähnt, so sind alle Kulturzentren und Sehenswürdigkeiten Mazagans erschöpft.

In etwa drei Stunden ritten wir nach Azemmour, der im Sommer 1908 von den Franzosen eingenommenen und wieder geräumten Stadt. Die Landschaft ist vollkommene Wüste, hie und da durch staubige Kaktus- und Aloebüsche belebt, manchmal sieht man zwischen abgeernteten Feldern Kamele Wassermühlen treiben. Alle Reisenden der Straße finden sich in einer Karawane zusammen; zwei vornehme Beamte auf hohen Kamelen, Bauern auf geschundenen Maultieren (einer trägt sein verschleiertes Weib vor sich auf dem Sattel), viele Esel mit Säcken und wir paar Touristen vom englischen Schiff auf munteren Tieren, deren Trab wir zügeln müssen, damit die Treiber zu Fuß nachkönnen. Plötzlich erscheint schneeweiß zwischen grünen Gärten die Stadt vor uns. »Haua Azemmour« schreien die Führer mit erhobenen Armen mehrmals hintereinander. Wie detachierte Forts liegen einige weiße Maraboutkapellen im Feld. Das Stadttor steht offen, auf jedem der beiden Prellsteine hockt ein schlafender Wächter mit offenem Maul, eine Flinte im Arm. Dieser Anblick verscheucht unsere letzten Bedenken, die Stadt zu betreten, in der kein Europäer wohnt. Wir reiten über den ausgestorbenen weißen Markt in ein Caravanserail, wo unsere Maultiere zwischen ruhenden Kamelen angebunden werden. Man führt uns durch Gassen, auf denen allerlei Handwerke betrieben werden, in die Mellah (das Ghetto); eine der blühenden üppigen Jüdinnen in zerschlissenem, goldgesticktem Kleid stellt uns ihren besten Raum zur Verfügung. Auf einer altarartigen, in die Nische gebauten Erhöhung breitet man Teppiche aus, auf die wir uns mit untergeschlagenen Beinen setzen. Wir packen unser mitgebrachtes Essen aus und bilden ein gewiß einzigartiges Schauspiel für die herbeigeeilte Nachbarschaft. Schmutzige Kinder, hübsche Judenmädchen, alte bärtige Rabbigesichter mit schwarzen Käppchen drängen sich in die Tür. Ein französischer Unteroffizier ist uns behilflich, unseren Wein auszutrinken, und auch unsere Treiber, die Bekenner Allahs, verschmähen ihn nicht. Die nicht anmutlose Wirtin reicht Kaffee und nimmt mein spanisches Kompliment für ihre Schönheit mit einem lächelnden »gracias« hin, nicht ohne dabei auf ihre Armut und ihre vielen Kinder hinzuweisen. Nach Tisch gingen wir an den gelben, reißenden Fluß, jenseits dessen die Zelte des französischen Lagers sichtbar wurden. Als wir zurückritten, lehnten auf den Dächern der Häuser buntgekleidete Frauen, weiße und schwarze, die eben von der Siesta aufgestanden sein mochten, und zeigten sich erstaunt über die seltsamen Fremden in ihrer die mohammedanische Wohlanständigkeit verletzenden engen Hosentracht, die hier noch etwas Neues ist.

Am nächsten Tage lagen wir vor Safi; hier ist das Meer so unzuverlässig, daß das Landen mit der Gefahr verbunden wäre, vielleicht nicht rechtzeitig zum Schiff zurückkommen zu können. Wir mußten uns daher begnügen, von Händlern, die an Bord kamen, einige Landeserzeugnisse zu kaufen, breite farbige Safinpantoffel, Arbeiten aus Glasperlen und liebenswürdige Chamäleons mit betrübten Augen, die beim Diner einige Engländerinnen im Haar trugen, in der Hoffnung, sie würden die zu ihren Toiletten passenden Farben annehmen. Dies geschah jedoch nicht. Am anderen Tag beim Frühstück nahm ich mir ein solches Tierchen vor, und während ich aß, ging es auf die Fliegenjagd. Mit der Miene heuchlerischer Gutmütigkeit bleibt es in ziemlicher Entfernung von dem Wild stehen, läßt dann eine Zunge hervorschnellen, die rot und fett wie ein Regenwurm und lang wie ein Zahnstocher ist. In weniger als einer Sekunde ist die Fliege im Munde des kleinen Raubtiers verschwunden.

Die Stadt, die ich in der nächsten Frühe durch mein Kabinenfenster sah, war Mogador. Auf der deutschen Post gibt man mir einen etwa achtzehnjährigen freundlichen Juden als Führer mit, der mir in erträglichem Französisch erklärt, er sei Deutscher, d. h. er hat sich unter den Schutz und die Gerichtsbarkeit des deutschen Konsuls gestellt, um vor Bedrückungen des Kadis sicher zu sein. Später verrät er (aber es ist nicht recht glaublich!), daß er ohne Wissen der Deutschen auf dieselbe Art auch Franzose geworden sei. Nun kann er sich jeden Tag überlegen, ob er gerade Marokkaner, Jude, Deutscher oder Franzose sein will. Er zeigt mir sein Elternhaus, wo es sauber und freundlich ist; die

»gute Stube« ist ein langer, schmuckloser Raum, in dem etwa zwanzig Rohrstühle als Zeichen europäischer Gesittung den Stolz der Familie bilden. An der Wand hängen zwei Öldrucke, den deutschen Kaiser und die Kaiserin darstellend. Dann führt mich der Junge in eine Gasse bei der Moschee, wo jeder Verbrecher oder Schuldner unantastbar ist. Ich sehe einige dieser Wakkeren in der dunklen Ecke eines Schuppens beieinanderhocken. In ernsten Fällen läßt man die Leute hungern, bis sie von selbst hervorkriechen.

Dann besichtigten wir einige dumpfe Synagogen, die, ohne Eingang von der Straße, nur durch Privathäuser erreicht werden können. Wie Wandschränke öffnen sich ihre heimlichen Türen in den Mauern. Zwei liegen wie Schubladen übereinander, aber sie werden von verschiedenen Vierteln aus erreicht. Aus dieser ängstlichen Verschwiegenheit treten wir in den hellen Mittag, wo marokkanische Soldaten in blutroter Uniform an grell besonnten weißen Mauern lehnen. Vor der Stadt liegt eine Mahalla, etwa 2500 Mann, in zuckerhutförmigen weißen Zelten, wie man sie auf primitiven Schlachtenbildern sieht.

Zum Mittagessen bin ich in der Familie eines wohlhabenden Juden, eines Nachkommen der aus Spanien vertriebenen Sephardim, der eine rundliche, häusliche Frau hat und eine ganze Reihe freundlicher, etwas fetter Kinder, die alle drei oder vier Sprachen sprechen. Man hat an dem großen, runden Familientisch die Empfindung: hier ist alles behaglich und reichlich. Ich denke an Frankfurt a. M. Nach Tisch wird Tee mit einem Zusatz herber Pfefferminzblätter in dem grün bepflanzten luftigen Patio serviert. Zwei mohammedanische Steuerbeamte in weißem Burnus mit durchaus soignierten Händen und Gesichtern warten, zwischen gestickten Kissen sitzend, auf den Hausherrn. Ein fünfzehnjähriges Töchterchen spielt auf einem klirrenden Klavier »Cavalleria rusticana«. Einer der Mauren sagt: »Das war für Europa, jetzt etwas für Afrika.« Der andere erwidert: »Wir müssen erst die Fremden fragen, ob es ihnen angenehm ist, denn sie sind nur für kurze Zeit unsere Gäste.« Uns war es sehr angenehm, und nun hackte das Unglücksmädchen ein für diskrete biblische Saiteninstrumente bestimmtes finster-eintöniges Lied auf dem brutalen europäischen Marterinstrument; die beiden Mauren summen mit, das Mädchen spielt immer leidenschaftlicher, das Instrument scheint bersten zu müssen. Diese wilde Wüstenmusik auf einem schlechten europäischen Klavier nahm ich als Leitmotiv des heutigen Marokko mit, und es klang mir noch tagelang in den Ohren, während das Schiff wieder den Ozean furchte.

Was nicht unerwähnt bleiben darf, ist das unvergleichliche Klima dieses marokkanischen Küstenstriches. Diese Städte sind fortwährend von einer kühlen Seebrise bestrichen, so daß auch in den heißesten Sommermonaten, in denen ich das Land besuchte, der Aufenthalt eine Erholung bildet für den, der aus europäischen Städten gekommen ist. Auch im Winter herrscht fast dauernder Sonnenschein. Man hat bereits den Versuch gemacht, bei Mogador ein Sanatorium zu errichten. Die marokkanische Küste ist bestimmt, eine zweite Riviera, doch mit zuverlässigerem Wetter, zu werden.

Aus: Fahrten ins Blaue. Ein Mittelmeerbuch, S. 88–97

Von Algier durch den kabylischen Atlas

Als ich aufwachte, stand der norddeutsche Lloyddampfer still, auf dem ich einige angenehme Tage verbracht hatte. Ein Blick durch das runde Kabinenfenster: an den Hügeln steigt das weiße Algier empor, dessen geheimnisvolle Abenteuerlichkeit einst meine Knabenträume erfüllt hatte. Jahrhundertelang vom Kreuz und vom Halbmond umstritten, war es endlich, von Korsaren gebändigt, der Pforte unterstellt worden; und nun tobten durch weitere Jahrhunderte in jenem weißen Häuserdreieck an der Berglehne Neid und Habsucht, Grausamkeit und Herrschbegier der türkischen Janitscharen und jener starken Piratenkaste der Renegaten, die das wildeste Blut aufnahm, das über den Rand des europäisch-christlichen Völkerbeckens getreten war. Zwischen den Stadtmauern, die oben bei der Kasbah in spitzem Winkel zusammenlaufen, wimmelte vielsprachig ein freches, üppiges, phantastisches Dasein in den dicht gedrängten flachen Häusern, von den Kuppeldächern der Bäder und den Minarehs der Moscheen überragt, um die Springbrunnen in den weißen oder mit blauen Fayencen geschmückten Säulenhöfen, in den finstern Zwingburgen der türkischen Miliz, im Bagno der Sklaven und in jenem berüchtigten Badistan, wo mancher Deutsche, Franzose, Spanier oder Italiener auf Lösegeld aus der Heimat harrte; unter ihnen war Spaniens größter Dichter, der den Gefangenen im Don Quixote dort die Liebesbotschaft der schönen Maurin Zoraide empfangen läßt.

Nach solchen Erinnerungen ist man zuerst enttäuscht, eine banale französische Hafenstadt zu betreten, wo einen Bootführer, Zollbeamte und Gepäckträger empfangen. Langweilige Boulevards, Avenuen, Squares mit europäischen Läden nehmen einen auf, belebt von uninteressanten modernen Geschäftsmenschen, einigem Gesindel in schmutzigem Burnus und Fes; dazwischen eilt geschäftig die brave französische menagère, mit der Netztasche voll von farbigen Gemüsen und Früchten. Man muß den Orient kennen, um sich hier aus den echten Einzelheiten ein Gesamtbild mohammedanischen Lebens bilden zu können. Dann kann man auch in Algier jenen geheimnisvollen Lebensstrom fühlen, der die Gläubigen Mohammeds fester umschlingt, als es irgendeine andere Religion vermag. Da sitzen abends die Greise im Turban auf Matten am Boden, an die Moschee gelehnt, die Jungen hören ihnen zu, und man weiß, genauso sitzen sie jetzt am Atlantischen Ozean, in den grünen Tälern Bosniens, in der russischen Steppe, am Ganges und im Sande der Wüste, und alle fragen sich das eine, wie weit Allah dem Rumi noch erlauben wird, in die Länder vorzudringen, die der Prophet und seine Nachfolger dem wahren Glauben erobert haben. Überall sitzen sie so mit den gleichen einfachen Sitten. Sie schlürfen das süße schwarze Getränk, das ihnen der Kaffeeschenk in messingener Kanne bringt, und schauen zu, wie das Leben des Marktes langsamer, stiller wird. Dort hockt einer an der Ecke und läßt sich den Kopf rasieren, und der Barbier faßt ihn mit behutsamer Nervenkenntnis an, als tue er was Heiliges, wie jener Marabout, der dort gegenüber kauert und die Perlen seines Rosenkranzes durch die mageren braunen Finger spielen läßt. Andere gehen in die dunklen Hallen des Bades, wo ihnen unter einer ungemein weisen Massage, die kein Europäer zu lernen vermag, in lauen Wasserfluten alle Sorgen mit dem Schweiß und Staub des Tages fortgeschwemmt werden, bis sie das rein animalische Wohlsein ihrer befreiten Körperlichkeit genießen. Andere schleichen zu den blau getünchten Häusern mit den hohen Treppen, auf denen in bunten Gewändern braune Frauen sitzen mit überreichem Schmuck an den Fuß- und Handgelenken, wie die Dirnen der Bibel, von denen die Kinder Israels den Dienst der fremden Götter lernten. Auf den Dächern der Häuser sitzen indessen die Frauen der Harems, faulenzend, schwatzend oder mit dem Dämpfen des Kuskus beschäftigt. Nur von weitem erblicken und erlauschen sie das Treiben der Straßen, den schreienden Verkäufer, den Bänkelsänger oder Jongleur, den toll umherspringenden Narren und den singenden Bettler. Der Narr und der Bettler, zwei Typen, die hier noch in Erscheinung treten! Wir haben bloß den Arbeitslosen und den geistig nicht Normalen, die im übrigen aussehen können wie kleine Bürger. Aber hier sieht der Bettler wirklich aus wie der Bettler des Märchens, bresthaft und lahm, mit langem schmutzigem Bart, in wahrhaftige Lumpen gehüllt und mit einem Sack voll von rätselhaften Dingen unter seinem härenen Mantel. Und der Narr ist wirklich närrisch, er hüpft umher, schneidet Fratzen, redet ungereimtes Zeug und stößt unmenschliche Töne aus. Und dafür, daß sie wirklich wahre Bettler und Narren sind, jeden Augenblick und auch ganz so in Erscheinung treten, dafür werden sie mit Almosen überhäuft. Was wäre denn das, ein Bettler, der nicht bettelhaft ist, oder ein Narr, der sich nicht närrisch gebärdet?

So stereotyp auch diese Bilder für das mohammedanische Leben von Marokko bis nach China sind, die Rassen, die sich ihm anpaßten, haben nicht die mindeste Verwandtschaft. Schon Türken und Araber sind ganz verschiedener Herkunft. Die Bevölkerung

Algeriens bilden die Berber, jene alten Numidier oder Kabylen, ein Volk von unerhörter Widerstandskraft, das Karthager, Römer, Vandalen, Byzantiner, Araber und Türken aufgesogen hat und doch nur ein Element fest bewahrte: den Islam. Die Verschmelzung von Arabern und Kabylen ist nahezu vollendet. Nur noch auf einigen Plateaus des Atlas haben sich unabhängige Kabylenstämme mit eigenen Sitten erhalten, so in dem Bergstock des Djurdjura, der am längsten der französischen Okkupation widerstrebt hat. Nur wenige Bahnstunden von Algier entfernt beginnt die sogenannte Grande Kabylie.

In Tizi-Ouzou beginnt man den Aufstieg in dieses noch halb wilde Land. Dort nimmt einen eine Diligence auf, deren dämmeriges Leinwandzelt mit einem Gedräng brauner Männer, schmutzig verschleierter Frauen zwischen bedenklich riechenden Säcken voll kümmerlicher Habseligkeiten den Europäer wenig verlockt. Es gelang mir, einen Platz draußen neben dem Kutscher zu bekommen, einem robusten Burschen mit gebogener Nase und starkem schwarzem Schnurrbart, in blauem Fuhrmannskittel. Er erklärte mir gleich in ganz gutem Französisch, was für famose Kerle die Kabylen sind, während die Araber ganz und gar nichts taugten, daß sie spielten, faulenzten und söffen. Ein anderer stieg auf den Bock, in Turban und Burnus, rothaarig wie ein Gallier. Bald drängte sich noch ein dritter Kabyle zwischen uns, ein widerlicher Kerl, schmierig europäisch gekleidet, mit niedriger Stirn, die voll war von ererbten Angstfurchen, tiefliegenden, mißtrauischen Augen, olivengrünem Teint und einer scheinbar zertrümmerten starkknochigen Nase, die wie ein Witz eines karikierenden Bildhauers wirkte. Über das Gesicht blitzte aber etwas von einer flinken, spitzigen orientalischen Intelligenz; der ganze Mensch erschien wie das Ergebnis irgendeiner levantinischen Bettelunzucht. Er hieß Assi und behauptete, er sei employé d'administration und schreibe für Zeitungen. Er spielte den völlig assimilierten Europäer, erbot sich aber sofort, mir in Algier den Eintritt in maurische Häuser zu verschaffen, »des intérieurs honnêtes et malhonnêtes«. Auf einer Haltestelle tranken wir den arabischen Kaffee; als ich zahlen wollte, hatte dies Assi bereits besorgt und mich damit zu weiteren Beziehungen verpflichtet.

Bald erschien die wilde Djurdjurakette des Atlas, die Hänge mit Oliven-, Feigenbäumen und Eschen bedeckt; auf den Höhen der Hügel, überall in wildes Buschwerk verkrochen, kabylische Dörfer, deren gewollte Abgelegenheit noch an die ewigen Feindschaften der letzten Jahrhunderte gemahnt. Bisweilen treten Männer hervor in rohen Lumpen aus Sackleinwand; so ist hier der edle arabische Burnus heruntergekommen. Die Frauen sind braun, schön und unverschleiert, auf der Stirn und den Armen blau tätowiert, in bunte eng anliegende Fetzen gehüllt, wie Schwabinger Malerinnen im Karneval.

Das Gespräch auf dem Bock dreht sich bald um Marokko (1908), der Kutscher begeistert sich für Moulay Hafiz. Um halb sechs Uhr erreichen wir das Fort National, diesen »Dorn im kabylischen Auge«. Militärisch und rechteckig schneiden seine Mauern in die Landschaft, daneben ein paar nüchterne Wohnhäuser und ein erträgliches Hotel. Ich lasse mich von einem Zuaven durch die Befestigungswerke führen. Es ist Sonntag. Überall in den Höfen ruhen, schwatzen und spielen diese jungen Franzosen, die hier fern von der Heimat dienen, in rotem Fes und Pumphosen. Ringsum bescheint die untergehende Sonne die Gipfel des Atlas.

Mit einiger Mühe befreie ich mich von all dem Volk, das hier den Fremden durchaus nicht allein lassen will, und stehle mich noch schnell in der Dämmerung in eines der geheimnisvollen Kabylendörfer auf dem nahen Hügel. Die grauen mörtellosen Hütten sind nicht höher als die Menschen, die gebückt heraustreten. Alle grüßen freundlich, die Frauen mit ihrer Brut am Busen starren vor Schmutz, aber sind Schönheiten. Keines von den zahllosen Kindern wagt zu betteln. Erst als ich selbst ein paar Sous unter sie werfe, beginnen sie lärmend mehr zu verlangen und verfolgen mich bis an die Tore des Forts zurück. Abends empfindet man die ganze Sonntagsöde der hier lebenden Europäer. Ein paar Offiziere mit ihren Frauen sitzen bis gegen zehn Uhr vor dem Hotel, in einer rauchigen Spelunke wälzen sich betrunkene Soldaten, dazwischen europäische Weiber in hellen Blusen. Beim Einschlafen hatte ich noch einem ziemlich heftigen Wanzenattentat Front zu bieten, aber nachdem ich diesen Tierchen die Suppe mit Insektenpulver versalzen hatte, fand ich bald Ruhe.

Am andern Tage begann der Ritt. Zwei Maultiere, ein alter Kabyle und sein 14jähriger Sohn standen um 8 Uhr vor der Tür. Wir ritten durch schirokkoschwere graue Luft zu dem Dorf Taourirt-Amokran. Ich betrat die niedern dunkeln Häuser; hier hockten Frauen, die aus feuchter Erde Töpfe drehten, dort saß in dunkler Ecke hinter einem Gitter von senkrechten Fäden eine webende Hexe, überall lehnten in den dämmerigen Ecken Ölkrüge von antiker Form mit vagen plastischen Ornamenten; hohe ofenartige Behälter für Feigen und Korn waren in die Wände gemauert; in einer Grube unter dem Boden schläft das Vieh, Ziegen, Lämmer und Esel, in einem Verschlag in halber Wandhöhe die Familie. An allen Schwellen sitzen spinnende Weiber mit der Kunkel. In einem etwas erhöht liegenden jammervollen, ganz leeren Gemäuer schlafen ein paar Marabouts. Wir sind in der Moschee. Als ich oben auf dem Turm erscheine, ruft mir die ganze Dorfjugend in rhythmischem Chor hinauf: »Jette un sou, jette un sou, jette un sou.«

Wir reiten weiter durch den schwülen Morgen zu dem Stamme der Beni-Raten, wo wir bei dem Bijoutier einkehren, dem einzigen Manne, der einen Tisch und einen Stuhl besitzt. Diesen bietet man mir an, und ich bin dafür dankbar nach vierstündigem Ritte auf orientalischem Sattel. Ich packe mein Mittagessen aus, der Hausherr bereitet selbst den Kaffee; neben ihm, wie ein Juwel im Kot, hockt ein bezaubernd schönes Mädchen von neun Jahren, dem ich Kirschen zuwerfe. Sie ißt sie nicht, sondern spielt und schmückt sich damit während einer ganzen Stunde. An der Decke ist ein Schwalbennest, dessen Alte fortgesetzt aus- und einfliegen und den Kleinen Nahrung bringen. »Les hirondelles aiment beaucoup les maisons kabyles«, sagt der Bijoutier. Ein Haufe von wilden zerlumpten Mannsleuten ist an die Tür der Hütte getreten, sie alle wollen wissen, was in Marokko vorgeht, und mit Hilfe des gut französisch sprechenden Bijoutiers wird eine Konversation möglich. Nach Tisch bringen sie Schmuck herbei, den sie selber verfertigen, darunter vieles wertlose bunte Zeug, aber auch einige schöne silberne Agraffen mit Korallen, wie sie dort nur die Frauen tragen dürfen, die einen Sohn geboren haben.

Gegen zwei Uhr steigen wir ins Tal hinab, und nun kam die intensivste afrikanischste Stunde dieser Reise. Wir reiten lange durch ein ausgetrocknetes steiniges Flußbett, das übersäet ist mit wildem Rosenlorbeer und Granatbüschen, deren rosa und hochrote Blüten wie Blut die graue Schirokkoluft zerreißen. Zwischen den Hufen der Maultiere fliegen Schwärme von Heuschrecken auf, die dieses Jahr in besonderer Menge aus der Wüste gekommen sind und teils die Größe kleiner Vögel erreichen. Über den graugrünen Olivenhügeln schweben Aasgeier. Wer in dieser ausgestorbenen Natur ehemals morgens von einer Kugel getroffen wurde, war von den Raubvögeln am Abend bereits zum Skelett genagt. Heute kann man sorglos durch diese Wildnis reiten, die nach starken Kräutern duftet; die Glieder hängen matt über dem Rücken des Tieres, der Geist träumt unter dem Rhythmus der eintönigen Lieder, welche die Führer aus der Situation der Stunde improvisieren. »Er ist gekommen von weit her, der Fremdling; treibt ihn Neugier oder Gewinn, oder schickt ihn sein König? Werden ihm seine Knechte treu sein, solange er abwesend ist, und seine Weiber, blicken sie auf die Berge, ob sein Pferd bald erscheint?« Je nach der Stimmung mögen sich Worte des Segens oder des Fluchs in die Strophen mischen.

Abends sind wir in Michelet; ein ödes unfreundliches Wirtshaus, aber ein Zimmer mit Riesenbetten, in deren eines ich schon um halb neun Uhr versinke.

Am anderen Morgen um fünf Uhr fiel Regen; wir ritten einige Stunden durch kalten grauen Alpennebel, aus dem bisweilen Maultierkarawanen tauchten. Eine Stunde vor dem Col de Tirourda begann der Nebel zu verdampfen, die kahlen Höhen wurden klar, wir erreichten das kleine Schutzhaus in vegetationsloser Öde. Jenseits des Col (eintausendachthundert Meter) öffnete sich der Blick in ein sonniges lieblich blaues Hügelland. Der

Abstieg durch Geröll in der Sonnenhitze wird beschwerlich, aus dem rotbraunen Boden wachsen nur kümmerliche Oliven und stahlblaue Disteln; fern im Grün liegt wie eine Oase die Bahnstation Tazmalt. Vorher aber noch einige Stunden durch das harte Gestrüpp der heißen Steppe. Die Führer singen, vielleicht von dem mohammedanischen Paradies, wie es nur die Sehnsucht eines Wüstenvolkes erträumen konnte: ein Garten mit vier Flüssen und bunten saftigen Früchten, mit bequemen Lagern neben plätschernden Fontänen und schattenspendenden Bäumen. Ich denke an mein kühles Zimmer in Algier mit blauen Fayencekacheln, mitten im Park des Hotels gelegen, des einzigen, das noch offen ist, wo ich als einziger Gast jene Sommerbehaglichkeit finde, die nur in der toten Saison möglich ist. Es erscheint mir wie das Paradies Mohammeds in dieser Landschaft, deren Sonne Heuschreckenschwärme verdunkeln, deren Urwälder Pantherspuren aufweisen, in deren Nächten Schakale heulen und wo Affen zu den Bächen herabsteigen, um sich und ihre Brut zu tränken.

Aus: Fahrten ins Blaue. Ein Mittelmeerbuch, S. 219–227

Wie ich auf Madeira das Grab meines Grossonkels fand

Mein Großonkel von Mutterseite fiel durch sein sonderbares Schicksal aus seiner Umgebung heraus. Als der zweite Sohn des Hofbankiers des Landgrafen von Hessen-Homburg sollte er sich wie sein älterer Bruder, mein Großvater, dem Kaufmannsstande widmen, aber seine zu zarte Gesundheit verbot bereits dem Sechzehnjährigen jede ernsthafte Arbeit. Die Ärzte erkannten bald, daß eine kranke Lunge die Ursache seiner Schwäche war, und ließen ihn jahrelang im Bett zubringen, ohne daß er irgendwelche Schmerzen fühlte. Sein reger Geist rief nach allerlei Beschäftigungen, und dabei kamen ihm auch die damals als Wunderwerke des praktischen Verstandes geltenden Ollendorfschen Grammatiken in die Hände. Er vervollkommnete seine französischen und englischen Kenntnisse, lernte Italienisch, Spanisch, Portugiesisch dazu und eignete sich sogar etwas Russisch, Dänisch und Holländisch an, stets nach der bekannten Methode: »Der Sohn des tapferen Admirals hat einen Käfer« oder »Das hübsche Huhn des Neuseeländers starb diese Nacht zu Genf.« (Alle diese Grammatiken sind später in meine Hände geraten und haben in meiner Kinderzeit das Entzücken manches regnerischen Sonntags gebildet.)

Nach ein paar Jahren erklärte ein vernünftiger Arzt die Lebensweise meines Großonkels für falsch. Man schickte ihn auf Reisen in warme Länder. Damals war die Kunst des Photographierens in den Kinderschuhen. Die geheimnisvoll düster funkelnden Daguerreotypen aus jener Zeit finden sich noch gelegentlich in dem Nachlaß alter Onkel und Tanten. Diese neue Kunst zog meinen Großonkel an, der sich ihr ohne Überanstrengung in seinem Krankenzimmer in Montreux und Venedig hingeben konnte. Dort fand er Anleitung durch das noch heute bestehende Haus Naya. Er muß es in der neuen Kunst zu großer Fertigkeit gebracht haben, denn die Firma Reuttlinger in Paris bot ihm unter glänzenden Bedingungen ein Tätigkeitsfeld an. Der junge Mann, der das Leben bisher traurig aus der Ferne beobachtet hatte, fand in diesem Erfolg einen so lebhaften Antrieb, daß er seinen Pflegern und Ärzten nach Paris entfloh. Dort stürzte er sich während einiger Jahre in Arbeit und Genuß, während ihm sehr erhebliche Summen zuflossen, bis er plötzlich in einem jener nassen Pariser Winter mitten im Treiben der Rue Rivoli zusammenbrach. Nachdem er sich in Mentone ein wenig erholt hatte, schickten ihn die Ärzte nach Indien. Er nahm einen jungen Photographen aus seiner Heimat mit, mit dem er in Kalkutta die neue Kunst einführte. Er gewann die Freundschaft des Vizekönigs und einiger Rayas, die ihn mit reichen Geschenken überhäuften. Einige hübsche Chinoiserien von dieser Herkunft befinden sich noch heute in unserer Familie. Nachdem er sein Atelier zu hoher Blüte gebracht hatte, ertrug sein schwacher Körper auch das Klima Kalkuttas nicht länger, und die Ärzte erklärten, es gebe nur einen Ort auf der Erde, wo man ihm noch einige Jahre versprechen könnte, die Insel Madeira; dorthin begab er sich nun in tiefer Niedergeschlagenheit, nur von einem Diener begleitet. Nach einigen Jahren erhielt mein Großvater von diesem Diener einen Brief des Inhalts, daß sein Herr seinem Leiden erlegen und auf dem Friedhof seines Bekenntnisses – er war Jude gewesen – begraben worden sei. In einem Koffer folgten die Gegenstände, die der Verstorbene in der letzten Zeit um sich gehabt hatte. Mein Großvater verfaßte eine Grabschrift und schickte eine Geldsumme an den Diener mit dem Auftrag, einen Grabstein zu errichten. Nach einigen Monaten erhielt mein Großvater eine Photographie aus Madeira, die eine Friedhofecke mit ein paar kahlen Grabsteinen darstellte. Das Bild hing noch während meiner Kindheit in dem Schlafzimmer der Großeltern und hat auf meine Phantasie, welcher der verstorbene Großonkel stets als ein etwas märchenhaftes Wesen vorschwebte, einen tiefen Eindruck gemacht.

Dieses Bild rief ich mir lebhaft ins Gedächtnis zurück, als ich im Sommer 1908, von den kanarischen Inseln kommend, in Madeira landete. Ob es wohl möglich sein würde, nach einem halben Jahrhundert das niemals besuchte Grab zu finden? In Browns Führer fand ich die Angabe, daß eine Mauer rechts von einer aus der Stadt Funchal hinausführenden Straße den jüdischen Friedhof umschließe. Es war leicht, nach der Karte das Tor zu finden, aber nirgends war ein Pförtner, und von den zahlreich um mich versammelten Neugierigen wußte niemand, wer den Schlüssel verwahre, ja daß dies überhaupt ein Friedhof sei. Keiner konnte sich entsinnen, daß dieses Tor jemals geöffnet worden war, nur ein Alter behauptete, hier und da käme eine schwarzgekleidete Dame, sie verweile eine halbe Stunde auf dem Grundstück, aber niemand kenne sie, sie sei nicht von der Insel. Sie schloß jedesmal mit einem großen Schlüssel das Tor sorgfältig hinter sich zu. Ich fragte nun, ob es noch Juden in Funchal gebe. »Oh, Du gerechter Gott«, antwortete man mir, »davor bewahre uns der Himmel!« Sehr enttäuscht ging ich nach der im Abendrot liegenden Stadt zurück. Der Weg führte mich durch eine Vigne, wo ich einige städtisch gekleidete Personen beschäftigt sah, in denen ich die Besitzer selbst vermutete. Glücklicherweise sprachen sie Spanisch, so daß ich mich mit ihnen verständigen konnte, während ich das Portugiesische der Bauern durch die Ähnlichkeit mit dem Spanischen nur dunkel erraten hatte. Ich erfuhr nun, daß es in der Stadt einen alten Mann, Don Abderraman, gebe, der mir wahrscheinlich Auskunft geben könnte. Während ich nun nach der Stadt zurückkehrte, machte ich eine Konjektur, die sich später als richtig erwies: Abderraman war eine Entstellung des Namens Abraham. Auf dem großen Platze in Funchal sagte mir ein Kutscher, daß der Alte in einer Villa in den Bergen wohne, aber morgens, ehe er an seine Geschäfte ginge, in dem englischen Kaffeehaus The Golden Gate, vor dem wir gerade standen, frühstücke.

Am anderen Morgen erschien ich rechtzeitig, und man zeigte mir in einer Ecke einen gedunsenen alten Herrn, der Brot in eine riesige Tasse Kaffee geschnitten hatte und, während er es offenbar mit großem Genuß herauslöffelte, mit dem Finger der anderen Hand in Getreidekörnern wühlte, die aus einem kleinen, vor ihm aufgestellten Säckchen flossen; noch ein paar andere, prallgeschlossene Säckchen standen daneben. Dabei war ihm die Brille tief über die Nase geglitten, während er vollkommen in seine beiden Beschäftigungen vertieft war. Die Körner interessierten ihn offenbar so sehr, daß er manchmal mit der anderen Hand den doch beträchtlichen Mund nicht fand und mit dem Löffel wie suchend zwischen Nase und Bart herumfuhr. Dies war Don Abderraman. Ich schickte ihm durch den Kellner meine Visitenkarte und ließ ihn fragen, ob ich ihn einen Augenblick sprechen könne. Das versetzte den alten Mann offenbar in das heftigste Erstaunen. Er schob seine Brille zurecht, warf einen scharfen, mißtrauischen Blick nach mir und schien dann die Visitenkarte mühsam zu buchstabieren. Dann holte mich der Kellner herbei. Da Don Abderraman nicht ahnen konnte, was mich zu ihm führte, wußte er ganz und gar nicht, was er für einen Ton anschlagen sollte, ob er mir einen Platz anbieten müsse und welchen. Eine Mischung von verwirrter Verlegenheit und mißtrauischer Bosheit lag auf seinem

Gesicht. Ich befreite ihn aus dieser Lage, indem ich mich kurzerhand neben ihn auf das Plüschsofa setzte und ihm englisch sagte, mein Großonkel läge hier auf dem jüdischen Friedhof begraben, ob er mir den Schlüssel vielleicht verschaffen könne. »Sind Sie Israelit?« fragte er, nun ganz sicher geworden. »Nein!« sagte ich. »Übergetreten?« »Nein, meine väterliche Familie ist niemals jüdisch gewesen.« Don Abderramans Miene war undurchdringlich, er stand auf und sagte: »Bitte, kommen Sie mit!« Die Säckchen verschwanden in den Schößen seines grauen Rocks, die nun in Klumpen an seine Schenkel schlugen. Wir gingen über den Platz und stiegen dann einige abschüssige Gassen hinauf, bis Don Abderraman vor einem Holzpförtchen stehenblieb, das er mit einem Schlüssel öffnete. Wir traten in einen durch Läden verdunkelten getünchten Raum, worin in buntem Wirrwarr die verschiedensten Gegenstände aufgestellt waren: Kronleuchter und Maulkörbe, Pendulen und Schaukelpferde, verschlossene Warenballen und rote Holländerkäse, Kommoden, Pelze, ein zerbrochener Kachelofen, ein paar Pferdekummete, eine Harfe und verstaubte Ölbilder. »Dies ist mein Geschäft!« sagte Don Abderraman, »ich bin ein Kaufmann. Ich denke, Sie werden den Weg wiederfinden; um zehn Uhr können Sie den Schlüssel haben.« Inzwischen hatte er die Läden geöffnet, und die Morgensonne schien über den aufgehäuften Tand.

Ich trieb mich ein wenig in der Stadt umher und kam um zehn Uhr zu Don Abderraman zurück, dessen Geschäftsraum nun voll war von armseligen Menschen, Bauern aus der Umgegend mit birnenförmigen Köpfen und bartlosen, hölzernen Gesichtern mit blauen Stoppeln, Bäuerinnen in bunten Fähnchen, die schwere Gegenstände in Tüchern trugen. Während diese Leute jammerten, flehten oder auch sich keck beklagten, saß Don Abderraman fast schweigend hinter einem Pult, schrieb mit der rechten Hand in ein schmieriges Heft, während die linke die ihm dargereichten Gegenstände, kümmerliche Uhren und Vasen oder verrostete Waffen, befühlte und sein Gesicht den Ausdruck einer chronischen Mißachtung annahm. Als er mich hereinkommen sah, setzte er dieses Verhalten noch zwei oder drei Minuten fort, nahm dann schweigend seinen schwarzen Filzhut von der Wand und sagte zu mir: »Kommen Sie!« Mit einer Bewegung trieb er die Besucher aus dem Raum, die auf der Straße seine Rückkehr abwarteten, nachdem er das Holzpförtchen sorgsam verschlossen hatte. Wir gingen um eine Ecke herum und betraten eine kleine Wechselstube, hinter deren Schalter ein freundlicher, junger Geck saß mit zärtlich gepflegtem, schwarzem Schnurrbärtchen, Gazellenaugen und einer purpurnen Krawatte. Als er uns sah, stand er lächelnd auf, ließ sich etwas aus dem Hintergrund des Ladens herüberreichen und übergab mir dann einen grünen Sack, in welchem ich einen Schlüssel etwa in der Länge eines halben Armes fühlte. Don Abderraman führte mich dann in eine andere Gasse und rief einige schroffe Worte in einen Hof; noch im selben Augenblick trieb ein Knecht zwei fette Ochsen heraus, die einen Schlitten zogen, auf dessen Kufen ein sänfteartiges, grünbemaltes Coupé mit rotseidenen Vorhängen stand; dies ist die übliche Form einer Funchaler Droschke. Alle Straßen bis weit ins Gebirge hinauf sind mit kleinen, glatten Steinen gepflastert, über die man mit solchen Ochsenschlitten fährt.

Der Kutscher brachte mich in einer halben Stunde nach der Friedhoftür. Wieder versammelte sich die Bevölkerung des ganzen Viertels um mich wie gestern, aber diesmal zog der geheimnisvolle Fremde einen grünen Sack hervor, aus dem er einen Riesenschlüssel holte. Er paßte vortrefflich ins Schloß, dennoch war es trotz der größten Anstrengung nicht zu öffnen. Alles stand in ratloser Neugier umher. Da tauchte plötzlich aus der Menge ein kleiner, schmutziger Finger hervor und deutete auf einen langen Nagel, der an dem Schlüssel hing. Ich löste den Nagel mit Leichtigkeit ab, war aber nicht klüger als zuvor. Der Besitzer des braunen Fingers drängte sich nun herbei, ein Junge mit blitzenden Augen und weißen Zähnen, ergriff den Nagel, rammte ihn in ein vorher nicht bemerktes Loch in dem Schloß und forderte mich auf, den Schlüssel noch einmal zu probieren, und siehe, nun öffnete sich die geheimnisvolle Tür. Ein allgemeines »Ah« freudiger Überraschung ertönte aus dem Kreise der Neugierigen, aber leider mußte ich die gespannte Erwartung enttäuschen; nachdem ich dem findigen Knaben eine Belohnung gegeben hatte, glitt ich in die halbgeöffnete Tür hinein und schloß sie hinter mir zu. Man wird verstehen, daß ich das Grab nicht in Begleitung dieser freilich freundlichen Horde besuchen wollte.

Der Friedhof lag kahl und fast leer im weißen Mittagslicht zwischen seinen vier Mauern. Mein Blick erkannte sofort die mir von der Photographie wohlbekannte Ecke, und ich ging, als wäre ich oft hier gewesen, geraden Wegs auf den Grabstein meines Großonkels zu; das Grab lag zwischen vier oder fünf anderen Steinen von Leuten namens Blumenthal oder Aarons aus Berlin und Breslau, die in Madeira, Erholung suchend, gestorben waren. Ich las die altfränkische, umständliche Grabschrift, die mein Großvater verfaßt hatte und die aussagte, daß der Tote, fern von den Seinen, aber beweint von vielen Freunden, hier im Jahre 1860 gestorben sei. Ich nahm eine Abschrift davon auf und verließ dann die einsame Stelle, die nach einem halben Jahrhundert zum erstenmal ein Familienmitglied besucht hat und wohl nie wieder eines besuchen wird.

Aus: Fahrten ins Blaue. Ein Mittelmeerbuch, S. 80–87

Wie man in Schottland reist

Alle Menschen, die reisen, müssen den Engländern dankbar sein. Ihr Kolonisationstrieb, ihr Handel, ihre Sportliebe und nicht zuletzt die breite englische Schicht dauernd oder vorübergehend müßig lebender Menschen haben sie zu den Hauptreisenden der Welt gemacht. Dadurch hat es sich gelohnt, an Orten, wo bisher kein einheimischer Verkehr bestand, Gasthäuser zu errichten und Verkehrsmittel zu schaffen. Mit ihren sehr bestimmten Bedürfnissen haben die Engländer Gastwirte und Fuhrwerkhalter bis in die entlegensten Länder erzogen und in ihnen wenigstens ein oberflächliches Verständnis für europäische Bedürfnisse erweckt. Wo Engländer hinzukommen pflegen, ist das Reisen für den

Europäer möglich. Auf die ersten Scharen englischer Pfadfinder, die einen bestimmten Zweck im Auge hatten, folgten schon im achtzehnten Jahrhundert jene Vergnügungsreisenden, bis es für den englischen Gentleman unerläßlich wurde, »the great tour« unternommen zu haben.

Diese Reisenden sind es aber auch, die in ganz Europa die Preise verdorben haben, ohne selbst einen großen Gewinn von ihren Fahrten mit nach Hause zu nehmen, denn die bekannte Kehrseite des unverwischlichen Engländertums ist die vollkommene Unfähigkeit, Fremdes zu verstehen. Eine sprichwörtliche Redensart dieser Reisenden war: »Nach Calais erstaunt nichts mehr.« Das einzige Erstaunliche für diese Leute war nur, daß sie sich nicht mehr in England befanden, und das fühlten sie am Ganges oder in den Pyrenäen nicht anders als in Calais oder Dieppe.

Nach dieser Flut vorwiegend aristokratischer Reisenden folgte schon in der Mitte des neunzehnten Jahrhunderts jene britische Mittelklasse, die dem Engländer den nicht immer verdienten Ruf der Rücksichtslosigkeit und schlechten Formen eingetragen hat. Das sind die Leute, die ihr Haus in England auf ein oder zwei Jahre vermieten und während dieser Zeit in billigen Nestern auf dem Festland, in Gotha oder Tours oder Pisa, Ersparnisse machen. Aber auch diese Klasse stellt noch eine verhältnismäßige Vornehmheit dar gegenüber jenen Trupps von Reisenden, die in den letzten zehn Jahren von Unternehmern für einen festen Preis durch alle Länder geführt werden und denen der beschauliche Wanderer mit Peinlichkeit aus dem Wege geht. Bekanntlich haben unsere deutschen Reiseunternehmungen dieses Verfahren angenommen, dessen Sinn ist, den Zufall auszuschließen und eine Gemächlichkeit zu ermöglichen, die, für den einzelnen unerschwinglich, durch die Massenabnahme dem mittleren Geldbeutel erreichbar wird. Als Grundsatz wäre dieses Verfahren einem Reisenden zur Zeit Goethes jedenfalls wie ein wünschenswerter Traum erschienen. Wir indessen wissen heute durch die Erfahrung, daß damit der wesentliche Wert des Reisens überhaupt aufgehoben ist. Obwohl diese Herden von Reisenden von Jahr zu Jahr zunehmen, fühlt man doch in allen geistig etwas anspruchsvolleren Kreisen des Festlands einen wachsenden Widerwillen dagegen. Nur in *einem* Lande kann sich diese Art des Reisens völlig entfalten, es ist naturgemäß das den Engländern nächstgelegene, zu mehr als neunzig v. H. von ihnen bereiste Schottland. Hier kann man die Wirkung des Verfahrens in Reinzucht kennenlernen.

Für einen der schönsten Ausflüge durch jenes Land wird jeder, der dort gereist ist, die bekannte Fahrt über Loch Lomond, Loch Katrine und Trossachs nach Callandar erklären. Am Bahnhof von Glasgow findet man jede nur erdenkliche Art von Rundreisescheinen, die Eisenbahn, Dampfer auf den Seen und Mail-Coach miteinschließen. Man hat sogar die Auswahl zwischen einem frühen und einem späteren Zug. Im Wagen findet man ausschließlich englische und schottische Ausflügler, keinerlei Menschen, die ihren alltäglichen Geschäften nachgehen und ein Bild von den Landessitten geben. Nach einer Stunde sind wir in Balloch, am Südende des Loch Lomond. Schon steht ein Dampfer bereit, zum Erdrücken mit Reisenden erfüllt. Während der Überfahrt werden sie in drei »sets« zum Lunch getrieben. Jedem Mann wird sein »shop« und sein »ginger ale« vor der Ankunft in Inversnaid gewährleistet.

Jetzt haben wir also bereits den berühmten Loch Lomond gesehen und ein »shop« gegessen und müssen uns nun auf eine der am Land bereitstehenden »mailcoaches« stürzen, um einen Eckplatz zu erhalten, wo wir wenigstens auf einer Seite vor Ausflüglern sicher sind. Andere Menschen außer einigen für sie bestellten Dudelsackpfeifern sind nicht zu sehen. Wir fahren nun in einer Stunde nach dem Loch Katrine, an dessen Ufer in einem Gasthof bereits der Tee auf uns wartet. Fassen wir zusammen: Bereits zwei Seen und zwei Mahlzeiten, immer in derselben ausgezeichneten Gesellschaft ziemlich gut für Massenverfrachtung gezüchteter Leute. Krakeel, wie in Deutschland, gibt es nicht. Wir stellen fest, daß auch der Loch Katrine ein kleiner See ist mit Bergen darum, die im Verhältnis zu ihrer geringen Höhe ziemlich rauh aussehen. Am anderen Ufer empfängt uns wieder eine Mail-Coach. Wir erleben denselben »run« auf die Eckplätze, fahren durch das wilde Trossachstal, denken, wie schön es hier wäre, mit ein paar Freunden oder allein spazierenzugehen, und finden in dem Trossachs-Gasthof noch einmal Tee mit Fleischbrötchen für den Fall, daß ja einer vorhin nicht genug bekommen hat.

Abends kommen wir in Callandar gerade rechtzeitig an, um uns für das Diner umziehen zu können, beteiliegen uns an dieser gesellschaftlichen Verrichtung in fünf Gängen und fragen uns dann vergeblich, wie wir uns beschäftigen sollen, bis der Magen sich mit ihnen so weit auseinandergesetzt hat, daß wir an Schlafen denken können. Im »dinner jacket« in einem dunklen Dorf spazierenzugehen hat wenig Reiz, aber das hieße auch die Landessitten mißverstehen, die zweierlei Möglichkeiten bieten: Ältliche Ladies im Drawing Room, die dem ewigen Patiencelegen eine Unterhaltung mit dem Fremden gewiß vorziehen, sowie die Reize einer Bar, wo bei Tabak und Whisky Billard gespielt wird. Wir können gar nicht glauben, daß wir nun einen der berühmtesten Teile Schottlands, das unsere Einbildungskraft bis jetzt in romantischem Sagenzauber gesehen hat, hinter uns haben.

Beim Zubettgehen beschließen wir, uns auf keinen Fall noch einmal an einer solchen Fahrt zu beteiligen, aber die nächsten Tage sollen uns schon belehren, wie der gestraft wird, der sich wider das Schicksal auflehnt, besonders in einem »freien« Land. Wählen wir einen anderen Zug als den der Ausflügler, dann finden wir keinen Anschluß mit dem Dampfer, und wenn der Dampfer schließlich kommt, ist er auch von Ausflüglern voll, dann also besser gleich den richtigen Zug nehmen. Unterbrechen wir die Mail-Coach-Fahrt in einem Gasthof unterwegs und lassen wir den Strom der Reisenden weiterziehen, so ereignet sich folgendes: zunächst finden wir erstaunte Gesichter. Warum ist dieser Herr zurückgeblieben? Wahrscheinlich hat er sich mit den Ladies und Gentlemen nicht vertragen können. Vermutlich ist er selbst kein rechter Gentleman. Auf alle Fälle »'t is not the right thing«. Diese Erwägungen liest man in aller Augen. Am Abend sollen wir erfahren, was es heißt, wenn das Diner nicht für die Reisegesellschaft fertig ist. Gewiß, man läßt uns nicht verhungern, aber höchst ungern verabreicht man uns einige dürftige

Lebensmittel in dem leeren Speisesaal, und wir sehnen uns schon nach dem Augenblick, wo morgen mittag die erlösende Mail-Coach uns wieder abholen wird.

Am nächsten Vormittag hoffen wir wenigstens einen Spaziergang machen zu können, aber die Landstraße will nicht aufhören, der Staub der Kraftwagen erstickt uns, wir hoffen immer, daß irgendwo die Umzäunung der Wälder ein Ende nimmt und daß wir quer hindurchschreiten können wie daheim, aber es ist umsonst. Dort erhebt sich auf einem Hügel ein Aussichtsturm. Wir nähern uns ihm, aber da hören wir, er ist Privateigentum. Von Staub und Schweiß bedeckt, gestraft für unser Unterfangen, gegen die Landessitte auf eigene Faust herumzustreifen, kommen wir ermüdet gegen Mittag in den Gasthof zurück und verlangen Lunch. Unmöglich, denn der Lunch ist erst um halb zwei bereit, wenn die Mail-Coach mit der Herde kommt, die uns mitnehmen soll. Zu den unbehaglichsten Dingen der Welt gehört es bekanntlich, in einem fremden Wirtshaus eine Stunde auf das Essen warten zu müssen. Damit ist aber auch unsere Buße zu Ende. Die Mail-Coach kommt, und wieder sind wir in das Gleichgewicht des britischen Kulturkreises aufgenommen. »Lunch is ready, ladies and gentlemen«, ruft die gastliche Stimme des Oberkellners; und so werden wir wie der wilde Stier in der portugiesischen Arena unversehens von einer Herde freundlicher Ochsen umringt, die uns wieder in den Pferch treiben.

In einer Stunde sitzen wir von neuem auf der Mail-Coach und preisen sogar für einen Augenblick die englische Reiseart, in Erinnerung an die Enttäuschung des letzten Tages. So kommen wir nach Oban, von wo aus Schiffe nach der schottischen Inselwelt abfahren, die Ausflügler nach Staffa und Jona verfrachten und dafür sorgen, daß sie sich nicht in Ossianischen Stimmungen vergessen und rechtzeitig zurück sind, um sich zum Diner umzuziehen. Man denke sich die Fingalhöhle auf eine halbe Stunde von lauter Tommies und Johnnies bevölkert, mit ihren Mauds und Mabels am Arm, die anmutig trällern: »Every nice girl likes a sailor.« Für einzelne Wanderer aber ist die Grotte nicht zugänglich.

Das ist die Art, in Schottland zu reisen. Wer sich der allgemeinen Ordnung entzieht, ist nicht »in the right set«, und das muß man in britischen Ländern stets sein, wo niemand schlechter daran ist als der Außenseiter; allgemeine gesellschaftliche Verachtung trifft ihn. Für den Reisenden, der aus Erkenntnistrieb, künstlerischem Bedürfnis oder nur zur Erhöhung seines allgemeinen Lebensgefühls reist, schließt daher Schottland aus der Reihe der Reiseziele aus, es sei denn, daß er die großzügige Gastlichkeit eines Landsitzes genießt, wo man ihm ein Pferd oder einen Kraftwagen zu selbständigem Umherschweifen verständnisvoll zur Verfügung stellt. Aus diesem Gesichtswinkel gewinnt Schottland ein ganz anderes Aussehen. Freilich wird man sich auch dann der allgemeinen Reisezeit (Juli und August) nicht entziehen können, da nur in diesen Monaten die Möglichkeit gelegentlichen guten Wetters besteht, aber auch in dieser Zeit regnet es meist, und dann ist man auf die unerträglichen Ausflügler-Gasthöfe angewiesen. Übrigens sind die Vorstellungen des Deutschen von der Schönheit dieses Landes übertrieben. Von wilder Alpenlandschaft, wie in unseren Hochgebirgen, ist gar keine Rede. Die höchsten Erhebungen ragen wenig über tausend Meter hinaus und stehen vereinzelt. Der Blick freilich von den Höhen um Oban (nur von privatem Grund aus zu gewinnen) über das in rosa, blauen und braunen Nebeln brauende Meer zwischen verschwimmenden Inseln und Vorgebirgen ist unvergeßlich.

Aus: Das Land ohne Musik, S. 229–235

Die grosse Oase in Ägypten

Für die meisten Ägyptenfahrer ist das Nilland die Gegend der Pyramiden, antiken Tempel und der eleganten Hôtels. Nur wenige denken daran, daß sie sich hier auf einem soziologisch wie ethnologisch besonders interessanten Boden bewegen. Hier stößt man noch auf das unverfälschte Beduinentum der Wüste wie auf fellachische Bauern, deren Lebensformen sich kaum von denen der alten Ägypter unterscheiden mögen. Türken und Araber geben dem Land sein mohamedanisches Gepräge, gleichzeitig sind noch immer die Griechen, wie in der Zeit, als ihnen Amasis die Stadt Naukratis zur Ansiedlung gab, die Hauptvertreter des europäischen Elementes. Darum gruppieren sich Armenier, Syrer und Levantiner, ein Sammelname für europäische Völkerabfälle, die sich hier mehr oder weniger orientalischen Gewohnheiten assimiliert haben. In dieses Chaos sucht nun Europa unter der Führung Englands Ordnung zu bringen. Es gibt vielleicht keinen Ausflug in Ägypten, der einem schneller einen Einblick gibt in jene verschiedenen Schichten ägyptischen Lebens und seiner Geschichte, als eine Fahrt nach der Oase Khargeh. Hier dringt man fast zweihundert Kilometer abseits vom Niltal in die wirkliche libysche Wüste ein, hier trifft man Spuren persischer und römischer Herrschaft, ausgedehnte Denkmäler frühchristlicher Zeit, eine echte Oasenstadt, die Baumwoll- und Zuckerpflanzungen einer Agrikulturgesellschaft und schließlich ein Verbrecherbagno, wohin England die seiner Kulturarbeit im Wege stehenden »undesirables« abschiebt.

Schon Herodot erwähnt diese »oasis magna«, wo er ein persisches Heer in einem der auch heute noch so furchtbaren Sandstürme (Chamsine genannt) umkommen läßt. Die blühende, an Palmenwäldern reiche Oase gruppierte sich glückselig um ein paar Quellen inmitten des vollkommen öden libyschen Wüstenplateaus. Bis vor drei Jahren war sie nur durch einen fünftägigen Kamelritt vom Niltal aus zu erreichen. Heute fährt zweimal wöchentlich ein Zug von Oasis-Junction, zwei Stunden südlich von Luxor, in etwa acht Stunden nach dem rest-house der Western Corporation Company, welche die Oase neuer Kultur erschließt, nachdem sie durch die Bohrung artesischer Brunnen für reichliche Bewässerung gesorgt hat. Die Folge der Abgeschlossenheit der Oase ist, daß der Bakschisch dort noch unbekannt ist und daß die den Fremden sonst in Ägypten überall mit Geschrei verfolgende Canaille vollkommen fehlt.

Ich kam am Abend des 9. Mai [1911] in Oasis-Junction an, von wo aus mich eine vorher bestellte »trolley« nach der ersten Station der Oasis-Bahn, Qara, brachte. Dort wird von der Eisenbahngesellschaft ein bescheidenes, aber ordentliches rest-house unterhalten. Inzwischen hatte sich ein leichter Chamsinwind erhoben, der den mondhellen Himmel dünn verschleierte und die nächtliche Abkühlung hinderte, die sonst das ägyptische Klima auch in der warmen Jahreszeit erträglich macht. Das rest-house liegt mit den anderen dazugehörigen einstöckigen Gebäuden bereits mitten im Wüstensand.

Der Chamsin, der fürchterliche Vater des Schirokko und Föhn, kann drei Tage lang dauern, dann überzieht er den Himmel mit einer heißen, bleigrauen Wolkenschicht, unter der die Temperatur leicht bis auf 45 Grad und höher geht, während es einem wie der Atem eines Backofens entgegenweht und der Wüstensand haushoch aufgepeitscht wird. Der Schrecken ging dieses Mal über Nacht gnädig vorüber. Am anderen Morgen wehte wieder die köstliche Nordwestbrise, der gewöhnliche Sommerwind Ägyptens, der den Himmel und die Luft so kristallrein fegt. Um acht Uhr verließ der Zug Qara. Nun hört jedes Leben auf, außer einigen Gazellen und Raubvögeln, die hier und da in der Ferne sichtbar werden. Die Wüste ist meist vollkommen flach und steinig, manchmal erheben sich gegen den blauen Himmel hohe grellgelbe Sandhügel, denen der Wind immer neue Formen gibt. Bisweilen kreuzt hier eine Karawane den Weg, hier und da liegen die Knochen von Kamelen, die auf der Reise ihren Lasten erlegen sind. Auch Scherben antiker Tonkrüge werden vielfach gefunden. Zuletzt geht die Fahrt durch wilde Kalkfelsen. Bei der Station Meherique, die man um halb drei Uhr erreicht, beginnt wieder menschliches Leben. In dem gut bewässerten Stationsgarten stehen Sonnenblumen, ringsum verraten beladene lagernde Kamele menschlichen Verkehr. Um halb vier Uhr erreicht der Zug Murkaz-el-Sherika, wo sich die Verwaltungs- und Landwirtschaftsgebäude der Gesellschaft befinden. Dort holte mich ein Herr an der Bahn ab, der wie ein Deutscher aussah – blaue Augen, starker blonder Schnurrbart und gedrungene Gestalt –, aber ein Jude aus Palästina war, namens Simon. Er ist von der Gesellschaft mit der Verköstigung der Angestellten und der das rest-house besuchenden Reisenden beauftragt. Während ich zwischen den Wirtschaftsgebäuden umherging, den landwirtschaftlichen Arbeiten (man war gerade bei der Ernte) und der Tätigkeit der Handwerker zusah, bereitete sich einer jener unvergeßlichen Sonnenuntergänge vor, der die weite Sandfläche in gelbes Licht taucht, den Himmel wie glühendes Messing erstrahlen läßt und die fernen, vegetationslosen Hügel in ihren klassisch stillen, ernsten Umrissen zeigt.

Der Verkehr zwischen den einzelnen Orten der Oase geschieht wegen der Seltenheit der Züge mit kleinen, auf die Schienen gestellten »trolleys«, die von einem Maultier gezogen oder von ein paar Eingeborenen geschoben werden. Auf einem solchen Fuhrwerk brachte mich am nächsten Nachmittag Mr. Simon nach der Station Khargeh. Unterwegs kommt man an dem Hibistempel vorbei, dem einzigen ägyptischen Denkmal aus persischer Zeit, das sich aber wie die ptolomäischen und römischen Bauwerke genau an die altägyptischen Vorbilder hält. Gegenüber liegen auf einem von Palmenhainen umgebenen Hügel die Ruinen des Tempels von Nadura, den Hadrian erbaut hat. Auf der Station Khargeh bestiegen wir Esel, die in diesem Lande vortrefflich zu galoppieren verstehen, und ritten zwischen Palmenhainen, zerbröckeltem Mauerwerk aus griechisch-römischer und christlicher Zeit und zwischen den märchenhaften Kuppeln zahlloser Scheichgräber hindurch nach der sonderbarsten aller Städte, die ich je gesehen, nach Khargeh. Die Straßen sind halb unterirdisch, halb in Felsen gehauen, und über den Eingängen der Erdgeschosse stoßen die oberen Stockwerke der gegenüberliegenden Häuser vollständig zusammen, so daß die Gassen ganz überdeckt sind und nur gelegentlich einmal bei Biegungen etwas Licht erhalten. Während man sich durch diese hier und da von Dämmerung unterbrochene Dunkelheit führen läßt, ahnt man mehr, als man sehen kann, schleichendes, wimmelndes Leben in nächster Nähe. Manchmal blickt man in die Dämmerung eines Hausflurs, in dem Weibervolk, Kinder und Vieh durcheinandergewühlt sind.

Die Ursache dieser Bauart, die sich auch in anderen Oasen finden soll, ist die Furcht vor den verheerenden Sandstürmen und den Überfällen der Beduinen. Ein Fremder, der sich in dieses Labyrinth ohne Führer verlieren würde, wäre der Gnade der Stadtbewohner ausgeliefert. Während ich mich sprachlos vor Staunen in diesem Ameisenhaufen mehr herumschieben und ziehen als führen ließ, fühlte ich plötzlich ein warmes, weiches Gewimmel um meine Knie und ein Getrippel von zahllosen kleinen Füßen auf meinen Schuhen. Ich konnte aus den Worten der Araber nicht verstehen, was es war, und als der nächste Lichtschein kam, war es vorüber. Später versicherte mir Mr. Simon, der in der Kantine zurückgeblieben war, daß es wohl eine Hammelherde gewesen sei. Aus den Vorplätzen der Häuser führen Treppen nach dem ersten Stock. Da, wo die Straßen nicht ganz überdeckt sind, sieht man das obere Stockwerk der Häuser, mit Balustraden von getrockneten Dattelpalmen dicht umgeben, die sich hier und da zu Balkons ausbuchten.

Einer der wohlhabendsten Bewohner ist der Bäcker. Er besitzt einige 60–70 Pfund, die er in einem Sack aufbewahrt, nach dem er ein paarmal am Tage schaut. Durch die Vermittlung des Mr. Simon erlaubte er mir, sein Haus zu besichtigen. Ich stieg die schmale Treppe zum oberen Stock empor, dessen enges Gemach fast ganz von einem zweischläfrigen europäischen Bett ausgefüllt war, das den Stolz des wohlhabenden Besitzers bildet. Der Boden war so dicht mit Fliegen bedeckt wie ein verwesender Kadaver. Es lag allerlei faulendes Zeug, Abfälle u. dergl. umher, das die Fliegen herbeilockte. Dazwischen wälzten sich die Kinder des Bäckers, deren Augen, Nasenlöcher und Lippen dicht von den Insekten besetzt waren, ohne daß man sich darum kümmerte. Das Volk glaubt, die Fliegen seien den Menschen gesund. Über einen schrägen Palmenstamm gelangte ich auf das Dach, und nun breitete sich vor mir im Abendsonnenschein das eigentliche Leben der geheimnisvollen Stadt aus, das man in den Tunnelstraßen nicht sieht. Ich überblickte alle die von gelben Palmenzweigen umgebenen Dächer, auf denen dunkele Frauen in farbigen Kitteln mit auseinandergespreizten Beinen bei der

Hausarbeit saßen, während ringsherum Lämmer, Ziegen und Hühner sich ergingen.

Der Rückweg durch die Wüste im Mondschein war zauberhaft. Unsere »trolley« hielt vor einem Hügel, der mit zahllosen verfallenen Hallen und Kapellen im altchristlichen Rundbogenstil besät war: die christliche Nekropole. Die Araberjungen fürchteten sich anfangs, mich hinzugeleiten, angeblich aus Furcht vor den Hyänen, die aber erwachsene Menschen nicht angreifen, in Wirklichkeit wohl aus Scheu vor bösen Geistern. Es war auch in der Tat ein höchst unheimlicher Ort. In dem Kellergeschosse der Kapelle fand ich ganze Haufen von Mumien und Skeletten, und darüber schien der klare Wüstenmond, während in der Ferne Schakale heulten.

Abends studierte ich im rest-house das Fremdenbuch und war erstaunt, kaum drei oder vier deutsche Namen darin zu finden, obwohl es nur eines Schreibens an die Gesellschaft bedarf, um alles zum Empfang von Fremden bereit zu finden.

Aus: Fahrten ins Blaue. Ein Mittelmeerbuch, S. 259–264

Das Heilige Land

Selten macht wohl jemand eine Reise nach Palästina wie nach Italien, Griechenland, Konstantinopel oder Ägypten. Meistens wird der Ausflug in das Heilige Land einer Orientreise angehängt, es wird mit ermüdeten Nerven besucht und dann als enttäuschend, uninteressant bezeichnet. Mit großem Unrecht; denn es bietet in hohem Maße die Eindrücke, für welche gerade der Vielgewanderte immer empfänglicher wird, der alte und neue Städte, Meer, Wüste und Gebirge in ihren Haupttypen und die besten Kunstwerke der Erde gesehen hat: eine einzigartige Gegenwart, die aus sich nirgends wiederholenden Vorbedingungen von Natur und Geschichte, Landschaft und Rasse entstanden ist. So wie es Reisende gibt, die angesichts der sonnenroten Pracht der Mittelmeerlandschaft nach dem deutschen Walde schreien, so verurteilen viele Palästina, weil es dort keine Akropolis und keine Pyramiden gibt. Wer aber die Seele Palästinas selber sucht, der wird überall auf Schritt und Tritt von ihrer Einzigartigkeit überrascht sein, zunächst über die Landschaft, die in wohnlich grüner Anmut mit abstoßender Steinwüste pathetisch wechselt.

Wenn man aus dem sandgelben Ägypten nach Jaffa kommt und die häßliche, schmutzige Stadt durchwandert hat, wird man sich plötzlich bei einer Straßenwindung vor einem bezaubernden Paradies fühlen: ein Kranz von grünen Wein- und Orangengärten umgibt die Stadt, und am Horizont zeichnen sich die feinen Linien der blauen Berge von Juda ab. In wenigen Stunden führt die Bahn in dieses Bergland hinauf, und es wird jedem unvergeßlich bleiben, der bei einem der an Farben so verschwenderischen Sonnenuntergänge auf der Höhe von Jerusalem angekommen ist, während ihn eine herbe Bergluft begrüßt. Die Namen all der kleinen Orte und Stätten, die rings um die Stadt in Tälern und auf Höhen liegen, sind von den Träumen unserer Kindheit umwoben. Dort liegt ein von Franziskanern gehegter Garten mit uralten Oliven und Oleandern, es ist Gethsemane. Hinter jener Bergnase versteckt sich Bethanien, und auf einem Hügel gegenüber in blauer Luft, am lieblichsten von allen, winkt Bethlehem. Der von frommen Legenden umwobene Ölberg schließt die Aussicht nach der Wüste ab.

Aber nicht nur Anmutiges sieht, der an einem Nachmittage die Stadtmauern umwandert. Abstoßend und öde liegen die Täler Josaphat und Gehenna zwischen Zion und den gegenüberliegenden Höhen. Juden und Mohammedaner haben die Berglehnen mit ihren kahlen Begräbnisplätzen bedeckt, um am Tage der Auferstehung gleich an der Stelle des jüngsten Gerichts zu sein. Die wüsten Wohnstätten des Dorfes Siloa sind ungastlich an die Hügel geklebt, und wer sich unter ihre wie Tiere lebenden Bewohner verirrt, wird sich vielleicht als einziger Franke weit und breit nicht ganz sicher fühlen.

Besteigt man den Ölberg, so steht man an der Grenze der beiden Zonen, der lieblichen, wo die Psalmen Davids und die

Poesie der Evangelien sprießen konnten, und jener kahlen Wüste, die alles Menschliche unter sengender Sonne auf kargem Stein ertötet. In der Ferne liegt blau das tote Salzmeer und das wüste Ostjordanland, wo schon vor Christus und Johannes heilige jüdische Männer die Zwiesprache mit ihrem Gotte suchten. Es ist, als blicke man hier in die beiden Quellen, aus denen sich das Judentum speiste, seine Poesie und seine unfruchtbare Dialektik. Man denkt an den Talmud, wo die poetisch legendäre Hagada von dem Gestrüpp der haarspalterischen Halacha umwuchert ist, die an die stacheligen harten Gewächse jenes staubigen Wüstenlandes erinnert.

Steigt man bis an das Tote Meer hinab, der tiefsten Stelle der Erde, so spürt man noch etwas von der altheidnischen Lebensschicht, die vor dem Jehovakultus jene Niederungen beherrschte. Dort in der Tropenglut, 400 Meter unter dem Meeresspiegel, lagen Sodom und Gomorra, die Kultsitze eines von vergessenen Lastern glühenden Heidentums. Dort saß mitten unter einem feindlichen Volk der fromme Lot am Abend vor dem Tore seines Hauses und empfing die Engel des Herrn. Dort faßten die erobernden Hebräer, als sie aus der Sinaiwüste kamen, zuerst Fuß, dort ließen sie sich von den Töchtern des jahraus, jahrein in fieberhafter Glut brütenden Jericho ihrem Glauben abspenstig machen. Dort residierte kurze Zeit Kleopatra, in der Erwartung, den Herodes an sich zu locken. Dies alles ist nicht leere historische Erinnerung, wie auf einem Schlachtfeld, das heute der Pflug des Bauers furcht, vielmehr ist diese einzigartige, von Bösem trächtige Landschaft der heute noch lebendige Teil jenes Geschehens. Wer in die warme, bewegte Flut des Toten Meeres steigt, taucht noch heute hervor wie Lots Weib, von einer brennenden Salzkruste überzogen, und wird die Pferde antreiben, um möglichst schnell an die Furt des schilfigen Jordan zu gelangen, wo er zwischen dem Ufergrün in süßem Flußwasser das bittere Salz aus seinen Poren waschen kann. Wenn man dann am Abend allein in dem dürftigen Gasthaus auf dem Dache sitzt, von keiner kühlenden Abendluft berührt, ist es, als halte das Leben den Atem an und als versinke dieser heiße fieberschwangere Boden, der noch heute eine bösartige, verschlagene Bevölkerung nährt, immer tiefer und als drohten hier neue Kataklysmen, wie sie einst die üppigen Städte zerstört haben.

Nichts von dieser erstickenden Feindseligkeit zwischen Mensch und Natur fühlt man mehr an den Gestaden des Sees Genezareth, der zwar auch noch, 200 Meter unter dem Meeresspiegel gelegen, ein tropisches Klima und tropische Vegetation aufweist. Aber hier liegt überall freundliches Blau zwischen sanften Bergen, und man versteht, daß bei dieser stillen Flut die junge Seele Jesu entscheidende Eindrücke empfangen hat. Auch hier freilich regen sich unterirdische Elementarkräfte. Eine heiße Schwefelquelle ergießt sich in düstere arabische Badehäuser, aber ihre Wirkung ist heilsam, und draußen kühlt den Badenden schnell die Flut des blauen Sees. Die Bewohner von Tiberias sind meistens Juden jener engen orthodoxen Richtung, denen der Zionismus ein Greuel und der Wiedergebrauch der hebräischen Sprache für das profane Leben ein Abscheu ist. Mit stinkenden, grindigen, triefäugigen Menchen in einer Schaluppe zusammengepfercht, erreicht man die Bahnstation südlich des Sees; von dort führt der Zug nach Haifa, wo sich mit dem Ausblick über die phönizischen Buchten auf dem Berg Karmel das Eliaskloster als landschaftlich vielleicht schönster Punkt Palästinas erhebt.

Unter den Menschen, die heute diese Landschaft bewohnen, fallen die zahlreichen Deutschen auf, welche zum größeren Teile von den Templern abstammen, die 1860 Württemberg verließen, um im Lande der Verheißung ein evangelisches Leben zu führen. Überall begegnet man ihnen, die sich streng von dem Levantinertum fernhalten und in Sprache und Art ihr zuverlässiges, derbes und gelegentlich dickköpfiges Schwabentum bewahrt haben. Viele sind deutsche Bauern alten Schlages geblieben; die Kolonien von Wilhelma und Sarona sind süddeutsche Bauerndörfer mit Giebelhäusern, zwischen denen sich jedoch das üppige Grün von Orangenpflanzungen hervordrängt. Auch das deutsche Wirtshaus mit der Kegelbahn fehlt nirgends. Der religiöse Charakter der Templer, besonders derer, die sich in die Küstenstädte Syriens verteilt haben, ist im Verblassen. Fast überall sind sie im Besitz der besten Hotels, und man muß zugeben, daß in keinem Lande der Welt die Hotelindustrie so einwandfrei betrieben wird, daß wohl nirgends Leistungen und Preis in einem so anständigen Verhältnis stehen.

Auch die zionistischen jüdischen Kolonien, deren Stamm meist aus Rußland eingewandert ist, in deren höherer Schicht jedoch deutsche Juden vorherrschen, muß man bewundern. Wie durch ein Wunder ist unter ihnen die hebräische Sprache wieder lebendig geworden. In Tel-Awif habe ich ein hebräisches Gymnasium besucht und mit Interesse einer französischen Stunde beigewohnt. Buben und Mädchen werden zusammen erzogen. In Jerusalem sucht die jüdische Kunstschule Bezalel die alten Gewerbe des Landes unter feinsinniger Leitung zu erneuern. Noch interessanter sind vielleicht die ländlichen Kolonien, wo man studierte Männer und Frauen, Brillen auf der Nase, Landwirtschaft betreiben sieht. Die vom Baron Rothschild begründete Kolonie Richon le Sion besteht aus freundlichen, mitten in Weinbergen gelegenen Häusern und lebt von einer ausgedehnten Weinbereitung. Im Gegensatz zu den müßig herumlaufenden Juden im Kaftan mit den grotesken Ohrlöckchen sucht die zionistische Bewegung den Krebsschaden des palästinischen Judentums zu bekämpfen, die Haluka, jenes von Frommen aller Länder gespendete Almosen, das einer großen Zahl äußerlich ebenso schmutziger wie aristokratisch gesinnter Müßiggänger erlaubt, ohne Arbeit zu leben und sich ganz und gar sterilen theologischen Spekulationen zu überlassen.

Aus biblischen Tagen sieht man in dem Lande nichts mehr als jene stimmungsvollen Zisternen und Teiche, in denen das wasserarme Land noch heute den Regen auffängt. Mit ziemlicher Wahrscheinlichkeit wird einer davon als das Becken angesprochen, worin König David von seinem Dache aus das Weib Uriä baden sah. Aus der Römerzeit gibt es nur noch Trümmer von wenig Bedeutung, dagegen ruft die feine Gotik der Grabeskirche die Erinnerung an die Epopöe der Gottfried, Tankred und Boemund wach.

Was unsere Zeit an Bauten hinzugefügt hat, ist so unsäglich häßlich, daß es der vielgelästerten, auf der vom deutschen Kaiser geschenkten Dormition erbauten Marienkirche bis zu einem gewissen Grade zur Entschuldigung dient. Auch die protestantische Erlöserkirche wirkt kalt und unschön genug, bis auf den alten Kreuzgang, den man bewahrt hat und den heute eine alte Schwäbin sorgsam mit Grün und Blumen schmückt. Daß der gewiß die Landschaft störende Bau der katholischen Marienkirche auf der Dormition die Bewohner Jerusalems in ihren ästhetischen Empfindungen ärgere, ist Gerede. Mit Ausnahme jener paar deutschen Kulturzionisten finden ihn alle Leute wunderschön. Zudem hat die Stadt selbst vor einigen Jahren auf das Jaffator ein Türmchen von so niederträchtigem Geschmack aufgesetzt, daß man annehmen darf, Mangel an Kunstverständnis sei nicht bloß das Zeichen des neuen Preußentums, sondern unserer ganzen Zeit, in der der Emporkömmling vorherrscht.

Aber dies sind geringe Mißtöne in dem Dreiklang dieser Christen, Juden und Mohammedanern gleicherweise heiligen Stadt. Von der Inbrunst zweier Jahrtausende ergriffen, geht man die Via dolorosa entlang und liest die Inschriften bei den Leidensstationen: hic Simoni Cyrenaeo crux imponitur; hic pia Veronica faciem Christi linteo tersit; aber man wird auch vor der Klagemauer der Juden mit den Tränen kämpfen, wenn man sieht, wie diese hinfälligen Greise und blühenden Frauen weinend die Stirne an die rauhe Mauer stoßen, jenen letzten greifbaren Überrest des Tempels, während über ihren Häuptern auf dem Tempelplatze der Halbmond sein nach Mekka größtes Heiligtum errichtet hat. »Wie liegt die Stadt so wüste«, singen sie, »die voll Volks war! Sie ist wie eine Witwe, die Fürstin unter den Heiden; und die eine Königin war, muß nun dienen. Sie weinet des Nachts, es ist niemand unter allen ihren Freunden, der sie tröste! Die Straßen gegen Zion liegen wüste, weil niemand auf kein Fest kommet! Ihren Feinden geht's wohl!« Vor dem Pathos solchen lebendigen Schmerzes und einer Herrlichkeit, die seit zwei Jahrtausenden dahin ist, wird man vergessen, daß gleichzeitig das frechste Bettlervolk der Erde diese heilige Mauer seines Tempels schändet. Ebenso wird, wer die schweren russischen Bauern auf den Knien in die heilige Grabeshöhle wanken sah, zu dem für ihr ganzes

Leben feierlichsten und größten Augenblick, gerne die groteske Tatsache übersehen, daß türkische Soldaten in der Vorhalle, Kaffee trinkend und Narghilé rauchend, Wache halten, damit nicht die Bekenner der verschiedenen Christentümer sich gegenseitig, um sich einen Neuzubekehrenden abzujagen, die Köpfe blutig schlagen oder mit Regenschirmen die Augen ausstechen. Den Türken ist, weil keine Konfession der anderen die Ehre gönnt, der Schlüssel zum Allerheiligsten der christlichen Religion anvertraut.

Trotz allen diesen Lächerlichkeiten und Häßlichkeiten glüht hier noch der Funke des Glaubens und der Begeisterung, ohne den es noch niemals menschliche Größe gegeben hat. Sein Verlöschen macht das unheilige, profane Europa trotz all seinem Wissen und Fortschritt so platt und schwunglos, und seine Reisenden betreten meist blind und verständnislos das Heilige Land.

Aus: Fahrten ins Blaue. Ein Mittelmeerbuch, S. 294–301

Die Nächte in Konstantinopel

Wer abends an die luftigen Plätze oder Gärten Spaniens, Italiens und Athens denkt, wo man die ins Land wehende Seebrise atmet, der wird in der dumpfen Gassengruft von Pera, Galata und Stambul halb verschmachten. Konstantinopel ist schön, ja! Aber die Türken haben es fertiggebracht, daß man diese Schönheit zwar bei der Einfahrt ins goldene Horn feststellen kann, besonders wenn abends hinter der dünnen Märchensilhouette der Stambuler Moscheen die Sonne versinkt, daß aber niemand sie in ruhigen Stunden genießt. Der Komfort des Südens, der Neapel im Sommer so köstlich macht, fehlt hier. Er besteht darin: in hellen steinernen Räumen, dem Meere nah, bei leichten Speisen und frischen Getränken gegen Glut und Erschöpfung Schutz zu finden, so wie der Komfort des Nordens hauptsächlich die Zimmerbehaglichkeit ist, während es draußen schneit und friert. Der Zugang zum Meer ist in Konstantinopel gesperrt. Am Bosporus-Ufer reiht sich Spelunke an Spelunke, es wetteifert in der Phantasie des Seemanns mit den Hafenfreuden von Port-Said oder Hongkong. Der Marmarastrand, von schwarzen Holzhäusern besetzt, ist öd und verlassen und nachts lebensgefährlich. Wenn die Stunde schlägt, um die man sich abends zu Tische setzt, bleibt außer den Speisesälen der Hôtels kaum etwas anderes übrig, als die schmutzige Grande Rue de Pera hinaufzugehen, sich in die österreichische Brasserie Janni oder zu Tokatlian zu setzen, in einer schwülen Halle ein nicht übles Abendbrot zu verzehren und deutsche und französische Zeitungen zu lesen. An vielen Tischen wird Deutsch gesprochen: hier ansässige Kaufleute und Journalisten, die aussehen wie andere Menschen auch, dazwischen die grotesken Gestalten deutscher Touristen im Lodenkostüm und grünem Hut, irgendeine Liedertafel auf kühner Sängerfahrt oder sonst ein sächsischer Verein zur Kompromittierung des Deutschtums im Ausland. Mein allabendlicher Tischnachbar ist ein junger persischer Attaché in eleganter europäischer Tracht, aber an dem schwarzen Fes ist seine Nationalität leicht kenntlich. Wir sprechen ein wenig Französisch. Er hat viel in Europa gelebt und weiß *auch* nicht, wie er hier seine Abende verbringen soll. Eines Abends flüstert er mir mit seinem runden, dicken Munde geheimnisvoll zu, während seine schwarzen Augen glänzen: »Il y a un jardin avec de jolies femmes.« Ich bitte den Leser, sich diese Situation auszumalen. Wir sind nicht in Paris oder Wien, sondern in einer staubigen, toten Wüste und verdursten fast nach etwas Zerstreuung. Hier gibt es zwar irgendein »Eden« oder »Tivoli«. Wer aber dort, in dem letzten Hafen für die Wikingerschiffe europäischer Prostitution, einmal von geschminkten Greisinnen das »Viens, poupoule« gehört hat oder »I' bin halt a' öchts Weanerkind«, der muß einige Jahre warten, bis er so etwas von neuem ertragen kann. Also wir haben eine Reihe kaum erträglicher Abende hinter und noch ebenso viele vor uns, bis uns das erlösende Norddeutsche Lloyd-Schiff holt, und da kommt nun ein Perser und flüstert: »Il y a un jardin avec de jolies femmes.« Ich folge ihm durch einige Gassen, in denen man sich nach der Sauberkeit von

Neapel oder Málaga sehnt und wo ein moralischer Nachtwächter zwölfjährigen Armenierinnen mit seiner Keule droht, weil sie gegen die Vorübergehenden zu freundlich sind. Diese jungen Damen sehen sehr zierlich aus, wie französische Pensionsmädchen, tragen kurze weiße Kleidchen und das herabhängende Haar wie Backfische im Nacken zusammengebunden. Sie wurden von den französischen Klosterschwestern erzogen; jetzt sind sie in den Jahren, wo sie ihre erworbenen Sprachkenntnisse und guten Manieren verwerten können. Und da kommt dann so ein Nachtwächter mit seiner Keule ... Was soll man dazu sagen! Aber das ist es nicht, was mir mein persischer Freund zeigen will. Wir gelangen vor ein Gartengitter mit großen Plakaten, Billetschaltern und einem Tourniquet: die »Petits champs«. Es ist wie in der »Ressource« einer deutschen Mittelstadt. Eine Kapelle spielt, alle Tische und Stühle sind mit nichtswürdigem Grün gestrichen. Der Perser sucht mit großer Vorsicht einen Platz neben einem deutschen Tisch und zerfließt in Entzücken vor einem kleinen blonden Fräulein mit widerspenstigem Haar und unbeherrschtem Gelächter. »C'est la plus jolie femme de Pera«, meint er. Nun, sie ist »herzig«, aber so, wie sie zu Hunderten in deutschen und französischen Geschäften als Verkäuferinnen oder Kassiererinnen angestellt sind. Jeden Abend sitzt sie hier mit ihren Verwandten und trinkt Bier und lacht und schwatzt, und er weiß nicht, ob ihre Blicke ihm gelten oder – man wird ja aus den europäischen Frauen nicht klug! – ob ihre Augen zweck- und ahnungslos spazierengehen. Und nun erklärt er mir sein Unglück. Er ist geschlagen mit der Sehnsucht nach blonden Frauen, aber in seiner Heimat gibt's das nicht; hier in Konstantinopel sieht er sie jeden Tag und kann nicht zu ihnen gelangen. Dieser triviale Garten ist für ihn das Märchen, das Paradies der blonden Frauen. »Il y a un jardin avec de jolies femmes.« (1911 habe ich diesen Garten völlig verwandelt gefunden. Die Bäume sind gewachsen, und ihre Blätter bilden ein rauschendes Dach. Darunter promenieren Damen in Poiretröcken, eine Zigeunerkapelle spielt in einem eleganten Pavillon abwechselnd mit dem Gartenorchester, und um Mitternacht beginnt eine Kabarettvorstellung. Bars und Tanzlokale nach dem Muster des europäischen »Nachtlebens« haben in Pera ihren Einzug gehalten, und die Abende in Konstantinopel sind nicht mehr viel anders als sonstwo. Es leben die Jungtürken und die Menschenrechte!)

Ich sehe mich bald nach anderen Zerstreuungen um. Ich will doch einmal dieses Matroseneldorado in Galata sehen. Auf der großen Brücke suche ich mir den schielenden Griechen heraus, der mich in den ersten Tagen geführt hat und der – an humanistisch gebildete Fremde gewöhnt – sich einen Abkömmling der Byzantiner und alten Hellenen nennt. Jetzt heißt er »Spickbock«. So hätte ihn der frühere deutsche Botschafter genannt. Weiß Gott, wie dieser Worttrümmer, mit griechisch-türkischen Silben kontaminiert, entstanden ist. Also Spickbock kommt um neun Uhr und holt mich ab. Der dicke Armenier, der Portier meiner Wohnung, gibt uns seinen Segen, und wir steigen hinunter in die Höhlen von Galata. Man hat solche Gassen oft in zynischer Übertreibung einen Fleischmarkt genannt. Nun, hier drängt sich einem dieser Vergleich zwingend auf. In mehreren Schichten übereinander ruht hier Weib an Weib in hemdartiger Bekleidung. Sie sitzen auf dem Stein, an die einstöckigen Häuser gelehnt, auf Türschwellen, Fensterbänken, im Innern auf Tischen, Schränken, Kisten, Betten und Ottomanen, und alles schnattert durcheinander, hauptsächlich griechisch und armenisch, und dazwischen hört man: Englisch-Mann, deutschsprech, Mossiu Mossiû und petit loup, und italienisch, schwäbisch, wienerisch und böhmisch-deutsch, und jüdisch-deutsch und deutsch-jüdisch, und eine ist grauenhafter als die andere. Hier und da freilich ein hübsches, junges Gesicht oder eine grazile Figur. Dann führt mich Spickbock in einige Tanzlokale der Grande Rue de Galata. Man steigt auf engen Treppen in den ersten Stock. Hier sieht man plötzlich herrisch schöne Griechinnen, die mit den Matrosen aller Länder tanzen. Spickbock erklärt: für einen Piaster bekommt man eine Gazzosa, oder man darf einmal tanzen. Ich bestelle mir eine Gazzosa und lasse den Spickbock tanzen. Ich zeige ihm die Mädchen, die er engagieren und nach dem Tanz an den Tisch bringen soll. Sie sind sehr liebenswürdig und lassen sich mit der hautainen

Selbstverständlichkeit der Südländerinnen den Hof machen. Meine hundert Worte Griechisch reichen nicht aus. Spickbock übersetzt. Er erklärt mir, daß diese Mädchen sehr anständig sind, vom Wirt angestellt werden, damit die Matrosen immer Partnerinnen zum Tanz finden, und daß das finstere, befezte Gesindel im Hintergrund aus den Verlobten und Geliebten dieser Mädchen besteht, ganz ungefährlich, solange die Formen der guten Gesellschaft (»bonne compagnie«, sagt Spickbock) nicht verletzt werden, höchst unangenehm, wenn ihre Eifersucht erweckt wird. Eine dumpfe Spannung zwischen den Eingeborenen und den Matrosen besteht natürlich immer. Mit grünen Gesichtern sehen jene zu, wie sich diese losgelassene Europäermeute austobt, wie z.B. so ein Haufen blonder, blauer Jungen aus Deutschland oder England sinnlos lustig mit den Mädchen, die ihnen nicht gehören, sein Geld vertut.

Was aber das schlimmste an den Nächten in Konstantinopel ist: auch die für diese Zeit sonst so bewährte Hauptbetätigung, der Schlaf, ist gehemmt. Konstantinopel wird, wie gesagt, von wilden Hunden beherrscht, einer Art Schäferhunde, die zwar den Menschen nichts tun, aber ein despotisches Regiment in den Straßen führen. Sie gelten dem Mohammedaner für unrein, aber er darf ihnen nichts antun. So liegen sie schlafend quer über den Gassen, jungen in Kellerlöcher, verwehren den Hunden anderer Quartiere streng den Zutritt in ihre Straße und dulden den notwendigen Abendspaziergang der Haus- und Luxushunde erst nach langer Prüfung, nachdem sie die Überzeugung gewinnen, daß diese oberen Zehntausend nicht nach den Knochen der Armen streben. Stets zu Revolution und Empörung geneigt, aber dabei hyperkonservativ in ihren Sitten, verbringen sie ihre Tage sehr lärmvoll. Gegen elf Uhr abends werden die türkischen Häuser geschlossen, der Unrat und die Küchenabfälle fliegen durch die Fenster auf die Straße. Die große Hundemahlzeit beginnt, meist von heulenden Kämpfen begleitet. Wer zum Einschlafen Ruhe nötig hat, tut gut, sich jetzt niederzulegen, denn auf die Nachtmahlzeit lassen die Bestien einen mehrstündigen Schlummer folgen. (Diese Zustände findet man heute nur noch in der Provinz, z.B. in Damaskus.) Freilich beginnen jetzt die übrigen Nachtgeräusche der Stadt. Da ist zunächst der Nachtwächter, nicht jener Biedermann der deutschen Dichtung, sondern ein wüster Kerl, der, von Gasse zu Gasse gehend, mit einer eisenbeschlagenen Keule das Pflaster schlägt und die Diebe vertreibt. Viel lästiger noch sind die Feuersbrünste, die freilich nicht in jeder Nacht ausbrechen. Ich habe einmal drei Nächte hintereinander ohne Feuersbrunst erlebt, was mir aber nie geglaubt wird. Durchschnittlich gibt es vier bis fünf die Woche. Die türkische Feuerwehr (Tulumbadschi) besteht aus Banditen, Lastträgern, emeritierten Verbrechern usw. Mit einem fürchterlichen Lärm durchtoben sie die Straßen, mikroskopisch kleine, untaugliche Feuerspritzen über das schlechte Pflaster zerrend. Was ihnen in den Weg kommt, jagen sie nieder. Das ist sogar der Hauptspaß. Aus allen Häusern schließen sich ihnen Leute an, und in wildem Getöse stürzt der von Straße zu Straße wachsende Zug zum Brandplatz. In Konstantinopel brennen, infolge der Holzbauten, stets ganze Straßen, selten einzelne Häuser. Die Eigentümer eilen den Tulumbadschi entgegen, und während die Häuser ruhig weiterbrennen, beginnt unter Geschrei ein Handeln darum, wessen Haus zuerst gerettet werden soll. Aber auf Löschen kommt es erst in zweiter Linie an, das Ganze scheint mehr eine Gymnastik der erregungsbedürftigen Volksseele. Nun gibt es außerdem eine vortreffliche europäische Feuerwehr, die von Széchény Pascha eingerichtet wurde. Sie muß aber bei jedem Brand erst die Erlaubnis zum Löschen telephonisch im Jildis-Kiosk holen, so daß sie gewöhnlich erst auf dem Brandplatz ankommt, nachdem die Tulumbadschi, die ihr sofort weichen müssen, dort gehaust haben. (Alle diese pittoresken Mißstände sind seit dem neuen Regime gemildert. Die Hunde sind fort, die Nachtwächter betragen sich diskreter, und die Feuerwehr hat mir im August 1911 nicht *einmal* den Schlaf gestört. Wie man auch sonst die Taten des Jungtürkentums beurteilen mag, Konstantinopel nimmt ein weltstädtisches Gepräge an, verliert aber dadurch auch viele Reize.)

So sind die Nächte in Konstantinopel. Wer im Bosporusmondschein wandeln und den nächtlichen Zauber des Orients atmen will, der muß die Stadt verlassen und in Therapia oder auf den Prinzeninseln verweilen. Luft, Meer und schwarzgrüne Gärten empfangen einen hier, aber man glaubt in Europa zu sein, an der Riviera oder in Cintra. Aus den Hôtels tönen die Two-steps und Walzer, die wir kennen, und tagsüber hört man englische Misses auf den Tennisplätzen zählen: fifteen – thirty, advantage – game – –

Aus: Fahrten ins Blaue. Ein Mittelmeerbuch, S. 171–178

Norwegische Landschaften

Bis Bodö, das schon jenseits des nördlichen Polarkreises liegt, ist Norwegen nicht mehr als ein interessantes Land mit einer sympathischen Bevölkerung, aufstrebenden Städten und schönen, alpenähnlichen Landschaften. Die Fjords könnten ebensogut Alpenseen sein; Bodö selbst erinnert an stille, freundliche Städte in Norddeutschland, nur muß man sich seine hölzernen Giebelhäuser aus Stein denken. Erst eine gute Strecke nördlich von Bodö, wenn das Schiff sich den Lofoten nähert, fühlt man, daß man nun eine einzigartige, an nichts sonst erinnernde Welt betritt. Gewiß, auch die schwermütig-hellen Nächte in Drontheim hatten schon etwas Fremdartiges, für viele ausgesprochen Melancholisches und Niederdrückendes. Dieser nordische Sommertag, der nicht sterben kann, die trostlose Stille, die vorhanglosen Fenster, hinter denen Menschen ohne die wohltätige Decke des Dunkels schlafen, was für eine Sehnsucht hat mir dies alles nach den finstern Nächten des Südens erweckt, die von tausend Lichtern erhellt sind, bei denen lachende Menschen sich von der Hitze des Tages erholen. Erst auf den Lofoten betritt man die Landschaft, zu der die hellen Nächte passen, und darum hört man auf zu vergleichen. Schon die Einfahrt in den Hafen von Svolvär überrascht: um die Bucht erhebt sich ein Felsenzirkus von phantastischen Formen, mit Schneeadern weiß marmoriert und so zahllosen Überschneidungen, daß der Blick sich verwirrt. Davor breitet sich ein Meer von Schären und Felsblöcken, fast immer hängen tiefe Wolken über diesem Ort. Aus der hellen, faßt südlichen Klarheit des Westfjords kommend, betraten wir diese düstere Stelle der Erde. Wie eine graue Gespenstersstadt liegt Svolvär zwischen vegetationslosen, jäh aufsteigenden, hie und da graugrün bemoosten und in der Dämmerung phosphoreszierenden Felsen. Die Häuser sind durchweg aus Holz gebaut und stehen auf Pfählen, teils in flachen Mulden. In diesen Mulden faulen und rosten alte Schiffsrümpfe, während der Flut werden sie von Seewasser überschwemmt, und dann steht in fahlen Mitternächten der Ort da wie eine ins Meer versinkende und von ihren Bewohnern verlassene Siedelung. Ein rätselhafter, endloser langer Schuppen mit ganz kleinen Fenstern ragt, wie der Finger eines übermächtigen Ungeheuers, in diese Wildnis hinein. So sah ich die Landschaft in der ersten Nacht. Als ich sie am andern Tag wieder suchte, war der Teich verschwunden. Die Ebbe hatte ihn zurückgezogen, und was ich gestern gesehen, schien mir wie ein Traum. Später kam die Flut schon am Nachmittag, da sah man in dieser grauen Feuchte gegen Kälte unempfindliche Knaben in den Wassern baden, als sei wirklicher Sommer und als scheine die Sonne. Sie waren ganz glücklich über diese schöne Jahreszeit, die sie erlebten, und vergaßen die lange Winternacht, die hier fast ein halbes Jahr alles verhüllt. Am nächsten Morgen hatte sich die Flut wieder verlaufen, da spielten ernste, tiefäugige Kinder zwischen Sand, Werg und Tang. Das alles wirkt vorweltlich wie der Aufenthalt einer sich noch in Reserve haltenden, noch wunschlosen und unverdorbenen, nicht erwachten und noch leidenschaftslosen Rasse. Die Wege führen über Geröll, hie und da sieht man krumme, verzwergte Birken, die von weitem grau wie die mageren Oliven südlicher Hügel wirken. Fahle Lichter erscheinen am tiefen, bleiernen Himmel, aber nur selten tritt die Sonne hervor. Eine sich feucht anfühlende Seeluft legt sich über alles. Dazwischen stehen bunte, behagliche Häuser, meist terrakottafarbig mit weißem Rand gestrichen. Hie und da weiden zwischen spärlichem Grün einige gar nicht einmal magere Pferde, Kühe und

Kälber. Die Pferde sind meist falb und wirken sehr hell in der grauen Luft.

Eine Stunde von Svolvär erhebt sich mitten in der Lofoteneinsamkeit plötzlich ein freundliches Landhaus aus dunkelrot und grün gestrichenem Holz mit breiten Galerien, wo Rohrsessel stehen; davor dehnt sich ein Garten mit niederen Stachelbeerstauden, mit einer Schaukel und Turngeräten. Es ist die Wohnung des Direktors der großen Guanofabrik, die jenseits einer teichartigen, geschlossenen Buch liegt, auf der hie und da Kähne schleichen. Hier wird aus den Köpfen der Dorsche Guano fabriziert, der die ganze gespenstische Einsamkeit mit einem furchtbaren Gestank erfüllt. Das Geschrei von See- und Raubvögeln durchdringt die Luft, die Temperatur aber ist das Sonderbarste. Man wird sich nicht klar, ob es kühl oder schwül ist. Sobald man einige Zeit sitzt, beginnt man zu frösteln, aber durch die ungeheure Feuchtigkeit der Luft wird einem schwül, sobald man einige schnelle Schritte gemacht hat.

Wie wenig dieser abgelegene Winkel das Beiwort Verlassenheit in Wirklichkeit verdient, das merkt man, wenn man nur eine Nacht in dem freundlichen Gasthof geschlafen hat. Unaufhörlich, Tag und Nacht, löscht der Kran, im Gegensatz zu den stillen Häfen im Osten und Süden, die Ladung ankommender Schiffe und nimmt neue Ladung mit, die schon einige Tage lang am Ufer lag. Jeden Abend betrachteten wir diese Waren und suchten daraus, ob es Eisenstangen oder hölzerne Kähne oder Leinwandballen waren, ein Urteil zu gewinnen, ob in der Nacht ein Höllenlärm oder nur ein mittlerer Spektakel unsere Ruhe stören würde.

Wenn nun auch Svolvär fest in das Netz des internationalen Handelsverkehrs verwebt ist, der Touristenstrom ebbt hier doch merklich ab. Fast alle Reisenden, die von Drontheim aus noch weiter nördlich über die Lofoten nach Tromsö, Hammerfest und dem Nordkap gehen, wohnen auf den großen Dampfern und gehen an Orten wie Svolvär nur für einige Stunden an Land. Dadurch fühlt man sich gänzlich von dem Alp befreit, in einem Touristenland zu sein, falls man nicht auf jenen Schiffen reist, sondern mit den kleinen Gasthöfen vorliebnimmt. Die Gesellschaft ist denn auch wesentlich angenehmer als in dem südlichen Norwegen; die Menschen, die man hier findet, suchen doch bedeutend mehr als oberflächliche Sensationen und die Genugtuung, erzählen zu können, »dagewesen« zu sein. Trotzdem ist der kleine Gasthof durchaus für Mitteleuropäer, die nicht gerade Luxus verlangen, eingerichtet. Die Geschäftsführerin, eine noch junge Dame, die, wie alle Norwegerinnen, eine ganze Menge Dinge gelernt hat, Hotelfach so gut wie Krankenpflege, hat mehrere Monate in Düsseldorf gelebt, spricht gut Deutsch und kennt die deutschen Vorstellungen von Behaglichkeit. Die Zimmer haben nicht die trostlose Öde jener kleinen, kastenartigen Räume, wie man sie in Touristenhotels findet, die vollkommen hinreichen würden, wenn tagsüber immer die Sonne schiene und man nur nachts auf sie angewiesen wäre, die aber eine Sommerfrische zum Entsetzen machen, sobald es kühl und feucht wird. Dem Lofotenhotel in Svolvär dagegen merkt man an, daß es ursprünglich nicht als Touristengasthof gedacht war. Die Zimmer sind behaglich in jenem altmodischen Stil der siebziger Jahre eingerichtet, den man vor zehn Jahren so furchtbar geschmacklos fand und heute wieder gemütlich zu empfinden beginnt. Das bequeme, rote Plüschsofa, die dunkeln Tapeten, die weißen Tüllgardinen, alles das erinnert an ehemalige Studentenbuden. Nach einigem Bemühen gelang es mir sogar, eines Nachts in meinem Zimmer Dunkelheit zu erzeugen. Es war wie eine Erlösung, aus der nicht enden wollenden kalten Helle der Mitternacht sich in einen dunklen Raum zu vergraben und darin die elektrischen Birnen brennen zu lassen. Man fühlte wieder einmal den Segen der Nacht, der fast so notwendig ist wie der Segen der Sonne.

In diesen bleichen Nächten lernt man den nordischen Menschen verstehen, der viel weniger Kontraste kennt als wir. Monatelanges Dunkel und monatelange Helle, und wenn auch diese Helle sich abstuft, um Mittag bedeutend stärker ist als um Mitternacht, so ist doch auch dieser Tag kein jubelnder Sonnentag; die Sonne ist ein bleiches, krankes Gestirn, und aus diesem Grunde ist es ja so schwer, die Mitternachtssonne wirklich zu sehen, denn sie setzt eine Klarheit des Horizonts voraus, wie sie sehr selten ist. Es tritt im Sommer nur eine gespenstische Dämmerung ein, und es wird nicht ganz dunkel. Von Mitternacht ab wird es sogar wieder heller. Das hat die ersten paar Male für jeden etwas Überraschendes, und es gibt Menschen, die von dieser Beleuchtung geradezu hingerissen sind, aber es gibt auch andere, die am Abend eines heißen Sommertages eine glühende Sonne gern dem Dunkel weichen sehen, um dann, in Finsternis gehüllt, wahrhaft ausruhn zu können. Die Mitternachtssonne verscheidet nicht in roter Glut, sie erblaßt nur zu einem kranken, silbrigen Gestirn, das die Luft grau-bläulich läßt. Während man sich nun im Süden gegen die Hitze des Gestirns mit massiven Läden schützt, kennt man im Norden nicht den Schutz gegen das ewige Licht. Immer dringt dieser bläuliche Schein herein, und ich konnte mir oft nichts Trostloseres denken als diesen kranken, bleichen Tag, der nicht sterben will.

Die Menschen, die in diesem Klima wohnen, haben etwas wie einen »Spleen«, doch ist er dem englischen Spleen, der etwas Böses hat, nicht verwandt. Vielmehr hat er etwas Treuherziges, halb Tiefsinniges, halb Humoristisches, und die ganzen so herrlichen nordischen Trollmärchen sind davon erfüllt.

Fährt man von den Lofoten noch weiter nördlich, so erscheint noch einmal, ehe die vollkommene Wüste der Polarlandschaft beginnt, eine grüne Oase, es ist die Insel Tromsö. Hier fand ich sogar einen wolkenlos blauen Himmel, aber eisige, von jener blassen Sonne durchleuchtete Luft. In diesen hellen Julitagen ließ ich vormittags täglich heizen. Unweit des Städtchens erstreckt sich ein dünner Birkenwald mit smaragdgrünem Grasboden, den eine phantastische Fülle goldglänzender Butterblumen durchleuchtet. Dieser Hain dehnt sich durch das ganze Romsdahl. Rings ziehen sich schneebedeckte, wenn auch nur etwa tausend Meter hohe Berge hin. Hinter dem Birkenwäldchen liegt ein Lappenlager. In spitzen Zelten leben Abkömmlinge dieser Rasse, die ursprünglich vor den Slawen und Germanen auch unsere Himmelsstriche bewohnt haben soll. Es ist ein sehr gutmütiges und verhältnismäßig unaufdringliches, schmutziges, aber blondes, in Felle gekleidetes Volk, das mich durch sein Zeltleben an die viel verdorbeneren Bischarin, einen Beduinenstamm bei Assuan, erinnerte. So hatte ich denn unsere Kulturwelt von ihrer südlichsten Grenze, der Sahara, bis an ihren Nordrand, die Polarwelt, durchquert, und wie dort die Vegetationslosigkeit der Wüste dem Drang gen Süden keine neue Nahrung mehr bot, so fehlte auch hier jeder Antrieb, noch weiter in das Nichts der Polarwüste einzudringen. Hier im Romsdahl wie dort jenseits des zweiten Nilkatarakts gab das Nomadenleben die letzten Eindrücke.

Tromsö selbst ist ein behagliches kleines Städtchen mit vielen Läden, wo nachmittags nette Frauen Einkäufe machen, mit hübschen Promenaden, wo abends bisweilen Musik ertönt, während die schöne Welt auf und ab geht, genau wie in Christiania, aber was sage ich, genau wie in Athen oder Kairo. Auch hier verfälscht der Tourist noch nicht den Charakter des Lebens, nur hie und da kommen auf einige Stunden unzivilisierte Horden von den Dampfern herunter, von Lappen empfangen, die Felle und Beinarbeiten anbieten.

Ein merkwürdiger Eindruck war es, als eines Morgens in Tromsö ein kleiner Dampfer von Spitzbergen ankam, der hundert streikende Kohlenarbeiter ans Land setzte, die in den dortigen Gruben nicht hatten arbeiten wollen und nun in der stillen Stadt Tromsö Tag und Nacht herumzogen und schließlich infolge von Erbitterung, Beschäftigungslosigkeit und Alkohol den ganzen Ort rebellierten. Es waren meistens Finnländer, die man nun auf den Straßen finster beieinander stehen oder draußen in den Wiesen in Gruppen beisammen liegen sah. Glücklicherweise regnete es nicht, aber die hellen Nächte waren doch verteufelt kalt. Nach drei Tagen hatte man bereits vierzig verhaften müssen, einer hatte im Alkoholrausch einen Tobsuchtsanfall bekommen und fast einen Mord begangen. Es wurde ein kleiner Holzkarren herbeigeholt, der Tobsüchtige darauf gebunden und im Galopp durch die Straßen gejagt. Der Kerl brüllte unaufhörlich, den Schutzmann meinend, der ihn verhaftet hatte: »Satanas, Satanas!«

Aus: Scheinwerfer über Europa, S. 85–93

Anhang

Rätselhafte Unruhe oder Fahrten und Irrfahrten
Nachwort

Reisen war für Oscar A.H. Schmitz ein Lebenselixier. In seiner Autobiographie spricht er von einem »Trieb ins Weite«, von frühen Reisephantasien, die der Vater sogleich mit einem bürgerlichen Berufsbild versehen habe, einer »Konsulats- und vielleicht diplomatischen Laufbahn«. Seine erste größere Reise machte er mit 18 Jahren, sie führte ihn in die Schweiz, wo er unter anderem seine Schwester Hedwig in Vervey bei Genf besuchte. Zum erstenmal sah er die »sonnige, südliche Welt«, die ihn faszinierte und zeitlebens nicht mehr losließ. Bei allem Bestreben, neue Länder und Menschen kennenzulernen, hatte die mediterrane Welt, die »lachende Kultur des Südens«, wie Schmitz sie nennt, für ihn einen besonderen Stellenwert, sie wurde zum Maßstab. Der Liebhaber des Südens öffnete sich zwar immer wieder auch anderen Erfahrungen, er bereiste England, Schottland und Irland, erkundete den Norden Europas und fuhr kurz vor dem Ersten Weltkrieg nach Rußland, aber seine eigentliche Sympathie konnte er auf allen diesen Fahrten schlecht verbergen. Als er im Sommer 1912 durch Norwegen reiste, notierte er am 18. Juli in sein Tagebuch: »Ich denke dauernd an den Süden. Diesem Land wird nie meine Sehnsucht gehören, so angenehm und schön hier vieles ist.«

Die erste Schweizer Reise wurde für Oscar A. H. Schmitz zum Modell aller späteren Auslandsreisen. Nicht nur den Süden entdeckte er für sich als Sehnsuchtsraum, auch die »Technik des Reisens« fand er, wie er in seiner Autobiographie betont, gleich auf dieser Fahrt quasi »instinktiv« und für sein ganzes Leben: »Ich fuhr meist allein, suchte aber jede mögliche Beziehung unterwegs.« Ein besonderes Hilfsmittel sei ihm stets der Baedeker gewesen: »Diesen, besonders die Stadtpläne studierte ich in der Bahn so genau, daß ich bei der Ankunft fast wie ein Zurückkommender auftreten konnte. Natürlich machte ich mich überall gleich mit der Umgangssprache vertraut. Mit dem jeweiligen

Meyerschen kleinen Sprachführer in der Rocktasche, einem Bruchstück des in seine Teile zerlegten Baedeker, Joanne oder Brown in der Brieftasche habe ich die Länder Europas, Nordafrikas und Vorderasiens durchzogen.«

Es ist bezeichnend, daß Schmitz das Reisen selbst nicht zur Kunst verklärte, sondern eine lernbare »Technik« entwickelte, die darauf abzielte, so wenig als irgend möglich als Fremder aufzufallen (vgl. Der Baedeker oder Die Technik des Reisens, S. 297 bis 301). Die wahre Kunst zeigte sich ihm – darin war er ganz dem traditionellen Ideal des Dandys verhaftet – in der Fähigkeit, jeder gesellschaftlichen Situation gerecht zu werden, nicht aus der Rolle zu fallen und sich trotzdem seiner Andersartigkeit bewußt zu sein. Weder im sozialen Verhalten noch in der Kleidung sollte die Differenz nach außen getragen werden, alle grellen Effekte, alle Exzentrizität war zu meiden. Nur so sei zu verhindern, schreibt Schmitz in seinem »Brevier für Weltleute«, »daß man als ›Outsider‹ eines Kreises gilt, für den man sich qualifiziert glaubt, ohne schon eine feste Beziehung zu ihm gefunden zu haben. Der wie ein Outsider Aussehende findet sie niemals; vielmehr müssen die Insider sich eines Tages fragen, warum ein Mann, der doch ganz ist wie sie, nicht enger mit ihnen verbunden ist. Man muß ein geborener Insider sein, um niemals ein Parvenü zu werden.«

Ein Modell war die Schweizer Reise noch in anderer Hinsicht. Bereits auf dieser ersten Fahrt, so Schmitz, sei er ganz erfüllt gewesen »von einem fiebernden Heißhunger nach Welt«, der ihn von Ort zu Ort taumeln ließ: »Ehe noch der Zug im Bahnhof einfuhr, stand ich schon zum Aussteigen bereit, sprang als Erster hinaus, eilte in den kleinen Gasthof, den ich mir aus dem Baedeker herausgesucht hatte, dessen Lage ich schon kannte, und stürzte mich dann sofort in die fremde Welt, Natur oder Stadt. War es noch früh genug zu einem Ausflug, so wußte ich bereits die nötigen Beförderungsmittel und Wege und stand schon in Bälde auf einem Berg oder ruhte in einem abgelegenen Tal. In den Städten wußte ich gleich über die Theater Bescheid, umschlich wie daheim altes Gemäuer, spähte in offene Fenster, geriet in Versammlungen, mischte mich unter die Vergnügungssuchenden, hob die bunten Vorhänge geringer Schenken, lauschte auf alle Stimmen, erst im Morgengrauen heimfindend.«

Dieses atemlose Reisen, dieses Getriebenwerden von Reiz zu Reiz, das Suchen nach Amüsement und Ablenkung, nach starken Affekten und fremden Milieus, war auch später für Schmitz charakteristisch. Alle Fahrten, die er unternahm, standen zwar zunächst und vor allem in Zusammenhang mit praktischen Zwekken und Zielen, er wollte fremde Orte erkunden, Land und Leute kennenlernen, um darüber zu schreiben. Als Reiseschriftsteller verband Schmitz die früh empfundene Sehnsucht ins Weite mit einer beruflichen Tätigkeit – freilich anders als der Vater sich das einst gewünscht hatte. Doch waren die Ergebnisse, die er von seinen Fahrten mitbrachte, die vielgelesenen und von der Kritik hochgeschätzten Reiseessays über Marokko, Ägypten, Palästina oder Konstantinopel, nach eigenem Bekenntnis nur das vorgeschobene Motiv des Unternehmens: »In Wahrheit trieb mich eine rätselhafte Unruhe, eine Hoffnung, jetzt endlich durch eigene Kraft einen geheimnisvollen Wert wiederfinden zu können, den ich mir einst als ahnungsloses Kind hatte entreißen lassen.«

Hinter der rastlosen Mobilität, die Schmitz an den Tag legte, stand nicht nur der Wunsch nach Weltaneignung, nach Erkundung fremder Kulturen und Orte, sondern vor allem auch nach Authentizität und Selbstfindung. Von innerer Unruhe getrieben, ging der Dandy auf Reisen, um das zu bekämpfen, was er in seiner Autobiographie als uneigentliches Lebensgefühl beschrieben hat. Durch Mobilität wollte er sich beruhigen, suchte er Distanz, Ausgeglichenheit und Selbstgewißheit. Reisen sind jedoch nur bedingt dazu geeignet, der inneren Unruhe entgegenzuwirken. Für den Nervösen ist das Reisen, wie Joachim Radkau in seiner Studie über »Das Zeitalter der Nervosität« gezeigt hat, eine prekäre Geschichte. Der Versuch, das Wohlbefinden wiederherzustellen, gelingt nur selten. Häufig bringt das Reisen die Nervosität erst zur vollen Entfaltung. Denn es weckt Wunschträume und baut Glückswelten auf, die in ihrem Wesen instabil sind und oft schon nach kurzer Zeit zusammenstürzen. In diesem Kollaps entsteht neue Reiselust: »Reisen und Nervosität wirken wie ein ewig sich selbst erhaltender Kreislauf.« Die Tagebücher der Jahre 1907 bis 1912 zeigen, daß Schmitz in diesem Kreislauf gefangen war. Immer wieder versuchte er reisend von sich selbst »weg zu kommen«, die Existenz zu wechseln und – zumindest zeitweise – ein anderer zu sein.

»Ich fühle mich den ganzen Tag wohl und reisefroh«, schrieb er am Anfang seiner Balkanreise ins Tagebuch. Doch schon kurze Zeit später war die Stimmung verflogen, von Nervosität und Verstimmung ist die Rede. Während er über den Bazar von Sarajevo läuft, keimt jedoch neue Reiselust in ihm auf: »Ich bummle zwischen den Buden sehr glücklich, träume von Damaskus fürs nächste Jahr.« Es häufen sich die Eintragungen »gelangweilt«, »verstimmt«, »sehr vestimmt«, am Ende der Reise heißt es: »Ich fühle mich sehr wohl.« Auch das hielt nicht lange an, schon bald fühlte er wieder eine »abenteuerlich geheimnisvolle Reisestimmung«.

Die innere Unruhe führte Schmitz in eine immer größere Rastlosigkeit, es waren »Fahrten ins Blaue«, die sich vom Ziel ablösten und sich im Verlauf ähnelten: Der Aufbruch setzte Phantasien, Kreativität und Kräfte frei, die aber schon nach einiger Zeit nachließen und umschlugen. Als sich Schmitz am 1. August 1909 an Bord des Hamburg-Amerikadampfers befand, der ihn von England nach Deutschland zurückbrachte, notierte er in sein Tagebuch: »Es ist höchste Zeit. Meine Nerven sind erschöpft. Ich bin wieder reizbar und verstimmt wie früher, nur mit dem Unterschied, daß der Grund nicht in einer inneren, sondern einer äußeren Unbefriedigung liegt, die mit dem Verlassen Englands verschwinden wird.«

Nervosität und Emotionalität paßten nicht zum inszenierten Schein des Dandys, zum Ideal der glatten Fassade, zu Distanz und Undurchschaubarkeit. Diese innere Unruhe war die andere Seite des Weltmannes, sie offenbarte eine Zwienatur, die unter dem permanenten Druck der Selbstkontrolle stand. Die Stellung als »Herr«, schreibt Schmitz im »Brevier für Weltleute«, vertrage sich nicht mit einem »nervösen Wort«: »ein ›Herr‹ darf nie zerfahren und nervös sein, sondern muß immer sicher und zielbewußt erscheinen.« Notwendig war daher eine konsequente

Affektkontrolle, die die innere Spannung von der artistischen Selbstdarstellung abgrenzte. Die Maske zu sichern, das gelingt, Schmitz zufolge, nicht aus der eigenen Kraft heraus, sondern aus einem eigentümlichen sozialen Druck, der von der »guten« Gesellschaft ausgeht, in der man sich bewegt: »Da man nun einmal unmerklich die Rolle zu spielen beginnt, die einem die Umgebung auferlegt, fühlt man einen deutlichen Zwang, immer beherrscht zu sein. Spürt man einmal eine üble Laune, so erinnern ringsum freundliche Gesichter an die Pflicht des gütigen Herrn, so wie einen eine elegante Gesellschaft ganz von selbst daran hindert, sich so bequem auf den Möbeln auszustrecken, wie man es in seinen eigenen Zimmern tun mag.«

Diese »gute« Gesellschaft, die ihn festhielt und ihn an seinen eigenen Anspruch, an seine Rolle als Dandy und Weltmann, erinnerte, fand Schmitz in den Jahren zwischen 1907 und 1912 vor allem in Berlin. Er verkehrte im Salon von Emma Dohme, im Kreis der Malerin Dora Hitz und im Haus der Malerin Julie Wolfthorn. Er war gern gesehener Gast im Salon der Baronin Bertha von Arnswaldt, besuchte die Empfänge im Hause des Kunstsammlers und Kohleindustriellen Eduard Arnold und zog in Gesellschaft von Samuel Fischer, Otto Brahm, Ludwig Landshoff und Otto Falckenberg durch die Varietés und Vergnügungslokale der Stadt. Die Vielzahl der Begegnungen und Bekannten, die Schmitz im Tagebuch oft nur noch namentlich festhielt, zeigen das Tempo und die Flüchtigkeit des Lebens. Schmitz verliert sich nicht in Reflexionen, er ist nicht der genaue, souveräne Beobachter, sondern er macht sich selbst zum »Helden« der Geschichte, er versetzt sich in das pulsierende, bunte Leben der Stadt und läßt die fremden Existenzen an sich vorüberziehen. Schon bald war er davon erschöpft, fühlte sich unproduktiv und müde. Am 25. Februar 1908 schrieb er in sein Tagebuch: »Ich möchte fort von Berlin und wieder fantastische Sachen schreiben, wie ›Schlafhändler‹.« Die Flüchtigkeit, die er eine Zeitlang genoß, konfrontierte ihn mit der Einsamkeit, der Leere und der Anonymität der Großstadt. Am 15. März 1908 notierte er: »Den ganzen Tag Ekel an Berlin und seiner geist- und herzlosen Geselligkeit, wo Alles zusammenläuft, ohne Etwas miteinander zu tun zu haben.« Das hinderte ihn nicht, diese Geselligkeit immer wieder aufzusuchen. Darin teilte er das Schicksal des Dandys, der nur in »den Szenerien des etablierten Highlife« (Hiltrud Gnüg) seine Bühne findet. Der Dandy ist zur Selbststilisierung auf die Gesellschaft angewiesen. Äußerlich gehört er dazu, innerlich ist er sich seiner Andersartigkeit und Originalität bewußt und fühlt sich abgestoßen, nur darf diese Differenz nicht auffallen, sonst wird aus dem Dandy ein Exzentriker, ein Sonderling oder Snob. Schmitz wußte um diese Abhängigkeit, sosehr ihm die Abgrenzung und Selbststilisierung am Herzen lagen, sie waren letztlich strategische Kategorien. »Jeder Mensch«, schreibt er im »Brevier für Weltleute«, »hat das Recht, den ›Rummel‹ zu verachten, dann soll er ihm fernbleiben. Wer sich aber einmal hineinmischt, muß das Stilgefühl haben, die vorgeschriebene Maske zu tragen.« Entscheidend ist für Schmitz, daß man sich bewußt bleibt, eine Maske zu tragen und – bei aller Einbezogenheit – die Distanz bewahrt. Nichts ist so bedrohlich wie der Kontrollverlust über sein erlebendes Ich, das Aufgehen in Gesellschaft, die Selbstvergessenheit.

So ambivalent sein Verhältnis zur Gesellschaft war, so ambivalent war seine Haltung zur Erotik und zur Frau. Schmitz betrachtete die Frau mit einem Jägerinstinkt, jede Frau, die in seine Nähe kam, wollte er erobern. Am 22. September 1907 heißt es im Tagebuch: »Solange ich eine Frau nicht besitze, habe ich keine Macht über sie. Besitze ich sie, bin ich der Herr. Instinctiv fühlen das die Frauen vorher.« Der donjuanesken Männlichkeit, die Schmitz in zeittypischer Weise repräsentiert, geht es bekanntlich nicht um Liebe, sondern um die Eroberung des Weiblichen. Das Leitbild des Don Juan wurde in der kulturellen Krisensituation der Zeit vor dem Ersten Weltkrieg zum Mittel der Bewahrung und Sicherung einer tradierten Geschlechterhierarchie. Frauenfeindlich ist der Typus des Don Juan, weil er sein ganzes Begehren auf das Weibliche schlechthin richtet und, wie Hiltrud Gnüg schreibt, »in jeder individuellen Frau ihre Individualität gerade ignoriert«.

Die »festen« Frauen und längeren Beziehungen waren für Oscar A. H. Schmitz nur ein Hafen und Ausgangspunkt für erotische Expeditionen und Abenteuer. Unter den starken Affekten seines Trieblebens wurde ihm ein ums andere Mal seine abgründige Doppelnatur bewußt, aus dem Dandy und Weltmann wurde der Lebemann, der im Prostituiertenmilieu seine Wollust auslebte. Im Tagebuch zeigt sich Schmitz als triebgesteuertes Wesen, das beherrscht ist von sexuellen Begierden, die regelmäßig und mechanisch nach einer Befriedigung verlangen. Die Eintragungen zu diesem Komplex sind monoton, hier geht es nicht um Erotik und Lust, sondern um das vulgäre Abreagieren von Sexualerregung, die Frau ist dabei Mittel zum Zweck. Am 20. März 1908 notierte er: »Um ½6 Uhr bei Ellen. [...] Sie läßt mich als Typus kühl, ist aber so nett, hat einen so schönen Körper und ist eine so große Künstlerin, daß ich doch, ohne sie persönlich stark zu begehren, eine angenehme Stunde verbringe. Ich glaube, so ist die Erotik des Durchschnittsmenschen: Angenehm, ohne Tollheit.« Am 24. Mai 1908 schrieb er in Barcelona: »Schließlich Calle Ospedal, eine ziemlich korpulente Frau namens Nieves. Zufrieden nach Haus.« Am 12. August 1908 lautet die Eintragung kurz und knapp: »Abends wieder Lydia. Sehr zufrieden.« Problematisch wurde es, wenn sich die Sexualerregung nicht unmittelbar abreagieren ließ. Auf seiner Reise durch Palästina notierte er am 19. Juni 1911: »Ich leide hier wieder unter dem Mangel an Frauen, die hier, wie es scheint, durchaus unzugänglich sind.«

Immer wieder artikulierte Schmitz den Wunsch nach einer großen Leidenschaft, die ihn rauschhaft erfassen und das bewußte Ich vergessen lassen sollte. Im Sommer 1911 glaubte er dieses Wunschbild gefunden zu haben. Die verheiratete Frau Dr. X. (Anny Eberth) wird zum Spiegelbild einer Verschmelzungsphantasie. Mit der Eintragung vom 6. August 1911 unterbricht er seine Aufzeichnungen, er will ein neues Tagebuch und ein neues Leben beginnen. In ekstatischer Weise spricht er von der »geradezu elementaren Anziehungskraft«, die diese Frau auf ihn ausübe. Diese Liebe erhob er sofort in den Rang einer Katharsis und Wiedergeburt: »Wie Krusten sind eine Menge Gedanken und Wertungen, die ich für wesentlich hielt, von mir abgefallen. Die ganze letzte weltliche Periode erscheint als eine Episode, die hinter mir liegt«, notierte er am 9. August 1911. Sein Begehren richtete sich nicht zufällig auf eine verheiratete Frau. In der Logik des Don Juan ist die verbotene oder unerreichbare Frau das eigentlich lohnende Ziel. Aber es war für Schmitz nicht nur ein Spiel, er sah in dieser Frau die Möglichkeit, die eigene Zwienatur zu überwinden und »ganz« zu werden: »Sie ist für mich das Mittel zwischen mir und meiner Sehnsucht nach dem Ursprünglichen, zu dem ich allein nie kommen kann, und damit vielleicht die Lösung aller meiner Probleme.« Die Frau als Natur, als das Ursprüngliche, das dem Mann verloren gegangen ist. Das motivierte den Wunsch nach Verschmelzung und setzte bei Schmitz, zumindest zeitweise, die Selbstkontrolle außer Kraft.

Die »rätselhafte Unruhe«, von der sich Schmitz in diesen Jahren getrieben fühlte, kam noch in einem anderen Phänomen zum Ausdruck, das in einer merkwürdigen Beziehung zu seiner Erotomanie stand – der Dämonenangst. Schon in den Jahren zwischen 1896 und 1906 spielte sie im Tagebuch immer wieder eine Rolle, jetzt aber bekam das Problem eine andere Dimension. Die Dämonenangst schlug um in ein Syndrom, das um diese Zeit die ganze Kultur ergriffen hatte, die »Denormalisierungsangst« (Jürgen Link). Am 10. April 1907 notierte Schmitz: »Im Café Habsburg mein letztes Tagebuch gelesen. Plötzlich überkommt mich der Dämon. Ich suche die Stunden auszufüllen und irre in Gegenden der Stadt herum [...].« Die Dämonenangst trat nun vor allem auch auf Reisen auf. Am 11. September 1907 schrieb er: »Um sechs schöne Einfahrt in Triest. Abends bis zehn Uhr der Dämon. Altstadt, die roten Lampen.« In dem Gefühl der Bedrohung veränderte er seine Pläne und Ziele: »Nachmittags auf Santa Maria del Mar. Der Dämon. Reiseplan geändert. Statt Valencia und Oran gehe ich nach Algier«, heißt es am 15. Mai 1908. Am 28. August 1909 begegnete ihm der Dämon auf der Avenida in Lissabon, und Schmitz irrte, wie er im Tagebuch schreibt, »stundenlang in der Stadt umher«. Mit Sigmund Freud glaubte er im Oktober 1912 seine Dämonenangst erklären zu können. In »Totem und Tabu« hatte dieser die Dämonenangst mit unverarbeiteten Gefühlskonflikten gegenüber Eltern und Ahnen in Verbindung gebracht: Die Dämonen seien nichts anderes als »Projektionen der feindseligen Gefühle […], welche die Überlebenden gegen die Toten hegen«. Es handle sich um die Wiederkehr des Verdrängten. Für Schmitz war diese These, die seine Selbstbefreiung in Frage stellte, der letzte Anstoß, eine Analyse zu beginnen. Schon einen Monat später, am 12. November 1912, hatte er seine erste Sitzung bei Karl Abraham in Berlin.

Das Tagebuch erlaubt die verschiedenen Ebenen des Lebens nachzuvollziehen: die Künstlerkreise in München und Berlin, die sexuellen Abenteuer, die rastlose Suche nach einer großen Leidenschaft, die literarischen Projekte und Ideen und nicht zuletzt die Reisen durch Spanien, Marokko, Algerien, Ägypten und Palästina. Oscar A. H. Schmitz fand nirgends Halt, getrieben von einer Sehnsucht nach dem Anderswo, verlor er sich selbst und das Ziel aus den Augen. Die Reisen des Dandys wurden zu Irrfahrten und – wie die Dämonenangst zeigt – auch zu Unterweltsfahrten.

Entstehung

Das Überlieferungsmaterial für das Tagebuch von Oscar A. H. Schmitz ist unterschiedlich: Für die Aufzeichnungen in der Zeit von Dezember 1896 bis November 1912 hat sich ein Typoskript erhalten, die sich daran anschließenden Aufzeichnungen bis zum Oktober 1918 sind als Handschrift überliefert. Da für den ersten Zeitraum kein anderer Textzeuge als das Typoskript vorhanden ist, ist die Möglichkeit textkritischer Befunde eingeschränkt.

Oscar A. H. Schmitz selbst hat zur Authentizität und zur Entstehung des Typoskripts in einer handschriftlichen Notiz Stellung genommen. Diese Notiz montierte er im letzten Drittel des Typoskripts, auf den Seiten 649–650 (vgl. in diesem Band, S. 233 und Faksimile, S. 366 und 368), in den Text ein und machte sie damit zu einem Bestandteil seiner Tagebuchaufzeichnungen. Nach der Eintragung vom 6. August 1911 – in der es um eine Reise nach Beirut geht – werden die maschinenschriftlichen Aufzeichnungen unterbrochen. Auf Seite 649 unten geht es handschriftlich mit einer neuen Orts- und Datumsangabe weiter: »Berlin 9. November 1911.« Nicht mehr das Tagebuch-Ich, sondern das Autor-Ich spricht und gibt eine Erklärung ab: »Diese durch 15 Jahre gehenden Aufzeichnungen waren in Bücher, Hefte und auf lose Blätter geschrieben. Darunter befanden sich Notizen über alle möglichen Gebiete, die mich interessierten. Dies ganze war in solchem Durcheinander, daß das Tagebuch seinen eigentlichen Zweck, von mir gerne gelesen zu werden, völlig verfehlte. Ich benutzte daher die vortreffliche Einrichtung meines Anfang dieses Jahres erworbenen Dictaphons, in das ich mühelos und mit verhältnismäßig geringem Zeitaufwand die gesamten Aufzeichnungen dictierte.« Nachträglich fügt er in kleinerer Handschrift und in Klammern gesetzt den Zeitraum des Diktats hinzu: »(Ende Sept. bis Mitte Nov.)«. Da das Typoskript bis zum 10. November 1912 geht, hat Schmitz weiter diktiert. Wann er den Rest diktierte, ist nicht festzustellen.

Unbekannt ist auch, wann und durch wen der Text abgetippt wurde. Sicher ist, daß sich Schmitz zum Abtippen nicht nur einer, sondern – wie sich durch Fehler und Verschreibungen nachweisen läßt – mehrerer Schreibkräfte bediente. Schon vor der Benutzung des Diktaphons, das er wahrscheinlich durch Gustav Meyrink kennenlernte, diktierte Schmitz nahezu alle seine Texte. Die fertiggestellten Seiten ging er dann noch einmal durch. So weist das Typoskript in unterschiedlicher Ausprägung Streichungen, Korrekturen falsch geschriebener Wörter, Namen und Titel, handschriftlich ergänzte Daten und zuweilen auch an den Rand geschriebene Bemerkungen auf.

In der handschriftlichen Notiz versicherte Schmitz: »Geändert habe ich so gut wie nichts, nur habe ich in der ersten Hälfte manche der kunstphilosophischen weitläufigen Speculationen, die sich nun als leeres Begriffsstroh erwiesen, weggelassen oder gekürzt (so hatte ich z. B. über die gesamten Kunstschätze des Louvre, mit namentlicher Aufzählung aller Werke die mich besonders anzogen oder abstießen, ziemlich wertlose Kommentare geschrieben.) In der zweiten Hälfte dagegen habe ich Gedanken und besonders Reiseeindrücke, die ich später ausgearbeitet und veröffentlicht habe, in dieser Abschrift unterdrückt.« (Vgl. in diesem Band, S. 233) Knapp einen Monat vor der Notiz, am 15. Oktober 1911, schrieb Schmitz über die Arbeit am Typoskript an Alfred Kubin: »Mir geht es ganz gut. Ich hätte Dir manches (nur Inneres betreffend) zu erzählen. Ich bin eben dabei, ehe ich den Roman von neuem beginne, meine durch 15 Jahre gehenden Tagebücher in das Dictaphone zu lesen, um ein sauberes übersichtliches Exemplar in Händen zu haben. Solche Rückblicke sind sehr wichtig u. orientierend. Ich wollte, Du würdest darum dieses Tagebuch einmal lesen. Vielleicht, wenn ich im Winter zu Euch komme.« (Kubin-Archiv)

Schmitz ging es also darum, Ordnung in die eigenen Aufzeichnungen zu bringen. Schließlich war das Tagebuch für ihn nicht nur ein wichtiges Instrument der Selbstvergewisserung, sondern ein Arbeitsmittel und zuweilen sogar ein Steinbruch, aus dem er immer wieder Stücke herausbrach, um sie in das eigene Werk zu montieren. Welche Bedeutung das Tagebuch für seine schriftstellerische Arbeit hatte, zeigt der im Brief an Kubin erwähnte Roman, bei dem es sich um »Wenn wir Frauen erwachen …« handelt.

Schmitz hatte den Roman 1906 zusammen mit Franz Hessel in Paris geplant, ein Jahr später hatte er mit der ersten Niederschrift begonnen, die er 1908 aufgab. Es ist ziemlich sicher, daß der Roman zu dieser Zeit nicht die spätere Form eines relativ konventionell erzählten, klassischen Bildungs- und Entwicklungsroman hatte. Schmitz stand in diesen Jahren unter dem starken Einfluß von Franz Hessel: »Er brachte mich auf das Aphoristische, Impressionistische, als meine eigentliche Originalität«, schreibt er in »Dämon« (S. 357). In dieser Form versuchte er wohl auch den Roman über die Boheme zu schreiben – und scheiterte damit. Den

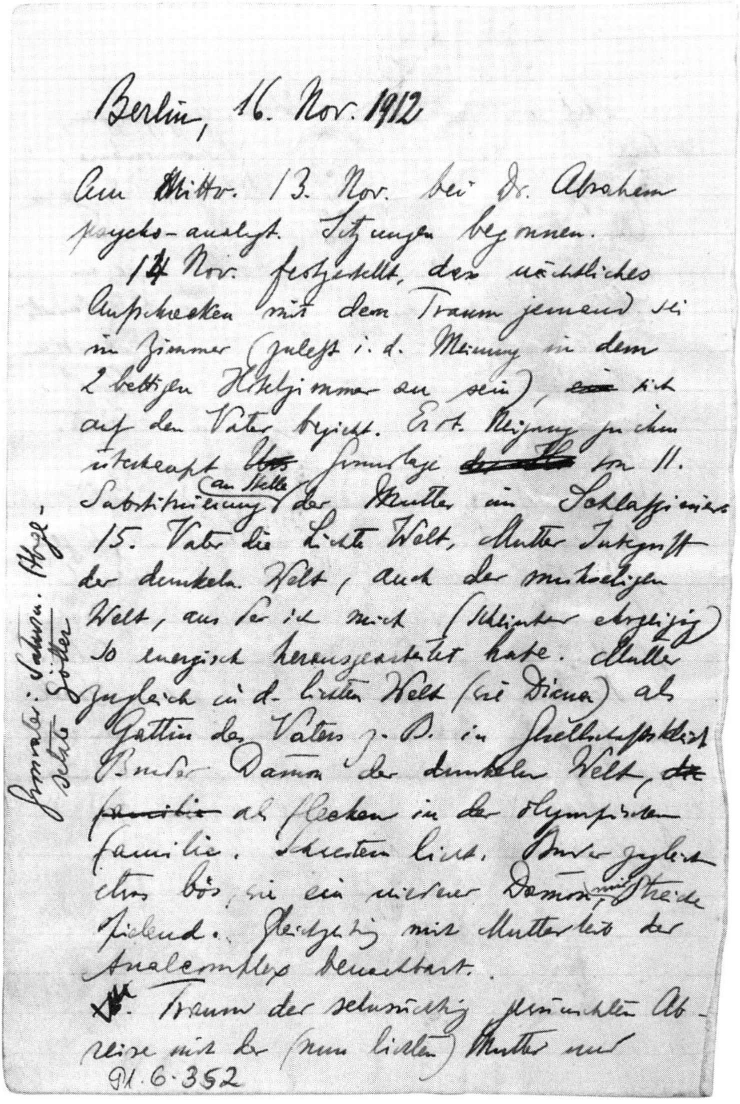

Berlin, 16. Nov. 1912

Am Mittw. 13. Nov. bei Dr. Abraham psycho-analyt. Sitzungen begonnen.

14. Nov. festgestellt, dass nächtliches Aufschrecken mit dem Traum jemand sei im Zimmer (zuletzt i. d. Meinung in dem 2bettigen Hotelzimmer zu sein), [illegible] sich auf den Vater bezieht. Erot. Neigung zu ihm [illegible] [illegible] Grundlage [illegible] von 11. Substituierung (an Stelle) der Mutter im Schlafzimmer.

15. Vater die lichte Welt, Mutter Inbegriff der dunkeln Welt, auch der [illegible] Welt, aus der ich mich ([illegible] Ehrgeizig) so energisch herausgearbeitet habe. Mutter zugleich in d. lichten Welt (wie Diana) als Gattin des Vaters z. B. in [illegible] Bruder Dämon der dunkeln Welt, [illegible] als Flecken in der olympischen Familie. Schwestern licht. Bruder zugleich etwas bös, wie ein niederer Dämon, [illegible] spielend. Gleichzeitig mit Mutterleib der Analcomplex bemerkbar.

[illegible] Traum der gleichzeitig gewünschten Abreise mit der (nun lichten) Mutter nur

Grundlage: Saturn. [illegible] [illegible] Götter

91.6.352

Erste Seite des Tagebuchs 1912–1918
mit dem Eintrag vom 16. November 1912.

1911 neu begonnenen Roman richtete er dann sehr eng am Tagebuch aus, er übernahm mit wenigen Änderungen ganze Passagen oder schrieb die im Tagebuch aufgezeichneten Erlebnisse nur leicht verfremdet um.

Die Aufzeichnungen wurden zur unentbehrlichen Stütze im Schreibprozeß. Im ursprünglichen Zustand waren sie für diesen Zweck offenbar nicht zu gebrauchen. In der zitierten Notiz ist von einem »Durcheinander« von Büchern, Heften und losen Blättern die Rede. Da Schmitz das handschriftliche Manuskript vernichtete, lassen sich diese Angaben nicht verifizieren. Es sind jedoch gewisse Rückschlüsse möglich, die den Zustandsbericht plausibel erscheinen lassen. Besieht man sich das erhaltene handschriftliche Manuskript aus der Zeit von 1912 bis 1918, dann kann man den Zustand dieser Aufzeichnungen ähnlich beschreiben, wie es Schmitz für die Tagebücher der vorhergehenden Jahre machte: lose Seiten, geheftete Konvolute, herausgeschnittene oder durchgestrichene Textpassagen, eingelegte Zettel, Skizzen etc. Auch die Eintragungen selbst sind inhaltlich und von der literarischen Qualität her sehr unterschiedlich und lassen sich keinem bestimmten Typus zuordnen. Es finden sich private Eintragungen, Berichte, Reiseaufzeichnungen, Entwürfe, Exzerpte, Notizen.

Vor diesem Hintergrund erscheint der Wunsch nach einem »sauberen übersichtlichen Exemplar« nicht unplausibel, der Zeugniswert des Tagebuchs wird durch eine solche Umschrift natürlich eingeschränkt. Wer ein »sauberes übersichtliches Exemplar« herstellt, der reproduziert nicht einfach das Original, sondern transformiert den Text und erzeugt schon auf der graphischen Ebene der Textoberfläche eine andere Form. Bei Tagebüchern ist bereits der materielle Textträger von einiger Bedeutung, ebenso die Art des Schreibens, die verwendeten Schreibmittel, die Gestaltung des Textes, das Schriftbild, das Format etc.

Auch die Angaben, die Schmitz zur Umsetzung der Aufzeichnungen macht, sind problematisch und vieldeutig. Die kunstphilosophischen Spekulationen sowie die Gedanken und Reiseeindrücke, die er gekürzt bzw. gestrichen hat, werden weder inhaltlich noch quantitativ genauer beschrieben. Wenn Schmitz im übrigen versichert: »Geändert habe ich so gut wie nichts …«, dann ist diese Aussage sehr vage gehalten.

Bereits der Anfang des Tagebuchs läßt Zweifel aufkommen, ob hier der 22jährige oder vielleicht doch schon der einige Jahre ältere Schmitz spricht, der sich mit viel Emphase in seine damalige Lebenssituation versetzt und noch einmal den Bruch markiert, mit dem dieses Tagebuch einsetzt. Stilistisch spricht einiges dafür, daß Schmitz den Anfang seiner Aufzeichnungen im Herbst 1911 nicht einfach ins Diktaphon sprach,

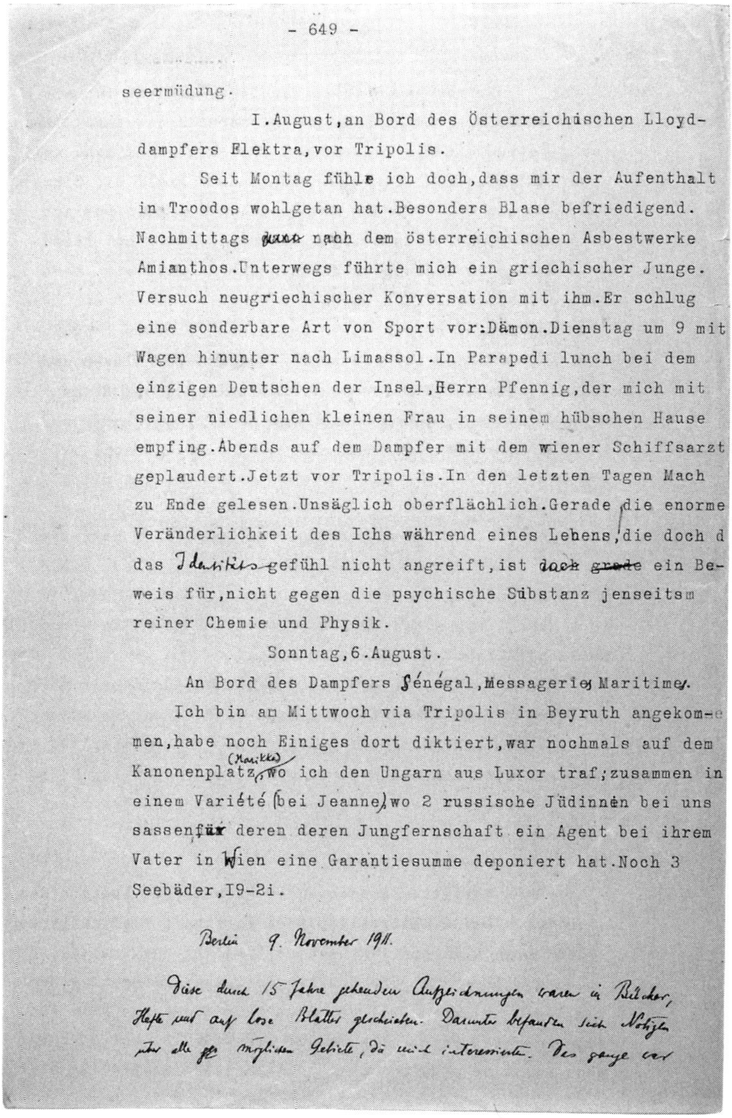

– 649 –

seermüdung.

I. August, an Bord des Österreichischen Lloyddampfers Elektra, vor Tripolis.

Seit Montag fühle ich doch, dass mir der Aufenthalt in Troodos wohlgetan hat. Besonders Blase befriedigend. Nachmittags ~~[illegible]~~ nach dem österreichischen Asbestwerke Amianthos. Unterwegs führte mich ein griechischer Junge. Versuch neugriechischer Konversation mit ihm. Er schlug eine sonderbare Art von Sport vor: Dämon. Dienstag um 9 mit Wagen hinunter nach Limassol. In Parapedi lunch bei dem einzigen Deutschen der Insel, Herrn Pfennig, der mich mit seiner niedlichen kleinen Frau in seinem hübschen Hause empfing. Abends auf dem Dampfer mit dem wiener Schiffsarzt geplaudert. Jetzt vor Tripolis. In den letzten Tagen Mach zu Ende gelesen. Unsäglich oberflächlich. Gerade die enorme Veränderlichkeit des Ichs während eines Lebens, die doch das Identitätsgefühl nicht angreift, ist ~~doch grade~~ ein Beweis für, nicht gegen die psychische Substanz jenseits reiner Chemie und Physik.

Sonntag, 6. August.

An Bord des Dampfers Sénégal, Messageries Maritimes.

Ich bin am Mittwoch via Tripolis in Beyruth angekommen, habe noch Einiges dort diktiert, war nochmals auf dem Kanonenplatz (Hasikka), wo ich den Ungarn aus Luxor traf; zusammen in einem Variété (bei Jeanne), wo 2 russische Jüdinnen bei uns sassen, deren Jungfernschaft ein Agent bei ihrem Vater in Wien eine Garantiesumme deponiert hat. Noch 3 Seebäder, 19-21.

Berlin 9. November 1911.

Diese durch 15 Jahre gehenden Aufzeichnungen waren in Bücher, Hefte und auf lose Blätter geschrieben. Darunter befanden sich Notizen über alle ~~ge~~ möglichen Gebiete, die mich interessierten. Das ganze war

Seite aus dem Tagebuchtyposkript
mit der handschriftlichen Einfügung vom 9. November 1911.

sondern ihn – eventuell auch des öfteren – überarbeitete und umschrieb bzw. umdiktierte. Der Anfang kann, aber muß nicht später entstanden sein. In anderen Fällen, wo ein bestimmtes Wissen, bestimmte Erfahrungen oder spezifische Begriffe eine Rolle spielen, sind die Indizien für eine – partielle – Abweichung von der ›Urschrift‹ stärker. Auf einige Stellen sei beispielhaft hingewiesen: Wenn Schmitz am 20. Dezember 1896 von seinem »am Mittelmeer genährten Farbensinn« erzählt, dann liegt dem gerade einmal ein Aufenthalt zugrunde. Es ist nicht auszuschließen, daß hier spätere Erfahrungen von langen Aufenthalten am Mittelmeer durchscheinen. Ähnlich verhält sich mit den Reiseeindrücken aus Norditalien im Januar 1897. Die Alpentäler, die Seen und Bergformationen setzt Schmitz in Beziehung zu der norwegischen Landschaft. Es ist möglich, daß er sich dabei auf ein Bild der norwegischen Landschaft bezieht, das er im Kopf hatte, realiter aber lernte er Norwegen erst später kennen, nämlich 1912, also zur Entstehungszeit des Typoskripts. Es gibt weitere Punkte, die darauf hindeuten, daß hinter dem Tagebuch-Ich zum Teil ein anderer Erlebnishorizont stehen könnte: So sind die erwähnten frühen Schopenhauer-Studien zwar möglich, doch eine intensive Lektüre und Auseinandersetzung mit Schopenhauer findet erst – wie der Briefwechsel mit Alfred Kubin zeigt – in späteren Jahren statt, und zwar in den Jahren, die sich mit der Entstehungszeit des Typoskripts zum Teil berühren: 1911 bis 1914. Eine andere Stelle könnte von der Analyse bei Karl Abraham, die 1912 begann, beeinflußt sein. In einer Eintragung vom 31. Dezember 1896 spricht Schmitz vom »Cunnilingus«, von der »Koprophagie« und der »Idee des sich ganz und gar Hingebens«. Im sexuellen Diskurs um 1900 waren diese Begriffe durchaus in der Diskussion. So hat etwa der Sexualforscher Richard von Krafft-Ebing in seinem damals berühmt-berüchtigten Buch »Psychopathia sexualis« genau diesen Zusammenhang unter dem Stichwort Cunnilingus und Koprolagnie angesprochen. Möglicherweise war Schmitz von diesem Diskurs inspiriert, auffällig ist aber, daß koprophile Neigungen gleich zu Anfang in der Analyse bei Karl Abraham eine Rolle spielten.

An diesen und anderen Stellen sind Entscheidungen, ob und wie beim Einlesen des Textes von der ›Urschrift‹ abgewichen wurde, schwer zu treffen, es könnten immer auch andere Einflußfaktoren von Bedeutung gewesen sein.

Schmitz hat das Tagebuch nicht als sakrosankten Text angesehen, für ihn waren die Aufzeichnungen – wie andere Manuskripte auch – überarbeitungsfähig und überarbeitungswürdig. Die Literaturgeschichte kennt viele ganz ähnlich gelagerte Fälle. Schon Goethe nahm seine Tagebücher

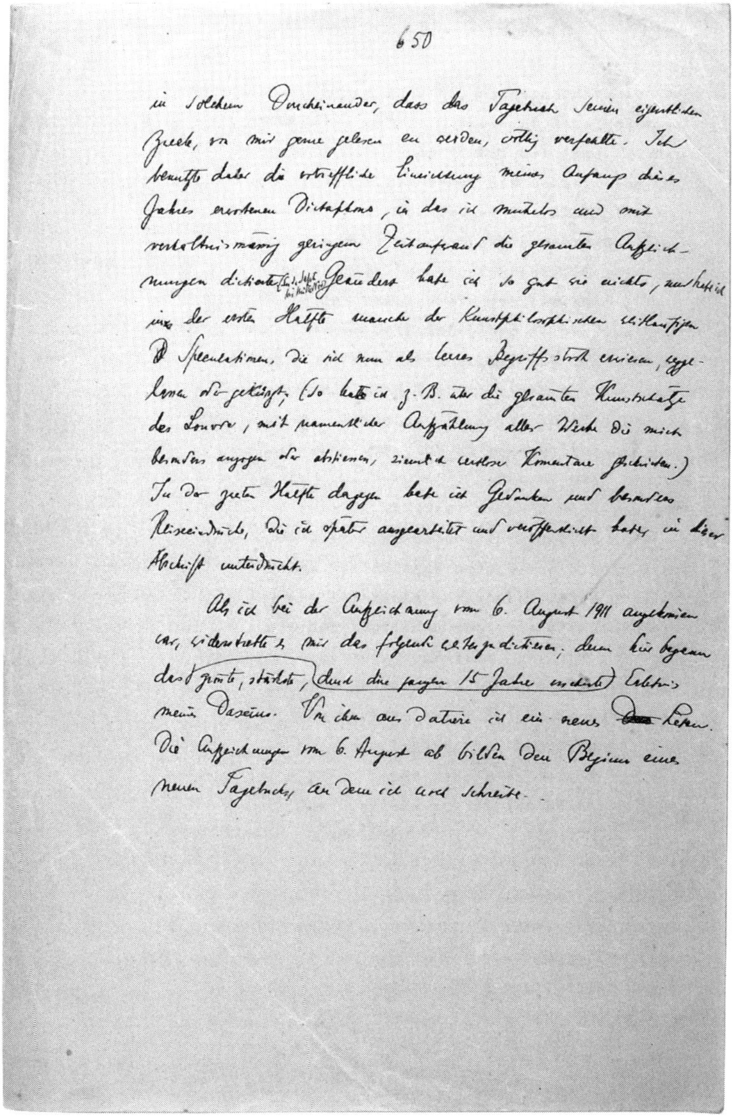

650

in solchem Durcheinander, dass das Tagebuch seinen eigentlichen Zweck, von mir gerne gelesen zu werden, völlig verfehlte. Ich benutzte daher die vortreffliche Einrichtung meines Anfang dieses Jahres erworbenen Dictaphons, in das ich mühelos und mit verhältnismässig geringem Zeitaufwand die gesamten Aufzeichnungen dictierte [illegible]. Geändert habe ich so gut wie nichts, nur habe ich in der ersten Hälfte manche der kunstphilosophischen weitläufigen Speculationen, die ich nun als leeres Begriffsstroh ansehe, weggelassen oder gekürzt. (So hatte ich z. B. über die gesamten Kunstschätze des Louvre, mit namentlicher Aufzählung aller Werke die mich besonders angezogen oder abstiessen, ziemlich wertlose Kommentare geschrieben.) In der zweiten Hälfte dagegen habe ich Gedanken und besonders Reiseeindrücke, die ich später ausgearbeitet und veröffentlicht habe, in dieser Abschrift unterdrückt.

Als ich bei der Aufzeichnung vom 6. August 1911 angekommen war, widerstrebte es mir das folgende weiter zu diktieren; denn hier begann das grösste, stärkste, (durch die ganzen 15 Jahre erwähnte) Erlebnis meines Daseins. Von ihm aus datiere ich ein neues Leben. Die Aufzeichnungen vom 6. August ab bilden den Beginn eines neuen Tagebuchs, an dem ich weiter schreibe.

Fortsetzung der handschriftlichen Einfügung
vom 9. November 1911.

immer wieder vor, sah sie durch und korrigierte. Ebenso verfuhr Arthur Schnitzler, der die ersten drei Jahre seines Tagebuchs gänzlich »ins Reine« schrieb und die Arbeit des Korrigierens und Umarbeitens in den folgenden Jahren fortsetzte. Auch Hermann Bahr und Thomas Mann überarbeiteten zuweilen die »frisch« geschriebenen Eindrücke bei einer späteren Durchsicht. Häufig waren diese Eingriffe und Korrekturen durch die Absicht der Autoren motiviert, die Tagebücher zu veröffentlichen. Philipp Lejeune merkt dazu an: »Fast kein Tagebuch ist so veröffentlicht worden, wie es geschrieben worden ist.«

Es spricht viel dafür, daß auch Schmitz eine Veröffentlichung beabsichtigte und das Typoskript auch aus diesem Grund anfertigte. Nicht von ungefähr strich er 1911 Reiseeindrücke, die er schon in Artikeln verarbeitet hatte. Auf solche bereits veröffentlichte Texte weist er auch im Typoskript an einigen Stellen hin. Am 20. Mai 1906 schreibt er zum Beispiel: »Diese Nacht war der Bal des 4 z'arts. (Später: Ich habe ihn genau in meinem Buch beschrieben.)« Möglicherweise hat Schmitz auch an dieser Stelle einen Teil seiner Schilderungen »unterdrückt«, denn er beschreibt den Ball in tagebuchartiger Form ausführlich in »Französische Gesellschaftsprobleme«.

Wie lange Schmitz an der Veröffentlichungsabsicht festhielt, darüber läßt sich nur spekulieren. Interessant ist in diesem Zusammenhang die abschließende Bemerkung in der Notiz vom 9. November 1911. Schmitz schreibt: »Als ich bei der Aufzeichnung vom 6. August 1911 angekommen war, widerstrebte es mir das folgende weiterzudiktieren; denn hier begann das durch die ganzen 15 Jahre ersehnte größte, stärkste Erlebnis meines Daseins. Von ihm aus datiere ich ein neues Leben. Die Aufzeichnungen vom 6. August ab bilden den Beginn eines neuen Tagebuchs, an dem ich noch schreibe.« (Vgl. in diesem Band, S. 233) Tatsächlich sind zwei Eintragungen vom 6. August 1911 vorhanden – die des ›alten‹ Tagebuchs, das Schmitz nicht weiter diktieren wollte, und die Eintragung, die den Beginn des ›neuen‹ Tagebuchs markieren sollte.

Bei dem von Schmitz genannten Erlebnis handelt es sich um die Liebe zu einer verheirateten Frau, die im Tagebuch »Frau Dr. X.« heißt. Ein Jahr erlebte Schmitz ein Wechselbad der Gefühle, bis – im Herbst 1912 – die Beziehung zerbrach. Kurz darauf endet auch das Typoskript. Die Aufzeichnungen für die Zeit von November 1912 bis Oktober 1918 sprach Schmitz nicht mehr ins Diktaphon. Möglicherweise gab er die Absicht einer Veröffentlichung der Tagebücher schon mit Abschluß des Typoskripts auf, vielleicht aber auch erst Anfang der zwanziger Jahre, als er eine umfangreiche Autobiographie plante.

In den zwischen 1924 und 1926 erschienenen drei autobiographischen Bänden spielt das Tagebuch – und vor allem die als Typoskript überlieferten Aufzeichnungen – die Rolle eines »Ersatzwerks«, aus dem er immer wieder zitiert oder auf das er kryptisch anspielt. Für Schmitz waren diese Aufzeichnungen nicht abgeschlossen, das zeigen die Korrekturen und Randbemerkungen, die sich auch aus dieser Zeit noch vereinzelt im Typoskript finden.

Das nicht mehr »ins Reine« geschriebene Tagebuch (1912–1918) hat dann einen völlig anderen, sehr viel intimeren Charakter, das wird schon an der oben beschriebenen Form sichtbar, aber auch an der Funktion. Schmitz benutzt diese Aufzeichnungen nur ganz partiell zur schriftstellerischen Weiterverwertung. Obwohl der Zeitraum der Aufzeichnungen in der Autobiographie behandelt wird, ist das Tagebuch aus diesen Jahren für den Schreibprozeß von eher untergeordneter Bedeutung. Die Eintragungen haben sich abgekoppelt, sie sind weniger Ersatzwerk als ein Zufluchtsort, an dem er das eigene Ich zur Schau stellen, sich selbst analysieren, Gedanken ausprobieren, Ideen entwickeln kann.

Zu dieser Ausgabe

Das bisher unveröffentlichte Manuskript des Tagebuchs von Oscar A. H. Schmitz wird im Deutschen Literaturarchiv in Marbach aufbewahrt, wo sich auch der Nachlaß befindet. Die gesamten Materialien, Dokumente und Bilder erwarb das Literaturarchiv am 9. Mai 1991 von dem Lehrer und passionierten Sammler Fritz Schirmer (1904–1991). Schirmer gehörte zu einer Gruppe von Bibliophilen in Halle und besaß zahlreiche Autographen und Bücher, zu seinem Spezialgebiet gehörte das Sammeln von Totenmasken. Das Interesse Schirmers an Oscar A. H. Schmitz war durchaus inhaltlich begründet. Ein enger Freund, der Mäzen Karl Albin Bohacek, war schon früh auf Schmitz aufmerksam geworden. Bohacek war ein Förderer der Dichter des Charon-Kreises, der sich Anfang des 20. Jahrhunderts gebildet hatte und zu dem Otto zur Linde, Karl Röttger, Rudolf Pannwitz, Else Lasker-Schüler u.a. gehörten. Oscar A. H. Schmitz stand mit dem Kreis in Verbindung. Seit 1935 korrespondierte Schirmer mit Emeline Schmitz (geb. Primer), der dritten Ehefrau von Oscar A. H. Schmitz. In einem Brief an Schirmer aus dieser Zeit dankte sie für das Interesse am Werk ihres Mannes und kündigte an, Manuskripte zu schicken, die sie im Nachlaß gefunden hatte. Den gesamten übrigen Nachlaß erhielt Schirmer drei Jahre später. Emeline Schmitz schrieb am 5. Oktober 1938, ein Dreivierteljahr vor ihrem Tod am 30. Juli 1939, an Schirmer: »Nun erlaube ich mir einen Vorschlag zu machen: ich möchte Ihnen gerne den ganzen lit. Nachlaß meines Mannes zur Durchsicht u. Aufbewahrung zur Verfügung stellen. Morgen rollt der Möbelwagen von Salzburg hier in Frkfrt. mit meinen ganzen Sachen an. Ich könnte Ihnen, sehr geehrter Herr Schirmer, im Laufe der Wochen die Kiste mit dem Nachlaß zustellen.« (Brief im Nachlaß Fritz Schirmer, DLA)

Die Tagebuchaufzeichnungen von 1896 bis 1918 sind teilweise als Typoskript, teilweise als Handschrift überliefert. Das Typoskript beginnt am 6. Dezember 1896 und endet am 10. November 1912. Es umfaßt insgesamt 732 Seiten im Format DIN-A4 einschließlich 18 nachträglich in das Typoskript eingefügter Seiten (S. 56a bis 56r); darüber hinaus wurden bei der Zählung die Seiten 7–10 berücksichtigt, die entweder aufgrund einer fehlerhaften Paginierung im Typoskript nicht enthalten waren oder herausgenommen wurden.

Die handschriftlichen Aufzeichnungen sind in verschiedenen Heften, in gehefteten Blättern und Konvoluten im Format DIN-A5 überliefert und umfassen folgende Zeiträume:

1. Heft: 16.11.1912 – 02.07.1913 (44 Blätter)
2. Heft: 04.07.1913 – 14.06.1914 (43 Blätter)
3. geheftete Blätter: 16.05.1915 – 11.02.1916 (15 Blätter)

Während der Arbeit an der Edition konnten weitere Blätter, die bislang unter dem Titel: »Verschiedenes: Aufzeichnungen, Exzerpte, Gedankengänge u. ä.« archiviert waren, als Tagebuchaufzeichnungen identifiziert werden. Nach Durchsicht und Ordnung der Blätter ergaben sich vier abgrenzbare Konvolute, die Eintragungen für die folgenden Zeiträume enthalten:

1. Konvolut: 25.02.1917 – 23.03.1917 (11 Blätter)
2. Konvolut: 23.03.1917 – 24.04.1917 (48 Blätter)
3. Konvolut: 13.07.1917 – 28.09.1917 (106 Blätter)
4. Konvolut: 08.03.1918 – 02.10.1918 (23 Blätter)

Überliefert und erhalten haben sich mithin Tagebuchaufzeichnungen vom 6. Dezember 1896 bis zum 2. Oktober 1918. Allerdings sind die Eintragungen, wie schon die angegebenen Zeiträume der Hefte und Konvolute zeigen, nicht lückenlos. Dies gilt sowohl für die Handschrift wie auch für das Typoskript. Die Tagebücher sind zwar kalendarisch eingeteilt und chronologisch strukturiert, enthalten aber nur in den unmittelbaren Anfangsjahren regelmäßige Aufzeichnungen von Tag zu Tag. Zwischen Berichtszeit und Eintragungszeit gibt es zuweilen beträchtliche Differenzen.

Der vorliegende zweite Band umfaßt den Zeitraum vom 1. Januar 1907 bis zum 10. November 1912. Im zugrunde liegenden Typoskript handelt es sich um insgesamt 296 Seiten (Typoskript, Seite 421–718). Die Seite 525 des Typoskripts fehlt, möglicherweise handelt es sich aber hier um einen Fehler in der Paginierung, denn die Chronologie in der Eintragung ist stimmig. Bei mehreren Seiten ist die Paginierung handschriftlich korrigiert oder nachgetragen worden: Seite 580 bis 594, Seite 679 bis 696 und Seite 699 bis 702. Die Seiten 679 bis 696 weisen überdies in der Papierqualität und in der Anzahl der Zeilen (35–36 Zeilen) einige Abweichungen von den übrigen Seiten des Typoskripts auf.

Die Blätter befinden sich in drei Mappen. In der ersten Mappe liegt ein angefangenes (provisorisches) Namensregister. Ob es von Schmitz oder einer Schreibkraft angefertigt wurde, ist nicht eindeutig festzustellen. Das Register weist zahlreiche Fehler in der Schreibung von Namen und in der Zuordnung der entsprechenden Seiten auf. Für das Typoskript wurde ein besonders schweres Papier benutzt. In einigen Fällen gibt es Abweichungen in der Papierqualität, möglicherweise sind diese Seiten nachträglich in das Typoskript eingefügt worden. Auf jeder Seite stehen in der Regel 32 bis 34 Zeilen (eine Ausnahme bilden die eingefügten Seiten).

Das Typoskript weist handschriftliche Korrekturen, Randbemerkungen und Streichungen auf. Dazu wurden verschiedene Füllfederhalter mit schwarzer Tinte benutzt. Auch finden sich vereinzelt mit Bleistift ausgeführte Korrekturen von fremder Hand. Eingefügt wurden Kommata, Semikola und Anführungszeichen, teilweise wurden auch Schreibungen modernisiert. Diese Korrekturen sind – soweit erkennbar – in diese Ausgabe nicht aufgenommen worden.

Die Datierung der Eintragungen ist nicht immer korrekt. In einigen Fällen sind Eintragungen doppelt bzw. falsch datiert. Es handelt sich um die Eintragungen vom 21. März 1908, 12. August 1908, 24. Juli 1909, 6. August 1911 und 17. Dezember 1911. In drei Fällen wurde das Datum handschriftlich nachgetragen: 5. Juli 1907, 8. Mai 1911 und 29. August 1912. In einem Fall stimmt die Chronologie nicht, der 22. Februar steht vor der Eintragung vom 20. Februar 1912. Nicht zuzuordnen war die auf den 13. Mai 1908 datierte Eintragung, die zwischen dem 13. April und dem 14. April 1908 steht.

Die handschriftlichen Korrekturen stehen meist zwischen den Zeilen, einzelne Buchstaben oder Worte sind überschrieben. In seltenen Fällen steht eine korrigierte oder ergänzende Textpassage am Rand. Im Typoskript gibt es immer wieder Freiräume: Schmitz hat in den Freiräumen handschriftlich Sachverhalte ergänzt (Eintragung vom 11. Januar 1907 und 4. August 1910), darüber hinaus hat er zahlreiche Namen, Titel oder Daten nachgetragen.

Insgesamt wurden 102 Zeilen in diesem Teil des Typoskripts gestrichen. Es handelt sich dabei zumeist um mehrzeilige Textpassagen, die geschwärzt wurden. Kleinteilige Streichungen einzelner Wörter oder Satzwendungen sind dagegen eher selten.

Wie schon im ersten Teil des Typoskripts (Seite 1–421) sind auch im zweiten Teil mehrere Brüche in der Chronologie der Eintragungen festzustellen. Neben kleineren Unterbrechungen von wenigen Wochen

(11. September bis 12. November 1911, 19. Mai bis 2. Juni 1912 und 4. September bis 6. Oktober 1912) gibt es einige längere Pausen in den Eintragungen, die sich über Monate erstrecken:

– Im Anschluß an die Eintragung vom 11. Januar 1907 ist ein »Späterer Nachtrag« in das Typoskript integriert worden. Schmitz gibt zunächst an, daß er die handschriftlichen Aufzeichnungen bis zum 10. April verloren hat, anschließend berichtet er kumulativ über den Zeitraum.
– Bemerkenswert sind auch die Brüche in den Aufzeichnungen vom Frühjahr bzw. Sommer 1909. Von dem Aufenthalt in Brigthon und London sind nur die Eintragungen vom 13. April, 1. Juni und 1. August überliefert.
– Eine längere Unterbrechung in den Aufzeichnungen tritt am 29. September 1909 ein. Im Anschluß an die Eintragung ist ein »Späterer Nachtrag« integriert, in dem Schmitz einen kumulativen Bericht gibt, der sich über nahezu 10 Monate, bis zum 16. Juli 1910, erstreckt.
– Eine neuerliche Unterbrechung in den Aufzeichnungen folgt am 4. August 1910. Die Eintragungen setzen erst wieder am 16. April 1911 mit einem kumulativen Bericht ein.

Der Text wird zeichen- und buchstabengetreu wiedergegeben. So bleiben ältere Formen – wie ›Charsamstag‹, ›litterarisch‹, ›giebt‹ – ebenso erhalten wie Eigenheiten in der Schreibweise, die der Orthographiereform von 1901/02 folgen oder aber auf Einflüsse der französischen Sprache (Bsp.: Raisonnement, Bureau) zurückzuführen sind. Unterstreichungen im Original erscheinen im Druck kursiv.

Korrigiert wurden offenkundige Verschreibungen und Tippfehler. Da die benutzten Schreibmaschinen teilweise über kein ›ß‹ verfügten, wird ›ss‹, wo es im Typoskript für ›ß‹ steht, in ›ß‹ umgewandelt; zudem ist die Schreibung der Umlaute (Bsp.: ue/ü) vereinheitlicht. Eingriffe in die Interpunktion erfolgten nur dort, wo das Verständnis beeinträchtigt war. Fehlerhaft geschriebene Namen, Titel und Orte sind korrigiert. Die Berichtigung der Ortsnamen erfolgt nach der damaligen Schreibweise. Ältere oder nicht mehr übliche Schreibweisen sind jedoch im Text erhalten geblieben, die Korrektur erfolgt in diesen Fällen im Kommentar. Ebenso ist bei der Schreibung von Umlauten bei skandinavischen Ortsnamen verfahren worden, die nicht unübliche eingedeutschte Schreibweise ist nicht im Text, sondern im Kommentar berichtig worden (Bsp.: *Lödingen* –Lødingen, *Svolvär* – Svolvær).

Bei den Schreibungen zeigt sich ein bemerkenswerter Unterschied zwischen den handschriftlichen Korrekturen von Schmitz und dem

Typoskript. Während die maschinenschriftliche Abschrift zum Teil Schreibungen modernisiert, wird in den handschriftlichen Korrekturen konsequent an der altertümlichen Schreibung festgehalten (Bsp.: Muth, respectabel, Thor).

Im Tagebuchtext stehen die Zusätze des Herausgebers in eckigen Klammern. In wenigen Fällen waren die handschriftlichen Korrekturen nicht zweifelsfrei zu entziffern, diese Fälle sind durch [?] gekennzeichnet.

Anders als bei literarischen und wissenschaftlichen Werken steht der Zeugniswert eines Tagebuchs im unmittelbaren Zusammenhang mit der Lebensführung und dem Lebensstil seines Autors. Dadurch erhalten bestimmte editorische Aufgaben – wie die Erläuterung und Kommentierung des Textes – ein anderes Gewicht. Die vorliegende Ausgabe versucht dem Rechnung zu tragen, die Anmerkungen verstehen sich – neben Nachwort, Entstehungsgeschichte, Chronik und Register – als ›Lesehilfe‹: Personen, Orte, Ereignisse, Zitate, Anspielungen werden erläutert, soweit sie nicht zum allgemeinen Bildungsgut gehören. Um das Verständnis bestimmter Passagen zu erhöhen, werden Querverbindungen zum Werk von Oscar A. H. Schmitz hergestellt. Dies betrifft vor allem die dreibändige Autobiographie (»Die Geister des Hauses«, »Dämon Welt«, »Ergo Sum«). Berücksichtigt werden darüber hinaus der Schlüsselroman über die Schwabinger Boheme: »Wenn wir Frauen erwachen …« sowie zahlreiche Erzählungen und Artikel.

In einer in das Tagebuch eingeschobenen Notiz vom 9. November 1911 (vgl. S. 233) schreibt Schmitz, daß er in der zweiten Hälfte der maschinenschriftlichen Fassung »Gedanken und besonders Reiseeindrücke«, die er später ausgearbeitet und veröffentlicht habe, in der Abschrift des Tagebuchs »unterdrückt« habe. Da diese Reiseessays, auf die Schmitz anspielt, heute nicht leicht zugänglich sind, werden hier einige ausgewählte Texte im Anschluß an die Tagebuchaufzeichnungen abgedruckt. Die Essays verstehen sich als flankierendes und vertiefendes Material zum Tagebuch: Sie zeigen Schmitz als einen heute wieder neu zu entdeckenden Reiseschriftsteller, der nicht nur fremde Länder und Kulturen beschreiben, sondern in wunderbarer Weise Stimmungen einfangen und Atmosphäre vermitteln kann.

Die Essays wurden nach dem Erstdruck zeichen- und buchstabengetreu abgedruckt. Korrigiert wurden offenkundige Druckfehler und die Schreibung der Umlaute (Bsp.: ue/ü, ae/ä). Ebenfalls korrigiert sind Namen und Orte.

Die Edition stützt sich vor allem auf Recherchen im Deutschen Literaturarchiv in Marbach am Neckar. Zu danken ist insbesondere der Handschriftenabteilung, die durch Rat und Tat viel zum Gelingen der Edition beigetragen hat. Ein weiterer wichtiger Anlaufpunkt für die Arbeiten zur Edition war das Alfred Kubin-Archiv (Städtische Galerie im Lenbachhaus und Kunstbau München). Die Leiterin des Archivs, Frau Dr. Annegret Hoberg, hat mir bei meinen Besuchen in München bereitwillig Einsicht gewährt in die Korrespondenz von Oscar A. H. Schmitz mit Alfred Kubin und Hedwig Kubin (geb. Schmitz). Besondern Dank schulde ich Frau Margarete Schirmer, die meine Absicht, die Tagebücher zu veröffentlichen, sofort unterstützte. Ermöglicht und gefördert wurden die Arbeiten zu dieser Ausgabe durch ein zweimonatiges Marbach-Stipendium der Deutschen Schillergesellschaft und ein Forschungsstipendium der Deutschen Forschungsgemeinschaft. Ohne die dankenswerte Unterstützung dieser und anderer Institutionen und Personen wäre die Edition nicht denkbar gewesen.

Chronik

1873 *16. April:* Oscar A. H. Schmitz wird in Bad Homburg vor der Höhe geboren.

1874 Geburt der Schwester Hedwig.

1876 Geburt des Bruders Richard.

1880 Geburt der Schwester Mathilde (Tilly). August: Erste größere Reise nach Vevey bei Genf, wo die Schwester Hedwig in einem Internat untergebracht ist. Umsiedlung der Familie von Bad Homburg nach Frankfurt am Main.

1892 Abitur in Weilburg an der Lahn. Studium der Rechtswissenschaft an der Universität Heidelberg. Herbst: Wechsel an die Universität Leipzig.

1893 Sommersemester: Universität München. Winter: Einschreibung in Berlin.

1894 Halbjähriger Rom-Aufenthalt. Gasthörer in kunsthistorischen Vorlesungen. April: Besuch des Vaters. In Rom erste Begegnung mit Karl Wolfskehl. Spätsommer: Reise nach Sizilien, Tunis, Neapel, Budapest und Wien. Herbst: Einschreibung in München; Vorlesungen bei Lujo Brentano, Franz Muncker und Theodor Lipps. Beginn einer Doktorarbeit bei Prof. Brentano im Fach Nationalökonomie.

1895 Tod des Vaters. Aufgabe der Doktorarbeit in Nationalökonomie und Beginn einer literarhistorischen Doktorarbeit bei Prof. Muncker.

1896 Dezember: Abbruch des Studiums. Beginn der Tagebuchaufzeichnungen. Reise nach Italien. In »Blätter für die Kunst« erscheinen erste Gedichte.

1897 Tod der Mutter. Februar–Dezember: Aufenthalt in Paris (unterbrochen von Fahrten auf die Insel Jersey und in die Bretagne). April: Persönliche Begegnung mit Stefan George. Erste Novellen und Prosadichtungen.

1898 Februar–April: Reise nach Italien und England. Ab Oktober: Aufenthalt in Berlin; Kontakt zu Stefan George und dem Berliner Kreis um George (R. Lepsius, M. Lechter, R. Meyer, G. Simmel). November: Erste Buchveröffentlichung, der Gedichtband »Orpheus« erscheint.

1899 Frühjahr–Sommer: Reise nach Italien.
1900 Bekanntschaft mit Gustav Meyrink. November: Nach der Kritik an Melchior Lechter Ausgrenzung aus dem George-Kreis.
1901 Erste Ehe mit der Sängerin Nina Burk. Sommer: Schweiz- und Italienreise.
1902 Die phantastischen Erzählungen »Haschisch« erscheinen. Nähere Bekanntschaft mit Ludwig Klages und Alfred Schuler. November: Scheidung.
1903 Tod der Großmutter. Freundschaftlicher Kontakt zu dem Verleger Hugo Bruckmann und den Künstlern Wilhelm von Debschitz und Hermann Obrist.
1904 »Kosmiker-Krise«, erneuter Bruch mit Wolfskehl. September: Hedwig Gründler, geb. Schmitz, und Alfred Kubin heiraten.
1905 März: Zweite Ehe mit Louisa Hoby. Reise nach Frankreich und Spanien. »Lothar oder Untergang einer Kindheit« erscheint. Herbst/Winter: Trennung von Louisa. Aufenthalt in Paris bis zum November 1906.
1906 Freundschaft mit Henri-Pierre Roché. »Don Juan, Casanova und andere erotische Charaktere« erscheint. Enge Freundschaft mit Franz Hessel; gemeinsame Wohnung in Paris; Sommerwohnung in L'Isle-Adam. November: Rückkehr nach München; Scheidung. Aufenthalt in Berlin. Treffen mit Herwarth Walden und Else Lasker-Schüler. Bekanntschaft mit den Malerinnen Julie Wolfthorn und Dora Hitz.
1907 Wohnung in München. »Französische Gesellschaftsprobleme« erscheint. Februar: In Berlin Vortrag im »Verein für Kunst« (Salon Cassirer). März: Aufenthalt in München. Begegnungen mit Karl Wolfskehl, Franz von Byros, Wilhelm von Scholz, Rudolf Kassner, Otto Falckenberg, Ermanno Ceconi, Ludwig Landshoff, Oskar Bie, Franz Blei. Juni: Beginn der Liebebeziehung mit der Musikerin Friedel Gundermann. Juli: Besuch in Zwickledt bei Alfred und Hedwig Kubin. Anschließend Reise nach Bosnien, Dalmatien, Montenegro mit Wilhelm von Debschitz. September: Genfer See. Oktober–Dezember: Aufenthalt in Wien. Begegnungen mit Egon Friedell, Alfred Polgar, Peter Altenberg, Leopold von Andrian, Richard von Schaukal, Hugo Heller, Hanns Heinz Ewers, Lina Loos, Stefan Zweig. Besuche bei Hugo von Hofmannsthal in Rodaun bei Wien. Beginn des Romans »Wenn wir Frauen erwachen ...«. Zwei Vorträge in der Urania über »Wie Paris lebt und denkt«. Weitere Vorträge im wissenschaftlich-

literarischen Verein »Kosmos« und im »Ansorge Verein«. Dezember: Treffen mit Sigmund Freud. Fahrt an den Lago Maggiore.

1908 Januar: Aufenthalt in Berlin. Vortrag im »Verein für Kunst« (Salon Cassirer) über »Don Juan und Casanova«. Begegnungen mit Emma Dohme, Dora Hitz, Julie Wolfthorn, Marie von Bunsen, Käthe Liebermann, Claire Waldoff, Julius Meier-Graefe, Samuel Fischer, Giuseppe Antonio Borgese, Werner Sombart, Frank Wedekind, Lily Braun. März: Ständiger Mitarbeiter beim »Tag«. April: Aufenthalt in Genf und Montreux. Mai: Schiffsreise von Marseille nach Barcelona. Ende Mai: Überfahrt nach Mallorca. Juni: Algerien; Aufenthalt in Algier; Reise durch den kabylischen Atlas. Juli: Schiffsfahrt über Gibraltar nach Marokko. Aufenthalt in Casablanca, El Jadida und Azemmour. Juli: Längerer Aufenthalt auf Teneriffa. August: Reise über Gran Canaria und Madeira nach Portugal. Fahrten nach Lissabon, Porto, Coimbra, Luso und Leiria. September: Italien; Fahrt an die Riviera di Levante; Aufenthalt in Turin und Mailand. Oktober: Berlin. November: Beginn der Liebesbeziehung zu Lyda Epstein.

1909 Januar in Zwickledt: Diskussionen über Alfred Kubins Roman »Die andere Seite«. Februar: »Don Juanito«, Uraufführung am Mannheimer Hoftheater. März: Berlin. Begegnungen mit Wolfgang Goetz, Fritz Friedmann-Frederich, Bertha Baronin von Arnswaldt, Carl Ludwig Schleich. April: Reise nach England. Aufenthalt in Brighton und London. Begegnung mit Graham Wallace, Oscar Levy, Ludwig und Frida Mond. Ende August: Treffen mit Alfred Kubin in Zwickledt. September: Aufenthalt in Berlin. Arbeit an der Disraeli-Biographie. »Fortunio oder Das andere Ich« erscheint.

1910 Juni: Längere Reise durch England, Schottland und Irland. Herbst: Aufenthalt in Berlin. Dezember: »Brevier für Weltleute« erscheint.

1911 Januar/Februar: Aufenthalt in Zwickledt und Salzburg. April: Reise nach Ägypten. Aufenthalt in Alexandrien und Kairo. Fahrt auf dem Nil nach Assuan, Wadi Halfa und Luxor. Juni: Reise durch Palästina. Juli: Aufenthalt in Damaskus und Beirut. Ende Juli: Reise nach Zypern und Konstantinopel. August: Rückkehr nach Beirut; dort Beginn der Liebesbeziehung mit der Photographin Anny Eberth. September: Treffen mit Alfred und Hedwig Kubin in Zwickledt. Anschließend Aufenthalt in Berlin: OS liest sein

Tagebuch ins Diktaphon; Beginn der Anfertigung einer Typoskriptfassung. Jahreswende: Gespräche mit Alfred Kubin in Zwickledt.

1912 April/Mai: Ende der Niederschrift des Romans »Wenn wir Frauen erwachen ...«. Juni: Skandinavienreise; Fahrt durch Dänemark, Schweden und Norwegen. Entschluß, eine Psychoanalyse zu beginnen. Oktober: Berlin. Zusammen mit Adolf Grabowsky Gründung der Zeitschrift »Das neue Deutschland«. Anfang November: Fahrt nach Wien. Begegnung mit Fritz von Herzmanovsky-Orlando. Anschließend Reise nach Prag. Treffen mit Max Brod. Der Roman »Wenn wir Frauen erwachen ...« erscheint. November: Beginn der Analyse bei Karl Abraham in Berlin.

1913 Psychische Krise. Mai/Juni: Aufenthalt in Paris. August: Rußlandreise.

1914 Mai: Zweite Rußlandreise. Frühsommer: Rückkehr nach Berlin.

1915 März: Unterbrechung der Psychoanalyse bei Karl Abraham. Mai: Kriegsberichterstatter an der Westfront. »Das wirkliche Deutschland. Die Wiedergeburt durch den Krieg« erscheint.

1916 Oktober: Fester Wohnsitz in Salzburg.

1917 Beschäftigung mit der Astrologie. Sommer: Rückzug in das steirische Städtchen Murau.

1921 Frühjahr: Ende der Analyse bei Karl Abraham. Studium der Arbeiten von C. G. Jung. Herbst: Teilnahme an der von Hermann Graf von Keyserling ins Leben gerufenen »Schule der Weisheit« in Darmstadt.

1922 »Der Geist der Astrologie« erscheint. Vorträge über Astrologie und Lebenskunst.

1923 »Psychoanalyse und Joga« erscheint. Enge Zusammenarbeit mit Hermann Graf von Keyserling. OS wird Mitorganisator der Tagungen der »Schule der Weisheit«.

1924 Auf Einladung des Kulturbundes Vorträge in Wien. Während des Aufenthalts mehrere Treffen mit Alfred Adler. Begeisterung für dessen Individualpsychologie.

1925 »Die Geister des Hauses«, der erste Band der dreibändigen Autobiographie, erscheint.

1926 Mai: Aufenthalt in Paris, anschließend bei C. G. Jung in Zürich. Teilnahme an den Seminaren von C. G. Jung und Analysesitzungen. Zahlreiche Traumbilder, Zeichnungen und Skizzen entstehen. Aufsätze über die Rolle und Bedeutung des Judentums; Auseinandersetzung mit Martin Buber.

1928 Unter Anleitung von Toni Wolff und C. G. Jung arbeitet OS als Analytiker.
1929 April: Dritte Ehe mit Emeline Maria Primer.
1930 Zahlreiche Vorträge über Psychotherapie in Salzburg, Leipzig, Berlin, München.
1931 *17. Dezember:* Oscar A. H. Schmitz stirbt in Frankfurt am Main.

Anmerkungen

Die wichtigsten Quellen werden im Kommentar mit Sigle oder Kurztitel zitiert, die in der Bibliographie aufgelöst werden. Verwendete Abkürzungen:

DLA	Deutsches Literaturarchiv, Marbach am Neckar
GA	Gesamtausgabe
H	Heft
N	Nachlaß Oscar A. H. Schmitz, Deutsches Literaturarchiv
OS	Oscar A. H. Schmitz

1. 1. 1907

7 *Tilly* – Die Schwester Mathilde (Tilly) Schmitz (1880–1945).

Mary Brach – Nicht ermittelt.

Julius Spier – Bruder von Ludwig Spier, dem Ehemann von Mathilde (Tilly) Schmitz. Nähere biographische Daten nicht ermittelt.

»Geld und Luxus in Frankreich« – Auch veröffentlicht in »Französische Gesellschaftsprobleme«, II. Kapitel, S. 67–75.

Ussin – Sohn von Mathilde (Tilly) Spier aus ihrer ersten Ehe mit Georg Alewyn (1871–1935).

Oppenheim – Der Landschaftsmaler, Kunstgewerbler und Sammler Alfred Nathaniel Oppenheim (1873–1953), ein Enkel des Malers Moritz Oppenheim.

von Halle – Nicht ermittelt.

der Geistreiche – Anspielung auf den »Tisch der Geistreichen«, einen losen Zusammenschluß von Künstlern und Intellektuellen, die sich im Frankfurter Café Bauer trafen. An den Treffen nahmen zuweilen auch Arthur Pfungst, Martin Buber und Carl Muth teil.

Ludwig – Der Kaufmann Ludwig Spier, seit März 1905 mit Mathilde (Tilly) Schmitz verheiratet.

2. 1. 1907

Richard – Der Bruder Richard Ferdinand Schmitz (1876–1950). Er arbeitete als Landschaftsmaler, Kunstgewerbler und Photograph.

Zwischen den beiden Brüdern gab es immer wieder Konflikte, die sich häufig an der Verwaltung des gemeinsamen Erbes durch OS entzündeten; vgl. Anm. *Vermögensverwaltung* zu S. 7.

7 *Café Noris* – Das Café an der Leopoldstraße gehörte zu den Treffpunkten der Boheme. Von Dezember 1909 bis Oktober 1910 wohnte Franziska zu Reventlow in dem Stockwerk über dem Café.

Café Leopold – Das Café am Siegestor, zentraler Treffpunkt des George-Wolfskehl-Kreises; hier verkehrten u. a. Franziska zu Reventlow, der Verleger Albert Langen und sein Mitarbeiter Eduard Graf von Keyserling.

Agnes – Die Schwägerin Agnes Schmitz, geb. Dieterich, verheiratet mit Richard Schmitz. Sie besuchte die Mal- und Kunstgewerbeschule von Wilhelm von Debschitz und arbeitete als Malerin und Illustratorin. Für OS entwarf sie den Umschlag für »Lothar oder Untergang einer Kindheit« (1905).

Vermögensverwaltung – Die am 22. 6. 1903 gestorbene Großmutter, Mathilda Schwarzschild, geb. Jacobson, hatte ihren Enkel OS testamentarisch zum Vermögensverwalter bestimmt; die Geschwister waren damit von den Geldzuteilungen des älteren Bruders abhängig.

8 *Büttner* – Möglicherweise Hermann Büttner, der Übersetzer von Meister Eckharts »Schriften und Predigten« (1903–1909).

3. 1. 1907

Otto – Der Neffe Otto Gründler (1894–1961). Er trat später als Schriftsteller und Essayist hervor und machte sich vor allem als Mitbegründer und Herausgeber der evangelischen Kulturzeitschrift »Zeitwende« einen Namen.

4. 1. 1907

Baronin – Gabriele Freiin Possanner von Ehrenthal (1860–1940), Tochter des Sektionschefs im Finanzministerium Benjamin Freiherr Possanner von Ehrenthal. Sie studierte 1888–1893 an den Universitäten Genf und Zürich. Promotion zum Dr. med. (1894), erste promovierte Ärztin in Österreich. 1928 erhielt sie den Titel einer Medizinalrätin. OS lernte sie 1905/06 in Paris kennen; vgl. Das wilde Leben der Boheme, S. 203 ff.

Käti – Die Schauspielerin Käthchen Brauer; im Tagebuch auch Kätchen bzw. Käti genannt. Nähere biographische Daten nicht ermittelt.

8 *Gretel* – Möglicherweise die Schriftstellerin Grete Gulbransson (1882–1934); OS nannte sie Gretel. In Frage kommt auch eine Berliner Freundin namens Gretel, die OS im November 1906 kennengelernt hatte; vgl. Das wilde Leben der Boheme, S. 312 ff.
Marquis – Der österreichische Maler und Exlibriskünstler Franz von Bayros (1866–1924). Als Maler und Illustrator spezialisierte er sich auf erotische Darstellungen im Stil von Aubrey Beardsley.

5. 1. 1907

9 *Irene* – Nähere biographische Daten nicht ermittelt. OS lernte Irene im Sommer 1906 in Paris kennen. Zusammen mit drei anderen Frauen (Liddy, Berta und Grete) trat sie im Théâtre Marigny auf; vgl. Das wilde Leben der Boheme, S. 210 ff.
Prozeß in der nun gewählten Form – Die Scheidung von der zweiten Ehefrau Louise Schmitz, geb. Hoby. Damit die Ehe schuldhaft geschieden werden konnte, sollte OS – so hatte es der Anwalt vorgeschlagen – einen Brief über seine ehewidrigen Ansichten an das Gericht schreiben.
Pension Fürmann – Künstlertreffpunkt in München, Belgradstraße 57.
Wiesel – Spitzname für Louise Bücking (?– 1948), Tochter einer gutbürgerlichen Marburger Familie, Freundin des Schriftstellers Franz Hessel. 1907 wurde sie die Geliebte des mit Hessel befreundeten Autors Henri-Pierre Roché. Später heiratete sie ihren Jugendfreund Ludwig August Deubner, Professor für Altphilologie und Religionsgeschichte in Berlin.
»Herrenkleidung« – OS schrieb zu dieser Zeit zahlreiche Aufsätze über Mode (»Zur Psychologie der Mode«, »Eleganz, Nacktheit und Kleidung«, »Warum ist die Herrenmode englisch?«, »Die Magie des Anzugs«), die zunächst in Zeitungen und 1911 in der Essaysammlung »Brevier für Weltleute« erschienen. Auch einige Schriftstellerkollegen von OS hatten das Thema Manieren, Mode und Kleidung entdeckt. Als sie ihre Aufsätze in einer Zeitschrift für Herrenkleidung publizierten, polemisierte Herwarth Walden dagegen mit einer Glosse unter dem Titel »Konfektionsdichter«: »Ein Schneider in Berlin gibt eine Zeitschrift für Herrenkleidung heraus. Zu ihren ständigen Mitarbeitern gehören die deutschen Dichter, Kunstkritiker und Lebenskünstler Felix Poppenberg, ständiger Mitarbeiter der Neuen Rundschau, Edmund Edel, Oscar A. H. Schmitz, Hans von Kahlenberg und Hanns Heinz Ewers.

Es ist natürlich nicht das geringste dagegen zu sagen, daß diese Dichter für Herrenkleidung ein ausgetragenes Interesse besitzen, und ich wünsche ihnen sogar, daß ihnen ihr Interesse an der Herrenkonfektion recht viel, zum wenigsten aber einen gutsitzenden Cutaway einträgt. Ich bin aber dagegen, daß sich solche Herren als Künstler, Kunstkritiker oder Dämoniker benehmen. Das gehört dort nicht zum guten Ton. Man darf zwar auch in diesen Berufen Oberhemden mit festen Kragen und festen Manschetten, Sokkenhalter und sogar des Nachts ein Pyjama tragen, aber man darf sich nicht für diese Dinge in einer Schneiderzeitung literarisch einsetzen. Ich habe überhaupt Verdacht gegen die Eleganz, die betont wird. Wer so mit Musike dafür eintritt, dürfte diese Gegenstände, und einige andere, erst durch seine literarischen Beziehungen zu einer Schneiderfirma kennen gelernt haben.« (Der Sturm 2, 1911/12, S. 804)

9 *mein Leiden* – OS litt an einem Blasenkatarrh.

6. 1. 1907

Schewitsch – Helene von Schewitsch, geb. von Dönniges, verw. Racowitza (1846–1911), Schauspielerin und Schriftstellerin, Tochter des Historikers und Diplomaten Wilhelm Freiherr von Dönniges. In erster Ehe verheiratet mit Janco von Racowitza, in dritter mit dem russisch-amerikanischen Journalisten Serge von Schewitsch.

Lisa Sensburg – Enge Freundin von Franziska zu Reventlow; nähere biographische Daten nicht ermittelt. Die Charakterzeichnung von Lisa Sensburg übertrug OS auf seine Protagonistin Amélie Sanders aus »Frauen«. Im Roman heißt es: »Sie ist nicht mehr so herb jungfräulich, wie im Sommer, wird etwas voller. Noch immer rührend schöner Kopf mit herrlichem, blondem Haar, aber schlecht frisiert und eine ›stilvoll‹ zusammengewurstelte Kleidung. Nicht gerade Reformkleid, aber kaum besser. Wenn man von Paris kommt, un peu décourageant! Ich fühle in ihr einen stillen Widerstand gegen mich, während ich ihr im Sommer offenbar gefallen habe. Ich nahm mir vor, sie wiederzugewinnen, und diese augenblickliche Antipathie zu überwinden.« (S. 302)

Franzl – Der Schriftsteller und Übersetzer Franz Hessel (1880 bis 1941), auch Franzl oder Hesselfranz. Sohn eines wohlhabenden jüdischen Bankiers, wuchs in Berlin auf und studierte in München Literaturgeschichte. Er gehörte zur Boheme und lebte bis 1906 mit Franziska zu Reventlow und Bohdan von Suchocki in der

Wohngemeinschaft Kaulbachstraße 63, im »Eckhaus«. Von 1906 bis 1914 hielt er sich überwiegend in Paris auf, zum Teil in einer gemeinsamen Wohnung mit OS. Beide waren eng mit dem französischen Autor Henri-Pierre Roché befreundet. Über das Leben von Hessel, Roché und OS in Paris vgl. Das wilde Leben der Boheme, S. 210 ff.

10 *Odeonbar* – Odeon Bar in der Brienner Straße 4.

Bal Paré – Maskenball im Deutschen Theater in München, 1897 von dem Gastronomen Ludwig Hitzelsberger (Café Luitpold) begründet.

7. 1. 1907

Debschitz – Der Maler und Kunsthandwerker Wilhelm von Debschitz (1871–1948), Sohn eines Generalleutnants im preußischen Kadettencorps. Seit 1891 lebte er in München und zeigte sich als Maler vor allem von den Romantikern Schwind und Richter beeindruckt. Angeregt vom englischen Kunstgewerbe (William Morris, Walter Cane u.a.), begann er mit illustrativen Arbeiten und kunstgewerblichen Entwürfen. Zusammenarbeit mit Hermann Obrist. Seit 1908 Leitung des »Lehr- und Versuch-Ateliers für angewandte und freie Kunst« in München, seit 1914 leitete er in Hannover die Städtische Handwerker- und Kunstgewerbeschule. Seine Frau, Wanda von Debschitz, geb. Kunowski, führte als Künstlerin ein Fotoatelier in München.

Bruno Pauls – Der Architekt, Karikaturist und Kunsthandwerker Bruno Paul (1874–1968). Er arbeitete für den »Simplicissimus«, war ein Wegbereiter des Jugendstils und in späteren Jahren vor allem als Hochschullehrer tätig.

Täglich Korrekturen von Dr. Wedekind – Bezieht sich auf die Arbeit an dem 1907 im Berliner Verlag Dr. Wedekind erschienenen Buch »Französische Gesellschaftsprobleme«.

9. 1. 1907

12 *Bruckmann* – Der Verleger kunsthistorischer Bücher Hugo Bruckmann (1863–1941) und seine Frau Elsa Bruckmann (1865–1946). Einen besonderen Stellenwert im Münchner Kulturleben hatte ihr literarischer Salon, zu dem auch OS geladen wurde. In »Dämon« heißt es: »In dem Hause Hugo Bruckmann besaß die Gastgeberin, eine geborene Prinzessin Cantacuzène, die bei uns so überaus seltene Gabe, nicht nur Leute einzuladen und zu füttern, sondern aus ihnen Gesellschaft zu bilden. Indem sie in der Aristokratie

und der offiziellen Welt die mit hinreichender Erziehung herausfand und in Berührung brachte, entstand ein Salon, der so fern war von offiziellem Kastenwesen wie von formloser Bohème. Der Verlegerberuf des Gatten wie die Herkunft der Hausherrin boten die günstigsten Voraussetzungen. Dazu kam, daß sie selbst vom ernstesten geistigen Streben erfüllt war. Besonders Rudolf Kassner und später Ludwig Klages waren ihre philosophischen ›directeurs de conscience‹.« (S. 319)

12 *Rechtsanwalt Rudelsberger* – Nicht ermittelt.

»Die Deutschen im Orient« – Nachzuweisen ist ein Essay mit dem Titel »Das deutsche Interesse im Orient« (Fahrten ins Blaue, S. 211–215).

Dr. Hauck – Nicht ermittelt.

10. 1. 1907

Don Juanito – »Don Juanito. Komödie in vier Aufzügen« (1908).

Haffgreen – Auch Hafgreen geschrieben; nicht ermittelt.

Dr. Müller – Nicht ermittelt.

Julius Bab über »Montmartre« in der Schaubühne – In seinem Aufsatz »Wege zum Drama« ging es dem Kultur- und Theaterkritiker Julius Bab (1880–1955) zunächst um eine allgemeine Einschätzung der jungen Dramatiker und ihrer neuesten Arbeiten. Mit Verweis auf die jüngst aufgeführten Stücke von Wilhelm von Scholz und Leo Greiner kam er zu dem Schluß: »Talentvoll und schlecht: das ist überhaupt die betrübende Signatur, die die so respekteinflößende, ernsthafte, menschlich und ästhetisch hochstrebende Produktion des Nachwuchses heute zeigt.« (Die Schaubühne, 3, 1907, S. 2) Sein besonderes Augenmerk richtete er sodann auf die von Stefan George abstammenden »theaterlüsternen Jünger«: »Etwas von eigenem Ton und eigener Haltung verrät hier am ehesten noch Oscar A. H. Schmitz. Seine Sprache, die freilich mit nicht sehr fruchtbarer Ausschließlichkeit der Erörterung erotischer Spezialitäten gewidmet ist, bewahrt ein Salzkorn intellektueller Schärfe und charakterisierender Härte, das die epikuräische Phraseologie seiner literarischen Stammesbrüder längst aufgelöst hat. Schmitz, der ein sehr intelligentes Schriftchen über ›Don Juan, Casanova und andere erotische Charaktere‹ verfaßt hat, stellt in dem dramatischen Skizzenband ›Der Herr des Lebens‹ (Axel Juncker) selber einen Typus des Erotikers auf, den er Don Manuel nennt. Diese Szenen, die die dramatische Form mit der souveränen Willkür der Ohnmacht behandeln, die so planlos locker neben einander stehen, als ob sie Paul Ernst als abschreckendes Beispiel für Kompositionslosigkeit geschaffen hätte, diese Szenen, die eben durchaus kein Drama, sondern dialogische Charakterstudien sind, haben doch erhebliche dichterische und sogar dramatische Qualitäten.« Mit »Montmartre« habe OS jedoch ein Stück geschrieben, mit dem auch er auf dem Boden der Alltäglichkeit angekommen sei. In dem Dreiakter werde erzählt, »wie ein pariser Mädel durch ihr eigenwilliges Leben und ihren freiwilligen Tod einen durch und durch von den Phrasen des deutschen Philistertums besessenen Maler von etlichen erotischen Vorurteilen kuriert. Schmitz sieht nicht, wie winzig und unoriginell dieser Vorgang für ein dreiaktiges Stück ist, er fühlt nicht, wie sentimental und verlogen dieser angeblich naive Deutsche gesehen ist, wie lächerlich das seelische Gewicht dieser ganzen Liebeshändel überschätzt, und wie sehr damit das Ganze in die Sphäre des konventionellsten Rührstücks gerückt ist.« (S. 4f.) OS wurde von Franz Dülberg auf die Kritik aufmerksam gemacht, der etwas verwundert nachfragte, ob das Stück denn überhaupt erschienen sei. Eine Veröffentlichung von »Montmartre« ist in der Tat nicht nachzuweisen, im Nachlaß hat sich kein Manuskript erhalten. OS selbst nennt in »Dämon« das Stück »mißglückt und unaufführbar« (S. 346). Die ursprüngliche Fassung schrieb er später um und veröffentlichte sie unter dem Titel »Der hysterische Mann. Lustspiel in drei Aufzügen«.

11. 1. 1907

12 *Frl. von Knieriem* – Auch in der Schreibung Anna von Knierim; nicht ermittelt.

13 *Louisa* – Louisa Hoby, gesch. Schmitz, zweite Ehefrau von OS.

Frau Schreiöck – Nicht ermittelt.

Frau Falckenberg – Wanda Falckenberg, Ehefrau des Regisseurs, Theaterleiters und Schriftstellers Otto Falckenberg (1873–1947).

Ich gehöre nicht mehr in diese Milieus – In »Ergo Sum« schreibt OS: »Das Leben in München hing an mir wie Bleigewichte, seine Geistigkeit erschien mir ›kunstgewerblich‹, seine Einstellung zum Gefühlsleben kindisch, alles falsch, unwahr und unter dünner, intellektueller Firnis roh und barbarisch.« (S. 27)

Wolfskehl – Der Schriftsteller Karl Wolfskehl (1869–1948). Der Sohn einer großbürgerlich-jüdischen Familie studierte Germanistik und promovierte 1893. Von diesem Jahr an datiert eine lebenslange Freundschaft mit Stefan George. 1894 wurde Wolfskehl leitender Mitarbeiter der »Blätter für die Kunst« und veröffentlichte in der Zeitschrift seine ersten Gedichte. In dieser Zeit machte er in Rom die Bekanntschaft von OS. 1898 ließ er sich in München nieder, er schloß sich dem »Kosmiker-Kreis« um Ludwig Klages und Alfred Schuler an und wurde als »Zeus von Schwabing« zum Mittelpunkt der Münchner Boheme. Er war lange Jahre ein enger Freund und Mentor von OS. Die Freundschaft war zahlreichen Belastungsproben ausgesetzt: Als im Winter 1900 ein kritischer Artikel von OS über Melchior Lechter im George-Kreis bekannt wurde, brach Wolfskehl zeitweilig die Beziehung ab. Zum erneuten Bruch kam es 1904 im Rahmen der Kosmiker-Krise, als OS sich mit Klages und Schuler gegen Wolfskehl verbündete. Nach dem Zerwürfnis gab es 1907 in München wieder erste persönliche Kontakte, aber die Beziehung blieb unterkühlt. In »Ergo Sum« schreibt OS: »Wolfskehl sah ich in dieser Zeit selten, aber jede Zufallsbegegnung mit ihm war mir nach wie vor ein Ereignis. Um keinen Mann habe ich im Leben so geworben, wie um ihn. Ich verdanke nicht nur seiner positiven Seite, einer unvergleichlichen Intuition für geistige Zusammenhänge, unendlich viel, sondern auch seiner mephistophelischen Entwertungs- und Zersetzungssucht gegenüber allem, was nicht dicht an seinem hohen, doch sehr schmalen Pfad lag, wodurch er mich zu unermüdlichem Verbessern meiner literarischen Form trieb, aber mit dieser Negativität war es nun doch zu arg geworden.« (S. 28) Als OS im Sommer 1907 seine Wohnung in München aufgab und wieder nach Berlin zog, sah er darin nicht nur einen Wechsel des Wohnortes, sondern auch »die Befreiung aus dem Wolfskehlschen Bann« (S. 29).

13 *Orotawa* – Puerto de la Orotawa, Stadt auf Teneriffa.

14 *meines Vortrags im »Verein für Kunst«* – Am 7. 2. 1907 hielt OS einen Vortrag bzw. eine Lesung im »Verein für Kunst« (Salon Cassirer). Er rezitierte eigene Gedichte, las Passagen aus »Untergang einer Kindheit«, aus dem Stück »Die Rächerin« und aus »Der gläserne Gott«.

Zwickledt … Alfred – Schloß Zwickledt in Oberösterreich, oberhalb Wernsteins am Inn, nur wenige Kilometer von Schärding und Passau entfernt. Im Mai 1906 von dem Zeichner, Illustrator und Erzähler Alfred Kubin (1877–1959) und seiner Frau Hedwig, geb. Schmitz (1874–1948), erworben. Über die Gründe des Umzugs schrieb Kubin an Hans von Müller: »Wir ziehen gänzlich fort von

München weil es auf die Dauer zu teuer kommt in der Stadt, – Wohnung und Lebensmittel sind für unsere Verhältnisse unerschwinglich dann vertrage ich die Stadt nicht mehr und hab sie auch seelisch satt.« (Brief vom 23.9.1906; zitiert in: Fritz von Herzmanovsky-Orlando, Der Briefwechsel mit Alfred Kubin, S. 327) Für OS wurde Zwickledt zu einem Zufluchtsort, in Kubin traf er auf einen Geistes- und Seelenverwandten. Beide machten einander in den Jahren vor und während des Ersten Weltkriegs zu ihrem Beichtvater und Analytiker. OS besuchte Alfred Kubin und seine Schwester Hedwig gewöhnlich um die Jahreswende, häufig auch über Ostern oder nach der Rückkehr von längeren Reisen. Im Tagebuch von 1912 bis 1918 zeichnete OS viele selbstanalytische Gedanken auf, die in den Gesprächen mit Kubin zur Sprache kamen. Kubin seinerseits empfand die Besuche von OS zwar als förderlich und produktiv, kommentierte sie aber nicht mit ungeteilter Freude. In einer Tagebuchnotiz heißt es über OS: »Würgengel halb, aber guter Kerl« (Tagebuch, 2.1.1920, Kubin-Archiv).

10. 4. 1907

15 *Roché* – Der Kunstmakler, Schriftsteller und Übersetzer Henri-Pierre Roché (1879–1959).

Tila Reylaender – Die Worpsweder Malerin Ottilie (Tila) Reylaender (1882–1965). Sie war auch mit Franziska zu Reventlow bekannt. 1906 lernte sie Bohdan von Suchocki kennen, dem sie 1910 in die USA folgte und mit dem sie später nach Mexiko ging, wo sie 16 Jahre zusammenlebten.

Frl. von Kügelgen – Nicht ermittelt.

Meyrink … Frau Meyrink – Der Schriftsteller Gustav Meyrink (1868–1932) und seine Frau Philomena Bernt (1873–1968), Tochter eines Prager Bankdirektors. Nach der Heirat (1905) lebten die Meyrinks kurze Zeit in der Schweiz, wo die Tochter Sybilla Felizitas geboren wurde, und übersiedelten dann nach München.

16 *»der Prinzgemahl«* – Lustspiel in drei Akten (1905) von Leon Xanrof und Jules Chancel; dt. Fassung von Wilhelm Thal.

11. 4. 1907

17 *Herold vom Gänsbühl* – Nicht ermittelt.

»Die Siebzehnjährigen« von Dreyer – Schauspiel in vier Aufzügen (1904) des Schriftstellers und Dramatikers Max Dreyer (1862 bis 1946).

17 *Café Wittelsbach* – Café mit Kleinkunstbühne in der Herzog-Wilhelm-Straße 32.
Lolissa – Nicht ermittelt.

12. 4. 1907

18 *Kassner … Moral der Musik* – »Die Moral der Musik. Sechs Briefe des Joachim Fortunatus an irgend einen Musiker, nebst einem Vorspiel; Joachim Fortunatus' Gewohnheiten und Redensarten« (1905) von Rudolf Kassner (1873–1959).
die kleine Wally – Nicht ermittelt.

13. 4. 1907

Gräfin Reventlow und Rolf – Die Schriftstellerin Franziska Gräfin zu Reventlow (1871–1918) wurde in Husum geboren und lebte von 1893 bis 1910 in München, seit 1897 mit ihrem unehelichen Sohn Rolf. Sie praktizierte und propagierte die Verbindung von Mutterschaft und Hetärentum.

19 *Martin Meyer* – In »Dämon« (S. 289) wird er als ein von Franz Dülberg vermittelter Mäzen vorgestellt, der 1903 die Kosten des Sammelbandes »Halbmaske« übernahm und später die Drucklegung weiterer Bücher von OS vorfinanzierte. Meyer war auch mit Franziska zu Reventlow befreundet. Nähere biographische Daten nicht ermittelt.

14. 4. 1907

Lang – Der Ostschweizer Schriftsteller Willy Lang (1883–1939), der bis 1913 unter dem Pseudonym Alexander Castell schrieb. Er studierte Kunstgeschichte in Zürich, München, Paris und Berlin. Als Schriftsteller lebte und arbeitete er vor allem in Paris, wo er Franz Hessel und OS kennenlernte.
Dr. Bertels – Kurt Bertels (1877–1910), zeitweiliger Mitinhaber des Piper Verlags in München.
Gutmanns – Der Schriftsteller und Journalist Paul Gutmann (1873–1951) und seine Frau. Mit OS stand Gutmann seit 1895/96 in Kontakt; vgl. Das wilde Leben der Boheme, S. 9ff. Gutmann schrieb zunächst vor allem Lyrik – 1895 erschien der Band »Gedichte« –, später auch Dramen und Komödien, die von der Kritik eher negativ beurteilt wurden; vgl. Ferdinand Hardekopf, Paul Gutmann: Die Wahrheitsschule (Komödie), in: Die Schaubühne, 5,1, 1909, S. 374f.
Muschner – Der Schriftsteller Georg Muschner (1875–1915). Er veröffentlichte mehrere Gedichtbände und gab ab 1913 die Zeitschrift »Die Lese. Literarische Zeitschrift für das Volk« heraus.

15. 4. 1907

20 *Ceconi* – Der aus Triest stammende Zahnarzt Ermanno Ceconi (1870–1927). Seine Praxis in der Kaulbachstraße in München erfreute sich in der Boheme allgemeiner Beliebtheit, nicht zuletzt deshalb, weil er auch weniger zahlungskräftige Kunden behandelte. So manche Anekdote ist von ihm überliefert: Klages berichtete, daß Ceconi seinen Patienten zunächst Himmelangst gemacht habe, auf sie losgegangen sei und gerufen habe: »Nun will ik bohren, tief bohren, bis in die Backen!« In Wahrheit sei er aber immer mit größter Behutsamkeit und Vorsicht zu Werke gegangen; vgl. Schröder, Klages, Die Jugend, S. 194f. Auch die Familie Mann gehörte zu den Patienten Ceconis, der bis 1906 mit der Schriftstellerin Ricarda Huch verheiratet war. Über Ceconi, ihre Ehe und das Schwabinger Künstlermilieu vgl. Ricarda Huch, Erinnerungen an das eigene Leben, S. 259–388.

Oratorium Saul – Viertes englisches Oratorium (1738) von Georg Friedrich Händel.

Dirigenten Hess – Der Violinist und Dirigent Willy Hess (1859 bis 1939).

Landshoff – Der Musikforscher und Dirigent Ludwig Landshoff (1874–1941), Dirigent des Münchner Bachvereins und bekannter Bach-Forscher. 1928 wurde er Rundfunkdirigent in Berlin, 1933 emigrierte er zunächst nach Italien, dann nach Paris und 1941 nach New York. Er war ein Schwager des Verlegers S. Fischer (Hedwig Fischer war seine Schwester).

Frau Wolfskehl – Hanna Wolfskehl, geb. de Haan (1887–1946), Ehefrau von Karl Wolfskehl.

Stern – Der Privatgelehrte und Philosoph Dr. Paul Stern (1869 bis 1933). Er studierte und promovierte bei Theodor Lipps, 1897 erschien seine Arbeit über »Einfühlung und Association in der neueren Ästhetik. Ein Beitrag zur psychologischen Analyse der ästhetischen Anschauung«. Er war ein enger Freund von Franz Dülberg, vor allem aber von Franziska zu Reventlow; bei der Niederschrift ihres Romans »Herrn Dames Aufzeichnungen« spielte Stern eine bedeutende Rolle. Die theoretischen Ausführungen und Einlagen in dem Roman, zum Beispiel über schwarze und weiße Magie, über den Begriff des Kosmischen und die Lehre von den Seelensubstanzen, stammen im wesentlichen von ihm; vgl. die Briefe von Reventlow an Stern in: Reventlow, Briefe 1890 bis 1907 (2004), S. 581ff. OS war bis zur Kosmiker-Krise 1904 mit

Stern befreundet, beide unternahmen in dieser Zeit sogar gemeinsame Reisen. Danach kühlte sich das Verhältnis etwas ab, es kam aber nie zum Bruch. Um der nationalsozialistischen Verfolgung zu entgehen, wählte Stern 1933 den Freitod.

20 *Maassen* – Der E.-T.-A.-Hoffmann-Herausgeber Georg von Maassen (1880–1940). Er war Mitbegründer der »Münchner Bibliophilen Gesellschaft« und Vorsitzender der »Hermetischen Gesellschaft«, einer Art Geheimbund, zu dem auch Erich Mühsam, Max Unold, Rolf von Hoerschelmann, Alfred Kubin und OS gehörten. OS und Maassen waren lange Jahre befreundet. Über Maassen als Privatgelehrten und bibliophilen Sammler vgl. auch Karl Wolfskehl, Der platonische Epikuräer, in: K. W., GW, 2. Bd. (1960), S. 531–538.

17. 4. 1907

21 *Bie* – Der Musikschriftsteller, Kunstkritiker und Publizist Oskar Bie (1864–1938). 1892 übernahm er als Nachfolger von Otto Brahm die Leitung der »Freien Bühne«, seit 1904 redigierte er die »Neue Rundschau«. Daneben arbeitete er als Kunst- und Musikkritiker. Ab 1921 lehrte er an der Berliner Hochschule für Musik.

22 *Edgar Steiger* – Der Deutschschweizer Schriftsteller und Journalist Edgar Steiger (1858–1919). In München schrieb er vor allem Theaterkritiken für die Zeitschriften »Jugend« und »Simplicissimus«.

18. 4. 1907

23 *Gräfin … geladen gegen Schwabing* – Franziska zu Reventlow war kurz zuvor von einer Reise nach Korfu und Rom zurückgekommen. Geldmangel und gesundheitliche Probleme hatten den Abbruch der Reise erzwungen. An ihren langjährigen Freund, den Mediziner und Psychiater Hans Walter Gruhle, schrieb sie: »München, speziell Schwabing, kann ich einfach nicht mehr ertragen.« (Briefe 1890 bis 1917, S. 520)

Dülberg – Der Schriftsteller, Übersetzer und Kunstkorrespondent Franz Dülberg (1875–1934). Von seiner engen Freundschaft mit OS zeugt u. a. die umfangreiche Korrespondenz, die sich im Nachlaß erhalten hat.

19. 4. 1907

24 *Hofmannsthal über mein Buch in der »Zeit«* – Die Essaysammlung »Französische Gesellschaftsprobleme« (1907). Die Besprechung erschien zunächst in der »Zeit« und wurde später unter dem Titel »Umrisse eines neuen Journalismus« in den Gesammelten

Werken publiziert; vgl. Prosa II, hg. von Herbert Steiner, Frankfurt am Main 1959, S. 259–263. Hofmannsthal äußerte sich sehr lobend über das Werk: »Das Buch, das einen leicht nimmt und leicht losläßt, dessen Inhalte durchlässig sind für das Leben und das sich den Inhalten des Tages amalgamiert, ein solches Buch, das so gut und mit so reinen Ingredienzien gekocht ist, daß es schon in der nächsten Viertelstunde nicht belästigt, das ist Journalismus, aber ausgezeichneter Journalismus [...].« OS habe mit seinem Buch einen geistigen Typus kreiert, den es bisher in Deutschland nicht gegeben habe, den »kulturellen Journalisten«. Sosehr sich OS über die Kritik freute, gegen Hofmannsthals Einschätzung, man habe es hier mit einer neuen Form von Journalismus zu tun, setzte er sich nachdrücklich zur Wehr: Er glaube nicht, schreibt er in »Ergo Sum«, daß Hofmannsthal »und später Hermann Bahr mein Wesen richtig gekennzeichnet haben, indem sie mich als höheren Journalisten bezeichneten oder als Kulturjournalisten, dem in Deutschland nur das Blatt fehle, der in England, Frankreich und Italien eine ganz andere Laufbahn zurückgelegt haben würde. Mir scheint das Gegenteil ist richtig. Von Wesen bin ich gerade kein Journalist.« (S. 21) Daß sich OS auch später so vehement gegen die Bezeichnung »Journalist« wehrte, hat vielleicht noch andere Gründe. Der von ihm geschätzte Otto Weininger hatte in seinem Buch »Geschlecht und Charakter« die besondere Beziehung des Judentums zum Journalismus hervorgehoben: »Das große Talent der Juden für den Journalismus« führte er auf die »›Beweglichkeit‹ des jüdischen Geistes« und den »Mangel an einer wurzelhaften und ursprünglichen Gesinnung« (S. 429) zurück. OS, der sich von seinen »halbjüdischen Wurzeln« abzusetzen versuchte, sah im Journalismus möglicherweise eine spezifische Ausdrucksform des »jüdischen Geistes«. So konnte er es jedenfalls bei Weininger lesen, und das traf sich auch mit seinen eigenen Beobachtungen im journalistischen Milieu in Berlin und Wien.

24 *Dülbergs »Korallenkettlin«* – Drama von Franz Dülberg (1906). Angetan von der Aufführung und dem versammelten Publikum, äußerte sich Franziska zu Reventlow in einem Brief an Franz Hessel: »Schön war das ›Korallenkettlein‹, wo absolut alles versammelt war, Schuler, Klages, Helene, die Adams und Unzählige. Mir gefiel das Stück, es ist so wundervoll Dülbergisch, daß man seine anderen Seiten ganz vergaß. Und er selbst, wie er als Autor erschien, war direkt zum Umarmen – ganz aufgelöst, als der Vor-

hang etwa zum dritten Male aufging, fiel er Falckenberg vor Begeisterung um den Hals.« (Reventlow, Briefe, S. 522) Wolfskehl äußerte sich über die Schwabinger Gesellschaft, die sich zur Premiere einfand, amüsiert und sarkastisch. In einem Brief vom 25. 4. 1907 an Friedrich Gundolf schrieb er: »Ihren Brief wollt ich gleich beantworten und [...] etwas erzählen was Sie ebenso amüsieren wird wie mich es gelustiert hat: wer nämlich neben wem alles neulich in dem Korallen Kettlin gesessen hat! Hinter mir erstens Helene Klages für die das Stück mit den vaterlosen Kindern gewiß Interesse hatte. Klages selber nicht weit davon und in seiner Nähe abscheuliche Personen! Fritz Huch neben der Gräfin, die ihn so wenig leiden kann als er sie und oben O. A. H. Schmitz zwischen seiner neuen freundin und seiner alten frau. Ceconis saßen mit Ricarda und die Plehns bei den Hentschels u. s. w. Alles dies hatte der Zufall, die Kasse und der böse Geist arrangiert und es wahr eine wahre Komödie in dem Trauerspiel.« (Karl und Hanna Wolfskehl, Briefwechsel mit Friedrich Gundolf, Bd. 2, S. 53) Die Kritik nahm Dülbergs Stück eher zwiespältig auf. Leo Greiner schrieb in der »Schaubühne«: »eine durchaus selbstwillige, scharf umrissene szenische Begabung, die unter Umständen eine dramatische werden kann.« (Korallenkettlin, in: Die Schaubühne, 3,1, 1907, S. 481)

24 *Hentschels* – Das Ehepaar Albert (1870–1928) und Sonja Hentschel (1875–1947). Der Privatgelehrte und Paläontologe Albert Hentschel und sein Bruder Edmund wanderten 1907 mit ihren Ehefrauen, den Schwestern Sonja und Olga, nach Mexiko aus. Dort wollte Albert Hentschel eine Silbermine übernehmen. Die Hentschels stammten aus Witschenske, Regierungsbezirk Danzig/Westpreußen. Edmund Hentschel war bis zu seiner Auswanderung Gutsbesitzer in Witschenske.

Schuler – Der Privatgelehrte und Mysterienforscher Alfred Schuler (1865–1923). 1893 kam er in Kontakt mit Klages, wenig später mit Wolfskehl und George. Nach kurzem Einblick in die akademische Archäologie widmete er sich seinen Privatstudien. Er begeisterte sich für das spätantike Römertum und vertrat eine neuheidnische Blut- und Lichtmystik. Wie alle »Kosmiker« war er von den Arbeiten J. J. Bachofens – »Versuch über die Gräbersymbolik der Alten« (1859) und »Das Mutterrecht« (1861) – stark beeinflußt. Die Auffassungen Schulers von einem »dionysischen Heidentum«, der »Blutleuchte« und dem Logos als zerstörendem, »molochistischem Prinzip« referiert OS in »Dämon« (S. 290–299).

Er schreibt, daß er bis 1906 mit Schuler in Kontakt stand, ihn aber dann lange Zeit aus den Augen verloren habe. Im Herbst 1922, wenige Monate vor Schulers Tod, traf er ihn noch zweimal: »Das letztemal fand ich ihn schon sehr leidend, er wollte das Zimmer nicht mehr verlassen. Vor ihm lagen auf einer Schale zehn auserwählt schöne spätrömische Silbermünzen, die ihn sein ganzes Leben begleitet hatten und ihn auch jetzt noch, wenn er sich in ihren Anblick versenkte, in ihre Substanz eintauchen ließen, so daß er die elende Gegenwart vergaß.« (Dämon, S. 298)

24 *Klages* – Der Philosoph Ludwig Klages (1872–1933).

Obrists – Der Schweizer Kunstgewerbler und Kunstpublizist Hermann Obrist (1862–1927). Er gehörte zu den bedeutenden Vertretern des Jugendstils. 1892 betrieb er ein Strickatelier in Florenz, das er 1894 nach München verlegte. 1898 gründete er die Vereinigten Werkstätten für Kunst und Handwerk und die Kunstgewerbeschule Obrist-Debschitz. Im Münchner Kunstgewerbe um 1900 trat Obrist als Vordenker und Neuerer auf. Das Leben müsse Kunst werden, hieß seine Maxime. Nach dem Vorbild von William Morris wollte er Kunst und Handwerk miteinander verbinden.

Frl. Bartel … im »Weißen Elephant« die Regine spielte – Am 2.3. 1907 veranstaltete der »Neue Verein« in München eine szenische Lesung des Einakters »Der weiße Elefant« (1902). Die Hauptrolle übernahm die Schauspielerin Sophie Bartel. OS selbst hielt im Rahmen der Veranstaltung einen Vortrag: »Zur Psychologie der Mode«.

Nasse – Der Kunsthistoriker Hermann Nasse (1873–?). Er lehrte an der Akademie der bildenden Künste in München.

20. 4. 1907

25 *Geld zurück* – Ende September 1906 schrieb Franziska zu Reventlow an OS: »Vielen Dank für Ihre Karte – es ist Ihre eigene Schuld, wenn ich Ihnen heute mit einer Bitte komme, denn bei der Karte fielen Sie mir plötzlich als rettender Engel ein. Erschrecken Sie bitte nicht, ich will Sie nur auf kurze Zeit und auf wohlgegründete Sicherheit anpumpen […], könnten Sie mir […] 200 leihen? Ich schreibe Ihnen einen Schuldschein und gebe es umgehend zurück […].« (Briefe 1890–1917, S. 484 f.)

»Liebe und Entgelt« – Der Aufsatz erschien in der Zeitschrift »Mutterschutz«, Frankfurt am Main 1907, S. 377 ff.

23. 4. 1907

Dr. Preisach – Nicht ermittelt.

24. 4. 1907

27 *Brackel* – Der deutsche Maler und Graphiker Josef van Brackel (1874–1955); er malte vor allem Landschaftsbilder und Stilleben.

25. 4. 1907

»Psychologie der Curtisane« – Zuerst veröffentlicht in: Die Opale II (1907), S. 157–160; später auch in der Essaysammlung »Brevier für Weltleute« (1911), S. 170–178.
Dr. Popp – Der Kunsthistoriker Joseph Popp. Er promovierte 1904 mit einer Arbeit über den Maler Martin Knoller, 1916 erschien seine Monographie über Bruno Paul. Zusammen mit Hans Karlinger publizierte er 1932 »Theodor Fischer. Ein deutscher Baumeister«. Nähere biographische Daten nicht ermittelt.
Kurt Aram – Der Schriftsteller Kurt Aram, eigtl. Hans Fischer (1869–1934), Mitherausgeber der Zeitschrift »März«. 1909 ging er nach Berlin und wurde Redakteur am »Berliner Tageblatt«. Er schrieb zahlreiche Romane und Reiseberichte und interessierte sich besonders für Magie und Mystik. Bekannt wurde er durch das 1929 erschienene Buch »Magie und Mystik in Vergangenheit und Gegenwart«.

27. 4. 1907

28 *Mathäser* – Gebäudekomplex in der Bayerstraße in München, zwischen Hauptbahnhof und Stachus, in dem sich ein traditionsreicher Bierausschank befand; heute als Kino genutzt.
meines Artikels … über »Mode« – Der Essay »Zur Psychologie der Mode«, 1911 in »Brevier für Weltleute« (S. 71–86) erschienen.
Die kleine Wimmer – Möglicherweise die Künstlerin Doris Wimmer (1881–1963), die Frau des Malers Fritz Wimmer (1879–1963). Wimmer studierte an der Münchner Akademie und ließ sich als freischaffender Maler in Schwabing nieder. Von ihm stammen Porträts der Schwabinger Boheme, so von Maja Klett und Alfred Kubin.

28. 4. 1907

Hirschfeld – Der naturalistische Romancier und Dramatiker Georg Hirschfeld (1873–1942). In seinen Anfängen entwickelte er sich in enger Beziehung zu Gerhart Hauptmann und schrieb 1900 Dramen, die dem Naturalismus nahestanden. Der ausbleibende literarische Erfolg zwang ihn später dazu, Unterhaltungsromane zu schreiben. Er lebte in Berlin, Wien und ab 1905 in der Dachauer Künstlerkolonie, wo ihn OS öfter besuchte.

28 *Carl Rößler* – Der Lustspielautor und Schauspieler Carl Rößler, auch Franz Reßner (1864–1948). Er arbeitete zunächst als Schauspieler mit wechselnden Engagements auf verschiedenen Provinzbühnen. Ab 1906 lebte er als freier Schriftsteller vorwiegend in München und gehörte dem Kreis um Max Halbe an. Einige Berühmtheit erlangte er mit seiner Komödie »Die fünf Frankfurter« (1912), die den Aufstieg des Hauses Rothschild behandelt.

1. 5. 1907

29 *Gusmaroli* – Restaurant, Künstler- und Literatentreffpunkt in München.
Habicht – Nicht ermittelt.

4. 5. 1907

30 *Baron Simolin* – Der Münchner Kunstsammler und Mäzen Rudolf Freiherr Simolin-Bathory (1885–1945).
Dr. Blei – Der Essayist, Erzähler, Kritiker und Übersetzer Franz Blei (1871–1942). In seinen satirischen Schriftstellerporträts, die er in Form barocker Tierbilder entwarf, charakterisierte er auch OS: »A. B. C. D. Schmitz«, wie ihn Blei nennt, sei der »Wärter« und »überaus fromme Pater« von Hermann Bahr, der »ein ungemein gesprächiges und, fehlt ihm der Partner, selbstgesprächiges Tier« sei, das sich, ohne den schützenden Schmitz, »totreden« würde (Das große Bestiarium der modernen Literatur, S. 22). Mit einem Seitenhieb bedachte Blei auch die Beziehung zwischen OS und dem George-Kreis (S. 36) sowie die Sympathien, die OS im Ersten Weltkrieg für den Konservativismus zeigte (S. 211).
v. Guteneck – Nicht ermittelt.

5. 5. 1907

31 *Beerkonzert* – Der österreichische Komponist Max Josef Beer (1851–1908). Er schrieb lyrische Klavierstücke, Opern und eine parodistische Operette.
der kleinen Bollak – Die Schauspielerin Rosi Bollak; nähere biographische Daten nicht ermittelt.

6. 5. 1907

Heck – Café Heck am Hofgarten, Odeonsplatz 6.
den dicken Hopf – Nicht ermittelt.
Raschid Bey – Der Architekt und Privatgelehrte Omar al-Raschid Bey, eigtl. Fiedrich Arnd (1839–1911). Er war in zweiter Ehe mit der Schriftstellerin Helene Böhlau, der Tochter des Verlegers Hermann Böhlau, verheiratet. Um diese Ehe eingehen zu können, war

er 1886 vom jüdischen Glauben zum Islam übergetreten; seitdem nannte er sich Omar al-Raschid Bey. Bekannt wurde er mit dem Werk »Das hohe Ziel der Erkenntnis«.

7. 5. 1907

32 *Hentschel … Mexico* – Vgl. Anm. *Hentschels* zu S. 24.

Ich arbeite am 3. Akt – »Don Juanito. Komödie in vier Aufzügen« (1908). OS stellt in seiner Komödie einen zeittypischen kleinformatigen Don Juan vor, darauf weist schon der Titel mit dem Diminutiv hin. Hans Dondorf, Rentier und Reisender, steht im Ruf ein Don Juan zu sein, ein Mann mit vielen Verhältnissen. Als er im Bosporus-Palace-Hotel in Therapia eintrifft, steht er sogleich im Mittelpunkt der bis dahin gelangweilten Hotelgäste. Die Frauen betrachten ihn fasziniert, die Männer argwöhnisch. Nur die Baroneß Helene von Wernstein läßt sich nicht weiter von Dondorf beeindrucken. Sie will eine Karriere als Sängerin machen und meint, auf Liebesglück und Ehe verzichten zu müssen. Ihre Schwester ist ganz anderer Meinung und versucht sie immer wieder unter die Haube zu bringen. Diesmal hat sie einen greisen rumänischen Minister ausgesucht. Dr. Finke, der in Helene von Wernstein verliebt ist, und sein Freund Dondorf versuchen das zu verhindern, indem sie selbst um die Baroneß werben. Finke bittet den Freund, nur zum Schein seine Qualitäten als Verführer einzusetzen. Da Dondorf den Annäherungsversuchen von Lady Burton nachgibt, scheint die Sache gut auszugehen. In Wirklichkeit aber haben sich Helene und Dondorf ineinander verliebt. Zur Hochzeit kommt es jedoch nicht. Drei Jahre später treffen sich die beiden in Berlin wieder: Dondorf hat in dieser Zeit Persien bereist, Helene hat eine Ausbildung als Sängerin gemacht und lebt für ihre künstlerischen Ambitionen. Dondorf erklärt ihr erneut seine Liebe, wird aber entschieden abgewiesen, weil er vor drei Jahren gezögert und sie nicht im Sturm erobert hat. Er habe zwar in der Gesellschaft den Ruf eines Don Juan, in Wahrheit sei er jedoch ein Spießer. Unempfindlich gegen solche Angriffe läßt sich Dondorf am Ende mit einer Schülerin Helenes ein, während sich Helene mit Dr. Finke verlobt.

Bacher – Nicht ermittelt.

Café Stefanie – Berühmtes Café der Boheme in der Amalienstraße, auch »Café Größenwahn« genannt.

8. 5. 1907

»Don Juan et Ophélie« – Rochés Buch wurde 1921 unter dem Titel »Don Juan« und dem Pseudonym Jean Roc in den Editions

de la Sirène veröffentlicht. Für die »Literarische Welt« übersetzte Franz Hessel den Abschnitt »Don Juan und die Kathedrale« (5.4.1928).

9. 5. 1907

32 *Kothe-Conzert* – Der Lautensänger und Dichter Robert Kothe alias Frigidus Strang (1869–1947). Er gehörte zu dem literarischen Kabarett »Die Elf Scharfrichter«.

10. 5. 1907

Bruck – Fürstenfeldbruck, Kreisstadt bzw. gleichnamiger Landkreis nordwestlich von München, aus Fürstenfeld und der selbständigen Ansiedlung Bruck entstanden.

Falckenbergs – Der Regisseur, Theaterleiter und Schriftsteller Otto Falckenberg (1873–1947) und seine Ehefrau Wanda. Falckenberg war Mitbegründer des literarischen Kabaretts »Die Elf Scharfrichter«. Ab 1914 arbeitete er als Regisseur und von 1917 bis 1944 als Intendant der Münchner Kammerspiele.

33 *Rosenthal* – Wahrscheinlich der Buch- und Kunstantiquar Jacques Rosenthal, nähere biographische Daten nicht ermittelt.

11. 5. 1907

Eisenbahn-Drama – Nicht ermittelt.

Heller – Wahrscheinlich der Münchner Schauspieler und Regisseur Ludwig Heller (1872–1919).

12. 5. 1907

Maja – Die Kunstgewerblerin Maja Klett, eine Freundin von Franziska zu Reventlow. Nähere biographische Daten nicht ermittelt.

14. 5. 1907

34 *Stück des Rechtsanwalts Bernstein* – Der Münchner Rechtsanwalt, Kritiker und Schriftsteller Max Bernstein (1854–1925). Er schrieb vor allem leichte Lustspiele aus dem Münchner Leben: »Mädchentraum« (1898), »Die Sünde« (1908), »Endlich allein!« (1911). OS konsultierte ihn 1906 im Zusammenhang mit seiner Scheidung.

18. 5. 1907

Scholz – Der Schriftsteller Wilhelm von Scholz (1874–1969).

Reßner – Franz Reßner, eigtl. Carl Rößler; vgl. Anm. *Carl Rößler* zu S. 28.

Halbe – Der Schriftsteller Max Halbe (1865–1944), Sohn eines Gutsbesitzers aus Güttland bei Danzig. Er studierte zunächst Jura, dann Geschichte und Germanistik. 1888 promovierte er mit einer Arbeit über Kaiser Friedrich II. in München und arbeitete als freier Schriftsteller, zuerst in Berlin und seit 1895 wieder in München. Er gehörte mit seinen Dramen und epischen Werken – »Jugend« (1893), »Mutter Erde« (1897), »Der Strom« (1904) – zu den populärsten Autoren um 1900 und war im Münchner Literaturbetrieb eine Institution.

19. 5. 1907

35 *Café Habsburg* – Münchner Café in der Schlossergasse.

22. 5. 1907

van Hees – Der Maßschneider L. H. van Hees, seit 1840 in der Brienner Straße 3.

Dungerns ehemalige Geliebte – Der Jurist Otto Karl Ludwig Freiherr von Dungern (1895–1967), ein Cousin des langjährigen Kessler-Freundes Otto Freiherr von Dungern. Die ehemalige Geliebte ist nicht ermittelt.

Gusti – Gusti, geb. Rathgeber, die erste Frau von Otto Julius Bierbaum, seit 1899 mit Oscar Fried verheiratet.

24. 5. 1907

36 *»Gyges und sein Ring«* – Tragödie in fünf Akten (1856) von Friedrich Hebbel.

25. 5. 1907

Greiners – Der österreichische Lyriker, Dramatiker und Erzähler Leo Greiner (1876–1928) und seine Ehefrau Erna. Greiner gehörte zum Kreis um Frank Wedekind und war Mitbegründer und künstlerischer Leiter des Kabaretts »Die Elf Scharfrichter«, zudem Leiter des Bühnenvertriebs des S. Fischer Verlages.

27. 5. 1907

»Scherz, Ironie und tiefere Bedeutung« von Grabbe – Das 1822 erschienene Lustspiel von Christian Dietrich Grabbe (1801–1836); der Titel heißt korrekt »Scherz, Satire, Ironie und tiefere Bedeutung«.

Schloß – Karl Schloß (1876–1944). Er wuchs als Sohn jüdischer Eltern in Alzey auf, wo der Vater eine Zigarrenfabrik hatte. Er ging zum Studium nach München und Heidelberg, ließ sich 1900 als freier Schriftsteller in München nieder, schrieb für die Zeitschriften »Insel« und »Jugend« und veröffentlichte einen Band Lyrik. 1910 kehrte er nach Alzey zurück und arbeitete in der väterlichen Firma. Im Januar 1944 wurde er in Auschwitz ermordet.

36 *die kleine Reich* – Martha Reich, eine Münchner Freundin von Franziska zu Reventlow.

28. 5. 1907

37 *»Meroë«* – Tragödie (1906) von Wilhelm von Scholz.

29. 5. 1907

Gustav Valentin – Möglicherweise ein Schreibfehler, wahrscheinlich ist der Berliner Schauspieler Hermann Vallentin (1872–1945) gemeint.

Blättern f. d. Kunst – Die von Stefan George 1892 gegründete Zeitschrift »Blätter für die Kunst«, von der bis 1919 in unregelmäßigen Abständen 12 Folgen erschienen. Zunächst gab es keinen festen Mitarbeiterstab, erst im Laufe der Zeit bildete sich mit dem George-Kreis ein tragender Zusammenhang heraus. Von OS erschienen Beiträge in der III. Folge, H. 1, 2 und 4, und in der IV. Folge, H. 1–2, 3, 4 und 5.

30. 5. 1907

Maler Feigl – Der Maler und Graphiker Friedrich Feigl, auch Fred Feigl (1884–1966). Er wurde 1904/05 von der Kunstakademie in Prag wegen revolutionärer Aktivitäten entlassen. Ab 1910 lebte er in Berlin. Er malte das einzige Porträt Kafkas.

Dr. Kraft – Ludwig Kraft; nähere biographische Daten nicht ermittelt. Im Nachlaß hat sich ein Empfehlungsschreiben vom 11. 7. 1907 erhalten, das sich auf die Balkanreise von OS und Debschitz bezieht.

31. 5. 1907

Georg Müller … »Ägypten« – Der Verleger Georg Müller (1877 bis 1917) hatte 1903 in München seinen eigenen Verlag gegründet, in dem in typographisch vorbildlicher Ausstattung Werkeditionen, fremdsprachige Klassiker und Autoren der Moderne (Feuchtwanger, Wedekind, Strindberg) erschienen. Auch OS gehörte ab 1910 zu den Hausautoren des Verlags. Zuvor hatte er bereits Artikel in der Zeitschrift »Süddeutsche Monatshefte« publiziert, an der Georg Müller beteiligt war. Das geplante Buch über Ägypten kam nicht zustande. OS hielt seine Ägyptenfahrt im Jahre 1911 in zahlreichen Essays fest, die er 1912 auch in den Sammelband »Fahrten ins Blaue. Ein Mittelmeerbuch« aufnahm (S. 259 ff.).

38 *Alla Kappel* – Nicht ermittelt.

1. 6. 1907

38 *»die relegierten Studenten« von Benedix* – Lustspiel in vier Aufzügen von Roderich Benedix (1811–1873), Lustspielautor, Schauspieler und Theaterdirektor.

Simplicissimus ... Kathi Kobus – Das Künstlerlokal Simplicissimus in der Türkenstraße 57, benannt nach der satirischen Zeitschrift, einer der zentralen Treffpunkte der Schwabinger Boheme. Kathi Kobus (1854–1929) betrieb das Lokal seit 1903.

2. 6. 1907

Frau Frenzdorf – Nicht ermittelt.

3. 6. 1907

3. Akt begonnen – »Don Juanito. Komödie in vier Aufzügen« (1908).

6. 6. 1907

39 *Wanda und Lilly* – Nicht ermittelt.

Thoma – Der Erzähler und Dramatiker Ludwig Thoma (1867 bis 1921). Bei den beiden Stücken handelt es sich um »Die Medaille« (1901) und »Lokalbahn« (1901), die damals erfolgreichsten Komödien von Ludwig Thoma.

8. 6. 1907

Herkomerkonkurrenz – Die 1905 erstmals veranstaltete Tourenwagen-Rallye in Landsberg am Lech und am Ammersee. Begründet wurde sie von dem Maler, Bildhauer, Musiker und Schriftsteller Sir Hubert Ritter von Herkomer (1849–1914), der einen eigens kreierten Preis stiftete und heute als Wegbereiter des Automobilsports gilt. Herkomer lebte und arbeitete in England, hielt sich aber im Sommer bei seiner Mutter in Landsberg am Lech auf. In dieser Zeit organisierte er die sogenannte Herkomer-Konkurrenz.

Baronin Wolzogen – Nicht ermittelt.

9. 6. 1907

»die Journalisten« – Lustspiel (1882) von Gustav Freytag.

10. 6. 1907

40 *Gundermann* – Über die Liebesbeziehung zu Friedel Gundermann schreibt OS in »Ergo Sum«: »In der letzten Münchener Woche hatte ich auf einem Sommerfeste ein überaus liebliches junges Geschöpf kennengelernt, das hier Gerty heiße. Ich war ihr öfter im Theater begegnet, aber ohne es erreichen zu können, das zierliche brünette Wesen kennenzulernen. [...] Nirgends gilt das Wort ›Wer hat, dem wird gegeben‹ mehr als in der Liebe. Ich besaß also ›Kre-

dit‹ bei Gerty […]. Dieser Umstand, sowie die bevorstehenden Sommerferien ermöglichten mir eine schnelle Eroberung, und ich begleitete Gerty ein Stück auf ihrer Heimreise, mit ihr einige Tage lang kleine, altertümliche süddeutsche Städte durchwandelnd. Im Herbst war sie nun nach Genf gereist, um dort ihre Musikstudien fortzusetzen. Wir trafen uns in Lausanne, wo wir die kurzen Reisetage des Sommers, voll von heiterer Wanderpoesie, unter südlicherem Himmel wiederholten. […] Bei dem Erlebnis mit Gerty […] fühlte ich mich zum erstenmal zu alt für ein junges Mädchen.« (S. 32 f.)

40 *Köffler* – Nicht ermittelt.

12. 6. 1907

Mieze – Nicht ermittelt.

13. 6. 1907

Frl. Nachtigal – Die Malerin und Radiererin Maria Nachtigal (1869–?), eine Schülerin von Frithjof Smith.

41 *Alfred soll die Reise mitmachen* – Alfred Kubin, der vor allem von seiner Frau Hedwig zu der Reise ermuntert wurde, sagte schließlich doch ab. Am 24. 7. schrieb er: »Lieber Oscar, Dank dir zu meinem größten Bedauern werde ich nun doch nicht nach Bosnien etc. mitreisen – meine zurückgebliebene Empfindlichkeit gegenüber der Nahrung, und Touren ist doch noch eine derartige daß ich mir und Euch zuliebe die Reise in dieses Land nicht mache. […] Vielleicht komme ich bis Mitte August in eine reisefähigere Verfassung.« (Kubin-Archiv) Tatsächlich plante Kubin wenig später eine Reise nach Bosnien und Dalmatien. In einem Brief vom 12. 8. 1907 forderte er Fritz von Herzmanovsky-Orlando dazu auf, ihn auf der Reise zu begleiten; vgl. Fritz von Herzmanovsky-Orlando, Der Briefwechsel mit Alfred Kubin, S. 8. Im Herbst verreiste Kubin für drei Wochen und traf kurz mit Fritz von Herzmanovsky zusammen.

Brüder Feiks – Der ungarische Maler Alfred Feiks (1880–1950) studierte in München, Paris und London; Eugen Feiks (1873 bis 1939) studierte in Paris und München und war Mitarbeiter bei den »Fliegenden Blättern«; beide malten im Stil des dekorativen Impressionismus und waren Mitglieder der Berliner Sezession.

14. 6. 1907

Dr. Ludwig – Vermutlich Dr. Bernhard Ludwig, Oberbaurat und Dozent an der Technischen Hochschule in München.

15. 6. 1907

41 *Parin* – Der Maler und Zeichner Gino Parin, eigtl. Friedrich Pollack (1876–1944).

16. 6. 1907

Völkerling – Der Maler Hermann Völkerling (1875–1924).
Frl. Laumen – Die Münchner Malerin Maria Laumen, eine Schülerin von Wilhelm Trübner; nähere biographische Daten nicht ermittelt.

17. 6. 1907

Mutti – Spitzname für die Schwester Hedwig Kubin.

18. 6. 1907

Jawlensky und die Baronin Werefkin – Der russische Maler Alexej Jawlensky (1864–1941), der 1896 nach München übergesiedelt war. Er lebte zeitweilig mit der Malerin Marianne von Werefkin (1860–1938) in der Münchner Giselastraße zusammen. Beide waren eng mit Wassily Kandinsky und Gabriele Münter befreundet. Die beiden Paare verbrachten den künstlerisch bedeutsamen Sommer 1908 in Murnau, 1909 gründeten sie die »Neue Künstlervereinigung München«, der sich u.a. Alfred Kubin anschloß.
Wilhelm Michel – Der Essayist, Literaturkritiker, Lyriker und Hölderlin-Forscher Wilhelm Michel (1877–1942).

19. 6. 1907

42 *Graf von Charolais* – »Der Graf von Charolais. Ein Trauerspiel« (1904) von Richard Beer-Hofmann.

20. 6. 1907

Flachsmann als Erzieher – Komödie in drei Aufzügen (1900) von Otto Ernst.

21. 6. 1907

Das Stück fertig – »Don Juanito. Komödie in vier Aufzügen« (1908).
Lewin – Nicht ermittelt.

22. 6. 1907

43 *Pontoppidan* – Der dänische Schriftsteller Henrik Pontoppidan (1857–1943). Nach einem Ingenieurstudium war er als Lehrer und seit 1881 als freier Schriftsteller tätig. Er behandelte vor allem zeit- und kulturkritische Themen in der Tradition des Naturalismus. Zwischen ausgedehnten Reisen durch Europa hielt er sich wiederholt in München, Berlin und Paris auf. 1917 wurde ihm – zusammen mit Karl Adolph Gjellerup – der Nobelpreis verliehen.
Herrn Cohn – Nicht ermittelt.

43 *Anna Louisa Schmidt* – Nicht ermittelt.
der kleine Hoerschelmann – Der Maler und Schriftsteller Rolf von Hoerschelmann (1885–1947); sein Erinnerungsbuch »Leben ohne Alltag« (1947) behandelt ausführlich die Schwabinger Boheme und die Kunststadt München.

23. 6. 1907

44 *Lichtenberger* – Der Maler Hans Reinhold Lichtenberger (1876 bis 1957), ein enger Freund Kubins in den frühen Münchner Jahren. Er war zusammen mit Mathilde (Tilly) Alewyn, geb. Schmitz, Trauzeuge von Alfred und Hedwig Kubin.

25. 6. 1907

Reiseaufsätze über Griechenland und die Türkei – Später veröffentlicht in »Fahrten ins Blaue«, S. 144 ff.; darunter auch das in diesem Band (S. 338–344) abgedruckte Essay »Die Nächte in Konstantinopel«.
das Vierte Gebot – Volksstück in vier Akten (1878) von Ludwig Anzengruber.

27. 6. 1907

Björnson, Paul Lange und Tora Parsberg – Schauspiel in drei Akten (1898) des norwegischen Schriftstellers Børnstjerne Bjørnson.

28. 6. 1907

45 *Harden ... Eulenburgaffäre* – Der Publizist und Schriftsteller Maximilian Harden (1861–1927) hatte 1892 die politische Wochenschrift »Die Zukunft« gegründet, die er in eigener Regie bis 1922 führte. Das Periodikum wurde zu einem Kampforgan gegen das kaiserliche Regime, insbesondere gegen den engeren Beraterkreis um Wilhelm II. Die seit Februar 1907 in der »Zukunft« veröffentlichten Angriffe gegen Philipp Fürst von Eulenburg und den Grafen Kuno von Moltke und die Enthüllung ihrer angeblich homosexuellen Neigungen führten zu zahlreichen Prozessen. Nicolaus Sombart, der Bismarck als den Spiritus rector dieser diffamierenden Kritik am Kaiserreich sieht, schreibt zur Eulenburg-Affäre: »Die politische Bedeutung dieser Prozesse kann nicht hoch genug veranschlagt werden. Stärker als irgendeine andere der innen- und außenpolitischen Krisen erschütterten sie das Deutsche Reich in seinen Grundfesten und trugen entscheidend dazu bei, das Vertrauen in die Monarchie und den Monarchen, ihre Führungsschicht und ihren Führungsstil zu diskreditieren« (Sombart, Die deutschen Männer und ihre Feinde, S. 41).

29. 6. 1907

45 *Helene Klages* – Die Graphologin Helene Klages (1878–1947). Sie war ihrem Bruder Ludwig sehr verbunden und arbeitete mit ihm eng zusammen. Von Sommer 1903 bis Frühjahr 1904 war sie – wie zahlreiche Briefe im Nachlaß belegen – die Geliebte von OS.

30. 6. 1907

46 *Holm* – Der Schriftsteller Korfiz Holm (1872–1942). Er war zunächst Verlagsleiter, dann Teilhaber des Albert Langen Verlages und arbeitete als Redakteur für den »Simplicissimus«. Er war ein Schulkamerad von Thomas Mann, zu dem er auch Kontakt hielt.

1. 7. 1907

Lili Marberg – Die Schauspielerin Lili Marberg (1876–1962).
Baron Falkenhausen – Wahrscheinlich der Jurist und Verwaltungsbeamte Friedrich Freiherr von Falkenhausen (1869–1946), Sohn des Generals Ludwig Freiherr von Falkenhausen (1844–1936).
Dr. Peters – Der Kolonialpolitiker, Publizist und Afrikaforscher Carl Peters (1856–1918); er gilt als Begründer von Deutsch-Ostafrika.

2. 7. 1907

»Lothar« – Der autobiographische Roman »Lothar oder Untergang einer Kindheit« (1905).

4. 7. 1907

48 *…essen … Zimmer.* – Die Passage wurde handschriftlich im Typoskript ergänzt.

5. 7. 1907

5. Juli … Bamberg. – Handschriftliche Ergänzung dieser Passage im Typoskript.
Lampe – Der Komponist und Pianist Walther Lampe (1872–1964).
49 *Swoboda* – Der Psychologe Hermann Swoboda (1873–1963), Professor an der Wiener Universität und enger Freund Otto Weiningers. Nach dessen Selbstmord im Jahre 1903 setzte er die von Weininger begonnene Arbeit fort. 1904 veröffentlichte er ein Buch mit dem Titel »Die Perioden des menschlichen Organismus in ihrer biologischen und psychologischen Bedeutung«. Die Abhandlung orientierte sich nicht nur an Weininger, sondern auch an Wilhelm Fließ und Sigmund Freud. Weininger und Swoboda gingen in ihren Untersuchungen von der Annahme einer dauernden Bisexualität und dem Prinzip der Periodizität aus. Fließ, der diese

These schon einige Jahre vertreten hatte, fühlte sich durch ihre Veröffentlichungen plagiiert und warf Freud vor, eine Vermittlerrolle gespielt zu haben; vgl. Jacques Le Rider, »Der Fall Otto Weininger. Wurzeln des Antifeminismus und Antisemitismus«, S. 78 ff. Swoboda beeinflußte OS auch mit seiner 1917 erschienenen Schrift »Das Siebenjahr. Untersuchungen über die zeitliche Gesetzmäßigkeit des Menschenlebens«.

8. 7. 1907

49 *Offizier v. Kühlmann … Bruder meines Leipziger Studiengenossen* – Der Studiengenosse war der Diplomat und politische Schriftsteller Richard von Kühlmann (1873–1948). Nach Jurastudium und Promotion war er zunächst als Botschaftsrat u. a. in Tanger, St. Petersburg, Teheran und London tätig. Im Ersten Weltkrieg war er Staatssekretär im Auswärtigen Amt, und in den zwanziger Jahren wirkte er in Leitungspositionen in der Wirtschaft. Er war mit Rudolf Alexander Schröder, Alfred Walter Heymel und Harry Graf Kessler befreundet. In den dreißiger Jahren publizierte er historische Schriften und drei Romane. Bei dem Bruder dürfte es sich um Hans von Kühlmann handeln, der Offizier war; vgl. Richard von Kühlmann, Erinnerungen, S. 386.

11. 7. 1907

Vorstellung bei Welsch – Näheres nicht ermittelt.

13. 7. 1907

50 *Lori Karwat* – Eleonore (Lori) Karwat, in den Jahren 1896/97 enge Freundin und Geliebte von OS. Weitere biographische Daten nicht ermittelt. In »Dämon« nennt OS seine Geliebte aus den frühen Münchner Jahren Léonie: Sie »war sieben Jahre älter als ich, entstammte von Mutterseite einer polnischen Slachtizenfamilie und war mit einem preußischen Offizier verheiratet, von dem sie getrennt mit ihrem Söhnchen in München lebte. Äußerlich war sie Polin, eine zierlich-weiche, rötlich-blonde fausse maigre mit zarten, doch sehr ausgesprochenen Gesichtszügen und Dame des Salons.« (S. 66)

Nina – Nina Burk, die erste Frau von OS. Sie stammte aus Karlsruhe und arbeitete nach ihrer Scheidung im November 1902 als Sängerin an der dortigen Oper. Weitere biographische Daten nicht ermittelt.

15. 7. 1907

50 *Marise Müller-Mathis* – Schwester von George Mathis; vgl. Anm. *Mathis'sche … Heiratsprojekt* zu S. 189; nähere biographische Daten nicht ermittelt.

Gespenster – Schauspiel (1881) von Henrik Ibsen.

17. 7. 1907

51 *Vezzo* – Nicht ermittelt.

19. 7. 1907

Gärtnertheater – Staatstheater am Gärtnerplatz, 1865 gegründet.

21. 7. 1907

52 *Willy Lang* – Vgl. Anm. *Lang* zu S. 19.

22. 7. 1907

Meerbach – Nicht ermittelt.

Dora Stratton – Die Schauspielerin und Kabarettistin Dora Stratton, Frau von Heinrich Lautensack (1881–1919), der bei den »Elf Scharfrichtern« auftrat.

Hardekopf – Der Schriftsteller Ferdinand Hardekopf, auch Stefan Wronski (1867–1954), eine der zentralen Gestalten der Berliner Boheme. Seit 1899 schrieb er Theater- und Literaturkritiken, aber auch Gedichte und Prosastücke. Mit seinen Texten galt er vielen als Vorläufer des Expressionismus und Dadaismus. Er lehnte den deutschen Militarismus entschieden ab und ging im Ersten Weltkrieg in die Schweiz, in den zwanziger Jahren nach Frankreich.

Herzog – Der Schriftsteller und Publizist Wilhelm Herzog, auch Julian Sorel (1884–1960). 1910 wurde er Mitherausgeber der Zeitschrift »PAN« (zusammen mit Paul Cassirer), 1914 gründete er die Zeitschrift »Das Forum«, die ein Jahr später verboten wurde. In dieser Zeit gab er mit Walther C. F. Hirt die Wochenzeitschrift »Die Weltliteratur« heraus. Später machte er sich mit der Übersetzung und Herausgabe der Werke von Romain Rolland einen Namen. In den zwanziger Jahren befaßte er sich mit dem Thema Antisemitismus, schrieb u.a. mit Hans José Rehfisch das Drama »Die Affaire Dreyfus« (1929). Herzog war überzeugter Pazifist.

23. 7. 1907

53 *»Liebe und Entgelt«* – Titel des Aufsatzes in der Zeitschrift »Mutterschutz«, 1907, S. 377 ff.

24. 7. 1907

53 *die »Scholle«* – Die Münchner Künstlervereinigung »Scholle« wurde im November 1899 von Mitgliedern der Münchner Sezession gegründet. Die Vereinigung konzentrierte sich auf die Themen Mensch und Natur. Mitglieder waren u.a. Fritz Erler, Leo Putz, Gustav Bechler, Adolf Höfer und Max Feldbaum.

Baron v. Guenther – Der deutschbaltische Schriftsteller Johannes von Guenther (1886–1973). Von Stefan George begeistert und beeinflußt, schrieb er das Gedichtbuch »Schatten und Helle« (1906). 1908–1913 lebte er in St. Petersburg und schloß sich den Symbolisten an. Während dieser Zeit ausgedehnte Reisen durch Rußland. 1914 mußte er Rußland verlassen und kehrte zurück nach München. Er wurde Mitarbeiter der Zeitschrift »Hochland«. Zwischen 1916 und 1918 leitete er den Georg Müller Verlag, 1919 gründete er den Musarion Verlag. Als Schriftsteller trat er vor allem mit historischen Romanen an die Öffentlichkeit. 1969 erschienen seine Erinnerungen »Ein Leben im Ostwind. Zwischen Petersburg und München«.

25. 7. 1907

Weisgerber – Der Maler Albert Weisgerber (1874–1915). Er erhielt seine Ausbildung an der Münchner Akademie der Künste bei Franz von Stuck, entwickelte sich mit seiner Malerei zwischen dem deutschen Impressionismus und dem beginnenden Expressionismus und war stark von den französischen Malern, vor allem von Matisse und Cézanne, beeinflußt. In Paris entstand ein Bild, das OS möglicherweise beeindruckt hat, weil es Erinnerungen an seinen eigenen Paris-Aufenthalt im Jahr 1906 und den zusammen mit Roché und Hessel besuchten Künstlerball wachrief: »Bal des 4 Art« (1905); vgl. dazu Das wilde Leben der Boheme, S. 216ff.

26. 7. 1907

meines Stücks – »Don Juanito. Komödie in vier Aufzügen« (1908).

28. 7. 1907

54 *Gräfin im Krankenhaus* – An Franz Hessel schrieb Franziska zu Reventlow im Sommer 1907: »Denken Sie nur, ich bin wieder krank, richtig krank mit inneren Geschichten. Es spielte schon den ganzen Winter in Korfu, aber ich hoffte immer, es wäre nur Regen und Bagatellen, nun scheint es aber doch ziemlicher Ernst zu sein. Ich muß alle Tage ins Krankenhaus gehen zu einer lang-

wierigen Behandlung, im übrigen liegen, sich schonen, alles, was das Herz erfreut, verboten, Wein, Weib, Gesang, radeln, tanzen, gehen und die angenehme Aussicht, daß es doch mit einer nochmaligen großen Operation endet, wenn die Behandlung nach einem Monat nicht genug wirkt.« (Franziska zu Reventlow, Briefe 1890 bis 1917, S. 521)

29. 7. 1907

54 *von Hartmann* – Der Komponist, Pianist und Maler Thomas von Hartmann (1886–1956). Er gehörte mit Kandinsky, Münter, Jawlensky, Werefkin und Kubin zu den ersten Mitgliedern der »Künstlervereinigung München«.

31. 7. 1907

Prozeß Hau – Der aufsehenerregende Prozeß gegen den Rechtsanwalt Karl Hau (1881–1926). Vor dem Schwurgericht des Landgerichts Karlsruhe fand vom 17. bis 23. 7. 1907 die Hauptverhandlung gegen Hau statt, der beschuldigt wurde, seine Schwiegermutter, die Medizinalratswitwe Josefine Molitor, in Baden-Baden erschossen zu haben. Hau, der die Tat bestritt, wurde zunächst zum Tode verurteilt, dann zu lebenslänglicher Haft. 1925 wurde er entlassen und veröffentlichte zwei Schriften, in denen er sich mit dem Prozeß und seiner Haft auseinandersetzte: »Das Todesurteil« und »Lebenslänglich«. 1926 beging er in Italien Selbstmord.

3. 8. 1907

55 *Budapest* – OS hat über die Reise mit Debschitz im Sommer 1907 mehrere Essays publiziert: »Balkan-Reise« (Das Magazin, 77, 1908, Nr. 6, S. 103–107, und Nr. 7–8, S. 130–134), »Pußtastädte« (Fahrten ins Blaue, S. 101–105), »Im mohammedanischen Österreich« (ebd., S. 106–112), »Als der Sandschak Novibasar noch österreichisch war« (ebd., S. 113–123), »Das Idyll in den schwarzen Bergen« (ebd., 124–130), »Ein Blick nach Albanien« (ebd., S. 131 bis 136), »Banditenmoral« (ebd., S. 137–141).

4. 8. 1907

56 *meine Nervosität* – Zwischen OS und Debschitz muß die Stimmung während der Reise nicht sehr gut gewesen sein. In »Ergo Sum« schreibt OS: »Die Ereignisse der letzten Jahre hatten mich zu sehr mitgenommen, und der gute Debschitz, der zum erstenmal im Ausland war, mußte die Vorteile meiner Reiseerfahrungen durch das Ertragen meiner häufigen Mißstimmungen erkaufen.« (S. 29)

6. 8. 1907

57 *Caposvar* – Kaposvár, die ungarische Stadt, südlich des Plattensees, an der Eisenbahnlinie Budapest–Zagreb.

7. 8. 1907

Agram – Heute Zagreb, Hauptstadt der Republik Kroatien.

8. 8. 1907

58 *Doberlin* – Ort in Bosnien, an der Bahnstrecke nach Banja Luka.

9. 8. 1907

Jajce – Die einstige Hauptstadt Bosniens, Sitz der bosnischen Könige; in Zentralbosnien gelegen, 70 km südlich von Banja Luka. Hier entspringt der Fluß Pliva, der über die berühmten Wasserfälle in den Fluß Vrbas mündet.
Bočac – Kleiner Ort zwischen Banja Luka und Jajce.
Vrbas – Fluß bei Banja Luka im Westen Bosnien-Herzegowinas; er entspringt dem Gebirge Vranica.

10. 8. 1907

59 *Bummeln durch das Dorf … nach Jezero* – Jezero, 9 km von Jajce am Jezero-See entfernt, längs der Pliva. Der Ort ist eine alte türkische Ansiedlung. In seinem Essay »Im mohammedanischen Österreich« schreibt OS: »Am anderen Tag schlendern wir in dem Städchen und dem benachbarten Jezero umher. Entzückende Kinder mit hennagefärbtem, rotem Haar und weiten türkischen Hosen laufen in den Gassen herum; zierliche halbwüchsige Mädchen, die dicht vor der Verschleierung stehen, lassen uns ahnen, was für Kostbarkeiten so ein Harem verbergen mag.« (Fahrten ins Blaue, S. 109 f.)

11. 8. 1907

südslavische Rasse – »Im mohammedanischen Österreich« schreibt OS: »Hier kann man an allen Rassetheorien irre werden. Mohammedaner und Christen sind Bosniaken, dasselbe südslawische Volk, aber die verschiedene Gedanken- und Gefühlsrichtung ihrer Bekenntnisse machte die einen aufrecht und bückte die anderen zur Erde.« (Fahrten ins Blaue, S. 110)
reizlose Stadt – Ausführlicher schildert OS die Ankunft in Sarajevo im Reiseessay »Im mohammedanischen Österreich«: »Der Eindruck der Hauptstadt Sarajevo ist bei der Ankunft enttäuschend. Staubige Straßen von jämmerlicher Modernität erstrecken sich eine halbe Stunde lang vom Bahnhof zur Innenstadt. Hôtels und

Restaurants sind nicht schlecht, aber unbehaglich. Man merkt, daß eine nordische, mit den Forderungen des Südens unbekannte Rasse hier wohnt. Eng verschlossene Räume, kaum eine Möglichkeit, im Freien zu sitzen, der bekannte Wirtshausgestank der Heimat – und das bei vierzig Grad Celsius. Aber schon der erste Ausgang läßt uns von der Enttäuschung zurückkommen. Hundert Schritte vom Hôtel beginnt der Orient, und zwar echter als in Konstantinopel« (Fahrten ins Blaue, S. 110).

13. 8. 1907

60 *der unbeschreiblich bunte Bazar* – »Im mohammedanischen Österreich« schreibt OS: »Die Buden des Basars sind zwar mit dem schamlosen Schund der europäischen Industrie angefüllt, für den das bezeichnende Wort ›billig und schlecht‹ geprägt worden ist, aber wie bewegen sich die Menschen dazwischen in ihrer bunten und doch ruhigen Tracht! Hier hämmern, klopfen, feilen, nähen emsige Handwerker, in ihren offenen Holzbuden am Boden sitzend, dort thronen rauchend fette Kaufleute über ihren Warenhaufen, in manchen Buden wird gefeiert, auf Matten ruhen die Effendis beieinander in gemessenem Gespräch. Das Gewühl ist unbeschreiblich. Oft liegen die Buden in zwei Stockwerken übereinander, aber das obere Stockwerk ragt uns kaum über den Kopf. In unserer Kniehöhe arbeitet ein Schuster, in Brusthöhe verkauft einer Kattun.« (Fahrten ins Blaue, S. 110f.)

14. 8. 1907

61 *Sheriatschule* – Sheriat, die göttlichen Gesetze, das islamische Recht.

Ilidža – Berühmtes Bad in Bosnien-Herzegowina, am Fuß des Igman-Gebirges. OS besuchte die bekannten Termalquellen und die romantischen Bosna-Quellen.

15. 8. 1907

Miljacka – Nebenfluß der Bosna; fließt von Osten nach Westen durch Sarajevo.

16. 8. 1907

62 *Goražde* – Stadt an der Drina, im Osten Bosnien-Herzegowinas, 40 km südlich von Sarajevo.

Ustiprača – Stadt im Drina-Tal, wichtiger Verkehrsknotenpunkt.

17. 8. 1907

Plevlje. Im österreichischen Lager – Heute Pljevlja, Montenegro, damals Sitz der 1. österreichisch-ungarischen Infanteriebrigade.

62 *Čajniče* – Berühmter Wallfahrtsort, 28 km südlich von Goražde, am oberen Rand einer Felsschlucht gelegen.

18. 8. 1907

63 *Graf Louis Draskovich* – Nicht ermittelt.

Lumpacivagabundus – Zauberposse in drei Akten von Johann Nestroy. Der vollständige Titel lautet: »Der böse Geist Lumpazivagabundus oder Das liederliche Kleeblatt« (1833).

64 *»Rosenmontag« von Hartleben* – Der Jurist und Schriftsteller Otto Erich Hartleben (1864–1905). Er gehörte zum Friedrichshagener Dichterkreis um Bölsche, Wille und die Brüder Hart. Sein erfolgreichstes Stück war die Offizierstragödie »Rosenmontag« (1900).

19. 8. 1907

Zahnweh … aber mit gutem Erfolg – Etwas ausführlicher schildert OS die Episode in »Als der Sandschak Novibasar noch österreichisch war«: »Drei Ärzte boten sich an, mir schnell den Zahn zu ziehen. Es handelte sich aber um eine bloße Wurzelhautentzündung, deren Schmerz durch Herausnehmen der Plombe im Nu zu beseitigen war. Das wollte keiner unternehmen, zu so komplizierten Behandlungen ist hier nicht Zeit. Am anderen Morgen fand sich aber doch im Lazarett ein Bohrapparat – nie habe ich dieses verhaßte Instrument so freudig begrüßt – und nach einer mehr liebevollen als fachmännischen Behandlung von einer halben Stunde war ich meinen Schmerz los« (Fahrten ins Blaue, S. 116 f.).

Suleiman Pascha – Anders als im Tagebuch gibt OS in »Als der Sandschak Novibasar noch österreichisch war« einen ausführlichen Eindruck von der Audienz: »Im Hof links sitzen in hohen Käfigen – Menschen. Es sind Strafgefangene, deren Anblick der Pascha genießt; aber diese Gefängnisse haben nicht das Niederdrückende europäischer Anstalten. […] Im ersten Stock des Hauses sitzt in einem kahlen Raume mit häßlichen angestrichenen abbröckelnden Kalkwänden – ein preußisches Bureau ist dagegen ein Sardanapalisches Prunkgemach – Suleiman Pascha in Uniform auf einer Bank längs der Mauer, ein würdiger alter Herr mit grauem Schnurrbart. Er thront nach türkischer Art auf seinen zwei Beinen. […] Wir werden vorgestellt, dann bietet uns der Pascha mit einer freundlichen Gebärde Platz neben sich auf seiner Bank an. Es wird zunächst zehn Minuten geschwiegen. Erwartet man von uns, daß wir etwas sagen? Dann sagt Suleiman Pascha zu mir: ›Comment vous portez-vous?‹ ›Oh, très bien, Excellence, très bien; et Vous, Excellence?‹ ›Oh, très mal, Monsieur, très mal, je suis vieux.‹ In diesem Tone geht es weiter, bis ein Knabe den obligaten Kaffee serviert.« (Fahrten ins Blaue, S. 117 f.)

20. 8. 1907

64 *Ustibar* – Kleiner Ort am Rande der Sutjeska-Schlucht in der Nähe von Priboj, Serbien.

65 *tritt Debschitzens Pferd mir in den Bauch* – In »Ergo Sum« schreibt OS: »[…] mir ist auf dieser Reise etwas recht Unangenehmes passiert: auf einem Ritt durch das Novi-Basar trat mir das von dem Treiber gereizte Pferd heftig in den Bauch, so daß ich einige Tage ganz und längere Zeit halb marode war. Was mir dabei mein Begleiter helfen konnte, wog nicht das unangenehme Gefühl auf, wie sehr ich ihn nun hemmte.« (S. 30)

Rudo – Kleiner Ort in der Sutjeska-Schlucht bei Priboj.

Grammophon – In »Als der Sandschak Novibasar noch österreichisch war« schreibt OS, daß ihn das Grammophon zunächst entsetzt habe, dann aber sei es ganz »wundervoll« gewesen: »Wir glauben Caruso, die Sembrich und andere selbst zu hören. Da sitze ich nun in einer Sommernacht mitten im kahlen Karstland, von einem türkischen Gaul beinahe zum Eunuchen gemacht, und die Seele geht in der Pariser Großen Oper und dem Teatro Costanzi spazieren« (Fahrten ins Blaue, S. 120).

24. 8. 1907

66 *Ragusa* – Heute Dubrovnik.

Entzückt das Mittelmeer wiederzusehen – In »Ergo Sum« schreibt OS: »Der schönste Augenblick der ganzen Reise war, als ich auf der Fahrt von Mostar nach Ragusa das geliebte Mittelmeer, das ich zuletzt vor zwei Jahren in Malaga unter so unerfreulichen Umständen gesehen hatte, wiederum als ›mare meum‹ begrüßte.« (S. 30)

29. 8. 1907

68 *Lacrama* – Wahrscheinlich ein Versehen, gemeint ist wohl Lokrum, die Ausflugsinsel mit subtropischer Vegetation und schönen Felsstränden in Sichtweite des südöstlichen Stadtteils (Ploče) von Dubrovnik.

30. 8. 1907

Hatterleys aus Guéthary – Nicht ermittelt.

31. 8. 1907

68 *Cetinje* – Berühmte Strecke in die montenegrinischen Berge von Kotor nach Cetinje. In »Das Idyll in den schwarzen Bergen« schreibt OS über die Fahrt: »Die Straße nach Cetinje steigt in breiten Serpentinen am Berghang hinan. Die Bucht von Cattaro schließt sich hinter uns wie ein Binnensee zusammen, von Bergketten umschlossen, deren Linien wunderliche Überschneidungen bilden: zweifellos der schönste Punkt Dalmatiens.« (Fahrten ins Blaue, S. 125)

Cattaro – Heute Kotor. OS und Debschitz fuhren durch die fjordartige Bucht von Kotor.

Njeguši – Kleiner Ort zwischen Kotor und Cetinje.

1. 9. 1907

69 *die Frau Prinz Peters, eine Mecklenburg-Strelitz* – Jutta von Mecklenburg-Strelitz (1880–1946), Tochter des Großherzogs Adolf Friedrich V. von Mecklenburg-Strelitz (1848–1914). Sie war nicht mit Prinz Peter, sondern mit Danilo von Montenegro (1871–1939) verheiratet.

Baron Kuhn – Nicht ermittelt.

2. 9. 1907

Rijeka … Skutari-See – Heute Rijeka-Crnojevica und Skadarsko-jezero. Über die Fahrt auf dem Skutarisee berichtet OS in »Ein Blick nach Albanien«: »Das jammervolle Dampfschiff schleicht zwischen Seerosen über den Skutarisee, den zahllose Reiher und Kraniche beleben. In Virpazar besteigen wir ein etwas größeres Schiff, das von einem gesprächigen venezianischen Kapitän geleitet wird. […] Die bisher von den Ausläufern der montenegrinischen Berge umgebenen Ufer des Sees werden immer flacher, einige Burgruinen erinnern an die ehemalige venezianische Herrschaft. Gegen fünf Uhr bleibt das Schiff stehen, das Wasser wird zu seicht, wir müssen in ein Boot umsteigen; aber was für ein Boot! Keine Bänke. Ungefähr fünfzig Personen werden mit ihrem Gepäck verladen; lauter Eingeborene. Unter ihnen sind wir.« (Fahrten ins Blaue, S. 131)

3. 9. 1907

70 *ein fürchterliches Warenschiff* – Das Schiff und die Überfahrt schildert OS in »Ein Blick nach Albanien«: »[…] ein kleiner Warendampfer der Gesellschaft Ragusea, der vollkommen mit Heu geladen ist. Heu bedeckt das ganze Verdeck, Heu verdunkelt die

Kabinenluken, Heu hängt uns bald an allen Kleidern« (Fahrten ins Blaue, S. 134). Anders als im Tagebuch verläuft die von OS im Essay geschilderte Fahrt wesentlich dramatischer. Das Schiff fährt in der Adria auf eine Sandbank: »Die Situation ist nicht gefahrlos, falls ein Sturm ausbrechen sollte. Das Barometer sinkt und trübe Sciroccowolken steigen am Horizont auf« (ebd., S. 135).

6. 9. 1907

71 *Spalato* – Heute Split.

7. 9. 1907

Diocletianspalast – Diokletianpalast, zwischen 295 und 305 für Kaiser Diokletian erbauter Palast. Der Gebäudekomplex ist das eindrucksvollste Denkmal der römischen Architektur in Dalmatien.

Salona – Heute Solin; Kleinstadt 5 km nördlich von Split. Die einstige griechische Siedlung gehörte in römischer Zeit zu den bedeutendsten Städten im Umkreis.

8. 9. 1907

72 *Monte Marjan* – Der 180 m hohe Marjan-Hügel, Halbinsel in der Bucht von Split, beliebtes Ausflugsziel.

9. 9. 1907

Traù. Alte Kirche – Heute Trogir, 25 km westlich von Split. OS besuchte die berühmte Kathedrale Sveti Lovro.

Cambio – Nicht ermittelt.

Pula – Auf der Halbinsel Istrien.

10. 9. 1907

Sebzenico – Šibenik, Küstenstadt an der Adria.

Zadar – Hafenstadt an der Adria auf der Strecke Split – Šibenik – Zadar – Pula.

11. 9. 1907

Frères Caramassov – »Les Frères Karamazov« (1879/80), dt.: »Die Brüder Karamasow«, von Fjodor M. Dostojewski.

13. 9. 1907

73 *Dal Verme* – Theater in Mailand, mit vornehmlich Opern- und Ballettaufführungen.

San Pietro in Orto – San Pietro, Via all'Orto.

15. 9. 1907

74 *Viel Einfälle zum sentimentalen Roman* – In »Ergo Sum« berichtet OS von den ursprünglichen Ideen zu einem Romanprojekt über die Münchner Boheme, aus dem sich später der Schlüsselroman »Wenn wir Frauen erwachen ...« (1913) entwickelte: »Während eines Abstiegs von der Staffelalm kam mir zuerst der Gedanke, einen Schwabinger Roman zu schreiben. Wie in Flauberts ›Madame Bovary‹ und ›Education Sentimentale‹ sollten die Geschehnisse durch bloße sachliche Darstellung sich in einem Licht zeigen, das von selbst alle die romantischen Schleier durchleuchtete, in denen man gewohnt war, diesen Ausschnitt der Welt zu sehen, der Schwabing heißt und den ich so gut kannte. Schwabing war, wie ein Scherzwort sagte, längst kein geographischer Ort mehr, sondern ein deutscher Seelenzustand. War das nicht die alte deutsche weltabgewandte Sentimentalität in neuer, scheinbar frivoler Form? Ich bin meinem strengen Vorbild nicht treu geblieben. Der Satiriker und Ironiker in mir ließ die Askese des Flaubertschen Realismus nicht aufkommen.« (S. 31)

16. 9. 1907

Gorges Gomer – Der Gommer Höhenweg in Oberwallis; welche Schlucht OS meint, ist nicht ganz klar.

17. 9. 1907

Gornergrat – 3089 m hoch, mit der Gornergrat-Bahn zu erreichen.

18. 9. 1907

San Nicolas ... Sion – Saint-Nicolas, Gemeinde im Aostatal (Italien); Sion, Hauptstadt des Kantons Wallis (Schweiz).

19. 9. 1907

75 *Genf eine der schönsten Städte* – In einem Essay über »Genf« schreibt OS: »Eine beunruhigende Stadt, deren Wesentliches schwer zu fassen ist. Ich bin in siebzehn Jahren fünfmal dort gewesen und will versuchen, zu sagen, wie ich sie sehe: In der Mitte ein kleiner Hügel, an dessen sonniger Südseite die breiten, etwas nüchternen Paläste der großen kalvinistischen Patrizierfamilien stehen. Sie bilden vielleicht die exklusivste Gesellschaft Europas. Hie und da sieht man sie auf dem Land im Automobil vorbeisausen. Ihre Religion verbietet ihnen selbst das Theater – wenigstens in Genf. Wenn sie in Paris oder an der Riviera sind – heißt es – läßt der liebe Gott mit sich reden.« (Fahrten ins Blaue, S. 11)

75 *Lehrer Stavenhagen* – Der Musiker, Komponist und Dirigent Bernhard Stavenhagen (1862–1914). Er studierte bereits als Zwölfjähriger an der Hochschule für Musik in Berlin. 1878 ordentliches Studium der Musik, 1885 in Weimar. Stavenhagen war einer der letzten bedeutenden Schüler von Liszt, den er auch auf Reisen begleitete. 1890 wurde er in Weimar Großherzoglicher Sächsischer Hofpianist, fünf Jahre später Hofkapellmeister. Von 1907 bis zu seinem Tod war er Leiter der Meisterklasse am Konservatorium in Genf.

22. 9. 1907

76 *Lutry* – Stadt südöstlich von Lausanne, am Genfer See.

23. 9. 1907

77 *Ouchy* – Ort am Genfer See, in unmittelbarer Nachbarschaft von Lausanne.

24. 9. 1907

Korrekturen meines Stückes – »Don Juanito. Komödie in vier Aufzügen« (1908).

Café de la Couronne – Großes traditionsreiches Café mit Blick auf den See, am zentralen Grand-Quai.

25. 9. 1907

78 *Lavisse und Rambaud* – Die französischen Historiker Ernest Lavisse (1842–1922) und Alfred Rambaud (1842–1905), Herausgeber der vielbändigen »L'Histoire générale du IVe Siècle à nos jours«.

Le Bercail von Bernstein – Drama (1904) von Henry Bernstein (1876–1953).

26. 9. 1907

Artikel über Bosnien – Vermutlich der Aufsatz »Balkan-Reise«; der Artikel wurde mehrfach abgedruckt, u.a. in »Das Magazin«, 77, 1908, Nr. 6, S. 103–110, und Nr. 7–8, S. 130–134.

Als sie mich zuerst mit Lisa sah – In »Ergo Sum« heißt es: Sie »hatte uns einmal auf einem Faschingsfest beobachtet und in uns das Muster eines glücklichen, freien Liebespaares sehen wollen« (S. 32). Doch von Lisa ist an dieser Stelle nicht die Rede, sondern von der Beziehung zu Franziska zu Reventlow.

29. 9. 1907

79 *Café du Nord* – Am linken Ufer des Genfer Sees, Grand-Quai.

30. 9. 1907

79 *rastacouère* – rastaquouère: ausländischer Hochstapler.

5. 10. 1907

80 *Carraterie* – Wahrscheinlich die Rue de la Corraterie.

Paderewski-Konzert – Der polnische Pianist und Komponist Ignacy Jan Paderewski (1860–1941), 1919 Ministerpräsident der Republik Polen, 1920/21 polnischer Vertreter beim Völkerbund.

6. 10. 1907

Veyrier – Dorf am Fuß des Mont Salève, noch auf schweizerischem Gebiet.

Mont Salève – Der 1300 m hohe Hausberg von Genf, auf französischem Territorium.

Monnetier – Ort, 8 km südlich von Genf, an den Osthängen des Salève im französischen Département Haute-Savoie.

7. 10. 1907

81 *Grand Guignolstücke* – Gattungsbezeichnung für grotesk-triviale Grusel- und Horrorstücke.

10. 10. 1907

Muth – Der Publizist Carl Muth (1867–1944). 1895 wurde er Chefredakteur der katholischen Zeitschrift »Alte und Neue Welt«, Gründer und Herausgeber der Zeitschrift »Hochland« (1903 bis 1941), in der auch OS publizierte.

Geck – Der Schriftsteller Rudolf Geck (1868–1936). 1896 trat er in die »Frankfurter Zeitung« ein und wurde Redakteur unter Fedor Mamroth. Nach dessen Tod übernahm er das Feuilleton.

Professor Primer – Geheimrat Dr. Paul Primer. OS heiratete im April 1929 in dritter Ehe dessen Tochter Emeline Maria Primer.

Café Kaiserkeller – Restaurant und Café, Hohenzollernhaus-Kaiserkeller.

Ernst Hochstetter – Nicht ermittelt.

Dessoff – Albert Dessoff, Sohn des Frankfurter Dirigenten Otto Dessoff (1835–1892), Vorsitzender der Gesellschaft für ästhetische Kultur in Frankfurt. Mit Heinrich Weizsäcker verfaßte er das Buch »Kunst und Künstler in Frankfurt am Main im 19. Jahrhundert« (1907 und 1909).

Hotel Schwan – Hotel Zum Schwan, Steinweg.

11. 10. 1907

82 *Dreyfus* – Der Übersetzer und Literat Albert Dreyfus (1876 bis 1945). OS lernte ihn und seine Frau, eine Malerin, im Sommer

1906 in Paris kennen. Das Paar bewohnte eine Villa in L'Isle-Adam in direkter Nachbarschaft von OS und Hessel (vgl. Das wilde Leben der Boheme, S. 227 ff.). Albert Dreyfus gehörte zu den wichtigen Kulturvermittlern zwischen Frankreich und Deutschland. Neben Übersetzungen veröffentlichte er zahlreiche Gedichtbände: »Feste in Moll« (1904), »Wallfahrten. Gedichte« (1910), »Gezeiten. Rhythmen und Reime. 1910–1940« (1940).

82 *Schild* – Nicht ermittelt.

Reinach – Der Philosoph, Phänomenologe, Sprach- und Rechtstheoretiker Adolf Reinach (1883–1917). Er studierte in München Psychologie und Philosophie bei Theodor Lipps und war Mitglied des Lipps-Kreises. 1903 wandte er sich der Phänomenologie Edmund Husserls zu, 1904 promovierte er mit einer Arbeit »Über den Ursachenbegriff im geltenden Strafrecht«. Mit Moritz Geiger und Alexander Pfänder gründete er 1912 das »Jahrbuch der Philosophie und phänomenologischen Forschung«, das von Husserl herausgegeben wurde.

Lothar, Mode, Gläserner Gott – »Lothar oder Untergang einer Kindheit« (1905); das Titelstichwort »Mode« bezieht sich höchstwahrscheinlich auf den später im »Brevier für Weltleute« (1911) veröffentlichten Essay »Zur Psychologie der Mode« (S. 71–86); »Der gläserne Gott« (1906).

Frau Schlosser – Nicht ermittelt.

Die kleine Bracht – Nicht ermittelt.

Café Bauer – Künstlertreff in der Jordanstraße, in unmittelbarer Nähe der Universität, Frankfurt-Bockenheim.

12. 10. 1907

Vezzo – (ital.): Zärtlichkeit, Liebkosung. OS benutzt den Begriff für das Liebesspiel mit einer Prostituierten.

15. 10. 1907

83 *Hotel Tegethoff* – In der Johannesgasse, zwischen Staatsoper und Stadtgarten.

18. 10. 1907

Habig – Bekannte Wiener Firma für Hüte und Handschuhe.

Schaukal – Der Erzähler, Lyriker und Übersetzer Richard von Schaukal (1874–1942), ein überzeugter Monarchist und Anti-Moderner, der, vor allem in seiner Prosa, die bürgerlich-demokratische Gesellschaft kritisierte. Als OS ihn 1907 traf, hatte er gerade ein neues kulturkritisches Werk veröffentlicht: »Leben und

Meinungen des Andreas von Balthesser, eines Dandy und Dilettanten« (1907). In dem Buch rechnete Schaukal nicht nur mit den Werten und der Moral der bürgerlichen Gesellschaft ab, sondern vor allem mit den Literaten und dem Literaturbetrieb. Hatte Charles Baudelaire im 19. Jahrhundert den Dandy noch als Protestfigur an der Schnittstelle zwischen Adel und Bürgertum angesiedelt (vgl. Baudelaire: Schriften zur Literatur. IX Der Dandy, S. 241 bis 245), nahm der Dandy bei Schaukal den geschichtlich freigewordenen Platz einer konservativen Aristokratie ein. Der Dandy repräsentierte nicht mehr den Bruch mit der Gesellschaft, sondern die bessere Gesellschaft, die für die Moderne nur Verachtung übrig hatte.

83 *Meißl und Schadn* – Meißl & Schadn, berühmtes Restaurant in der Kärntnerstraße.

Fred – Der Wiener Schriftsteller und Journalist Walter Fred, eigtl. Alfred Wechsler (1879–1922), lebte später in München.

Fedor v. Zobeltitz – Der Journalist und Unterhaltungsschriftsteller (Karl Maria) Fedor von Zobeltitz (1857–1934).

19. 10. 1907

84 *Friedmann-Frey* – Der Lehrer, Schriftsteller und Bankier Philipp Friedmann-Frey (1873–1920). Er veröffentlichte vor dem Ersten Weltkrieg unter dem Pseudonym Philipp Frey. 1904 erschien das Buch »Der Kampf der Geschlechter«, eine Untersuchung zur Beziehung von kapitalistischer Ökonomie und sexualpsychologischen Mechanismen. Friedmann setzte sich um diese Zeit mit Nietzsche, Schopenhauer und vor allem mit Freud auseinander. 1905 erschien seine ausführliche Besprechung von Freuds »Der Witz und seine Beziehung zum Unbewußten« (Eine neue Theorie des Witzes, in: Österreichische Rundschau, 1905, Mai–Juli, III, S. 596–600). Im Oktober 1906 wurde Friedmann Mitglied von Freuds »Mittwoch-Gesellschaft«, am 21. November hielt er dort den Vortrag »Über den Größenwahn der Normalen«. 1908 publizierte er eine Arbeit zur sexuellen Entwicklung und geschlechtlichen Erziehung, in der er sich auf Freud und Auguste Forel bezog: »Zur Klärung der sexuellen Frage in der Schule« (Monatsheft für Pädagogik und Schulpolitik, 1908, Jg. 1, H. 1, S. 10–13).

Dr. Prager – Der Schauspieler und Regisseur Wilhelm Prager (1876 bis 1955), von 1910 bis 1914 Spielleiter am Deutschen Theater.

Hofrichter – Nicht ermittelt.

20. 10. 1907

84 *Fischhof* – Der Porträt-, Figuren- und Landschaftsmaler Georg Fischhof (1859–1914). Er machte sich vor allem einen Namen mit Bildern, die alte Gobelins imitierten.

Frau Friedländer-Werther – Emma Friedländer-Werther, Autorin und Drehbuchschreiberin; u. a. Drehbuch zu »Sein Weib« (1918).

des Fürsten Primoli – Vermutlich Graf G. Primoli, Sohn Charlotte Bonapartes. Er lebte bis 1870 am Hof Napoleons III. Im Palazzo Primoli in Rom befindet sich heute ein Napoleonisches Museum.

Café Lehmann – Im Zentrum am Neuen Markt, in der Nähe der Kapuzinerkirche.

Dr. Friedmann – Der Journalist und Schriftsteller Oskar Friedmann (1872–1929), Bruder Egon Friedells.

Dr. Neumann – Der tschechische Redakteur, Dramatiker und Dichter Stanislav Kostka Neumann (1873–1947).

Cabaret Fledermaus – Das Kabarett »Fledermaus« wurde von 1907 bis 1910 von dem Schauspieler, Kulturphilosophen und Schriftsteller Egon Friedell geleitet. Ab 1913 spielte Friedell unter der Regie von Max Reinhardt in Wien und am Deutschen Theater in Berlin.

Hanns Heinz Ewers – Der Schriftsteller, Drehbuchautor und Journalist Hanns Heinz Ewers (1871–1943). Vor und unmittelbar nach dem Ersten Weltkrieg war er ein erfolgreicher Autor, der sich vor allem mit phantastischen Geschichten einen Namen machte, die mit schockierenden Darstellungen von Gewalt und Sexualität aufgeladen waren. Er gilt auch als einer der Pioniere des deutschen Kunstfilms; von ihm stammt das Drehbuch zu »Der Student von Prag« (1913).

Peter Altenberg kennen gelernt … über Joghurt gesprochen – In »Ergo Sum« berichtet OS: »Natürlich saß ich auch bisweilen am Tisch Peter Altenbergs, der, nachdem er gegen sieben Uhr abends aufgestanden war, sein erstes Frühstück im Café Zentral nahm, wo die anderen bereits an das Nachtmahl dachten, was er barbarisch fand. Er lebte damals in einem jener zweifelhaften Absteigequartiere mit blauer Laterne, weil man nur dort seine Nachtruhe habe. In feinen Hotels schreie ein jeder, damit man auch merke, daß er da sei; in solchen lichtscheuen Häusern dagegen benehme man sich so unauffällig wie möglich.« (S. 34) Altenberg war nicht nur ein Originalgenie, sondern ein Gesundheitsapostel und Lebensreformer, der Joghurtkuren als Allheilmittel pries. OS war davon so begeistert, daß er selbst solche Kuren machte und Hedwig und Alfred Kubin sowie vielen Freunden das Mittel empfahl.

21. 10. 1907

84 *Professor Umlauft* – OS schreibt Umlauf. Es handelt sich aber wohl um Professor Dr. Friedrich Umlauft (1844–1923), seit 1870 Professor am Mariahilf Real- und Obergymnasium und an der Wiener Urania.

85 *Fürstin Engalitscheff* – Nicht ermittelt.

22. 10. 1907

Hopfner – Restaurant Hopfner, gegenüber der Staatsoper.

Elfriede von Mossé – Nicht ermittelt.

Cabaret Nachtlicht – Peter Altenberg schrieb über das damals berühmte Cabaret: »Man betritt einen wunderbar düsteren Raum, graulila. Ein Raum, wie für Zusammenkünfte von Schmugglern, Wilderern, Taschendieben. Unheimlich anheimelnd. Man ist unter sich, abgeschlossen vom Gros der Menschheit.« (Wiener Allgemeine Zeitung, 9.1.1906, S. 3) Seit 1905 trat Egon Friedell im »Nachtlicht« als Kabarettist und Conférencier auf.

23. 10. 1907

Gloriette – Laubengang auf dem Hügel oberhalb des Schlosses Schönbrunn.

»Weh dem, der lügt« – Lustspiel in fünf Aufzügen (1840) von Franz Grillparzer.

Kainz – Der österreichische Schauspieler Joseph Kainz (1858 bis 1910).

Hohenfels – Die Schauspielerin Stella von Hohenfels (1857–1920).

24. 10. 1907

Dr. Habermann und Frau – Nicht ermittelt.

26. 10. 1907

86 *an den Roman gegangen* – Erste Fassung von »Wenn wir Frauen erwachen ...«

27. 10. 1907

Café Central – In der Herrengasse im 1. Wiener Bezirk. Das 1860 eröffnete Café wurde um 1900 zum wichtigen Treffpunkt des geistigen Lebens. Hier verkehrten Altenberg, Friedell, Polgar, Hugo von Hofmannsthal, Anton Kuh und Adolf Loos.

86 *Friedell* – Der Schriftsteller, Kulturphilosoph und Schauspieler Egon Friedell, eigtl. Egon Friedmann (1878–1938).

28. 10. 1907

Harden … Eulenburgsache – Vgl. Anm. *Harden … Eulenburgaffäre* zu S. 45. Im Nachlaß hat sich ein zehnseitiges Manuskript (DIN A 3, halbseitig beschrieben) erhalten: »Zur Psychologie des Falles Harden«. OS rügt Harden, weil er Intimes aus dem Privatleben in die Öffentlichkeit getragen habe, um seine Gegner zu bekämpfen, stellt sich aber ansonsten uneingeschränkt hinter seine Person und ergreift entschieden Partei für den politischen Kämpfer: »Deutschland ist seit etwa zwanzig Jahren in einer moralischen Krise welche durch die oft unverhältnismäßigen Niederlagen seiner hervorragenden Persönlichkeiten scharf beleuchtet wird. Der Fall Harden wirft ein besonders grelles Schlaglicht in das kaum entwirrbare Wertungsempfinden unseres Volkes. […] Herr Harden ist unser bedeutendster politischer Schriftsteller […], der es niemals nötig hatte, weder im Ausdruck noch im Handeln, sich zweifelhafter Schmoekkünste zu bedienen. Er ist durch seine Einzigartigkeit in Deutschland unentbehrlich. Trotzdem hat er niemals das Wirkungsfeld gefunden, das seinen Fähigkeiten und seinem Caracter entspricht. […] Die Conservativen befremdet er durch seinen Geist und seinen mit allen Künsten gepflegten Stil, den Liberalen und Demokraten ist er zu unbürgerlich, den Sozialisten ist er ein Verteidiger des Brotwuchers, und Allen zusammen ist er der Sensationsjournalist. […] Herr Harden hat nicht einfach gesagt, daß die Berater des Kaisers schlechte Politiker, Intriganten und weibische Männer sind, er hat ihre dem Thron gefährliche Art mit ihrer Sexualnatur und ihrem Sexualleben in Beziehung gebracht; das war ein Fehler und gerade bei einem Manne wie Harden, der zahllose Male erklärt hat, daß persönlicher Wert vom Geschlechtsleben unabhängig ist. […] Die ihn persönlich besonders widerwärtige Art der ihn gefährlich erscheinenden Männer, hat ihn weiter hingerissen als erlaubt ist […], er wollte die gefährlichen Ratgeber, nicht die Homosexuellen treffen.«

Wir treiben Besetzungskunst – In »Ergo Sum« heißt es: »Egon Friedell, Hanns Heinz Ewers und ich trieben mit Leidenschaft das sogenannte ›Besetzungsspiel‹, das darauf beruht, für Zeitgenossen die frühere Inkarnation zu finden, in der sie sich am vollständigsten verwirklicht haben würden. Ewers hätte eigentlich ein Lützowjäger sein müssen, Altenberg ein witziger Schmarotzer an einer spätrömischen Tafel, ich ein Abbé im achtzehnten Jahrhundert. Für jeden wurde nun mit viel Ironie und Satire eine ganze vorgeburtliche Biographie entworfen. Altenberg geriet in Verzweiflung. Immer wieder verlangte er Erklärungen und war nicht dazu zu bringen, zu verstehen, um was es sich eigentlich handelte. Schließlich gab er es ärgerlich auf, und sagte, wir seien ihm zu gescheit.« (S. 34)

86 *Wärnsdorfer* – Nicht ermittelt.

29. 10. 1907

87 *Nachmittags nach Rodaun … zu Hofmannsthal* – OS hatte schriftlich um einen Termin nachgesucht. Am 25. 10. 1907 antwortete Hofmannsthal und schlug den 29. 10. vor; vgl. Hofmannsthal, Brief-Chronik, Regest-Ausgabe, Bd. I, S. 1079.

Raimundtheater – Das Raimund Theater im 6. Wiener Bezirk Mariahilf, Wallgasse; nach dem österreichischen Dramatiker Ferdinand Raimund benannt, 1893 gegründet. Heute Spielstätte für Operetten und Musicals.

Dr. Canner – Nicht ermittelt.

30. 10. 1907

Café Europe – Eines der berühmten Wiener Literatencafés, Am Graben.

31. 10. 1907

88 *Dreher* – Möglicherweise das Restaurant und Vergnügungslokal Dreherpark in Ober-Meidling.

1. 11. 1907

»Wiener Stätten des Elends« – Vortrag nicht ermittelt.

2. 11. 1907

Rampollas – Mariano Rampolla del Tindaro (1843–1913), Kardinalsekretär und einer der führenden Persönlichkeiten der katholischen Kirche in der zweiten Hälfte des 19. Jahrhunderts.

»Seelenwanderung deutscher Dichter« – Es ist weder eine Veröffentlichung nachzuweisen, noch hat sich in den Nachlässen von Friedell, Ewers oder OS ein Manuskript erhalten.

3. 11. 1907

89 *am Roman gearbeitet* – Erste Fassung von »Wenn wir Frauen erwachen …«.

Frl. Schmitzhausen – Nicht ermittelt.

Sonnenthal – Wahrscheinlich der österreichische Schauspieler und Theaterdirektor Hans Sonnenthal (um 1880–?) und nicht der berühmte Kollege und Namensvetter Adolf Ritter von Sonnenthal (1834–1909).

4. 11. 1907

89 *Heller* – Der Buchhändler und Verleger Hugo Heller (1870–1923). 1905 gründete er in Wien eine Buchhandlung mit Galerie und Kunstsalon. Er war ein früher Anhänger Sigmund Freuds und gehörte zu den ersten Mitgliedern dessen »Mittwoch-Gesellschaft«. Von Ende 1902 bis zum Beginn des Ersten Weltkriegs nahm er als Laie an den Sitzungen teil und hielt am 27. 1. 1909 einen Vortrag »Zur Geschichte des Teufels«. Heller wurde zum Verleger Freuds. Bis zur Gründung des »Psychoanalytischen Verlags« im Jahr 1918 erschienen in seinem Verlag auch die psychoanalytischen Zeitschriften »Imago« und »Internationale Zeitschrift für Psychoanalyse«. Darüber hinaus machte er sich durch sein Engagement in der literarischen Szene Wiens einen Namen. In seinem Kunstsalon veranstaltete er Dichter-Abende vor geladenen Gästen. Zu den Vortragenden gehörten u. a. Rilke, Hofmannsthal, Wassermann, Thomas und Heinrich Mann, Hermann Hesse. Am 6. 12. 1907 hielt Freud im Saal des Verlegers einen öffentlichen Vortrag über »Der Dichter und das Phantasieren«. Anwesend war auch OS; vgl. Anm. *Vortrag von Freud bei Heller* zu S. 98. OS nahm noch an weiteren Veranstaltungen im Kunstsalon teil; vgl. Tagebuch, 8. 11. 1907. Zu Hugo Heller als Bindeglied zwischen der literarischen und der psychoanalytischen Szene Wiens vgl. M. Worbs, Nervenkunst. Literatur und Psychoanalyse im Wien der Jahrhundertwende, S. 143–148.

6. 11. 1907

Friedjung »Vorherrschaft in Deutschland« – Der Historiker und Publizist Heinrich Friedjung (1851–1920); der vollständige Titel lautet: »Der Kampf um die Vorherrschaft in Deutschland. 1859 bis 1866«. 2 Bde. Stuttgart 1898.

90 *im intimen Theater* – Praterstraße 34; seit 1905, vorher Trianon Theater.

»Interieur« von Maeterlinck – Der Einakter »L'intérieur« (1895) des belgischen Schriftstellers Maurice Maeterlinck.

»Fräulein Julie« von Strindberg – »Fräulein Julie. Ein naturalistisches Trauerspiel« (1889) von August Strindberg.

Else Sarto – Schauspielerin aus München; nähere biographische Daten nicht ermittelt.

7. 11. 1907

90 *Geyer* – Der Regisseur und Intendant Emil Geyer (1872–1942). Er war Gründer und Intendant der Neuen Wiener Bühne, von 1926 bis 1933 zusammen mit Max Reinhardt Direktor des Theaters in der Josefstadt.

Wilde, »eine Florentinische Nacht« – »Eine florentinische Tragödie« (Drama, Fragment) von Oscar Wilde.

Turgenieff »Gnadenbrot« – Schauspiel in zwei Aufzügen (1897) von Iwan Turgenjew.

»Rächerin« – Drei Szenen (1905).

Direktor Fischer – Der Theaterleiter und Journalist Felix Fischer (1879–1944).

8. 11. 1907

Felix Salten »Am andern Ufer« – Der korrekte Titel lautet: »Vom andern Ufer. Drei Einakter« (1908).

Wüllner – Der Schauspieler, Sänger und Vortragskünstler Ludwig Wüllner (1858–1938). Seine zahlreichen Rezitationen klassischer Werke wurden schon früh als Tonaufnahmen aufgezeichnet.

Pariser Gedichte und Iwan der Schreckliche – Rilkes 1907 erschienene »Neuen Gedichte«, die unter dem Einfluß von Rodin in Paris entstanden, und der erste Teil aus seinem Prosatext »Geschichten vom lieben Gott«: »Wie der Verrat nach Rußland kam« (Erstausgabe 1900, zweite, überarbeitete Ausgabe 1904).

Kaiserin Elisabeth – Restaurant in der Weihburggasse.

Lina Loos – Die Schauspielerin Lina Loos, geb. Forest (1882 bis 1950). Sie galt in ihrer Jugend als schönste Frau Wiens; erste Ehefrau des Architekten Adolf Loos, des umstrittenen Erbauers des Goldmann- und Salatsch-Hauses auf dem Wiener Michaelerplatz, der Wien vom Ornament erlösen wollte und die Reinheit des Materials forderte. Lina Loos' Bruder war der Schauspieler Carl Forest, eine der Stützen des Ensembles von Otto Brahm. Nach der Trennung von ihrem Mann ging Lina Loos zunächst nach Berlin und trat als Diseuse im Lindenkabarett auf, dann zog sie nach New York, wo sie bis zum Ersten Weltkrieg blieb. Sie kehrte nach Wien zurück und wurde zum Mittelpunkt eines Kreises, dem Egon Friedell, Peter Altenberg, Franz Werfel und dessen spätere Frau Alma Mahler-Werfel angehörten. Zu Lina Loos vgl. Csokor u. Rüther, Du silberne Dame Du.

Casa Piccola – Das Caféhaus Casa Piccola in der Mariahilfstraße; Lina Loos war die Tochter des Wirts.

90 *Emil Lind* – Der Schauspieler und Regisseur Emil Lind (1872 bis 1948).

9. 11. 1907

91 *der Bruckner* – Nicht ermittelt.
Fiesko – »Die Verschwörung des Fiesco zu Genua«, Drama in fünf Akten (1783) von Friedrich Schiller.

10. 11. 1907

Poehlmann – Der Privatgelehrte Christof Ludwig Poehlmann (1867 bis ?), Autor zahlreicher Ratgeber über Gedächtnis- und Konzentrationslehre, über Willensstärkung und Redekunst. 1909 erschien von ihm »Das Gedächtnis und seine Entwicklungsfähigkeit«.
Parodiert die modernen Naturwissenschaftler: »Casanova im Wassertopf« – Die Parodie benutzt offenbar Goethes Gedicht »Der Zauberlehrling« (»Walle! walle / […] Auf zwei Beinen stehe, / Oben sei ein Kopf, / Eile nun und gehe / Mit dem Wassertopf!«). Das Stück ist im veröffentlichten Werk von Egon Friedell nicht zu ermitteln.
Chamäleon – Die geplante Zeitschrift kam über die Idee nicht hinaus, Vorarbeiten sind nicht nachweisbar.

12. 11. 1907

Baron Felix Oppenheimer – Dr. Felix Freiherr von Oppenheimer (1874–1938), ein Enkel der Baronin Todesco, lebte mit seiner Mutter im Palais Todesco. Er war ein Jugendfreund Hugo von Hofmannsthals.

14. 11. 1907

92 *mein Vortrag über Frankreich* – Am 9. 11. 1907 kündigte die Urania in Wien zwei Vorträge von OS unter dem Obertitel »Wie Paris lebt und denkt« (Französische Gesellschaftsprobleme) an. Für Donnerstag, 14. November: 1. Moral und Gesellschaft; für Samstag, 16. November: 2. Sprache und Liebe. In der Vorstellung des Referenten hieß es: »Der geschätzte Schriftsteller, welcher lange in Paris gelebt hat, schildert auf Grund eigener Beobachtungen besonders die deutschem Fühlen fremden Eigenschaften der Franzosen, die selbst der Bewunderer Frankreichs meist unverstanden als notwendiges Übel hinnimmt, französische Gesellschaftlichkeit, französische Konvention, französische Sprachästhetik, französische Sexualmoral, und sucht sie psychologisch zu deuten.«

16. 11. 1907

Mein zweiter Vortrag – »Sprache und Liebe«.

92 *Dodo Kraus* – Nicht ermittelt.
mit blonder Schwester – Ella Weiss. Näheres nicht ermittelt.
die kleine Frau Hyan – Die Kabarettistin und Komponistin Käthe (Käte) Hyan. Sie betrieb mit ihrem Mann, dem Schriftsteller Hans Hyan (1868–1944), die Kabaretts »Die silberne Punschterrine« und »Schall und Rauch«.

17. 11. 1907

entsetzt über diese Wiener Gesellschaft – OS gab seinen Plan, nach Wien zu ziehen, schnell wieder auf. In »Ergo Sum« heißt es: »In Wien sind alle Kreise exklusiv gegen den Nachbar, aber gastlich gegen den Fremden. [...] Nirgends ist es wichtiger als in Wien, entweder autochthon Hinzugehöriger oder ›distinguished foreigner‹ zu sein. Wenn ein solcher nicht nach einigen festlichen Wochen, höchstens Monaten rechtzeitig verschwindet, wird er bald als ›Zug'roaster‹ in einem elenden Alltag stehen, wo alles schwankt, jeder Glanz verstaubt ist, nichts mehr echt erscheint. [...] Für mich war noch ein zweiter Umstand entscheidend, nicht nach Wien zu ziehen. Ich hatte mich spät genug dazu entschlossen, die äußeren Vorbedingungen für eine schriftstellerische Laufbahn zu schaffen, und das schien mir nun zu mühsam in einer Stadt, wo über drei Telephongesprächen ein halber Vormittag hinging, manchmal auch ein ganzer, wo jeder alles verspricht und nur selten einer etwas hält.« (S. 35)
Frau Löwenthal – Nicht ermittelt.

18. 11. 1907

93 *Vilma Schwager* – Nicht ermittelt.
Casino de Paris – Varieté am Petersplatz.

20. 11. 1907

94 *Baron Andrian* – Leopold Freiherr von Andrian-Werburg (1875 bis 1951), Erzähler, Essayist, Diplomat, 1918 Generalintendant der Wiener Hoftheater. Er machte sich als Schriftsteller vor allem mit der Novelle »Der Garten der Erkenntnis« (1895) einen Namen. Um 1900 stand er dem George-Kreis nah, in den »Blättern für die Kunst« erschienen seine Jugendgedichte. 1899 trat er in den diplomatischen Dienst.
Kassner ... Musik – Vgl. Anm. *Kassner ... Moral der Musik* zu S. 18.

21. 11. 1907

Baronin – Gabriele Freiin Possanner von Ehrenthal; vgl. Anm. *Baronin* zu S. 8.

94 *Jarno* – Der Schauspieler und Theaterdirektor Josef Jarno, eigtl. Josef Kohner (1866–1932). Er übernahm 1899 die Leitung am Josephstädter Theater und engagierte sich besonders für das moderne Drama (Strindberg, Ibsen, Shaw). 1905 kaufte er das Fürst-Theater, 1926 übernahm er die Leitung der Wiener Renaissance-Bühne.

22. 11. 1907

Greve – Der Schriftsteller und Übersetzer Felix Paul Greve (1879 bis 1948). Er stand zeitweise dem Kreis um Karl Wolfskehl nah und war mit OS befreundet. 1905 veröffentlichte er den Roman »Fanny Eßler«, der – kaum verschlüsselt – die Lebens- und Liebesabenteuer seiner Frau, der späteren Dada-Baroness Else Plötz, erzählt; vgl. Das wilde Leben der Boheme, S. 154 ff. und S. 430 ff. (Anm. *das mir heute so peinliche Erlebnis mit Else Plötz*). Der satirische Roman rechnete mit den Protagonisten der Schwabinger Boheme und vor allem mit dem George-Kreis ab. 1912 ging Greve nach Kanada und wechselte die Identität. Unter dem Namen Frederick Philip Grove wurde er in den zwanziger Jahren in Kanada ein erfolgreicher und vielgelesener Schriftsteller.

Roda Roda – Der Schriftsteller Alexander Roda Roda, eigtl. Alexander (Sándor) Friedrich Rosenfeld (1872–1945).

25. 11. 1907

95 *Ronacher* – Im 19. Jahrhundert als Wiener Stadttheater im 1. Bezirk eröffnet, später Konzert- und Ballhaus, um 1907 Varietétheater, Ballhaus und Hotel.

Baron Kolitz – Nicht ermittelt.

Café Schwarzenberg – Traditionsreiches Café in der Ringstraße.

26. 11. 1907

Zuckerbäcker Demel – Der 1786 gegründete k. u. k. Hofzuckerbäcker Demel, heute am Kohlmarkt 14.

Polgar – Der Kritiker, Feuilletonist und Erzähler Alfred Polgar, eigtl. Alfred Polak (1873–1955).

Einacter »Goethe« – Egon Friedell und Alfred Polgar schrieben zusammen zahlreiche Parodien und Sketche, darunter die Groteske »Goethe. Eine Szene« (1908).

27. 11. 1907

96 *Auernheimer* – Der österreichische Schriftsteller Raoul Auernheimer (1876–1948).

96 *Ludwig Bauer* – Der österreichische Journalist Ludwig Bauer (1876–1935). Er siedelte nach Frankreich, später in die Schweiz über, ab 1916 Leitartikler der »Basler National-Zeitung«.

29. 11. 1907

Wymetal ... wegen eines Vortrags im Ansorgeverein – Der Schriftsteller und spätere Direktor der Deutschen Kunst- und Bildungsstelle in Berlin Wilhelm Ritter von Wymetal (1878–1929), Vorsitzender des Ansorge Vereins (Verein für Kunst und Kultur in Wien, benannt nach dem Berliner Pianisten und Komponisten Conrad Ansorge). Für den 17.12.1907 wurde ein Vortrag von OS vereinbart.
Café Museum – Das 1899 eröffnete und von Adolf Loos eingerichtete Café in der Operngasse 7, Treffpunkt zahlreicher Künstler und Literaten wie Alban Berg, Hermann Broch, Elias Canetti, Robert Musil, Joseph Roth und Franz Werfel.
Dr. Stefan – Nicht ermittelt.

30. 11. 1907

»die Bekenntnisse der Dirne Josefa Muzzelbacher« – Der Roman »Josefine Mutzenbacher. Der Roman einer Wiener Dirne«, Wien: Privatdruck 1906. Der Untertitel späterer Ausgaben lautete: »Die Lebensgeschichte einer wienerischen Dirne, von ihr selbst erzählt«. OS erfuhr während seines Wien-Aufenthalts möglicherweise auch den Namen des Verfassers: Felix Salten, auf den schon Zeitgenossen wie Karl Kraus und Arthur Schnitzler tippten.

1. 12. 1907

97 *Oscar Straus* – Der Kapellmeister und Komponist Oscar Straus, eigtl. Oscar Nathan Strauss (1870–1954). Seine musikalische Ausbildung erhielt er bei Max Bruch in Berlin, wo er mit Ernst von Wolzogen das Kabarett »Überbrettl« gründete. 1904 komponierte er die von konservativer Seite heftig kritisierte Wagner-Parodie »Die lustigen Nibelungen«. Bekannt wurde er mit der Operette »Ein Walzertraum« (1907), 1908 folgte »Der tapfere Soldat«. Anfang der dreißiger Jahre, besonders aber nach seiner Emigration komponierte er vor allem Filmmusik, u.a. für den Regisseur Ernst Lubitsch.

2. 12. 1907

Zweig – Der Schriftsteller Stefan Zweig (1881–1942). 1902 wurde er auf den Novellenband »Haschisch« aufmerksam, den er sehr positiv rezensierte. OS und Zweig lernten sich persönlich kennen und blieben in Kontakt. Zweig berichtete in seinem Tagebuch von 1912 von mehreren Treffen; im Vordergrund standen dabei Gespräche über Sexuelles. Am 29.10.1912 heißt es: »Oscar A.H. Schmitz bei mir, wir sprechen wie immer gut, weil sexuell.« Einen Tag später notierte er: »Mit Oscar A.H. Schmitz ein gutes Gespräch über Erotika.« (Zweig, Tagebücher, S. 26) 1928, anläßlich des Erscheinens von »Melusine, der Roman eines Staatsmannes«, veröffentlichte Zweig ein Essay über OS, in dem er von der ersten Begegnung mit dem Erzähler OS und der Lektüre der »Haschisch«-Novellen berichtete. Nicht der Erzähler, sondern der Weltreisende habe sich in den Folgejahren entfaltet. Nach dem Ersten Weltkrieg sei OS »seinem ursprünglichen Publikum abhanden gekommen«, mit dem Roman »Melusine« vollziehe sich die »Rückkehr zum Dichterischen seines Anfanges«; vgl. Zweig, Oscar A.H.Schmitz, Darmstädter Tagblatt, 8.3.1928.

3. 12. 1907

97 *Olga Bauer* – Die Schauspielerin und Opernsängerin Olga Bauer-Pilecka, auch Olga Bauer, geb. Olga Pilecka (1887–1941).
»die Rächerin« – »Die Rächerin. 3 Szenen« (1905).
Dr. Schönbrunn – Nicht ermittelt.

4. 12. 1907

Chiromantin … Mme. Spero – Im Nachlaß haben sich zwei Briefe (14.12. und 16.12.1907) erhalten: Madame Spero, Chiromancienne, Graphologue, 18, Währingerstr. 133, Tür 23. Auf 5 bzw. 6 Seiten entfaltet sie ihre Analyse.

98 *Keine Heftigkeit, kein Despotismus* – Für seine Aggressionsausbrüche muß OS bekannt gewesen sein. Erich Mühsam berichtet von mehreren Abenden, an denen OS »mordsausfallend« wurde; vgl. Mühsam, Tagebücher 1910–1924, S.115 und 127. Wie aus einem Brief an Alfred Kubin hervorgeht, waren diese Aggressionsausbrüche ein Grund, warum sich OS im November 1912 in psychoanalytische Behandlung begab. Am 10.11.1913 berichtete er von seiner Analyse bei Karl Abraham: »Ich habe hintereinander 3 Mal in Gesellschaft ganz heftige Rückfälle in meine frühere Aggressivität bekommen und wir haben den Grund gefunden. Seitdem bin ich von viel friedlicherer Gesinnung gegen meine Mitmenschen als früher. In allen 3 Fällen war gar kein Grund zur Gereiztheit, da mir sachlich die meisten recht gaben. Ich bin immer dann affektiv und gereizt, wenn der Gegner etwas repräsentiert,

was ich bewußt für meinen Gegensatz halte, während er in Wirklichkeit etwas ist, was ich auch in mir selber lebe, in mir heftig verdränge, nur darum so unvernünftig hasse. Statt diese Zweiseitigkeit meiner Natur zu einer besonderen Gewichtigkeit auszubilden.« (Kubin-Archiv)

6. 12. 1907

98 *Servaes* – Der Schriftsteller und Theaterkritiker Franz Servaes (1862–1947). Er arbeitete bis 1899 für die »Vossische Zeitung« in Berlin, danach als Kunstreferent der »Neuen Freien Presse« in Wien.

Vortrag von Freud bei Heller – Der Vortrag »Der Dichter und das Phantasieren«, ein Seitenstück zu Freuds »Gradiva«-Essay. Die Veranstaltung im Kunstsalon der Wiener Verlagsbuchhandlung von Hugo Heller war einer der seltenen öffentlichen Auftritte Freuds, dessen Vortrag sich nicht an ein Fachpublikum, sondern an allgemein Interessierte richtete. Im lockeren Ton, nahezu frei von psychoanalytischem Vokabular, warb er an diesem Abend für die Psychoanalyse. Zu dem Vortrag kamen etwa 90 Zuhörer, darunter viele Schriftsteller, wie die »Zeit« vom 7. 12. 1907 berichtet. Einigermaßen erstaunt waren die Literaten sicherlich, als Freud sie genetisch mit spielenden Kindern in Verbindung brachte und ihre Arbeit mit Tagträumen verglich. Freud verwies die Dichter und Künstler auf die Plätze, indem er ihnen unterstellte, daß sie den eigenen Schöpfungsprozeß nicht zu durchschauen vermögen und im wesentlichen unbewußt handeln. Am 8. 12. 1907 schrieb Freud an C. G. Jung über diesen Abend: »Es lief ohne Unfall ab, was ja hinreicht; für die zahlreichen Dichter und ihre Damen wird es schwere Kost gewesen sein. Im ganzen war es nur eine Vorspeise, um Appetit zu machen.« (Sigmund Freud – C. G. Jung, Briefwechsel, S. 114)

7. 12. 1907

Friedländer – Der österreichische Schriftsteller und Publizist Robert Friedländer (1874–1950), seit 1904 auch in Berlin ansässig, von 1918 bis 1921 Herausgeber der Zeitschrift »Der Spiegel. Beiträge zur sittlichen und künstlerischen Kultur«.

8. 12. 1907

99 *Basil* – Der königlich bayerische Hofschauspieler Friedrich Basil, eigtl. Friedrich Hans Basilius Meyer (1862–1938).

van Jung – Nicht ermittelt.

10. 12. 1907

99 *im Verein Kosmos über Frankreich* – Der wissenschaftlich-literarische Verein »Kosmos« kündigte einen zweiteiligen Vortrag von OS über das Buch »Französische Gesellschaftsprobleme« an. Das Thema des ersten Teils: »Gesellschaft und Moral«, das des zweiten Teils: »Frauen und Liebe«.

Café Korb – Künstler- und Literatencafé in der Brandstätte 9, in dem Sigmund Freud Sitzungen der Wiener Psychoanalytischen Vereinigung abhielt.

11. 12. 1907

*Der Graf von Massa-Malaspin*a – Komödie (1906) von Paul Gutmann.

Hartmann – Restaurant, Beisl in der Hartmanngasse.

in der »Hölle« – Kabarett im Kelleretablissement unter dem Theater an der Wien.

13. 12. 1907

100 *Maler Engelhart. Prachtvolles Atelier* – Josef Engelhart (1864 bis 1941), ein bekannter und erfolgreicher Maler von Wiener Genreszenen. In der Steingasse hatte er sich ein pompöses Atelier mit großer Glasfront und Terrasse bauen lassen.

Ich dann zu Freud – Freud hatte OS in einem Brief vom 8. 12. 1907 für »Mittwoch, 11. Dezember, 7 ¼ h« (N) eingeladen. Entweder unterlief OS im Tagebuch ein Fehler, oder der Termin wurde auf den 13. Dezember verschoben. OS hatte Freud seinen Roman »Lothar« geschickt, den dieser aber, wie er brieflich mitteilte, noch nicht gelesen hatte. Die Umstände der Konsultation und Freuds Rat, OS solle eine psychoanalytische Kur machen, werden in »Ergo Sum« etwas anders dargestellt: »Ich war 1906 einmal in Wien bei Professor Freud gewesen, der meinen Entwicklungsroman ›Lothar‹ gelesen hatte. Er bemerkte damals sehr zutreffend, daß mir die Lösung des Problems meines Helden, das ja mein eigenes Problem war, nicht gelungen sei, riet mir aber von einem psycho-analytischen Versuch ab, solange ein altes Blasenleiden nicht behoben sei, da es den Verlauf einer Analyse hemmen könnte. Diesen Rat kann ich heute nicht für gut halten, da die Ursache, warum dieses Leiden nicht verschwinden wollte, zweifellos psychisch analysierbar war.« (S. 150) OS suchte den von Freud empfohlenen Dr. Steiner sogleich auf; vgl. Tagebuch, 14. 12. 1907.

Hotel Bristol – Elegantes Hotel neben der Wiener Staatsoper.

14. 12. 1907

100 *Dr. Steiner* – Der Dermatologe und Facharzt für Geschlechtskrankheiten Maximilian Steiner (1874–1942), ein Freund und früher Anhänger Freuds, seit 1907 Mitglied der »Mittwoch-Gesellschaft«. Steiner befaßte sich vor allem mit der männlichen Sexualität, 1913 erschien sein zentrales Werk »Die psychischen Störungen der männlichen Potenz«, mit einem Vorwort von Sigmund Freud. Freuds Rat, OS solle zunächst Dr. Steiner aufsuchen, hat vielleicht nicht nur mit dem Blasenleiden, sondern mit realen oder befürchteten Potenzproblemen zu tun, die ab 1912 in der Analyse bei Karl Abraham eine Rolle spielten.

15. 12. 1907

101 *Frau Edelheim* – Nicht ermittelt.

Café Kaiserhof – Café in der Frankenberggasse.

17. 12. 1907

Abends mein Vortrag über Don Juan & Casanova – Über den Vortrag im Ansorge Verein berichtete »Die Zeit«: »Man kann getrost sagen, daß Schmitz' Vortrag ein schönes Stück Literatur bedeutet […]. Schließlich las er gemeinsam mit Fräulein Olga Bauer vom Raimund-Theater ein kleines Don Juan-Drama, ›Die Rächerin‹.« (18. 12. 1907) Der Vortrag griff Themen des kurz zuvor erschienenen Buches »Don Juan, Casanova und andere erotische Charaktere« (1906) auf. In der Figur des Don Juan sah OS eine dämonische Figur: »Er ist ein Teufel.« (S. 59 f.) »Casanova dagegen ist nicht nur kein Frevler, er ist nicht einmal ein Täter […]. Seine Anziehungskraft ist die der gähnenden Abgründe und schwindelndem Grat.« (S. 61) »Was Don Juan tut, gilt in allen Fällen als Verbrechen, Casanovas prickelnde Sünden lasten auf dem Gewissen manchen Bürgers und werden im Einzelfall lächelnd verziehen.« (S. 95 f.) OS schlußfolgerte: »Der erotische Mensch unserer Zeit gleicht mehr Casanova als Don Juan. Don Juan stirbt immer mehr aus« (S. 67); vgl. Casanova und andere Gestalten aus der großen Welt (1918).

102 *Max Mell* – Der österreichische Schriftsteller Max Mell (1882 bis 1971), ein Freund von Hugo von Hofmannsthal und Hans Carossa. Er schrieb volksnah und heimatverbunden und widmete sich in den zwanziger Jahren vor allem dem Volksschauspiel, in den dreißiger Jahren näherte er sich dem Nationalsozialismus an.

Dr. Kaufmann– Möglicherweise der Mediziner Rudolf Kaufmann (1871–1927); seit 1900 Assistent an der Wiener Allgemeinen Poliklinik; habilitierte sich 1908 für Innere Medizin, 1920 Titularprofessor.

102 *Wassermann* – Der Schriftsteller Jakob Wassermann (1873–1934).

19. 12. 1907

aus meinem Roman – Erste Fassung von »Wenn wir Frauen erwachen ...«.

20. 12. 1907

Alfreds neue Arbeiten ... nicht gerade mich begeisternd – An Fritz von Herzmanovsky-Orlando schrieb Kubin am 31. 12. 1907: »Im Malen schlage ich die kühnsten impressionistischen Purzelbäume – im Zeichnen folge ich den Spuren alter Unheimlichkeiten.« (Fritz von Herzmanovsky-Orlando, Der Briefwechsel mit Alfred Kubin. 1903 bis 1952, S. 9)

21. 12. 1907

103 *Otto* – Der Neffe Otto Gründler.

Hotel Wolff – Hotel in der Arnulfstraße, heute Eden Hotel Wolff.

22. 12. 1907

Schenker – Speditionsunternehmen, bei dem OS sein Mobiliar deponiert hatte.

23. 12. 1907

Fondo Toce – Fondotoce, heute ein Stadtteil von Verbania (ebenso wie Intra und Pallanza). OS schreibt Fondi di Toce.

Pallanza – Damals ein selbständiger Ort am südwestlichen Ufer des Lago Maggiore, am Fuß des Monte Rosso. Heute gehört Pallanza zu Verbania, Region Piemont.

24. 12. 1907

Zur Madonna della Campagna – Fußweg zu der gleichnamigen Kirche aus dem 16. Jahrhundert, mit achteckiger Kuppel.

Isola bella und Isola Madre – Die berühmten Borromäischen Inseln im Lago Maggiore.

Einen kleinen Christbaum gekauft – In »Ergo Sum« schreibt OS: »Am Vormittag des 24. Dezember fanden wir mit großer Mühe einen kleinen Tannenbaum, den ein Gärtner für uns in seinen Anpflanzungen ausgrub und mit der Wurzel in einen großen Topf setzte. Allabendlich brannte er nun in unserem Zimmer. [...] Am letzten Tage tat uns das Bäumchen, das uns so freundlich geleuchtet hatte, leid. Da es keine Kostbarkeit war, mußten wir fürchten, daß es vom Personal weggeworfen werden würde. Wir trugen es daher am Tage des Abschieds zu dem erstaunten Gärtner zurück und baten ihn, es an seiner alten Stelle wieder einzugraben. Dies geschah vor unseren Augen.« (S. 36)

26. 12. 1907

104 *Intra* – Damals ein selbständiger Nachbarort von Pallanza am Lago Maggiore, heute ein Stadtteil von Verbania.

27. 12. 1907

105 *Anfang des Schlafhändlers* – »Der Schlafhändler«, zuerst erschienen in: Jugend 13 (1908), S. 1082–1086, später in dem Sammelband »Das andere Ich« (1910).

28. 12. 1907

»Opalen« – Die 1907 von Franz Blei als Privatdruck herausgegebene Zeitschrift »Die Opale. Blätter für Kunst und Litteratur«.

30. 12. 1907

106 *Luino* – Die größte Stadt am östlichen Ufer des Lago Maggiore; wenige Kilometer von der italienisch-schweizerischen Grenze entfernt.

1. 1. 1908

Conditorei Bütschli – Die von einem Schweizer Bäckermeister gegründete Konditorei in Frankfurt.

2. 1. 1908

107 *Henry Erlanger* – Nicht ermittelt.

4. 1. 1908

Walden wegen des Vortrags – Der Schriftsteller, Verleger und Kunsthändler Herwarth Walden, eigtl. Georg Lewin (1878–1941). Wie im Vorjahr hielt OS auch 1908 einen Vortrag im »Verein für Kunst«; vgl. Tagebuch, 10. 1. 1908.

5. 1. 1908

Fräulein von Brocken – Die Malerin Maria Henriette Josephine von Brocken (1873–1947), eine Schülerin von Dora Hitz.
Dr. Kraft als Patient – Zusammenhang unklar.
Wolfthorn – Die Malerin und Graphikerin Julie Wolfthorn (1864 bis 1944), als Julie Wolf im westpreußischen Ort Thorn geboren. Neben Käthe Kollwitz und Dora Hitz zählte sie zu den führenden Künstlerinnen Deutschlands. Viele Jahrzehnte lebte sie in Berlin-Tiergarten im Haus Kurfürstenstraße 50. Hier gingen Künstler und Literaten – so auch OS – ein und aus. Die Jüdin

Julie Wolfthorn wurde 1942 nach Theresienstadt deportiert und dort 1944 ermordet.

107 *Fräulein Treuge* – Die Lehrerin Margarete Treuge (1876–1962). Sie unterrichtete u. a. an der von Alice Salomon 1908 gegründeten »Sozialen Frauenschule«, an der junge Mädchen und Frauen für die soziale Arbeit ausgebildet wurden.

Café Sezession – In Berlin neben dem Café Monopol und dem Café des Westens (auch »Café Größenwahn«) zentraler Treffpunkt der Künstler- und Bohemeszene vor dem Ersten Weltkrieg.

Holitscher – Der Reiseschriftsteller, Essayist und Romancier Arthur Holitscher (1869–1941). Der Sohn einer großbürgerlichen jüdischen Kaufmannsfamilie arbeitete nach dem Abitur sechs Jahre als Bankangestellter, 1895 ging er nach Paris und schrieb dort seinen ersten Roman, zwei Jahre später zog er nach München und wurde Redakteur des »Simplicissimus«. Es folgten Reisen und längere Aufenthalte in Paris, Budapest, Brüssel, Rom, Neapel. 1907 zog er nach Berlin und wurde Lektor im Verlag Bruno Cassirer.

6. 1. 1908

Café Josty – Das zu Beginn des 19. Jahrhunderts von den aus der Schweiz stammenden Gebrüdern Josty gegründete Café, seit 1880 am Potsdamer Platz, später zwei Filialen in der Stadt, vor allem in den zwanziger Jahren ein beliebter Künstlertreff.

8. 1. 1908

108 *Dohmes* – Emma Dohme, geb. Alenfeld (1854–1918), deren Salon in Berlin ein Treffpunkt der Künstler und Literaten war. In »Ergo Sum« schreibt OS: »Bei Frau Geheimrat Emma Dohme, der Witwe des verstorbenen Kunsthistorikers und Freundes Kaiser Friedrichs, war neben der Kunst und der Ministerialbureaukratie besonders die Wissenschaft und Literatur vertreten; Max Liebermann, Lovis Corinth, Hugo von Tschudi, Meier-Graefe, Valerian von Loga, Dora Hitz, Werner Sombart und viele andere, waren an den berühmten Dienstagen häufige Gäste […].« (S. 78)

Frau Begas-Parmentier – Die Malerin Luise Begas von Parmentier, geb. von Parmentier (1850–1920), Frau des Malers Adalbert Begas, dem Bruder des Bildhauers Reinhold Begas. Sie war stellvertretende Vorsitzende des Vereins der Künstlerinnen in Berlin und führte einen bekannten Salon in der Genthiner Straße, der seit den 1880er Jahren zum Treffpunkt für Künstler und Literaten wurde.

108 *Stern* – Der Bankdirektor Julius Stern. Marie von Bunsen schreibt über ihn: »Ein bemerkenswertes Haus der Hochfinanz war das in der nahen Bellevuestraße gelegene des Bankdirektors Stern. Hier gaben die französischen Impressionisten die Sondernote. Im großen hellen Saal hingen vorzügliche Manets, Courbets, Renoirs und Monets. Ob der Hausherr diese damals noch keineswegs unbedingt Anerkannten in ihrer Bedeutung oder in der kommenden Bewertung so früh erkannte, weiß ich nicht.« (Zeitgenossen die ich erlebte. 1900–1930, S. 70)
Käthe Liebermann – Käthe Liebermann (1885–1952), einziges Kind von Max und Martha Liebermann. Sie heiratete 1916 den Diplomaten und Geschichtsphilosophen Kurt Rietzler. 1939 emigrierte sie mit ihrer Familie in die USA.

9. 1. 1908

Dr. Landsberger – Der Romancier und Journalist Arthur Landsberger (1876–1933), Sohn einer angesehenen jüdischen Familie, der zum Protestantismus übertrat, Mitbegründer des »Morgen« und bis 1908 als Schriftleiter tätig.
Chefredakteur des »Morgen« – Die Wochenschrift für deutsche Kultur, die von 1907 bis 1909 erschien und von Werner Sombart, Richard Strauß, Georg Brandes, Richard Muther und Hugo von Hofmannsthal gegründet worden war. Der Vorschlag, OS als Chefredakteur einzusetzen, ging auf Hofmannsthal zurück; vgl. Anm. *Differenz* zu S. 112.
Haus Trarbach – Weinrestaurant in der Behrenstraße 47.
Bar riche – Unter den Linden, später »Nachtfalter«.
Café Kaiserkeller – Großes Café in der Friedrichstraße 178.

10. 1. 1908

109 *Frederich* – Restaurant und Hotel in der Nähe des Potsdamer Bahnhofs.
Salon Cassirer – Der Kunstsalon des Verlegers und Kunsthändlers Bruno Cassirer (1872–1941), der nach der geschäftlichen Trennung von Paul Cassirer (1908) den Verlag und den Salon in eigener Regie führte; von 1902 bis 1933 gab er die Zeitschrift »Kunst und Künstler« heraus.
Café Fürstenhof – Beliebtes Künstler- und Literatencafé am Potsdamer Platz; in der Nachbarschaft befanden sich das Café Josty und das Pschorr-Bräu, auch sie Stammlokale von OS.

11. 1. 1908

109 *Stern* – Dr. Paul Stern; vgl. Anm. *Stern* zu S. 20.
»Die gelbe Nachtigall« – Komödie (1907) von Hermann Bahr.
Bassermann – Der Schauspieler Albert Bassermann (1867–1952), bedeutender Darsteller klassischer Rollen. Er gehörte von 1900 bis 1909 dem Brahm-, von 1909 bis 1914 dem Reinhardt-Ensemble in Berlin an. 1933 emigrierte er in die Schweiz, 1934 in die Vereinigten Staaten. 1946 kehrte er nach Deutschland zurück.
Triesch – Die Schauspielerin Irene Triesch (1877–1964). Sie arbeitete zunächst am Berliner Residenztheater, ging 1896 an das Schauspielhaus in München und spielte seit 1901 Frauengestalten von Henrik Ibsen, Gerhart Hauptmann und August Strindberg am Deutschen Theater in Berlin unter Otto Brahm. Später arbeitete sie unter der Regie von Max Reinhardt. 1933 emigrierte sie nach England.
Reicher – Der Schauspieler Emanuel Reicher (1849–1924), 1889 Mitbegründer der Freien Bühne.
Edel – Der Karikaturist, Illustrator, Schriftsteller und Filmregisseur Edmund Edel (1863–1934). Er studierte Malerei an der Königlichen Akademie in München, konnte sich mit seinen Bildern aber nicht behaupten. Größeren Erfolg hatte er als Illustrator und Karikaturist. Er arbeitete für die Zeitschriften »Ulk« und »Fliegende Blätter« sowie als Kostümbildner für Ernst von Wolzogens Kabarett »Überbrettl«. Seit 1903 schrieb er zahlreiche Gesellschaftsromane und Essays, in denen die Berliner Boheme eine Rolle spielte. Zwischen 1916 und 1919 war er als Filmregisseur tätig.

12. 1. 1908

Dr. Wedekind – Der Berliner Verleger; vgl. Anm. *Täglich Korrekturen von Dr. Wedekind* zu S. 10.
Dr. Springer – Möglicherweise der Musiker Max Springer (1877 bis 1954).
Frau Eckmann – Frau Eckmann-Simon; möglicherweise die Frau des Malers und Kunstgewerblers Otto Eckmann (1865–1902).
Oppler-Legband – Die Frau des Theaterleiters und Regisseurs Dr. Paul Legband (1876–1942).
Muthesius – Der Architekt Hermann Muthesius (1861–1927). Er war nach seinem Studium von 1887 bis 1891 im Architekturbüro Ende & Böckmann in Tokio tätig, seit 1891 Regierungsbaumeister in Berlin. Von 1896 bis 1903 war er technischer Attaché für

Architektur in London, ab 1904 Geheimrat im Preußischen Handelsministerium. Muthesius war ein Kritiker des Jugendstils, er widmete sich dem Studium der englischen Wohnkultur und Architektur und publizierte zu diesem Thema zahlreiche Arbeiten. 1907 gehörte er zu dem Mitbegründern des Deutschen Werkbundes.

109 *Gretel* – Geliebte von OS, die er im Winter 1906 in Berlin kennengelernt hatte; vgl. Tagebuch, 22.11.1906ff., in: Das wilde Leben der Boheme, S. 312ff. Nähere biographische Daten nicht ermittelt.

13. 1. 1908

110 *Frau Frank* – Nicht ermittelt.

Thea Schleusner – Die Malerin und Schriftstellerin Thea Schleusner, auch Schleußner geschrieben (1879–1964). Sie erhielt ihre künstlerische Ausbildung bei Curt Stoeving und Franz Scarbina. Während eines zweijährigen Aufenthalts in Paris kam sie in Kontakt mit Auguste Rodin, André Gide und Rainer Maria Rilke. Es folgten weitere Studienaufenthalte in Florenz, Rom und London. Sie porträtierte viele bekannte Persönlichkeiten, darunter Albert Einstein, Ricarda Huch, Mary Wigman und Emil Nolde. In den zwanziger Jahren widmete sie sich vermehrt der Schriftstellerei, über ihre zahlreichen Auslandsaufenthalte schrieb sie Reiseberichte.

Spiro – Der Maler Eugen Spiro (1874–1972), von 1915 bis 1933 Präsident der Berliner Sezession.

Die Frau ist in einer Anstalt – Else Greve, geb. Plötz, gesch. Endell, die Frau des Schriftstellers Felix Paul Greve; vgl. Anm. *Greve* zu S. 94; zum Ehepaar Greve vgl. Das wilde Leben der Boheme, S. 315f. und 495 (Anm. *Greve … Endell*).

14. 1. 1908

Frau Geheimrat von Großheim – Die Frau des Berliner Architekten und Geheimen Baurats Karl von Großheim (1841–1911).

16. 1. 1908

Herr und Frau Schokken … Sofie Meyer – Nicht ermittelt, möglicherweise eine Verschreibung: Nicht Schokken, sondern Schocken. Der Unternehmer, Autor und Verleger Salman Schocken (1877 bis 1959) verkehrte in den Berliner Kreisen. Er gründete 1915 mit Martin Buber die Zeitschrift »Der Jude«, später das Schocken-Institut und den Schocken-Verlag.

Fräulein Drews – Nicht ermittelt.

19. 1. 1908

111 *Sanitätsrat Klein* – Nicht ermittelt.
Frau Dr. Eyssler – Nicht ermittelt.
Frau Major von François – Frau des Majors Curt von François (1852–1931), der 1894/95 Kommandeur der Schutztruppe in Deutsch-Südwest-Afrika und später Reichstagsabgeordneter war.

20. 1. 1908

Huth – Das 1871 gegründete Weinhaus am Potsdamer Platz, später Huth & Sohn.
112 *Schaumberger* – Der Schriftsteller und Redakteur Julius Schaumberger (1858–1924). Er arbeitete beim »Münchner Theaterjournal« und war Herausgeber der Zeitschrift »Münchner Kunst«.
»Wolkenkratzer« – Lustspiel (1908) von Carl Rößler.

21. 1. 1908

Meier-Graefe … 1907 in Paris – Wahrscheinlich ein Irrtum; eine Paris-Reise im Jahr 1907 ist nicht bekannt.

22. 1. 1908

Pension, die Endell gebaut hat – Die Pension am Steinplatz, die nach Entwürfen des Architekten und Kunstgewerblers August Endell (1871–1925) gebaut wurde. Dieser hatte Philosophie, Psychologie und Mathematik u. a. bei Theodor Lipps in München studiert, wurde 1918 Professor und Direktor der Kunstakademie Breslau. OS hatte Endell bei einer Vorlesung von Lipps kennengelernt.
Differenz – Unklar; bei der Besetzung der Chefredaktion des »Morgen« machte sich Hofmannsthal offenbar für OS stark. Am 20. 1. 1908 signalisierte er seine Unterstützung in einem Brief an OS, der, das geht aus dem Schreiben hervor, offenbar Sigmund Freud zur Mitarbeit auffordern wollte. Hofmannsthal lehnte den Vorschlag entschieden ab: »Freud dessen Schriften ich sämtlich kenne, halte ich abgesehen von fachlicher Akribie (der scharfsinnige jüdische Arzt) für eine absolute Mediocrität voll bornierten provinzmässigen Eigendünkels […].« (Hofmannsthal, Brief-Chronik, Regest-Ausgabe, Bd. 1, S. 1104 f.) Von Hofmannsthals Engagement für OS zeugt auch ein Brieffragment an Arthur Landsberger vom 28. 7. 1909 (ebd., S. 1219).
Grete Berger – Nicht ermittelt.

23. 1. 1908

112 *Wiegler* – Der Literaturhistoriker, Essayist, Kritiker und Übersetzer Paul Wiegler (1878–1949). Er arbeitete für das »Berliner Tageblatt« und übernahm von OS mehrere Essays, die 1911 in dem Sammelband »Brevier für Weltleute« erschienen. Mit OS teilte er das Interesse an Frankreich, er veröffentlichte Bücher über »Französische Rebellen« (1904) und über das »Französische Theater« (1906). 1913 übernahm er die Leitung der Romanabteilung des Ullstein-Verlages, nach dem Zweiten Weltkrieg arbeitete er als Lektor im Berliner Aufbau-Verlag und war Mitbegründer der Zeitschrift »Sinn und Form«.

24. 1. 1908

Kannenberg – Restaurant am Kurfürstendamm.

27. 1. 1908

113 *Paul Hermann* – Der Maler und Graphiker Paul Hermann, Pseudonym Henri Héran (1864– nach 1944), ein Neffe des Dichters Paul von Heyse, der auch für seine Erziehung sorgte. Eigentlich sollte er Architektur studieren, begeisterte sich aber schon früh für die Malerei und machte sich selbständig. 1893 reiste er nach New York und steuerte zahlreiche dekorative Arbeiten und Bildnisse zur Weltausstellung bei. 1895 ließ er sich in Paris nieder. Um Verwechselungen mit dem ebenfalls in Paris lebenden Elsässer Maler Herman Paul zu vermeiden, nannte er sich von nun an Henri Héran. In Paris lebte er elf Jahre, hier kam er in Kontakt mit Munch, Strindberg, Oscar Wilde u.a. In dieser Zeit entstanden dekorative Wand- und Deckenbilder, ab 1896 auch Graphiken. OS lernte den Maler 1906 in Paris kennen und war einige Zeit eng mit ihm befreundet. In »Dämon« schreibt er über ihn: »Der derbe, rothaarige Kraftmensch war als ›ours allemand‹ unter den jungen Franzosen wohl gelitten. Bisweilen brachte er auch Edvard Munch, den norwegischen Maler mit, der Nächte hindurch wie geistesabwesend unter uns saß.« (S. 176) Vgl. Das wilde Leben der Boheme, S. 81 f., 102, 106 ff. und 114 f.

28. 1. 1908

Frau v. König (Mme. Tardif) – Nicht ermittelt.
Susi von Zimmermann – Nicht ermittelt.
Frau Fulda – Die Frau des Dramatikers, Erzählers, Lyrikers und Übersetzers Ludwig Fulda (1862–1939).

113 *Werner Sombart* – Der Soziologe Werner Sombart (1863–1941), von 1906 bis zu seinem Tod Professor in Berlin, Autor zahlreicher Werke, darunter »Der moderne Kapitalismus« (1902), »Die Juden und das Wirtschaftsleben« (1911), »Der Bourgeois« (1913). Er lernte OS durch den »Morgen« kennen, dessen Mitbegründer er war. In den zwanziger Jahren intensivierte sich die Beziehung zu OS, der im Berliner Salon der Sombarts ein gerngesehener Gast war und dort des öfteren Vorträge hielt. Im Nachlaß haben sich einige Briefe erhalten, die die außerordentlich herzliche Verbindung bestätigen. Der Sohn des Soziologen, Nicolaus Sombart, erzählt in seinem Erinnerungsbuch »Jugend in Berlin« (1984) von dem berühmten Salon und erwähnt auch OS (S. 69).

29. 1. 1908

»Überschätzung der Musik« – In: Brevier für Weltleute, S. 344–353.

reizvolle Szene à la Katharina II. – Auf welche Szene hier konkret angespielt wird, ist nicht ganz klar. Der Hintergrund ist das ausschweifende Liebesleben der Kaiserin, die sich ihre Liebhaber selbstbewußt wählte und unzählige Affären hatte. OS veröffentlichte in seinem Buch über »Casanova und andere Gestalten aus der großen Welt« (1918) ein Essay über »Katharina II. von Rußland«. Die »erotische Ökonomie«, schreibt er, »ist die eines überlegenen Mannes, der, mitten in ungeheuren geistigen Aufgaben plötzlich die Beruhigung seiner Sinne verlangt und zu dem nächsten Gegenstand greift, der dazu tauglich erscheint.« (S. 149)

30. 1. 1908

114 *Sie sieht interessant verfallen aus* – Gemeint ist Else Greve, geb. Plötz, gesch. Endell.

1. 2. 1908

Wolff – Der Schriftsteller und Journalist Theodor Wolff (1868 bis 1943), Sohn eines jüdischen Großkaufmanns. Er gründete 1889 die Freie Bühne Berlin und wurde Literatur- und Theaterkritiker des »Berliner Tageblatts«, das seinem Cousin Rudolf Mosse gehörte. Wolff hielt sich von 1894 bis 1906 in Paris auf, kehrte nach Berlin zurück, wo er Chefredakteur des »Tageblatts« wurde und sich mit seinen brillanten Essays zu einer zentralen Figur des Literaturlebens entwickelte. 1918 gehörte er zu den Mitbegründern der Deutschen Demokratischen Partei. Er wurde schon früh als Jude angefeindet und emigrierte 1933 über Zürich nach Nizza.

1943 wurde er in das Konzentrationslager Oranienburg deportiert und umgebracht.

114 *Verleger Vogtl* – Auch Vogtel geschrieben, nicht ermittelt.

Vortrag von Ewers über die Negerfrage – Hanns Heinz Ewers setzte sich in Aufsätzen und Novellen mit der »schwarzen Rasse« und der »Negerkultur« auseinander; vgl. Die Mamaloi, Morgen 1, 1907, S. 695–701.

2. 2. 1908

Café Austria – Potsdamer Straße 28.

Begas – Luise Begas von Parmentier; vgl. Anm. *Frau Begas-Parmentier* zu S. 108.

Rathenau – Der Großindustrielle, Schriftsteller und Politiker Walther Rathenau (1867–1922), Sohn des Großindustriellen und Gründers der AEG Emil Rathenau. Seit 1899 war er Vorstandsmitglied, seit 1915 Präsident der AEG und maßgeblich an der Organisation der deutschen Kriegswirtschaft beteiligt. Nach dem Krieg engagierte sich Rathenau vor allem in der Politik. 1920 wurde er Außenminister, angefeindet von der politischen Rechten, wurde er 1922 ermordet. Rathenau repräsentierte das deutsch-jüdische Großbürgertum und hatte Kontakt zu vielen Künstlern und Literaten. Er war eng befreundet mit Maximilian Harden und publizierte in der »Zukunft« seine ersten Aufsätze. 1912 veröffentlichte er die geschichtsphilosophische Untersuchung »Zur Kritik der Gegenwart«, ein Jahr später folgte die kulturkritische Studie »Zur Mechanik des Geistes«, in der Rathenau die Phänomene der industriellen Massengesellschaft untersuchte.

Moltkesache – Die Anschuldigungen und Enthüllungen Hardens in der »Zukunft« im Zusammenhang der Eulenburg-Affäre. Die gegen Kuno von Moltke (1847–1923) erhobenen Vorwürfe wegen homosexueller Neigungen führten zur Amtsenthebung Moltkes und zu einem Beleidigungsverfahren gegen Harden. Das Verfahren endete 1909 mit einer außergerichtlichen Einigung.

Fräulein von Bunsen – Die Schriftstellerin und Malerin Marie Freiin von Bunsen (1860–1941), Tochter des Reichstagsabgeordneten Georg von Bunsen. Durch ihren Vater hatte sie Einblick in die höchsten Gesellschaftskreise. Sie unternahm zahlreiche Reisen – u. a. nach Italien, Frankreich, Spanien, Afrika, Asien, USA – und schrieb Reiseberichte; eines der eindrucksvollsten Bücher, mit eigenen Aquarellen versehen: »Im fernen Osten. Eindrücke und Bilder aus Japan, Korea, China, Ceylon, Java, Siam, Kambodscha,

Birma und Indien« (1935). Sie war Mitbegründerin des Deutschen Lyceum-Clubs in Berlin. 1929 veröffentlichte sie ihre Autobiographie »Die Welt in der ich lebte«. OS war mehrfach zu Gast bei ihr. In »Ergo Sum« schreibt er: »Das höchste Niveau wußte Marie von Bunsen ihrer Gastlichkeit zu geben. Sie führte kein großes Haus, aber ich muß ihr das Kompliment machen, daß es das einzige war, wo man die Kompositionslehre der Geselligkeit aus dem Grund verstand. Weil Frau von Bunsens Tisch klein war, mußten die Gäste gut kontrapunktiert werden. Jedes ihrer Sonntagsfrühstücke war in dieser Hinsicht ein Kunstwerk.« (S. 78) Im Nachlaß hat sich eine Einladungskarte erhalten: »Fräulein Marie von Bunsen bittet Herrn Oscar Schmitz freundlichst am Sonntag den 8ten um 1 ½ Uhr, bei ihr frühstücken zu wollen.« Vgl. Das wilde Leben der Boheme, S. 328.

5. 2. 1908

115 *Lechter* – Der Glasmaler und Buchkünstler Melchior Lechter (1865–1937). 1894 in Kontakt mit Stefan George gekommen, war er von 1897 bis 1907 für die graphische Ausstattung der Publikationen Georges und des George-Kreises verantwortlich. Die von ihm entwickelte Buchkunst betonte die Besonderheit des Kreises durch bestimmte typographische Merkmale: die generelle Kleinschreibung, die Verwendung einer eigens entworfenen latinisierenden Type, das künstlerische Dekor, der Buchschmuck. OS hatte seine Arbeiten für die Pariser Weltausstellung 1900 heftig kritisiert; vgl. Rückblicke auf Paris und die Ausstellung, 1900. Der Artikel war für Stefan George Anlaß, sich von OS zu trennen; auch Wolfskehl wurde angewiesen, den Kontakt abzubrechen; vgl. Das wilde Leben der Boheme, S. 435–437 (Anm. *mein Artikel über die Pariser Ausstellung* und Anm. *So schwach ist Wolfskehl*).

7. 2. 1908

Café Savoy – Café beim Bahnhof Friedrichstraße, mit Hotel und Restaurant.
Handl – Der Theaterkritiker und Autor Willi Handl (1872–1920), der u. a. für »Die Schaubühne« und den »Morgen« schrieb.
von Levetzow – Der Lyriker und Bühnenschriftsteller Karl Michael Freiherr von Levetzow (1871–1945).
Café Splendid – Café in der Kurfürstenstraße.

11. 2. 1908

116 *»Liebelei« … Der Fritz … antipathischer gewollt sein* – Schnitzler charakterisiert Fritz als einen eher sensiblen Menschen, der nicht mehr an die großen Werte und Worte glaubt und nur noch für den Augenblick, die Stimmung, lebt. In der kleinen Liebelei mit Christine sucht er Ablenkung von der strapaziösen Beziehung zu einer verheirateten Frau. Während Christine den Gesten vertraut und an die Liebe glaubt, ist für Fritz die Liebe nur ein Spiel, das von der Wirklichkeit ablenkt, aber kein Glück zuläßt. Darum belügt er sich nicht selbst, wie OS meint, denn er durchschaut sein Spiel, an dem er zuletzt zugrunde geht.

12. 2. 1908

Kousine Ring, die Tochter von Schmoller – Gustav von Schmoller (1838–1917), Volkswirtschaftler und Historiker, von 1882 bis 1913 Professor in Berlin. Über die Tochter keine näheren biographischen Daten ermittelt.

13. 2. 1908

117 *Frau Frisch* – Nicht ermittelt.

Lucie Höflich – Die Schauspielerin Lucie Höflich (1883–1956). Sie wurde als Helene Lucie von Holwede in Hannover geboren. 1903 bis 1932 arbeitete sie am Deutschen Nationaltheater in Berlin, 1913 wurde sie Filmschauspielerin (»Freie Liebe«, »Katharina die Große«). An der Seite ihres Mannes Emil Jannings spielte sie in »Ein Walzertraum« und »Tartüff«.

Wegener – Der Schauspieler und Regisseur Paul Wegener (1874 bis 1948). Von 1905 bis 1920 trat er bei Max Reinhardt am Deutschen Theater auf. Er gehört zu den Pionieren des Deutschen Films, spielte in über 30 Stummfilmen und führte auch selbst Regie, so in dem Klassiker »Der Golem, wie er in die Welt kam« (1920).

Moissi – Der Schauspieler Alexander Moissi (1880–1935). Er wirkte am Deutschen Theater in Berlin und war der berühmteste Hamlet- und Romeo-Interpret seiner Zeit.

Paul Waßmann – Vermutlich der Schauspieler Hans Waßmann (1873–1932), der unter Max Reinhardt am Deutschen Theater in Berlin spielte.

die Heims – Die Schauspielerin Else Heims (1878–1958), die erste Frau von Max Reinhardt.

14. 2. 1908

117 *Cabaret Roland* – Das Kabarett »Roland von Berlin« in der Potsdamer Straße, neben dem »Chat noir« das bedeutendste Kabarett in Berlin.

15. 2. 1908

Lyceumklub – Der Lyceum-Club wurde 1905 in Berlin gegründet, er sollte künstlerisch und geistig tätige Frauen zusammenführen. Die Idee stammte von der Engländerin Constance Smedly, die 1902 in London einen solchen Club gegründet hatte.

18. 2. 1908

118 *»Dumme Gans«* – Das Essay wurde mehrfach veröffentlicht, u. a. in der Essaysammlung »Brevier für Weltleute« (1911), dort unter dem Titel »Charakterologie der dummen Gans« (S. 133–139).

»Erdgeist« – Tragödie in vier Aufzügen (1898) von Frank Wedekind.

Eysoldt – Die berühmte Schauspielerin Gertrud Eysoldt (1870 bis 1955). 1890 gab sie ihr Debüt am Hoftheater in München. Sie spielte u. a. die Rollen der Salome, Elektra und Penthesilea, einen ihrer größten Erfolge feierte sie 1902 als Lulu in Frank Wedekinds »Erdgeist«. Gertrud Eysoldt war Ensemblemitglied in den Theatern von Max Reinhardt, seit 1905 spielte sie am Deutschen Theater in Berlin. 1920 bis 1922 war sie Direktorin des Kleinen Schauspielhauses in Berlin.

19. 2. 1908

»Genialität der Frau« – Veröffentlicht unter dem Titel »Das weibliche Genie« (Berliner Tageblatt, 1909, Nr. 60), 1911 in: Brevier für Weltleute, S. 119–127.

Ernst Hardt – Der Schriftsteller Ernst (Friedrich Wilhelm) Hardt (1876–1947). Der Sohn eines Offiziers besuchte zunächst in Berlin eine Kadettenschule, von 1893 bis 1897 reiste er durch Griechenland, Spanien und Portugal, danach war er als Feuilletonredakteur der »Dresdner Zeitung« tätig. Beeinflußt von George und dem jungen Hofmannsthal, veröffentlichte er Lyrik und Prosa im »Simplicissimus« und in den »Blättern für die Kunst«. Seit 1900 arbeitete er als freier Schriftsteller und lebte abwechselnd in Griechenland und Berlin. 1919 wurde er Generalintendant des Deutschen Nationaltheaters, von 1926 bis zu seiner Entlassung 1933 arbeitete er in Köln als künstlerischer Leiter der Westdeutschen Funkstunde.

23. 2. 1908

119 *Frl. Gürgens* – Nicht ermittelt.

Frau Dr. Heimann – Die Novellensammlung »Herr von Pepinster und sein Popanz. Geschichten vom Doppelleben« (1915) ist »Frau Dr. Anni Heimann freundschaftlich gewidmet«. Nähere biographische Daten nicht ermittelt.

25. 2. 1908

Ludwig – Der Schwager Ludwig Spier (?–1935).

120 *Frl. Ruetz* – Nicht ermittelt.

Kerr – Der Theaterkritiker und Essayist Alfred Kerr, eigentlich A. Kempner (1867–1948). Er stammte aus einer jüdischen Familie. Von 1887 an studierte er in Berlin Philosophie und Germanistik. Nach seiner Promotion über Brentano schrieb er Kritiken und Essays über Zeitereignisse und den Berliner Alltag. Kerr stieg zwischen 1900 und 1933 zum einflußreichsten Kritiker auf. Von 1912 bis 1915 war er Herausgeber der Zeitschrift »PAN«. 1917 erschienen die ersten fünf Bände der Gesammelten Schriften »Die Welt im Drama«. Von 1919 bis 1933 war er Theaterkritiker am »Berliner Tageblatt«. 1933 floh er vor den Nationalsozialisten nach Paris, von 1936 bis 1948 lebte er in London und schrieb Essays und politische Kommentare für die BBC.

Benno Geiger – Der Lyriker, Essayist und Übersetzer Benno Geiger (1882–1965), 1899 Mitbegründer des Insel Verlags, befreundet mit Stefan Zweig, Hofmannsthal und Rilke.

Borgese – Der Schriftsteller, Übersetzer und Historiker Giuseppe Antonio Borgese (1882–1952), der in leitender Stellung beim »Corriere della Sera« arbeitete. Stefan Zweig schreibt über ihn: »[…] Borgese, in dessen Gesellschaft ich – zusammen mit Graf Keyserling und Benno Geiger – in Berlin und Wien manchen geistig beschwingten Abend verbracht. Einer der besten und leidenschaftlichsten Schriftsteller Italiens […], Übersetzer von ›Werthers Leiden‹ und Fanatiker der deutschen Philosophie« (Die Welt von Gestern, S. 348). Als Organisator der Darmstädter Tagungen der »Schule der Weisheit« stand OS auch in den zwanziger Jahren mit ihm in Kontakt. Borgese heiratete 1939 Elisabeth Mann, die dritte und jüngste Tochter Thomas Manns.

26. 2. 1908

Wintergarten – Varieté, das von 1888 bis 1944 im Zentralhotel am Bahnhof Friedrichstraße in Berlin-Mitte existierte und eine Mischung aus Kabarett und Zirkus bot.

120 *Unionbar* – Bar in der Königgrätzerstraße 32.

27. 2. 1908

Residenztheater – Residenz-Theater in Berlin-Mitte, Blumenstraße 9.
den Roman aufzugeben – Die erste, nicht erhaltene Fassung von »Wenn wir Frauen erwachen …«.
Franzl hat Recht – In »Dämon« schreibt OS, Franz Hessel habe »einen besonders günstigen Einfluß« auf seine Arbeit gehabt: »Er brachte mich auf das Aphoristische, Impressionistische, als meine eigentliche Originalität« (S. 357). Hessel hatte OS zur Form des Essays geraten, in diesem Sinn wurden schon die »Französischen Gesellschaftsprobleme«, die zunächst als Abhandlung geplant waren, umgeschrieben.
Der Holzweg – Wohl der geplante Titel des Romans; die erste veröffentlichte Fassung hieß »Wenn wir Frauen erwachen …«; ab der 8. Auflage 1921: »Bürgerliche Bohème«.

28. 2. 1908

die kleine Elly – Nicht ermittelt.

29. 2. 1908

121 *Café Bauer* – Café in Berlin-Mitte, Unter den Linden 26.
diplomatisch gegen Tilly – Mathilde (Tilly) Spier, geb. Schmitz. Das Ehepaar stand auch später immer mal wieder kurz vor der Scheidung. OS schaltete sich mehrfach vermittelnd ein.

1. 3. 1908

Carl Hauptmann – Der Dramatiker, Erzähler und Essayist Carl Hauptmann (1858–1921), älterer Bruder Gerhart Hauptmanns.
König – Der Maler und Graphiker Albert König (1881–1944). Er absolvierte eine Ausbildung an der privaten Malschule Heymann in München. Im Dezember 1910 ging er nach Berlin, nahm Unterricht bei Lovis Corinth, später wurde er Schüler von Georg Tappert.
Curt Herrmann – Der Maler Curt Herrmann (1854–1929), einer der führenden Vertreter des Neo-Impressionismus, Gründungsmitglied der Berliner Sezession und des Deutschen Künstlerbundes.

3. 3. 1908

Frau Hofmannsthal – Gertrud (Gerty) von Hofmannsthal, geb. Schlesinger (1880–1960), seit 1901 mit Hugo von Hofmannsthal verheiratet.

122 *die kleine Kleemann* – Grete Kleemann. Nähere biographische Daten nicht ermittelt.

Frau Epstein – Lyda Epstein. Nähere biographische Daten nicht ermittelt. In »Ergo Sum« schreibt OS, daß er Lyda Epstein, die in der Autobiographie Rahel heißt, anläßlich eines Vortrags am 5. 11. 1908 näher kennengelernt habe. Er zitiert aus seinem Tagebuch eine Eintragung, die es im überlieferten Typoskript nicht gibt, auch von dem Vortrag ist nichts bekannt: »Am 5. November mein Vortrag. Ich las: ›Begegnung der Götter‹. Kaum Vorverkauf, aber abends doch gut besucht. Erfolg. Presse gut, teils sehr gut, aber wichtiger als dies: Frau Rahel … eine Russin, die ich seit vorigem Winter flüchtig kenne, kommt ans Podium, verwickelt mich in ein Gespräch, und eine halbe Stunde später sitze ich beim Souper unter vier Augen im Kaiserhof dieser eleganten Jüdin gegenüber, die ebenso originell geistreich, wie unbefangen kindlich ist.« (S. 65)

Poppenberg – Der Essayist, Literaturkritiker und Redakteur der »Neuen Rundschau« Felix Poppenberg (1869–1915). 1913 erschien sein »Taschenbuch für die Dame«.

4. 3. 1908

Lessingtheater – Das 1888 eröffnete Theater in Berlin-Mitte, am Friedrich-Karl-Ufer 1, heute Kapelleufer, u. a. von Otto Brahm und Viktor Barnowsky geleitet, im Zweiten Weltkrieg zerstört.

Lebendige Stunden – Drama (1902) von Arthur Schnitzler.

6. 3. 1908

123 *Hasemanns Töchter* – Volksschauspiel (1879) von Adolf L'Arronge, eigtl. A. Aronsohn (1838–1908).

Felix Hollaender – Der Schriftsteller Felix Hollaender (1867 bis 1931). Er begründete 1894 die Wochenzeitung »Welt am Morgen«, die er mit Alfred Plötz herausgab und für die u. a. Kurt Eisner, Gustav Landauer und Alfred Kerr schrieben. Ab 1902 arbeitete er als Dramaturg mit Max Reinhardt zusammen, 1920–1924 leitete er die Berliner Reinhardt-Bühnen, später war er vor allem als Theaterkritiker für die »Berliner Zeitung« tätig.

Frl. Hildebrandt – Bertel Hildebrandt. Nähere biographische Daten nicht ermittelt.

der kleine Schwarz – Nicht ermittelt.

8. 3. 1908

Lily Braun – Die Politikerin, Publizistin und Romanautorin Lily Braun, geb. von Kretschman (1865–1916). Sie wuchs in einer

Offiziersfamilie auf und kam später in Kontakt mit sozialistischen Ideen und Theorien. In ihrer politischen Arbeit widmete sie sich vor allem der Frauenfrage, u. a. war sie Mitarbeiterin der Zeitschrift »Die Frauenbewegung«. 1896 heiratete sie in zweiter Ehe den Publizisten und sozialdemokratischen Reichstagsabgeordneten Heinrich Braun. Als OS 1908 ihre Bekanntschaft machte, war gerade eines ihrer erfolgreichsten Bücher erschienen: »Im Schatten der Titanen«. Es ist ein Erinnerungsbuch an ihre Großmutter mütterlicherseits Jenny von Gusted. Ein Jahr später veröffentlichte sie den zweibändigen autobiographischen Roman »Memoiren einer Sozialistin« (1909). OS kannte und schätzte zum Teil ihre Schriften, in seinem Essay »Das weibliche Genie« (Brevier für Weltleute, S. 119–127) zitierte er seitenweise die »klugen Sätze« (S. 124) der Lily Braun. Der Kontakt kam auch über Otto Braun, den Sohn Lily Brauns, zustande, der zusammen mit Otto Gründler, dem Neffen von OS, die Freie Schulgemeinde Wickersdorf bei Saalfeld besuchte; vgl. Anm. *Otto Braun* zu S. 131, Anm. *Geheeb* zu S. 131 und Anm. *Dr. Wyneken* zu S. 131.

123 *Mme. Beloil* – Nicht ermittelt.

9. 3. 1908

124 *Prof. Klaar* – Der Literaturhistoriker, Schriftsteller und Journalist Prof. Dr. Alfred Klaar (1848–1927). Er schrieb vor allem Theaterkritiken für die »Vossische Zeitung«.

meinen Aufsatz über Montenegro – »Das Idyll in den schwarzen Bergen« (Fahrten ins Blaue, S. 124–130).

Hans von Müller – Der Literaturwissenschaftler Hans von Müller (1875–1944), der sich insbesondere als E.-T.-A.-Hoffmann-Forscher einen Namen machte. Er war seit 1901 eng mit Alfred Kubin befreundet.

Lutter und Wegner – Lutter & Wegner, der 1811 gegründete Weinkeller am Gendarmenmarkt.

Gertrud Meisner – Auch Gertrude Meißner geschrieben, Sängerin. Nähere biographische Daten nicht ermittelt.

Frau Dr. Meyer … Patscherkoflgesellschaft – Nicht ermittelt.

Osborn – Der Kunstkritiker der »Vossischen Zeitung« Max Osborn (1870–1946). Er schrieb zahlreiche kunst- und literaturgeschichtliche Werke, gründete u. a. die kurzlebige Zeitschrift »Narrenschiff«, ein Konkurrenzunternehmen zum »Simplicissimus«. 1938 emigrierte er über Frankreich in die Vereinigten Staaten, 1945 erschienen seine Lebenserinnerungen »Der bunte Spiegel«, in denen er vor allem die Zeit zwischen 1890 und 1933 behandelte.

10. 3. 1908

124 *von Frau Dohme zu Max' Geburtstag* – Möglicherweise Max Springer oder Max Liebermann; beide gehörten zu dem Kreis, den Emma Dohme in ihrem Salon versammelte.
Walzertraum – »Ein Walzertraum« (1907) von Oscar Straus.
Baum – Vermutlich der Lyriker und Romancier Johann Peter Baum (1869–1916), Mitglied der »Neuen Gemeinschaft« und enger Freund von Peter Hille, Paul Scheerbart, Else Lasker-Schüler und den Brüdern Hart.
Dr. Valerian von Loga – Der Kunsthistoriker Valerian von Loga (1861–1918), Autor zahlreicher kunstgeschichtlicher Bücher; darunter: »Die Malerei in Spanien vom 14. bis 18. Jahrhundert« (1923), »Franzisco de Goya« (1928), zusammen mit Friedrich Knapp: »Die italienische Plastik vom 15. bis 18. Jahrhundert. Die spanische Plastik vom 15. bis 18. Jahrhundert« (o. J.).
Hotel Bristol – Unter den Linden, heute: Bristol Hotel Kempinski, Fasanenstraße.
Ellen – Nicht ermittelt.

13. 3. 1908

125 *»Kultur und Protestantismus«* – Unter dem Titel »Die Deutsche Kultur und Protestantismus« in: Morgen (1908), 2. Jg., 2. Halbjahr, 1. Teil: S. 1459–1463, und 2. Teil: S. 1486–1492.

14. 3. 1908

Frau Herrmann – Wahrscheinlich die Frau von Curt Herrmann.
Tschudi – Der Schweizer Jurist und Kunsthistoriker Hugo von Tschudi (1851–1911), von 1896 bis 1909 Direktor der Berliner Nationalgalerie. Er setzte sich für die moderne französische Kunst ein und stieß damit auf nachdrücklichen Widerstand bei Wilhelm II. 1908 kam es wegen eines geplanten Ankaufs mehrerer Gemälde zum Konflikt. Tschudi wurde vom Dienst suspendiert. 1909 nahm er die Berufung zum Direktor der Bayrischen Staatsgemäldesammlungen in München an.
Leistikow – Der Maler und Graphiker Walter Leistikow (1865 bis 1908), seit 1892 Mitglied der »Gruppe der Elf«. Er setzte sich 1898 für die Gründung der Berliner Sezession ein.
Bürgermeister Reicke – Dr. Georg Reicke (1863–1923), der auch als Schriftsteller tätig war.

125 *Geheimrat Arnhold* – Geheimer Kommerzienrat Eduard Arnhold (1849–1925), Kohleindustrieller, einer der reichsten Männer Berlins und ein bedeutender Kunstsammler. Marie von Bunsen schreibt über das Ehepaar Arnhold: »Sie wohnten in der stillen vornehmen Regentenstraße Nr. 17. Im Haus verspürte man die Atmosphäre von Bode und Justi. Reine schlichte Florentiner Renaissance, zwischen den Treibhauspflanzen Cinque Cento Bronze-Statuetten – die ich achte, aber nicht liebe – und dann dieser Bildersaal! Ein fabelhafter Goya, der Historiograph der Inquisition, dem man alles Schlechte zutrauen würde. Weiter berühmte Manets und Monets, die ihrer Zeit vom Salon abgewiesen worden waren, Menzel, Böcklins Prometheus, eines der besten Lenbach-Bildnisse des alten Kaisers. [...] Als ich zuerst dort verkehrte, waren Arnolds in der Berliner Großen Welt wenig bekannt. Später saßen neben geistigen und künstlerischen Berühmtheiten, Herzöge, Fürsten, Botschafter und in reicher Zahl Staatsminister an der Prachttafel mit dem berühmten Brühlschen Porzellan.« (Zeitgenossen die ich erlebte, S. 71 f.)

15. 3. 1908

126 *Koepping* – Der Berliner Maler, Radierer und Kunstgewerbler Carl Koepping (1848–1914), seit 1890 ordentlicher Professor an der Akademie der Bildenden Künste in Berlin. Er zählte zu den bedeutendsten deutschen Radierern der Jahrhundertwende.

Lily Braun ... in Wickersdorf Vorträge über die Frauenbewegung – Nach Angabe von OS lautete der Titel des Vortrags »Die Hörigkeit des Weibes« (Ergo Sum, S. 43).

16. 3. 1908

»Lysistrata« – »Lysistrate« (411 v. Chr.), Komödie des Aristophanes.

20. 3. 1908

127 *Café Mandl* – Café in der Kantstraße.

Stilpe von Bierbaum – »Stilpe. Ein Roman aus der Froschperspektive« (1897) von Otto Julius Bierbaum. Erzählt wird die tragikomische Lebensgeschichte von Stilpe, einem verbummelten Studenten, Zeitschriftengründer und Kabarettisten, der in den Künstler- und Bohemekreisen verkehrt. Um die Jahrhundertwende fand der Roman begeisterte Fürsprecher, darunter Johannes Schlaf und Ernst von Wolzogen, der sich durch den Roman zu seinem Kabarett »Überbrettl« inspirieren ließ.

21. 3. 1908

127 *Klein* – Der Kunst- und Literaturhistoriker Rudolf Klein, der seit 1904 mit der Malerin Julie Wolfthorn verheiratet war.
Maria Magdalena – Tragödie in drei Akten (1843) von Friedrich Hebbel. Das Drama verweist auf die biblische Figur Maria Magdalena; durch einen Druckfehler auf dem Titel wurde das Stück unter dem Titel »Maria Magdalene« bekannt.

21. [?] 3. 1908

128 *Claire Waldoff mit ihrer niedlichen Geliebten* – Die Schauspielerin und Kabarettsängerin Claire Waldoff, eigtl. Clara Wortmann (1884 bis 1957). 1903 erste Engagements als Schauspielerin, 1906 zog sie nach Berlin und trat im »Linden-Cabaret« und im »Chat Noir« als Kabarettsängerin auf. Mit ihren frechen Liedern im Berliner Dialekt avancierte sie zur »Berliner Göre«. Ihre offen ausgelebten lesbischen Neigungen erregten in der Öffentlichkeit Anstoß.

23. 3. 1908

Dr. Marx – Dr. Paul Marx (1861–1919), Chefredakteur des »Tags«.
Konzert der Frau Landshoff – Die Konzertsängerin Philippine Landshoff (1880–1948), Frau des Dirigenten Ludwig Landshoff.
Trocadero – Varieté am Rosenthaler Platz, Ecke Linienstraße.

24. 3. 1908

Kunowskis – Das Malerehepaar Lothar (1866–1936) und Gertrud von Kunowski (1877–1960). Lothar von Kunowski war der Verfasser zweier viel diskutierter Bücher, die unter dem Obertitel »Durch Kunst zum Leben« erschienen: Bd. 1: »Ein Volk von Genies« (1901), Bd. 2: »Gesetz, Freiheit und Sittlichkeit des künstlerischen Schaffens« (1902). Thema war die Erneuerung der sittlichen Weltordnung und die Erzeugung eines neuen Kulturmenschen. Das deutsche Volk sollte dabei eine Führungsrolle übernehmen. Die Schriften wurden als neues Evangelium gepriesen, ihr Verfasser wurde als Prophet gefeiert.

25. 3. 1908

»Der Teufel« von Molnár – Lustspiel in drei Akten von Ferenc Molnár (1878–1952).

27. 3. 1908

129 *Frau Peyretti … mein Buch* – Giulia Peyretti, die die »Französischen Gesellschaftsprobleme« ins Italienische übersetzte; vgl. Tagebuch, 20. 9. 1908 ff.

129 *Bocca* – Fratelli Bocca Editori, Turin.

29. 3. 1908

130 *Dr. Krähe* – Der Germanist Ludwig Krähe, Herausgeber bzw. Mitherausgeber der Werke von Heinrich Heine, Wolfgang von Goethe und Joseph von Eichendorff u. a. Nähere biographische Daten nicht ermittelt.

30. 3. 1908

Fuchs – Georg Fuchs, Pseudonym Anselmus (1868–1949). Er studierte Philologie und Geschichte, war seit der Schulzeit mit Karl Wolfskehl und Stefan George bekannt. Seit 1891 arbeitete er als freier Schriftsteller und Redakteur der »Allgemeinen Kunstchronik« in München. 1904 wurde er künstlerischer Berater des Münchner Oberbürgermeisters. Er zählte zu den Programmatikern der Bühnenreform und gehörte zu den Initiatoren des »Münchner Künstlertheaters«, das 1908 im Künstlerpark (Bavariaring) eröffnet wurde. Bis 1918 war er künstlerischer Leiter des Schauspielhauses, nach dem Ersten Weltkrieg zog er sich von der Theaterarbeit zurück. 1922/23 plante er einen Putsch zur Wiederherstellung der bayerischen Monarchie. Georg Fuchs war der Stiefvater Louisa Hobys, die OS 1905 in zweiter Ehe geheiratet hatte.

Heilmann und Littmann – Das große Münchner Bauunternehmen, von Jakob Heilmann (1846–1927) gegründet. 1892 trat sein Schwiegersohn, der Architekt Prof. Max Littmann (1862–1931), in die Firma ein. Heilmann & Littmann spezialisierte sich um 1900 auf den Bau von Theatern und anderen Monumentalbauten (Prinzregententheater, Schackgalerie, Gebäude der »Münchner Neueste Nachrichten«). Georg Fuchs war zeitweise bei der Kommunalbehörde und als Redakteur bei den »Münchner Neuesten Nachrichten« beschäftigt.

Borkman von Ibsen – »John Gabriel Borkman« (1897), Schauspiel in vier Akten von Henrik Ibsen.

Lehmann – Die Sängerin und Schauspielerin Lilli Lehmann (1848 bis 1929).

Hagemann – Der Theaterwissenschaftler, Intendant, Regisseur und Schriftsteller Carl Hagemann (1871–1945). Er war Intendant in Mannheim, Hamburg und Wiesbaden. In den dreißiger Jahren war er am Institut für Theaterwissenschaft in Berlin tätig.

1. 4. 1908

130 *Barnowski* – Victor Barnowski (1875–1952), Leiter des Kleinen Theaters in Berlin

2. 4. 1908

131 *Professor Sänger* – Nicht ermittelt.

5. 4. 1908

Otto Braun – Otto Braun (1897–1918), der hochbegabte Sohn des Sozialpolitikers Heinrich Braun und der Schriftstellerin Lily Braun; vgl. Anm. *Lily Braun* zu S. 123. Er starb mit 21 Jahren im Ersten Weltkrieg. Seine nachgelassenen Schriften fanden durch die Reife ihrer Anschauung und ihrer Sprache große Beachtung. In »Ergo Sum« heißt es über ihn: »Damals mag er zwölf bis dreizehn Jahre alt gewesen sein, und, da er sehr klein war, machte er mir zunächst den Eindruck eines Kindes; er war außerordentlich liebenswürdig, wohlerzogen und begabt, aber noch ehe ich [...] Wickersdorf erreicht hatte, kämpfte mit meiner Sympathie für das reizende Wesen der Widerwille gegen seine Altklugheit, die sich nicht nur in maßloser geistiger Überfütterung zeigte, sondern auch in der Art, wie er seinen älteren Freund [Otto Gründler, der Neffe von OS], eine weiche Natur, bemutterte. Ich habe ihn später in Berlin wiedergesehen und nie den Eindruck eines Genies gehabt, das heißt, einer produktiven Begabung, sondern nur den einer seltenen Treibhausblüte.« (S. 41)

6. 4. 1908

Geheeb – Der Pädagoge Paul Geheeb (1870–1961). Er kam – wie viele Reformpädagogen – von der evangelischen Theologie, arbeitete zunächst in Haubinda mit dem Initiator der Landerziehungsheime, Hermann Lietz, zusammen. 1906 baute er mit Gustav Wynecken die Freie Schulgemeinde Wickersdorf auf, 1910 gründete er die Odenwaldschule in Oberhambach.

Dr. Wyneken – Der Pädagoge Gustav (Adolph) Wyneken (1875 bis 1964), eine der zentralen Gestalten der Jugendbewegung und der Reformpädagogik zu Beginn des 20. Jahrhunderts. Er studierte Nationalökonomie, Theologie, Philosophie und Germanistik, promovierte 1898 mit einer Arbeit über Hegel. Er gründete 1906 zusammen mit Paul Geheeb die Freie Schulgemeinde Wickersdorf bei Saalfeld im Thüringer Wald. Mit seinem charismatischen Auftreten hatte er eine große Anhängerschaft unter den Schülern. Er plädierte für eine kritische Aufnahme der deutschen Bildungstradition und machte sich damit bei der Meininger Schulbehörde unbeliebt. 1910 mußte er die Freie Schulgemeinde in Wickersdorf für einige Zeit verlassen. Wyneken war einer der Initiatoren des Freideutschen Jugendtags 1914 auf dem Hohen Meißner. In »Ergo Sum« schreibt OS: »Von diesem gescheiten Mann hatte ich den Eindruck, daß er alles eher ist als ein Pädagog, nämlich ein intellektueller Fanatiker mit sehr zugespitzten Meinungen, die ihre private Berechtigung haben können, aber keinesfalls Objekt des Unterrichts sein dürfen; schickt man doch seine Kinder nicht in die Schule, damit ihnen autoritativ erklärt wird, Bruckner sei der größte aller Komponisten und gar Spitteler der größte deutsche Dichter. Auf einem langen Spaziergang setzte mir Wynecken auseinander, Kinder könnten nicht früh genug dem schädlichen Einfluß des Familienlebens […] entzogen werden. Für besonders verderblich hielt er den Einfluß der Mutter.« (S. 43)

12. 4. 1908

133 *Willy Rath* – Der Journalist, Bühnenschriftsteller und Drehbuchautor Willy Rath (1872–1940). Er wirkte unter dem Künstlernamen Willibaldus Rost bei den »Elf Scharfrichtern« mit.

13. 5[?] 1908

13. Mai – So im Typoskript.
Falckenberg »Dr. Eisenbart« – Komödie in vier Aufzügen von Otto Falckenberg. Das Stück wurde sehr positiv aufgenommen, Lion Feuchtwanger bezeichnete es als »heiter-tiefe Komödie«.

16. 4. 1908

134 *Chillon* – Schloß Chillon, die vier Kilometer südöstlich von Montreux gelegene Wassserburg am Genfer See. Die erste Bebauung stammt aus dem 11. Jhd., im 13 Jhd. wurde das Schloß zum Wohnsitz der Grafen von Savoyen. Aus dieser Zeit stammt die charakteristische Form des Schlosses mit den halbrunden Türmen.
Funiculaire nach Glion – Funiculaire (dt.: Standseilbahn), Glion ist eine Sommerfrische und ein Wintersportort, oberhalb der Halbinsel von Montreux gelegen.
Gorges de Chaudron – Felsenschlucht bei Montreux.
Blasenindisposition – In »Ergo Sum« heißt es: »Unser Zusammensein wurde sehr gestört durch eine vorübergehende Verschlimmerung meines alten Leidens. Wäre ich damals schon psycho-analytisch geschult gewesen, hätte ich leicht durchschaut, daß es sich da um ein ›unbewußtes Arrangement‹ meinerseits handelte« (S. 45).

17. 4. 1908

135 *Ringsum die Engländer … die scheinbar in Ollendorfsätzen konversieren* – In dem Essay »Im Traumland der Grammatik« (Fahrten ins Blaue, S. 5–10) erinnert sich OS an diese Szene in Vevey: »Niemals hätte ich indessen geglaubt, daß es einen Ort gibt, wo nur in Grammatiksätzen gesprochen wird und die Menschen über die allgemeinen Inhalte dieser Sätze hinaus keine Bedürfnisse und Sehnsüchte mehr haben, bis ich eines Abends an einer Pensionstafel in Vevey saß und erfuhr: ›Der Winter war sehr regnerisch und kalt, aber wir hoffen, einen angenehmen Frühling zu haben.‹ Die deutsche Sängerin sang besser als die französische, aber nicht so gut wie die italienische. Der Kapitän ist verdrießlich, denn er hat heute seine Zeitung nicht erhalten. Ich traute meinen Ohren nicht, als ich hörte, wie diese grammatische Traumwelt meiner Kindheit plötzlich zu leben begann, aber ich war vor dieser Wirklichkeit erschrocken. […] Am anderen Tag fragte mich eine dünne, ältliche Engländerin: ›Ziehen Sie die Musik Richard Wagners der Philosophie Schopenhauers vor?‹ worauf ich erwiderte: ›Ich liebe die Musik Richard Wagners weniger als die Philosophie Schopenhauers, aber ich ziehe beide den Romanen von Mrs. Corelli vor.‹« (S. 6 f.)
Blonay – Dorf in der Nähe von Vevey; das dortige Schloß ist im Besitz der Familie Blonay.

23. 4. 1908

136 *Bibliothek wegen Katharina II.* – Recherchen zum Essay »Katharina II. von Rußland« (Casanvoa und andere Gestalten aus der großen Welt, S. 133–154).

25. 4. 1908

137 *Herrn Schmaus* – Nicht ermittelt.

26. 4. 1908

Ferney. Voltaires Schloß – In Konflikt mit der Geistlichkeit und Obrigkeit führte Voltaire (1694–1778) lange Zeit ein unstetes Leben. 1758 kaufte er sich in Ferney unweit Genfs auf französischem Gebiet, ein stattliches Haus, das er im Laufe der Jahre ausbaute. Hier lebte er mit seiner Nichte die letzten zwanzig Jahre seines Lebens. Die in Ferney geschriebenen Werke machten ihn zum führenden Kopf der Aufklärung.
Herrn Mens – A. Mens, Übersetzer. Nähere biographische Daten nicht ermittelt.

1. 5. 1908

138 *Ludwig* – Der Schwager Ludwig Spier.

2. 5. 1908

138 *beuglants* – Hier: Vergnügungslokal.

6. 5. 1908

139 *Basso* – Restaurant in Marseille.

7. 5. 1908

140 *Hotel Falcon* – Das damals berühmte Hotel Falcón, Ramblas 5.

11. 5. 1908

141 *Joan Manén ... Frau Löwenbrück* – Der Komponist und Violinist Joan (Juan de) Manén (1883–1971). Die Empfehlung stammte von der Malerin Caroline Parmentier-Löwenbrück (1846–?).

13. 5. 1908

Calomel – Auch Kalomel geschrieben, ein Medikament aus einer Quecksilber-Chlor-Verbindung. Das sogenannte süße Quecksilber wurde gegen Entzündungen, als Abführmittel und vor allem gegen Syphilis eingenommen, im 20. Jahrhundert wurde es auch als Spermizid in chemischen Verhütungsmitteln eingesetzt.

14. 5. 1908

Änderungen für das Stück – Wahrscheinlich »Don Juanito«.

17. 5. 1908

142 *auf den Tibidado gefahren* – Neben dem Montserrat der zweite Hausberg von Barcelona. Der Legende nach soll sich hier die Versuchung Christi durch Luzifer ereignet haben. Auf den Tribidado kann man bis zur Drahtseilbahnstation mit einer Straßenbahn fahren.

19. 5. 1908

Monistrol – Die Gemeinde Monistrol de Montserrat.
Montserrat – Von dieser Fahrt berichtet OS auch in »Ergo Sum«: »Den Höhepunkt meines Aufenthaltes in Barcelona bildete der Ausflug auf den Montserrat mit seinem Jesuitenkloster, in dessen Fonda ich übernachtete. Hier hat der Heilige Ignatius von Loyola, als Individualität alle Reformatoren überragend, kriegsverwundet, sein Schwert am Altar der Mutter Gottes aufgehängt, um den Katholizismus von mittelalterlicher Barbarei zu befreien und durch psychologisches Verstehen noch einmal europamöglich zu machen.« (S. 51 f.)

142 *Sta. Cecilia* – Santa Cecilia de Montserrat, Benediktinerkloster auf dem Montserrat.

die ganze Planetengeschichte entworfen – Die Erzählung erschien unter dem Titel »Die Begegnung der Götter« (Pepinster, S. 152 bis 225). Sie spielt auf dem Montserrat, zahlreiche Erlebnisse und Begebenheiten der Spanienreise sind in den Text integriert worden.

20. 5. 1908

143 *St. Jeronimo* – Gipfel und Aussichtspunkt auf dem Montserrat (1241 m), mit Einsiedelei und Kirche.

21. 5. 1908

Teatro Soriano – Nicht ermittelt.

22. 5. 1908

Die »Planeten« begonnen – Die Erzählung »Die Begegnung der Götter«.

23. 5. 1908

Colonturm – Es muß heißen Colomturm, Monument a Colom; die Kolumbussäule am Hafen von Barcelona.

25. 5. 1908

144 *Montjuïc … zum Friedhof* – Besondere Attraktion des 213 m hohen Bergs Montjuïc ist der im Südosten über dem Meer malerisch gelegene Friedhof.

26. 5. 1908

Balzac, »La Fille aux Yeux d'Or« – Novelle (1834/35) von Honoré de Balzac; dt.: Das Mädchen mit den Goldaugen.

29. 5. 1908

145 *Ankunft in Palma* – In seinem Reiseessay »Mallorca« schreibt OS: »Die Stadt Palma liegt von vielhundertjährigen Mauern umgürtet, abgeschlossen wie Ragusa und erinnert in ihrer Einsamkeit an Korfu. Beachtenswerte alte Paläste mit überstehenden Dächern bilden die schmucklosen und doch nicht unfreundlichen Wohnungen der teilweise sehr begüterten Adelsfamilien […]. Ein einfacher Patio, in dem nachts eine Laterne brennt […]. Da sitzen die vornehmen, aber ganz kleinstädtischen Leute sich zeremoniös auf Schaukelstühlen gegenüber und schwatzen stundenlang von ihren geringfügigen Angelegenheiten, wundern sich, daß Fremde kommen, und verstehen nicht, was sie hier wollen. « (Fahrten ins Blaue, S. 39)

145 *Grünstein* – Möglicherweise der in Wien lebende Essayist und Lyriker Leo Grünstein (1876–1943).
Alfred Müller – Nicht ermittelt.
Porto Pi – Hafen in Palma.

31. 5. 1908

Novillada – Kampf mit Jungstieren.

2. 6. 1908

146 *Valdemossa … Georges Sand und Chopin* – Die französische Schriftstellerin George Sand verbrachte den Winter 1838/39 mit Frédéric Chopin in dem Ort Valdemossa, OS schreibt Valdemora. Das Paar bewohnte zwei Zellen in dem Kartäuserkloster.
Schloß Miramare des Erzherzogs Salvator – Der österreichische Erzherzog Ludwig Salvator (1847–1915) wird als »Entdecker der Balearen« gefeiert; er schrieb zahlreiche Bücher über die Insel. Das Anwesen Miramare diente ihm als Refugium.
Soller – Kleines Städtchen, bekannt für seine Orangenhaine.

3. 6. 1908

auf dem Borne – Paseo del Borne. OS schreibt in »Mallorca«: »Abends versammelt sich seit vielen Generationen die Gesellschaft auf dem Paseo del Borne, den neuerdings die Bureaukratie amtlich, aber ohne jeden populären Erfolg, Calle de la Constitution umgenannt hat. Dort geht man zwei Stunden lang auf und ab, oder sitzt auf den Steinbänken und schaut den Wandelnden zu. […] Zu beiden Seiten des Borne erstrecken sich Klubs, vor denen sich den ganzen Tag die Männer in Schaukelstühlen wiegen und ein beneidenswertes Geschick im seligen Nichtstun zeigen, offenbar ohne sich im geringsten zu langweilen.« (Fahrten ins Blaue, S. 39f.)

5. 6. 1908

147 *Königsschloß Bellver* – Castell de Bellver. Die »runde« Burg thront im Westen über der Stadt Palma de Mallorca.

7. 6. 1908

Cas Català – Zwischen Palma und dem Hafen Porto Portals.
Graf Vitzthum – Hermann Graf Vitzthum von Eckstädt (1876 bis 1942), Sohn eines preußischen Kammerherrn. Er studierte Jura, widmete sich zoologischen und botanischen Studien und unternahm mehrere große Forschungsreisen. 1908 ging er nach Weimar,

wo er Kammerherr des Großherzogs wurde und Hedwig Gräfin von Bernstorff heiratete. Er stand in engem Kontakt zu Thomas Mann, den er aus der Schulzeit kannte.

8. 6. 1908

148 *Im Klub* – In »Ergo Sum« schreibt OS: »Durch Vermittlung unseres Konsuls wurde ich in den Herrenklub, den Circulo Mallorquin, eingeführt und nahm nun mit großer Freude das harmlose Kleinleben dieser europafernen Provinzstadt und seine äußerst strenge Etikette wahr.« (S. 52)

9. 6. 1908

Manacor … Grotten von Drach – Die berühmten Tropfsteinhöhlen an der Ostküste.

10. 6. 1908

Bendinat – Kleiner Ort vor Palma, heute eine Nobelsiedlung mit attraktiver Steilküste (Costa de Bendinat).

11. 6. 1908

149 *Ich fange an, Spanien liebzugewinnen* – Vor allem von Mallorca zeigte sich OS in der schriftstellerischen Nachbereitung seiner Reise begeistert. In seinem Essay »Mallorca« zeichnete er ein paradiesisches Bild: »Alles auf dieser Insel atmet Zufriedenheit, Einfachheit, Anspruchslosigkeit. Auch die Armen, die auf den Fincas arbeiten, brauchen sich der Fruchtbarkeit des Bodens wegen nicht zu schinden. Elend gibt es; Nervosität natürlich auch nicht. In genügsamer Unwissenheit leben die Menschen dahin. […] Ich habe nirgends so sehr empfunden, was ›Glück‹ ist, und wie sehr der moderne Nordländer die Fähigkeit dazu verloren hat.« (Fahrten ins Blaue, S. 41)

12. 6. 1908

Wohnung im Hôtel Oriental. Einziger Gast – In »Ergo Sum« schreibt OS über das Hotel: »Ich traf die Familie des Besitzers gerade beim Essen. Anfangs wollten sie mich nicht aufnehmen, da das Hotel in der warmen Jahreszeit geschlossen sei. Als ich mich aber bereit erklärte, genau dieselben Mahlzeiten einzunehmen wie die Familie, ließ man mich das kühlste aller Zimmer auswählen und servierte mir dreimal im Tag auf einer schattigen Veranda.« (S. 52) Der Baedeker empfahl das Hotel wegen seines schönen Gartens und seiner guten Küche.

13. 6. 1908

149 *Mustafa Supérieur* – Mustapha-Supérieur, Vorort von Algier, in dem die wohlhabenden Engländer und Amerikaner ihre weißen Landhäuser hatten.

14. 6. 1908

Tizi-Oozou – OS schreibt Titi-Uzu, Hauptort im Inneren Großkabyliens.

Diligence – Eilpost.

Fort-National – OS beschreibt das französische Fort-National in dem Reiseessay »Von Algier durch den kabylischen Atlas«; vgl. S. 309 f. dieses Bandes. Das Fort-National wurde 1857 als Zwingburg im Gebiet des Stammes Beni Raten erbaut; es ist der Hauptort des Massif Kabyle, neben Michelet das beliebteste Touristenquartier.

was für famose Kerle die Kabylen sind – Vgl. Von Algier durch den kabylischen Atlas, S. 312 dieses Bandes.

150 *Moulay Hafiz* – OS schreibt Muley Hafid. Der marokkanische Sultan setzte 1908 seinen Bruder Abd El Aziz ab und wollte gegen die Franzosen vorgehen. Zunächst mußte er jedoch die Unruhen im Inneren niederschlagen. Noch bevor ihm dies gelang, versuchten die europäischen Großmächte, sich Marokko einzuverleiben. 1910 besetzten die Franzosen Fes, nachdem sie von Moulay Hafiz um Hilfe gegen die aufständischen Berberstämme gebeten worden waren. Die französische Besatzung löste die zweite Marokkokrise aus. Auch Deutschland machte jetzt seine Ansprüche geltend und schickte das Kanonenboot »Panther« nach Agadir. 1912 sicherten sich die Franzosen im Vertrag von Fes ein Protektorat über Marokko und zwangen den Sultan Moulay Hafiz zur Unterschrift.

15. 6. 1908

Taourirt-Amokran – OS schreibt Taourist-Amkrane. Großes Dorf in der Nähe des Fort-National.

151 *Beni Jenni* – Vermutlich der Stamm Beni Raten oder Iraten.

Michelet – Hauptort des Canton du Djurdjura.

16. 6. 1908

Col de Tirourda – OS schreibt Col de Tironda. 1 760 m hoher Paß über die Djurdjurakette.

Tazmalt – OS schreibt Tazmat. Ort in der Provinz Constantine, Ausgangspunkt für den Tirourdapaß.

151 *Sangre y Arena* – Roman (1908) des spanischen Schriftstellers und Politikers Vincente Blasco Ibáñez (1867–1928).

18. 6. 1908

152 *Jardin d'Essay* – Jardin d'Essai oder Jardin du Hamma, der botanische Garten Algiers und zugleich eine öffentliche Promenade.

20. 6. 1908

Abderrhamanmoschee – Die Mosquée Sidi Abderrahman, 1696 erbaut, in reizvoller Lage am Jardin Marengo.

21. 6. 1908

153 *El Bikr nach der Colonne Voirol* – Am Rande des Bois de Boulogne, Colonne Voirol, mit Denkmal für den General Voirol.

22. 6. 1908

Corniche – Vermutlich der Boulevard Carnot.
Cervantes »Beschreibung von Algier« – Cervantes, der fünf Jahre in einem Gefängnis in Algier verbracht hatte (1575–1580), verarbeitete diese Geschichte u.a. im ersten Teil des »Don Quijote«. Die Stadt spielt auch eine Rolle in den Stücken »Der Handel von Algier« (1580) und »Die Kerker von Algier« (1615). In Algier erinnert die »Grotte de Cervantes« an den Dichter, angeblich soll er sich hier nach einem Fluchtversuch versteckt gehalten haben.

23. 6. 1908

Immer noch Umarbeitungen notwendig – Bezieht sich auf das Stück »Don Juanito«.

25. 6. 1908

154 *Bouzaréah, El Biar* – Dörfer südwestlich von der Porte du Sahel.

27. 6. 1908

Blida – Im Baedeker als eine der angenehmsten Provinzstädte Algeriens beschrieben, mit mildem Klima und vielen Obst- und Orangengärten.
Gorges de la Chiffa … Von den Affen nichts zu sehen – Die Chiffaschlucht, an deren Felswänden – laut Baedeker – zahlreiche Affen hausen.

3. 7. 1908

155 *Birmandreis … Vallée de la Femme sauvage* – OS lief durch den Bois de Bologne, einen kleinen Kiefernwald, zu dem Dorf Birmandreis. Das kühle, waldreiche Tal heißt Ravin de la Femme Sauvage.

5. 7. 1908

Safi – Stadt an der Atlantikküste, 250 km nördlich von Casablanca.

Juliette Narbonne – Nicht ermittelt.

6. 7. 1908

Gibraltar … englische Provinzstadt – Seine Eindrücke schildert OS in »Marokkanische Landschaften«, vgl. S. 301–309 dieses Bandes.

156 *Catalan Bay* – Die Katalonische Bucht am Ostabhang der Felsen von Gibraltar.

Linea – Linea de la Concepción, die spanische Stadt jenseits des neutralen Streifens von Gibraltar.

7. 7. 1908

nach Tanger gefahren – Zu Tanger vgl. Marokkanische Landschaften, S. 301–309 dieses Bandes.

Dr. Rosen … Fräulein v. Bunsen – Der Diplomat und Orientalist Friedrich Rosen (1856–1935), seit 1890 bekleidete er verschiedene Gesandtschaftsposten. Marie von Bunsen hatte am 3. 4. 1908 aus Granada geschrieben und OS einige Reisetips für Spanien und eine »Empfehlung für unseren Gesandten Dr. Rosen« gegeben.

Socco – Marktplatz, Grand Socco.

8. 7. 1908

157 *Cap Spartel* – Ein ehemals fruchtbarer Landstrich im Westen der Bucht von Tanger, der in alter Zeit unter dem Namen »Kap der Weinreben« bekannt war.

10. 7. 1908

Suani – Es-Suani, der Reitweg führt vom Strand zwischen Orangengärten zum Dorf Es-Suani.

Hôtel Continental – Eines der vornehmsten Hotels in Tanger mit Ausblick auf den Hafen.

11. 7. 1908

Bankier Moses Nahum – Nicht ermittelt.

158 *Um 2 auf das englische Schiff* – In »Ergo Sum« beschreibt OS ausführlich die Fahrt und die Atmosphäre, die auf dem Schiff herrschte: »Das Glück wollte, daß der englische Dampfer, der nach den Kanarischen Inseln ging, immer nur in den Nächten fuhr und bei Tag vor den Häfen Casablanca, Mazagan, Safi, Mogador lag,

so daß man an Land gehen konnte. Die Gesellschaft bestand aus kleinem englischen Mittelstand mit mehreren Reverends, die einen ›holiday trip‹ nach ›Sunny Marocco‹ machten, langweiligen trockenen Menschen, aber mit gesellschaftlicher Ambition im Auftreten.« (S. 54)

12. 7. 1908

158 *Casablanca … alles in gelbem Staub … bodenlos schmutzig* – Zu Casablanca vgl. Marokkanische Landschaften, S. 305 dieses Bandes.

13. 7. 1908

Spier – Nicht ermittelt.

amerikanischen Konsularinspektor –In »Der Geist der Astrologie« schreibt OS von der Begegnung mit dem Amerikaner, »einem rätselhaften Menschen, der auf demselben Dampfer seit acht Tagen meinen einzigen Umgang bildete und mir in seiner strahlenden Weisheit, die sich bescheiden hinter den Formen eines großen Herrn verbarg, wie der leibhaftige Jupiter erschien. Äußerlich war er nicht viel: Beamter mittleren Ranges des amerikanischen Außendienstes, der ›zufällig‹ schon seit einiger Zeit dieselben marokkanischen Orte besuchte wie ich, um sie den amerikanischen Einflüssen zu erschließen.« (S. 31) Der amerikanische Konsularinspektor wird auf der Reise zum väterlichen Freund und zu einer Art Beichtvater; vgl. Anm. *der amerikanische Konsul oder vielmehr Konsularinspektor* zu S. 160.

14. 7. 1908

Mazagan – OS schreibt Massagan. Stadt an der Westküste Marokkos unweit Casablancas, seit dem 19. Jahrhundert heißt sie El Jadida (»Die Neue«).

Azemmour … vollkommene Öde … Die Stadt schön weiß im Grünen – Küstenort an der Westküste zwischen Casablanca und El Jadida. OS schreibt über die Reise: »Die Landschaft ist vollkommene Wüste, hie und da durch staubige Kaktus- und Aloebüsche belebt, manchmal sieht man zwischen abgeernteten Feldern Kamele Wassermühlen treiben. […] Plötzlich erscheint schneeweiß zwischen grünen Gärten die Stadt vor uns.« (Marokkanische Landschaften, S. 306 dieses Bandes)

159 *Alte Juden* – Azemmour hatte bis in die 1960er Jahre einen hohen jüdischen Bevölkerungsanteil.

16. 7. 1908

159 *Mogador* – Heute Essaouira, seit dem 18. Jahrhundert Badeort an der marokkanischen Küste.

160 *Konsul Lumbroso* – Nicht ermittelt.

Familienmittagessen – Über das Essen in der Familie Lumbroso berichtet OS auch in »Marokkanische Landschaft«, vgl. S. 308 dieses Bandes.

18. 7. 1908

Santa Cruz de Tenerife – Über seinen Aufenthalt in Teneriffa schreibt OS in »Der Geist der Astrologie«: »Während der folgenden Wochen, in denen ich in einem luftigen Hotel auf Teneriffa Tür an Tür mit dem Amerikaner wohnte und ihn bisweilen auf seinen amtlichen Gängen begleitete, sein königliches, immer siegreiches Verkehren mit den Menschen aller Stände bewundernd, schrieb ich, in der Zimmerkühle gegen die tropische Morgenluft geschützt, die Novelle: ›Die Begegnung der Götter‹.« (S. 31 f.) »Planeten« lautete der ursprüngliche Titel der Novelle.

der amerikanische Konsul oder vielmehr Konsularinspektor – Den Angaben in »Ergo Sum« zufolge handelte es sich um Mr. Lionel Clinton, im Tagebuch (vgl. Tagebuch, 6. 8. 1908) heißt er Mister Gottschalk. Er sei »nur wenige Jahre älter« gewesen, »aber schon ein ganz ausgeglichener, in sich abgeschlossener Mensch. Er war mittelgroß, etwas rundlich und trug einen gestutzten dunkelblonden Vollbart, wie er damals, unter der Regierung Eduards VII., in der angelsächsischen Welt bei Gentlemen gesetzten Alters beliebt war. […] Außer der künstlerischen Ader, die ihm fehlte, sah ich in ihm alle die Gegensätze, die sich in mir befehdeten, in überraschendem Zusammenklang. Äußerlich war er nichts als ein geschickter Weltmann, der über alle Dinge, wie Behandlung der Eingeborenen, Verkehr mit unerwünschter Reisegesellschaft, den Charakter der verschiedenen Völker, die Psychologie der Frau mit kluger Gelassenheit sprach.« (Ergo Sum, S. 56 f.)

161 *Café Belge* – Restaurant und Café, Costa del Silencio, Westhaven Bay.

19. 7. 1908

Er war früher ein eifriger New thinker – In »Ergo Sum« heißt es: »Die erste geistige Erfassung der Welt war ihm durch die New Thinkers gekommen. Deren Grunderkenntnis, daß der Gedanke Wirklichkeit schafft, indem ihm der Trieb leise folge, nicht aber der Wille, der den Trieb vergewaltige und vergesse, hielt er noch jetzt für richtig, ohne ihre amerikanische Anwendung auf dem niedrigen Niveau der rein materiellen Interessen zu billigen. Ich fragte mich zum erstenmal, ob nicht der tiefe Irrtum der neudeutschen Kultur in solcher Überbetonung des Willens und Vernachlässigung des Gedankens liege.« (S. 59)

21. 7. 1908

161 *Laguna* – La Laguna, die alte Hauptstadt der Kanaren, ein beliebter Sommeraufenthalt reicher Familien.

22. 7. 1908

162 *San Andrés* – Kleiner Fischerort an der Ostküste Teneriffas.

25. 7. 1908

Tacoronte – Ländliche Gemeinde an der Nordküste Teneriffas.

26. 7. 1908

163 *Agua Garcia* – Der Urwald von Agua Garcia, schönster Wald Teneriffas.

28. 7. 1908

Puerto Orotava – Hafenstädtchen, beliebter Kurort.
Pic – Pico de Teide (3711 m).

29. 7. 1908

Sitio de la Paz – Die sogenannte Humboldtecke; eine der schönsten Punkte der Erde, soll der Forscher Alexander von Humboldt gesagt haben.
Villa Orotava ... Marquesa della Quinta – Gilt als einer der reizvollsten Orte auf Teneriffa, die Villa mit Park und Mausoleum.

31. 7. 1908

164 *Icod los Vinos* – Kleines Städtchen in der Nähe des Orotavatals, einer der fruchtbarsten und schönsten Gegenden Teneriffas. In »Der spanische Charakter« schildert OS zusammenfassend die Ausflüge nach Orotava und Icod: »Icod-los-Vinos auf Tenerife ist der äußerste Punkt dieser spanischen Welt, die ich nun ganz durchwandert habe. Santa Cruz steht durch seinen Dampfschiffverkehr fast täglich mit der europäisch-amerikanischen Kulturwelt in Verbindung; bis Orotava, wo unser Humboldt, von der Schönheit des Landes entzückt, den Boden küßte, geht eine belgische Trambahn; dann aber beginnt die hoffnungslose spanische oder vielmehr kanarische Post, die in wenigen Stunden durch die vielleicht schön-

ste Gegend der Erde in das dem Ozean zugekehrte Isod führt. Terrassenförmig ist es am Hügel aufgebaut: würfelförmige, farbig getünchte Häuser, teils mit grüner tenerifischen Holzarchitektur sonderbar verziert, weiß ummauerte Gärten, dazwischen die graugrün wogenden Bananenplantagen und das Wahrzeichen der kanarischen Inseln, tausendjährige Drachenbäume.« (Fahrten ins Blaue, S. 62)

1. 8. 1908

164 *Realejo* – El Realejo im Orotavatal im Norden von Teneriffa.

2. 8. 1908

Cumbres, Paso de Gil – Cumbre, der Gebirgswall; gemeint ist wohl der Pedro Gil-Paß (1988 m).

Güimar – Ort an der Ostküste Teneriffas in geschützter sonniger Lage.

3. 8. 1908

165 *Vuelva en el coño de tu requeté putísima madre!* – (span.) Schlüpf in die Fotze deiner Karlisten-Hurenmutter!

5. 8. 1908

166 *Bushido* – (jap.) Weg des Kriegers; Ehrenkodex und Verhaltensgesetz der Samurai.

6. 8. 1908

Mit dem Amerikaner … über persönliche Dinge – In »Ergo Sum« heißt es: »Am letzten Tag legte ich ihm eine Generalbeichte meiner inneren Zerrissenheit ab und bat ihn um seinen Rat. Abgesehen von Konzentrationsübungen, die er mir empfahl an die Stelle des abendlichen Gebetes zu setzen, das ich noch immer in einer etwas primitiven Form zu verrichten pflegte, riet er mir die eingehende psychologische Beschäftigung mit Männern praktischer, politischer Tat, die zugleich Denker waren. Wir gingen die große Reihe durch von Cäsar bis auf Cavour und Bismarck. […] Schließlich kamen wir immer wieder auf zwei Namen zurück, Ignaz von Loyola und Benjamin Disraeli. Für den zweiten entschied ich mich […].« (S. 60)

»Il ne faut pas éclabousser les gens« – (frz.) Man soll die Leute nicht beschmutzen.

»apôtre de l'honnêteté« – (frz.) Moralapostel.

Abends von dem Amerikaner verabschiedet – Die Bedeutung des Amerikaners und die Stimmung beim Abschied wird eindrücklich in »Ergo Sum« geschildert: »Als ich ihn am letzten Abend an den

Dampfer brachte, der ihn nach den Kap Verdischen Inseln fahren sollte, krampfte sich mir das Herz zusammen, als verlöre ich einen alten väterlichen Freund. Wahrscheinlich war er gar nicht der außergewöhnliche Mensch, als welcher er mir durch seine gelassene Weisheit in jenen zauberhaft tropischen Tagen erschien, aber er bedeutete gerade wiederum die Stimme, die ich im Augenblick brauchte.« (S. 60 f.)

7. 8. 1908

167 *Caldera* – Caldera de Vandama (Gran Canaria), Kraterkessel von 500 m Durchmesser.

Atalaya – Höhlendorf in der Nähe von Santa Brigida, Gran Canaria.

9. 8. 1908

Phalanstère – Genossenschaftliche Organisation nach der Fourierschen Lehre. Der utopische Sozialist Charles Fourier wollte kleine, überschaubare Kommunen schaffen, sogenannte Phalanstères oder Familistères, die unabhängig wirtschaften sollten.

10. 8. 1908

168 *Grabs von Onkel Ferdinand* – Ferdinand Schwarzschild, der Großonkel mütterlicherseits. OS schrieb über den Madeira-Aufenthalt und den Friedhofsbesuch (vgl. Tagebuch, 11. 8. 1908) den Essay »Wie ich auf Madeira das Grab meines Großonkels fand« (S. 316 bis 322 dieses Bandes). Ferdinand Schwarzschild litt schon als Jugendlicher an einer Lungenkrankheit. Jahrelang ans Bett gefesselt, lernte er viele Sprachen. Nach einigen Jahren ging es ihm gesundheitlich besser, und er unternahm zahlreiche Reisen. Mit großer Leidenschaft widmete er sich der Photographie. Er lebte in Montreux, Venedig und längere Zeit in Paris, aus gesundheitlichen Gründen ging er schließlich nach Indien und eröffnete in Kalkutta ein Photoatelier. Das Klima war ihm jedoch nicht zuträglich, die Ärzte empfahlen die Insel Madeira. Dort starb er 1860.

11. 8. 1908

Friedhofbesuch – Im Essay »Wie ich auf Madeira das Grab meines Großonkels fand« erhält OS den Schlüssel für den Friedhof von einem alten jüdischen Mann, Don Abderraman, um zehn Uhr vormittags; vgl. S. 320 dieses Bandes.

Monte – Villenreiches Bergdorf inmitten von Platanen- und Eichenwaldungen.

168 *Funchal* – Funchál, Hauptstadt Madeiras.

12. 8. 1908

Gran Curral – Auch Curral das Feiras, fruchtbarer Talkessel, ehemalige Viehweide des Funcháler Klaraklosters.

169 *Braya formosa* – Vermutlich Praia Formosa, Ort und Felsenstrand am Pico da Ponta da Cruz.

13. 8. 1908

*Oberleutnant von Aue*r – Nicht ermittelt.

16. 8. 1908

Leixoes – Leixooes, der Außenhafen von Porto.

Oporto – Porto.

18. 8. 1908

170 *Quinta das Lagrimas* – Herrschaftshaus (und zugleich Hotel) aus dem 18. Jahrhundert. Die Quinta gehörte einst dem Grafen Miguel Osório Cabaral de Castro und beherbergte viele berühmte Persönlichkeiten.

19. 8. 1908

Luso – Luso, Thermalbad am Fuß der Serra do Buçaco, an der Bahnstrecke Lissabon – Coimbra, Beira Litoral.

durch immergrünen Wald nach Buçaco – Zwischen Luso und Coimbra. Der berühmte Wald von Buçaco, der seit Jahrhunderten der Geistlichkeit vorbehalten war. Im 6. Jahrhundert ließen sich hier Benediktinermönche nieder, im 17. Jahrhundert gründeten Karmeliter ein Kloster.

Cruz alta – 545 m hoher Aussichtspunkt im Parque Nacional do Buçaco.

Pampilhosa – Kreisstadt in der Region Coimbra.

Leiria – Bezirkshauptstadt in der Estremadura.

Alfarella – Vermutlich die Stadt Alfarelo in der Region Coimbra, auf dem Weg nach Leiria.

20. 8. 1908

171 *Batalha … Klosterbauten* – Ort in der Estremadura, an den Ufern des Rio Lena, 11 km südlich von Leiria. OS besichtigte das Mosteiro de Santa Maria da Vitória (Kloster der Heiligen Maria des Sieges), das zu den drei größten Klöstern Mittelportugals zählt und eines der bedeutendsten gotischen Bauwerke Europas ist.

21. 8. 1908

Kleinen Theater – Theater in Berlin, Unter den Linden. 1901 hatte Max Reinhardt an der Spielstätte zunächst das Kabarett »Schall und Rauch« eröffnet, das dann von 1902 bis 1933 als Kleines Theater weitergeführt wurde.

24. 8. 1908

172 *»der spanische Charakter«* – In: Fahrten ins Blaue, S. 62–72.
Artikel über Katharina – »Katharina II. von Rußland«; später in dem Band »Casanova und andere Gestalten aus der großen Welt«, S. 133–154.

25. 8. 1908

Cascaes – Cascais, einst Sommerresidenz der portugiesischen Königsfamilie, mondänes Seebad, 2 km von Estoril entfernt.

26. 8. 1908

Castello de Saan Jorge – Castello de Saao Jorge, alte Maurenburg und älteste königliche Residenz.

27. 8. 1908

Algés – Vorort von Lissabon an der Flußmündung des Tejo.

28. 8. 1908

Alcântara – Stadtteil von Lissabon.

31. 8. 1908

173 *italienische Korrekturen meines Buchs* – »Französische Gesellschaftsprobleme« (ital.: Problemi di Società francese).

1. 9. 1908

Dr. Rosenhaupt – Möglicherweise der Mainzer Mediziner Dr. Heinrich Rosenhaupt (1877–1944).
Cousine Bette – »La Cousine Bette« (1846), Roman von Honoré de Balzac.

3. 9. 1908

174 *Lewald* – Der Jurist und Geheime Rat Ferdinand Lewald (1848 bis 1928), Präsident des Badischen Verwaltungsgerichtshofs.

6. 9. 1908

175 *Ventimiglia* – Seebad und Kurort an der Riviera in der Provinz Ligurien, Grenzstadt zu Frankreich.

7. 9. 1908

Ermete Novelli – Der Schauspieler, Stückeschreiber und Regisseur Ermete Novelli (1851–1919).

8. 9. 1908

175 *Sta. Margherita* – Santa Margherita, größter Kurort an der östlichen Riviera, am Golf von Rapallo, in der Provinz Genua.

Frau Dr. Durante – Nicht ermittelt.

9. 9. 1908

Portofino – Fischerort an der Riviera di Levante.

15. 9. 1908

176 *Pietra Santa … Forte dei Marmi* – Pietrasanta und Forte dei Marmi, vornehme Seebäder in der Nähe von Spezia.

Prof. Harries – Der Chemiker Carl Dietrich Harries (1866–1923), Professor in Berlin und Kiel, ab 1916 leitete er das Zentrallaboratorium des Siemens-Konzerns.

Dora Hitz – Die Malerin Dora Hitz (1856–1924). Nach einem Studium u.a. bei Eugène Carrière zog sie 1892 nach Berlin und gründete eine Malschule für Damen. Sie war Gründungsmitglied der Berliner Sezession. In »Ergo Sum« schreibt OS über sie: »Dora Hitz war eine merkwürdige Frau. Zunächst setzte ihre fast vulgäre Häßlichkeit in Erstaunen, aber ihre lieben, klugen Augen hatten einen Blick, der ihre groben Linien in eine goldige Atmosphäre tauchte, so daß sie nicht nur gemildert, sondern in ihr Gegenteil verkehrt wurden. Sie drückten dann eine ausgesprochene Feinheit geistiger Natur aus. […] Dora Hitz bot mir zugleich in ihrem freundlichen Heim am Lützowplatz einen Ruhepunkt, wo ich mich oft in stillen Gesprächen mit ihr erholte, die fast das ganze Leben in Berlin verbracht hatte, und sich, obgleich auch süddeutscher Herkunft, dort viel besser zu verwurzeln verstand als ich.« (S. 62 f.) Vgl. Das wilde Leben der Boheme, S. 319.

16. 9. 1908

177 *Kytan* – Nicht ermittelt.

17. 9. 1908

Dr. Fasola – Der Germanist und Literaturwissenschaftler Carlo Fasola (1871–1942).

19. 9. 1908

Bei Bocca im Büro – Der Turiner Verlag Fratelli Bocca Editori, in dem OS eine italienische Übersetzung seines Buches »Französische Gesellschaftsprobleme« veröffentlichte.

178 *la Trilogia di Dorina, von Rovetta* – Komödie (1889) in drei Akten des Romanciers und Dramatikers Girolamo Rovetta (1851 bis 1910).

20. 9. 1908

178 *Valperga Canavese … bei Peyrettis zu Gast* – Die Übersetzerin Giulia Peyretti, die die »Französischen Gesellschaftsprobleme« ins Italienische übertrug, hatte OS im Frühsommer 1908 eingeladen: »Kommen Sie vielleicht über Italien zurück? Dann würde es mir ein Vergnügen sein Sie bei uns zu sehen; wir verbringen diesen Sommer auf unserem Landgut in Piemont, ich denke daß Leben unserer Landbewohner würde Sie vielleicht auch interessieren. Einige Ausdrücke in Ihrem Buch sind mir fremd u. ich finde Sie auch nicht im Wörterbuch darf ich dieselben aufschreiben u. sie Ihnen schicken? Ich finde immer mehr u. mehr Interesse an Ihrem Buch u. arbeite mit vielem Enthusiasmus daran, hoffentlich findet es vielen Beifall. Ich glaube etwas ähnliches über Italien würde viel Interesse hervorbringen.« (o. D. im N) In »Ergo Sum« schreibt OS: »Den ganzen Sommer hatte sie mir Teile der sehr verständnisvollen Übersetzung an die verschiedensten Orte gesandt, und nun lud sie mich auf ihr heiteres Weingut ein, damit wir die ganze Arbeit noch einmal zusammen durchsahen. So ist es in einer sehr arbeitsamen Woche zu mehr als einer Übersetzung, nämlich zu einer italienischen Neugestaltung geworden.« (S. 63)

26. 9. 1908

179 *Strasser* – Nicht ermittelt.
Le Roi von Flers und Caillavet – Der französische Dramatiker und Journalist Robert Pellevé de La Motte-Ango, Marquis de Flers (1872–1927) schrieb mit seinem Freund Gaston Arman Caillavet (1869–1915) zahlreiche erfolgreiche Bühnenstücke, darunter auch »Le roi« (1908).

27. 9. 1908

Bocca – Der Turiner Verleger Fratelli Bocca.

28. 9. 1908

Auf das Zusammentreffen … nur »deshalb« besuchen – Handschriftlich eingefügt.

29. 9. 1908

Muß wegen meines Stückes nach Berlin – »Don Juanito. Komödie in vier Aufzügen«. OS hatte das Stück auch in Berlin eingereicht, zu einer Aufführung kam es jedoch nicht. Im Februar 1909 hatte »Don Juanito« am Mannheimer Theater Premiere.
Grasso und seine sicilianische Truppe … »Feudalismo« – Der sizilianische Regisseur und Schauspieler Giovanni Grasso (1873 bis

1930). Das Stück »Feudalismo« (1907) wurde von Angelo Campagna für das Theater bearbeitet, die Vorlage stammte von dem katalanischen Schriftsteller Angel Guimerà (1894–1924). Auf den Schauspieler Grasso war OS vermutlich durch eine Veröffentlichung des ihm bekannten Bjørnstjerne Bjørnson aufmerksam geworden. Dieser hatte Anfang 1908 ein begeistertes Porträt über Grasso und seine Truppe publiziert (Sizilianische Schauspieler, in der Zeitschrift »März« 2/1908, 1. Bd., Januar bis März, S. 207 bis 212). Kurz nach der Mailänder Aufführung erschien im »Simplicissimus« (19.10.1908, 13. Jg./Nr. 29), in der Rubrik »Galerie berühmter Zeitgenossen«, eine Karikatur Giovanni Grassos von Olaf Gulbransson.

30. 9. 1908

180 *La Morte Civile* – Drama in fünf Akten (1861) von Paolo Giacometti (1816–1882); dt.: Der bürgerliche Tod.

3. 10. 1908

Worringer – Der Kunsthistoriker Wilhelm Worringer (1881–1965), ein Schüler Heinrich Wölfflins. 1908 erschien seine weit über die Fachkreise beachtete Dissertation »Abstraktion und Einfühlung«. Worringer setzte sich früh für den Expressionismus ein, wurde 1919 aber zum entschiedenen Kritiker der Stilrichtung.

4. 10. 1908

Maria Deveaux – Nicht ermittelt.

7. 10. 1908

181 *Schober* – Münchner Bekleidungshaus.

9. 10. 1908

»Die deutschen Kleinstädter« – Lustspiel in vier Aufzügen (1802) von August von Kotzebue.

kleine Jehly, jetzt Frau Gulbransson – Die Schriftstellerin Margarethe (Grete) Jehly (1882–1934) hatte im August 1906 den norwegischen Maler und Zeichner Olaf Gulbransson (1873–1958) geheiratet, der seit 1902 für den »Simplicissimus« in München arbeitete. Im Oktober 1906 bezog das Ehepaar ein Haus am Schwabinger Bach, das sie »Kefernnest« nannten und das zum Treffpunkt für Künstler und Schriftsteller wurde. Gerngesehener Gast war auch OS. In ihrem Tagebuch nennt ihn Grete Gulbransson »Orpheus«, wohl in Anspielung auf den gleichnamigen Gedichtband von OS aus dem Jahre 1898. Ihre Tagebucheintragungen in den

Jahren 1904–1912 zeigen, daß es eine starke Anziehung zwischen ihr und OS gab, die auch zu Auseinandersetzungen mit Olaf Gulbransson führte; vgl. Grete Gulbransson, Tagebücher, Bd. 1: Der grüne Vogel des Äthers, S. 72–76, 80–89, 91–93, 166–168. In »Dämon« erzählt OS die Lebensgeschichte Grete Gulbranssons (S. 329–336) und zitiert dabei aus ihren Briefen. Nachdrücklich bestreitet er, daß es andere als rein freundschaftliche Beziehungen gegeben habe. Vgl. Das wilde Leben der Boheme, S. 194 und 451 (Anm. *Gretel J.* zu S. 194).

11. 10. 1908

182 *Dr. Istel* – Der Musikschriftsteller und Komponist Edgar Istel (1880–1948).

Gutmann – Emil Gutmann (1883–1963), ein Cousin des Schriftstellers Jakob Wassermann, betrieb eine Konzertagentur in München und Berlin. Er hatte Kontakt zu Schönberg und Mahler, dessen 8. Sinfonie er den Namen »Sinfonie der Tausend« gab.

13. 10. 1908

Hotel Prinz Albrecht – Hotel in der Prinz-Albrecht-Straße 9, Berlin-Kreuzberg.

Bartolini – Restaurant in der Königin-Augusta-Straße 19.

die neuen Umwälzungen im »Morgen« – Der genaue Hintergrund ist unklar. Der »Morgen« erschien ab 1909 im eigenen Verlag (Morgen-Verlag). Arthur Landsberger schied als Schriftleiter aus.

21. 10. 1908

183 *»Arbeit, Bildung, Genuß in ihrem heutigen Verhältnis«* – Weder als Veröffentlichung noch als unveröffentlichte Arbeit im Nachlaß nachzuweisen.

Marquard & Co. – Der »Morgen« wurde bei Marquard & Co produziert. OS meint wohl im weiteren Sinne auch die Herausgeber und die Redaktion des »Morgen«, also Arthur Landsberger, Werner Sombart, Georg Brandes, Richard Muther, Hugo von Hofmannsthal.

»Trilogie der Ehe« – Keine Veröffentlichung nachzuweisen, auch im Nachlaß nicht erhalten.

New thought ... Gedanken sind Mächte – New-Thought, positive Lebensphilosophie, von dem amerikanischen Schriftsteller Prentice Mulford begründet. OS beschäftigte sich mit Mulfords Anschauungen u. a. in dem Essay »Lebenskunst« (Brevier für Weltleute, S. 253–259). Dort findet sich auch eine Passage über die Macht der (negativen) Gedanken: »Solche negativen Gedanken, die im Grunde nicht anderes als eine Philosophie des Neides sind, vergiften ihre Atmosphäre und stoßen das Glück ab. Wer sich auf Grund einiger Mißerfolge einredet, er sei ein Ausgestoßener, wird wirklich einer.« (S. 257)

29. 10. 1908

184 *mit Frau Epstein in »Hedda Gabler«* – Am 23. 10. 1908 schrieb Lyda Epstein: »Sehr geehrter Herr Doctor! Wirklich gefreut habe ich mich zu hören, daß Sie wieder in Berlin sind, und ebenso bedauert Sie gestern nicht gesprochen zu haben. Falls Sie an einem der nächsten Nachmittage etwas Zeit haben, so trinken Sie doch eine Tasse Tee mit mir! Interessiert es Sie Donnerstag den 29. die Duse im Kammerspiel als Hedda Gabler zu sehen? Ich habe zufällg 2 Karten – Bestens grüßt Sie Ihre Lyda Epstein« (N).
Duse – Die italienische Schauspielerin Eleonora Duse (1858–1924), eine der bedeutendsten Tragödinnen um 1900. Von 1894 bis 1904 Liebesbeziehung zu Gabriele D'Annunzio. Die Duse führte in dieser Zeit durch ihre Schauspielkunst die Dramen des Dichters zum Erfolg.
Mosse – Rudolf Mosse (1843–1920), der Verleger des »Berliner Tageblatts«.

4. 11. 1908

Hansi – In »Ergo Sum« spricht OS von einer »kleinen Bekannten« (S. 67). Näheres nicht ermittelt.
»Der Liebhaber« von Shaw – Drama (1898) von George Bernhard Shaw; dt. Uraufführung 1908.

10. 11. 1908

185 *Planetengeschichte* – Das Essay trägt den Titel »Begegnung der Götter«.
»Pelléas und Mélisande« – Oper in fünf Akten und zwölf Bildern von Claude Debussy. Libretto von Maurice Maeterlinck, Uraufführung 1902 in Paris.

30. 11. 1908

Vorgestern ist L. E. meine Geliebte geworden – Lyda Epstein; vgl. Anm. *Frau Epstein* zu S. 122. In »Ergo Sum« zitiert OS die Tagebucheintragung vom 30. 11. 1908, schreibt allerdings einige Passagen um, so gleich anfangs die Stelle, in der von der Definition und der Qualität der Beziehung die Rede ist. Nach dem Satz »Aber es ist keine Gefahr« heißt es in »Ergo Sum«: »Sie hat mir ewige

Freundschaft geschworen, und der darin liegende unausgesprochene Vorbehalt, die Liebe betreffend, gefiel mir sehr. Das ist die Erotik der großen Dame, zu der ich vor einem Jahrzehnt in Paris bei Francine [Louise] noch nicht reif war. Heute ist es gerade das, was ich brauche. Merkwürdig, dazu scheinen in Deutschland nur die Jüdinnen fähig zu sein.« (S. 65 f.) Neu ist auch eine Passage, in der OS die eroberte Frau als entrücktes ästhetisches Ereignis beschreibt: »Bei ihr ist das Natürliche so restlos Kunst geworden, daß alles Unmaß ausgeschlossen ist, ohne daß darum die Echtheit verloren ging. Darum bin ich auch selbst nicht hingerissen, wohl aber beglückt, und wenn es einmal aufhört, dann gebe ich ein Kunstwerk, das mir für einige Zeit geliehen worden war, dem Museum der Gesellschaft zurück, wo ich es jederzeit weiter bewundern kann.« (S. 66)

186 *der Maler Struck* – Der Maler und Graphiker Hermann Struck (1876–1944). Er studierte an der Berliner Akademie Malerei bei Max Koner und machte sich vor allem als Radierer und Lithograph einen Namen. 1908 erschien »Die Kunst des Radierens«. Er war ein überzeugter Zionist, der die politische und soziale Bewegung zur Errichtung eines jüdischen Staates in Palästina unterstützte. 1923 wanderte er nach Palästina aus und gründete in Haifa eine Künstlerkolonie.

28. 12. 1908

189 *das Mathis'sche Heiratsprojekt* – Von George Mathis hat sich im Nachlaß ein sechsseitiger Brief vom Mai 1904 erhalten, in dem er zunächst auf die vielen gemeinsamen Gespräche über Frauen und die fehlgeschlagenen Versuche von OS eingeht, die ideale Frau zu finden. Mathis offeriert OS Maria Deveaux, die einen Mann brauche und bereit sei, eine Verbindung einzugehen; er schildert sie als ideale Partie.

10. 1. 1909

Zweimal O – O oder ⊙ steht für Geschlechtsverkehr.

Fortunio – Die Erzählung »Fortunio oder das andere Ich«; zuerst in: Süddeutsche Monatshefte, 6, S. 659–673; 1910 in dem Sammelband »Das andere Ich. Drei Erlebnisse«.

190 *»Im Traumreich«* – Der 1909 veröffentlichte Roman »Die andere Seite. Ein phantastischer Roman« von Alfred Kubin. Das Traumreich Perle ist der zentrale Ort der Handlung. OS beanspruchte, den endgültigen Titel des Romans gefunden zu haben: »Ich war der erste, der dieses Werk im Manuskript zu lesen bekam und

taufte es unter des Verfassers lebhafter Beistimmung ›Die andere Seite‹, da mir hier zum erstenmal das Polare der Kubinschen Doppelwelt in ganz reiner Ausprägung sichtbar wurde.« (Brevier für Einsame, S. 74)

190 *Fühle mich hier sehr wohl* – Der Briefwechsel mit Hedwig Kubin zeigt, daß sich OS in Zwickledt geradezu aufdrängte. Hedwig Kubin lehnte zunächst sehr vorsichtig, dann immer deutlicher einen Besuch ab, vor allem weil sich ihr Mann dagegen ausgesprochen hatte. Am 25.11.1908 schrieb sie noch einmal an ihren Bruder: »Gerade jetzt ist uns ein längerer Logierbesuch nicht sehr erwünscht und zwar aus vielen Gründen. Erstens sind wir bei einer großen Arbeit, die wir auf keinen Fall unterbrechen können. Durch einen Besuch wie den Deinigen, der geistige Anforderungen stellt, würden wir aber sicher gestört. Wir haben in Erfahrung gebracht, daß Winterbesuche im Allgemeinen anstrengender sind und mehr Anforderungen stellen wie Sommerbesuche, denn man ist weniger im Freien und mehr auf einander angewiesen. Ihr werdet gewiß lachen und Euch über unsere Geheimniskrämerei lustig machen. Aber wir würden von der Arbeit nie gesprochen haben, wenn es nicht der Zufall gewollt hätte. Und genaueres wollen wir nicht erzählen ehe alles fertig ist.« (Kubin-Archiv) Möglicherweise reizte diese Mitteilung OS noch mehr zu der Reise von Frankfurt nach Zwickledt, da er Näheres über die geheimnisvolle »große Arbeit« in Erfahrung zu bringen hoffte. Alfred Kubin befürchtete wohl, daß ihm sein Schwager bei der Niederschrift seines Romans das Heft aus der Hand nehmen könnte. Wie die folgenden Tagebucheintragungen zeigen, geschah dies auch zum Teil. Da das Manuskript der »Anderen Seite« nicht überliefert ist, entziehen sich die von OS reklamierten stilistischen Eingriffe der Überprüfung. Bei sorgfältiger Lektüre des Romans fallen jedoch immer wieder sprachliche Wendungen auf, die von OS stammen könnten. An Fritz von Herzmanovsky-Orlando schreibt Kubin am 10.1.1909: »Ich bin heidenmäßig froh drüber – mein Schwager Oscar A. H. Schmitz der eben auf einige Tage hier ist, findet das Buch ausgezeichnet, die Zeichnungen gefallen ihm weniger. – – Nun davon versteht er sicher nichts – – der Text wird jetzt in Passau mit der Schreibmaschine abgeschrieben – – inzwischen beendige ich die 8–9 Zeichnungen am 3.–5. Februar ist wohl alles fertig« (Fritz von Herzmanovsky-Orlando. Der Briefwechsel mit Alfred Kubin. 1903 bis 1952, S. 21). Wie aus den Briefen Hedwig Kubins an OS

hervorgeht, arbeitete Alfred Kubin Anfang 1909 noch an seinem Roman und nahm im März in den Fahnen zahlreiche Korrekturen vor. Der eigentliche Schreibprozeß muß aber geradezu eruptiv gewesen sein. Hedwig Kubin berichtete OS: »[…] er hat sich bei dem Buch zu sehr ausgegeben, hat 20 Std. am Tag gearbeitet & solange das Buch unter der Feder war, was ja auch nur 2 Monate dauerte hat er sich Tag & Nacht unausgesetzt damit beschäftigt.« (31.7.1909, Kubin-Archiv) Alfred Kubin kokettierte später mit der rauschhaften Niederschrift des Romans, die Vorstudien und die Materialsammlung erstreckten sich jedoch, wie zahlreiche Notizen und Skizzen zeigen, über einen längeren Zeitraum; vgl. Andreas Geyer, Träumer auf Lebenszeit, S. 98ff. Nach der Fertigstellung des Romans war Kubin wochen- und monatelang arbeitsunfähig. Hedwig Kubin schrieb an OS: »Er wird indessen immer verstimmter, jede Arbeitslust fehlt ihm, er zeichnet seit Monaten nicht, sondern schlägt eigentlich nur die Zeit tot. […] Also gegen ein ›Ausruhen‹ wäre nicht das geringste einzuwenden, aber an Ausruhen denkt sein Geist nicht. Im Gegenteil! Er zermartert & zerquält sich, zählt die Tage, die er ›unnütz‹ verbrachte, die er ›verloren‹ hat, beschimpft sich selbst, daß er so ›faul‹ sei, dann bedauert er sich wieder übertrieben, daß er so vernachlässigt und zurückgesetzt wird.« (31.7.1909, Kubin-Archiv)

21. 1. 1909

190 *Das Morphium* – Trotz zahlreicher Entziehungskuren konnte sich Hedwig Kubin über viele Jahre nur temporär von ihrer Morphiumsucht befreien. Dazu trug sicherlich auch die schwierige Ehe mit Alfred Kubin bei. In zahlreichen Briefen an OS berichtete sie von ihrer verzweifelten Lage: »Alfred befindet sich leider schon seit langem, eigentlich seit dem Tod seines Vaters, in einem besorgniserregenden Körper- und hauptsächlich Seelenzustand. Er fühlt sich von aller Welt vernachlässigt und zurückgesetzt und sein Zustand grenzt oft an Verfolgungswahn.« (Ca. 1908, Kubin-Archiv) Aus dem Krankenhaus schrieb sie am 21.11.1907: »Sehr viel Herzenskraft brauche ich jetzt, um Alfred zu ertragen. Er befindet sich in einem Zustand so tiefer […] Depressionen, wie ich ihn an ihm nur vor 4 Jahren beobachtet habe als seine Braut starb. Der Tod seines Vaters zehrt an ihm wie eine schleichende Krankheit […]. Es ist etwas so wildes und unbeherrschtes in seinem Schmerz, daß er mir ganz fremd ist und Du kannst Dir denken, daß mir keine leichte Zeit bevorsteht.« Schloß Zwickledt sollte

ein Refugium sein, ein Ort der schöpferischen Einsamkeit, es wurde – das zeigen die Briefe Hedwig und Alfred Kubins – zu einem Ort der Isolation und Depression. Die Eheprobleme und die Morphiumsucht waren allgemein bekannt. Franz Kafka schrieb am 26.11.1911 in sein Tagebuch: »Kubins Eheleben ist schlecht. Seine Frau ist Morphinistin. P. [Pachinger] ist überzeugt, daß es Kubin auch ist. Man beobachte ihn nur wie er aus der größten Lebhaftigkeit plötzlich mit spitzer Nase und hängenden Wangen verfällt, geweckt werden muß, sich mit einem Aufraffen wieder ins Gespräch findet, nach einer Pause wieder still wird, was sich dann in immer kürzeren Pausen wiederholt. Auch fehlen ihm oft Worte.« (Tagebücher in der Fassung der Handschrift, S. 274 f.)

190 *Sommer … Frühjahr … Entziehungsanstalt* – Hedwig Kubin unterzog sich einer Entziehungskur im Frühjahr (vgl. Tagebuch, 28.3. 1909) und im Herbst 1909 in Baden-Baden, die nächste folgte im Herbst/Winter 1911 in Freiburg. Erst der Nervenarzt Robert Laudenheimer, der ein Sanatorium in Alsbach bei Darmstadt leitete, konnte sie Anfang der zwanziger Jahre von der Morphiumsucht befreien. Die vielen Klinikaufenthalte brachten die Kubins auch in finanzielle Schwierigkeiten, über die Hedwig Kubin OS wiederholt informierte: »Es geht uns pekunär geradezu verzweifelt. Die Erbschaft von A. ist nun bis auf ein paar 100 M. ganz aufgebraucht. Den Rest hole ich morgen, um die notwendigen Schulden hier zu zahlen. (28.11.1909, Kubin-Archiv) Wie aus den Briefen hervorgeht, unterstützte OS die Klinikaufenthalte finanziell.

191 *Wolfskehl … seinen Artikel im »Morgen«* – »Der Hubertus-Brunnen«. In: Morgen, 2, 2. Halbjahr (1908), S. 1701 f. Wolfskehls harsche Reaktion auf die Einwände von OS hat möglicherweise auch damit zu tun, daß es wegen der Veröffentlichung Verstimmungen mit Stefan George gab. Zum erstenmal hatte Wolfskehl eine Betrachtung eines modernen Kunstwerks vorgelegt, noch dazu in einer Stefan George nicht genehmen Zeitschrift. Mit diesem Aufsatz begann Wolfskehls Emanzipation vom George-Kreis und dessen Publikationsorgan, den »Blättern für die Kunst«; vgl. zu dieser Entwicklung: Friedrich Voit, Karl Wolfskehl, S. 54 ff.

Bernus – Der Dramatiker und Lyriker Alexander von Bernus (1880–1965), von 1902 bis 1905 Herausgeber der Zeitschrift »Freistatt«, zu deren Mitarbeitern Frank Wedekind, Richard Dehmel, Ricarda Huch und OS gehörten. Mit Will Vesper gründete er 1907 die »Schwabinger Schattenspiele«, die den George-Kreis und die intellektuelle Schwabinger Szene begeisterten. In dieser Zeit wurde der Familiensitz der Bernaus, Stift Neuburg, zu einem Treffpunkt der Literaten und Künstler. Bernus war mit Kubin und Wolfskehl eng befreundet. Angezogen von theosophischen und anthroposophischen Anschauungen, gründete er 1916 die Zeitschrift »Das Reich«.

192 *Komiker (Dragomir)* – Der Schauspieler Emil Hecht, der den Dragomir spielte.

Altmann – Der Regisseur, Theaterleiter und Dramaturg Georg Altmann (1884–1962).

Frau Ullerich – Die Schauspielerin Betty Ullerich, die Lady Burton spielte.

Fräulein Hummel – Die Schauspielerin Thila Hummel; sie spielte Helene von Marnstein.

5. 2. 1909

Die Aufführung ist glänzend verlaufen – Die Tagespresse spiegelte durchaus diese Einschätzung. Im »Berliner Tageblatt« vom 22. 1. 1909 hieß es: Das Stück »hatte bei seiner Uraufführung im Hoftheater einen starken, unwidersprochenen Erfolg, und der Verfasser wurde mehrfach vor die Rampe gerufen. Schmitz will den Don Juan unserer Zeit zeigen, der zu viel Geist und zu viel Kultur hat, um der stets siegende Eroberer zu sein. Er ist Don Juan, wo er nicht liebt; doch wo er liebt, ist er zu anständig, um zu verführen: ›Don Juanito‹, also die Kombination zweier Menschentypen des Eroberers und des Bettlers der Liebe.« Die Theaterkritik verurteilte das Stück dagegen scharf. Hermann Sinsheimer schrieb in der »Schaubühne«: »Im ›Don Juanito‹ herrscht Wirrwarr und Schablone. Den Helden der Komödie unterscheidet von dem interessanten, aber bürgerlich und standesamtlich unzuverlässigen Schwadroneur des alten ›Lustspiels‹ (Veilchenfresser!) nichts als ein paar allerdings gut gefeilte und geschickt in seinen Mund lancierte Aphorismen und Pointen, durch die er sich höchstselbst als bloßes Diminutiv seines Vorbildes kommentiert. [...] Wie diese altehrwürdigen Theatertypen durch vier Akte und vom Bosporus bis nach Berlin bemüht werden, das ist nicht nur kein ›heiteres‹, sondern ist überhaupt kein Theater, das ist hilf- und haltloser Dilettantismus. [...] Die Aufführung zeitigte außer der in zwei Akten mondän-glanzvollen Inszenierung Carl Hagemanns wenig Erfreuliches: ein paar grobschlächtige Schwankschablonen wurden nach Möglichkeit vergröbert – dem braven, der höheren Komödie bedürftigen Publikum zuliebe.« (Don Juanito oder das heitere Theater, in: Die Schaubühne, 5,1, 1909, S. 149)

26. 2. 1909

192 *(»Das andere Ich«)* – Die Novellen »Fortunio oder das andere Ich«, »Der Schlafhändler« und »Die Begegnung der Götter«, die 1910 im Georg Müller Verlag unter dem Titel »Das andere Ich. Drei Erlebnisse« erschienen.

(Macaulay) – Der englische Politiker, Historiker und Schriftsteller Thomas Babington Lord of Rothley Macaulay (1800–1859). Zur Vorbereitung seines Disraeli-Buches, »Die Kunst der Politik« (1911), las OS wohl vor allem die Essays über William Pitt d. Ä. von 1834 und 1844.

L. war in Rußland ... Unmöglich wieder zu beginnen – Lyda Epstein schrieb am 25.2.1909, sie sei »grenzenlos matt und zerschlagen« (N) und im Moment außerstande, OS zu danken oder ihn zu treffen.

193 *Aufsatz über politische Begabung* – »Das Wesen der politischen Begabung« (Brevier für Unpolitische, S. 127–133).

Ich komme immer mehr in die Politik – Das dokumentieren nicht zuletzt die zahlreichen Aufsätze von OS, die vor dem Ersten Weltkrieg im »Tag« erschienen: »Moral und Deutschtum« (11.11. 1908), »Zur Psychologie des Skandals« (12.9.1909), »Ungewollte Ziele der Frauenbewegung« (30.12.1909), »Sozialistische Denkfehler« (8.3.1910), »Kunst und Sittlichkeit« (5.5.1910), »Das Frauenstimmrecht« (22.5.1910), »Kunst und Zensur« (19.4.1911), »Kultur und Anarchismus« (30.4.1911), »Das Heimatland der Vernunft« (4.8.1912), »Der Künstler und der Kampf ums Dasein« (7.9.1912), »Die Zunahme der Ehescheidungen« (5.2.1913).

Vage Pläne ... Partei der gentlemen – Diese Gedanken entwickelte OS in seinem Aufsatz über »Das Wesen der politischen Begabung«, vor allem aber in »Der Sinn der Aristokratie«. Er kritisierte die »Amerikanisierung« des Lebens und forderte eine Rückbesinnung auf eine »Persönlichkeitskultur« und die Ideale des »weltüberlegenen Gentleman«: »Der aristokratische Typus stellt keinen besseren, gescheiteren, tüchtigeren Menschen dar, als der bürgerliche, wohl aber meist die überlegenere Persönlichkeit. Der Mangel an solchen Typen ist die Ursache, warum die Deutschen, die an Einzelbegabung wahrscheinlich alle Völker übertreffen, noch niemals in der neueren Geschichte von ihrem Sein überzeugt waren.« (Brevier für Unpolitische, S. 84) Vorbild war die traditionelle englische Gesellschaft mit dem Ideal des Gentlemans und der Lady: »So wie in England das Ideal des Gentleman vor allem Verpflichtung bedeutet, so war vor der Emanzipation und Amerikanisierung der englischen Gesellschaft dort auch die Lady dem Sinn, wenn auch nicht immer der Erscheinung nach, durchaus kein Luxusgeschöpf, sondern ein Mensch von besonderer sozialer Verantwortung.« (Ebd., S. 100).

10. 3. 1909

193 *Direktor Robert* – Der Theaterleiter und Regisseur Eugen Robert (1877–1944).

Hamann – Nicht ermittelt.

Helene Katz – Nicht ermittelt.

Adele Friedländer – Nicht ermittelt.

Demiviergetum – Demi-vierge: Halbjungfrau. In der Sexualwissenschaft ein Mädchen, das sexuelle Kontakte, aber keinen Geschlechtsverkehr hat.

194 *Wolfgang Goetz ... mit lustigen Improvisationen* – Der Schriftsteller Wolfgang Goetz (1885–1955). Er verfaßte historische Stücke und Schauspiele wie »Neidhardt von Gneisenau« (1925) und »Napoleon« (1926), größere Beachtung fanden seine Stücke im Nationalsozialismus (»Kampf ums Reich«, 1939). Ab 1933 war er Regierungsrat bei der Filmprüfstelle, von 1936 bis 1940 Vorsitzender der »Gesellschaft für Theatergeschichte«. Während des Ersten Weltkriegs und in den zwanziger Jahren war er mit OS eng befreundet. In »Ergo Sum« nimmt OS auf den Abend beim Kammerspielball Bezug: »Von intimeren Freunden jener Zeit nenne ich den jungen Dichter Wolfgang Goetz, damals noch Student der Germanistik bei Erich Schmidt, für mich in mancher Hinsicht ein Nachfolger des Franzl [Franz Hessel]. Wir lernten uns auf dem Kammerspielball dadurch kennen, daß wir zwei sehr liebenswürdigen jungen Jüdinnen den Hof machten und beide zwischen einer und der anderen hin und her schwankten. So entstand ein sehr anmutiges Quartett. [...] Wir überboten einander in lustigen Improvisationen und freuten uns, daß unsere klugen Damen ihren Begleitern folgen und verstehen konnten, ›wie sie's meinen‹.« (S. 79)

28. 3. 1909

Felicitas – Nicht ermittelt.

Toni Grünfeld – Bar in Berlin.

194 *wie wenig ich doch für die Ehe geeignet bin* – In diesem Sinn schrieb auch Hedwig Kubin am 25. 9. 1909 an ihren Bruder: »Meiner Meinung nach taugst Du als junger Mann überhaupt nicht zur Ehe. Sehr möglich ist es, daß Du mit 50 oder noch darüber eine reiche Vernunft-Freundschaftsehe mit Erfolg schließen kannst. Aber mit Ausschluß der Liebe. In Deine Ehe paßt keine Liebe, das klingt sonderbar aber es ist wahr.« (Kubin-Archiv)

195 *»Szenarium von Idealismus«* – Eine Arbeit mit diesem Titel konnte nicht ermittelt werden. Es handelt sich wohl um ein Theaterstück, das OS auch am Mannheimer Theater einreichte; vgl. Tagebuch, 19. 9. 1909.

Dr. Friedmann – Dr. Fritz Friedmann-Frederich (1883–1934), Direktor des Metropol-Theaters.

31. 3. 1909

Frau Dr. Zander, Frau de la Haye und Tönchen – Nicht ermittelt.

Sonntag bei Arnswaldts – Von diesem Besuch berichtet OS auch in »Ergo Sum«: »Von dem letzten Abend in Berlin, im Hause Arnswaldt, datiere ich den Beginn einer nahen Freundschaft mit einer Frau, wie ich sie außerdem nur als ganz junger Mensch mit Léonie [Eleonore Karwat] gehabt habe.« (S. 79) Im Haus der Arnswaldts lernte OS auch den Arzt und Schriftsteller Carl Ludwig Schleich kennen, der den Salon der Baronin in seinen Lebenserinnerungen »Besonnte Vergangenheit« porträtierte: »Bertha, Baronin von Arnswaldt, die Wittwe des bekannten welfischen Abgeordneten der Bismarckzeit, war eine von Gott und Natur mit aller Heiterkeit und jedem Charme des Herzens ausgestattete Frau, von echt ›Frankforterischem Gepräge‹ […]. Es war ein bunt von Geistigkeit und Kunst schillernder Salon in bestem Sinne, vielleicht der letzte Salon Deutschlands, denn diese Art der freiesten, genußfrohesten Geselligkeit ist ja wohl für immer dahin. […] Da war der Musiker Geh. R. Friedländer, der alle die köstlichen Anekdoten der Klassiker so anmutig erzählte, da Jacques Fränkel, der bedeutende politische Journalist, der, ursprünglich Musiker, so hinreißend von Bruckners Originalität zu plaudern wußte, da der geistsprühende Oscar A. H. Schmitz, der phantastisch hochbegabte Wolfgang Goetz, der Maler Heuser, Conrad Ansorge, Eduard v. Strauß, der so früh scheiden mußte, der überaus geistreiche und tiefe Leo Blech, Gustav Bergmann, der Sänger, wohl der hinreißendste Gesellschafter und genialste Improvisator herrlicher Belustigungen, ebenso bezaubernd am Flügel wie überwältigend in der Konversation, da vor Allem General Posselt, ihren Liebling.« (S. 315 f.)

13. 4. 1909

196 *Erster Akt: Hyster. Mann* – »Der hysterische Mann. Lustspiel in drei Aufzügen« (1914).
Idealismus – Vgl. Anm. *»Szenarium von Idealismus«* zu S. 195.
Wallace Human Nature in Politics – In »Ergo Sum« berichtet OS über die persönliche Bekanntschaft mit dem Schriftsteller: »Auch den bedeutenden, ursprünglich sozialistischen Schriftsteller Graham Wallace lernte ich auf diesen Wegen kennen. Seine umfangreichen Erfahrungen im Londoner Country Council hatten aus ihm [...] einen etwas enttäuschten, aber keineswegs entmutigten Skeptiker gemacht. Aus seinem unvergleichlichen Buch ›Human Nature in Politics‹ kann man jedenfalls leicht sehr antidemokratische Schlußfolgerungen ziehen.« (S. 87)

1. 6. 1909

Dr. Levy – Der Essayist, Übersetzer und Editor Oscar Levy (1867–1946). Er studierte Medizin und promovierte 1891 mit einer Arbeit »Über Knochenabscesse«. Gleich nach seiner Promotion verließ er das Wilhelminische Deutschland, dem er äußerst kritisch gegenüberstand. Er arbeitete zunächst als Schiffschirurg, lebte dann einige Zeit in Paris und ließ sich 1894 in London nieder, gleichwohl führte er weiterhin ein unstetes Reiseleben. Vor allem als Nietzsche-Forscher machte er sich einen Namen, unter seiner Führung erschien zwischen 1909 und 1913 in England eine achtzehnbändige Nietzsche-Gesamtausgabe. Daneben übersetzte er zwei Romane des britischen Premierministers und Romanciers Benjamin Disraeli (»Contarini Fleming«, 1909; »Tancred oder Der neue Kreuzzeug«, 1936). Disraeli galt ihm als Vorbild: »Bei den Engländern als Jude verschrieen, bei den Juden als Christ – bei den Politikern als Dichter verhöhnt und bei den Dichtern als politischer Streber – bei den Revolutionären als Aristokrat gebrandmarkt und bei den Aristokraten als Revolutionär – bei den Schwärmern und Ideologen als Materialist abgelehnt und bei den Materialisten als Phantast und Mystiker –.« (Vorrede des Übersetzers, in: Lord Beaconsfield, Contarini Fleming, S. 29) OS wurde möglicherweise zuerst durch den Amerikaner, den im Tagebuch erwähnten Mister Gottschalk, auf Disraeli aufmerksam; vgl. Anm. *Mit dem Amerikaner ... über persönliche Dinge* zu S. 166. Der eigentliche Förderer seiner Disraeli-Biographie aber war Oscar

Levy. Levy erwähnte in der zitierten Vorrede, daß er seine deutschen Kollegen immer wieder auf Disraeli hingewiesen habe; vgl. Vorrede des Übersetzers, in: Lord Beaconsfield, Contarini Fleming, S. 5. Oscar Levy setzte sich auch für die englische Übersetzung der Bücher von OS ein, 1913 vermittelte er die Übertragung von »Das Land ohne Musik« (Brief vom 20.11.1913, N).

196 *Booth, Life and Labour in London* – Die Studie »Life and Labour of the People of London« (1902) des Sozialhistorikers Charles Booth. Die zwischen 1886 und 1902 gesammelten Informationen und Daten enthalten Berichte und Interviews mit Londoner Bürgern über ihre soziale Lage und die Situation der Stadt. Die Ergebnisse gingen später in statistische Erhebungen ein.

Dicey, Law and public opinion in England – »Law and public opinion in England during the Nineteenth Century« (1905) von Albert Venn Dicey. Die gesammelten Vorträge des Verfassungsrechtlers behandelten die Auswirkung der öffentlichen Meinung auf die englische Gesetzgebung des Staates im 19. Jahrhundert.

Disraeli – Der englische Staatsmann und Romancier Benjamin Disraeli, Earl of Beaconsfield (1804–1881), Sohn einer reichen Familie sephardischer Herkunft. Als Konservativer gehörte er dem Unterhaus an, war mehrfach Schatzkanzler und zwischen 1874 und 1880 Premierminister. Neben seiner politischen Karriere betätigte er sich als Schriftsteller und veröffentlichte eine Reihe sozialkritischer Romane.

197 *Verbindung von Litteratur und Politik. Alles dies liegt mir sehr* – In Disraeli erkannte OS immer mehr einen Wahlverwandten, in dem er sich selbst spiegeln konnte. Deutlich spricht er das in »Ergo Sum« aus: »Meine Hauptwidersprüche sammeln sich in ihm wie in einer Linse: Konservativismus und modernes Menschentum, Geistigkeit und Welt, Dichter und Politiker, Arier und Judentum. Außerdem fesselte mich stets seine auffällige physische Ähnlichkeit mit meinem Großvater.« (S. 82) Die Arbeit an der Biographie wurde für OS zu einem autobiographischen Erkenntnisprozeß; dies wird besonders deutlich, wenn er über den »jüdischen Konflikt« in Disraelis Persönlichkeit schreibt: »Alle Juden, deren Blut entweder mit germanischem gemischt ist, oder deren Geist frühzeitig starke Eindrücke aus der germanischen Kultur empfangen hat, durchkämpfen im Inneren denselben Konflikt: sie fühlen eine Liebe zum Arischen, die darum um so inbrünstiger ist, weil sie das halb Fremde sucht.« (Disraeli, S. 38) OS zufolge sind Menschen,

die diese beiden sich bekämpfenden Pole in sich tragen, zu Größe und Erhabenheit oder zum Untergang bestimmt, sie kommen nur in den Extremen zu sich selbst: »Der Konflikt der mit der arischen gekreuzten jüdischen Seele erhebt den, der ihn in sich trägt, über orthodoxe Enge, über fanatischen Haß, über materialistische Verhärtung. Das Pathos seines Daseins gleicht ins Erhabene gesteigert, dem einer ewigen Liebe, die bald verzweifelt, bald glücklich ist, aber niemals lau sein kann. In solchen Menschen leben Möglichkeiten zu den höchsten Vollendungen, aber noch mehr Keime zur Selbstzerstörung.« (Ebd., S. 39) Disraeli ist für ihn das Beispiel, daß die dualen Kräfte im Inneren der Person nicht notwendigerweise zur Zerreißung und zur Vernichtung führen müssen, sondern sich zu einem höheren, universalen Selbst ausbilden können. Die »Zweiheit der Wurzel« verursacht zwar, wie er an Disraeli erkennt, »Leiden«, aber zugleich machte ihn »dieses Doppelleben [...] so kompetent in allen Fragen des menschlichen Lebens. Von der Würde der Religion bis zum spielerischen Dandysmus hinab ist ihm nichts Menschliches fremd geblieben. Sein Geist schwebt hoch über der Beschränktheit einseitig literarischer Typen, wie Carlyle, politischer Tausendkünstler, wie Peel, oder von den Nebeln ihrer politischen Abneigungen umwölkter Fanatiker, wie Gladstone.« (Ebd., S. 77) Die Disraeli-Biographie von OS hat bis in die jüngste Zeit Anerkennung gefunden, sie sei »sein bestes Werk«, meint Karl Heinz Bohrer (Ästhetik des Schreckens, S. 588).

197 *Monds* – Der Chemiker und Industrielle Ludwig Mond (1839 bis 1909) und seine Frau Frida, geb. Löwenthal (1847–1923). In »Dämon« berichtet OS über seine Einführung in das Haus und über die Familie: »Mr. Mond war bereits als Knabe nach England gekommen, hatte als Chemiker einen wissenschaftlichen Namen und als Industrieller ein großes Vermögen gemacht. Nun präsidierte der universell gebildete Mann mittags und abends einer gastlichen Tafel, in der ich bald Gelegenheit fand, Einblicke in das politische und gesellschaftliche Treiben Englands zu tun. Mrs. Mond nahm sich meiner mit mütterlicher Güte an, und durch ihre Vermittlung schneiten mir nun die Einladungen zu großen Empfängen und Einladungen auf Landsitze zum Wochenende ins Haus.« (S. 206)

Asquith – Herbert Henry Asquith (1852–1928), von 1908 bis 1916 britischer Premierminister.

197 *Burns* – Der Gewerkschafter und Sozialist John Burns (1858–1943).
Mrs. Grein, die Mutter des Kritikers – Über Mrs. Grein keine näheren biographischen Daten ermittelt; angespielt wird vermutlich auf den Theatermanager, Kritiker und Autor J. T. Grein.
Douglas Capitanesco – Nicht ermittelt.

1. 8. 1909

198 *Schulfreund Klahre* – Am 14. 6. 1909 hatte R. Klahre, »Special Correspondent« in London, an OS geschrieben und um ein »gelegentliches Stelldichein« gebeten (N).

26. 8. 1909

199 *Prozeß mit der Neuen Revue* – Im April 1909, ab Heft 14, hatte die »Neue Revue« den »Morgen« übernommen. Bei dem Prozeß ging es um den mit dem »Morgen« geschlossenen Vertrag über eine ständige Mitarbeit an der Zeitschrift, den die »Neue Revue« offenbar ausgesetzt hatte.
Oscar Fried – Der Dirigent und Komponist Oscar Fried (1871 bis 1941), seit 1899 mit Gusti, der ersten Frau von Otto Julius Bierbaum, verheiratet. Er setzte sich für die neue Musik ein und machte sich vor allem als Mahler- und Strauss-Interpret einen Namen. 1904 feierte er einen großen Erfolg mit der Nietzsche-Vertonung »Das Trunkene Lied« für Soli, Chor und Orchester in Berlin. Seit 1907 leitete er verschiedene Orchester in der Stadt. 1934 emigrierte er und wurde Theaterkapellmeister in Tiflis. Zu Oscar Fried vgl. Das wilde Leben der Boheme, S. 78 f., 90 f. und 98 f.

5. 9. 1909

200 *Poe-Illustrationen* – Seit Ende 1907 arbeitete Alfred Kubin an den Illustrationen, die der Verleger Georg Müller in Auftrag gegeben hatte. Der erste von Kubin illustrierte Band – Edgar Allan Poe, »Das schwatzende Herz und andere Novellen« – erschien Anfang 1909. Es folgten weitere Poe-Bände mit Illustrationen von Kubin.
Prentice Mulford – Der amerikanische Schriftsteller und ›New-Thought‹-Pionier Prentice Mulford (1843–1891). Er schrieb zahlreiche Essays über positive Lebenseinstellung und entwarf dazu eine Reihe von Psychotechniken, vgl. Anm. *New thought … Gedanken sind Mächte* zu S. 183. Zu seinen bekannten Schriften gehören »Die Möglichkeit des Unmöglichen« (1919), »Der unendliche Geist des Guten« (1922) und »Der Gott in dir« (1925). In Deutschland wurden viele seiner Essays durch die Übertragungen und Bearbeitungen von Sir Galahad (Berta Helene Eckstein,

1874–1948) bekannt: »Der Unfug des Sterbens« (1909), »Der Unfug des Lebens« (1919). In »Ergo Sum« schreibt OS: »Prentice Mulford hat […] die Grundlage aller praktischen Magie eindeutig erfaßt und ausgesprochen, die später die Psycho-Analyse auf anderem Wege gefunden […]: daß Wirklichkeit die Materialisation von Vorstellungen ist.« (S. 91) OS hat mehrere Essays zum Thema Selbstfindung und Lebenskunst geschrieben, in denen er die Gedanken Mulfords variierte: »Lebenskunst«, »Der Wille und das Glück«, »Der Rhythmus des Alltagslebens« (Brevier für Weltleute, S. 253–275).

200 *die Affen unseres eigenen Schicksals* – In »Ergo Sum« heißt es: »Bald entdeckten wir, daß wir zweimal da waren, einmal richtig und einmal bösartige Zerrbilder unserer selbst. Wo wir hinkamen, schlichen sich immer gerade, scheu grüßend, zwei fragwürdige Burschen fort, als hätten sie ein böses Gewissen, wie Diener, welche die Kleider ihrer Herren benutzen. […] Wir nannten sie nach jenem Märchen in Tausendundeine Nacht, wo jeder Mensch in der Welt seinen Affen herumlaufen hat, unsere Affen, und irgendwie fühlten sie sich wohl selbst als das, halb bezaubert, halb geärgert. Wir aber fragten uns voller Demut, von was für höheren kosmischen Wesen wir wohl selbst die Affen sein mochten.« (S. 94 f.)

19. 9. 1909

»Idealismus« – Vgl. Anm. *»Szenarium von Idealismus«* zu S. 195.
Dr. Schupp – Nicht ermittelt.

29. 9. 1909

201 *Halm* – Der Regisseur und Drehbuchautor Alfred Halm (1861 bis 1951).

202 *eine eigene Wohnung* – In Charlottenburg, Kaiserdamm 4.
High Wycombe und Hughenden Manor – Der Ort High Wycombe liegt 50 km von London entfernt. Benjamin Disraeli lebte von 1848 bis zu seinem Tod in dem kleinen Vorort Hughenden Manor, wo er auch bestattet wurde.

18. 7. 1910

203 *Callandar* – Kleiner Ort in den Trossachs, Zentrum des schottischen Seengebiets zwischen Stirling und Loch Lomond.
Heute … in das Hochland nach Balloch – Diese Fahrt beschreibt OS in dem Essay »Wie man in Schottland reist« (S. 322–327 dieses Bandes). Anders als im Tagebuch werden im Essay die negativen Seiten der Reise betont, die »Herden von Reisenden«,

die Massenabfertigung, das schlechte Essen, das unsichere Wetter etc.

19. 7. 1910

203 *Oban* – An der Westküste Schottlands, Zentrum und Hauptfährhafen für die Inneren und Äußeren Hebriden.
wundervoller Blick über die Inselwelt – Einen ganz anderen Eindruck vermittelt das Essay »Wie man in Schottland reist«; vgl. S. 326 dieses Bandes.

24. [?] 7. 1910

204 *Killarney … 24. [?] Juli* – Ort und Datum stehen so im Typoskript. Möglicherweise hat OS die nachfolgenden Eintragungen am 24. Juli geschrieben, als er wieder in Killarney war.
weitere schottische Pläne – Im Essay »Wie man in Schottland reist« kommt OS zu einem insgesamt vernichtenden Urteil: »Wer sich der allgemeinen Ordnung entzieht, ist nicht ›in the right set‹, und das muß man in britischen Ländern stets sein, wo niemand schlechter daran ist als der Außenseiter; allgemeine gesellschaftliche Verachtung trifft ihn.« (S. 327 dieses Bandes)
Perle … Larne – Perle heißt die Hauptstadt des Traumreiches in Kubins »Die andere Seite«. Die Stadt wird im Roman als grau, öde und trist beschrieben (vgl. Die andere Seite, S. 48 ff.), ein »Drecknest«, so der Erzähler nach der Ankunft im Traumreich (S. 49). Im Essay »Die irische Atmosphäre« heißt es über die Ankunft in Larne: »In der Dunkelheit erscheinen die Lichter von Larne; die Reisenden gehen einzeln über die Uferbrücke, ein düsterer, kleiner Bahnhof nimmt uns auf. Ein paar neugierige, kleinbürgerliche Leute sind an diesem Abend aus dem Städtchen gekommen, Ankunft und Abfahrt der Reisenden zu sehen. Alles ist traurig, dunkel, feucht.« (Das Land ohne Musik, S. 236)

21. 7. 1910

205 *Gegen Abend schöner Spaziergang nach dem Longh Leane* – Der größte See in Killarney, mit mehreren Inseln. OS beschreibt den Spaziergang in »Die irische Atmosphäre«: »Am folgenden Tag durchquerte ich die Insel auf der Bahn und kam am Spätnachmittag an die Südwestküste nach Killarney, das für den schönsten Ort auf den großbritannischen Inseln gilt, – ich glaube mit Recht. Hier erheben sich malerische Hügel um tiefeinschneidende, gewundene Buchten. Dauernd liegt ein ganz feiner Dunst unter dem tiefen Grün südlicher, immergrüner Bäume, und diese Luft glitzert lila und golden unter den Sonnenstrahlen, die jede Viertelstunde mit

Regenschauern abwechseln. Alle Blätter hängen voll von diamanten glänzenden Tropfen, tiefgrüne Flächen ziehen sich hin. [...] Parks und Gärten umgeben die Buchten, hier und da ragt ein alter Turm oder ein Burgtrümmer, von deren Mauern aus man die Meerbucht Lough Leane wie einen See überblickt.« (Das Land ohne Musik, S. 241 f.)

22. 7. 1910

205 *Abends in Cork* – Ausführlich schildert OS seine Eindrücke von Cork und seine Verfassung an diesem Abend in »Die irische Atmosphäre«: »Welch ein Unterschied gegen Belfast! Es ist Samstagabend. Die breiten Straßen sind voll von Menschen, viele in ländlicher Tracht. Das Gewühl und die Lebhaftigkeit der Reden betäuben mich derart, daß ich etwas wie einen Rausch und eine Art Angst spüre, an die Leute anzurennen. [...] Ich gehe ein schwarzes, einsames Flußufer entlang, überall hocken verstohlen Liebespaare, bald auf Bänken, bald am Boden. Leise beginnt wieder der feine irische Regen, der schließlich zu einem heftigen Guß anschwillt. Ich kehre zu der Hauptstraße zurück; die ganze Lustigkeit ist zerstoben, hier und da eilen noch ein paar Frauen mit über den Kopf gezogenen Röcken auf dem lichterspiegelnden Fußsteig.« (Das Land ohne Musik, S. 244 f.)

27. 7. 1910

Liverpool, 27. Juli. – Möglicherweise falsche Datierung; wahrscheinlich der 25. Juli.

Montag Fahrt nach Dublin ... das Mädchen – Die Szene findet sich auch in »Die irische Atmosphäre«, dort ist aber von dem Mädchen, das OS begleitete, nicht die Rede: »Am Montag fuhr ich nach Dublin zurück. Abends zeigte mir ein Schutzmann den Weg nach den ›slums‹. Ich betrete das niedrigste Viertel von Dublin, vielleicht von Europa. Aus dunklen Gassen kriechen Dirnen hervor; einige sitzen auf den Prellsteinen an den Hausecken. Unter Schmutz und Lumpen gewahre ich manche zierliche Figur, manches Gesicht, auf dessen ursprüngliche Anmut wie ein Palimpsest die Verkommenheit geschrieben ist.« (Das Land ohne Musik, S. 248 f.) In dem Essay spricht OS von Erkundungen und »Forschungen« (S. 250), die er als Reiseschriftsteller in diesem Milieu unternommen habe.

26. 7. 1910

206 *Chester* – Hauptstadt der englischen Grafschaft Cheshire, südlich von Liverpool.

206 *Carcassonne* – Hauptstadt des südfrz. Departements Aude.

28. 7. 1910

207 *Direktors Tangy* – Nicht ermittelt.
Harrow – Harrow-on-the-Hill, nordwestlicher Stadtteil von London mit dem exklusiven Internat Harrow School.

30. 7. 1910

208 *Samstag, den 30. Juli.* – Im Typoskript irrtümlich nach dem Eintrag vom 31. Juli.

2. 8. 1910

209 *A. C. Krienen* – Nicht ermittelt.

4. 8. 1910

wo mich die inzwischen verheiratete und geschiedene Ella W. … merklich geworden war – Handschriftlich ergänzt.
Ella W. – Ella Weiss; vgl. Anm. *mit blonder Schwester* zu S. 92.

16. 4. 1911

210 *Drucklegung des neuen Buchs (Disraeli)* – Das Buch erschien unter dem Titel »Die Kunst der Politik«.
Lösung der Handlung für meinen Roman – Bezieht sich auf »Wenn wir Frauen erwachen …«.
Biserta – Hafenstadt an der Nordküste Tunesiens.
Zufällig … erwähnt, daß heute mein Geburtstag – In »Ergo Sum« erzählt OS, »daß eines Abends im Rauchsalon vom Alter gesprochen worden war, und als man mir nicht glauben wollte, daß ich schon achtunddreißig Jahre alt sei, hatte ich meinen Paß hervorgezogen. Der Kapitän schaute hinein; er sah, daß mein Geburtstag in die Zeit der gemeinsamen Fahrt fiel, und so merkte er sich das Datum.« (S. 100)

18. 4. 1911

211 *Lindemann* – Nicht ermittelt.
die Baumwollpresse zeigen – Die Besichtigung der Baumwollpresse in Alexandrien schildert OS ausführlich in dem Essay »Arabische Fabrikarbeiter«: »Wenn man eine solche Fabrik betritt, so sieht man zunächst das bekannte orientalische Bild von Eingeborenen, die rings herumliegen und schlafen. Diese Freiheit wird ihnen während der oft reichlichen Zwischenstunden der Arbeit gern gelassen. Die Pressen selbst werden mit mehr Geschrei, als dem Europäer notwendig erscheint, von wilden braunen Kerlen unter Anspannung aller Kräfte bedient. In weiten Sälen kauern Frauen am Boden und sortieren die Baumwolle […].« (Fahrten ins Blaue, S. 256)

211 *Tanta* – Größte Stadt im Nil-Delta, Hauptstadt des Regierungsbezirks al-Gharbiyya.
»colis en souffrance« – (frz.) nicht abgeholte Pakete.

19. 4. 1911

212 *Excellenz v. Mohl* – Der Diplomat Ottomar von Mohl (1846–1922). Er studierte Rechtswissenschaft und promovierte 1873 in Heidelberg zum Dr. jur. 1879 ging er als Konsul nach Cincinnati, 1885 nach St. Petersburg. Von 1887 bis 1889 war er Berater des kaiserlichen Haus- und Hofministeriums in Tokio, von 1897 bis 1917 deutscher Delegierter der Ägyptischen Staatsschuldenkommission in Kairo. Nach Ausbruch des Ersten Weltkriegs und der ägyptischen Kriegserklärung 1914 suspendiert.
Lord Cromer in seinem Buch – Das zweibändige Werk »Modern Egypt« (New York 1908) von Lord George Cromer (1841–1917), dem ersten britischen Generalkonsul in Ägypten. Er machte u. a. die Voraussage, daß der Islam keine Zukunft habe und bald absterbe.
Heliopolis – Einer der ältesten Orte des Landes mit der berühmten Kultstätte des falkenköpfigen Sonnengottes.

21. 4. 1911

Professor Borchardt – Der Geheimrat Prof. Dr. Ludwig Borchardt (1863–1938). Er studierte Architektur und Ägyptologie, ging 1895 nach Kairo und erstellte mit Gaston Maspero den Katalog des Ägyptischen Museums. 1907 gründete er das Deutsche Archäologische Institut in Kairo, dessen Direktor er bis 1928 war.
Gezireh – Gezîre, die Nilinsel, Aufenthaltsort der eleganten Welt.
213 *Heluan* – Auch Helwan geschrieben, 30 km südlich von Kairo zwischen den El Mokattan-Hügeln an den Ufern des Nils.

26. 4. 1911

Wadi Halfa – Stadt im Norden des Sudans am Nubia-See; im 19. Jahrhundert gegründet, zwischen 1895 und 1898 Hauptquartier der von den Briten angeführten Truppen, die den Mahdi-Aufstand von Muhammad Ahmad bekämpften.
Abbate Panke – Nicht ermittelt.
Deschna – Auch Dechna geschrieben, Ort am oberen Nil.
214 *Chamsin* – Aus arabisch »hamsin«, Wind von fünfzig Tagen. Heißer Sandwind in der ägyptischen Wüste. In dem Essay »Die große Oase in Ägypten« schreibt OS über den Sandwind: »Der Chamsin, der fürchterliche Vater des Schirokko und Föhn, kann drei

Tage lang dauern, dann überzieht er den Himmel mit einer heißen, bleigrauen Wolkenschicht, unter der die Temperatur leicht bis auf 45 Grad und höher geht, während es einem wie der Atem eines Backofens entgegenweht und der Wüstensand haushoch aufgepeitscht wird.« (S. 329 dieses Bandes)

214 *Das Haus liegt angenehm am Nil* – Das Haus wird auch in dem Essay »Deutsche und englische Kulturpioniere« (Das Land ohne Musik, S. 115–122) beschrieben. Dort geht es um die Unterschiede in der englischen und deutschen Lebensart, die OS an dem englischen Wort ›comfortable‹ und dem deutschen Wort ›gemütlich‹ festmacht: »Man zeigte mir nun das schön gebaute, mit einer breiten Veranda versehene Haus, das vor uns am Nilufer stand. Die jungen Leute sagten, es sei darin ganz gemütlich. Nun aber zeigte es sich, daß das deutsche Wort gemütlich nicht annähernd etwas so Bestimmtes ausdrückt wie das englische Wort ›comfortable‹. Alles, was man Komfort nennt, fehlte vollständig, und zwar nicht aus Mangel der Möglichkeiten, sondern aus mangelndem Verständnis. Da war weder im Tag durch rechtzeitiges Schließen der Fenster die Hitze abgehalten worden, noch hatte man Sorge getragen, die Fliegen durch Verdunkelung der Zimmer und Vergitterung der Eingänge, wie es sonst üblich ist, fernzuhalten. Das Bad war eingerostet, und alles, was zu erreichen war, bestand darin, daß man mir in einigen Kübeln Nilwasser heraufschleppte. Die Zubereitung des Essens ließ Sorgfalt und das ganze Haus Reinlichkeit vermissen.« (Fahrten ins Blaue, S. 119)

James Klüppel – Nicht ermittelt.

215 *Konversation mit einem Jungtürken … viel von der orientalischen Frauenfrage* – Diese Gespräche gingen in zwei Essays ein: »Die Mohammedanische Frau« (Fahrten ins Blaue, S. 236–241) und »Die Vorteile der Vielweiberei« (ebd., S. 242–246). In beiden Essays ist von der Stellung der Frau im Orient nur ganz allgemein die Rede, die im Tagebuch angesprochenen Hochzeitsriten werden nicht geschildert.

216 *Shellal* – Shellâl, Ort in unmittelbarer Nachbarschaft der Insel Philæ.

Phylae – Philæ, Insel im Nil mit dem berühmten Isis-Tempel, der der großen Muttergottheit und ihrem Sohn Harpokrates geweiht war. In früheren Zeiten begab sich jeder Ägypter einmal in seinem Leben auf eine Pilgerfahrt zur heiligen Insel. Der im südlichen Teil der Insel liegende Tempel ist ein Monumentalkomplex, bestehend aus einem ersten Pylon (Eingangstor), einem Vorbau, in dem die Opferhandlungen dargestellt werden, der Mammisis (Geburtshaus), daran schließt sich ein weiterer Vorhof an und ein zweiter Pylon, hinter dem ein Hof liegt, der zum Allerheiligsten führt.

216 *Presbers Roman »Die bunte Kuh«* – »Die bunte Kuh. Humoristischer Roman« (1911) des Journalisten, Erzählers und Dramatikers Rudolf Presber (1868–1935).

29. 4. 1911

Herr Lion – Nicht ermittelt.

Abusir – Abusîr am Mareotis-See (Alexandria). In Abusîr erbauten fast alle Pharaonen der 5. Dynastie ihre Pyramiden. Zu sehen sind u. a. der Pyramidenkomplex Sahure, Niuserre, Neferefre und Neferirkare Kakai sowie der Sonnentempel des Userkaf.

217 *Abu Simbel* – 300 km südlich von Assuan, am Rande des Nasser-Stausees, im damaligen Nubien gelegener Ort. Er ist bekannt durch zwei Felsentempel des Pharaos Ramses II. am westlichen Nilufer zwischen dem ersten und zweiten Katarakt. Ramses II., auch der Große genannt, der dritte ägyptische Pharao aus der 19. Dynastie, regierte von 1279 bis 1213 v. Chr. Der große Tempel ist an der Außenwand mit vier überlebensgroßen Sitzstatuen von Ramses II. verziert, daneben gibt es mehrere kleinere seiner Frauen und Kinder. Ramses Lieblingsgemahlin war die Nefertari. Ihr widmete er eine Kultstätte neben seinem Tempel.

2. 5. 1911

218 *Bischarin* – Der Beduinenstamm der Bischarin, Nachkommen der von arabischen Historikern oft erwähnten Bedja, die an den Ufern des Nils gesiedelt haben sollen. Die Bischarin lebten im Gebiet zwischen dem Roten Meer und dem Nil von Oberägypten; vgl. »Die große Oase in Ägypten«, S. 327 f. dieses Bandes.

Ehepaar Koberle – Nicht ermittelt.

Kloster St. Simeon – Das Simeonkloster, die Ruine liegt im Norden Syriens, 60 km westlich von Aleppo. Im 5. Jahrhundert wurde an dieser Stätte der heilige Simeon als Wundertäter und Weissager verehrt. Der Legende nach soll er hier 30 Jahre seines Lebens auf einer 20 m hohen Säule verbracht haben, die noch als Stumpf im Zentrum des Hauptgebäudes zu sehen ist.

6. 5. 1911

Zodiacallicht – Pyramidenförmiger schwacher Lichtschein in Richtung des Tierkreises.

219 *Sethostempel* – Der Sethos-Tempel (ca. 3000 v. Chr.), auf dem Areal Abydos in Oberägypten erbaut. Abydos diente schon in prähistorischer Zeit dem Totenkult und war eine königliche Begräbnisstätte. Nach der Legende fand hier Isis den Kopf des Osiris. Dessen Schicksal wurde in geheimnisvollen Kulten nachvollzogen.
Moharem Toudros – Nicht ermittelt.
Deir el Bari – Deir el-Bahari, antike Nekropole in Ägypten, nördlich von Theben auf der Westseite des Nils. Bekannt durch drei Totemtempel, den Tempel des Pharaos Mentuhotep II., den Hatschepsut-Tempel und den Tempel Thutmosis III.

7. 5. 1911

220 *Karnak* – Dorf in Oberägypten, am rechten Nilufer, 3 km südlich von Luxor. Der Ort ist berühmt durch seine von Mauern umgebenen Tempelanlagen, die sich in drei Bereiche gliedern: Der größte Bereich ist der Amun-Bezirk mit dem Tempel des Amun-Re, dem Tempel des Chons und mit dem kleinen Heiligtum des Ptah, im zweiten Bezirk steht der Tempel der Mut, im dritten der Tempel des Month.

221 *Herrn Schulze* – Nicht ermittelt.
Kena – Hauptstadt der gleichnamigen Provinz in Oberägypten, am rechten Nilufer. In der Provinz liegen Karnak und Luxor.
Tempel von Denderah – Kultstätte der ägyptischen Göttin Hathor, am linken Ufer des Nils, 65 km nordöstlich von Luxor gelegen.
Herrn Betzler – Nicht ermittelt.
Oasis Junction … das komfortable Rest-House – In »Die große Oase in Ägypten« schildert OS die Fahrt und den Aufenthalt in Oasis-Junction; vgl. S. 327–332 dieses Bandes. Das Innere des Hauses beschreibt OS in dem Essay »Deutsche und englische Kulturpioniere« (Das Land ohne Musik, S. 115–122): »In jedem Zimmer stand ein breites englisches Bett mit Schnakennetz, ein bequemer geflochtener Stuhl, ein Waschtisch mit wohltuend großem Geschirr […]. In einem kleinen Anbau zeigte man mir sofort das Bad, ein arabischer Diener fragte, um wieviel Uhr ich morgen früh den Tee wünschte, ob ich ›ham and eggs‹, gebackenen Fisch oder Nieren haben möchte, und ob ich sonst noch Wünsche hätte. Als ich verneinte, ließ man mich allein, nachdem man mir gesagt hatte, daß mir morgen von zehn Uhr ab ein Angestellter zur Verfügung stünde, der mich herumführen und mir alles zeigen würde.« (S. 116)

8. 5. 1911

221 *Mr. Simon … Strafkolonie* – Über den Besuch der Strafkolonie in der Oase Khargeh berichtet OS ausführlich in »Eine Verbrecherkolonie in der Libyschen Wüste« (Fahrten ins Blaue, S. 265–271): »Am anderen Morgen brachte mich Mr. Simon […] auf einer ›trolley‹ nach Méherique zurück, von wo wir in zwanzig Minuten durch den Wüstensand das Dorf der Verbannten erreichten. Es ist kaum zu merken, daß man sich hier an einem besonderen Ort befindet. Man sieht überall die Sträflinge, mehr oder weniger schmutzige Fellachen, mit Erd- oder Feldarbeit in ziemlich lässigem Tempo beschäftigt. In der Nähe befinden sich Baracken, aus denen Weiber- und Kindergeschrei ertönt; für die Mehrzahl, die Unverheirateten, ist ein Zeltlager aufgeschlagen.« (S. 269)
The Man of Property von Galsworthy – Der englische Schriftsteller John Galsworthy (1867–1933). Der 1906 erschienene Roman »The Man of Property« ist der erste Teil aus dem Zyklus »The Forsyte Saga«, der die Geschichte einer weitverzweigten Familie über vier Generationen erzählt. Die »Saga«, vor allem aber »The Man of Property« begründete den Weltruhm des Autors.

13. 5. 1911

222 *Medinet el Fayum* – Stadt, 90 km südwestlich von Kairo; Hauptstadt des gleichnamigen Gouvernements. Medinet el Fayum liegt an einem oasenartigen Becken, das über den Bahr Yusuf (Josefs-Kanal) mit dem Nil verbunden ist.
Wasta – El-Wasta, Ort am Westufer des Nils.
Mörissee – Geschrieben Moerissee, heute Karun-See, 100 km südwestlich von Kairo in der Oase von Fayoum, vom Nilwasser gespeist.
Pyramide von Hawara – Grabstelle des Königs Amenemhet III. in der Oase von Fayum.
Crocodilopolis – Altägyptische Kultstätte, an der der Wassergott Sobek in Gestalt eines Krokodils verehrt wurde.

22. 5. 1911

Universität El Azar – In »Südlicher Komfort« (Fahrten ins Blaue, S. 286–293) schreibt OS: »Niemand, der etwa in Kairo die Mujad-Moschee oder gar die Universität El-Azar besucht hat, wird die lebendigen Gruppen von Meditierenden, Disputierenden, Lesenden, Lernenden, Lehrenden, Essenden und Schlafenden, ja Scherzenden vergessen, die hier umgeben von Gassengewühl in kühlen Höfen und Hallen die Sonnenglut vergessen, die gleichzeitig draußen in der Wüste den Reisenden niederdrückt […].« (S. 290)

222 *Baron Pfyffer* – Nicht ermittelt.

223 *Dr. Meyerhof* – Nicht ermittelt.

2. 6. 1911

Ramleh bei Alexandria – Eigtl. Ramle: Sand. Die Fahrt und den Aufenthalt im Seebad Ramleh beschreibt OS in »Levantinische Sommerfrischen« (Fahrten ins Blaue, S. 302–307): »Es gibt vielleicht keine Strecke der Welt, auf der man in so kurzer Entfernung einen solchen Klimawechsel durchmacht, wie zwischen Kairo und Alexandrien. Dort trockenes, im Winter angenehmes, im Sommer erdrückendes Wüstenklima, hier feuchte Seeluft, die den Winter regnerisch, den Sommer frisch macht. Man legt die Entfernung mit der Bahn in drei Stunden zurück, so daß das dicht bei Alexandrien gelegene Seebad Ramleh von Kairo aus leicht zum ›week-end‹ besucht werden kann.« (S. 302)

Mokattam – Das Mokattamgebirge mit der gleichnamigen, allseitig sichtbaren Moschee.

Sakkara – Sakkâra, altägyptische Nekropole am linken Nilufer, etwa 20 km südlich von Kairo, am Fuße des Wüstenplateaus. Eines der ältesten Gräberfelder aus der Pharaonenzeit, bereits in der 1. Dynastie wurden hier Gräber errichtet. Zu sehen sind u. a. die berühmte Stufenpyramide des Djoser aus der 3. Dynastie und die Pyramide des Unas aus der 5. Dynastie.

Dr. Prüfer – Nicht ermittelt.

11. 6. 1911

224 *Mahmudijekanal* – Mahmûdîje-Kanal, mündet in den Inneren Hafen von Alexandria.

Herrn Ohlsen – Nicht ermittelt.

12. 6. 1911

Port Said – Stadt an der Ostspitze der Nehrung des Menzale-Sees, an der nördlichen Einfahrt des Suezkanals.

Eulenberg … Kunstbroschüre – Der Dramatiker, Erzähler und Essayist Herbert Eulenberg (1876–1949). Er war mit seinen Theaterstücken »Ritter Blaubart« (1906), »Alles um Liebe« (1911), »Alles um Geld« (1911) und »Belinde. Ein Liebesstück« (1912) erfolgreich. Nach dem Ersten Weltkrieg schrieb er vor allem Romane. In der Zeit des Nationalsozialismus veröffentlichte er unter dem Pseudonym Siebenkäs. Bei der von OS erwähnten

»Kunstbroschüre« handelt es sich mit großer Wahrscheinlichkeit um »Die Kunst in unserer Zeit« (1911).

16. 6. 1911

225 *Telawif ... in dem hebräischen Gymnasium* – In der damaligen Schreibweise Tel-Awif. Über den Besuch des Gymnasiums berichtet OS auch in dem Essay »Das heilige Land«; vgl. S. 336 dieses Bandes.

Struck ... Leiter Goldmann – Vgl. Anm. *der Maler Struck* zu S. 186. Goldmann nicht ermittelt.

19. 6. 1911

226 *Röhrer* – Nicht ermittelt.

22. 6. 1911

Omarmoschee – Der Felsendom (Kubbet es-Sachra), meist als Omarmoschee bezeichnet.

Kidron- und das Hinnomthal – Kidrontal und Hinnomtal, über denen sich die Stadt Jerusalem erhebt.

Siloah – Bergdorf Siloa in der Nähe des Kidrontals, Jerusalem.

30. 6. 1911

227 *Buchhändler L. Meyer* – Nicht ermittelt.

Eliaskloster – Karmeliterkloster auf dem heiligen Eliasberg, Dschebel Mâr Eljâs.

Dr. Auerbach – Nicht ermittelt.

Samach – Stadt am See Genezareth.

Tiberias – (hebr.) Tweriah, am Westufer des Sees Genezareth; die größte Siedlung im Jordantal, heute ein wirtschaftliches und kulturelles Zentrum.

6. 7. 1911

228 *Balbek ... Woltuend* – Heute Baalbek. Den positiven Eindruck gibt OS auch in »Levantinische Sommerfrischen« wieder: »Hier ist es durchaus nicht mondän, aber man befindet sich unmittelbar bei dem antiken Sonnentempel [...]. Eine Viertelstunde von Balbek liegt die schattige, umgrünte Orontesquelle, bei deren Kühle man sich abends an einem deutschen Bache wähnen kann.« (Fahrten ins Blaue, S. 307)

Heute Morgen nach Ain Sofar – Über die Atmosphäre in Ain-Sofar schreibt OS in »Levantinische Sommerfrischen«: »In den Libanon-Sommerfrischen Ain-Sofar, das man von Beirut aus in zweieinhalb Stunden mit der Bahn erreicht [...], ist neben dem ägyptischen das einheimische Element der christlichen Araber stark vertreten. Hier geht es weit bescheidener zu als in San Stefano oder am Bosporus, aber der Anspruch, auf europäische Art mondän zu sein, fehlt auch hier nicht.« (Fahrten ins Blaue, S. 305)

9. 7. 1911

229 *Herrn Bürger* – Nicht ermittelt.
Maler Rittmeyer – Nicht ermittelt.
Herr Livadič – Nicht ermittelt.

15. 7. 1911

Direktor der Palästinabank Arendt – Nicht ermittelt.

17. 7. 1911

Brumana – Ort, 20 km östlich von Beirut.

23. 7. 1911

230 *Laßwitz* – Der Diplomat und Journalist Rudolf Laßwitz (1877 bis 1935).
Frau des Dir. Neustadtl – Nicht ermittelt.
Cypern ... Larnaca – Stadt im Südosten der Insel (heute im griechischen Teil), in der Nähe die Ruinenstadt Kition. Über seine Ankunft in Larnaca berichtet OS in dem Essay »Ein Ausflug nach Cypern«: »Ich hatte eine Empfehlung an den deutschen Konsul, einen alten griechischen Kaufmann, aber als ich in der Morgenglut das niedrige weiße Haus betrat, saßen dort in dem kühlen Vorraum schwarz gekleidete, verweinte Frauen, ein junger einäugiger Mann schlich auf Socken heraus und flüsterte mir auf französisch zu: ›Sie kommen in einem sehr traurigen Augenblick; mein armer Vater liegt im Sterben.‹ Dennoch überreichte er mir das englische Jahrbuch der Insel, das mir zur Orientierung dienen sollte, und ich trat die Reise durch die Insel an.« (Fahrten ins Blaue, S. 309)
sehr netten Engländers – Der im Tagebuch (27.7.1911) erwähnte Mr. Bevan, von dem auch in »Ein Ausflug nach Cypern« die Rede ist: »In der Bahn machte ich die Bekanntschaft eines englischen Regierungsbeamten vom ›Agricultural Department‹. Ohne ihn hätte ich wohl das wesentlichste des modernen Cypern nicht zu sehen bekommen« (Fahrten ins Blaue, S. 310).

27. 7. 1911

231 *Sir Charles Tyser* – Nicht ermittelt.
Gemeinsamer Spaziergang – Dieser Spaziergang mit dem Chief Justice wird auch in »Ein Ausflug nach Cypern« geschildert, allerdings in gänzlich anderer Weise: »Er führte mich durch die

zahlreichen Zeltlager des Militärs, der Polizei, der verschiedenen Handwerker und niederen Beamten, machte mit mir einige Besuche bei verschiedenen seiner Freunde, die hier mit ihren Familien in kleinen Steinhäusern den Sommer verbringen, und stellte mich unterwegs einigen Herren und Damen vor, Reitern und Fußgängern, die ihre Morgenpromenade machten, und ließ mich schließlich meinen Namen in das Buch des Government-house einschreiben […].« (Fahrten ins Blaue, S. 314)

231 *Mrs. Orr* – Nicht ermittelt.

Mach, Analyse der Empfindungen – Das Hauptwerk des Physikers, Physiologen und Philosophen Ernst Mach (1838–1916). Die erkenntnistheoretische Abhandlung erschien erstmals 1886 unter dem Titel »Beiträge zur Analyse der Empfindungen«. Mach löste das Ich in Empfindungskomplexe auf, die immer mehr umfassen, aber auch immer uneindeutiger, fließender werden. Daraus folgte der vielzitierte Satz: »Das Ich ist unrettbar.« Die psychische Einheit sei nicht mehr zu fixieren, es gebe keine klare Abgrenzung zwischen Drinnen und Draußen, zwischen Traum und Wirklichkeit. In seiner Autobiographie »Ergo Sum« erinnert sich OS an seine Mach-Lektüre auf Zypern: »[…] in seiner Trockenheit ein polarer Gegensatz zu meinem derzeitigen Leben, aus dessen Fülle ich heftig gegen solchen Nihilismus protestierte. Wie? Das Ich soll als eine unhaltbare Abstraktion unrettbar sein, weil es doch in jeder Lebensphase ein anderes ist, gewissermaßen nur ein Regimentscadre, dessen Dasein aus immer wieder anderen Soldaten besteht?« (S. 121)

30. 7. 1911

Mr. Bovril – Nicht ermittelt.

1. 8. 1911

232 *Asbestwerke Amianthos* – In »Ein Ausflug nach Cypern« heißt es: »Einer der schönsten Spaziergänge führt zu einem von einer österreichischen Gesellschaft ausgebeuteten Asbestwerk in Amianthos, dessen Leiter und Arbeiter, von weißem Staub bedeckt, wie in einer Mühle, ihre Tätigkeit ausüben […].« (Fahrten ins Blaue, S. 315)

Limassól – Die zweitgrößte Stadt an der Südküste Zyperns; gehört heute zum griechischen Teil und ist Mittelpunkt des Fremdenverkehrs und zugleich ein wirtschaftliches Zentrum.

Herrn Pfennig – Nicht ermittelt.

6. 8. 1911

232 *Sonntag, 6. August* – Mit diesem Datum endet das »alte« Tagebuch und beginnt, wie OS in der Eintragung vom 9.11.1911 (S. 233) schreibt, ein »neues Tagebuch«. Vom 6. 8. 1911 gibt es zwei Notizen, eine zur Schiffsreise und eine zur Liebesgeschichte mit Frau Dr. X (Anny Eberth).

9. 11. 1911

233 *Berlin 9. November 1911* – Die Erklärung ist handschriftlich in das Typoskript eingeschoben. Sie beginnt auf S. 649 unten und endet auf der handschriftlich paginierten Seite 650. Das Typoskript wird auf Seite 651 mit der neugestalteten Eintragung vom 6. 8. 1911 fortgesetzt. Von der Anfertigung einer Typoskriptfassung berichtete OS am 15. 10. 1911 auch Alfred Kubin: »Mir geht es ganz gut. Ich hätte Dir manches (nur Inneres betreffend) zu erzählen. Ich bin eben dabei, ehe ich den Roman von neuem beginne, meine durch 15 Jahre gehenden Tagebücher in das Dictaphon zu lesen um ein sauberes übersichtliches Exemplar in Händen zu haben. Solche Rückblicke sind sehr nützlich & orientierend. Ich wollte, Du würdest dann dieses Tagebuch einmal lesen. Vielleicht, wenn ich im Winter zu Euch komme.« (Kubin-Archiv)

9. 8. 1911

234 *Frau Dr. X* – In den folgenden Tagebucheintragungen ist von Anni oder A. die Rede. Es handelt sich um die Berliner Photographin Anny Eberth. Die Schreibung Anny benutzt OS teilweise in den Briefen an Alfred Kubin und im Manuskript des Tagebuchs (16. 11. 1912 ff.). Anny Eberth eröffnete vor dem Ersten Weltkrieg in Berlin, Lennéstraße 5, ein Atelier für »Vornehme Photobildnisse – Heimaufnahmen, Elfenbeinminiaturen und Aquarelle«. In den zwanziger Jahren führte sie das Geschäft mit Evelyn Fuss. Im Nachlaß hat sich ein Brief Anny Eberths erhalten, die am 21. 3. 1929 auf die Verlobungsanzeige von OS und Emeline Primer reagierte: »Gerade an meinem Geburtstagsmorgen kam die Nachricht Deiner Verlobung bei mir an. Etwas erschüttert war ich doch & viele Erinnerungen tauchten auf – die Abende bei der Baronin im Bostonclub & stille Stunden am Litzensee – nächtliche Spaziergänge in Konstantinopel & sternenklare Nächte auf dem Meer. – Inzwischen hab ich das Gefühl alt geworden zu sein schrecklich alt so von innen heraus und auch müde! – Und Du – verlobst Dich! – Dazu gehört Lebensfreude & sich jung fühlen, also mußt Du das alles noch haben & deswegen gratuliere ich Dir

auch von ganzem Herzen & wünsche Dir so viel Gutes & Schönes wie das Leben nur noch spenden kann. Lange habe ich nichts mehr von Dir gehört; seit der Astrologie nicht mal mehr ein Buch. Bekomme ich die neuen Werke nicht mehr? –!« (N) In »Ergo Sum« schreibt OS, daß er Anny Eberth, die er in der Autobiographie Claire nennt, zuerst im Spätsommer in Italien begegnet sei und das Ehepaar nach Spanien begleitet habe: »In diesem Spätsommer lernte ich in Italien ein deutsches Ehepaar kennen. Bei der ersten Begegnung erkannte ich in der Frau meinen ›Typ‹, wie man sagt, und das veranlaßte mich, die nach Spanien Reisenden bis zu dem ersten Hafen der Halbinsel zu begleiten. Noch nie hatte ich in der Wirklichkeit meinen ›Typ‹ so rein getroffen, und nun erfuhr ich, was das bedeutet. Für mich wurde es die große Liebe mit allem Zubehör, Eifersucht, Selbsterniedrigung, Verzweiflung, Grausamkeit, Haß und Narrheit« (S. 123). OS erzählt, wie er die Frau auf der Schiffahrt eroberte. Folgt man den Angaben des Tagebuchs, hat er Anny Eberth in Beirut kennengelernt, zusammen mit ihrem Mann ist sie dann Mitte August 1911 von Konstantinopel mit der Bahn nach Berlin gefahren. Das Treffen in Italien und die Reise nach Spanien sind – das zeigen auch die Briefe an Alfred Kubin – reine Fiktion.

14. 8. 1911

235 *Maxud Bey* – Nicht ermittelt.

Janni – Österreichische Brasserie, Große Pera-Straße.

Petits Champs – »Petits Champs des Morts«, am sogenannten Piccolo Campo oder kleinen Municipalgarten, hier befinden sich die großen Prachtbauten und Hotels.

Tokatlian – Hotel und Restaurant, Große Pera-Straße.

236 *Pera* – Der europäisch geprägte Stadtteil Konstantinopels.

Skutari ... Friedhof – Eine der größten Städte vor Konstantinopel, mit stark orientalischem Charakter. Der Friedhof von Skutari war einer der größten des Orients.

Moda – Villenvorstadt Konstantinopels.

Hakki Pascha – Ibrahim Hakki Pascha, Generalgouverneur, Mitglied des Ottomanischen Senats, bevollmächtigter Botschafter seiner Majestät des Sultans.

Hohe Pforte – Regierungssitz.

237 *Taxim-Garten* – Parkanlage an der Großen Pera-Straße, mit Cafés und Restaurants.

19. 8. 1911

237 *Klazomenä* – Golf von Smyrna.

238 *Hagia Sophia* – Die berühmte mittelalterliche Moschee Aja Sóphia.

Achmedie – Die Moschee Sultan Achmeds; mit ihren sechs Minaretten berühmtes Wahrzeichen.

Bajasid-Moschee – Die Bajãazed-Moschee, zwischen 1497 und 1505 von dem türkischen Sultan Bajãazed II. (1447–1512), Sohn des Sultans Mohammed II., erbaut.

Sulimanije – Gemeint ist die von den Türken errichtete Moschee Suleimán.

20. 8. 1911

Herrn Kreusel – Nicht ermittelt.

Herrn Dr. Frica – Nicht ermittelt.

24. 8. 1911

239 *Herbert Koch* – Der Archäologe Herbert Koch (1880–1962). Er verkehrte um 1900 in der Münchner Boheme und war u.a. mit Franziska zu Reventlow befreundet, später Professor für Archäologie und Mitarbeiter am Deutschen Archäologischen Institut in Rom.

Müller – Der Schweizer Maler und Lithograph Heinrich Müller (1885–1960). Er hielt sich 1907/08 zu Studien in München auf, 1909/10 in Paris. 1911 verbrachte er zusammen mit dem Archäologen Herbert Koch einen längeren Aufenthalt in Griechenland.

Catania … mich von der Herde zu trennen – In »Ergo Sum« heißt es: »In Catania hingegen, wo ich zwölf Jahre nicht gewesen war, ließ man mich aussteigen und ich hatte Zeit zu einem Seebad und zu einem Spaziergang mit prachtvoller Ätnaaussicht. Es gibt kein traumhafteres Reisen, als, von einem Schiff kommend, ein paar Stunden in einer fremden Stadt zu verweilen, um am Abend wieder auf das Schiff zurückzukehren.« (S. 123)

Villa Bellini – Stadtpark in Catania mit Aussichtspunkten.

Ognina – Seebad in der Nähe von Catania.

25. 8. 1911

Villa Nazionale – Vermutlich die Villa Comunale, 1780 angelegter und mehrfach erweiterter Park in Neapel.

pepinstert – Das Wort steht im Zusammenhang der 1911 veröffentlichten Geschichte »Herr von Pepinster und sein Popanz«. Der Protagonist, Herr von Pepinster, entdeckt, »daß auf dieser Erde zwei ganz verschiedene Welten ineinandergeschachtelt sind, die geistige, lichte und die triebhafte, dumpfe« (Pepinster, S. 9). Allgemein gerät der Mensch eher unbewußt von der einen Welt in die andere, Herr von Pepinster hat die Fähigkeit, diesen Übergang ganz bewußt zu gestalten. Wenn er »pepinstert«, sucht er zielbewußt und fasziniert »den Abgrund der ›anderen‹ Welt« (ebd.).

28. 8. 1911

239 *Cova* – Traditionsreiches elegantes Café und Restaurant in direkter Nähe der Haupteinkaufsstraße, Via Montenapoleona, der heutigen Modemeile Mailands.

11. 9. 1911

240 *Samkya-Philosophie* – Die indische Sâmkhya-Philosophie, die bis in die Zeit der Upanischaden zurückgeht. Die Lehre nimmt zwei Urprinzipien an: Seele (reine Geistigkeit) und Materie (das Wirken). Die Urmaterie besteht aus Güte, Leidenschaft, Finsternis. Aus diesen Elementen, die in verschiedener Mischung und Stärke vorkommen, baut sich die Erscheinungswelt auf. Alfred Kubin bezog sich in seinen Studien auf Richard Garbe: »Die Sâmkhya-Philosophie« (1894).

meines Romans – »Wenn wir Frauen erwachen …« (1913).

Gontscharows Oblomow – Der berühmte Roman »Oblomow« (1859) des russischen Schriftstellers Iwan Alexandrowitsch Gontscharow (1812–1891). Im Mittelpunkt steht ein dreißigjähriger Gutsbesitzer, der seine Beschäftigung im zaristischen Staatsdienst aufgegeben hat, sich auf seine Güter zurückzieht und in Lethargie verfällt. Oblomow macht sich Gedanken über die Gesellschaft, über die soziale Situation, er stellt Überlegungen an, wie man die Verhältnisse bessern kann; aber kein Weg führt zum Handeln, er ist verstrickt in eine geradezu schicksalhafte Passivität und Trägheit. Dieses Verstricktsein stellt OS auch in den Figuren seines Schwabing-Romans dar: Die Akteure haben hohe Ansprüche und Ideen, entwickeln ausgreifende Lebensentwürfe, bleiben aber letztlich in ihrer bürgerlichen Sphäre befangen.

Bericht über Madeira – Vermutlich das Essay »Wie ich auf Madeira das Grab meines Onkels fand«; vgl. S. 316–322 dieses Bandes.

»Triumph der Aufklärung« – Die Novelle wurde 1911 unter dem Titel »Der Sieg der Aufklärung« veröffentlicht; vgl. Pepinster, S. 39–46.

241 *Dr. Carossa* – Der Schriftsteller und Arzt Hans Carossa (1878 bis 1956). Er war seit 1910 Alfred Kubin freundschaftlich verbunden.

Über seine Begegnungen mit Kubin in Zwickledt berichtet er in »Führung und Geleit. Ein Lebensgedenkbuch« (S. 52–58) und »Ungleiche Welten« (S. 65–68). Kubin widmete Carossa Zeichnungen.

241 *Kriegsgefahr wegen Marokko* – Die zweite Marokko-Krise wurde durch die Entsendung des deutschen Kanonenbootes »Panther« nach Agadir ausgelöst. Es folgte das Marokko-Kongo-Abkommen: Deutschland verzichtete auf Einflußnahme in Marokko und einen Teil der französischen Kongo-Kolonien.

12. 11. 1911

Dr. Campagnolles – Dr. Roger de Campagnolle (1873–1957), Facharzt für Dermatologie in München, u.a. mit Hans Carossa und Alfred Kubin befreundet. Kubin empfahl OS den Arzt. Am 24. 9. 1911 bedankte sich OS brieflich für die Empfehlung: »Für die Vermittlung der Bekanntschaft mit Dr. de Campagnolle muß ich Dir sehr danken. Er ist der Arzt, den ich seit langem suche, hat mir sehr vernünftig geraten und mich wohl auch als Mensch richtig gesehen. Übrigens hat er kein Honorar genommen, mich nur um Übersendung des ›Anderen Ich‹ gebeten. Ich habe ihm außerdem noch den Lothar und den Disraeli geschickt.« (Kubin-Archiv) Drei Wochen später schickte Roger de Campagnolle eine detaillierte Kritik an OS: »[…] von Ihren Novellen ›Fortunio‹ und ganz besonders von ›Die Begegnung der Götter‹ (Der ›Schlafhändler‹ ist Maupassant, allerdings allerbester.) habe ich unter der vielen Prosa die ich in den letzten zehn Jahren las, neben den visionären Stücken Dehmels und Jensens ›Rad‹ den stärksten Eindruck erhalten. Endlich wieder ein Mund, der wirklich etwas Neues zu sagen hat und in suggestiven Bildern auch vermitteln kann.« Der Scharfblick sei mit Weininger zu vergleichen, nur der Stil gefalle ihm nicht: »Der zeigt bei der Wichtigkeit dessen, was Sie zu sagen haben, eine auffallende Unfreiheit und Befangenheit. […] Wer in unserer Zeit der pochenden Minuten, der unerhörten Konsumtion durch den Beruf (ich fühle dies im Räderwerk des Geschäfts vielleicht empfindlicher als Sie) als Dichter sich Gehör schaffen will, der muß erzählen, als wollte er im Schnellzugcoupé 30 Minuten vor Berlin einen fremden Mann, der sich eben 3 dringende Telefongespräche für den Bahnhof Friedrichstraße auf die Rückseite einer Geschäftsdepesche skizziert, für sein Schicksal interessieren, ja zu aktiver Anteilnahme zwingen; also voller Erlebnisergriffenheit, plastisch, aber abrupt.« (Brief vom 15. 10. 1911, N)

241 *Traf dort Otto* – Der Neffe Otto Gründler.

242 *sie ... als meine Frau zu gewinnen* – Den Entschluß, Anny Eberth zu heiraten, teilte OS noch am selben Tag Alfred Kubin mit: »meine Liebe zu A. ist nun so sicher, das ich zum Letzten entschlossen bin« (12.11.1911, Kubin-Archiv).

243 *Max* – Wahrscheinlich Max Springer.

Novelle (Pepinster) – Die Novelle »Herr von Pepinster und sein Popanz« (1911); vgl. Pepinster, S. 1–27.

244 *Frau Frank* – Auch Frau Dr. Frank, nähere biographische Daten nicht ermittelt.

Frau Hauschner – Die Prager Schriftstellerin Auguste Hauschner (1850–1924). Sie lebte seit 1879 mit ihrem Mann, dem Maler Bruno Hauschner, in Berlin und unterhielt einen literarischen Salon, in dem Fritz Mauthner, Gustav Landauer, Maximilian Harden, Max Liebermann und Max Brod verkehrten. Auguste Hauschner setzte sich für die Gleichberechtigung der Juden und der Frauen ein. Sie schrieb zahlreiche Novellen, Erzählungen und gesellschaftskritische Romane: »Frauen unter sich« (1901), »Die Familie Lowositz« (1908–1910), »Rudolf und Camilla« (1910).

das Kätzchen – Helene Katz.

Grabowsky – Der Politikwissenschaftler und Jurist Adolf Grabowsky (1880–1969). Nach dem Studium wurde er in Berlin Referendar. 1907 gründete er die »Zeitschrift für Politik«, zwischen 1912 und 1923 gab er die Zeitschrift »Das neue Deutschland« heraus, an der in den Anfangsjahren auch OS mitarbeitete. Von 1921 bis zu seiner Entlassung 1933 war Grabowsky Dozent an der Deutschen Hochschule für Politik in Berlin. Er emigrierte 1933 in die Schweiz, nach dem Krieg kehrte er zurück und wurde 1952 Honorarprofessor in Marburg und Gießen.

245 *Grete* – Grete Dorrnbach, auch Dornbach geschrieben; nähere biographische Daten nicht ermittelt.

18. 11. 1911

an dem Roman gearbeitet – »Wenn wir Frauen erwachen ...«.

»Idiot« – Roman (1868/69) von Fjodor Michailowitsch Dostojewski.

Frau Minna Mamroth – Minna Mamroth, Tochter des Unternehmers Paul Mamroth (1859–1938), Direktor der AEG und Freund Walther Rathenaus.

»Brevier f. W.« – Die gerade erschienene Essaysammlung »Brevier für Weltleute«.

246 *Frau Hansemann* – Wahrscheinlich die Frau des Professors David Paul von Hansemann (1858–1920), Geheimer Medizinalrat und Prosektor am Virchow-Krankenhaus.
Minister von Hentig – Der Jurist und Staatsminister Philipp Hermann Otto von Hentig (1852–1934), Großvater des bekannten Pädagogen Hartmut von Hentig.

25. 11. 1911

247 *Heppner* – Nicht ermittelt.
aus dem Roman – »Wenn wir Frauen erwachen …«.
Frau Löwenstein – Nicht ermittelt.

248 *»unsichtbare Partei«* – Erschien unter dem Titel »Wer kann das Volk wirklich vertreten?« (Brevier für Unpolitische, S. 141–146).

249 *Levy-Rathenau* – Die Politikerin Josephine Levy-Rathenau (1877 bis 1921). Sie gründete 1900 den Berliner Frauenklub und 1902 eine Auskunftsstelle für Frauenberufe. Seit 1911 Herausgeberin der Zeitschrift »Frauenberuf und Erwerb«. 1914 wurde sie Mitbegründerin des Nationalen Frauendienstes, 1920 arbeitete sie als Stadträtin im Berliner Magistrat.

3. 12. 1911

250 *Meydenbauer* – OS lernte den Sohn des Geheimen Rats, Hans Meydenbauer, an der Leipziger Universität kennen und freundete sich mit ihm an. In »Dämon« heißt er Hans Pernau: »Er überragte uns alle an Körpergröße. Obwohl hellblond, hatte er einen scharf geschnittenen Römerkopf mit etwas harten Zügen, die dann im Laufe der Jahre immer milder wurden. Mit beispielloser Rücksichtslosigkeit behandelte er Menschen, die um die Dinge herumredeten« (S. 54). Meydenbauer war für OS das Vorbild für eine gelungene bürgerliche Karriere, er saß »stets an einflußreichen, interessanten Stellen […]. Obwohl er immer kritischer gegenüber dem Wilhelminischen Deutschland wurde und für die Gesichtspunkte der Opposition ein staatsmännisches Verständnis fand, hat er sich 1918 nicht entschließen können, unter revolutionärem Regime weiter zu dienen und ist in die Industrie übergegangen.« (S. 56)
Baronin Worms – Nicht ermittelt.

10. 12. 1911

252 *Palais de danse* – Neben dem Pavillon Mascotte und Moulin Rouge einer von drei großen Tanzsälen im Metropol-Theater, zwischen Behrenstraße und Unter den Linden. Kurt Tucholsky über den Palais de danse: »Der Saal erstrahlt im Stil Ludwigs des Kitschigen;

daß die Kellner auf dem Bauch keine Ornamente tragen, ist ein Wunder. Vorn an der Tür steht Eintritt nur in Gesellschaftstoilette – aber kann man im Sakko nicht auch in Gesellschaft gehen? Wir sind immer fein, wa? Ob wir fein sind!« (Palais de Danse, in: Gesamtausgabe, Bd. 5: Texte 1921–1922, S. 20)

252 *(Lona)* – Nicht ermittelt.

17. 12. 1911

253 *Werkmeisters* – Die Kabarettistin und Filmschauspielerin Lotte Werkmeister (1885–1970) und ihr Mann. Sie sang Couplets und Operettenmelodien, trat in Stummfilmen auf und spielte in den zwanziger Jahren in Revuen.

Flaischlens – Der Schriftsteller Cäsar Flaischlen (1864–1920). Er stand in enger Verbindung mit Otto Julius Bierbaum, den Brüdern Hart, Gerhart Hauptmann und Arno Holz. Zwischen 1896 und 1900 war er leitender Redakteur der Zeitschrift »PAN«. 1905 erschien sein zweibändiger Zeitroman »Jost Seyfried. Ein Roman in Brief- und Tagebuchblättern. Aus dem Leben eines Jeden«.

Apollotheater – Apollo-Theater in der Friedrichstraße, neben dem Wintergarten das berühmteste Varieté in jenen Jahren.

Harry Walden – Der Berliner Schauspieler Harry Walden (1875 bis 1921). Alfred Polgar schrieb über ihn: »[…] er hat in seinem ganzen Wesen etwas Glänzendes, vornehm Knarrendes. Man muß an neue Lackschuhe denken. Das Gefällige war dieses Schauspielers Domäne. Er war der netteste Schmeichler unter deutschen Komödianten, von allen Essenzen und Spezereien der Unwiderstehlichkeit duftend.« (Harry Walden, in: Kleine Schriften, Bd. 6, S. 435)

Juhnke – Weinrestaurant am Gendarmenmarkt, Charlottenstraße 49.

Pavillon Mascotte – Tanzsaal (mit Varieté und Kabarett) im Metropol-Theater, zwischen Behrenstraße und Unter den Linden.

Romanische Café – Das zentrale Künstlercafé am Kurfürstendamm im repräsentativen Romanischen Haus (an der Stelle steht heute das Europa-Center). Hier verkehrten u. a. Kurt Tucholsky, Franz Werfel, Else Lasker-Schüler, Franz Pfemfert, Alfred Kerr, Alfred Döblin und George Grosz.

Grafen Stolberg-Wernigerode – Der Diplomat Wilhelm Prinz zu Stolberg-Wernigerode (1870–1931). Er studierte Jura in Leipzig, ging dann zum 1. Garde-Dragoner-Regiment Königin Viktoria von England (Berlin). Seit 1896 im Auswärtigen Amt, von 1905 bis 1908 Zweiter Sekretär an der Botschaft in London, von 1911 bis 1919 Erster Sekretär an der Botschaft in Wien.

253 *Schlesinger* – Der Journalist, Bühnenautor und Romanschriftsteller Paul Schlesinger (1878–1928), Mitglied der »Elf Scharfrichter«, Redakteur der »Vossischen Zeitung«.

18. 12. 1911

254 *Schauspielerin Ritscher* – Helene Ritscher, Schauspielerin am Residenztheater in München. Zum Porträt der Schauspielerin vgl. Herbert Jhering, Helene Ritscher, in: Die Schaubühne, 8,1, 1912, S. 485–487.

19. 12. 1911

»Feuerbachs Briefe an seine Mutter« – Anselm Feuerbachs Briefe an seine Mutter, hg. von Hermann Uhde-Bernays, 2. Bd., Meyer & Jessen, Berlin 1911.

3. 1. 1912

257 *Die Feiertage sehr traurig* – An Alfred Kubin hatte OS am 2. 1. 1912 geschrieben: »Ich mache augenblicklich sehr schwere Zeiten durch, denn die bewußte Angelegenheit ist nun in ihr kritisches Stadium getreten, das bequeme, angenehme Verhältnis wie bisher ist aus nicht abzuweisenden Gründen, nicht weiterzuführen. Jetzt wird es sich entscheiden, ob ich alles gewinne oder alles verliere. Vorige Woche sah es schlimm aus, ein Sylvesterbrief hat die Wolken wieder verscheucht. Mit einem Wort: Sie ringt mit dem Entschluß, eine 10jährige nicht unglückliche Ehe aufzugeben und mit der Frage, ob es wirklich für uns beide auch das Rechte ist. Dabei spielen auch die Zweifel (von ihrer Seite) eine große Rolle, ob ich sie nicht überschätze, ob sie mich wirklich so glücklich machen kann, als ich meine, denn in mir sind keine Zweifel mehr. « (Kubin-Archiv)

Oswald – Nicht ermittelt.

258 *Frau Sichel* – Nicht ermittelt.

6. 2. 1912

260 *Reibnitz* – Der Sozialdemokrat und Reichstagsabgeordnete Kurt Freiherr von Reibnitz (1877–1937).

262 *Geib und Frau* – Nicht ermittelt.

Tisch der Geistreichen – Künstler- und Literatentreffpunkt im Frankfurter Café Bauer.

22. 2. 1912

264 *22. Februar.* – Möglicherweise falsche Datierung oder falsche Zuordnung.

20. 2. 1912

265 *Schutzverband* – Der 1909 gegründete »Schutzverband deutscher Schriftsteller« (SDS), der Rechtsschutz gegen staatliche Eingriffe in die Literaturschöpfung seiner Mitglieder gewähren sollte.
Beradt – Der Schriftsteller und Jurist Martin Beradt (1881–1949), Mitbegründer des »Schutzverbandes deutscher Schriftsteller«. Nach dem Jurastudium arbeitete er seit 1909 am Berliner Kammergericht, später als Rechtsanwalt. Neben seiner beruflichen Tätigkeit schrieb er seinen ersten Roman »Go« (1909) und machte sich vor allem als zeit- und gesellschaftskritischer Schriftsteller einen Namen. Als orthodoxer Jude bekam er 1933 Berufsverbot. 1939 emigrierte er über London nach New York.
Erika – Nicht ermittelt.

27. 2. 1912

266 *Lyda Epstein … erschossen* – In »Ergo Sum« schreibt OS: »Sie war ihres weltlichen Lebens doch müde geworden, denn im Grunde besaß sie die Seele eines Kindes. Welt hatte für sie ein geheimnisvoll verlockendes Spiel bedeutet, solange sie ihr neu war. Dann wollte sie es noch einmal mit einer Heirat versuchen, war dabei irgendwie betrogen und in ihrem Vertrauen enttäuscht worden – während Frauen ihrer Art, wo es ihnen ernst ist, treu sind – und hat sich eines Tages unter einem Berg von Blumen, mit Photographien ihrer Lieben umgeben, erschossen.« (S. 71 f.)
Röschen – Nicht ermittelt.

29. 2. 1912

267 *die kleine Pfälzerin Minni* – Nicht ermittelt.
Grete Peiser – Nicht ermittelt.

7. 3. 1912

269 *dies nefastus* – nefasti dies: Unglückstage.

9. 3. 1912

Mißverständnisse in München – OS porträtierte in seinem Roman »Wenn wir Frauen erwachen …« – zur Kenntlichkeit entstellt – die führenden Köpfe der einstigen Schwabinger Boheme. Die dargestellten Personen und Szenen aus dem Leben der Boheme überschnitten sich nicht nur mit »Herrn Dames Aufzeichnungen«, dem Roman von Franziska zu Reventlow, der ein paar Wochen später erschien, sie standen in deutlichem Kontrast dazu. Reventlow zeichnete ein ironisches, humorvolles und gleichwohl liebevolles Porträt der Schwabinger Boheme. Der Roman von OS war eine Abrechnung mit den gescheiterten Idealen, Hoffnungen und Visionen der Boheme, dabei ging es ihm vor allem um die Emanzipationsbestrebungen der Frauen. Im Gegensatz zu Reventlow, die über den teilnehmenden Beobachter, Herrn Dame, ein Porträt aus der Innenperspektive entwarf, schrieb OS einen Entwicklungs- und Bildungsroman, der die Boheme als ein Durchgangsstadium, ein Stadium der Verlockung und Faszination, aber auch einer abgrundtiefen Fehlentwicklung zeigt. Indem die Boheme die tradierten bürgerlichen Bindungen, die sozialen Rollen und Geschlechterdifferenzen in Frage stellte, stürzte sie den einzelnen, so OS, in eine folgenschwere Identitätskrise, die nur zu lösen war, wenn das Individuum zu den Werten und Maßstäben der bürgerlichen Welt zurückfand. Als Lebensentwurf war die Boheme eine Verirrung, die vielfach – vor allem bei den Frauen – auf Naivität und Leichtgläubigkeit beruhte. OS sah in den führenden Köpfen der Boheme große Verführer, die sich nur in einem speziellen Treibhausklima – fern von der gesellschaftlichen Realität – mit ihren Ideen halten konnten. Personen und Ideen wurden von OS in zum Teil aggressiver Weise karikiert und entstellt. Auch wenn die Figuren einer gewissen Verfremdung und Verdichtung unterlagen, für die Zeitgenossen war eine persönliche Zurechnung unschwer zu erkennen. Reventlows Porträt der Boheme wurde weithin positiv aufgenommen. Wolfskehl empfahl den Roman noch Jahrzehnte später als Stimmungsbild und Zeitdokument. An Ludwig Curtius schrieb er am 23. 9. 1946: »Die beste Quelle, fast bis ans Tatsächliche heran, jedenfalls doch für Stimmung und Luft der Epoche, ist und bleibt der Reventlow ›Herrn Dames Erlebnisse‹« (Karl Wolfskehls Briefwechsel aus Neuseeland, Bd. 2, S. 794). OS wurde dagegen eher als Nestbeschmutzer wahrgenommen. Anfang November 1912 schrieb Franziska zu Reventlow, die um diese Zeit schon Teile des Buches gelesen hatte, an Paul Stern: »Ich möchte Ihnen doch gar zu gern etwas von dem Schmitzbuch erzählen, aber Sie dürfen es ja niemand sagen, daß ich davon erzähle, ich habe natürlich tiefe Diskretion gelobt. Vor allem habe ich daran gesehen, wie ungemein taktvoll unser Buch dagegen ist. Schmitz verwahrt sich in einem Vorwort dagegen, daß er lebende Vorbilder kopiert hätte, feiert dafür aber Orgien von Taktlosigkeit in bezug auf Wolfskehls und Fuchsens und die einzige Frau, die er anerkennt, ist sichtlich Käthchen Brauer. Das Treiben bei Künstlerfesten wird sehr hübsch als ›Schwabinger Ferkelei‹

bezeichnet. Kurz, die ganze Sache ist sehr übel, wird aber gewiß gelesen werden.« (Briefe 1890 bis 1917, S. 600f.)

14. 3. 1912

270 *Ball bei Miss Louis* – Nicht ermittelt.

21. 3. 1912

Ludwig – Ludwig Spier.

Diner bei H. – Wahrscheinlich Dora Hitz.

271 *Sansara-Mappe und die Monographie von Esswein* – Die »Sansara«-Mappe von Alfred Kubin erschien 1911. Der Verleger Georg Müller hatte sich im September 1910 entschlossen, die neueren Zeichnungen Kubins zu veröffentlichen. Dieser sollte einen erklärenden Text zu den Zeichnungen schreiben, lehnte jedoch ab und schlug vor, eine Selbstbiographie für das Werk zu verfassen. Kubin hatte dafür offenbar die Hilfe von OS erbeten: Am 3.12.1910 schrieb OS an Hedwig und Alfred Kubin und kündigte seinen Besuch für die Weihnachtszeit an: »Wir können dann gleich A's Selbstbiographie in Angriff nehmen, auf die ich mich jetzt direkt freue [...].« (Kubin-Archiv) OS hatte sich zuvor schon mit dem Gedanken getragen, ein Buch über Kubin zu schreiben: »Vielleicht schreibe ich einmal ein Buch ›Alfred Kubin‹, so wie Klages ›Stefan George‹ nur benutzte er es als Ausgangspunkt für eine ganze Philosophie.« (Ohne Jahr, wahrscheinlich 1910, Kubin-Archiv) Die erste Monographie über Kubin schrieb dann Hermann Esswein, der mit dem Verleger Georg Müller im September 1910 in Zwickledt war. Im Jahr darauf erschien das Buch »Alfred Kubin. Der Künstler und sein Werk« und das erste größere Mappenwerk unter dem Titel »Sansara. Ein Cyklus ohne Ende«. Über das Buch von Esswein hat sich OS später eher negativ geäußert: Es sei, schreibt er, »ärgerlich, daß die von einem radikalen Intellektuellen verfasste erste Kubinmonographie in durchaus irreführender Weise das Problem Kubins aus der revolutionären Einstellung eines unterdrückten Sohnes zu erklären versucht.« (Brevier für Einsame, S. 70)

27. 3. 1912

272 *Tänzerin Wiesenthal* – Die Wiener Tänzerin und Choreographin Grete Wiesenthal (1885–1970). 1907 gab sie ihre Karriere als Operntänzerin auf und entwarf – mit ihren Schwestern Elsa und Berta – eigene Choreographien. Peter Altenberg schrieb über ihren Auftritt im Kabarett »Fledermaus«: »Der Blick der Augen der Tänzerin Elsa würde genügen, über diese Tänzerin enthusia-

stisch zu werden! Herb, hoheitsvoll, knabenhaft kühl, edelstolz und lieblich zugleich! Dann das Beethoven-Antlitz der Tänzerin Grete, deren ernste Tiefen glaubwürdiger sind als ihr Lächeln! Eine vollkommenere Schönheit als Elsa gibt es überhaupt nicht unter den Tänzerinnen und keine apartere als Grete. Berta hat die süße Jugend für sich und ebenfalls ein holdbedeutsames Antlitz. Die Körper folgen der Musik, wie die Leute einst dem Rattenfänger von Hameln! Die Musik leitet, zwingt, dreht, wendet, drückt zu Boden und erhebt; die alleredelsten Leiber folgen und folgen der Macht der Töne ohne Unterlaß, von selbst. Und die herrlichen romantischen Kleider, die Hüllen, die enthüllen, die Blumenkränze, die grausilbernen Reifrockkleider, das krebsrote Seidenhemd mit grünen Bändern, alles, alles höchst apart und wunderbar!« (Die Tänzerinnen Wiesenthal, S. 104 f.)

31. 3. 1912

273 *Daneel* – Nicht ermittelt.

S. W. – Bezieht sich auf die alten Berliner Postbezirke, die nach den Himmelsrichtungen bezeichnet sind: S.W. = Süd-Westen.

4. 4. 1912

274 *Dressel* – Berliner Feinschmeckerrestaurant.

Baron Königswarter – Wahrscheinlich der aus einer Bankiersfamilie stammende Victor Baron Königswarter (1890–?).

21. 4. 1912

Dülberg, Cardenio – »Cardenio. Drama in fünf Akten« (1912) von Franz Dülberg.

Huch – Der Schriftsteller Friedrich Huch (1873–1913). Er war ein enger Freund von Klages und verkehrte lange Zeit im Kreis um George und Wolfskehl. In dieser Zeit entstand der in der Schwabinger Boheme geschätzte Roman »Peter Michel« (Hamburg 1901). Bekannt wurde Huch im Münchner Kreis auch durch seine Traumprotokolle, die er unter dem Titel »Träume« 1904 veröffentlichte, und den postum erschienenen Band »Neue Träume« (mit Illustrationen von Alfred Kubin, 1917).

275 *Bahnsen … »Realdialectik«* – Der Philosoph Julius Bahnsen (1830 bis 1881). Er knüpfte an die Auffassungen Schopenhauers an, insbesondere an dessen Willensmetaphysik, die er zu einer Charakterologie weiterentwickelte (Beiträge zur Charakterologie, 2 Bde., Leipzig 1867). Kubin und OS bezogen sich vor allem auf die Lehre von der Selbstentzweiung des Menschen und dem Kampf der

Gegensätze (Realdialektik). Bahnsen betrachtete nicht nur die äußere Realität als einen ununterbrochenen Kampf der Gegensätze, für ihn war auch das Innere des Individuums durch einen unauflöslichen Zwiespalt entgegengesetzter Willensrichtungen geprägt. Der Kampf der Willensrichtungen sei ausweglos und ewig. Bahnsen stellte diese Anschauung in seinem Werk »Der Widerspruch im Wissen und Wesen der Welt. Princip und Einzelbewährung der Realdialektik« (1880–1882) dar. Die Bahnsen-Rezeption von Kubin und OS wurde durch zwei Arbeiten befördert, die im Georg Müller Verlag erschienen: Julius Bahnsen, Wie ich wurde, was ich ward, hg. und eingeleitet von Rudolf Louis, 1905; Paul Fechter, Die Grundlagen der Realdialektik. Ein Beitrag zur Kenntnis der Bahnsen'schen Willensmetaphysik, 1906.

276 *Frau Felix Dahn ... Felix Dahn* – Anspielung auf die Lebens- und Arbeitsgemeinschaft des Ehepaars. Der Professor für Rechtswissenschaft, Historiker und Schriftsteller Felix Dahn (1834–1912) verfaßte zahlreiche seiner historischen Romane zusammen mit seiner zweiten Frau Therese, einer Nichte von Annette von Droste-Hülshoff. Therese Dahn war der Mittelpunkt des Breslauer Salons, den sie nach dem Tod ihres Mannes weiterführte. Der thematische Einfall von OS steht sicher im Zusammenhang mit dem kurz zuvor (am 3.1.1912) gestorbenen Professor Dahn.

28. 4. 1912

Loga – Valerian von Loga; vgl. Anm. *Dr. Valerian von Loga* zu S.124.

11. 6. 1912

278 *»Was können wir politisch von England lernen?«* – Weder ist eine Veröffentlichung nachzuweisen, noch hat sich ein Manuskript im Nachlaß erhalten.

Umzug nach Schöneberg – Neue Winterfeldstraße 27; hier wohnte OS bis zu seinem Umzug nach Salzburg im Jahr 1916.

12. 6. 1912

279 *Schleichs* – Der Arzt und Schriftsteller Carl Ludwig Schleich (1859 bis 1922), vor allem in den Jahren vor und während des Ersten Weltkriegs ein enger Freund von OS. Er studierte zunächst Medizin in Zürich, wo er sich mit Gottfried Keller anfreundete. 1886 machte er an der Charité in Berlin sein Staatsexamen. In Berlin eröffnete er 1889 eine private Klinik für Gynäkologie und Chirur-

gie. Neben seiner Tätigkeit als Arzt schrieb er Gedichte, Balladen und Novellen, kam in Kontakt mit Frank Wedekind, Richard Dehmel, Otto Erich Hartleben und Knut Hamsun. Eine lebenslange Freundschaft verband ihn mit August Strindberg, mit dem er – in Anlehnung an Goethes Farbenlehre – Farbexperimente durchführte, die zur Grundlage seines 1912 erschienenen Romans »Es läuten die Glocken. Phantasien über den Sinn des Lebens« wurden. Viele seiner Essays und Bücher waren durch eine sehr eigene, mystisch-okkultistische Weltanschauung geprägt. So ging er davon aus, daß Ideen und Phantasien gestaltende Kraft haben und Materie erzeugen und verändern können. Aufsehen erregten auch seine Essays und Vorträge zur Unsterblichkeit und zur Seelenwanderung. 1921 erschienen seine Lebenserinnerungen »Besonnte Vergangenheit«. OS charakterisierte Schleich als einen Menschen »von vielen genialen Zügen, aber einer seltenen Hemmungslosigkeit in der Selbstüberschätzung« (Ergo Sum, S. 194). In seiner Autobiographie ging er deutlich auf Distanz zum »Philosophen und Schriftsteller« Schleich.

30. 6. 1912

279 *Hardanger Fjord* – Der bekannteste der norwegischen Fjorde.
Vöringen – Vøringen, Ort im Hardanger Fjord, in der Nähe von Vøringfossen, des bekanntesten Wasserfalls Norwegens mit einem Gefälle von 182 m.

280 *Gothenburg* – Gotenburg, (schwed.) Göteborg.
Christiana – Das heutige Oslo.
Voxenkollen – Der Voksenkollen, bekanntes Ski- und Wandergebiet in der Umgebung von Oslo; höchste Erhebung 474 m.
Bygdö – Bygdø, die Halbinsel im Westen von Kristiania (Oslo), mit dem norwegischen Volksmuseum und mehreren Seebädern.
Auffallend viele hübsche Mädchen – OS wurde dadurch zu einem Essay inspiriert: »Die nordischen Frauen« (1912). Darin heißt es: »Ich habe, wie die meisten Reisenden, Skandinavien nur im Sommer gesehen, und wenn ich die Augen schließe und an die wenigen Sonnentage, die mir beschieden waren, zurückdenke, so sehe ich ein Gewimmel von schlanken, blonden, lächelnden Geschöpfen in hellen, blau und weiß, grün und weiß, grau und weiß, rosa und weiß gestreiften Kleidern, die sich zwanglos um die Glieder legen, ohne ihnen jedoch diese neuerdings bei uns beliebte indezente Prallheit zu geben. Man sieht hier gewiß nicht so viele schöne Frauen wie in London, Berlin, Paris, Wien, Madrid und

Rom, aber sicher gibt es keinen Ort, wo man so wenig häßliche sieht.« (Scheinwerfer über Europa, S. 129) Gleich eingangs stellt OS dazu die These auf: »Es hat den Anschein, als ob im Norden auch die Schönheit der Frauen nach einem demokratischeren Grundsatz verteilt wäre als bei uns und besonders in den südlichen Ländern. Fast auf jede ist von dieser Schönheit etwas gefallen, und wäre es nur ein holder Blick oder ein reizendes Lächeln.« (Ebd., S. 127)

280 *Hoenefos* – Hønefos, an der Eisenbahnstrecke zwischen Kristiania (Oslo) und Bergen. Zur Attraktion des Ortes gehören die auch von OS besuchten Wasserfälle.

Voss – Auch Vossevangen, Mittelpunkt des Fremdenverkehrs zwischen dem Hardanger- und dem Sognefjord.

281 *Sogne-Fjord-Tour* – Tour durch den größten norwegischen Fjord.

Lide – Es handelt sich wohl um ein Versehen, die Station am Hardangerfjord heißt Eide.

Odde – Odda, Stadt am Südende des Sørfjords.

5. 7. 1912

Norheims-Sund – Norheimsund, Ort am Hardangerfjord.

Ostessoi – Østensø oder Øistesjø, Ort am Hardangerfjord; OS läuft den 6 km langen Fahrweg von Norheimsund.

Stahlheim – Stalheim, Ort auf der Strecke von Vossevangen nach Gudvangen.

Gudvangen – Ansiedlung inmitten hoher Berge am oberen Ende des Nærofjords.

9. 7. 1912

282 *Batterfjordsöeres* – Battenfjordsøren, Ort am Südende des Battenfjords; auf der Seereise zwischen Molde und Drontheim.

von Oie nach Hellesylt – Øie, Ort am Norangfjord; Hellesylt, am Südende des Sunelvsfjords.

Geyranyer-Fjord – Geirangerfjord.

Maroc – Marok, kleine Stadt am Ostende des Geirangerfjords.

Djupvøas-Brücke – Möglicherweise ein Versehen, denn die auch im Baedeker beschriebene Fahrt geht von Marok zur Djupvashütte.

Näs … Horgheim – Næs oder Nes, Hauptstation zum Eintritt in das Romsdal; Horgheim bildet den Endpunkt.

Molde – Fremdenverkehrsstadt am Moldefjord.

Kuttalinsky und Seilern – Höchstwahrscheinlich eine Gräfin von Kottulinsky und eine Gräfin von Seilern und Aspang; nähere biographische Daten unklar.

282 *Elben* – Dr. Karl Elben (1855–1914), Chefredakteur des »Schwäbischen Merkur«.
Peer Gynt … fürchterlichen Übersetzung – Versdrama in fünf Akten (1876) von Henrik Ibsen. Die Übersetzung von Christian Morgenstern ist öfter kritisiert worden. Von den Kritikern wurde aber zumeist auch eingeräumt, daß das freie Versmaß von Ibsen kaum adäquat zu übersetzen sei.

12. 7. 1912

283 *Drontheim* – (norw.) Trondhjem.
Lofoten – Inselgruppe vor der Küste Norwegens, 100 bis 300 km nördlich des Polarkreises im Atlantik; bestehend aus 22000 Inseln.
Graakallen – Höchste Erhebung in der Stadt Trondhjem (558m).

18. 7. 1912

284 *Svolvär* – Svolvær, Stadt auf einer Halbinsel an der Südküste der Østvaagø, die wichtigste von allen Postdampfern angelaufene Station, Ausgangspunkt für die Lofoten- und Vesteraalen-Lokaldampfer und zugleich ein bedeutender Fischerhafen. In »Norwegische Landschaften« beschreibt OS ausführlich den Ort und die Landschaft: »Erst auf den Lofoten betritt man die Landschaft, zu der die hellen Nächte passen, und darum hört man auf zu vergleichen. Schon die Einfahrt in den Hafen von Svolvär überrascht: um die Bucht erhebt sich ein Felsenzirkus von phantastischen Formen, mit Schneeadern weiß marmoriert und so zahllosen Überschneidungen, daß der Blick sich verwirrt. Davor breitet sich ein Meer von Schären und Felsblöcken, fast immer hängen tiefe Wolken über diesem Ort. Aus der hellen, fast südlichen Klarheit des Westfjords kommend, betraten wir diese düstere Stelle der Erde. Wie eine graue Gespensterstadt liegt Svolvär zwischen vegetationslosen, jäh aufsteigenden, hie und da graugrün bemoosten und in der Dämmerung phosphoreszierenden Felsen.« (S. 344f. dieses Bandes)
Tromsö – Tromsø, Stadt auf der gleichnamigen Insel. In »Norwegische Landschaften« heißt es: »Tromsö selbst ist ein behagliches kleines Städtchen mit vielen Läden, wo nachmittags nette Frauen Einkäufe machen, mit hübschen Promenaden, wo abends bisweilen Musik ertönt, während die schöne Welt auf und ab geht, genau wie in Christiania, aber was sage ich, genau wie in Athen oder Kairo.« (S. 349 dieses Bandes)

284 *Gutkind* – Der Privatgelehrte Erich Gutkind (1877–1965), der vor allem von spiritualistischen Lehren beeinflußt war. 1910 erschien unter dem Pseudonym »Volker« sein Buch »Siderische Geburt: Seraphische Wanderung vom Tode der Welt zur Taufe der Tat«. Gutkind gehörte zu den prägenden Personen des Potsdamer Forte-Kreises (1910–1915), dessen Hauptinitiator der niederländische Lebensreformer Frederik van Edens war. Zu dem geistesaristokratischen Zusammenschluß gehörten u.a. Martin Buber, Gustav Landauer, Theodor Däubler, Walther Rathenau, Wassily Kandinsky.

Trolle-Fjord – Der Troldfjord (Lofoten, Raftsund).

Diggermulen ... Diggermulen-Kollen – An der Südwestspitze der Insel Hindø; der Digermulkoll (388 m) bietetet eine malerische Aussicht über den Raftsund.

23. 7. 1912

An den Vormittagen ... meist gearbeitet – Die Vorrede zum Roman »Wenn wir Frauen erwachen ...« ist mit der Ortsangabe Tromsø versehen und auf den 22. 7. 1912 datiert. OS plädiert dafür, den Roman nicht mit der Wirklichkeit zu verwechseln, sondern als ein von der dichterischen Phantasie bestimmtes fiktives Gebilde zu sehen, bei dem es weniger auf Authentizität als auf Plausibilität und Wahrhaftigkeit ankomme: »Man muß sich den Vorgang der künstlerischen Gestaltung etwa so denken: Der Dichter sieht eine Person mit heftig verzerrtem Gesicht, fühlt entsetzt, dieser Mensch sei fähig zu morden und gibt einem Mörder in seinem Werk dessen vielleicht unschwer zu erkennende Züge. In Wirklichkeit hatte sich das Urbild vielleicht nur etwas erzürnt, weil man ihm morgens seine Stiefel nicht rechtzeitig brachte, und nur die dichterische Phantasie sah etwas mörderisches in dem Ausdruck dieses Zornes. Es kommt dann einzig und allein darauf an, ob der geschilderte Mörder mit dieser Miene glaubhaft ist oder nicht.« (S. XI f.)

28. 7. 1912

285 *Lödingen* –Lødingen, Siedlung in der Provinz Nordland; zentrale Anlegestelle des Schiffsverkehrs auf dem Vestfjord und weiter nach Norden.

Narwik – Die norwegische Stadt Narvik, nördlich des Polarkreises. Bekannt als wichtiger Hafen zur Verschiffung des schwedischen Eisenerzes.

Anna Karenina – Roman (1875–1877) von Lew Tolstoi.

286 *Samstag zur letzten Korrektur meines Romans geschritten* – OS fragte später bei seiner Schwester Hedwig Kubin an, ob sie die Fahnen von »Wenn wir Frauen erwachen …« lesen würde. Am 13. 8. 1912 antwortete sie ihrem Bruder: »Die Correkturen Deines Romans lese ich mit großem Vergnügen. Ich hoffe, daß ich wirklich die geeignete Person dazu bin, so daß ich es zu Deiner Zufriedenheit erledigen kann. Laße mir nur die Bogen senden.« (Kubin-Archiv)
den Roman doch nicht widmen kann – Am 28. 9. 1912 schrieb OS an Alfred Kubin: »Es ist mir – mit einem grotesken Nebeneffekt, über den bald mündliches – gelungen mich von der Verpflichtung frei zu machen, den Roman A. zu widmen. Du wirst bald sehen, daß meine 14 Tage im Frühjahr bei Dir, für das Werk die entscheidende Krisis waren und, so liegt mir nichts näher als Dir zum Dank für Deine Hülfe, das Buch zu widmen; ganz einfach: meinem Schwager & Freund Alfred Kubin. Bitte schreibe mir umgehend, ob Du die Widmung annimmst, da das Buch bereits im Druck ist.« (Kubin-Archiv) Das Buch erschien mit der Widmung an Alfred Kubin.

7. 8. 1912

287 *Skansen* – 1891 gegründete Anlage zur Landes- und Volkskunde, Teil des Nordischen Museums.
Pateratraum – Patera heißt der Herrscher des Traumreiches in Alfred Kubins Roman »Die andere Seite«. Worauf sich OS an dieser Stelle bezieht, ist unklar.
Saltsjöbaden – Seebad in der Nähe Stockholms, Bucht von Baggensfjärd.

11. 8. 1912

Mölle – Seebad und Fischerort in Südschweden, an der Spitze der Halbinsel Kullen, 30 km nördlich von Helsingborg.
Mälar-See – Der Binnensee Mälaren.
Visby – Wisby, Stadt auf der Insel Gotland.
Niels Lyhne – Roman (1880) von Jens Peter Jacobsen.
Kalmar – Eine der ältesten schwedischen Städte, gegenüber der Insel Öland.
Histoire de Charles douze – »Histoire de Charles XII., Roi de Suède« (dt.: Geschichte Karls XII., König von Schweden) von Voltaire, erschienen 1731. An Alfred Kubin schrieb OS: »Inzwischen habe ich auch Voltaire Charles XII. gelesen. Das ist wirklich große Schriftstellerei, alles wesentlich, nichts überflüssig, und dadurch nie langweilig.« (18. 8. 1912, Kubin-Archiv)

287 *Kärnan* – Der 35 m hohe mittelalterliche Backsteinturm in der schwedischen Stadt Helsingborg, auf einem Felsen oberhalb des historischen Stadtkerns.

288 *Herr von Hoerschelmann* – Harald von Hoerschelmann (? –1941), dessen Familie aus Dorpat, Livland (heute Tartu, Estland), stammte. Vor allem Rolf von Hoerschelmann (1885–1947) machte sich in der Münchner Boheme als Graphiker und Illustrator einen Namen. Sein älterer Bruder Harald absolvierte zunächst in Riga ein Maschinen- und Schiffsbaustudium und dann in München ein Studium der theoretischen Physik. 1911 promovierte er mit einer Arbeit über elektrische Wellen. Er war später in Berlin in einem Patentbüro tätig, danach übernahm er die Leitung verschiedener Zeitungskorrespondenzen, schließlich gründete er 1916 einen eigenen Korrespondenz-Verlag. Die beiden Brüder waren äußerlich sehr verschieden: Rolf von Hoerschelmann war klein und rundlich, Harald von Hoerschelmann sehr groß und hager. In Kreisen der Boheme sprach man von dem ›kleinen‹ und dem ›großen‹ Hoerschelmann; zu Hoerschelmann vgl. Eva-Maria Herbertz, Der heimliche König von Schwabylon, 2005.

14. 8. 1912

Hoerschelmann wieder getroffen … schicksalsgewollt – Von diesem Treffen berichtete OS wenig später auch Alfred Kubin: »In dem schwed. Seebad Mölle traf ich den großen Hoerschelmann, der zur Philosophie umgesattelt hat und – denke Dir nur – auch in unsere Richtung geht, mit sehr richtiger Einschätzung Wolfskehls. Er hat sich überraschend entwickelt – wie er sagt infolge einer freud'schen psycho-analytischen Kur – durch Seif, auf den er große Stücke hält. Er erzählte sehr interessant, machte vorzügl. Analysen Richards & des Dr. Stern, erzählte auch von Louisa einiges. Es geht ihr [?] jämmerlich & die Ehe scheint nichts zu sein, aber sie sei ganz fidel & singe – horrible! – Operettenlieder. Bei unseren nächtlichen Gängen am Strand, hatte ich die gewissen Rückenschauer, die stets kommen wenn ich gewisse Dinge mit gewissen Menschen berühre. Ich las ihn die ›Träume‹ aus meinem Roman. Er sieht in dem schwarzen Wirt ein Symbol für – Fuchs. Mir kam dies Zusammentreffen mit H., den ich früher nie näher getreten war, schicksalhaft vor & als ich es ihm sagte, erzählte er, er habe vor einigen Tagen im Traum meine Stimme gehört, sei aufgewacht und da stand ich vor seinem Fenster, mit dem Hotelportier über meine Unterkunft beratend.« (18. 8. 1912, Kubin-Archiv)

288 *eine pscho-analytische Kur* – In »Ergo Sum« schreibt OS: »Hoerschelmann war ein eher mystisch veranlagter Mensch, von dem ich nun erfuhr, daß Freud zwar nicht über die funktionelle Seite des persönlichen Seelenlebens hinausstrebe, diese aber gründlich zu reinigen und zu ordnen verstehe, so daß bei dem, der Tiefen habe, nun der Zugang wirklich freier werde.« (S. 150)

29. 8. 1912

289 *Marienlyst* – Seebad in der Nähe von Helsingør, nebst Lustschloß Marienlyst.

Prinzessin Potenziani – Prinzessin Myriam Potenziani; nähere biographische Daten nicht ermittelt.

Comte St. Hilaire, Gatte der Sängerin Edith de Lys – Die Opernsängerin (Sopran) Edith de Lys (1886–1961); Comte St. Hilaire, nicht ermittelt.

Kapellmeister de Haan – Der niederländische Kapellmeister Willem de Haan (1849–1930), Leiter des Großherzoglichen Hofmusikorchesters Darmstadt.

Erikas Mitteilung einer fausse couche – Von dieser Fehlgeburt berichtete OS Alfred Kubin: »[…] nachdem ich von E. längere Zeit nichts gehört hatte, kam ein Brief aus einer Privatklinik, wo sie – eine fausse couche durchgemacht, offenbar absichtlich herbeigeführt. […] Die ganze Geschichte ist jetzt verekelt. Vor allem werden wir nun zu dem Präservativ greifen müssen, und diese menschenfreundliche Erfindung des französischen Arztes Condome hat mir schon einmal die Beziehung zu der Kleinen Genferin verekelt. […] Gleichzeitig wird mir die Notwendigkeit immer klarer, anfang der 40ger Jahre mit der illegitimen Liebe aufzuräumen und zu heiraten – natürlich nur auf materiell und sozial ganz sicherer Basis, damit das Leben, was ich mir jetzt erkämpft habe auch mit Frau möglich bleibt. Auch die Erfahrung, daß ich Kinder zeugen kann, hat mich darin bestärkt; aber man kann nicht von mir verlangen, daß ich, um das Schulgeld bezahlen zu können, mehr Artikel schreibe.« (18. 8. 1912, Kubin-Archiv)

4. 9. 1912

290 *Dr. Schumann* – Nicht ermittelt.

6. 10. 1912

291 *»Das neue Deutschland«* – In »Ergo Sum« schreibt OS, daß er die Zeitschrift zusammen mit Dr. Adolf Grabowsky gegründet habe. Ursprünglich sollte sie »Die neue Partei« heißen (S. 166).

291 *meine Aufsätze über Skandinavien* – Gesammelt erschienen in »Scheinwerfer über Europa«, S. 85–146.
Charakterologe Kotthaus – Nicht ermittelt.

292 *Durch Freuds »Imago« eine Grundlage der Dämonie* – Freud veröffentlichte in der »Imago« von 1912 unter dem Titel »Über einige Übereinstimmungen im Seelenleben der Wilden und der Neurotiker« einen Aufsatz in drei Folgen (Imago I,1, S. 17–33; I,3, S. 213–227; I,4, S. 301–333), der später in die Abhandlung »Totem und Tabu« (Kapitel I und II) einging. Interessant für OS wird – im ersten Teil über die Inzestscheu – Freuds Feststellung gewesen sein, daß im »unbewußten Seelenleben« des Neurotikers »die inzestuösen Fixierungen der Libido eine Hauptrolle spielen« (Imago I,1, S. 32). Der Neurotiker habe sich nicht von den »verpönten Objekten« freimachen können und lebe in einem »psychischen Infantilismus« (ebd.). Für OS war das ein weiteres Signal, diesem »Kernkomplex der Neurose« mittels einer eigenen Analyse auf den Grund zu gehen. Freud brachte im zweiten und dritten Teil seiner Abhandlung die nicht verarbeiteten Gefühlskonflikte gegenüber Eltern und Ahnen in Zusammenhang mit der Dämonenangst und Gespensterfurcht. Die Dämonen seien nichts anderes als »Projektionen der feindseligen Gefühle [...], welche die Überlebenden gegen die Toten hegen. [...] Die Feindseligkeit, von der man nichts weiß und auch weiter nichts wissen will, wird aus der inneren Wahrnehmung in die Außenwelt geworfen, dabei von der eigenen Person gelöst und der anderen zugeschoben.« (Imago I,4, S. 324) Die Toten seien zu einem Dämon geworden, »dem unser Unglück Befriedigung bereiten würde« (ebd.). Freud zufolge ist die »Projektionsschöpfung der Dämonen« nicht irrational, sie nimmt vielmehr die feindseligen Strebungen auf, die zu Lebzeiten latent geblieben sind und in der Trauer verdrängt wurden. Die Dämonen stehen in Relation zu den Toten, und sie repräsentieren die eigenen psychischen Strömungen. Freud regte mittelbar an, was OS in den nächsten Jahren auf ganz unterschiedlichen Ebenen versuchte: eine Rückübersetzung der Dämonenangst in die zugrundeliegenden Gefühlskonflikte.
Schwarzschildwelt – Schwarzschild hießen die jüdischen Vorfahren mütterlicherseits von OS.

24. 10. 1912

Zwei dämonische Erlebnisse. Herold – Wahrscheinlich ein Frauenabenteuer in München.

292 *Alles begierig auf das Erscheinen des Romans* – OS, Reventlow und Hessel (Der Kramladen des Glücks, 1913) veröffentlichten nahezu zeitgleich drei Schwabing-Romane, die unterschiedlicher nicht hätten sein können. Die Verfasser – vor allem Reventlow und OS – waren frühzeitig darauf bedacht, die Stimmungen und Meinungen bei den ehemaligen Strategen der Münchner Boheme auszukundschaften; dazu wurden verschiedene Leute instrumentalisiert. OS war viel daran gelegen, möglichst im vorhinein zu erfahren, wie Wolfskehl über seinen Roman dachte. Schon 1908 hatte er Dülberg einzelne Passagen zur Verfügung gestellt und gefragt, ob er nicht herausbekommen könne, welche Haltung Wolfskehl zum Roman, insbesondere aber zu dem von ihm entworfenen Porträt einnehme. Am 17. 3. 1908 schrieb Dülberg: »Eine Garantie für Wolfskehls Stimmung darüber möchte ich freilich nicht übernehmen. Ich habe übrigens ängstlich vermieden, ihm oder sonst jemand davon zu sprechen. Ich habe nur ein paar Anzeichen dafür, daß ihm Dein Porträt nicht gerade zusagen würde.« Schaut man sich die veröffentlichte Fassung des Romans an, dann kann man Dülbergs Einschätzung nur zustimmen. Das Porträt trägt eindeutig diffamierende Züge. Wolfskehl wird als dämonisch-vampirhafter Menschenfischer charakterisiert, der die jungen Leute an sich zieht und einen nach dem anderen auspreßt und wieder fallenläßt. Angesichts der harschen Position, die OS zum Teil gegenüber der Boheme einnahm, ist es erstaunlich, daß er sich über die Reaktionen des ehemaligen Freundeskreises offenbar nicht im klaren war und vor der Veröffentlichung gespannt die Meinung und Stimmung der Betroffenen zu eruieren versuchte. Teile des Romans gab er Debschitz (vgl. Anm. *Mißverständnisse in München* zu S. 269) und Harald von Hoerschelmann zur Lektüre. Auf nicht ganz geklärte Weise – und womöglich durch OS befördert oder zumindest toleriert – konnten auch Wolfskehl und Reventlow den Roman vorab lesen. Ein Vorausexemplar, das sich im Hause Kubin befand, hatten sie bei einem Besuch entdeckt und zur Lektüre »entführt«. Am 31. 10. 1912 schrieb Hedwig Kubin: »Nur weil ich es Dir versprochen habe und weil ich weiß, daß Du darauf lauerst, schreibe ich Dir. Denn von dem Urteil der beiden, die vorzeitig Deinen Roman gelesen, resp. daraus genascht haben, läßt sich sehr wenig erzählen. Beide hatten das Buch, das sie A. direkt entführt hatten, nur zusammen ein paar Std. in der Hand. Als Dein Eilbrief ankam, hatte der, dem das Exe gehörte, es schon

lange wieder. W. & R. finden das Buch zwar ›nicht gut‹ geben aber selbst zu, daß sie hinten angefangen und es nur auf Stellen durchsucht haben, an denen sie selbst oder ihre Bekannten vorkommen. R. findet vor allem ›so gemein‹, daß Du Dich nicht an die Tatsachen gehalten hast […]. W. erkennt deutlich, daß Dein Gebiet nicht der Roman ist, sondern der höhere Journalismus, fragte aber Alfred, wie er das Buch zurückbrachte und darüber sprach, wer denn die Amélie sei & was sie für eine Rolle spiele. Er fand außerdem ›nicht schön von Dir‹ die Stelle, wo sich der Dichter Friedr. Wartegg mit dem Dichter- oder vielmehr Cäsarenpurpur bekleidet. Das ist wirklich alles, was ich ermitteln konnte.« (Kubin-Archiv)

292 *Kerr greift Grabowsky und mich in geradezu lausiger Weise an* – Alfred Kerr, Balkankrieg, in: PAN, 3, Nr. 3, 17. 10. 1912, S. 49–56. Kerr befaßte sich in seiner Glosse mit den politischen Aktivitäten der beiden »Neukonservativen« und polemisierte gegen die Gründung der Zeitschrift »Das neue Deutschland« und die dort publizierten Stellungnahmen. Er verballhornte die beiden Namen und sprach in seinem Artikel von »Dagobert Warschauer und Oswald O. W. Schmid, zwei jüngeren Israeliten, Herausgeber der ›Neukonservativen Revue‹. Warschauer, der Gediegenere, und O. W. Schmid (welcher, der Zeit vorausstürmend, tadellose Frackhemden forderte, bevor er sie noch trug) wollten der Unrettbarkeit überlebter Parteien gern eine halbkoschere Seite abgewinnen. Und weil es verdammt schwer ist, irgend im logischen Gange der Entwicklung bei kleinen Gaben aufzufallen, wollten sie lieber die Nachhut als die Vorhut sein – so gründeten sie die Neukonservative Revue […].« (S. 49)

293 *Hedwig … Verstimmungen mit A.* – Die Ehe zwischen Alfred und Hedwig Kubin war 1912 an einem Tiefpunkt angelangt. In langen Briefen versuchte Hedwig Kubin ihrem Bruder die Situation in Zwickledt zu verdeutlichen. OS versuchte mehrfach zu vermitteln und schlug u. a. vor, daß Alfred Kubin für eine Zeit Zwickledt verlassen und in ein Sanatorium gehen solle.

5. 11. 1912

Burg – Der Schauspieler und Bühnenschriftsteller Eugen Burg (1871–1933). Er hatte 1897 seine Karriere am Raimund-Theater in Wien begonnen.

Fritz Herzmanovsky – Der Erzähler, Dramatiker und Zeichner Fritz von Herzmanovsky-Orlando (1877–1954). OS lernte ihn durch Vermittlung von Alfred Kubin und Paul Luckeneder kennen. Für Herzmanovskys Roman »Der Gaulschreck im Rosennetz. Eine Wiener Schnurre aus dem modernen Barock«, der 1917 entstanden war, aber erst 1928 veröffentlicht wurde, schrieb OS ein Vorwort. OS kommt in dem Roman auch als Figur vor: »Baron Schmitz […], der reichsstädtisch frankfurtischer Gesandter war am erzbischöflichen Hofe« zu Salzburg (Der Gaulschreck im Rosennetz, S. 115). In »Ergo Sum« schreibt OS, daß Herzmanovsky »neben Wolfskehl das größte Original [war], dem ich begegnet bin« (S. 296). Beide haben sich offenbar – das zeigen auch zahlreiche Briefe im Nachlaß – glänzend verstanden. Mit Vorliebe diskutierten sie über Mystik und Dämonenglauben. Herzmanovsky, so OS, »war überzeugt, daß die Gestalten meiner phantastischen Erzählungen (Haschisch, Pepinster, Menschheitsdämmerung) zum mindesten in einer astralen Ebene wirklich existierten, ich hätte gar keine Ahnung, was ich da eigentlich erzählte, er hingegen, der auf jenen Ebenen zu Haus war, würde mir gelegentlich einmal darüber die Augen öffnen. Seine Erklärungen blieben freilich spärlich, waren aber stets sehr witzig.« (Ergo Sum, S. 296)

10. 11. 1912

293 *Max Brod* – Der Schriftsteller, Kafka-Freund und -Herausgeber Max Brod (1884–1968).

Gogo – Edelbordell in Prag.

294 *Weidner* – Der Arzt Dr. Eugen Weidner (1861–1926). Er war zunächst im Lahmannschen Sanatorium »Weißer Hirsch« bei Dresden tätig, wo ihn OS im Sommer 1900 bei einer sechswöchigen Kur kennenlernte; vgl. Das wilde Leben der Boheme, S. 156. 1914 eröffnete er ein eigenes Sanatorium für »klinisch geleitete, diätisch-physikalische Heilkuren« in Loschwitz bei Dresden, mit dem er zahlreiche Persönlichkeiten aus dem kulturellen Leben anzog. Weidner leitete das Haus bis zu seinem Tod 1926.

Lessing in der Schaubühne – Der Schriftsteller Theodor Lessing (1872–1933), ein Jugendfreund von Ludwig Klages. Als Sohn einer assimilierten jüdischen Arztfamilie studierte er zunächst Medizin. 1895 wandte er sich der Psychologie, Literatur und Philosophie zu. In dieser Zeit bewegte er sich in der Schwabinger Boheme und versuchte mit dem George-Kreis in Kontakt zu kommen. Um 1900 wandte er sich dem Judentum erneut zu. Mit Klages kam es zum Bruch. Seine Entwicklungsjahre zeichnete er in der Autobiographie »Einmal und nie wieder. Lebenserinnerungen« (1935) auf. Unter dem Titel »Der Weltmann und das Theater« veröffentlichte er in der »Schaubühne« (8,1, 1912, S. 435–441) eine Polemik gegen OS. Anlaß war die Veröffentlichung der Essaysammlung »Brevier für Weltleute«: »Oscar A. H. Schmitz, einer jener Lieblinge der guten Gesellschaft, die der Feuilletonredakteur geistreich und feinsinnig oder zur Abwechslung abgeklärt und geschmackvoll zu nennen pflegt, ein Denker, ein Dichter, ein Kavalier, hat nach mancher glorreichen Tat und Fahrt, jüngst ein ›Brevier für Weltleute‹ erscheinen lassen, in welchem er seines Geistes Testamente niederlegte: über die Religion, die Philosophie, die Herrenmoden, das Reisen in China und Marokko, das Corset der Frau, die Liebe, das Leben, die Kunst und auch das Theater.« (S. 435) Lessing polemisierte vor allem gegen die Selbstinszenierung des Weltmannes, des Denkers und Erotikers, der im Plauderton den Intellektualismus der Zeit angriff und sich als »Mann des blühenden Lebens« (S. 437) präsentierte: »Das schlimmste Ekelwort in seinem Munde ist das vernichtende: Kunstprofessor. Noch vernichtender ist: Philosophieprofessor.« (S. 437) Die Wissenschaft, der Intellekt sei für ihn »grau«, das Leben »sinnlich und blühend«. OS, so Lessing am Schluß, gehöre zu den »anmutigen Plausch- und Plätschergeistern«: »Sie pieken Sentenzen, reihen Fetzen auf und schneidern daraus noble Feuilletons. Das snobt sich so durchs Leben, in angequälter Weltmannsallüre.« (S. 441)

294 *und dann die Aktion* – Franz Pfemfert, Herausgeber der Zeitschrift »Die Aktion«, veröffentlichte im November 1912 eine Glosse, in der es hieß: »Ein ›Brevier für Weltleute‹ – hat lange darauf gewartet, von dem Weltherrn Oscar A. H. Schmitz herausgegeben zu werden. Jetzt hat der Herr dem Brevier den Gefallen getan, das Werk ist erschienen. Es ist wirklich minderwertiger als etwa Arbeiten von dem (Oscar A. H. Schmitz geistesverwandten) Leo Leipziger. Aber ... wir haben in Herrn Oscar A. H. Schmitz den Erneuerer der konservativen Weltanglotzung zu sehen, den Erretter Deutschlands; präzis: den Herrn Schmitz!« (2. Jg, Nr. 45, 1912, 6. November, S. 1418) Pfemfert druckte abschließend Auszüge aus der Kritik von Theodor Lessing aus der »Schaubühne« ab; vgl. Anm. *Lessing in der Schaubühne* zu S. 294.

»Brevier f. W.« – »Brevier für Weltleute«.

Julien Sorel in »Rouge et Noir« – Der Roman »Le rouge et le noir. Chronique du XIXe siècle« (1830) von Stendhal; dt.: Rot und

Schwarz. Chronik des 19. Jahrhunderts. OS spielt mit dem »Panzer« darauf an, daß Julien Sorel, der Sohn eines wohlhabenden Zimmermanns, den gesellschaftlichen Aufstieg nur durch eine wohl einstudierte Charaktermaske erreicht. Er muß kalt und berechnend werden, Härte zeigen, um Karriere zu machen. Selbst die Frauen, die er zu lieben vorgibt, sind nur Mittel zum Zweck. Sorel bildet ein doppeltes Ich aus, wobei sein inneres Ich immer mehr schwindet und bald nur noch in Selbstgesprächen existiert.

Bibliographie

Oscar A. H. Schmitz

Schmitz, Oscar A. H. (1898): Orpheus. Lieder des Fahrenden. De profundis. Katafalke. Roma. Berlin (Lazarus).

– (1900): Rückblick auf Paris und die Ausstellung. In: Wiener Rundschau, 4, S. 393–396.

– (1901): Mißkultur! Zur Charakteristik der bürgerlichen Auffassung. In: Südwestdeutsche Rundschau, S. 621 ff.

– (1902a): Haschisch. Erzählungen. Frankfurt am Main (Südwestdeutscher Verlag), Neuauflage hg. von Wilhelm W. Hemecker auf der Grundlage der 8. Auflage aus dem Jahr 1917 (Text) und der 4. Auflage aus dem Jahr 1913 mit dreizehn Zeichnungen von Alfred Kubin (Georg Müller). Wien (Steirische Verlagsanstalt) 2002.

– (1902b): Der weiße Elefant. Drama in einem Akt. München (Georg Müller).

– (1902c): Weibliche Kultur. In: Südwestdeutsche Rundschau, S. 92–95.

– (1903): Halbmaske. Novellen und Essays. Stuttgart (Juncker).

– (1905a): Lothar oder Untergang einer Kindheit. Stuttgart (Juncker). Das Buch erschien ab der 2. Aufl. 1906 unter dem Titel: Der Untergang einer Kindheit. [Lothar]

– (1905b): Der Herr des Lebens. 2 Aufzüge. Stuttgart (Juncker).

– (1905c): Die Rächerin. 3 Szenen. Stuttgart (Juncker).

– (1906a): Don Juan, Casanova und andere erotische Charaktere. Stuttgart (Juncker).

– (1906b): Der gläserne Gott. Novellen. Stuttgart (Juncker).

– (1906c): Französische Kultureinheit und der Absolutismus. In: Beilage zur Allgemeinen Zeitung, München, Nr. 268.

– (1907a): Französische Gesellschaftsprobleme. Berlin (Wedekind).

– (1907b): Moderner Geist in Frankreich. In: Das Blaubuch, II, S. 178 bis 184.

– (1907c): Französische Liebe. In: Mutterschutz. Frankfurt am Main, S. 51–61.

– (1907d): Liebe und Entgelt. In: Mutterschutz. Frankfurt am Main, S. 377–381.

– (1908a): Don Juanito. Komödie in vier Aufzügen. Berlin (Wedekind).

– (1908b): Die Spaltung der modernen Kultur. In: Morgen, 2. Jg., 1. Halbjahr, S. 534–539.
– (1908c): Die Deutsche Kultur und Protestantismus. In: Morgen, 2. Jg., 2. Halbjahr, 1. Teil, S. 1459–1463 und 2. Teil, S. 1486–1492.
– (1908d): Zur Formulierung des Deutschtums. In: Morgen, 2. Jg., 2. Halbjahr, S. 1675 ff.
– (1909a): Fortunio oder Das andere Ich. In: Süddeutsche Monatshefte, 6, S. 659–673.
– (1909b): Die andere Seite. In: Der Tag, Nr. 207, Berlin, 4. 9. 1909.
– (1910): Das andere Ich. Drei Erlebnisse. (Fortunio, Der Schlafhändler, Die Begegnung der Götter). München (Georg Müller).
– (1911a): Brevier für Weltleute. Essays über Gesellschaft, Mode, Frauen, Reisen, Lebenskunst, Kunst, Philosophie. München u. Leipzig (Georg Müller).
– (1911b): Die Kunst der Politik. Berlin (Meyer & Jessen); ab der 3. Aufl. 1916 unter dem Titel: Englands politisches Vermächtnis. München (Georg Müller).
– (1911c): Offener Brief an Herrn Alfred Kerr. In: Die Schaubühne, 7,1, S. 287–290.
– (1912a): Fahrten ins Blaue. Ein Mittelmeerbuch. München (Georg Müller) 4. und 5. Tausend 1925. [Fahrten ins Blaue]
– (1912b): Herr von Pepinster und sein Popanz. Eine Gespenstergeschichte. In: Die neue Rundschau, 23, S. 1709–1723.
– (1913a): Casanova und andere Gestalten aus der großen Welt. München u. Leipzig (Georg Müller) 3. veränderte u. vermehrte Aufl. 1918.
– (1913b): »Wenn wir Frauen erwachen …«. Ein Sittenroman aus dem neuen Deutschland. München u. Leipzig (Georg Müller); ab der 8. Aufl. 1921 unter dem Titel: Bürgerliche Bohème. München (Georg Müller). Neuausgabe nach der 10. Aufl. 1925 unter dem Titel: Bürgerliche Bohème. Bonn (Weidle Verlag). [Frauen]
– (1913c): Der Schriftsteller im Kampf ums Dasein. In: Zehnjahreskatalog. Georg Müller Verlag München: Schriftsteller, Verleger und Publikum. Eine Rundfrage, S. 111–118.
– (1913d): Monismus und Humanismus. In: Österreichische Rundschau, 34, S. 308 ff.
– (1913e): Monismus und Religion. In: Konservative Monatsschrift, S. 541 ff.
– (1914a): Das Land ohne Musik. Englische Gesellschaftsprobleme. 3. veränderte Aufl. München (Georg Müller)
– (1914b): Das Land der Wirklichkeit. München (Georg Müller).

– (1914c): Don Juan und die Kurtisane. Fünf Einakter. München (Georg Müller).
– (1914d): Die Weltanschauung der Halbgebildeten. München (Georg Müller).
– (1914e): Der hysterische Mann. Lustspiel in drei Aufzügen. München und Leipzig (Georg Müller).
– (1914f): Was uns Frankreich war. 6. Auflage von: Französische Gesellschaftsprobleme. (Das Land der Wirklichkeit). München (Georg Müller).
– (1914/15): Hetärentum und Frauenemanzipation. In: Der Neue Merkur, 1, II, S. 193–202.
– (1915a): Herr von Pepinster und sein Popanz. Geschichten vom Doppelleben. Mit vierzehn Zeichnungen von Alfred Kubin. München u. Leipzig (Georg Müller). [Pepinster]
– (1915b): Das wirkliche Deutschland. München (Georg Müller).
– (1916a): Der Vertriebene. Ein Entwicklungsroman. München (Georg Müller).
– (1916b): Die Judenfrage. In: Die Zukunft, Nr. 35, S. 243 ff.
– (1918a): Menschheitsdämmerung. Märchenhafte Geschichten. München (Georg Müller).
– (1918b): Ein deutscher Don Juan. Komödie in 3 Aufzügen. München (Georg Müller).
– (1918c): Casanova und andere Gestalten aus der großen Welt. 3. veränderte und vermehrte Aufl. München und Leipzig (Georg Müller).
– (1920): Das rätselhafte Deutschland. München (Georg Müller).
– (1922): Der Geist der Astrologie. München (Georg Müller).
– (1923a): Psychoanalyse und Yoga. Darmstadt (Otto Reichl).
– (1923b): Brevier für Einsame. Fingerzeige zu neuem Leben. München (Georg Müller).
– (1923c): Brevier für Unpolitische. Wegweiser zum öffentlichen Leben. München (Georg Müller).
– (1923d): Die Polarität von Logos und Eros. In: Der Leuchter. Jahrbuch der Schule der Weisheit. Hg. von Graf Hermann Keyserling. Bd. 4. Darmstadt, S. 307–322.
– (1923e): Selbstbiographie. In: Oscar A. H. Schmitz zum fünfzigsten Geburtstage. Mit einer Selbstbiographie des Dichters und seinem Horoskop sowie Beiträgen von Hugo von Hofmannsthal, Hermann Bahr, Thomas Mann, Stefan Zweig, Hermann Hesse, Graf Keyserling. München (Georg Müller).

– (1924): Der österreichische Mensch. Zum Anschauungsunterricht für Europäer, insbesondere für Reichsdeutsche. Wien und Leipzig (Wiener Literarische Anstalt).
– (1925a): Die Geister des Hauses. Jugenderinnerungen. München (Georg Müller).
– (1925b): Heimliche Geschichten. Novellen mit einem Nachwort von Anton Schnack. Leipzig (Reclam).
– (1925c): Aus Lehr- und Wanderjahren. Erinnerungen von Oscar A. H. Schmitz. In: Die Neue Rundschau, 36, 2, S. 1207–1221.
– (1925/26a): Wünschenswerte und nicht wünschenswerte Juden. In: Der Jude, 9, H. 1, S. 17–33.
– (1925/26b): Der jüdisch-christliche Komplex. In: Der Jude, 9, H. 3, S. 68–87.
– (1926): Dämon Welt. Jahre der Entwicklung. München (Georg Müller). [Dämon]
– (1927a): Ergo Sum. Jahre des Reifens. München (Georg Müller).
– (1927b): Geschichten im Zwielicht. München (Georg Müller).
– (1927c): Melusine. Roman eines Staatsmannes. München (Georg Müller).
– (1928a): Länder und Leute. Essays über Menschen, Länder und Völker. München (Georg Müller).
– (1928b): [Beitrag zu] Stefan Georges Stellung im deutschen Geistesleben. Eine Reihe autobiographischer Notizen. In: Die Literarische Welt, 4, S. 6.
– (1970): Sinnsuche oder Psychoanalyse. Briefwechsel Graf Hermann Keyserling – Oskar A. H. Schmitz aus den Tagen der Schule der Weisheit. Hg. von der Gesellschaft Hessischer Literaturfreunde. Darmstadt.
– (2006): Das wilde Leben der Boheme. Tagebücher. Band 1: 1896–1906. Hg. von Wolfgang Martynkewicz. Berlin (Aufbau-Verlag).

Sonstige Literatur

Altenberg, Peter (1908): Die Tänzerinnen Wiesenthal. In: Die Schaubühne, 4,1, S. 104 f.
Bab, Julius (1907): Wege zum Drama. In: Die Schaubühne, 3,1, S. 1–5. (Kritische Würdigung von Oscar A. H. Schmitz)
Baedeker, Karl (1909): Das Mittelmeer: Hafenplätze und Seewege, nebst Madeira, den Kanarischen Inseln, der Küste Marokkos, Algerien und Tunesien. Handbuch für Reisende. Leipzig (Baedeker).

– (1913): Ägypten und der Sudan. Handbuch für Reisende. 7. Aufl. Leipzig (Baedeker).
– (1914): Berlin und Umgebung: Handbuch für Reisende. Leipzig (Baedeker).
– (1914) Konstantinopel und Kleinasien. (Konstantinopel, Kleinasien, Archipel, Cypern.) 2. Aufl. Leipzig (Baedeker).
– (1914): Schweden, Norwegen. Die Reiserouten durch Dänemark nebst Island und Spitzbergen. Handbuch für Reisende. Leipzig (Baedeker).
– (1926): Italien von den Alpen bis Neapel: Kurzes Reisehandbuch. 7. Aufl. Leipzig (Baedeker).
– (1927): Die Schweiz nebst Chamonix, Luganer, Langen- und Comer See. Handbuch für Reisende. 37. Aufl. Leipzig (Baedeker).
– (1929): Dalmatien und die Adria, westliches Südslawien, Bosnien, Istrien, Albanien, Korfu. Handbuch für Reisende. Leipzig (Baedeker).
– (1931): Wien und Budapest. Handbuch für Reisende. Leipzig (Baedeker).
Bahnsen, Julius (1867): Beiträge zur Charakterologie. 2 Bde. Leipzig.
– (1880–82): Der Widerspruch im Wissen und Wesen der Welt. Princip und Einzelbewährung der Realdialektik. Berlin (Grieben).
– (1905): Wie ich wurde, was ich ward. Nebst anderen Stücken aus dem Nachlaß des Philosophen. Hg. von Rudolf Louis. München und Leipzig (Georg Müller).
Bäthe, Kristian (1965): Wer wohnte in Schwabing? Wegweiser für Schwabinger Spaziergänge. München (Süddeutscher Verlag). (Zu Schmitz, S. 199)
Baudelaire, Charles (1856–1863): Der Maler des modernen Lebens (IX Der Dandy). In: ders.: Sämtliche Werke/Briefe. Hg. von Friedhelm Kemp und Claude Pichois in Zusammenarbeit mit Wolfgang Drost. Bd. 5: Aufsätze zur Literatur und Kunst. München, Wien (Hanser) 1989, S. 241–245.
Blei, Franz (1922/1995): Das große Bestiarium der modernen Literatur. Hg. und mit einem Nachwort versehen von Rolf-Peter Baake. Hamburg (Europäische Verlagsanstalt).
Bloch, Iwan (1906): Das Sexualleben unserer Zeit in seinen Beziehungen zur modernen Kultur. Berlin (Louis Marcus). 10.–12. verbesserte Aufl. 1919. (Im 12. Kapitel: Verführung, Genußleben und wilde Liebe, S. 302 ff.: Auseinandersetzung mit Schmitz' Buch »Don Juan, Casanova und andere erotische Charaktere«; des weiteren beruft sich Bloch auf eine Mitteilung Schmitz' zum Geruchsfetischismus, S. 645 f.)

– (1912): Handbuch der gesamten Sexualwissenschaft in Einzeldarstellungen. Band I: Die Prostitution. Berlin (Louis Marcus). (Zu Schmitz, S. 140 f.)

Blüher, Hans (1953): Werke und Tage. Geschichte eines Denkers. München (Paul List).

Bohdal, Klaus (1969): Oskar A. H. Schmitz. Eine Monographie mit besonderer Berücksichtigung der Schwabinger Zeit des Dichters und seiner phantastischen Erzählungen. Diss. Karl-Franzens-Universität Graz.

Bohrer, Karl Heinz (1978): Die Ästhetik des Schreckens. Die pessimistische Romantik und Ernst Jüngers Frühwerk. München u. Wien (Hanser). (Zu Schmitz, S. 252–255)

Braungart, Wolfgang (1997): Ästhetischer Katholizismus. Stefan Georges Rituale der Literatur. Tübingen (Niemeyer).

Buber, Martin (1925/26): Bericht und Berichtigung (Zu Schmitz: Der Jüdisch-christliche Komplex). In: Der Jude, 9, S. 87 ff.

Bunsen, Marie von (1932): Zeitgenossen die ich erlebte. 1900–1930. Leipzig (Koehler & Amelang).

Carossa, Hans (1933): Führung und Geleit. Ein Lebensgedenkbuch. Leipzig (Insel).

– (1951): Ungleiche Welten. Wiesbaden (Insel).

– (1978): Briefe II: 1919–1936. Hg. von Eva Kampmann-Carossa. Frankfurt am Main (Insel).

Csokor, Franz Theodor u. Rüther, Leopoldine (1966): Du silberne Dame Du. Briefe von und an Lina Loos. Wien, Hamburg (Paul Zsolnay).

Dauthendey, Max (1912): Der Geist meines Vaters. Aufzeichnungen aus einem begrabenen Jahrhundert. München (Albert Langen).

Dreyfus, Albert (1904): Feste in Moll. München (Verlag der deutsch-französischen Rundschau).

– (1910): Wallfahrten. Beichte. Berlin (Oesterheld).

– (1940): Rhythmen und Reime. 1910–1940. Zürich (Oprecht).

Dülberg, Franz (1906): Korallenkettlin. Ein Drama in vier Akten. Berlin (Fleischl).

– (1906/07) Rez.: Oscar A. H. Schmitz: »Der gläserne Gott«. Novellen. In: Das literarische Echo, 9, Sp. 468 f.

– (1908): Stefan George. Ein Führer zu seinem Werke. München u. Leipzig (Georg Müller).

– (1912): Cardenio. Drama in fünf Akten. Berlin (Fleischl).

– (1932): Oscar A. H. Schmitz. Eine Begegnungskette. In: Preußische Jahrbücher, Bd. 229, S. 150–159.

Esswein, Hermann (1911): Alfred Kubin. Der Künstler und sein Werk. München (Georg Müller).
Eulenburg, Herbert (1921): Ein Zeitschriftsteller. In: Das Tage-Buch 2, S. 493 ff.
Fechter, Paul (1906): Die Grundlagen der Realdialektik. Ein Beitrag zur Kenntnis der Bahnsen'schen Willensmetaphysik. München und Leipzig (Georg Müller).
Fischer, Ottokar (1908): Rez.: Oscar A. H. Schmitz: Don Juan, Casanova und andere erotische Charaktere. In: Euphorion, 15. Jg., S. 401 ff.
Flügge, Manfred (1993): Gesprungene Liebe. Die wahre Geschichte zu »Jules und Jim«. Berlin (Aufbau-Verlag).
Freud, Sigmund (1912): Über einige Übereinstimmungen im Seelenleben der Wilden und der Neurotiker. In: Imago, I, 1, S. 17–33; I, 3, S. 213 bis 227; I, 4, S. 301–333.
Freud, Sigmund u. Abraham, Karl (1965): Briefe 1907–1926. Hg. von Hilda C. Abraham und Ernst L. Freud. Frankfurt am Main (S. Fischer).
Freud, Sigmund u. Jung, Carl Gustav (1974): Briefwechsel. Hg. von William McGuire und Wolfgang Sauerländer. Frankfurt am Main (S. Fischer).
Garbe, Richard (1894/1917): Die Sâmkhya-Philosophie. Eine Darstellung des indischen Rationalismus. 2. umgearbeitete Aufl. Leipzig (Haessel).
Geyer, Andreas (1995): Träumer auf Lebenszeit. Alfred Kubin als Literat. Wien, Köln, Weimar (Böhlau).
Gilman, Sander L. (1992): Rasse, Sexualität und Seuche. Stereotype aus der Innenwelt der westlichen Kultur. Ins Deutsche übertragen von Helmut Rohlfing u. a. Reinbek bei Hamburg (Rowohlt Taschenbuch).
– (1993): Jüdischer Selbsthaß. Antisemitismus und die verborgene Sprache der Juden. Aus dem Amerikanischen von Isabella König. Frankfurt am Main (Jüdischer Verlag im Suhrkamp Verlag).
Gnüg, Hiltrud (1988): Kult der Kälte. Der klassische Dandy im Spiegel der Weltliteratur. Stuttgart (Metzler).
– (1989): Don Juan. Eine Einführung. München u. Zürich (Artemis).
Greiner, Leo (1907): Korallenkettlin. In: Die Schaubühne, 3,1, S. 478–481.
Groth, Max (1906/07) Rez.: Neue Erzählungen (Schmitz: »Gläserner Gott«). In: Der Kunstwart, 20,I, S. 36 f.
Gulbransson, Grete (1998): Der grüne Vogel des Äthers. Grete Gulbransson Tagebücher. Band I: 1904–1912. Hg. und kommentiert von Ulrike Lang. Frankfurt am Main (Stroemfeld/Roter Stern).

Gutkind, Erich (1910): Siderische Geburt. Seraphische Wanderung vom Tode der Welt zur Taufe der Tat. Berlin (Schnabel).

Gutmann, Paul (1895): Gedichte. Dresden, Leipzig, Wien. (Pierson).

Halbe, Max (1935): Jahrhundertwende. Geschichte meines Lebens. 1893–1914. Danzig (A. W. Kasemann).

Heisserer, Dirk (1993): Wo die Geister wandern. Eine Topographie der Schwabinger Bohème um 1900. München (Diederichs).

Herzmanovsky-Orlando, Fritz von (1983): Sämtliche Werke in zehn Bänden. Hg. im Auftrag des Forschungsinstituts »BrennerArchiv« unter Leitung von Walter Methlagl und Wendelin Schmidt-Dengler. Bd. 1: Der Gaulschreck im Rosennetz. Eine Wiener Schnurre aus dem modernen Barock. Mit Illustrationen des Autors. Hg. und kommentiert von Susanna Kirschl-Goldberg; Bd. VII: Der Briefwechsel mit Alfred Kubin: 1903 bis 1952. Hg. und kommentiert von Michael Klein. Salzburg und Wien (Residenz Verlag).

Hesse, Hermann: Autobiographische Schriften I. Wanderung, Kurgast, Die Nürnberger Reise, Tagebücher. In: ders.: Sämtliche Werke. Hg. von Volker Michels. Bd. 11. Frankfurt am Main 2003. (Zu Schmitz, S. 650–652)

Hoberg, Annegret (Hg.) (1990): Alfred Kubin 1877–1959. München (edition spangenberg).

Hoerschelmann, Rolf von (1947): Leben ohne Alltag. Berlin (Wedding).

Hofmannsthal, Hugo von: Umrisse eines neuen Journalismus (1907) In: ders.: Gesammelte Werke in Einzelausgaben. Prosa II. Hg. v. Herbert Steiner. Frankfurt am Main 1959, S. 259–263; zuerst veröffentlicht in: Die Zeit, Wien, April 1907.

– (2003): Brief-Chronik. Regest-Ausgabe. Hg. von Martin E. Schmid. Unter Mitarbeit von Regula Hauser und Severin Perrig. Heidelberg (Winter).

Hollitscher, Arthur (1911): Der Mann von Welt. Rez.: Oscar A. H. Schmitz: Brevier für Weltleute. In: Die Neue Rundschau, 22,1, S. 861 ff.

Huch, Ricarda (1980): Erinnerungen an das eigene Leben. Mit einem Vorwort von Bernd Balzer. Köln (Kiepenheuer & Witsch). (Über Ermanno Ceconi und Schwabing, S. 259–388)

Kafka, Franz (1990): Tagebücher in der Fassung der Handschrift. Hg. von Hans-Gerd Koch, Michael Müller und Malcolm Pasley. Frankfurt am Main.

Kassner, Rudolf (1905): Die Moral der Musik. Sechs Briefe des Joachim Fortunatus an irgend einen Musiker, nebst einem Vorspiel; Joachim Fortunatus' Gewohnheiten und Redensarten. München.

Kerr, Alfred (1912): Balkankrieg. In: Pan, 3,3, S. 49–56.

Kubin, Alfred (1911): Sansara. Ein Cyclus ohne Ende. In einer Auswahl von 40 Blättern. München u. Leipzig (Georg Müller); darin: Aus meinem Leben.

– (1909/1994): Die andere Seite. Ein phantastischer Roman. Reinbek bei Hamburg (Rowohlt).

Kühlmann, Richard von (1948): Erinnerungen. Heidelberg (Lambert Schneider).

Le Rider, Jacques (1985): Der Fall Otto Weininger. Wurzeln des Antifeminismus und Antisemitismus. Wien, München (Löcker).

– (2000): Kein Tag ohne Schreiben. Tagebuchliteratur der Wiener Moderne. Aus dem Französischen von Eva Werth. Wien (Passagen Verlag).

Lessing, Theodor (1912): Der Weltmann und das Theater. In: Die Schaubühne, 8,2, S. 435–441. (Kritik an Schmitz: Brevier für Weltleute)

– (1930/1984): Der jüdische Selbsthaß. Mit einem Essay von Boris Groys. München (Matthes & Seitz).

Link, Jürgen (1997): Versuch über den Normalismus. Wie Normalität produziert wird. Wiesbaden (Westdeutscher Verlag).

Lord Beaconsfield (Benjamin Disraeli) (1909): Contarini Fleming. Übersetzung und Vorrede von Oscar Levy. Berlin.

Mann, Otto (1925/1962): Der Dandy. Ein Kulturproblem der Moderne. Heidelberg (Rothe).

Mühsam, Erich (1994): Tagebücher 1910–1924. Hg. und mit einem Nachwort von Chris Hirte. München (dtv).

Müller-Kampel, Beatrix (1993): Dämon, Schwärmer, Biedermann. Don Juan in der deutschen Literatur bis 1918. Berlin (Erich Schmidt).

Pfemfert, Franz (1912): Ein »Brevier für Weltleute« (Glosse). In: Die Aktion, 2. Jg., Nr. 45, (6. November), S. 1418.

Polgar, Alfred (1986): Kleine Schriften. Bd. 6: Theater II. Hg. von Marcel Reich-Ranicki in Zusammenarbeit mit Ulrich Weinzierl. Reinbek b. Hamburg (Rowohlt).

Presbers, Rudolf (1911): Die bunte Kuh. Humoristischer Roman. Berlin (Concordia, Deutsche Verlagsanstalt).

Radkau, Joachim (1998): Das Zeitalter der Nervosität. Deutschland zwischen Bismarck und Hitler. München, Wien (Hanser).

Reventlow, Franziska zu (2004): Herrn Dames Aufzeichnungen oder Begebenheiten aus einem merkwürdigen Stadtteil. Mit einem Nachwort hg. von Andreas Thomasberger. Bd. 2: Romane II. In: dies.: Sämtliche Werke in fünf Bänden. Hg. von Michael Schardt. Oldenburg (Igel), S. 9–112.

– (2004): Tagebücher 1886 bis 1910. Mit einem Nachwort hg. von Brigitta Kubitscheck. Bd. 3: Sämtliche Werke in fünf Bänden. Hg. von Michael Schardt. Oldenburg (Igel).
– (2004): Briefe 1890 bis 1917. Mit einem Nachwort hg. von Martin-M. Langner. Bd. 4: Sämtliche Werke in fünf Bänden. Hg. von Michael Schardt. Oldenburg (Igel).
– (2004): Gedichte, Skizzen, Novellen, Kritisches, Schwabinger Beobachter, Übersetzung. Mit einem Nachwort hg. von Baal Müller. Bd. 5: Sämtliche Werke in fünf Bänden. Hg. von Michael Schardt. Oldenburg (Igel); darin: Viragines oder Hetären, S. 210–220.
Reventlow, Franziska zu, Suchocki, Bohdan von (2004): Briefwechsel 1903–1909: »Wir üben uns jetzt wie Esel schreien …«. Hg. von Irene Weiser, Detlef Seydel u. Jürgen Gutsch. Passau (Stutz).
Roché, Henri-Pierre (1920/21): Carnets. Les Années Jules et Jim. Première Partie. Avant-propos de François Truffaut. Éditeur: André Dimanche. Marseille (Harry Ransom Humanities Research Center) 1990.
Schleich, Carl Ludwig (1921): Besonnte Vergangenheit. Lebenserinnerungen (1859–1919). Berlin (Rowohlt). (Zu Schmitz, S. 317)
Schröder, Hans Eggert (1966 ff.): Ludwig Klages. Die Geschichte seines Lebens. Erster Teil: Die Jugend. Bonn (Bouvier) 1966; Zweiter Teil: Das Werk. Erster Halbband (1905–1920). Bonn (Bouvier) 1972; Zweiter Halbband (1920–1956). Bearbeitet und hg. von Franz Tenigl. Bonn, Berlin (Bouvier) 1992.
Sinsheimer, Hermann (1909): Don Juanito oder das heitere Theater. In: Die Schaubühne, 5,1, S. 149.
Sloterdijk, Peter (1978): Literatur und Lebenserfahrung. Autobiographien der Zwanziger Jahre. München (Hanser). (Zu Schmitz, S. 196 ff., S. 228 ff. und 255 ff.)
Sombart, Nicolaus (1984): Jugend in Berlin 1933–1943. Ein Bericht. München u. Wien (Hanser).
– (1991): Die deutschen Männer und ihre Feinde. Carl Schmitt – ein deutsches Schicksal zwischen Männerbund und Matriarchatsmythos. München u. Wien (Hanser).
Spengler, Oswald (1913/14): Schmitz: Das Land der Wirklichkeit (Französische Gesellschaftsprobleme). In: Der Bücherwurm, 4, S 117.
Swoboda, Hermann (1905): Studien zur Grundlegung der Psychologie. Leipzig u. Wien (Franz Deuticke).
– (1917): Das Siebenjahr. Untersuchungen über die Zeitliche Gesetzmäßigkeit des Menschenlebens. Band I: Vererbung. Wien, Leipzig (Orion).

Tucholsky, Kurt (1999): Gesamtausgabe. Bd. 5: Texte 1921–1922. Hg. von Roland und Elfried Links. Reinbek bei Hamburg (Rowohlt).

– (1917): [Buchempfehlung. Oscar A.H. Schmitz: Das Land ohne Musik. Englische Gesellschaftsprobleme. Der Flieger Nr. 25, 27.5.1917] In: Kurt Tucholsky: Gesamtausgabe. Texte und Briefe. Hg. von Antje Bonitz, Dirk Grathoff, Michael Hepp, Gerhard Kraiker. Bd. 2: Texte 1914–1918. Hg. von Bernhard Tempel. Reinbek b. Hamburg (Rowohlt) 2003, S. 567.

– (1929), (Peter Panter): Auf dem Nachtisch. Weltbühne, 15.10.1929. In: Kurt Tucholsky: Gesamtausgabe. Texte und Briefe. Hg. von Antje Bonitz, Dirk Grathoff, Michael Hepp, Gerhard Kraiker. Bd. 11: Texte 1929. Hg. von Ute Maack und Viktor Otto. Reinbek b. Hamburg Rowohlt (2005), S. 391–400. (Zu Schmitz, siehe insbesondere S. 400)

Voit, Friedrich (2005): Karl Wolfskehl. Leben und Werk im Exil. Göttingen (Wallstein Verlag).

Walden, Herwarth (1911/12): Konfektionsdichter. In: Der Sturm, 2, S. 804f.

Weininger, Otto (1903/1980): Geschlecht und Charakter. Eine prinzipielle Untersuchung. München (Matthes & Seitz).

– (1904/1980): Über die letzten Dinge. Im Anhang: Theodor Lessing, Otto Weininger. München (Matthes & Seitz).

Wolfskehl, Karl (1966): Briefe und Aufsätze. München 1925–1933. Mit einer Einleitung und Anmerkungen hg. von Margot Ruben. Hamburg.

– (1988): Briefwechsel aus Neuseeland 1938–1948. Hg. von Cornelia Blasberg. 2. Bde. Darmstadt. (Zu Schmitz, S. 651)

– (1993): »Jüdisch, römisch, deutsch zugleich ...«. Briefwechsel aus Italien 1933–1938. Hg. von Cornelia Blasberg. Hamburg (Luchterhand Literaturverlag). (Zu Schmitz, S. 108, 319, 404)

– (1999): Gedichte, Essays, Briefe. In Verbindung mit dem Deutschen Literaturarchiv Marbach am Neckar hg. von Cornelia Blasberg und Paul Hoffmann. Frankfurt am Main (Suhrkamp).

Wolfskehl, Karl und Hanna (1976/77): Briefwechsel mit Friedrich Gundolf 1899–1931, Bd. 1. Hg. von Karlhans Kluncker. Amsterdam. (Zu Schmitz, S. 53, 73, 102)

Worbs, Michael (1983): Nervenkunst. Literatur und Psychoanalyse im Wien der Jahrhundertwende. Frankfurt am Main (Europäische Verlagsanstalt).

Zweig, Stefan (1902/03): Skizzen- und Novellenbücher. (Rez. zu Schmitz: Haschisch). In: Das literarische Echo, 5: Sp. 744–748.

– (1928): Oscar A. H. Schmitz. In: Darmstädter Tagblatt, 8. 3. 1928.
– (1970): Die Welt von Gestern. Erinnerungen eines Europäers. Frankfurt am Main (S. Fischer).
– (1984): Tagebücher. Hg., mit Anmerkungen und einer Nachbemerkung versehen von Knut Beck. Frankfurt am Main (S. Fischer).

Register

Personenregister

Geographisches Register

Bildnachweis

Deutsches Literaturarchiv Marbach: 1, 4, 5, 7, 15, 16
Aus: Oscar A. H. Schmitz: Fahrten ins Blaue. Ein Mittelmeerbuch. München 1925: 2, 3, 6, 8, 9, 10, 11, 12, 13, 14

Inhaltsverzeichnis

Oscar A. H. Schmitz
Das wilde Leben der Boheme
Tagebücher 1896-1906
Herausgegeben und mit einem
Nachwort von Wolfgang Martynkewicz
Leinen. 540 Seiten
ISBN 978-3-351-03097-1

Ein editorisches Ereignis

Ein beeindruckendes Panorama des Fin de siècle. Kunst, Erotik, Reisen – die erstmals veröffentlichten Tagebücher des Schriftstellers Oscar A. H. Schmitz zeigen die Passionen eines Dandys, der die geistigen Strömungen seiner Zeit begierig aufsog. Eine wahre Fundgrube, bedeutendes Zeitzeugnis und große Literatur zugleich. Oscar A. H. Schmitz hat alle Hoffnungen auf eine akademisch-bürgerliche Laufbahn aufgegeben. In der Münchner Boheme gehört er zu den Außenseitern der literarischen Szene. Von innerer Unruhe getrieben, flieht er nach Paris, setzt sich den Reizen der Großstadt aus. Er inszeniert sich als Dandy und Don Juan, stürzt sich in erotische Abenteuer, sucht den Rausch und die Ekstase. Sein Lebenselixier ist der Umgang mit interessanten Zeitgenossen wie Sigmund Freud, Frank Wedekind, Heinrich und Thomas Mann. Mit Akribie hält er alle die Begegnungen in seinem Tagebuch fest, das sich wie ein Who's who der intellektuellen Welt liest.

»Ein hervorragend gescheiter Schriftsteller.« THOMAS MANN

Weitere Bände:
Ein Dandy auf Reisen. Tagebücher 1907-1912. ISBN 978-3-351-03098-8
Durch das Land der Dämonen. Tagebücher 1913-1918. ISBN 978-3-351-03099-5

Mehr Informationen erhalten Sie unter
www.aufbauverlagsgruppe.de oder in Ihrer Buchhandlung

aufbau
AUFBAU VERLAGSGRUPPE